AF554533

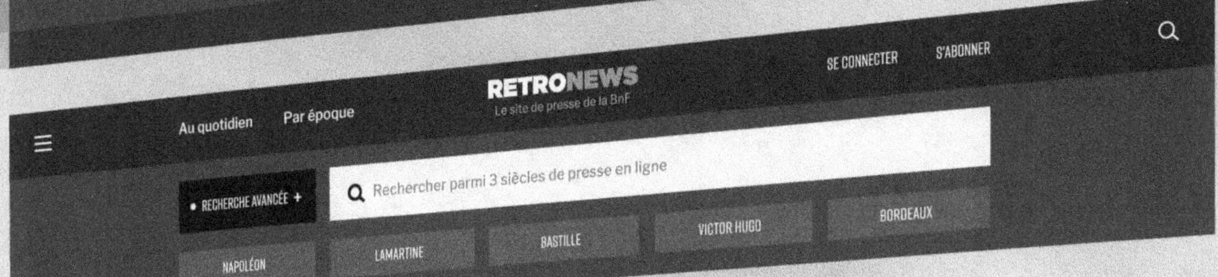
RETRONEWS
Le site de presse de la BnF
Au quotidien
Par époque
SE CONNECTER
S'ABONNER
RECHERCHE AVANCÉE +
Rechercher parmi 3 siècles de presse en ligne
NAPOLÉON
LAMARTINE
BASTILLE
VICTOR HUGO
BORDEAUX

# NOUVELLES GÉOGRAPHIQUES

30170. — PARIS. — IMPRIMERIE LAHURE
9, rue de Fleurus, à Paris.

LE TOUR DU MONDE

# NOUVELLES GÉOGRAPHIQUES

PUBLIÉES SOUS LA DIRECTION

DE

F. SCHRADER

CHEF DES TRAVAUX CARTOGRAPHIQUES DE LA LIBRAIRIE HACHETTE ET Cie

AVEC LA COLLABORATION

DE

H. JACOTTET

QUATRIÈME ANNÉE

PARIS

LIBRAIRIE HACHETTE ET Cie

79, BOULEVARD SAINT-GERMAIN, 79

1894

# NOUVELLES GÉOGRAPHIQUES

## L'ANNÉE 1893
## AU POINT DE VUE MÉTÉOROLOGIQUE

### CHALEUR ET SÉCHERESSE

Le travail qui va suivre se rapporte plus particulièrement à cette partie de la France que j'appellerai le *Centre-Nord* et qui comprend sur la carte l'intérieur d'une ellipse dont le grand axe, orienté du sud-ouest au nord-est, s'étend depuis Angers, par Chartres et Paris, jusqu'à Compiègne, par exemple, et l'autre axe depuis Évreux, par Chartres et Orléans, jusqu'à Bourges au plus. Dans cette vaste région de plaines, le régime des vents de sud-ouest dominants, alternant avec les courants de nord-est, détermine un climat presque homogène dont tous les grands accidents s'étendent uniformément, de telle sorte que les observations faites en un point peuvent s'appliquer à tous les autres. J'utiliserai dans cette étude : 1° mes propres observations que je poursuis à Vendôme (Loir-et-Cher) depuis trente-cinq ans; 2° celles de l'observatoire météorologique du Parc Saint-Maur (Seine), fondé en 1874 sous la direction de M. E. Renou, dans des conditions excellentes comme station et comme observations.

Pour fixer les éléments d'un climat, tels que la température, la hauteur de pluie, la nébulosité, le régime des vents, l'humidité, etc., des divers mois et de l'année et établir ce que nous appelons les moyennes normales, il faut vingt ou trente années de bonnes observations; mais il est non moins important de signaler les écarts extrêmes que peuvent présenter les moyennes de certains mois ou saisons et de connaître la limite des phénomènes pour une région. L'année 1893 est particulièrement intéressante sous ce rapport et mérite qu'on en fasse l'histoire.

#### LE PRINTEMPS DE 1893

A un mois de janvier très froid succéda un mois de février très mouillé (21 jours de pluie sur 28), surtout à la fin, et qui avait rendu impossibles les travaux préparatoires pour les semailles de printemps; mais à partir du 3 mars le temps se mit à la sécheresse avec une persistance telle que le printemps de 1893 doit être classé parmi les plus secs connus, surtout en mars et avril. Le vent s'est presque constamment tenu nord, nord-est, est, avec une clarté de *ciel inouïe.*

La quantité de pluie tombée à Vendôme en mars a été de 4 mm. 4, en 6 jours. Si on en retranche 2 mm. 7 tombés les 1er et 2, il reste 1 mm. 7 pour les 29 jours suivants.

A l'observatoire du Parc Saint-Maur (Seine), on a recueilli 9 mm. 6 en 5 jours.

La sécheresse de mars était remarquable, mais on en peut citer des exemples; elle n'était pas désastreuse, loin de là. Les *mars* avaient pu être semés dans de bonnes conditions; la terre, inondée en février, s'était bien égouttée et n'était pas encore sèche. Tout l'avenir du printemps reposait sur le mois d'avril; les mars étaient bien levés; l'herbe naissante couvrait la terre; l'année était avancée, mais il fallait quelques pluies bienfaisantes; au lieu de cela nous avons eu le mois d'avril le plus sec *connu* et même *possible*, puisqu'on peut dire qu'à *Vendôme* il n'a pas plu. Cependant, la nuit du 22 au 23, vers 1 heure du matin, il est tombé une petite ondée; le pavé a été mouillé et j'ai trouvé quelques gouttes d'eau au pluviomètre; j'ai dû inscrire d'*office* 0 mm. 2, et le 30, de 7 heures et demie à 8 heures du matin, une brume légère a rendu le pavé humide sans donner une goutte d'eau au pluviomètre. Nous sommes évidemment à la limite du phénomène; pour tout le monde, avril 1893 a été sans pluie à Vendôme. Il y a mieux : en consultant les observations pluviométriques établies par le service des ponts et chaussées dans sept des huit cantons de l'arrondissement de Vendôme, j'ai constaté que les quatre cantons de Mondoubleau, Montoire, Saint-Amand et Savigny portent, pour avril, la mention 0, tandis que Vendôme est coté 0 mm. 3. Officiellement il n'aurait donc pas plu du tout, en avril 1893, dans une grande partie de l'arrondissement de Vendôme.

A l'observatoire du Parc Saint-Maur on a recueilli 1 mm. 2 de pluie en deux jours, savoir : le 1er et le 30; la pluie du 30 a été insignifiante : 0 mm. 1; ce qui revient à dire que, sauf le 1er, il n'a pas plu, en avril 1893, dans la région de Paris.

Cette sécheresse sans exemple s'est prolongée en mai jusqu'au 9, jour où une ondée de 4 millimètres est tombée sur Vendôme; puis il faut arriver au 15 pour trouver un grand orage *local* qui a donné 25 millimètres d'eau. Arrêtons-nous à cette date du 15 mai. A ce moment, toute la récolte de fourrage est compromise sans espoir; les prairies naturelles, les trèfles incarnats, les sainfoins, les luzernes ne pouvaient presque rien donner. Les blés souffraient beaucoup et étaient sans paille; les avoines étaient en partie perdues. La vigne seule était luxuriante, tellement avancée que personne n'avait jamais rien vu de semblable; elle était en fleur! c'est-à-dire d'un mois en avance sur les bonnes années.

### COMPARAISONS AVEC LE PASSÉ

*Sécheresse de mars.* 1° *Vendôme.* — Nous possédons 43 ans d'observations pluviométriques pour Vendôme, de 1851 à 1893. J'y relève les années suivantes où la quantité d'eau a été moindre que 10 millimètres (la quantité normale est de 43 millimètres).

| | Millimètres. |
|---|---|
| 1854 | 4,2 |
| 1874 | 6,2 |
| 1875 | 5,3 |
| 1893 | 4,4 |

On voit donc que, sauf les deux années consécutives 1874, 1875, cette grande sécheresse de mars ne se reproduit guère que tous les 20 ans, et on peut dire que mars 1893 est, avec mars 1854, le plus sec connu à Vendôme depuis 1851 (43 ans).

43 ans est peu de chose pour la nature; peut-on remonter plus haut?

2° *Paris.* — Nous avons les chiffres de l'Observatoire de Paris et ceux du Parc Saint-Maur. M. Renou a publié le résumé de 1806-1885 (80 ans) dans ses *Études sur le climat de Paris* (*Annales du Bureau central météorologique pour* 1885).

J'y relève les mois de mars à quantité moindre que 10 millimètres.

| | Millim. | | Millim. |
|---|---|---|---|
| 1807 | 9,5 | 1854 | 2,1 |
| 1811 | 8,0 | 1874 | 9,0 |
| 1840 | 8,2 | 1875 | 7,4 |
| 1843 | 4,1 | 1880 | 3,7 |

C'est un mois de mars très sec tous les 10 ans. Il faut enfin ajouter à cette liste mars 1893 qui, au Parc Saint-Maur, a donné 9 mm. 6 de pluie.

Peut-on remonter plus haut? Des observations pluviométriques ont été installées à l'Observatoire de Paris, de 1689 à nos jours[1].

Les mois de mars les plus secs du XVIII<sup>e</sup> siècle sont :

| | Millimètres. |
|---|---|
| Mars 1731 | 0,4 |
| — 1781 | 0,0 |
| — 1785 | 0,0 |

Ceci devient grave: la quantité 0 est la limite du phénomène; mais elle est sujette à discussion.

Pour 1781, j'ai comme contrôle un manuscrit très intéressant de Rousseau, grainetier à Orléans (1766-1805); il note : « le 1er, forte gelée blanche au matin, et l'après-midi de l'*eau*, ainsi que le *lendemain* ». A la fin du mois, il écrit : « Je ne crois pas qu'il y ait d'homme vivant qui ait vu une aussi grande sécheresse en mars. Il n'est point tombé d'eau depuis le 2 ». Ainsi, à Orléans, il y a eu 2 jours de pluie en mars 1781. Cette pluie aurait-elle fait défaut à Paris?

Voyons 1785. Cassini, à l'Observatoire, dans son résumé de mars 1785, écrit : « Neige assez forte les 25 et 28 mars ». Le mois n'est donc pas sans eau, puisqu'il y a eu de la neige (on ne la notait pas alors comme pluie). Rousseau d'Orléans accuse beaucoup de neige; il parle le 11 d'une neige de 4 pouces = 11 centimètres, représentant 11 millimètres d'eau, et le 25 d'une neige très abondante. Il faut donc refuser mars 1785 comme sans eau, mais le conserver comme très froid et très sec et avouer que le mars sans eau (pluie ou neige) est encore à trouver dans notre climat. Il est démontré enfin que mars 1893 avec ses 4 mm. 4 à Vendôme reste un des plus secs connus.

*Avril.* — Il n'est pas besoin de longues recherches pour affirmer que le mois d'avril 1893 avec ses 0 mm. 2 de pluie à Vendôme est probablement le plus sec connu dans cette station, à moins de trouver l'avril sans trace de pluie. (Nous faisons abstraction des quatre chefs-lieux de canton dont j'ai parlé plus haut, et où l'on a inscrit 0 aux pluies d'avril 1893.)

Or, en parcourant les tableaux de Paris de 1689 à 1893 et ceux de Vendôme de 1851 à 1893 on ne trouve pas ce nouveau phénix; mais c'est le mois d'avril 1893 qui en approche le plus.

Voici la liste des mois d'avril les plus secs observés à Vendôme depuis 1851, en 43 ans :

| | Millim. | | Millim. |
|---|---|---|---|
| Avril 1855 | 10,2 | Avril 1875 | 7,0 |
| — 1870 | 3,0 | — 1893 | 0,2 |

Mois d'avril très secs observés à Paris de 1806 à 1893, en 88 ans :

| | Millim. | | Millim. |
|---|---|---|---|
| Avril 1817 | 2,0 | Avril 1855 | 9,1 |
| — 1822 | 8,8 | — 1870 | 3,6 |
| — 1844 | 9,3 | — 1875 | 9,5 |
| Avril 1893 | 1,2 | | |

Cela fait un mois d'avril très sec en moyenne tous les 12 ans pour le siècle actuel; mais comme la plus grande irrégularité préside à la distribution de ces années, on ne peut rien prédire pour l'avenir.

Je ne pousserai pas la recherche des avrils très secs au delà du XIX<sup>e</sup> siècle, afin de ne pas allonger outre mesure cette notice; qu'il me suffise d'ajouter avec M. Renou[1] : « Avril 1893 est celui qui a fourni le moins d'eau depuis 1689, c'est-à-dire en 205 ans ».

Ce mois d'avril 1893 n'est pas seulement le plus sec connu, c'est encore un des plus chauds connus. Ici je n'ai qu'à citer M. Renou qui, dans la note précitée à l'Académie, affirme, avec l'autorité qui résulte de ses longs tra-

1. Ces observations, d'une valeur très inégale et fort discutables, présentent une lacune de 18 ans (1755 à 1773).

1. *Le mois d'avril* 1893, note de M. E. Renou. *Comptes rendus de l'Académie des sciences*, n° du 1er mai 1893.

vaux sur le climat de Paris, que « depuis 1757 il n'y a que le mois d'avril 1865 qui présente une température moyenne plus élevée (d'environ 0°,7) ».

Cette chaleur et cette sécheresse résultaient de la persistance des vents d'est et de nord-est, qui ont déterminé une clarté du ciel ou absence de nuages absolument inouïe dans notre climat. La *nébulosité* d'avril 1893, exprimée en centièmes (0 à 100), n'a été que de 11,5 à Vendôme et de 13 au Parc Saint-Maur, près Paris, où observe M. Renou. L'insolation a été extrême, déterminant des maxima de température très élevés ; le thermomètre a atteint 28,6 le 22 à mon observatoire; par contre, les nuits, très claires, étaient fraîches et on a observé plusieurs gelées blanches dans ce mois. Celle du 15 a gelé des légumes dans les jardins de Vendôme et quelques vignes au bas des coteaux. On voit déjà que ce mois d'avril 1893 est absolument exceptionnel et qu'il est impossible d'en citer un semblable dans la suite des temps bien connus des météorologistes. C'est le mois d'avril 1870 qui, de mémoire d'homme, peut lui être comparé. On n'a pas oublié la détresse de fourrage de cette année, célèbre sous plus d'un rapport.

*Mars et avril.* — Il ne suffit pas d'avoir trouvé quelques mars et quelques avrils comparables séparément aux mois de mars et d'avril 1893; il faudrait, pour retrouver une sécheresse de printemps semblable à celle de cette année, pouvoir citer deux mois consécutifs de mars et d'avril ne donnant qu'un total de 4 mm. 4 + 0 mm. 2 = 4 mm. 6 de pluie. Ceci devient beaucoup plus difficile. Les années pouvant concourir vont singulièrement s'éclaircir [1].

Essayons cependant et voyons le XIXe siècle. Vendôme avec sa période de 43 ans d'observations (1851-1893) ne peut fournir que 1875 avec 1893.

| | | Millim. | | | Millim. |
|---|---|---|---|---|---|
| 1875 | mars | 5,3 | 1893 | mars | 4,4 |
| | avril | 7,0 | | avril | 0,2 |
| | Total | 12,3 | | Total | 4,6 |

Dans la série de Paris 1806-1893 (88 ans) on trouve :

| | | Millim. | | | Millim. |
|---|---|---|---|---|---|
| 1808 | mars | 11,3 | 1875 | mars | 7,4 |
| | avril | 11,2 | | avril | 9,5 |
| | Total | 22,5 | | Total | 16,9 |
| 1870 | mars | 16,0 | 1893 | mars | 9,6 |
| | avril | 3,6 | | avril | 1,2 |
| | Total | 19,6 | | Total | 10,8 |

On voit qu'à Paris, comme à Vendôme, c'est 1893 qui offre le groupe mars et avril le plus sec connu de ce siècle.

En dépouillant les observations faites à Paris depuis 1689, je note les années suivantes :

| | | Millim. | | | Millim. |
|---|---|---|---|---|---|
| 1694 | mars | 10,1 | 1723 | mars | 9,8 |
| | avril | 6,8 | | avril | 1,5 |
| | Total | 16,9 | | Total | 11,3 |
| 1719 | mars | 6,8 | 1731 | mars | 0,4 |
| | avril | 11,3 | | avril | 5,6 |
| | Total | 18,1 | | Total | 6,0 |
| 1741 | mars | 8,6 | 1781 | mars | 0,0 ? |
| | avril | 4,5 | | avril | 16,4 |
| | Total | 13,1 | | Total | 16,4 |

| | | Millim. |
|---|---|---|
| 1785 | mars | 0,0 ? (neige.) |
| | avril | 13,9 |
| | Total | 13,9 |

En acceptant sans discussion l'exactitude de ces chiffres, il en résulterait que 1731 avec ses 6 mm. 0 pour mars et avril serait, depuis 205 ans, l'année offrant la moindre quantité d'eau connue pendant ces deux mois à Paris et que 1893 avec ses 10 mm. 8 viendrait après. Enfin, pendant cette période de 205 ans, à Paris on compterait onze années offrant les mois de mars et avril presque sans pluie, ce qui ferait une année tous les 19 ans, mais distribuées de la façon la plus irrégulière, ce qui exclut tout espoir de prévision.

## PRINTEMPS SECS

Pour les météorologistes, la saison du printemps comprend les trois mois de mars, avril et mai. Il faut donc additionner la pluie des trois mois en question pour caractériser la sécheresse d'un printemps; or le mois de mai 1893 n'est pas à citer parmi les secs; il s'en faut : au Parc Saint-Maur, on a recueilli 46 millimètres de pluie (un peu moins que la normale) et à Vendôme j'ai eu 64 mm. 6, chiffre qui dépasse la moyenne. Mais les pluies ne sont tombées qu'à partir du 15 mai. Il était trop tard, au moins pour les fourrages; pour les blés et les grains de mars, ces pluies ont fait grand bien, mais elles n'ont pas été générales Ainsi dans l'arrondissement de Vendôme on n'a recueilli que 37 mm. 3 de pluie à Montoire; 33 mm. 9 à Savigny-sur-Braye et 32 mm. 7 à Saint-Amand.

Si on fait le total de la pluie du printemps 1893, à Vendôme on trouve 79 mm. 2 [1] et 56 mm. 9 pour Paris-Saint-Maur. Il y a plus sec. Je ne citerai comme comparaison que le printemps 1875 qui est beaucoup moins mouillé; ainsi à Vendôme :

| | | |
|---|---|---|
| 1875 | mars | 5,3 |
| | avril | 7,0 |
| | mai | 9,5 |
| | Total | 21,8 (chiffre le moindre connu). |

Au Parc Saint-Maur, près Paris, le total du même printemps donne 37 mm. 2, qui est un des moindres connus.

Je me suis demandé comment il se faisait que les cultivateurs, qui ont la mémoire des années désastreuses, soit par la sécheresse, soit par l'excès d'eau, ne citaient pas, à propos de 1893, le printemps 1875, le plus sec connu. On s'est rappelé 1870, et les plus anciens ont parlé de 1822 [2]. Mais la sécheresse comprend deux termes : la quantité de pluie, d'une part, qui est la recette ou l'*actif* pour le sol et d'autre part l'évaporation qui représente la

1. Je n'inscrirai que les groupes de mars et avril ne donnant qu'environ 20 millimètres d'eau.

1. Saint-Amand, situé à 14 kilomètres au sud, n'a eu que 38 mm. 4.

2. 1785 paraît oublié; ce serait, depuis 205 ans, le printemps le plus sec dans la région de Paris.

dépense ou le *passif*. Or l'évaporation dépend de la température de l'air, de l'insolation qui échauffe le sol et dévore l'eau, enfin de la sécheresse de l'air, laquelle dépend de la direction du vent; chacun connaît la différence du vent du sud-ouest et du vent du nord-est (le hâle) sous ce rapport; il ne suffit donc pas de connaître le total de la pluie d'un printemps pour le classer comme sécheresse, il faudrait encore connaître l'évaporation.

Or je vois en 1875 : mars froid, donc évaporation très faible; végétation nulle; la nature attendait. Avril encore peu chaud; la terre ne s'est pas desséchée. Mai chaud et très sec; la végétation part, mais on se plaignait à la fin du mois.

En 1893, tout semble réuni pour atteindre un maximum d'effet. Février tiède sans gelée; mars très chaud et très sec, végétation très avancée; à la fin du mois les provisions d'eau de la surface du sol étaient épuisées; survient un avril presque le plus chaud connu, le plus ensoleillé connu, avec hâle persistant et absence totale de pluie. La pauvre végétation devait succomber.

### ANNÉE 1556.

Dans mes recherches précédentes sur les sécheresses de printemps, je suis resté dans la période où l'on possède des observations pluviométriques à Paris, période commençant à 1689; mais on peut remonter plus haut. Il n'est pas besoin en effet de pluviomètres pour savoir s'il fait sec; on trouve dans les anciennes chroniques des récits de sécheresse très circonstanciés.

L'année la plus remarquable sous ce rapport dans notre région est certainement 1556. Voici ce qu'en dit le chanoine de Trôo [1] dans sa chronique (*Bulletin de la Société archéologique du Vendômois*, tome XVII, 1878, p. 235) :

« L'an 1556 au mois d'avril après Pâques qui estoit le « cinq dudit mois, il fit une grande chaleur. A la my avril « les bleds estoient en fleur, on vit de la vigne florie. Les « roses estoient flories le vingt dudit mois d'avril, les « feuves en gôsses et faisoit grande sécheresse [2]. On ne « vit de longtemps ni de vie d'homme les biens croistre « plus en bref qu'ils firent audit mois et aiant signe de « profiter. Il ne pleut point depuis Pâques jusqu'au jour « de la feste de Dieu qui estoit le quatrième jour de juin. « [ce qui fait deux mois] et le mois de may fut tout sec « avecq grande chaleur et par le rapport des gens n'avoient « jamais veu l'année plus avancée. »

La végétation de la vigne est notre meilleur totalisateur de la chaleur d'avril à septembre; on sait qu'elle demande la mort de tout. Les grandes années de vin sont des années chaudes et sèches. Le souvenir du grand été de 1556 m'a hanté souvent; je n'en connais pas de pareil. De la vigne fleurie en avril! est-ce possible? « A la mi-avril, on vit de la vigne florie. » En ajoutant 10 à la date pour concorder avec le calendrier actuel, cela ferait vers le 25 de ce mois. Jusqu'à 1893 je n'ai pu trouver que la note suivante, écrite sur la première page d'un livre ayant appartenu à Pierre Petit, vigneron à Chanteloup (commune de Villerable, canton de Vendôme) : « L'an mil sept cent quatre, le vingt-cinq avril, je fus voir ma vigne du Tertre; j'ai trouvé du raisin fleuri!.... » Voilà donc la date du chanoine de Trôo atteinte en 1704.

Jusqu'à l'année présente il n'y a certainement aucun autre exemple de ce fait; ainsi en 1822, qui est l'année la plus précoce du siècle, on a noté (à Vendôme) le 7 mai comme date des premières grappes fleuries. En 1870, été célèbre et vin extra, j'ai noté la floraison de la vigne au commencement de juin.

Arrivons à l'année présente. A la fin d'avril, on a parlé de vigne fleurie à Vendôme, mais je me suis assuré qu'il s'agissait, dans les champs, d'un cépage américain (*Vitis riparia*) dont la floraison est de 15 jours en avance sur nos espèces. Cependant, le 30 avril, on m'a montré, dans quelques treilles, des fleurs de vigne; mais ce n'est que le 8 mai qu'il m'a été possible de voir de la vigne en champs fleurie, au Temple (Vendôme). C'était la date de 1822. Pour compléter mon enquête, je me suis adressé à M. l'abbé Haugou, curé de Trôo et digne successeur du chanoine du XVI<sup>e</sup> siècle. Je l'ai prié de m'envoyer un petit rapport sur la floraison de la vigne à Trôo, cette année. Voici sa réponse : « Au reçu de votre lettre je priai un homme sérieux de faire une petite enquête à ce sujet et il s'est assuré qu'en divers endroits de la commune de Trôo, le gamay et le pineau blanc (vieux cépages produisant le vin de Trôo) étaient fleuris le 25 avril au plus tard; la procession de Saint-Marc était là pour fixer la date dans la tête des paysans. Alors il a poursuivi son enquête sur la commune de Saint-Quentin (où le chapitre de Trôo avait autrefois beaucoup de vignes) et là des gens en qui on peut avoir confiance lui ont assuré qu'à la même époque le *gouais* et le pineau de Saumur étaient également fleuris. Enfin, dans le bourg de Trôo, dans un jardin bien exposé au midi, du cahors de Bourgogne cultivé comme les vignes et non en treilles était vu par plusieurs bien fleuri le 17 *avril*. »

Ainsi, en 1893, au même lieu, on a revu les mêmes cépages fleuris le 25 avril (voire même le 17), comme en 1556.

En acceptant 1704, qui me paraît certain, on peut donc affirmer qu'en 1556, 1704 et 1893 on a vu de la vigne fleurie le 25 avril dans les bonnes expositions du Vendômois.

De 1556 à 1704 il y a 148 ans; de 1704 à 1893 il y en a 189; la moyenne des deux intervalles est de 169 ans. Nous avons donc assisté cette année à un mois d'avril absolument exceptionnel pour la sécheresse, la chaleur, l'absence de nuages et la floraison de la vigne.

### L'ÉTÉ DE 1893

L'été qui a suivi ce printemps si exceptionnel a présenté les mêmes caractères, quoique à un moindre degré : chaleur, sécheresse, insolation, plus grandes que d'habitude; cependant le mois de juillet ayant été ordinaire, on ne doit pas classer cet été dans les étés de premier ordre, comme ceux de 1870, 1859... et enfin celui de 1556!

Voici la moyenne des trois mois de l'été actuel à mon observatoire (Vendôme) :

1. Trôo (arrondissement de Vendôme) est un bourg situé sur un coteau escarpé du Loir exposé au midi. Son vin est renommé.

2. Il est important de remarquer que les dates de 1556 se rapportent encore au calendrier *Julien* et qu'il faut y ajouter 10 jours pour correspondre au calendrier *Grégorien* actuellement en usage. Ainsi le 20 avril est le 30 avril actuel. Cela rend l'année moins hâtive de 10 jours; néanmoins elle demeure tout à fait exceptionnelle.

| | Moyenne. | Excès sur la normale. |
|---|---|---|
| Juin | 18,58 | 1,28 |
| Juillet | 19,43 | 0,20 |
| Août | 20,65 | 2,15 |
| Moyenne de l'été | 19,55 | 1,20 |

Même tableau pour le Parc Saint-Maur :

| | Moyenne. | Excès sur la normale. |
|---|---|---|
| Juin | 17,91 | 1,40 |
| Juillet | 19,19 | 0,66 |
| Août | 19,54 | 1,50 |
| Moyenne de l'été | 18,88 | 1,18 |

On voit que c'est le mois d'août qui a été le plus remarquable pour la chaleur [1] et ajoutons pour la sécheresse, n'ayant donné que 15 milimètres de pluie au lieu de 50, qui est le chiffre moyen. Ajoutons que cette sécheresse a été générale et a détruit dans presque toute la France le dernier espoir des cultivateurs pour les regains des prairies et les récoltes d'automne.

L'été de 1870 m'a donné 20°,03 de moyenne, en excès de 1°,68 sur la normale; et l'été de 1859 a donné, à Vendôme, une moyenne de 20°,62, en excès de 2°,06 sur la normale. Ces deux étés sont donc plus chauds que celui de l'année présente, à Vendôme du moins.

Mais tout s'efface devant le grand été de 1556. Voici ce qu'en dit le chanoine de Trôo dans sa chronique (voir ci-dessus) : « Jamais on ne vit telle chaleur et seicheresse, tant que au mois de juillet la terre bruloit les pieds de ceux qui alloient pieds nuds et fit très grande chaleur depuis la Madelaine jusque à la Sainte-Anne [2], tant que le monde pensoit mourir de chault... et les œufs cuisoient au soleil. Il ne fut point de potage, ni porée, ni naveaux, ni oignon et rien es jardins que tout ne fut brulé. L'année estoit si *aeure* (hâtive) que à la Saint-Jean on vit des raisins verdellez en plusieurs lieux. Les noix estoient déjà bonnes à manger à ladite Saint-Jean-Baptiste. Il ne fut de 25 ans si peu de bled, orge et avoine, ni feuve, ni pois que en ladite année.

« L'an 1556 au mois d'août on commença à vendanger les auvernats tout à main; je vendangy mes gois le lendemain de Notre-Dame mi-oust, et mes pinaux à la fin dudit mois; il n'y avoit plus à vendanger le 4 septembre (le 14 actuel). Les vins estoient si bons qu'on n'en osoit boire et il en fut bien peu.... La terre ne fut point trempée depuis Pâques jusqu'à la Toussaint.... »

Comme terme de comparaison entre 1556 et 1893 nous avons encore la vigne et l'époque des vendanges. En 1556, à Trôo, on vendangeait depuis le 16 août, ce qui fait le 26 (nouveau style). En 1893, le 26 août la vendange était commencée dans plusieurs points du Vendômois. On a même pu vendre du vin doux à Vendôme dès le 15 août. Ainsi en 1893, comme en 1556, on a vu de la vigne fleurie le 25 avril et du raisin cueilli le 26 août.

1. La température la plus élevée de l'été a été de 35°,6, le 18 août (Vendôme).

2. La Madeleine tombe le 22 juillet et la Sainte-Anne le 28. Ces deux dates correspondent aux 1er et 7 août du calendrier grégorien.

### Époques hâtives de vendanges

Les époques de vendanges nous ont été conservées dans un grand nombre de chroniques anciennes et il est possible d'établir des comparaisons [1] dans un même lieu pour une longue série d'années. C'est ainsi que je possède la liste des époques de vendanges pour Vendôme depuis 1677. Or, dans ce siècle-ci il n'y a que 1822 et 1865 dont les vendanges eurent lieu à la fin d'août. Au XVIIIe siècle nous trouvons 1704 et 1719 dans le même cas; d'où résulte que depuis 1677 jusqu'à 1893, c'est-à-dire pendant une période de 217 ans, il n'y a eu que 5 années (1704, 1719, 1822, 1865, 1893) où la vendange ait commencé à la fin d'août. Enfin 1893 reste l'année la plus hâtive connue pendant cette période de 217 ans et je ne connais que 1556 qui puisse lui être opposé comme égal ou supérieur en précocité. Cependant il ne faut pas oublier l'année 1637. Voici ce qu'on lit dans les anciens registres de la paroisse de Veuves (Loir-et-Cher) [2] : « La dicte année 1637 fut si prime que l'on vendangea dès le lendemain de la feste de sainct Loys (26 août), et que pour lors il n'y avoit aulcune personne qui peult raconter ni dire du temps qu'il avoit veu approchant de cent ans, que l'on avoit vendangé dans ce dict moys.... » On voit que les vieillards de Veuves avaient laissé perdre le souvenir du grand été de 1556 qui est à moins de 100 ans de 1637 (intervalle de 81 ans). Il résulterait toujours de cette note que de 1556 à 1637 il n'y a pas eu d'année où l'on ait vendangé en août sur les coteaux de la Loire et à plus forte raison sur ceux du Loir.

Il me paraît donc démontré que depuis 1556 aucune année n'a été aussi hâtive que 1893. L'intervalle est de 338 ans! J'estime enfin que l'année 1556 l'emporte sur la présente année comme chaleur et sécheresse et reste toujours sans rivale.

E. Nouel,
Professeur au lycée de Vendôme.

1. On publiait alors le *ban* de vendanges, c'est-à-dire le jour à partir duquel la vendange était permise. Cet usage a résisté à la Révolution et s'est perpétué à Vendôme jusqu'en 1865.

2. Veuves est une commune située sur les bords de la Loire vers Amboise. La vendange y est certainement plus hâtive qu'à Vendôme.

# LE CONGRÈS NATIONAL

## DES SOCIÉTÉS FRANÇAISES DE GÉOGRAPHIE DEVANT L'OPINION PUBLIQUE

Le Congrès national annuel des Sociétés françaises de géographie, comme toutes les œuvres humaines, n'est *point parfait*; il a été l'objet de diverses critiques, et les mieux intentionnées, n'ont été ni les plus justes, ni les plus mesurées. Il semble cependant qu'en ces matières la plus simple équité est d'autant plus de mise que l'organe où elle se fait jour est plus répandu et plus autorisé, et qu'elle peut avoir d'écho au delà de nos frontières : l'impartialité la plus stricte s'impose quand la critique émane d'un délégué d'un ministère français[1].

C'est le cas de celle qui a été récemment publiée dans les *Nouvelles géographiques* (octobre 1893). Des intentions de l'auteur nous ne saurions douter : nous en avons pour garant ses propres déclarations verbales. Nous-mêmes avons pris à tâche, en plus d'un cas, de faire barre à certains errements, et la part que nous avons prise, avec quelques-uns de nos dévoués collègues, à l'organisation de notre Congrès, nous donne quelque droit à mettre la critique au point. Celle dont nous parlons — c'est le propre d'ailleurs de toutes les critiques du monde — soulève, en une centaine de lignes, toute une série de questions et de répliques qui mériteraient un petit volume; nous y songerons.

Mais il importe, dès maintenant, de ne point laisser se former, dans le monde géographique, une opinion absolument erronée en plus d'un point sur la dernière session à Tours; il importe de dire que la lecture du compte rendu sténographique de cette session rectifiera, à l'avantage de notre Congrès, l'impression que tout lecteur insuffisamment informé a pu recevoir.

On s'est étonné de la prétendue ignorance des sociétés à l'égard des travaux accomplis par telle ou telle d'entre elles. Il y a beau temps que les travaux concernant la monographie communale ou la géographie régionale entreprise ou réalisée par certaines de nos sociétés sont connus et ont été non seulement signalés dans nos sessions antérieures, — où d'ailleurs ils ont été l'objet de vœux, — mais encore dans tous les Bulletins des Sociétés de géographie. La publicité du rapport des sociétés dans le compte rendu *in extenso* de chaque session suffit du reste à combler la lacune. Si l'une d'entre elles a ignoré ces travaux, c'est qu'elle est de création toute récente en tant que Société de géographie et c'est la première fois qu'elle est représentée dans nos sessions.

Certes la lecture de ce rapport est bonne : elle est d'ailleurs réglementaire; mais le règlement a toujours cédé — dans notre Congrès comme dans tous les autres — devant les cas de force majeure et ce n'est pas à Lille qu'il a cédé pour la première fois.

Nous ne relèverons point ce qui est dit sur les questions présentées au Congrès, ni sur la manière dont est apprécié le rôle des congressistes, ni sur le caractère de la délégation confiée aux mandataires des sociétés, rôle et caractère que notre critique était d'ailleurs en droit d'ignorer avant que l'un de ces mandataires, et non des moins qualifiés, l'eût défini de la façon la plus heureuse au cours d'une discussion.

Voici en effet à peu près en quels termes M. C. Blanc terminait une des lumineuses répliques qu'il a l'occasion de prononcer; c'était à propos de la question « de l'équi« libre à établir entre l'écoulement artificiel des eaux plu« viales et les ressources que présentent les collecteurs « naturels pour l'écoulement de ces eaux » :

«.... Il y a là une lacune à combler, des mesures « à prendre, des travaux à exécuter : ces questions sont « du ressort du Ministère des travaux publics. Mais l'ac« tion morale à exercer sur les populations nous appar« tient. Peut-être aussi devrions-nous, par des vœux ou « autrement, exercer une pression très légère sur les pou« voirs publics en leur montrant que nous sommes d'ac« cord avec eux et que l'opinion publique partage nos « idées. Nous représentons en effet une fraction impor« tante de l'opinion publique; nous sommes les délégués « des sociétés de géographie et ces sociétés se composent « elles-mêmes des hommes les plus compétents en ces « matières sur tous les points de la France. »

Quant à la prétention qu'on nous reproche de résoudre toutes questions sans appel, nous ne l'avons en aucune façon; la lecture du compte rendu expliquera ce qui a pu causer la méprise de notre critique.

Reste la prophétie concernant l'avenir de notre Congrès.

Chose étrange! c'est au moment même où on lui prédit une fin sinistre, de par son inutilité qualifiée, que les sociétés et les villes se le disputent. Et il n'y saurait avoir de surprise. Il y a trois ans, Montpellier, qui l'avait eu en 1879, n'a pas laissé échapper l'occasion de le ravoir avant son tour; Lyon qui l'a eu en 1881 l'aura en 1895; Bordeaux qui l'a eu en 1882 le demande concurremment avec Lorient et Saint-Nazaire pour 1896.

Il y a donc, dans ce Congrès, auquel on ne semble reconnaître que des travers, autre chose qui a échappé à la clairvoyance de la critique.

C'est que même en jugeant certaines questions hors de la portée du Congrès — ce qui reste à prouver, — ces questions donnent lieu à des discussions où la géographie a la plus grande part; c'est qu'il y a place, à côté de ces discussions que l'on veut considérer comme stériles, pour des communications originales. C'est, de plus, que l'organisation de ce Congrès s'inspire à la fois : de la plus grande déférence pour les pouvoirs publics qui ont depuis longtemps et conserveront, nous n'en doutons pas, l'excellente et bienfaisante coutume de s'y faire représenter; de respect pour les sommités de la géographie; de sympathie et de cordialité pour les associations similaires. C'est que, enfin, il est simultanément une tentative heureuse de décentralisation et le trait d'union le plus efficace des sociétés françaises de géographie. Son influence est telle qu'il est sans exemple qu'aucune de celles qui l'ont reçu n'y ait gagné un renouveau d'activité et de prospérité.

Encore une fois, il n'est pas irréprochable et nous n'entendons point qu'il soit tellement près de la perfection qu'il échappe à de légitimes critiques. Mais celles-ci, pour être efficaces, devront toujours être bienveillantes et garder une mesure qui est toujours une garantie d'impartialité.

Et pour finir, nous dirons aux futurs organisateurs du Congrès ce qu'un critique autorisé a dit de l'art du théâtre : « L'art des Congrès, c'est l'art des préparations ». *Et nunc erudimini.*

J.-V. Barbier,

*Secrétaire général de la Société de géographie de l'Est.*

1. L'impartialité nous fait un devoir d'accueillir les observations du très zélé secrétaire de la Société de géographie de l'Est, après avoir inséré l'article de notre collaborateur M. Sevin-Desplaces dans notre numéro du 7 octobre dernier. Nous ne pouvons cependant taire qu'à notre avis les Sociétés de géographie de France auraient, d'une manière générale, tout bénéfice à s'inspirer des observations présentées par M. Sevin-Desplaces, et à considérer les Congrès, aux succès desquels nous serons toujours les premiers à applaudir, comme destinés à servir de lien entre travailleurs isolés ou entre sociétés sœurs, bien plutôt qu'à émettre, à la suite de discussions souvent improvisées, des vœux souvent trop peu approfondis. Ceci dit, nous considérons cet échange amical d'observations comme définitivement clos.

*Rédaction.*

# REVUE GÉOGRAPHIQUE DE 1893

## I

En terminant l'année, il convient de passer en revue les principaux événements géographiques qui s'y sont accomplis. Les lecteurs de nos *Nouvelles* ont été tenus mois par mois au courant; mais en résumant brièvement les faits les plus remarquables dont nous avons parlé, nous aurons l'avantage de pouvoir les grouper par régions, au lieu de les présenter par ordre dispersé, comme nous sommes forcés de le faire dans nos numéros mensuels.

Parmi les travaux géographiques qui ont marqué l'année écoulée, le plus important à signaler, c'est l'achèvement de la *Nouvelle Géographie Universelle* d'Élisée Reclus, dont le dix-neuvième et dernier volume est consacré au Brésil et aux États de la Plata. Nous n'avons pas à porter ici un jugement sur cette œuvre magistrale, dont un publiciste a dit sans exagérer que, plus encore que celle de Buffon, elle égalait la majesté de la nature. Malgré les éloges qu'on lui décerne chaque année, à l'occasion d'un nouveau volume, tout n'a pas été dit sur cette magnifique description de la Terre, qu'on admire d'autant plus qu'on s'est plus familiarisé avec elle. L'importance de cet ouvrage dans l'histoire de la science française est incalculable; c'est lui qui a donné en France le goût de la géographie scientifique, en montrant quels vastes domaines elle peut s'annexer, quelle faculté de renouvellement elle porte en elle, et combien l'on faisait erreur en la réduisant à une sèche nomenclature.

## II

Parcourons maintenant les diverses parties du monde. L'Europe ne nous offre qu'un événement géographique de quelque importance, l'ouverture du canal de Corinthe, dont nous avons reproduit le tracé (p. 129).

C'est en Afrique, comme toujours, que l'exploration est le plus active. La conquête du continent noir par les puissances européennes n'est point achevée encore. A l'ouest, à l'est, au centre, au sud, il reste encore de vastes territoires, que ces puissances cherchent à faire rentrer dans leur sphère d'influence, ou dont elles veulent s'assurer la possession par une première occupation effective.

La France, on le sait, est toujours à l'avant-garde dans ce continent, où sa destinée manifeste l'appelle à une nouvelle expansion. L'année dernière avait vu le retour du commandant Monteil. Cette année-ci nous avons vu revenir M. Maistre, dont l'itinéraire a relié le Congo au bassin du Tchad. N'ayant pu atteindre le lac lui-même, faute d'un personnel suffisant, M. Maistre s'est replié sur la Bénoué et le Niger. Nous avons publié une carte donnant ce remarquable itinéraire, ainsi qu'un résumé du voyage (p.97 et suiv.), fait par M. Maistre lui-même, dont on a pu lire la relation détaillée dans le *Tour du Monde*.

La mission Mizon, envoyée l'an dernier dans la Bénoué, est, on le sait, interrompue; les bateaux qui la transportaient ont échoué dans la rivière, bien en aval de Yola, et M. Mizon est revenu en France. La mauvaise volonté de la Compagnie anglaise du Niger, dont les procédés révoltent une partie de l'opinion anglaise elle-même, sont pour beaucoup dans cet échec relatif.

Néanmoins M. Mizon a réussi à signer un traité avec le sultan de Mouri. Ce traité, ajouté à celui qu'il avait rapporté de Yola, et à ceux de M. Maistre, nous assure les droits du premier occupant dans la région qui s'étend à l'est du Cameroun allemand, et qui est la porte d'entrée du lac Tchad. La convention anglo-allemande récemment signée ne fait, il est vrai, nulle mention de ces droits; mais nous sommes certains que les commissaires français en ce moment à Berlin, le commandant Monteil et M. Haussmann sauront les faire respecter. Il y a, en matière africaine, une communauté évidente d'intérêts entre la France et l'Allemagne.

Sur la côte de Guinée, nous avons à signaler la nouvelle campagne du Dahomey, qui se terminera vraisemblablement par la prise de Béhanzin, et l'organisation définitive de ce protectorat, rattaché à l'un des deux gouvernements qui se partagent actuellement la Guinée française.

Au Soudan français, la défaite, qu'on peut croire finale, de Samory, et la nomination d'un gouverneur civil permettent d'espérer que l'ère des combats est enfin close dans cette grande région, et qu'on pourra commencer à la mettre en valeur.

Nous avons parlé à plusieurs reprises des missions Méry et Foureau dans le Sahara. M. Méry a poussé plus loin dans le désert qu'aucune autre mission saharienne. Il allait repartir pour une nouvelle expédition, quand la maladie est venue malheureusement l'en empêcher; il a été remplacé par M. d'Attanoux.

Au Congo français, nos explorateurs n'ont pas été non plus inactifs. L'expédition du duc d'Uzès, détournée de son but primitif, qui était la traversée de l'Afrique, s'était repliée sur l'Oubangui, pour contribuer à résoudre la grave question de frontières qui se discute avec les Belges. Mais le jeune explorateur a été forcé par la maladie de revenir à la côte; la nouvelle de sa mort est arrivée en France en août et a été accueillie par d'unanimes regrets.

M. de Brazza a continué son exploration de la Sangha, et l'un de ses lieutenants, M. Ponel, refaisant en sens inverse une partie de l'itinéraire de Mizon, a poussé jusqu'à Ngaoundéré, dans l'Adamaoua. Tout récemment nous avons appris que l'explorateur avait été gravement malade, et que le soin de sa santé allait le contraindre à abandonner pour un temps son champ de travail. Disons, en terminant, que trois missions sont parties cette année pour étudier un projet de chemin de fer qui doit relier Loango à Brazzaville et assurer ainsi à notre colonie du Congo français un débouché sur la côte.

## III

Pour les autres nations d'Europe établies en Afrique, l'année 1893 a été marquée aussi par d'importants événements. Les Belges de l'État du Congo ont réussi, après une campagne très dramatique, à vaincre définitivement les traitants arabes du haut Congo. Leur dernière forteresse, Kassongo, a été prise le 22 avril par le lieutenant Dhanis. Les Belges sont dorénavant les maîtres incontestés de ce grand pays, qu'ils ont reconnu dans presque toute son étendue, — les dernières explorations, dont nous avons parlé, sont celles de Bia, Delcommune et de Meuse — et qu'ils s'apprêtent à mettre en valeur, après l'avoir arraché à la barbarie des marchands d'esclaves. Ils viennent d'inaugurer un tronçon de chemin de fer de Matadi à Léopoldville.

Dans l'Afrique anglaise, le principal événement est la campagne des Matébélés, que nous résumons dans notre présent numéro. L'issue, facilement prévue, de cette campagne a été de permettre à la compagnie sud-africaine de posséder en toute sécurité les immenses domaines qui s'étendent jusqu'au Zambèze. Quoi qu'on pense de la moralité de cette guerre, c'est une nouvelle partie de l'Afrique qui entre dans ce qu'il est convenu d'appeler « la civilisation ». Les lignes de chemin de fer qui s'avancent à la fois du Cap et de la côte portugaise vers ces nouvelles possessions, atteindront bientôt Fort Salisbury, et nul doute que, dans un avenir rapproché, elles ne se prolongent jusqu'au Zambèze.

Dans une autre région de l'Afrique anglaise, l'année 1893 a vu la retraite de la Compagnie de l'Ouganda dont nous avons montré l'action, fâcheuse à tous égards, pour la bonne harmonie entre protestants et catholiques, et la proclamation du protectorat anglais sur le pays. L'Afrique orientale anglaise nous offre, en fait d'explorations scientifiques, celle de M. Gregory, qui a atteint sur le mont Kénia, encore si mal connu, une hauteur de 5200 mètres, et celle de MM. de Höhnel et Astor Chanler dans le bassin du Tana, dont nous avons à plusieurs reprises entretenu nos lecteurs. Elle a été arrêtée par l'accident arrivé à M. de Höhnel, et que nous racontons dans notre chronique d'aujourd'hui. Mais M. Chanler la continue.

Dans l'Afrique orientale allemande, les expéditions Baumann et Wissmann sont les plus importantes à citer. Enfin nous avons eu cette année la confirmation définitive de la nouvelle, déjà répandue à plusieurs reprises en Europe, de la mort d'Émin Pacha. Le fameux gouverneur, de son vrai nom le docteur Schnitzer, ce juif allemand, devenu musulman, fonctionnaire de la Turquie, puis de l'Égypte, est mort au service, plus ou moins reconnu, de son pays d'origine. Il a été assassiné sur les ordres du chef arabe Saïd ben Abadi, vers le 20 octobre 1892, à un endroit distant de quatre jours de Kibongo.

Nous pouvons mentionner en terminant quelques expéditions fort intéressantes des Italiens Bottego, Grixoni et Ruspoli dans la péninsule des Somalis, une des régions d'Afrique où il y a encore le plus d'inconnu. Enfin rappelons, sans commentaires, dans l'Afrique septentrionale, la campagne des Espagnols à Melilla, dont il est facile de prévoir l'issue, mais dont on ne peut deviner les conséquences plus lointaines.

## IV

Notre revue des autres parties du monde sera plus rapide. En Asie, l'événement capital a été l'évacuation par les Siamois de la rive gauche du Mékong, après un essai de résistance facilement surmonté par une démonstration énergique. Nous avons renseigné nos lecteurs sur les droits que la France avait dans cette région, et sur son intérêt à la posséder. Les récits de voyage de MM. Cupet et de Malglaive ont montré aux lecteurs du *Tour du Monde*, d'une façon particulièrement vivante, la physionomie de ces pays sauvages, actuellement acquis à la France. Aujourd'hui la question qui se discute est celle de l'« État-tampon » à créer entre la Birmanie anglaise et l'Indo-Chine française. Nous n'avons pas à préjuger, sur cette question délicate, la décision qu'il conviendra de prendre.

Nous avons parlé des explorations de M. Conway, dans l'Himalaya, et de celles de notre compatriote M. Dutreuil de Rhins, qui a poursuivi dans l'Asie-Centrale ses intéressants travaux de géographie et d'archéologie.

En Australie et Océanie, nous avons à signaler la pose d'un câble entre la Nouvelle-Calédonie et le Queensland. La principale de nos possessions du Pacifique est ainsi reliée au réseau des télégraphes universels.

Un des derniers archipels indépendants de l'Océanie, l'archipel Hawaï, a été, cette année, le théâtre d'un petit coup d'État. La reine a été détrônée par une émeute, dont les instigateurs étaient des immigrants américains. Ce coup d'État semblait évidemment le prélude d'une annexion de l'archipel aux États-Unis. Mais le changement de présidence qui a eu lieu cette année à Washington a changé par contre-coup la face des choses dans les îles, et l'annexion est de nouveau remise en question.

Pour l'Amérique du Nord, il nous faut mentionner la sentence arbitrale rendue en août dernier sur la question des pêcheries de la mer de Bering, contestée entre les États-Unis et la Grande-Bretagne. Nous en avons donné un résumé (page 141). En principe, avons-nous dit, c'est la théorie de la liberté de la mer, soutenue par la Grande-Bretagne, qui l'a emporté. Mais en pratique ce sont vraisemblablement les États-Unis qui bénéficieront de la sentence.

Dans l'Amérique du Sud, rien d'autre à signaler que les événements ordinaires de chaque année, une série de révolutions, dans lesquelles la géographie n'a rien à voir. En revanche, elle pourrait s'intéresser, s'il se poursuit, au conflit entre le Pérou et l'Équateur, pour le règlement d'une question de frontières.

Aux régions polaires, quelques nouvelles intéressantes : d'abord l'exploration Garde au Grönland, dont les *Nouvelles géographiques* ont été les premières à parler, parmi tous les recueils du même genre, puis le départ des expéditions Nansen et Peary qui seront, la première surtout, et ne pussent-elles accomplir qu'une partie de leurs programmes, d'un profit très grand pour la science.

On voit, par cette brève revue, que l'année 1893 a été fort intéressante au point de vue géographique. On voit aussi que notre recueil, fidèle à la tâche qu'il s'est tracée, ne néglige aucun des événements, aucune des explorations, aucun des travaux, qui constituent « l'année géographique ». Plusieurs de nos tracés et de nos cartes, particulièrement sur l'Asie centrale, ont précédé toutes les publications similaires. Il s'efforcera à l'avenir de faire mieux encore, d'être toujours plus promptement et plus complètement renseigné. La valeur des collaborateurs dont nous avons acquis le concours permanent lui permet de croire qu'il y réussira.

Henri Jacottet.

# CHRONIQUE GÉOGRAPHIQUE

## AFRIQUE

**Algérie.** — Dans la séance du Conseil supérieur de l'Algérie, tenue le 7 décembre dernier, une excellente mesure a été proposée par le gouverneur général, relativement aux centres coloniaux. Cette mesure consisterait à imposer désormais l'obligation de la résidence aussi bien aux acquéreurs de terrains qu'aux concessionnaires gratuits de ces terrains.

**Côte de l'Ivoire.** — M. le gouverneur Binger vient de prendre une décision qui, après l'émotion causée en Allemagne et ailleurs par les fameux envois de travailleurs soi-disant libres expédiés de la Côte du Bénin au Congo Belge, ne laisse pas d'être fort intéressante. Cette décision a pour objet de réglementer, avec de nouvelles ngaraties, le recrutement des Kroumen à destination des colonies anglaises. Comme toute mesure du même genre, celle-ci n'est pas pour contenter tout le monde, car la chambre de commerce de Liverpool a déjà protesté contre elle. Nous espérons pourtant que le gouvernement français en maintiendra l'application.

**Dahomey.** — Nous avons indiqué dans notre dernier numéro le plan de campagne adopté par le général Dodds pour en finir avec Béhanzin et achever la cohésion politique et administrative des divers territoires de notre nouvelle colonie. Ce plan a été réalisé de point en point. Les dernières dépêches du Bénin nous ont appris que Béhanzin était en fuite, et n'avait plus autour de lui que quelques membres de sa famille. De toutes parts, les chefs, ralliés à nos armes, menacent de barrer les routes à leur souverain d'hier. De sorte que Béhanzin, bientôt cerné, ne tardera pas à tomber entre nos mains, à moins qu'il n'échappe par la mort à l'appréhension de la captivité. Entre temps, le général Dodds n'a conservé avec lui que ses troupes noires et a fait rapatrier dans le courant de décembre presque tous ses contingents européens.

**La convention anglo-allemande.** — Une convention a été conclue le 18 novembre dernier entre l'Angleterre et l'Allemagne, à la suite des incidents du voyage de M. Mizon. On sait quel émoi ont suscité ces incidents. Ce n'est point faire acte d'exagération que de prétendre que le gouvernement anglais a pris à son compte les réclamations de la *Royal Niger Company* relativement aux traités signés par M. Mizon au nom de la France, tant avec le sultan de l'Adamaoua qu'avec celui du Mouri ; et que, ne se sentant pas suffisamment pourvu d'arguments pour revendiquer en sa faveur exclusive les deux provinces ci-dessus, il a sollicité le concours de l'Allemagne en offrant à celle-ci de les partager avec elle. Il a fait mieux, puisqu'il a donné à son associée de circonstance la libre disposition de tous les territoires qui s'étendent à l'ouest de l'Adamaoua jusqu'au 20° degré de longitude environ. De sorte que, du fait de l'initiative anglaise, non seulement, le protocole du 24 décembre 1885 reçoit aujourd'hui une interprétation toute nouvelle, mais que l'œuvre méthodique de Crampel, Dybowski, Maistre et Mizon est absolument niée dans son but et contestée dans ses résultats. Jamais plus étranges et insoutenables prétentions n'ont été exprimées. Nous ne voulons même pas, dans la circonstance, mettre l'Allemagne en cause. Alors que celle-ci, s'autorisant des actes du lieutenant de Stetten et de M. de Uechtritz, pouvait avec quelque raison solliciter de notre part une transaction quelconque, elle ne l'a point fait, obéissant ainsi à une réserve déplorable, partagée par beaucoup de nos compatriotes qui ne comprennent pas que, sur le terrain africain, l'Allemagne et la France sont faites pour s'entendre. L'Angleterre, seule, a conçu la pensée de nous dépouiller en compromettant avec elle dans cette œuvre inique une puissance qui n'y songeait pas. Cette considération peut suffire à ramener l'Allemagne au sentiment exact des choses, surtout si l'opinion de nos voisins veut bien s'appuyer sur des souvenirs dont tout esprit juste doit se sentir imprégné. En effet, la *Royal Niger Company* qui, à l'égard de M. Mizon, a violé la clause de sa charte stipulant qu'elle n'aurait pas de monopole et que la liberté absolue du commerce serait maintenue sur le Niger et ses affluents, n'aurait jamais osé protester ou, en tout cas, n'aurait pas attendu le prétexte à elle fourni par M. Mizon, s'il avait plu à l'Allemagne, déjà mécontente de la convention franco-anglaise de 1890, de formuler des prétentions sur l'Adamaoua et sur le bassin du Logone pour se ménager un accès vers le Tchad. C'est précisément parce qu'elle n'a exprimé que des regrets et non des réclamations que la Compagnie anglaise a songé à l'intéresser davantage à ses propres destinées, en lui faisant octroyer par son gouvernement des choses qu'elle n'aurait jamais osé espérer, autrement dit des territoires dont une partie, l'Adamaoua par exemple, était encore revendiquée par lord Aberdare comme propriété anglaise, il y a deux mois !

Bornons-nous donc à croire pour le moment que l'Allemagne accueillera les réclamations que nos mandataires, M. Haussmann et le commandant Monteil, lui exposent présentement à Berlin. S'il en était autrement, notre gouvernement aurait à solliciter, non pas un arbitrage, mais une médiation, ainsi que l'a prévu la Conférence de Berlin de 1885. Ce serait même une occasion de régler bon nombre d'autres questions africaines.

**Mission Clozel dans la Sangha.** — Le 5 décembre est partie de Marseille une nouvelle mission sous la direction de M. Clozel, qui, en dernier lieu, avait été un des compagnons de M. Maistre. M. Clozel se dirige vers la Sangha, où il se mettra à la disposition de M. de Brazza. Les collaborateurs de cette nouvelle mission sont MM. le docteur Herr, aide-major de 1re classe ; Émile Vival ; Léon Gérardin, sergent au 41e d'infanterie, et Si Sliman ben Lag, interprète algérien. M. Clozel et ses compagnons doivent tout d'abord concourir à l'organisation politique et administrative du bassin de la Sangha, si bien commencée par M. de Brazza.

**État du Congo.** — La Compagnie du chemin de fer du Congo vient d'ouvrir à l'exploitation les 40 premiers kilomètres de la voie ferrée qui, de Matadi à Stanley Pool, doit relier les deux tronçons navigables du grand fleuve. Trois stations reliées entre elles par le téléphone sont créées à Matadi, Palaballa et Kenghé. Provisoirement un seul train régulier fera la navette entre Matadi et Kenghé. Les voitures à voyageurs comporteront deux classes ; la seconde sera spécialement réservée aux indigènes. Les prix du trajet entre Matadi à Kenghé seront de 50 francs en 1re classe et de 5 francs en 2e. Le prix de transport des marchandises est fixé comme suit : à la montée, 10 francs les 100 kilomètres pour toutes marchandises ; à la descente, l'ivoire payera 10 francs les

100 kilogrammes, le caoutchouc 4 fr. 30, les gommes copales rouges 3 fr. 20, etc.

Le prix de la tonne kilométrique est donc de 2 fr. 50 à la montée. Dès à présent l'une des missions établies au Congo, dit le *Congo illustré*, estime qu'il faudra, rien que pour son service, 10 wagons de dix tonnes chacun, soit 1200 tonnes par an, ce qui représente, d'après le tarif provisoire, une recette annuelle de 48 000 francs pour ce seul client. On espérait que le 15 novembre la plate-forme de la voie serait achevée jusqu'au kilomètre 52.

Il résulte des tableaux statistiques commerciaux publiés dernièrement que, pour le 1er semestre 1893, le total des produits exportés de l'État Indépendant du Congo est de 3 134 947 francs pour le commerce spécial et de 3 834 409 francs pour le commerce général; ces chiffres sont en augmentation sensible sur les chiffres correspondants du 1er semestre 1892, lesquels étaient de 2 519 400 francs pour le commerce spécial et de 3 258 122 francs pour le commerce général.

Le total des importations pour le 1er semestre 1893 est de 4 930 664 francs pour le commerce spécial, et il atteint pour le commerce général la somme de 5 461 793 francs.

**Angola.** — En même temps que s'ouvrait à l'exploitation le premier tronçon de la ligne de Beira à Salisbury et les 40 premiers kilomètres du chemin de fer du Congo, le Gouvernement portugais inaugurait le 25 novembre l'ouverture d'une nouvelle section de la voie ferrée qui doit relier Saint-Paul de Loanda à Ambaca. Cette nouvelle section porte à 260 le nombre de kilomètres actuellement ouverts à l'exploitation dans la colonie portugaise de l'Angola.

**Pays des Matébélés.** — La guerre que la compagnie britannique du Sud Africain avait déclarée aux Matébélés vient de s'achever.

Les Matébélés, vaincus en plusieurs rencontres sanglantes, démoralisés et décimés par la petite vérole, errent avec leur chef Lobengoula dans la brousse des monts Matopo, non loin des ruines de Boulouvayo, leur ancienne capitale, où les Anglais vainqueurs construisent un fort.

L'origine de cette guerre remonte au mois d'août 1893. Les incursions meurtrières, les *raids* sanglants poussés par les Matébélés sur les territoires machonas en ont été la cause ou plutôt le prétexte très plausible.

Les Matébélés, nom signifiant « gens qui disparaissent », n'étaient à l'origine qu'une armée ou plutôt une bande de guerriers cafres, venue de la Natalie et du pays des Zoulous. Armés de la zagaie, de la massue et du bouclier en peau d'hippopotame, conduits par le père du souverain actuel, Mosélékatsé, le chef redoutable dont le nom est encore prononcé avec épouvante dans tout le bassin du Zambèze, les guerriers matébélés recrutaient en route des jeunes gens appartenant aux races conquises.

Leur passage à travers le Transvaal, alors pays presque inconnu, fut signalé par d'épouvantables cruautés, et les Bechouanas qui peuplaient ces contrées furent pillés, massacrés et dispersés dans toutes les directions.

Lorsque les Boers commencèrent leur exode vers ce pays, ils trouvèrent devant eux les *impis* de Mosélékatsé.

La lutte fut longue et meurtrière; mais enfin la carabine eut raison de la zagaie et vers 1839 les Matébélés traversèrent le Limpopo et s'établirent dans la région qu'ils occupent aujourd'hui.

Les anciens maîtres du pays (Makalakas et Machonas) furent décimés, dispersés ou asservis et leurs jeunes gens incorporés dans les rangs des vainqueurs, qu'ils ne tardèrent pas à égaler en férocité.

D'origine guerrière, les Matébélés étaient et sont encore, en grande partie, guerriers de profession; un courage indompté, un profond mépris de la mort, une discipline sévère, en faisaient jadis des soldats redoutables. Pendant longtemps il leur fut interdit de se marier et d'élever des enfants; aussi le recrutement des combattants ne se faisait-il presque uniquement qu'au moyen des captifs. Peu à peu, cependant, ces mœurs se sont modifiées : les guerriers éprouvés ont reçu le droit de prendre femme, les familles se sont constituées et une certaine fusion s'est établie entre les races différentes qui forment le peuple matébélé. Mais en même temps leurs vertus guerrières ont dégénéré et la forte discipline d'autrefois a fait place à une insubordination toujours croissante.

Le Machonaland a été pendant plus de cinquante ans le principal terrain d'incursion des Matébélés. Depuis 1840, on estime que ces bandits ont tué plus de 10 000 indigènes. A chaque *raid* le pays était semé de cadavres et de ruines. Pillant, tuant, brûlant, leur insolence ne connaissait plus de bornes, et c'est jusque sous les murs des établissements européens qu'ils poursuivaient leurs malheureuses victimes.

Le chef Lobengoula, qui connaissait la puissance des blancs, n'avait jamais osé les attaquer, mais ses jeunes guerriers, habitués aux succès faciles, brûlaient d'entamer la lutte, et leur chef, qui n'avait plus l'autorité d'autrefois, se sentit bientôt trop faible pour les retenir.

Un impi matébélé ayant pénétré jusque dans Victoria pour s'emparer de quelques Machonas tremblants qui étaient venus s'y réfugier sous la protection des blancs, fut repoussé par les armes. Immédiatement Lobengoula réclama, et ses guerriers se mirent à razzier la campagne. La situation devenait intenable : les Machonas terrorisés cessèrent de se rendre aux mines, qui faute de travailleurs durent être momentanément abandonnées. La guerre était inévitable, elle fut déclarée.

Dès l'ouverture des hostilités, Sir Henry Loch, haut commissaire de l'Afrique australe et gouverneur du Cap, représentant le gouvernement britannique, s'immisça dans la lutte. Prenant pour prétexte qu'un détachement de Matébélés avait attaqué des troupes chargées de la police du Bechounaland (Protectorat anglais),il fit occuper Tati par des troupes impériales auxquelles se joignirent bientôt 2000 indigènes commandés par le roi Khama, tout dévoué aux Anglais. En même temps M. Cecil Rhodes, premier ministre du Cap et l'un des principaux directeurs de la Compagnie Sud-Africaine, se rendit à Fort Salisbury et prti la direction de la guerre. Les rapports entre le généralissime de la Compagnie et le représentant du gouvernement anglais devinrent alors très tendus et M. Rhodes fit tous ses efforts pour éviter que les troupes impériales prissent part aux opérations militaires.

Le premier engagement eut lieu dans une gorge des monts Induima, où les colonnes de la Compagnie infligèrent une sérieuse défaite aux Matébélés. Dans les monts Matopo, une seconde rencontre plus sanglante encore ouvrit aux troupes de la compagnie la route de Boulouvayo, qui fut pris sans le secours des forces impériales. Deux fois encore les Matébélés furent vaincus et l'honneur de l'une des victoires doit être attribué aux troupes de la police, secondées par les 2000 guerriers de Khama. Après la prise de Boulouvayo les soumissions ont commencé : de nombreux guerriers matébélés ont rendu leurs armes et ont été renvoyés dans leurs kraals. Lobengoula aurait fait des propositions de paix.

De quelle façon, maintenant, les territoires soumis vont-ils être administrés ? Quelle liberté laissera-t-on à la fameuse compagnie à charte dans ce pays, de mines aurifères, nouvel Eldorado, qu'un intérêt humanitaire n'a pas seul, assure-t-on, incité à conquérir? Nous l'ignorons encore; mais le secrétaire militaire de Sir Henry Loch ayant été envoyé à Boulouvayo en mission spéciale par le gouvernement impérial, on croit pouvoir en conclure que le marquis de Ripon, secrétaire d'État pour les colonies, est bien résolu à ne pas céder devant les protestations des actionnaires de la Compagnie et à garder la haute main dans le règlement définitif des affaires du Matébéléland.

En même temps que s'engageaient les hostilités contre les Matébélés, le premier tronçon du chemin de fer de Beïra était inauguré. La voie ferrée part de Fontesville sur la Poungoué et se dirige vers Massikessi et Salisbury; les 72 premiers kilomètres ont été ouverts à l'exploitation et la construction de 48 autres kilomètres est pratiquement terminée. La largeur entre les rails est de $0^m,60$, mais la ligne étant simplement provisoire on pourra facilement la transformer en une voie de $1^m,06$. Prolongée d'un côté jusqu'à Chimoïo, la ligne le sera également jusqu'à Beïra. Lorsqu'elle atteindra Chimoïo, la voie ferrée aura franchi la zone infestée par la mouche tsétsé, à travers laquelle toutes les marchandises ne pouvaient être transportées auparavant, qu'à dos d'homme. On a calculé qu'une fois le chemin de fer terminé, le prix de la tonne de Beïra à Salisbury reviendra à 581 francs contre 1125 francs par la voie du Cap. On espère pouvoir inaugurer le tronçon de Chimoïo au mois de janvier.

**Expédition de Höhnel-Chanler.** — Nous avons suivi, dans un précédent numéro (1893 p. 173), l'expédition de MM. de Höhnel et Chanler jusqu'à Daïcho, au nord-est du mont Kénia, à quelques kilomètres au nord de l'équateur et par 38° 14′ longitude est environ. Dès lors M. de Höhnel a été grièvement blessé par un rhinocéros, le 26 août, près de Séja, à l'extrémité méridionale des monts Boroghi, à environ 180 kilomètres au nord du Kénia. Les explorateurs se dirigeaient vers le Tourkana pour y acheter des bêtes de somme destinées à remplacer celles qui avaient péri. M. Chanler fit transporter le blessé au campement de Daïcho, demeura jusqu'au 27 septembre, à cette époque où celui-ci il avait recouvré assez de force pour pouvoir se remettre en route; le 14 octobre, il arrivait à la station missionnaire écossaise de Kibonézi, où des soins médicaux lui furent donnés. De là, il reviendra en Europe. Bien que privé, si malheureusement, de son compagnon, M. Chanler ne renonce pas à son exploration, et s'il ne peut pas obtenir des résultats scientifiques équivalents à ceux que pouvait faire espérer de concours d'un voyageur expérimenté comme M. de Höhnel, il espère au moins pouvoir faire connaître les us et coutumes des populations qui habitent au nord de Daïcho, d'où est datée sa dernière lettre. Il rapporte que du 5 juin au 18 septembre, jour de leur retour au campement, les 39 ânes qui portaient leurs provisions, furent emportés par la même maladie qui avait fait périr leurs précédentes bêtes de somme en avril et mai. Ils réussirent cependant à atteindre le pays des Rendilés sur lesquels il transmit au journal subventionné d'utiles informations. De belle race, grands et bien faits, les Rendilés ressemblent au plus beau type des Somalis; mais ils n'ont, dit-il, aucune tradition qui les rattache à ceux-ci; peut-être serait-ce une tribu somali séparée des autres depuis des siècles. Il y a des similitudes de langage; beaucoup de mots sont les mêmes. Les Somalis qui faisaient partie de la caravane pouvaient très bien se faire comprendre des Rendilés et comprenaient facilement leur langage. Leurs ustensiles, l'équipement de leurs chameaux, sont les mêmes; leur vie avec leurs troupeaux est identique; leurs armes, quoique de fabrication inférieure, sont du même genre, et offrent une ressemblance frappante avec celles des Somalis. Ils disent avoir une vingtaine de villages; M. Chanler estime que leur nombre doit dépasser 15 000. Il a vu ramener du pâturage 4 000 chameaux appartenant à un seul de ces villages, ce qui donne la mesure de la richesse de la tribu. Elle peut posséder plusieurs centaines de mille moutons et chèvres, des milliers d'ânes, des centaines de vaches et quelques chevaux. Les Rendilés n'ont aucune idée du commerce, et jusqu'ici, ils n'avaient vu aucun Européen.

## ASIE

**Indo-Chine. — Mékong.** — Le traité avec le Siam a été signé, à Bangkok, le 1er octobre dernier, par les plénipotentiaires des deux nations en conflit. Toute la rive gauche du Mékong nous appartient au nom de l'Annam et du Cambodge depuis la sortie du Yun-Nan; des clauses précises assurent la sécurité et la libre navigation du fleuve. Actuellement les commissaires et les troupes du Siam ont évacué toute cette rive gauche.

Mais si toute la rive gauche nous appartient immédiatement, la possession ne sera effective que lorsque les Annamites, entraînés autrefois de force dans le Laos et le Siam, seront rentrés dans leur patrie, comme les y autorise un article de la convention imposée par M. Le Myre de Vilers. Presque toutes les villes baignées par le Mékong se trouvent sur la rive droite : Xieng-Hong, Xieng-Kong, Xieng-Lap, Xieng-Sen, Pa-Klay, Xieng-Khan, Non-Khay, Pon-Pissay, Sanis-Boury, Lakkon, Beng-Mourdahan, Kemmarat, Bassac. Ces villes, systématiquement transplantées par le gouvernement siamois d'une rive sur l'autre, afin de ne laisser qu'un pays désert aux ayants droit, vont repasser avec joie le Mékong pour reprendre leurs anciens emplacements.

En nous établissant sur cette contrée laotienne débarrassée du joug siamois, nous nous heurtons à une nouvelle difficulté, suscitée par l'Angleterre. Cette rive gauche nous est contestée par le gouvernement britannique, depuis le parallèle de Xieng-Lap jusqu'à la frontière chinoise du Yun-Nan. C'est au nom des États Chans Birmans que la région comprise entre Xieng-Lap, Mouong-Boum (sur le Ta) et les sources du Nam-Hou, nous est disputée par notre rivale maritime. L'Angleterre voudrait en faire un État-tampon entre ses possessions birmanes et nos possessions indo-chinoises. Et pour cet État-tampon elle propose généreusement un territoire qui nous appartient tout entier.

Oublieuse de la complaisance extrême avec laquelle la France lui a laissé prendre la Birmanie, elle s'acharne à vouloir pour elle la route de l'intérieur de la Chine. Vexée de nous voir établis sur la bonne route du fleuve Rouge, elle s'épuise en études de voies ferrées destinées à relier ses colonies asiatiques au Yun-Nan. Son grand ingénieur Colquhoun, après avoir renoncé aux tracés amorcés à l'Inde, à cause des *montées titanesques et des descentes vertigineuses*, vient de découvrir la possibilité d'une voie partant de Moulmein et rejoignant le Yun-Nan par la Ménam depuis Rahong et suivant le Mékong depuis Xieng-Sen. Seulement, par malheur pour les Anglais, il n'y a plus de passage possible sur la rive droite du Mékong, à partir de Xieng-Hong. Seule, la vallée du Nam-Ban, descendant des monts Pou-Eurl, sur la rive gauche, c'est-à-dire sur le territoire français, donne accès en Chine. L'établissement de la France dans cette contrée détruit tout espoir d'atteindre le Yun-Nan par les colonies britanniques.

Il s'en faut cependant que les progrès pratiques de la France soient aussi rapides que ceux de l'Angleterre.

C'est à grand'peine qu'une seule des deux chaloupes (*le Massie*) construites pour le Mékong moyen, par ordre de notre sous-secrétaire d'État, a pu franchir les rapides de Khong, après mille difficultés et plusieurs avaries. L'autre, *la Grandière*, attendra au pied des chutes que les crues de l'an prochain lui permettent un meilleur sort.

Pendant ce temps les Anglais entreprennent la voie ferrée de Bangkok à Korat. Cette ligne de 240 kilomètres, dont les terrassements sont presque entièrement exécutés par des Chinois, sera terminée dans cinq ans. Elle drainera tout le commerce du bas Laos. Un jour, la ligne de Rangoun à Mandalay atteindra le Gange; les derniers projets approchent déjà ce fleuve de 320 kilomètres. Alors sera réglée, pour nos voisins, la question si importante de la communication de l'Inde avec la Chine. Mais d'ici là, la construction de la ligne de Mandalay au Yun-Nan mettra déjà l'Inde en rapport aisé avec le Céleste Empire (par Djittagong, Ayab et Tuyet-Mo).

Les suspicions de nos rivaux vont même jusqu'à prévoir notre accaparement du Siam. Les chambres de commerce de Londres nous voient déjà en train de percer l'isthme malais de Kra, pour ruiner Singapour. Comme on le voit, ces craintes sont malheureusement peu fondées et nos progrès dans la péninsule transgangétique n'ont pas de quoi effrayer l'Angleterre, du moins au point de vue pratique.

Il est vrai que des ingénieurs français viennent de partir pour le Tonkin à l'effet d'étudier le prolongement de la ligne ferrée de Lang-Son. Cette ligne ruinerait à notre profit le port (presque anglais) de Pakoy, où aboutit tout le commerce de Caobang et de Lang-Son, par les artères fluviales du Kouang-Tuong. Il est vrai aussi qu'un service hebdomadaire de chaloupes à vapeur remonte le fleuve Rouge depuis le 17 octobre dernier. Le voyage de montée s'effectue en quatre jours, depuis Yembaï jusqu'à Laokaï, avec arrêt pendant la nuit. Il fallait auparavant trois semaines pour ce trajet. Quand le régime des eaux sera mieux connu et quand les obstacles auront sauté, le trajet s'effectuera en quarante-huit heures. Il ne faut que vingt-quatre heures pour redescendre. Voilà enfin ouverte la voie de pénétration au Yun-Nan de ce côté. Mais il nous reste à mettre en valeur tous nos avantages et les Anglais, sous ce rapport, sont bien plus avancés chez eux. Il est capital pour la France de tenir bon à propos de cet État-tampon imaginé par l'Angleterre pour nous ravir la route de Chine par le bassin du Mékong. Cette vallée contestée du Nam-Ban se trouve à 335 kilomètres d'Hanoï et à 240 de Cho-Bo; elle ne peut nous échapper sans porter un coup extrêmement grave à nos protectorats d'Indo-Chine.

**Tonkin.** — Les crues du fleuve Rouge et de ses affluents, qui ont dépassé cette année le niveau habituel de chaque saison, se sont maintenant retirées des campagnes du Delta.

Il est question aujourd'hui de supprimer les digues, dont le système protège le Delta depuis un millier d'années. En laissant les eaux du Song-Koï et du Thay-Binh se répandre librement dans la plaine tout entière on obtiendrait, dit-on, des dégâts minimes pendant quelques années, au bout desquelles le colmatage des champs par le limon aurait exhaussé le sol de manière à mettre définitivement fin aux alluvions. Les crues de cette année auraient à elles seules produit un exhaussement d'un mètre.

Cette théorie de la destruction des digues est fortement combattue par M. Loysel, qui s'appuie sur des documents sérieux pour nier l'importance du colmatage, qu'il affirme être nul ou insignifiant. Pour lui, le colmatage par le fleuve Rouge est terminé en grande partie, parce que les eaux ont achevé d'arracher dans les hautes vallées les terres et les partie meubles de la montagne. A cette preuve géologique, M. Loysel joint l'exemple historique du Hoang-Ho, du Rhône et du Nil, dont les atterrissements diminuent de siècle en siècle.

Les digues permettent d'attendre que les fleuves aient cessé de divaguer et se soient creusé un lit suffisant et stable; elles ont été préférées de tout temps, entre autres par les Hollandais, qui ne croyaient pas au colmatage ou s'en souciaient peu. Seulement les digues actuelles du Tonkin ont besoin d'améliorations dans leur tracé. Il faut les écarter davantage du fleuve, de manière à laisser entre elles plus d'espace aux eaux grossissantes et à éviter les débordements et les ruptures par pressions trop fortes. Leurs talus doivent courir en lignes aussi droites que possible, sans reproduire les sinuosités, qui sont une cause de destruction.

De plus, le canal du fleuve devra être approfondi à l'époque des basses eaux, afin d'éviter l'exhaussement du lit; des vannes savamment ménagées dans les digues laisseront intentionnellement, en cas de crues extraordinaires, le trop-plein couler sur les territoires où il fait le moins de mal. Enfin, l'embouchure du fleuve devra être dégagée de ses barres qui, en arrêtant le courant, forcent les eaux d'amont à se gonfler.

Quoi qu'il en soit, c'est la province de Bac-Ninh qui a le plus souffert. Cela tient au système orographique du Tonkin : en temps habituel, le lit du Thay-Binh est beaucoup plus bas que celui du fleuve Rouge, de sorte que les eaux de ce dernier se déversent, par le canal des Rapides, dans le Thay-Binh, qu'elles continuent à rendre navigable. Mais aux époques de fortes crues, le Song-Cau et le Song-Thuong, grossi du Loch-Nam, s'élèvent à la hauteur du fleuve Rouge et refoulent les eaux apportées par le canal des Rapides. Il n'est plus alors de travail humain capable d'empêcher l'inondation au sud du canal étranglé, et la province de Bac-Ninh reçoit toutes les avalanches du nord. Là est le point le plus vif de la plaie, le plus urgent à panser. Le remède consiste à combler le canal des Rapides, après avoir renforcé toutes les lignes protectrices d'Hanoï où le fleuve Rouge ne serait plus soulagé de son trop-plein.

Quant à l'administration, elle étudie des projets mixtes, dans lesquels il entre celui de creuser des canaux perpendiculaires à la mer et de combler tous les canaux parallèles à la côte, auxquels on attribue l'inondation dernière. Ce sont en effet les provinces de Bac-Ninh, d'Hanoï et de Phu-ly, c'est-à-dire celles qui possèdent ces canaux parallèles, qui ont été le plus recouvertes par les eaux.

**La vallée de Thu-Lé.** — Un colon français a rapporté des renseignements précis sur la vallée de Thu-Lé, cette passe très peu connue qui relie le fleuve Rouge à la rivière Noire, à hauteur environ de Ten-Bay.

De Yen-Luong, sur le Song-Koï, on atteint en cinq jours de bonne route à cheval la ville de Thu-Lé, située au pied des monts Caokim, sur la ligne de partage des eaux. Le col de Caokim, haut de 1800 mètres, est franchi par un sentier qui conduit en moins de trois heures à Van-Bu, sur la rivière Noire.

La vallée de Thu-Lé, où coule une rivière non navigable appelée Nhoï-Hutt, produit des pêches meilleures que celles du Yun-Nan, des fraises, des légumes de toute espèce, des fleurs pendant toute l'année.

Près de Thu-Lé se trouve un ancien volcan d'où l'on pourra extraire d'excellentes pierres calcaires.

Depuis la création de nos postes militaires dans la région, les *Meïrs* de la montagne et les *Thaïs* des bas-fonds ont repris leurs relations commerciales avec Dao-Kay et Hanoï, relations interrompues par les incursions des bandes chinoises, avant notre arrivée.

H. Méhier de Mathuisieulx.

## RÉGIONS POLAIRES

**Expédition Peary.** — A diverses reprises nous avons entretenu nos lecteurs de l'expédition du lieutenant Peary dans le Grönland septentrional pendant les étés 1891-1892.

Sur cette exploration deux relations viennent de paraître, la première dans le *Geographical Journal*, rédigée sur les notes mêmes de Peary, la seconde dans l'Annuaire (IV) de la Société de géographie de Christiania, écrite par M. Astrup, le compagnon de Peary à travers l'*inlandsis*. Ces deux documents et les cartes qui les accompagnent présentent entre eux une grave contradiction qui affaiblit singulièrement l'autorité du voyage. Les Norvégiens sont pour la plupart des observateurs véridiques et jusqu'à preuve du contraire leurs relations peuvent être acceptées avec confiance. Les voyageurs polaires américains, nous regrettons de le dire, n'inspirent pas toujours la même confiance depuis les exagérations de Hayes. D'après M. Nansen, Peary lui-même aurait également grossi la distance parcourue par lui sur l'*inlandsis* en 1886. La détermination de ses longitudes aurait été faite par une méthode ne donnant qu'une approximation. Ces réserves faites, arrivons au récit du voyage.

Le lieutenant Peary passa l'hiver 1891-1892 dans une excellente habitation qu'il construisit sur les bords de la baie Mac Cormick (77° 40' lat. N). Pendant l'hivernage il reçut fréquemment la visite d'indigènes. Sur la section du littoral comprise entre le cap York et Peterawik existe une tribu de 243 Eskimos. Peterawik, situé un peu au nord de la baie Mac Cormick, marque actuellement la limite septentrionale de cette petite peuplade et en même temps de la race humaine vers le nord. D'après M. Peary ces indigènes ne sont pas menacés de disparition. Pendant son séjour le nombre de naissances fut supérieur à celui des décès. La taille des hommes adultes est de 5 pieds et demi ; celle des femmes, de 4 pieds 8 pouces. Le poids moyen des hommes atteint 135 livres, celui des femmes, 118.

Le 15 mai Peary quitta les quartiers d'hiver accompagné de trois hommes et suivi de quatre traîneaux tirés par des chiens grönlandais. Ces chiens peuvent traîner un poids de 100 livres et parcourir ainsi de 10 à 20 milles par jour.

Pendant leur exploration les voyageurs ont fait, comme M. Nansen, un emploi avantageux de ces longs patins norvégiens connus sous le nom de *ski*. De la baie Mac Cormick la caravane se dirigea vers la côte nord-est du Grönland à travers l'*inlandsis*. A hauteur du glacier de Humboldt deux hommes et un traîneau battirent en retraite. Accompagné seulement de M. Astrup, Peary poursuivit courageusement sa marche à travers le désert de glace. La lisière nord de l'*inlandsis* est accidentée par de profondes et larges dépressions qui sont la prolongation dans l'intérieur des terres des fiords de la côte. Ces différents bassins, situés à l'altitude de 1 000 à 1 300 mètres, sont séparés par de hautes crêtes atteignant 1 500 et même 1 800 mètres. Dans ces cirques l'écoulement rapide de la glace détermine la formation de nombreuses et larges crevasses ; partout ailleurs l'expédition n'en a pas rencontré. Sur la périphérie nord et nord-ouest du glacier ne s'élève aucun nunatak. La surface de l'*inlandsis* est accidentée sur les pentes par des *sastrougi*, hauts de 2 à 5 pieds, orientés en général perpendiculairement à la direction dominante du vent ; elle est également hérissée de monticules élevés parfois de 15 mètres, formés de neige amoncelée autour d'une saillie de la glace. Le plateau culminant de l'inlandsis atteint dans cette région l'altitude de 2 400 mètres. Après une marche pénible de quarante-huit jours dans ce désert de glace, Peary atteignit une baie de la côte orientale du Grönland, qu'il appela *Independence Bay*. La traversée de l'inlandsis dans sa partie la plus septentrionale était ainsi effectuée, au prix d'efforts inouïs.

Dans la baie de l'Indépendance l'*inlandsis* débouche par un glacier large de 30 kilomètres, le « glacier de l'Académie », encaissé entre deux massifs rocheux. Sur celui de gauche Peary gravit le Navy Cliff, une haute montagne située par 81° 37′ 5″ et 36° 25″ longitude ouest et à l'altitude de 1 150 mètres. Dans quelques-unes des vallées voisines le sol est relativement verdoyant et parsemé d'un grand nombre de plantes florifères. L'expédition y rencontra une vingtaine de bœufs musqués. La faune ailée était représentée par un faucon, des bruants et des bécasseaux de mer. Du sommet qu'ils gravirent, les deux voyageurs ne paraissent pas avoir vu le pays sous le même aspect.

La carte publiée par le *Geographical Journal* d'après les observations de Peary établit l'insularité du Grönland par l'existence du « goulet Nordenskiöld » qui rejoindrait la côte est à la mer de Lincoln. Au delà de ce fiord s'étend une grande île dépouillée de glaciers et dont l'aspect doit rappeler la terre de Grinnell explorée.

(*A suivre*).

⁂

# MOUVEMENT COMMERCIAL

## LE COMMERCE DU JAPON EN 1892

Le commerce extérieur du Japon en 1892 se présentait de la manière suivante :

| PORTS | VALEUR EN FRANCS | | |
|---|---|---|---|
| | EXPORTATION. | IMPORTATION. | TOTAL. |
| Yokohama. . . . . | 222.004.675 | 117.075.750 | 339.080.425 |
| Hiôgo (avec Osaka) . | 81 348.075 | 135.448 850 | 216.796.925 |
| Nagasaki. . . . . . | 12.037 000 | 10.955.925 | 22.992.925 |
| Hakodaté. . . . . . | 2.823 600 | 45.225 | 2.868.825 |
| Autres ports . . . . | 10.373.400 | 3.018 300 | 13.391.700 |
| Total général. . . . | 328.586 750 | 266.544.050 | 595.130.800 |

Le tableau ci-dessous montre la part que les divers pays prennent dans le commerce du Japon ; nous les rangeons d'après la valeur des exportations et importations réunies :

| PAYS | VALEUR EN FRANCS | | |
|---|---|---|---|
| | EXPORTATION. | IMPORTATION. | TOTAL. |
| Empire Britranique. . | 73.767.975 | 133.561.875 | 207.329.850 |
| États-Unis . . . . . | 139.491.750 | 23.377.225 | 161.868.975 |
| **France**. . . . . . | 65.259.800 | 13.529.725 | 78.789.525 |
| Chine . . . . . . . | 22.934.950 | 46.747.400 | 69.682.350 |
| Allemagne. . . . . | 3 393.175 | 23.823.425 | 27 216.600 |
| Autres pays . . . . | 23 739.100 | 26.504.400 | 50.243.500 |
| Total général. . . . | 328 586.750 | 266.544.050 | 595.130.800 |

Voici comment se rangent pour la valeur (en milliers de francs) les principales marchandises exportées et importées :

| A) EXPORTATIONS | | B) IMPORTATIONS | |
|---|---|---|---|
| Soie écrue. . . . . | 143.950 | Coton. . . . . . . . | 46.050 |
| Soieries . . . . . . | 29.850 | Filé de coton et cotonnades. . . . . | 44.525 |
| Thé. . . . . . . . | 27.125 | Sucre . . . . . . . | 35.900 |
| Cuivre (en feuilles, barres, plaques et lingots) . . . . . | 17.575 | Laine . . . . . . . | 1.125 |
| Riz . . . . . . . . | 15.000 | Lainages. . . . . . | 24.975 |
| Houille . . . . . . | 10.275 | Métaux et objets en métaux . . . . . | 18.650 |
| Camphre. . . . . . | 4.600 | Divers grains. . . . | 18.275 |
| . . . . . . . . . . | etc. | Machines. . . . . . | 15.375 |
| | | Huiles et cire. . . . | 14.075 |
| | | . . . . . . . . . . | etc. |

Tel est l'*état actuel* du commerce japonais. Voici d'un autre côté quelques données sur le *développement* de ce commerce et ses particularités.

Pays prospère et en progrès, le Japon voit grossir son commerce continuellement et rapidement, ainsi que le montrent les statistiques comparées de 1884-1888-1892.

| ANNÉES | VALEUR EN FRANCS | | |
|---|---|---|---|
| | EXPORTATION. | IMPORTATION. | TOTAL. |
| 1884. . . . . . . . | 149.280.125 | 149.995.125 | 299.275.250 |
| 1888. . . . . . . . | 251.905.150 | 279.883.950 | 531.789.700 |
| 1892. . . . . . . . | 328.586.750 | 266.544.050 | 595.180.800 |

Les progrès de l'industrie indigène, qui ont marqué les dix dernières années, ont une influence des plus sensibles sur la proportion des diverses marchandises dans la valeur générale des exportations et des importations au commencement de cette période décennale et à sa fin. Pour mieux dégager ces résultats, nous donnons ci-après un tableau qui indique en pour 100 la proportion moyenne des valeurs des principaux articles dans le total général, d'un côté pour la série des cinq premières années (1883-1887), d'un autre pour la série des cinq dernières (1888-1892) et enfin, à titre de conclusion, pour l'année 1892 seule.

*Exportations.*

| ARTICLES | POUR 100 DU TOTAL GÉNÉRAL en 1883-1887. | POUR 100 DU TOTAL GÉNÉRAL en 1888-1892. | POUR 100 DU TOTAL GÉNÉRAL en 1892. |
|---|---|---|---|
| Soie écrue. . . . . | 42 | 37,2 | 43 |
| Thé. . . . . . . . | 16,6 | 8,4 | 8 |
| **Soieries**. . . . . | 2 | 4,6 | 9 |
| Riz . . . . . . . . | 4,5 | 7 | 4 |
| Cuivre. . . . . . . | 3,8 | 5,8 | 5 |

*Importations.*

| ARTICLES | POUR 100 DU TOTAL GÉNÉRAL en 1883-1887. | POUR 100 DU TOTAL GÉNÉRAL en 1888-1892. | POUR 100 DU TOTAL GÉNÉRAL en 1892. |
|---|---|---|---|
| **Filé de coton**. . . | 17,2 | 14 | 10 |
| **Coton**. . . . . . | 1,8 | 9,4 | 17 |
| **Toiles**. . . . . . . | 4,2 | 3,6 | 3 |
| **Draps**. . . . . . . | 2,2 | 2 | 1 |
| **Mousseline de laine** | 4,7 | 3 | 3 |
| Sucre . . . . . . . | 16,2 | 10,8 | 13 |
| Métaux . . . . . . | 8,5 | 8,6 | 7 |
| Pétrole. . . . . . . | 6,4 | 6 | 4 |

Ces chiffres révèlent plusieurs faits intéressants : 1° tandis que l'exportation de la soie écrue, très considérable en elle-même, reste stationnaire ou à peu près dans les deux périodes quinquennales, l'exportation des soieries a plus que doublé, presque triplé de la première période à la seconde ; 2° l'importance du filé de coton a baissé considérablement, ainsi que celle des cotonnades, etc., mais l'importation du coton en laine (par conséquent destiné à être travaillé dans le pays) a marché à pas de géant : elle a plus que quintuplé de la première période à la seconde et presque décuplé pour l'année 1892. On voit que le Japon devient de plus en plus un pays manufacturier, qu'il tâche de produire lui-même les objets manufacturés, pour lesquels il s'adressait encore tout récemment à l'étranger ; l'exportation des soieries montre même qu'il cherche des débouchés sur le marché du monde ; d'un autre côté quelques espèces de cotonnades commencent à évincer dans l'Orient les produits anglais. Du reste, la statistique officielle du Japon nous montre directement ce développement industriel. Ainsi, en 1885, le Japon comptait 21 filatures avec 62 320 broches, soit 2 968 broches par filature ; en 1893 le nombre de ces établissements se montait déjà à 37 avec 446 376 broches, soit 12 054 broches par filature ; non seulement le nombre des fabriques a presque doublé, mais leurs dimensions ont plus que quadruplé, ainsi que le prouve le chiffre de broches par chaque filature : le progrès industriel au Japon, comme partout ailleurs, amène surtout la concentration des moyens de production.

Il est tout naturel que cette transformation économique ait tout d'abord son contre-coup sur le commerce des pays qui fournissent au Japon des produits manufacturés. Tel est le cas de l'Angleterre : tandis que le commerce du Japon avec l'Empire Britannique formait, en 1890, 41 pour 100 du total du commerce japonais, en 1892 il est descendu à 35 pour 100. La diminution portait surtout sur les draps, machines, fers, cotonnades.

Nous terminerons par quelques données qui concernent tout particulièrement la France. Le principal article que ce pays importe au Japon est la mousseline de laine, dont la valeur, en 1892, était de 8 200 000 francs en chiffres ronds, ce qui représentait 89 pour 100 de l'importation totale de ce produit, tandis que la part de l'Angleterre ne formait que 9 pour 100, et celle de l'Allemagne que 2 pour 100. Chose assez curieuse, la France paraît élargir au Japon son débouché de fers et de machines aux dépens de l'Angleterre. Peu considérable en elle-même, l'importation des fers est montée pour la France de 2 pour 100 du total général en 1891, à 4 pour 100 du même total, en 1892, soit presque du double en une année, tandis que l'Angleterre est descendue à cette rubrique de 65 pour 100 à 60 pour 100 ; de même, l'importation des machines françaises s'est accrue de 1891 à 1892 dans la proportion de 7 à 8, tandis que l'importation des machines anglaises a subi un recul considérable : de 90 pour 100 du total en 1891 à 73 pour 100 en 1802

Quant à l'exportation, la France occupe le premier rang (après les États-Unis) pour la soie écrue et les soieries (mouchoirs, etc.) du Japon : 53 875 000 francs de soie, soit 37 pour 100 de l'exportation totale de cet article en 1892, et 8 850 000 francs de soieries, soit 30 pour 100 du total.

Nicolas Roussanof.

# BIBLIOGRAPHIE

## REVUE DES PÉRIODIQUES

### Articles signalés

**Geographical Journal.** Décembre 1893. — *The present standpoint of Geography,* par Clements R. Markham. (Discours fait à la séance de rentrée de la Société de Géographie par M. Markham, président actuel, bien connu autrefois comme explorateur. Dans ce discours, remarquable par la pensée et par la forme, M. Markham montre quelle tâche attend les voyageurs de l'avenir. L'œuvre de reconnaissance des terres n'est pas encore entièrement terminée; il n'est pas de continent en dehors de l'Europe qui n'offre encore quelques problèmes géographiques à résoudre. Une fois cette reconnaissance terminée, il importera de la compléter par des études approfondies, qui doivent nous faire connaître toutes les parties du monde aussi intimement que nous connaissons nos pays de l'Europe occidentale, et nous permettre d'en faire des cartes à grande échelle. M. Markham rappelle en terminant l'œuvre fondée par la Société de géographie de Londres pour donner aux jeunes explorateurs les connaissances scientifiques et techniques indispensables dans leur carrière.) — *Geographical Results of the Anglo-Portuguese Delimitation Commission in South East Africa,* 1892, par le major Leverson, avec carte au 1 000 000ᵉ (Rapport sur le travail fait par la commission de délimitation anglo-portugaise dans le territoire qui s'étend des sources du Gacresi (bassin du Zambèze, par 18° latitude sud, jusqu'à l'extrémité nord-est du Transvaal ou République Sud-Africaine. C'est une contrée en général montagneuse, et arrosée par un grand nombre de rivières, appartenant aux bassins du Zambèze, du Poungoué, du Bousi, du Sabi et du Limpopo). — *The limits between Geology and Physical Geography* (Compte rendu d'une discussion sur les rapports mutuels de la géologie et de la géographie, qui a eu lieu cette année au Congrès de l'Association Britannique des sciences à Nottingham). — *Mr Astor Chauler's Expedition to East Africa.* (Communication de M. Astor Chauler. Nous en donnons la substance à la chronique). — *The Geat Barrier Reef of Australia,* par Henry O. Forbes.

**Mitteilungen de Petermann,** novembre 1893. — *Vorkommen des Bernsteins in Russland,* par Fr. Th. Köppen. (Étude sur les gisements d'ambre qui se trouvent en Russie. Bien qu'ils aient déjà été signalés par Pline et Denys le Périégète, ils sont encore très peu connus. Cependant on les trouve sur un territoire étendu dans les gouvernements de la Russie occidentale, et jusque sur le bas Dniépr. — *Die Binnenseen von Celebes,* par le Dʳ A. Wichmann (Suite d'une étude commencée dans le précédent numéro). — *Die Pampa Ebene im Osten der sierra von Cordoba in Argentinien,* par le prof. Dʳ W. Bodenbender (Fin d'une étude dont nous avons déjà parlé dans notre dernière bibliographie). — *Kleinere Mitteilungen : Langhaus' Karte der Schutzgebiete der Neu Guinea Kompanie,* par O. Finsch. (Remarques sur la belle carte en 6 feuilles que nous avons annoncée nous-mêmes). — *Die australische Forschungs- Expedition von sir Thomas Elder* 1891-1892 avec carte. — *Reiseskizzen aus der Südsee,* par Carl comte Lanjus.

## COMPTES RENDUS

**Victor Deville** : *Manuel de Géographie commerciale. Étude économique des différentes parties du monde, et notamment de la France.* 2 vol. in-8. Paris et Nancy, Berger-Levrault, 1893.

Ouvrage consciencieux et plein d'intérêt, dont il est difficile de montrer tous les mérites dans un bref compte rendu. Il abonde en renseignements puisés aux meilleures sources, et sans faire oublier la *Géographie économique* de Marcel Dubois, à laquelle M. Deville rend dans sa préface un hommage mérité, il sera certainement d'une grande utilité. A notre époque d'expansion coloniale, l'esprit des jeunes générations doit se porter plus que jamais vers la géographie commerciale. C'est ainsi seulement qu'on pourra faire valoir les vastes territoires acquis dans ces dernières années. C'est un devoir national de faire en sorte que tant de sacrifices n'aient pas été inutiles.

Le manuel de M. Deville avait été présenté couronné par la Société de géographie commerciale. L'auteur a néanmoins modifié son premier travail. Le plan en particulier a été changé, et l'auteur a groupé les pays non plus par régions géographiques, mais par voies commerciales : ainsi il étudie dans un même chapitre tous les pays riverains de la Méditerranée, qu'ils soient en Europe, en Afrique ou en Asie; un second groupe est formé par l'Europe orientale et l'Asie occidentale; un troisième par l'Afrique sud-occidentale et l'Extrême-Orient; un quatrième par tout le versant de l'Atlantique européen, africain et américain; un cinquième par l'Insulinde, l'Australie et l'Océanie. Comme tous les plans, celui-ci a un bon et un mauvais côté : le bon, c'est qu'il montre clairement les grands courants commerciaux du monde; le mauvais, c'est que les continents sont coupés en deux ou trois morceaux dispersés à travers le livre. Ainsi l'auteur traite à trois reprises de l'Europe et de l'Afrique, et à deux de l'Asie.

**Zélie Colvile** : *Round the Black Man's Garden.* Un vol. in-12, illustré. Édimbourg et Londres, William Blackwood et fils, 1893.

Récit d'un voyage autour de l'Afrique, agréablement conté par une femme d'esprit. L'auteur, qui accompagne son mari, longe d'abord la côte orientale d'Afrique, touche à Zanzibar, aux Comores, et traverse Madagascar de Tamatave à Majunga. La partie consacrée à cette île est la plus intéressante du volume; les voyageurs font une partie de la route avec M. Le Myre de Vilers, alors résident général de France. De Magunja, les voyageurs se rendent à Mozambique, puis longent la côte jusqu'à Natal, d'où ils se rendent par terre jusqu'au Cap. Du Cap, ils vont droit aux Canaries pour revenir ensuite à la côte occidentale qu'ils visitent du Sénégal au Gabon. Voyage en somme facile, sauf la traversée de Madagascar, et qu'on pourrait recommander aux *globe-trotters*; c'est une façon d'étudier les différents aspects du continent noir, qui offre beaucoup d'intérêt et peu de danger. Les illustrations, un peu inégales, sont faites d'après des photographies et des dessins de l'auteur.

J.

**Dʳ Franz Stuhlmann.** *Mit Emin Pacha in's Herz von Afrika.* 1 vol. in-8° avec portraits et illustrations. Berlin, Dietrich Reimer.

Le Dʳ Stuhlmann, le compagnon d'Emin Pacha dans son dernier voyage, était tout désigné pour être en quelque sorte l'exécuteur testamentaire de celui qu'on a parfois appelé, non sans raison, l'Ulysse africain. Le très beau volume qu'il a consacré à la mémoire de son chef, au récit de leur expédition en commun, et qui vient d'être publié avec le concours du Ministère des affaires étrangères de Berlin, emprunte son intérêt à la fois à l'attachante personnalité qui en anime toutes les pages, à la beauté des pays parcourus et au luxe exceptionnel de la publication. C'est bien là le monument qui devait être consacré au souvenir de l'homme remarquable qui a autant fait pour attirer les populations de l'Afrique centrale vers le monde européen, que d'autres pour les en éloigner. Au milieu de circonstances dramatiques, accablé par les guerres, l'isolement, les sauveurs de mauvais aloi, les infirmités, Emin Pacha n'a cessé de poursuivre le but élevé qu'il s'était proposé, offrant ainsi le spectacle d'un Européen qui s'efforçait de créer au centre de l'Afrique une civilisation véritable, tandis que d'autres représentants de sa race promenaient à travers le continent noir une sorte nouvelle de barbarie perfectionnée.

Deux cartes, deux portraits, ceux du héros et de l'auteur du livre, trente-deux illustrations hors texte et 270 gravures ou figures dans le texte permettent de suivre avec la plus grande précision le récit de cette odyssée moderne, et donnent une idée précise des habitants et de la contrée. Celle-ci, avec ses lacs, ses montagnes couvertes d'épais glaciers et sa végétation équatoriale, apparaît comme une des plus admirables régions de la terre.

S.

**F. C. Selous;** *Travel and Adventure in South-East Africa.* Un vol. in-8°, avec carte et illustrations. Londres, Rowland Ward and Cᵒ, 1893.

L'auteur de ce volume a passé de nombreuses années dans l'Afrique du Sud, où il s'est adonné avec ferveur à la chasse. Il nous raconte ses voyages et aventures de onze années (1882 à la fin de 1892). Les récits de chasse sont naturellement au premier plan. En dehors des épisodes ordinaires à ce genre de sport en Afrique, et dont l'intérêt est aujourd'hui un peu épuisé, on y trouvera quelques détails assez curieux sur des espèces aujourd'hui éteintes ou tout près de l'être, par exemple sur le rhinocéros blanc, dont l'auteur a encore tué quelques spécimens, mais qu'aucun chasseur n'a plus rencontrés depuis nombre d'années.

La seconde partie de l'ouvrage offre un intérêt plus général. M. Selous y raconte ses voyages et son séjour dans le Machonaland, où il a été témoin des premières entreprises de colonisation faites par la Compagnie Sud-africaine. Son opinion sur les ressources du pays est très favorable. Quant à ses jugements sur les actes de la Compagnie et sur les droits de l'Angleterre, ils sont ce qu'on pouvait attendre d'un Anglais zélé, et fortement atteint de ce *jingoism*, qui est le chauvinisme d'Outre-Manche. H. J.

**Henri-Ph. d'Orléans** : *Autour du Tonkin*. Paris, Calmann Lévy, 1894, in-8°.

Après avoir atteint le Tonkin par le Thibet en 1890, le prince H. d'Orléans n'avait fait que passer rapidement dans notre protectorat du Fleuve Rouge. Aussi ce voyageur consciencieux y est-il retourné en 1892, afin de se vouer à l'étude de la colonie et c'est de ce dernier voyage qu'est extrait le livre dont nous venons d'indiquer le titre.

Sur la couverture du volume il manque une devise, mais elle y est implicitement tracée à chaque page : *exactitude et patriotisme*.

L'ouvrage débute par une exposition nette et courageuse de l'avenir et du péril de la colonie, résumés en ces deux mots : charbonnage et piraterie. Sa description des mines de Hongay et de Kébao est la plus claire, la plus précise qui s'en soit donnée jusqu'ici en dehors des comptes rendus techniques. On y retrouve tous les défauts de notre administration tracassière et tout le génie colonial français dont heureusement les détracteurs disparaissent peu à peu. Le jeune explorateur a compris de suite que la base de notre prospérité réside dans les mines de houille, cet atout décisif qui permette la mise en valeur du riche bassin du Song-Koï, tandis que nos voisins, les Anglais, doivent faire venir du Japon ou d'Angleterre le charbon de leurs usines. Il examine, avec les preuves en mains, tout ce que nous devons espérer aussi de la culture et de l'industrie. Bien reçu par toutes les classes de Français, par tous les gouvernements, il écoute, sans prévention aucune, toutes les opinions, toutes les plaintes, tous les projets et l'amour de son pays le guide seul dans la recherche de la vérité. Il ne craint pas de dire à chacun son fait, si pénible que soit cette franchise. Quant à la piraterie et aux vices de l'administration, on trouvera dans le livre du Prince d'Orléans une magistrale exposition, détaillée et raisonnée, de ce que nous affirmions dans un article des *Nouvelles géographiques*, en avril dernier.

La description de la vallée de la Rivière Noire vient ensuite et se compose d'une attrayante encyclopédie de ce bassin que l'auteur a parcourue depuis Cho-Bo jusqu'à Laï-Chau. Dans ce trajet le lecteur suit jour par jour l'auteur, avide d'informations, qui veut tout savoir, tout comprendre. D'après le prince, la rivière Noire n'aura jamais l'importance commerciale du fleuve Rouge.

De Laï-Chau, le voyageur nous entraîne avec lui dans le Laos, cette terre de l'amour, seule contrée d'Asie où l'homme s'incline devant la femme. La vue du Mékong arrache à cet enthousiaste Français un cri patriotique, car elle lui rappelle tous ses compatriotes qui se sont dévoués et ont péri pour acquérir ce fleuve à la France.

Le chapitre sur Luang-Prabang jette un jour nouveau sur cet État, le plus important actuellement de ceux que nous venons d'arracher aux Siamois; il explique tout le mécanisme des lents empiètements de Bangkok, avant les derniers événements, et fait ressortir le beau rôle qui s'offre à la France, ainsi que les dangers de notre politique décousue et poltronne. Cette politique forme un douloureux contraste avec l'intrépidité de nos explorateurs français et avec l'énergie soutenue de nos voisins les Anglais, à Xieng-Maï.

Le récit de la descente des fleuves jusqu'à Bangkok, malgré les nombreux rapports que nous ont déjà faits les devanciers du prince, n'en présente pas moins cet intérêt tout spécial à ce qu'écrit l'auteur, de comparer ce qu'il voit avec ce qu'il a vu dans ses précédents voyages.

La question commerciale de l'Indo-Chine est savamment traitée dans le dernier chapitre. *Le Tonkin n'est pas seulement bien placé, il est bien percé*, par ses fleuves pour pénétrer en Chine. C'est dans la vallée du fleuve Rouge que nous avons tous nos avantages sur l'Angleterre, pour atteindre le Yun-Nam, le Sse-Tchouen, le Quang-Si et même le Thibet. L'auteur réfute catégoriquement l'opinion qui cherche à amoindrir l'importance de notre fleuve; aplanir les derniers obstacles du thalweg et créer un port, en eau profonde, à Hongay, voilà pour lui l'avenir commercial.

L'ouvrage se termine par un appendice scientifique fort précieux aux points de vue géographique, zoologique et botanique. Nous n'avons qu'un reproche à faire à ce volume, c'est la médiocrité des gravures, car les documents photographiques du prince-explorateur, méritaient une meilleure reproduction.

MÉHIER DE MATHUISIEULX.

**E. A. Martel** : *Sous terre. Recherches dans le Lot en 1892 et 1893*. Brive, Marcel Roche, imprimeur-éditeur, 1893.

L'infatigable explorateur des grottes et des gouffres de notre Massif central ne cesse d'accroître le nombre et l'étendue de ses recherches. La brochure dont nous venons de citer le titre n'est qu'une des nombreuses publications dans lesquelles il rend compte de sa constante activité. Nos lecteurs savent déjà quel puissant intérêt s'attache aux recherches de M. Martel et de ses collaborateurs parmi lesquels il faut citer en première ligne son cousin M. Gaupillat.

Aller rechercher sous la terre les premières ramifications des grandes sources qui dans certaines régions de roches perméables remplacent les rivières à ciel ouvert, c'est d'abord avancer d'un pas de plus dans l'étude d'un mystère de la nature, mais c'est aussi se mettre en mesure, pour plus tard, de capter ou de régulariser le cours intérieur des eaux, d'éviter les débordements ou les épuisements des rivières souterraines, de rendre la fertilité à certains cantons déshérités de notre pays. Nous étions en retard en France pour ce genre de recherches; il était naturel du reste qu'on s'en fût préoccupé tout d'abord dans les pays où il se présente avec le plus d'ampleur et d'étendue, dans les régions calcaires du nord est de l'Adriatique. Mais grâce à nos intrépides fouilleurs de grottes, de gouffres, d'*avens*, d'*igues*, et autres accidents de noms variés et de nature identique, nous avons largement regagné le temps perdu. M. Martel ne vient-il pas d'ajouter une longue série de galeries nouvelles à la célèbre grotte d'Adelsberg, en Carniole? De telles recherches exigent non seulement un matériel encombrant et dispendieux, mais une dose peu ordinaire de courage et de froide persévérance. Nous devons donc être particulièrement reconnaissants à ceux qui, après les avoir entreprises, les poursuivent à travers une longue suite d'années.

F. S.

## CARTOGRAPHIE

**F. Schrader.** *L'Année cartographique, supplément annuel à toutes les publications de géographie et de cartographie*. Troisième année. Paris, librairie Hachette et Ci°.

Le 3° fascicule de cette publication annuelle, paru récemment, contient, suivant son programme, les modifications essentielles apportées par l'année 1892, mais il offre, cette fois, un élément d'intérêt tout à fait particulier. Sur les trois planches qui le composent est représenté *l'état de la connaissance géographique et topographique* du globe au 1er janvier 1893.

Des teintes claires conduisent graduellement depuis l'espace blanc où tout reste à trouver jusqu'aux vastes échelles de nos grandes cartes militaires; du premier coup d'œil, il est facile de saisir la proportion des aires inconnues ou seulement soupçonnées et celle des régions où l'agglomération humaine, pour ses besoins de civilisation ou de défense, a été conduite à se créer une représentation exacte et détaillée du sol.

Telle est la partie en quelque sorte « graphique » de ce fascicule, dont le fonds doit inspirer entière confiance, car il est l'œuvre de géographes spécialement voués à la recherche et à l'étude des ressources cartographiques des cinq continents et à qui tous les documents de valeur passent quotidiennement sous les yeux.

Le texte qui figure au dos des planches en précise et en développe la donnée générale par une énumération succincte et une analyse raisonnée des cartes, renseignements, voyages et itinéraires qui sont à l'heure actuelle le patrimoine de la science cartographique.

Il sera d'un vif intérêt, lorsque dans quelques années un travail semblable sera exécuté, de constater l'étape parcourue dans la connaissance générale de la surface du globe, étape qui ne pourra manquer d'être considérable.

# NOUVELLES GÉOGRAPHIQUES

## LES MARAIS DE PINSK EN RUSSIE

### ET LEUR ASSÉCHEMENT[1]

Sous le nom de Polessié ou de marais de Pinsk, on comprend une vaste région ayant à peu près la forme d'un triangle, dont les sommets se trouvent à Brest-Litovsk, à Kiiev et à Mohilev. Cette région occupe environ 8 millions d'hectares et est limitée au nord-ouest par des contreforts détachés des hauteurs d'Alaoun, et au sud-ouest par les derniers embranchements des Carpathes. Ce pays plat est traversé par la Pripet et ses nombreux affluents.

Avant la canalisation, le Polessié ne contenait pas plus de 2 millions d'hectares de terres propres à l'habitation; 3 millions d'hectares étaient occupés par des forêts au sol marécageux.

Les unes et les autres étaient disséminées sous forme d'îlots plus ou moins grands et séparés par des marais infranchissables en toute autre saison que l'hiver. Cette vaste étendue de marais, privés de toute végétation, avec autant de forêts humides, rendait cette contrée impropre à une culture quelconque. Une certaine fermentation paludéenne et les miasmes pernicieux qui se dégageaient des marais la rendaient nuisible au plus haut degré à la santé de l'homme et des animaux. Les habitants du Polessié, à peine au nombre d'un demi-million, ont acquis une triste notoriété par leur faiblesse constitutionnelle et une maladie particulière, purement locale, appelée la *plica polonica*.

Il y a une vingtaine d'années qu'on eut pour la première fois l'idée de transformer ce territoire; c'était d'autant plus désirable que le Polessié présente, tant par son climat que par sa position géographique, beaucoup d'avantages pour l'agriculture et surtout pour la formation des prairies, dont la surface a considérablement diminué au centre de la Russie à cause de leur transformation graduelle en champs labourés.

Pour s'assurer de la possibilité d'atteindre ce but, il a fallu étudier le pays aux points de vue topographique, hydrométrique et géologique. Ayant déjà eu l'occasion de travailler dans le Polessié pour les mesures du 52e degré, j'ai été chargé de la direction de ces études.

Afin de déterminer la contexture topographique de la contrée il a été indispensable de faire le nivellement de toute la région; le canevas nivelé, comprenant l'espace énorme de 80 000 kilomètres carrés et ayant environ 21 500 kilomètres de longueur linéaire, présentait une chaîne continue de polygones, permettant un contrôle répété de la différence d'altitude entre les divers points situés soit sur la surface des marais, soit dans les vallées des rivières.

A côté du nivellement on faisait des études sur le débit de l'eau de la Pripet et de ses affluents. On mesura d'abord à cet effet le volume d'eau à son entrée dans les marais et à sa sortie et l'on obtint ainsi des données sur la circulation entière de l'eau dans le bassin du fleuve pendant les débâcles du printemps et à l'étiage d'automne.

Les recherches topographiques et hydrométriques ont démontré que le Polessié présente une vaste plaine formant comme le fond d'une cuvette gigantesque, à bords surélevés, du haut desquels coulent vers le centre les affluents de la Pripet, qui traverse elle-même le milieu de la contrée. Cette plaine se compose de deux versants convergents, un peu inclinés vers la Pripet, et s'élevant, au fur et à mesure de leur éloignement, de 3 à 4 mètres par 10 kilomètres. Près de la ville de Pinsk, où la Pina se jette dans la Pripet, cette dernière rivière, dont le courant à cet endroit a une vitesse moyenne de 1 mètre par seconde, est à 132 mètres au-dessus du niveau de la mer et à 38 mètres au-dessus de son confluent avec le Dniepr; de sorte que la chute moyenne est de 11 centimètres par kilomètre.

Les principaux affluents de droite de la Pripet, le Stokhod, le Styr et l'abondante Goryn, grossie du Sloutch, prennent naissance dans les contreforts des Carpathes et se distinguent à leurs sources par une ramification considérable et un caractère montagneux. A l'entrée dans la région du Polessié, ces rivières, ainsi que les autres affluents de la Pripet prenant naissance dans la plaine, la Touria, la Stoubla, la Stviga, la Svinovoda, l'Oubort, la Slavetchna, la Jelon et l'Ouj, coulent sur une pente excessivement

1. Le présent article est la traduction faite avec l'autorisation de l'auteur, le général-lieutenant Jilinsky, de son rapport sur la canalisation du Polessié, exécutée sous sa haute direction et par ordre du Ministère des Domaines Impériaux.

faible et entre des rives très basses. La chute des principaux affluents atteint à peine 40 centimètres par kilomètre.

Le même fait caractérise les affluents de gauche de la Pripet, parmi lesquels quatre, la Iasolda, la Lan, la Sloutch septentrionale et la Ptitch, sortent des hauteurs bordant le Polessié du côté du nord-ouest, tandis que la Pina, le Bobrik, le Vit et la Braginka naissent dans la plaine même du Polessié.

Les explorations géologiques, vu l'absence complète des dénudations naturelles, ne pouvaient être faites qu'à l'aide de forages et de fouilles. On creusa en tout 390 puits, dont 140 jusqu'à la profondeur de 24 mètres et 250 jusqu'à celle de 7 m. 50.

La distance moyenne entre les orifices des puits était de 20 kilomètres; l'espace intermédiaire fut exploré au moyen de fouilles. Ces explorations ont prouvé que toutes les couches géologiques du Polessié présentaient le même caractère.

La couche supérieure des marais se compose presque partout de tourbe de mousse, de formation toute récente. L'épaisseur de cette couche varie de 3 à 6 mètres et l'on y trouve des restes d'arbres. Dans certains endroits, immédiatement au-dessous de la tourbe, s'étendent des dépôts ferrugineux, ayant près de 60 centimètres d'épaisseur.

Les régions élevées et, partant, sèches du Polessié sont recouvertes d'une mince couche d'argile sablonneuse végétale; dans beaucoup d'endroits le sable apparaît à la surface.

Tous les dépôts de tourbe reposent directement sur du sable jaune à grains fins, dont ils ne sont souvent séparés que par une mince couche de limon.

Au-dessous du sable jaune on trouve du sable gris, à grain de plus en plus gros à mesure que l'on pénètre plus profondément, et se transformant en gravier. On trouve dans ce sable des pierres erratiques grandes ou petites, de formation cristalline, telles que gneiss, syénite, diorite, porphyre et d'autres. Immédiatement sous le sable s'étendent les argiles jaunes et bleu grisâtre formant des couches de différente épaisseur, dépassant parfois 18 mètres. En certains endroits ces argiles se montrent à la surface de la terre; ailleurs elles forment des bassins souterrains imperméables, communiquant entre eux et remplis d'eau et de sable.

Elles reposent sur des dépôts de sables gris qui, à leur tour, se trouvent au-dessus de formations plus anciennes composées d'argiles schisteuses sombres très compactes, ou de grès glauconite, de marnes crétacées et de craie.

Outre ces formations géologiques, on rencontre également dans le Polessié une espèce de chaux argileuse, désignée sous le nom de *lœss*, dont les puissants dépôts forment parfois des collines assez considérables.

L'ordre de la stratification de la région du sud-ouest du Polessié diffère un peu de celui que nous venons d'indiquer. Là le sol marécageux repose fréquemment sur de la craie, qui pourtant ne se montre jamais à la surface du sol, ou sur des dépôts crétacés et des marnes.

Les sources d'eau douce ne se rencontraient parmi les marécages que dans des cas exceptionnels.

Les explorations géologiques ont abouti à la conclusion que les marais du Polessié reposent sur des couches imperméables et que leur origine s'explique facilement par les propriétés topographiques et hydrographiques du pays.

En effet, les principaux affluents méridionaux de la Pripet : le Stokhod, le Styr et la Goryn, coulent de la périphérie au centre et se déversent dans la Pripet près de Pinsk à une très petite distance l'un de l'autre; dans la même partie de la Pripet se déversent également les principaux affluents septentrionaux, la Iasolda, le Bobrik, la Lan et le Sloutch. Ces rivières, qui ont à leur source un cours assez rapide, coulent dès leur entrée dans la plaine du Polessié, entre des rives peu élevées. Au moindre obstacle elles sortent de leurs rives et submergent toute la plaine voisine.

De pareils obstacles proviennent surtout de ce que la débâcle n'a pas lieu à la même époque sur la Pripet et ses affluents de droite. Lorsque la neige commence à fondre dans les parties méridionales de la Volhynie (en mars et même en février), ces affluents contiennent une grande masse d'eau, qui, rencontrant la glace sur la Pripet, la rompt, sort des rives et, grâce à la proximité des confluents de toutes ces rivières, submerge tout le pays entre les villes de Pinsk et de Tourov. La fonte des neiges dans la contrée même augmente encore les suites de la débâcle. Enfin, en approchant de la ville de Mozyr, la Pripet coule dans un défilé relativement étroit, à bords élevés, où se forme une sorte de barrage, qui empêche l'eau de son bassin central de s'écouler et aggrave encore la crue.

Les eaux montent au printemps à la hauteur de 4 m. 5 au-dessus de l'étiage et s'étendent sur une distance de plus de 20 kilomètres.

Les inondations commencées au printemps continuent parfois jusqu'au mois de juillet, après quoi l'eau commence à rentrer dans le lit des rivières; mais elle n'y rentre pas tout entière, car, par suite d'une longue stagnation, elle dépose de grandes quantités d'alluvion, obstruant les embouchures de beaucoup de sous-affluents et formant ainsi des bassins fermés de tous les côtés. Ce n'est que la couche supérieure de cette eau qui se déverse dans la rivière; par contre les couches inférieures subsistent pendant tout l'été, s'évaporant peu à peu et laissant au fond du bassin d'épaisses strates de sable et de vase. Ce phénomène, se répétant d'année ne année le long des vallées des rivières, a déterminé la formation de marais oblongs. Outre ces causes naturelles, les petits cours d'eau du Polessié sont également obstrués par des digues de moulins à eau et de bordigues pour la pêche des poissons. La pente étant insignifiante et les rives basses, chaque obstruction provoque la stagnation de l'eau sur un grand espace, suivie de formation d'abondants sédiments, qui servent de sol pour la végétation aquatique; celle-ci sert à son tour à ralentir encore plus le courant et à augmenter l'accumulation des dépôts. Ces dépôts, en s'épaississant avec le temps, se couvrent d'herbes rugueuses et tout à fait impropres à un usage quelconque. Beaucoup de petites rivières et de ruisseaux ont disparu ainsi complètement et se sont transformés en marais; pour plusieurs d'entre eux, ce processus continue encore.

Le problème de l'assèchement du Polessié avait donc pour objet la création de canaux artificiels, qui devaient conduire les eaux débordant du lit naturel des affluents de la Pripet, faciliter l'écoulement des eaux stagnantes et mener le surplus dans des endroits où il en manque; en un mot il fallait procéder à une distribution plus régulière de l'eau dans tout le bassin de la Pripet. Les données fournies par les explorations et les considérations ci-dessus ont servi de base pour un plan général de drainage du Polessié à l'aide d'un système de canaux, combinés et disposés de telle façon que l'on puisse non seulement ouvrir une issue et donner une distribution régulière aux eaux stagnantes, mais en même temps obtenir la possibilité de les diriger à son gré.

En effet, tout en abaissant le niveau d'eau du sous-sol jusqu'à la profondeur indispensable pour que les arbres des forêts situées dans les bas-fonds ne soient pas pourris à la racine et que les couches supérieures des marais mieux drainées deviennent propres à la culture, il fallait pouvoir prévenir la baisse trop considérable du niveau d'eau, pour éviter la trop grande dessiccation du sol, sur toute la superficie du bassin de la Pripet. La canalisation n'a aucune influence sur l'écoulement des eaux pendant les crues du printemps, car durant cette saison les canaux eux-mêmes sont submergés. Son action commence après la baisse des eaux et apparait principalement dans l'écoulement des eaux de pluie ou d'autres agents atmosphériques, qui forment, en été, d'après les observations faites pendant dix ans, 260 mm. 5 sur 585 mm. 6 de chute annuelle. Au printemps il tombe en moyenne 117 mm. 5; en automne 143 mm. 5 et en hiver seulement 65 millimètres.

Les conditions naturelles de la contrée ont permis de donner aux canaux une inclinaison de 0,0001 à 0,0003,

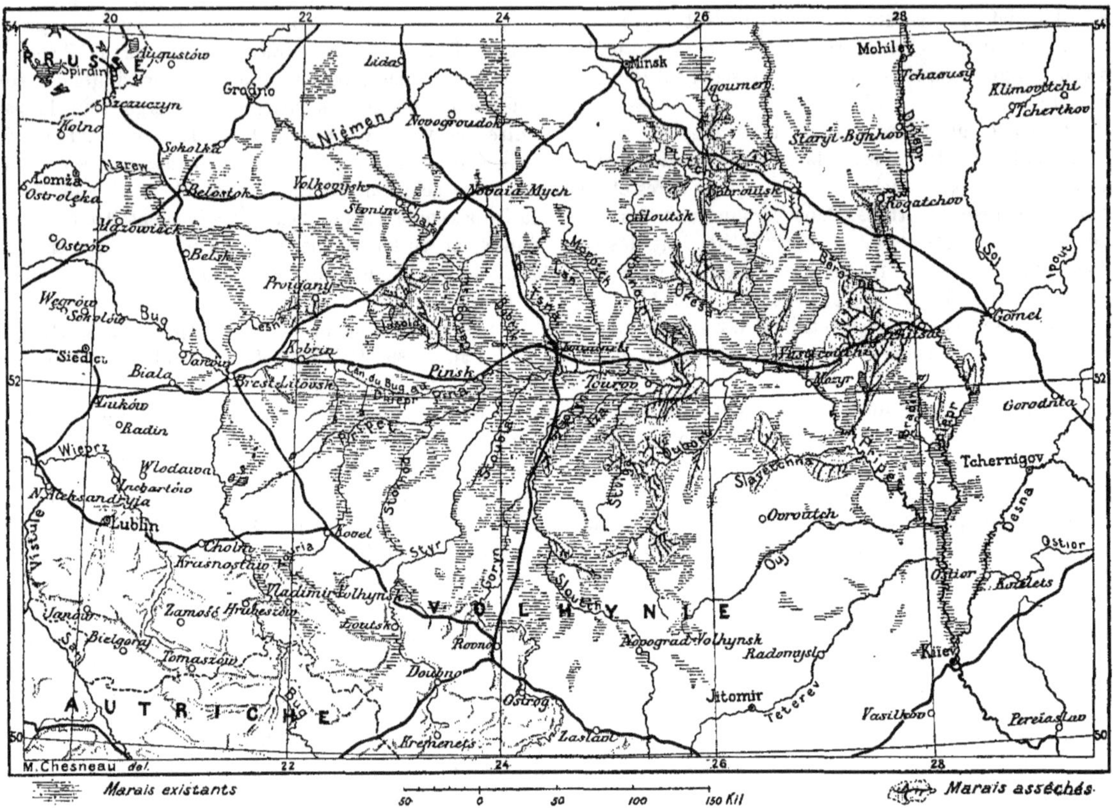


Les travaux pour la réalisation de ce plan furent commencés en 1874 dans la partie orientale, la plus basse du Polessié, et continuèrent dans la direction de l'ouest, bien que leur développement méthodique fût souvent interrompu par la nécessité d'assécher d'abord les forêts de la couronne, afin d'en tirer au plus vite des revenus.

Par les travaux exécutés jusqu'en 1892, on créa un système de canaux principaux et de canaux latéraux de 3500 kilomètres de développement. Les canaux principaux ont de 3 m. 5 à 14 mètres de largeur et de 1 mètre à 3 m. 2 de profondeur; les branches latérales ont de 2 mètres à 3 m. 5 de largeur et de 0 m. 7 à 1 mètre de profondeur.

A l'heure actuelle, où la canalisation a atteint un développement assez considérable et où ses résultats sont devenus manifestes, nous pouvons déterminer avec plus de précision l'importance qu'elle a pour le Polessié.

Comme il a été établi plus haut, le but principal de la canalisation a été une distribution rationnelle de l'eau grâce à laquelle le mouvement de l'eau se fait lentement et la détérioration du sol est évitée.

Dans les marais asséchés, la canalisation a abaissé le niveau de l'eau au point nécessaire pour que le sol devienne propre à une culture agricole et forestière. Pour garder ce niveau constant et pour prévenir un trop grand abaissement on érige des barrages à l'aide desquels on peut conserver pendant un temps plus ou moins long les prairies inondées par les eaux provenant des crues du printemps.

Afin de résoudre la question de l'influence de la canalisation sur le débit de la Pripet on a fait à Mozyr des observations suivies depuis 1874. Ces observations démontrent que le niveau des eaux dans la rivière dépend principalement de la quantité des précipitations atmosphériques tombant en été sur la surface de son bassin; l'abondance de la pluie dans les parties élevées du gouvernement de Volhynie est en relation directe avec l'élévation du niveau de l'eau dans la Pripet. On n'a pas trouvé d'autres causes aux variations observées dans le régime de cette rivière, et les oscillations insignifiantes que l'on a constatées accusent plutôt une augmentation qu'une diminution.

En 1889 l'été fut très sec en Polessié et néanmoins la navigation sur la Pripet se prolongea jusqu'au 21 août, tandis qu'elle cesse ordinairement dans la première moitié d'août et parfois à la fin de juillet. En 1891, alors qu'une forte sécheresse sévissait partout dans la Russie méridionale et centrale, l'été fut très humide en Polessié.

Grâce à ces travaux et aussi à l'abondance des pluies dans le gouvernement de Volhynie, le niveau d'eau dans la Pripet a été plus haut que pendant les années précédentes. Si l'on prend pour base le minimum de la hauteur d'eau qui permet la navigation sur la rivière, il se trouve qu'en 1891, l'eau a dépassé ce niveau de 2 mètres en mai, de 1 mètre en juin et de 1 m. 40 en juillet et jusqu'à la fin de la végétation.

L'expérience a démontré que 25 p. 100 environ de marais asséchés se transforment en forêts naturelles, tandis que les trois quarts restants deviennent des prairies qui, au bout de trois à quatre ans, se prêtent à la culture des herbes fourragères.

La culture des marais asséchés a, à son tour, une influence favorable sur les conditions atmosphériques de la contrée; tout le monde sait en effet qu'une surface couverte de végétation donne une quantité relativement plus considérable de vapeurs qu'une nappe d'eau et augmente par conséquent l'humidité de l'air.

La canalisation déjà exécutée a ses effets sur une surface de 2 300 000 hectares. Les modifications donnant des avantages économiques réels, et obtenues dans la région canalisée, peuvent être résumées en chiffres ronds de la façon suivante :

*a.* 300 000 hectares de marais tout à fait inaccessibles sont transformés en prairies et ont acquis une valeur de 15 millions de roubles.

*b.* 450 000 hectares de bois ou de broussailles marécageux, pourrissant et privés de la possibilité d'être exploités, faute de voies de communication ou de cours d'eau flottables, ont repris de la force, se trouvent à proximité des canaux propres au flottage et ont une valeur de 9 millions de roubles.

*c.* 470 000 hectares d'excellentes forêts, de grande valeur, appartenant principalement à la Couronne, qui n'avaient aucun débit à cause de leur éloignement des voies de communication, se trouvent à présent à une distance de canaux flottables ne dépassant pas 7 kilomètres; l'appréciation la plus modérée porte la valeur de ces forêts à 23 millions de roubles.

*d.* 90 000 hectares de champs labourables et de potagers, qui souffraient de l'excessive humidité ou qui ne pouvaient être labourés à cause de leur situation sur des îlots inabordables, au milieu des marécages, sont aujourd'hui cultivés, présentent les meilleurs lots de terrain et peuvent être estimés à 5 millions de roubles.

*e.* 1 040 000 hectares sont actuellement dans de meilleures conditions d'exploitation et représentent une valeur de 5 200 000 roubles.

La valeur générale des 2 350 000 hectares, se trouvant dans le rayon de la canalisation, peut être estimée de 57 millions à 60 millions de roubles, tandis qu'avant la canalisation et en prenant le maximum du prix de l'hectare à cette époque (4 roubles) la valeur de cet espace ne représentait que 9 millions et demi de roubles.

Les dépenses pour l'assèchement des marais par la canalisation directe sont d'environ 3 roubles par hectare, mais, en tenant compte de tout l'espace sur lequel s'étend l'influence de la canalisation, les dépenses n'excèdent point 1 rouble 50. Parallèlement aux travaux de la canalisation on a construit, jusqu'en 1892, 353 ponts aux points d'intersection des canaux et des routes et 15 écluses pour la régularisation des eaux; le nivellement a été exécuté sur une longueur de 33 600 kilomètres et le sondage sur 196 points jusqu'à la profondeur de 12 à 39 mètres et sur 590 points de 6 à 12 mètres. On a fait des mesures hydrométriques dans le bassin de la Pripet; on a déterminé le niveau de l'eau dans cette rivière, on a fait des observations météorologiques aux stations de Pinsk et de Vasilevitchi. Enfin, on a établi dans ce qui était jadis marais infranchissables 132 kilomètres de routes nouvelles.

Outre les avantages que nous venons d'exposer, la canalisation du Polessié en présente encore d'autres, très importants au point de vue économique.

L'élève du bétail a reçu un développement considérable et les prairies formées sur des marais asséchés exportent du foin dans les régions voisines, ce qui empêche l'enchérissement et dispense l'intendance militaire des dépenses inutiles.

L'État reçoit en outre des avantages immédiats, en louant aux fermiers les prairies nouvellement formées à la place des anciens marais improductifs.

Les revenus que l'on perçoit déjà montent en moyenne à 3 roubles 60 kopeks par hectare pour une seule fenaison; dans quelques terrains de meilleure qualité ils sont plus considérables et atteignent jusqu'à 11 roubles par hectare.

Les conditions hygiéniques dans la partie centrale du Polessié se sont visiblement améliorées; beaucoup de maladies, comme les fièvres, les maladies de poitrine et du larynx ont perdu leur caractère épidémique et la *plica polonica* a complètement disparu[1]. La génération actuelle, ne croissant plus au milieu des miasmes paludéens, mais sur un terrain sec, ne garde plus l'empreinte typique de cachexie qui distinguait les générations antérieures.

Général-lieutenant JILINSKY.

Traduit du russe par Mlle S. BOLOGOWSKOÏ.

1. Nos lecteurs ont sûrement remarqué la frappante analogie qui existe entre les travaux du général Jilinsky et ceux accomplis en France, dans la région des Landes, par notre éminent et regretté collaborateur M. Chambrelent. Manque d'écoulement des eaux, sous-sol ferrugineux, stérilité, misère, maladies locales, ont fait place, dans l'une comme dans l'autre région, aux cultures rationnelles indiquées par le sol et par le climat. Les moyens employés ont été identiques : régularisation de l'écoulement, assèchement des mares stagnantes, retenue des eaux pendant les sécheresses, ouverture de voies de communication. Dans les Landes comme dans les marais de Pinsk, l'homme n'est intervenu que pour aider la nature sans la violenter, pour éliminer les contradictions et mettre pour ainsi dire les lois physiques d'accord avec elles-mêmes. *Réd.*

✤ ✤ ✤

# LE NOUVEL ORIENT

Ce serait un lieu commun de répéter ici que l'histoire et la géographie sont sœurs.

Il est moins banal de dire que les événements humains et les circonstances de lieu et de milieu réagissent constamment l'un sur l'autre. La plupart du temps ce sont les conditions géographiques qui impriment leur marque aux incidents de l'histoire; d'autres fois, celle-ci modifie les rapports conventionnels des circonstances de lieu et de milieu : la géographie politique est fille immédiate de l'histoire. Plus rarement la géographie naturelle subit l'impression des efforts de l'homme; cependant le percement d'un isthme, l'ouverture d'un tunnel, la rectification d'un fleuve sont des événements qui modifient profondément les circonstances naturelles de lieu et de milieu et attestent la puissance accidentelle de l'histoire sur la géographie.

A ce titre, il n'est pas mauvais, de temps à autre, de jeter un regard en arrière et de constater les modifications de tout ordre auxquelles un événement historique capital a pu donner naissance. Et dans ce moment même, il est naturel de fixer les résultats que l'on peut attribuer à l'action de la Russie en Orient.

On peut dire que la dernière guerre de la Russie contre la Turquie (1877-1878) restera, dans les annales de l'Orient, l'événement capital par excellence parmi tous ceux qui se sont produits depuis la prise de possession de la péninsule des Balkans par les Turcs : Plevna s'y inscrit comme la revanche de Kossovo. Ce qui a succombé à Plevna, ce n'est ni la renommée de bravoure, ni la gloire militaire, ni même l'empire des Turcs, c'est le vieil esprit de l'Islam, qui depuis quatre siècles paralysait l'Orient, immobilisait les hommes, pétrifiait la nature elle-même.

A Plevna est né le nouvel Orient plein de vie et d'aspirations vers le progrès, assagi par la possession retrouvée de son autonomie, et ce qu'il y a de singulier, c'est que maintenant on y chercherait en vain les vaincus de cette grande bataille; tous en ont profité : l'Ottoman lui-même, transformé, a plus fait de progrès depuis vingt ans que dans les quatre siècles qui avaient précédé.

Le nouvel Orient, né de l'action héroïque de la Russie, n'est peut-être pas fondu dans le moule politique qu'elle avait préparé; il ne lui en reste pas moins la satisfaction, la gloire même d'avoir renouvelé cette partie du monde, d'avoir rompu les vieux liens, d'avoir émancipé des nations qui ont peut-être poussé plus loin qu'elle ne le pensait ou qu'elle ne l'eût désiré les conséquences de leur liberté.

A des groupements indécis de populations abruties par la terreur, fréquemment convulsées par des accès de révolte, rendues sauvages par l'excès d'une compression inintelligente, ou écrasées par les représailles d'une répression non moins farouche, se sont substituées des nationalités autonomes qui, délivrées du souci de s'affranchir d'un joug détesté, procèdent sans secousses à leur organisation intérieure et à leur développement économique. Le résultat est si profitable que l'exemple a gagné jusqu'aux anciens oppresseurs eux-mêmes : la Turquie se transforme et s'efforce maintenant de marcher de pair avec les peuples délivrés de sa domination dans la voie des réformes administratives, sociales et économiques.

En attribuant la Bosnie et l'Herzégovine à l'Autriche, en proclamant l'indépendance de la Serbie et de la Bulgarie, le traité de Berlin avait modifié la géographie politique de la péninsule des Balkans; le développement logique de ses conséquences va entraîner des modifications profondes et plus durables de la géographie de ces régions.

Les grands travaux publics, longtemps répudiés par le gouvernement ottoman comme des auxiliaires de la révolte, ont peu à peu pris en Orient un essor qui va essentiellement changer les rapports de peuple à peuple dans cette partie de l'Europe, créer des courants économiques nouveaux, en un mot substituer à l'ancien Orient un nouvel Orient absolument dissemblable dans sa configuration apparente, dans son esprit, dans ses tendances, dans ses moyens d'existence.

A la veille du traité de San Stefano, les seules voies de pénétration de l'Europe occidentale vers l'Europe orientale s'arrêtaient aux frontières de la Serbie : les chemins de fer hongrois se terminaient d'une part à Zimony (Semlin), sur la Save, vis-à-vis de Belgrade, et à Bazias, sur le Danube, en aval de Smederevo (Semendria); d'autre part, à Banja-Luka, en Herzégovine. Les rapides des défilés du Danube et des Portes de Fer entravaient presque toute navigation entre les bassins moyen et inférieur du Danube.

A l'intérieur des pays occupés par les Turcs, il n'y avait plus de moyens de communication, pas même de routes dignes de ce nom, de simples chemins muletiers en petit nombre, à peine frayés et la plupart du temps défoncés et de l'usage le plus difficile.

Depuis cette époque les choses ont bien changé.

La Serbie a construit le réseau de ses lignes de chemin de fer, qui comprend une ligne principale allant de Belgrade à Nich, à travers la Choumadia et en remontant ensuite la vallée de la Morava. De cette ligne se détachent trois embranchements : l'un, allant de la station de Lapovo à Smederevo (Semendria), sur le Danube, au débouché de la vallée de la Morava; un autre, de Nich à Pirot et Tsaribrod, va, par la vallée de la Nichava, relier le réseau serbe au réseau bulgare; un autre, remontant la vallée de la Morava bulgare, conduit de Nich à Vrania et Zibevtché, reliant le réseau serbe au réseau des chemins de fer de la Macédoine. Enfin, un court embranchement et un pont jeté sur la Save entre Belgrade et Zimony (Semlin) ont achevé de relier ces lignes à celles du réseau hongrois et particulièrement à la ligne de Zimony à Budapest. Les lignes de chemins de fer serbes font donc partie, de Belgrade à Tsaribrod par Nich, de la grande voie internationale qui relie maintenant sans interruption Paris à Constantinople, et de Belgrade à Zibevtché, de celle qui s'étend sans solution de continuité de Paris à Salonique, et qui s'étendra sans doute plus tard jusqu'à Athènes. Par suite de la création de ce réseau, la Serbie profite donc et profitera de plus en plus de tout le transit entre le centre et l'occident de l'Europe d'une part et l'orient de l'autre. Elle profitera encore dans une large mesure des travaux de régularisation du cours du Danube qui, en facilitant la navigation, la rendront plus intense. Placé au confluent du Danube et de la Save, Belgrade deviendra l'entrepôt naturel où se fera la répartition des marchandises arrivant, par voie d'eau ou de fer, de tous les pays circonvoisins.

La Bulgarie a procédé, elle aussi, avec plus de difficultés et plus de lenteur à la création de son réseau de chemins de fer. A la suite de l'union politique de la Bulgarie et de la Roumélie Orientale, elle a racheté l'exploitation des lignes de la Compagnie des chemins de fer orientaux situées dans ce dernier pays, c'est-à-dire la ligne principale de Belova à Mustafa-pacha par Philippopoli et l'embranchement de Tirnova-Seïmenli à Yamboli. Puis elle a prolongé ce dernier embranchement jusqu'au port de Bourgas, où l'on est en train d'exécuter de grands travaux en vue d'en faire le principal port d'exportation bulgare, et d'affranchir le commerce de la Roumélie Orientale du transit à travers les territoires ottomans. Elle a racheté la ligne depuis longtemps construite de Roustchouk sur le Danube à Varna sur la mer Noire, et par laquelle a passé pendant bien des années, avant la jonction si impatiemment attendue des chemins de fer orientaux, tout le transit entre le centre et l'occident de l'Europe et Constantinople. Puis elle a entrepris la construction de son réseau intérieur. Elle a déjà livré à l'exploitation depuis plusieurs années la ligne de Tsaribrod à Sarembey par Sofia, comblant ainsi la dernière solution de continuité qui existât sur la grande voie internationale reliant Paris à Constantinople; elle vient d'inaugurer un embranchement de Sofia à Pernik, destiné à être prolongé plus tard, par Radomir et Kustendil jusqu'à Koumanovo, et à relier ainsi le réseau bulgare à celui des chemins de fer de la Macédoine. Elle vient, enfin, d'adjuger la construction d'un tronçon de la grande artère intérieure qui doit unir les unes aux autres les villes du sud et du nord des Balkans. Cette ligne de chemins de fer partant de Sofia, et traversant la chaîne des Balkans par le défilé grandiose et jusqu'ici impraticable de l'Isker, touchera à Lovetz (Loutcha), à Trnovo et viendra se raccorder à Choumla à la ligne de Roustchouk à Varna.

La Turquie, elle aussi, est entrée résolument et tout dernièrement dans le mouvement d'idées si heureusement appliqué par la Serbie et la Bulgarie aux besoins d'échanges de leurs peuplades. Après avoir ressenti l'effet bienfaisant qu'a produit sur son commerce la jonction de son réseau de chemins de fer avec les réseaux européens par l'achèvement des lignes de raccordement serbes et bulgares, elle a compris que Constantinople et Salonique, devenant les têtes de ligne de deux grandes voies internationales qui traversent l'Europe de part en part, allaient acquérir une grande importance commerciale comme entrepôts, ports de transit et de transbordement; il fallait donc prendre les mesures nécessaires pour faciliter des transactions qui devenaient de plus en plus importantes et nombreuses : ainsi fut décidée la construction des quais des ports de Constantinople et de Salonique; ces travaux sont actuellement en cours d'exécution et vont changer radicalement à la fois la physionomie et les conditions d'existence commerciale et sociale de ces deux grandes villes. Puis, dans un but à la fois stratégique, commercial et politique, le gouvernement ottoman a compris l'urgence qu'il y avait pour lui à rattacher les unes aux autres, par des voies rapides, les différentes parties de son empire européen et notamment ses deux principaux ports de commerce, Constantinople et Salonique. Les travaux de construction d'une voie ferrée reliant Salonique à Dédéagatch, où aboutit déjà une ligne venant de Constantinople, et desservant toutes les grandes villes de la côte de Macédoine, Drama, Sérès, Xanthi, sont actuellement en cours d'exécution. Une nouvelle ligne de chemin de fer, dirigée de Salonique vers Monastir, la capitale de la Macédoine, dont l'ouverture doit avoir lieu dans le courant de cette année, va compléter, avec la ligne déjà existante de Salonique à Uskub, Prichtina et Mitrovitza, qui fait partie de la grande voie internationale reliant Paris à Salonique, le réseau des chemins de fer de la Macédoine. Les études pour la création de nouvelles lignes de chemins de fer entre l'Albanie et la Macédoine, reliant par conséquent les ports de l'Adriatique à ceux de la mer Égée, soit de Scutari à Prizrend et Prichtina par les défilés du Drin, soit d'Avlona ou de Durazzo à Monastir, sont activement poursuivies. Déjà les travaux de l'agriculture dont les produits trouvent plus facilement des débouchés, l'exploitation méthodique des forêts et des mines ont subi l'heureux contre-coup de ces nouvelles facilités ouvertes aux transactions.

L'Autriche-Hongrie, enfin, accomplit, d'accord avec les États riverains du bas Danube, le gigantesque travail de régularisation du cours du fleuve à travers les défilés de Greben et de Kazan et les rapides des Portes de Fer. Pour mener à bien cette immense opération, il faut exécuter le dérochement de 162 000 mètres cubes de roches sous l'eau, en plein courant, de 227 000 mètres cubes de roches à sec ou dans l'eau dormante, exécuter d'autre part 869 600 mètres d'enrochements pour la construction de digues. Les deux principaux ouvrages que nécessite cette régularisation, en dehors du creusement d'un chenal en plein courant à travers les récifs de tous les rapides intermédiaires, sont le dérasement sur une largeur de 150 mètres de la montagne de Greben, la construction d'une digue de 6 200 mètres à la suite de la pointe de ce nom et la création d'un canal latéral aux rapides des Portes de Fer, d'une longueur totale de 2 480 mètres et de 80 mètres de largeur au plafond. Grâce à ces travaux, la navigation entre le bassin moyen et le bassin inférieur du Danube, limitée dans l'état actuel à une période de 45 à 160 jours par année, pourra avoir lieu dorénavant en tous temps et en toute saison.

Non contente d'exécuter un travail qui modifiera absolument l'importance des relations entre l'Europe centrale et l'Europe orientale, l'Autriche-Hongrie a relié son réseau de chemins de fer à Brod sur la Save avec un réseau nouveau de petites lignes à voie étroite, allant de Brod à Serajevo en Bosnie, puis de Serajevo à Metkovitch sur l'Adriatique, de Serajevo vers Banja-Luka par Travnik, et projetant de cette dernière ville un embranchement vers Spalato sur l'Adriatique.

Voilà, rapidement énuméré, le bilan de l'activité déployée depuis seize ans par les populations des Balkans. Et ne peut-on dire que des travaux qui suppriment les obstacles opposés par la nature aux relations de deux parties de l'Europe et les séparant si complètement que la voie de mer était presque la seule utilisée dans leurs échanges, affectent profondément la géographie? Ne peut-on dire que les tendances nouvelles qu'ont créées ces nouvelles voies de communication ne l'affectent pas moins?

La Hongrie, la seule nation de l'Europe reliée directement par ses chemins de fer à Belgrade, à Sofia, à Constantinople, à Salonique, à Serajevo, ne va-t-elle pas de plus en plus exercer une influence économique prépondérante en Serbie, en Bulgarie et même en Turquie?

Lorsque sa flotte de navigation du Danube franchira sans périls et sans transbordement les rapides des Portes de Fer, ne sera-t-elle pas maîtresse de tout le commerce des rives du Danube, de Budapest à Galatz?

En favorisant de ses encouragements et de l'aide de ses capitaux les grands travaux publics de l'Europe orientale, l'Autriche a travaillé à modifier à son profit les relations de cette partie de l'Europe, elle s'est acquis les bénéfices d'une émancipation à laquelle d'autres avaient travaillé, et elle a préparé pour l'avenir les modifications géographiques qui doivent s'accomplir autour d'elle. Ses intérêts économiques s'accordent ici merveilleusement avec ses visées politiques. Les voies les plus courtes que devait utiliser le commerce de la Bosnie et de l'Herzégovine sont évidemment celles qui aboutissent aux rives de l'Adriatique; dès lors, les lignes de chemins de fer qu'elle y a construites aboutissent à Metkovitch et à Spalato. Pourquoi aurait-on songé, comme beaucoup de cartes l'indiquent par erreur à l'état de projet, à prolonger à travers le pays le plus difficile du monde la ligne de chemin de fer de Serajevo vers Mitrovitza, extrémité de la ligne turque qui part de Salonique? Sans parler de la différence d'écartement des voies, qui aurait obligé à une réfection totale de la ligne sur tout son parcours, sans parler des difficultés techniques énormes qu'il aurait fallu surmonter le long de ce trajet, la distance eût été trois ou quatre fois plus grande que pour atteindre les ports d'embarquement de l'Adriatique. Pourquoi donc, dès lors, eût-on songé à construire cette ligne? On n'y a pas pensé; on n'y pense pas; c'est donc un projet qu'il faut effacer des cartes, où sa représentation ne sert qu'à entretenir une erreur dans nos esprits. Pour expédier ses marchandises à Salonique ou en recevoir, l'Autriche n'a-t-elle pas à son service la ligne serbe, beaucoup plus courte? La conception du réseau bosniaque a donc été conforme aux intérêts économiques les plus élémentaires; mais voyez comme elle sert les intérêts politiques de l'Autriche; elle isole complètement la Bosnie, l'Herzégovine et même le Montenegro et le nord de l'Albanie, compris dans la même sphère d'influence, du reste de la péninsule des Balkans. Quel que soit le sort de la Serbie, de la Bulgarie et de la Macédoine, la Bosnie et l'Herzégovine, attirées vers l'Adriatique, n'ont plus avec elles aucun point de contact, aucun intérêt commun.

De plus, si l'on prend la moitié de la distance de Belgrade à Salonique ou de Belgrade à Constantinople, on voit que le commerce de l'Autriche peut supporter avec avantage la concurrence jusqu'à Uskub d'une part, jusqu'à Philippopoli de l'autre.

La Turquie, se réveillant de sa torpeur, essaye de réagir et de limiter cette extension d'influence en créant la grande voie de chemin de fer qui doit relier Constantinople, Salonique, Monastir et l'Albanie, qu'elle espère ainsi retenir dans sa sphère d'attraction; elle veut, en améliorant ses ports, accroître leur action commerciale en facilitant les opérations du commerce.

Si l'on compare ce nouvel état de la presqu'île des Balkans et celui qu'il prépare à l'état de choses existant avant le traité de San-Stefano, on est en droit de dire que la géographie de cette partie de l'Europe est profondément modifiée.

LÉON ROUSSET.

# CHRONIQUE GÉOGRAPHIQUE

## NOUVELLES D'ALGÉRIE ET DE TUNISIE

Après la création toute récente d'Hassi-Inifel, poste situé au sud d'El-Goléa, à 305 mètres d'altitude, l'établissement des forts de Mac-Mahon et de Miribel dans le Sahara de la province d'Alger, et du fort, non encore nommé à la française, d'Hassi-bel-Heïran dans le désert de la province de Constantine, nous délivre décidément des chimères de la pénétration pacifique au Soudan, à travers les Touatis de l'ouest et les Touareg de l'est.

Il y a vingt, trente, quarante ans, depuis la prise de Laghouat par le maréchal Pélissier, qu'on aurait dû marcher délibérément, militairement, vers le Grand Sud, ou tout au moins explorer le Sahara par de fortes reconnaissances, déchiffrer les Aregs ou Ergs ou Grandes Dunes, chercher les points d'eau, creuser des puits, marcher de proche en proche, par postes échelonnés, vers ce Soudan qui « guérit de la pauvreté ».

On a préféré ne rien faire, « attendre sous l'orme » les effets de la bienveillance, de la sympathie des « pirates du Désert », envoyer des missions scientifiques ou des missions commerciales, amadouer les chefs du Touat, négocier des traités avec les Touareg.

Et des traités de commerce et de bon voisinage ont été signés, feuilles envolées au loin pour toujours. Et Paul Soleillet a été arrêté tout net à la première oasis du Touat; *et lui, qui se faisait fort d'atteindre à bref délai* Tombouctou en partant de Saint-Louis du Sénégal « parce qu'il n'y avait pas de bureaux arabes sur la route », n'a jamais dépassé Ségou-Sikoro. Et nos explorateurs pacifiques ont été massacrés. Et l'expédition Flatters!...

S'il est en Afrique des peuples noirs, païens ou même islamisés, qui acceptent aisément, bénévolement, enfantinement, en deux heures, après un palabre, la périlleuse domination des Blancs d'Europe, les Nomades musulmans du Grand Désert d'Afrique ne courbent pas volontiers la tête sous le joug, non plus que les Nomades mahométans du Grand Désert d'Asie. Pour régner à jamais en Turkestan il faut un Skobeleff, des chevauchées furieuses, des assauts d'oasis : puis on trace d'outre en outre un chemin de fer transcaspien.

Nous aussi, nous voulons traverser « l'Océan des Sables ».

Avec des puits, des forts, des cavaliers montés sur des méharis ou chameaux rapides, on arrivera vite à la grande lagune du Tchad.

Le fort MAC-MAHON se bâtit à 160 kilomètres au sud-ouest d'El-Goléa, plus près des oasis touatiennes que de l'El-Goléa susdite, au lieu nommé Hassi-el-Homeur, en un point d'eau abondante, dans la vallée (sans rivière) de l'Oued Meguiden, à l'un des lieux de rendez-vous les plus fréquentés par les coupe-jarrets de cette partie du Désert, vu la facilité d'y abreuver des chameaux en grand nombre et la probabilité d'y rencontrer des caravanes occupées à remplir les outres.

Le fort MIRIBEL, à 140 kilomètres au sud d'El-Goléa, se construit dans la vallée de l'Oued-Mia, également sans rivière, tout au moins sans rivière constante, au puits de Chebaba qui, profond de 4 mètres, donne suffisamment d'eau, et dont il y a lieu de croire que le débit sera facilement et fortement accru; il est à 110 kilomètres au midi d'Hassi-Inifel et relié à ce poste et à El-Goléa par plusieurs points d'eau.

Le fort d'HASSI-BEL-HEÏRAN, dans la province de Constantine, a son site à 110 kilomètres au sud-ouest d'Ouargla, à 220 kilomètres presque exactement au sud de Touggourt, dans la vallée (sans eau, s'entend) du fameux Igharghar, à un puits de 17 mètres de profondeur, également connu des caravaniers et des voleurs assassins qui guettent les caravanes. Il marque à peu près la moitié de la route entre Biskra et les monts Touareg.

Le contingent algérien ne cesse de s'accroître : il a été en 1892 de 3049 incorporés, dont 1159 pour la province d'Oran, 1091 pour celle d'Alger, 799 pour celle de Constantine. A quoi il convient d'ajouter que 191 Français ont tiré au sort en Tunisie en 1892.

Les listes électorales, telles qu'elles ont été arrêtées le 31 mars 1893, donnent un total de 77 691 électeurs français pour l'ensemble de l'Algérie, dont 31 430 pour la province d'Alger, 23 412 pour celle d'Oran, 22 849 pour celle de Constantine. Ces nombres montrent que la population française (ou francisée) a beaucoup grandi depuis le recensement de 1891. Ainsi la province d'Alger n'avait en 1891 que 28 535 électeurs, soit 2 895 de moins qu'en 1893 : soit 13 000 personnes de moins, à supposer qu'un électeur réponde à quatre personnes et demie, ce qui est, à peu de chose près, le cas.

Comme on sait, les pêcheurs européens de l'Algérie, la plupart Italiens, les autres Espagnols, ont été contraints par leur intérêt à réclamer la nationalité française : tous ou presque tous l'ont fait ou sont en instance de naturalisation, et bientôt tous les pêcheurs et marins des trois provinces seront Français.

Le gouvernement, aidé de quelques particuliers, s'occupe d'ajouter à ces marins, à ces pêcheurs naturalisés, des pêcheurs, des marins d'origine purement française, et l'on a déjà installé un certain nombre de familles « maritimes » : à Tabarque en Tunisie; à Philippeville et Stora, où leur pêche contribue à pourvoir des fabriques de conserve de poissons; à Jean-Bart, hameau de la banlieue orientale d'Alger, auprès du cap Matifou; d'autres viendront plus tard, qu'on fixera sur divers points du littoral de l'Algérie et de la Tunisie, à Bizerte, à la Calle, à Bône, à Ziama près Bougie, à Tigzirt en Kabylie, au cap Matifou, près Jean-Bart, à Port-aux-Poules, etc., etc., bref dans les quatre provinces (la Tunisie étant la quatrième). Ces villages, ces hameaux de pêcheurs recevront des noms appropriés, des noms d'hommes de mer, de héros de l'onde, tels que Suffren, Surcouf, Duguay-Trouin, et tant d'autres célèbres par leur audace, leurs glorieuses défaites, leurs victoires. On assurera quelques avantages aux pêcheurs appelés de France : une petite somme d'argent, une maisonnette et un jardinet pour chaque famille.

On n'a d'abord pensé qu'aux Bretons, et les premiers qu'on ait attirés en Afrique étaient de cette origine. Les ports de la baie de Saint-Brieuc, Paimpol, Roscoff, Morlaix, Douarnenez, Concarneau, Belle-Isle-en-Mer, etc., sont en effet d'inépuisables pépinières de marins supérieurement braves, endurants et résignés. Mais, d'autre part, les pêcheurs du Roussillon, du Bas-Languedoc, de la Provence, de la Corse ne sont pas non plus « manchots »; beaucoup mieux que Bretons, Flamands, Normands, Poitevins, Saintongeais et Gascons ils connaissent les poissons de la Méditerranée, les modes de pêche employés sur cette mer, les allures des flots et des tempêtes sur le « Bassin bleu », qui est le leur; ils sont faits au climat de l'Atlantide, qui est leur propre climat.

Voilà pourquoi les pêcheurs français qui s'installeront en Afrique, entre Gabès et la Malouia, seront surtout des hommes de Collioure, Port-Vendres, Cette, Cassis, Ajaccio, etc., plutôt que des hommes de la « terre de granit recouverte de chênes ».

Une autre idée, non encore entrée dans le domaine de la pratique, idée qui, celle-là, n'est pas neuve, c'est d'installer des bûcherons dans les clairières des forêts, et surtout des familles d'ouvriers en liège dans les bois de *Quercus suber* appartenant à l'État : familles qui, naturellement, viendraient des départements « liégers » de France, de la Corse, du Var, des Pyrénées-Orientales, des Landes, de Lot-et-Garonne.

Il appert des procès-verbaux des séances de la Société de géographie de Madrid qu'une *Sociedad colonizadora de Argel* (Société colonisatrice d'Alger) fonctionne sous la présidence de Don Victoriano Calatayud.

Il ne faut pas se laisser illusionner par le nom que porte cette société : elle n'a pas pour but de coloniser l'Algérie avec des Espagnols; tout contrairement, elle se propose de recruter en Algérie, parmi la population « ibérique », des familles à destination de Fernando Po, île du golfe de Guinée relevant de l'Espagne. L'opération a commencé, ou commence, ou commencera (ou ne commencera pas), par le départ de cinquante personnes, en dix familles.

Opération malaisée, car Fernando Po n'est pas le Pérou. Sans doute la terre y est fertile, sous un riche climat, chaud, pluvieux, électrique, mais ce climat est énervant, redoutable, menace le colon; il n'y a ni routes, ni routins, ni travail accumulé, ni ressources. Les 40 000 insulaires, nègres ou mulâtres benoîtement paresseux, avaient à côté d'eux environ 200 créoles cubains condamnés à la déportation dans l'île après la révolte de Cuba contre sa métropole; c'était là un ferment d'avenir, mais les uns sont morts, les autres sont repartis après amnistie, et il n'en reste peut-être pas une vingtaine.

Le nombre des naturalisations françaises en Tunisie a augmenté en 1892, mais il est encore fort petit.

En 1888 les naturalisations ont été au nombre de 41; il y en a eu 47 en 1889, et 27 en 1890, et seulement 7 en 1891, mais 1892 en a donné 41, comme 1888.

Sur ces 41 naturalisés on compte 27 Italiens, 2 Alsaciens-Lorrains, 2 Luxembourgeois, 2 Maltais, 1 Allemand, 1 Belge, 1 Marocain, 3 individus « de nationalité indéterminée », enfin 2 indigènes tunisiens.

Avant que les naturalisations soient plus nombreuses, il faut que la colonie française, devenue puissante, ait pris une force d'attraction qu'elle n'a pas encore.

Un sondage heureux, c'est celui qu'on vient de réussir à Houmt-el-Adjim, sur le littoral sud-ouest de l'île de Djerba.

On avait rencontré précédemment à Zarzis, sur le continent d'en face, une nappe artésienne ascendante fort puissante, à 200 mètres environ de profondeur; on espérait la retrouver de l'autre côté du détroit sans largeur qui sépare l'île de Djerba de la terre ferme, et cet espoir n'a pas été trompé : on a atteint ladite nappe à 230 mètres, et le puits foré donne plus de 5000 litres à la minute, soit plus de 83 à 84 par seconde. Djerba, qui est un immense jardin, souffrait souvent de la sécheresse malgré sa fertilité légendaire. Désormais elle sera toujours sûre d'une bonne récolte partout où, comme à Houmt-el-Adjim, on aura réussi à évoquer l'eau souterraine.

On est resté longtemps sans connaître les mérites de

la baie des Knaïs, ou baie des Surkennis, dans la Petite Syrte, à moins de 25 kilomètres au sud-ouest de Maharès, à moins de 60 kilomètres nord (légèrement est) de Gabès. Protégée des vents du large par les îles Knaïs et les bancs et hauts-fonds qui la continuent dans la direction du sud-ouest, elle s'ouvre, large de 7 à 8 kilomètres, au-devant du Nadour ou Nador (*id est* observatoire), tour de 27 mètres de hauteur, isolée sur le rivage, et s'enfonce de 22 kilomètres vers le nord-nord-est, avec profondeurs de 6 à 24 mètres. Pour nous servir à peu près des termes de M. J. Servonnet et du docteur Fernand Lafitte, dans leur *Voyage de Sfax à Gabès*, « des flottes entières y pourraient trouver un abri; contre la mer de la partie est, la seule à redouter ici, les vents ont élevé une muraille naturelle sur laquelle les plus grosses vagues viennent se briser et mourir impuissantes. Le nom de Surkennis, indiqué par les cartes, dérive probablement de Sour-el-Kneis, expression arabe qui signifie : mur des (îles) Kneïs ou Knaïs. Ainsi qu'en témoignent les anciennes cartes marines, la baie des Surkennis est restée longtemps inconnue, sauf de quelques caboteurs de la côte; mais les avantages que la nature y a réunis ne pouvaient passer plus longtemps inaperçus. Dès 1883, les ingénieurs hydrographes de notre marine en ont levé le plan détaillé et y ont étudié les mouvements de la marée, dont l'amplitude maxima n'est pas inférieure à 1 m. 80. Le lac de Bizerte et la baie des Surkennis serviraient à eux seuls à justifier notre ingérence dans les affaires de la Tunisie. »

Il est peut-être excessif de mettre ainsi la baie des Surkennis au même rang que l'illustre Bizerte.

Indolent, insouciant, apathique, l'Arabe n'a qu'indifférence et mépris pour nos plus belles inventions; à la vue des merveilles de notre industrie, il hausse les épaules et s'écrie : *Maboul, maboul!* « Vous êtes fous, fous! » Et la plupart d'entre eux haïssent les Européens, par fanatisme, non comme Européens, mais comme chrétiens, comme n'étant pas les « hommes du Livre », du Coran. « Croirait-on, écrit à la *Dépêche tunisienne* un correspondant de Sousse, croirait-on qu'à Msaken, ville de 10 000 âmes, après treize ans d'occupation, la population proteste contre le projet qui fait de ce centre important une station future du chemin de fer du Sahel? »

Il y a maintenant, paraît-il, un petit groupe de vignerons roussillonnais à Enfidaville. Il serait à souhaiter qu'il augmentât vite, car la colonisation ne se développe guère dans cet immense domaine; çà et là quelques familles d'Italiens ou de Maltais, les Arabes d'antan et des Français en petit nombre, c'est tout ce qu'il y a sur ses 120 000 hectares ou plus.

Le grand domaine Potin, situé au pied oriental du Bou-Kurnin (576 mètres), au débouché de l'Oued-el-Kiob ou Ru des Roseaux, dans l'étroite plaine du littoral, à 2 500 mètres de la Méditerranée, bordée de dunes basses, ce domaine, l'Henchir Bordj-Cédria des indigènes, a donné cette année 17 500 hectolitres de vin.

Onésime Reclus.

### AFRIQUE

**Côte occidentale d'Afrique.** — Les Anglais qui, comme on le sait, avaient fondé un établissement commercial au Cap Juby, viennent d'établir de nouveaux comptoirs dans la même région. C'est à Saghiet-el-Hamra, point situé assez loin dans l'intérieur, sur le ouâdi du même nom, que se trouve l'emplacement des nouvelles factoreries. La compagnie anglaise qui fonde ces nouveaux postes serait complètement indépendante de celle du Cap Juby, dont l'établissement, reconnu de peu d'utilité, a renoncé à tout trafic avec les Maures, pour se transformer en station météorologique. En réalité, les deux compagnies s'entendent parfaitement pour détourner à leur profit le commerce des caravanes qui se rendent de Timbouctou au Maroc.

Elles se sont assuré le concours du puissant chef indigène Birouk, fils de Mohamed Bachir, qui jouit d'une grande autorité sur toutes les tribus, très mêlées, échelonnées du Cap Juby à Tindouf.

Toutes ces tribus reçoivent de l'argent des Anglais; plusieurs d'entre elles ont même été armées de fusils et fournies de canons.

La compagnie du Cap Juby est admirablement outillée et tout est prêt en vue du prompt établissement d'une voie ferrée entre Juby et Tindouf.

A Saghiet-el-Hamra, les Anglais ont élevé un grand

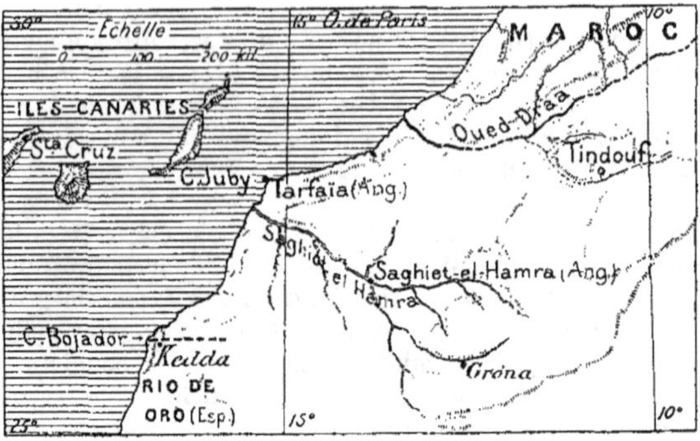


mur casematé pour fortifier cette position, qui sera prochainement pourvue d'artillerie. Les deux compagnies anglaises ont été aidées dans leur entreprise par un Arabe d'Algérie, le hadji Boutaleb, le même qui avait déjà servi les Allemands au Maroc.

En dehors des considérations d'ordre purement commercial, cette nouvelle preuve de la pénétration graduelle et sûre de la Grande-Bretagne dans ces parages de la côte occidentale d'Afrique est de la plus haute importance au point de vue politique, et la France, qui a de si grands intérêts à sauvegarder dans le Sahara, aura désormais à se préoccuper des progrès, dans ces mêmes régions, de voisins qui ne manqueront certainement pas de saisir toutes les occasions possibles de lui créer des difficultés.

**Erythrée et Somalis.** — La découverte d'anciennes monnaies inconnues que l'on vient de faire au Choa a lancé le docteur Traversi à la recherche de ruines de villes fort anciennes. Le docteur Traversi a vu dans la vallée de l'Aouach, au nord-est d'Ankober, les vestiges de deux cités arabes, Uorcamba et Rasah, mais nulle part il n'a rencontré les prétendues constructions romaines, supposées par des savants italiens. En revanche, l'archéologue anglais Bent a trouvé dans la vallée de Hédas les ruines d'une cité grecque, laquelle ne serait autre que la *Keloé* de Ptolémée, fondée à l'époque des grandes émigrations helléniques, sous les successeurs d'Alexandre.

Le commerce de Massaouah avec la Haute-Nubie va croissant; d'après les informations italiennes, la route est sûre aujourd'hui jusqu'à Kassala. Comme les Anglais ne peuvent parvenir à cette partie du Soudan par leur port de Souakim, les négociants de Kassala demandent aux Italiens seuls le coton, le savon, l'huile et les épices, en échange de leur gomme et de leurs peaux. La victoire remportée tout récemment par les troupes italiennes sur les derviches à Agordat, entre Keren et Kassala, va hâter l'établissement définitif du trafic dans cette contrée d'Afrique, où les échanges sont si avantageux aux deux parties contractantes.

Les Italiens viennent d'occuper commercialement les

quatre ports du Bénadir : Brava, Merka, Magdochou et Ouarchek, distants d'une centaine de kilomètres les uns des autres, et cédés par le sultan de Zanzibar moyennant 160 000 roupies. Une factorerie était déjà installée à Itala. Toute cette côte a été successivement visitée par les Perses et par les Indiens. Il est douteux que les Hébreux y soient venus chercher des trésors au temps de Salomon, mais il est certain que les Phéniciens y abordèrent dans l'audacieux tour d'Afrique qu'ils effectuèrent vingt siècles avant Gama. Les Arabes y apparurent dès le commencement de ce prodigieux mouvement d'incursions qui suivit Mahomet. Les Portugais y firent une courte apparition. En définitive les ports sont restés aux aborigènes somalis; ce sont encore de pauvres escales, mais la fertilité relative de leurs parages, les communications faciles avec l'intérieur jusqu'aux Gallas montagnards et au Kaffa par les rivières Djouba et Chebeli, promettent de l'avenir aux nouveaux possesseurs.

L'Italie semble avoir aussi des prétentions sur la rade d'Allula, à l'extrémité de la péninsule Somalis; elle l'a fait reconnaître par l'ingénieur Brichetti, qui l'a déclarée facile à aménager.

Ce qui rend plus importante la nouvelle prise de possession, c'est que les quatre ports cités sont à peu près les seuls praticables de la côte. Au nord, depuis Ouarchek jusqu'au cap Guardafui, les centres d'habitations riverains sont inabordables, à cause des moussons, et seuls les petits bateaux y peuvent trafiquer pendant les calmes, c'est-à-dire de mars à avril.

C'est à Merka que fut tué le lieutenant Zalmone et à Ourchek le lieutenant Zavagli; mais les dernières nouvelles du capitaine Ferrandi nous apprennent que l'inhospitalière côte de Bénadir est momentanément tranquille. Le capitaine Ferrandi se prépare à remonter dans les montagnes Gallas, à la recherche des sources du Djouba. On se rappelle que depuis 1870 un grand nombre d'explorateurs se sont voués à la recherche de ces sources, et cette question intéresse aujourd'hui plus que jamais l'Italie nouvellement installée au Bénadir, car sa convention avec l'Angleterre n'a encore aucun caractère définitif, à cause de l'inconnu géographique, et il importe aux Italiens d'arriver les premiers.

## RÉGIONS POLAIRES

**Expédition Peary** (suite, voy. p. 13). — La carte d'Astrup, beaucoup plus simple, est très différente. Sur ce document le goulet Nordenskiöld n'est plus indiqué. Seule la baie de l'Indépendance est marquée avec une grande extension vers l'est, et l'île placée au nord par Peary est rattachée au continent. D'après cette carte comme d'après le texte, l'insularité du Grönland affirmée par Peary n'est plus du tout admise. Astrup est très précis sur ce point. « Nous avons, écrit-il, reconnu l'extension probable du Grönland vers le nord. »

Le principal résultat du voyage de l'explorateur américain a été la détermination de la limite de l'inlandsis vers le nord. Dans cette direction elle ne dépasse pas le 82° de latitude et se trouve précédée d'une large zone dépourvue de glaciation.

De la baie de l'Indépendance la caravane revint à la baie Mac Cormick en suivant une route plus méridionale qu'à l'aller. Le 6 août elle rallia ses quartiers d'hiver, après avoir parcouru une distance de 1 kilomètre sur l'*inlandsis*. Une aussi longue exploration à une altitude aussi élevée a été particulièrement pénible. Les explorateurs couchaient sur la neige enveloppés de fourrures, à l'abri des traîneaux. Seulement par les tempêtes ils construisaient une guérite basse, en neige, dont le toit était formé par une toile. La température la plus froide observée pendant le voyage a été — 20°,5, le 18 juillet. Le vent soufflait constamment avec force. Sa direction était invariablement celle de la pente du glacier.

M. Peary a relevé son itinéraire à la boussole en calculant les distances à l'aide d'un podomètre fixé à un traîneau. Enfin, dans quatre campements à l'aller, dans trois au retour, et à Navy Cliff, des observations astronomiques ont été exécutées à l'aide d'un petit théodolite et de deux chronomètres dont la marche a été soigneusement réglée au départ et au retour de l'expédition. D'autre part, avant son exploration sur l'inlandsis, cet explorateur avait relevé entièrement le golfe Inglefjeld, dont les contours étaient jusqu'ici inconnus.

Peary, revenu aux États-Unis à la fin de septembre 1892, s'occupa aussitôt d'organiser une nouvelle expédition pour tirer parti de ses importantes découvertes. En neuf mois, par des conférences et par des articles de journaux, il réussit à réunir la somme de 150 000 francs. Pareille somme fera rêver les explorateurs français. Le 2 juillet dernier, il repartait à bord du baleinier *Falco*, en route pour le golfe Inglefjeld. L'expédition comprend quatorze personnes, dont Mme Peary et sa femme de chambre. Mme Peary avait déjà accompagné son mari dans sa première expédition. Les voyageurs passeront l'hiver 1893-1894 dans une maison qu'ils construiront dans une des baies du golfe Inglefjeld. Au milieu de mars, Peary, avec huit ou neuf hommes, quittera les quartiers d'hiver et se dirigera vers la baie de l'Indépendance, où il compte arriver du 1er au 5 mai. Là la caravane se partagera en trois groupes. Une escouade, longeant la côte est du Grönland, essayera d'atteindre le cap Bismarck, qui marque de ce côté la limite de nos connaissances, puis reviendra au quartier d'hiver en traversant l'*inlandsis*. Un deuxième groupe explorera les terres situées au nord du Grönland, pendant que Peary essayera d'avancer vers le pôle. En automne, toutes les escouades devront rallier les quartiers d'hiver. Le plan de M. Peary est plein de promesses et nul doute que, si les circonstances sont favorables, ce nouveau voyage ne soit fécond.

**Spitzberg. Expédition Nordenskiöld.** — Les naturalistes suédois poursuivent avec la plus louable persévérance l'exploration du Spitzberg. Commencées en 1859 par Torell, puis continuées par Nordenskiöld avec une infatigable persévérance, ces expéditions ont fixé les principaux traits de cette terre polaire et fourni des renseignements généraux sur sa faune, sa flore et sa constitution géologique. Ces importants résultats n'ont point satisfait nos collègues suédois, et maintenant nous voyons leur zèle scientifique appliqué à l'étude détaillée de certains districts du Spitzberg.

En 1882, MM. Nathorst et de Geer avaient étudié avec le plus grand soin la géologie de la côte occidentale, du Hornsound à l'Isfjord. Pour poursuivre ces recherches, une nouvelle expédition a été entreprise en 1890 par M. Gustaf Nordenskiöld, le digne fils du célèbre explorateur, et par le baron Klinckowström. Comme les précédentes, elle a été exécutée aux frais de généreux Mécènes, tels que M. Beyer, l'éditeur bien connu de Stockholm, et le baron Oscar Dickson, dont la libéralité est inépuisable. Les *Nouvelles Géographiques* ont en son temps indiqué cette exploration; la publication de la relation scientifique du voyage[1] nous en révèle aujourd'hui tout l'intérêt.

Les deux voyageurs, montés sur le *jakt*[2] *Lofoten*, arrivèrent le 15 juin au Spitzberg. A cette époque les montagnes et les glaciers étaient recouverts d'une épaisse couche de neige. M. Nordenskiöld résolut aussitôt de profiter de

1. G. Nordenskiöld : *Redogörelse for den Svenska Expeditionen till Spetsbergen.* — In *Bihang till k. Svenska Vet-Akod. Handlingar*, vol. XVII, 2, III. Stockholm, 1892.

2. Espèce de sloop particulier à la Norvège.

cette circonstance pour entreprendre une excursion dans l'intérieur des terres sur des *ski*[1]. Cette région, demeurée jusqu'ici absolument inconnue, présente un intérêt particulier. D'après nos observations personnelles, le phénomène glaciaire a été exagéré au Spitzberg; à côté de vastes carapaces de glace, de larges espaces sont au contraire dépouillés de glaciers, et il importe au plus haut point de déterminer l'étendue respective de ces terrains. Des excursions dans l'intérieur du pays permettront seules d'arriver à ce résultat.

Du Hornsound, M. Nordenskiöld gagna par terre la baie de la Recherche, dans le Belsound. Dans cette partie du Spitzberg la glaciation se manifeste avec une grande puissance. Ainsi toute la langue de terre comprise entre le Belsóund et le Hornsound est presque entièrement recouverte de glaciers enserrés à leur extrémité inférieure par des pics élevés. Au delà d'une zone alpine située au nord du Hornsound s'étend une sorte d'*inlandsis* débouchant en mer par le glacier de Torell, large de 10 kilomètres. Cette nappe de glace, remarquable par son horizontalité, doit à la présence de crêtes alpines un aspect différent des *inlandsis* polaires proprement dits.

Dans la région comprise entre la Kolbay et l'Adventbay (Isfjord) que M. Nordenskiöld a explorée ensuite jusqu'à une distance de 15 kilomètres de la côte, n'existent au contraire que quelques courants de glaces locaux. Cette zone dépouillée de glaciers s'étend jusqu'à la *Renda* de la Sassenbay, comme nous l'avons constaté en 1892[2]. Tout le terrain entre l'Adventbay et le Green Harbour, l'extrémité supérieure de la Van Mijenbay dans le Belsound, forme un plateau élevé de 500 mètres et parsemé de pitons isolés se prolongeant au sud. Cette haute plaine est constituée de strates tertiaires affectant presque partout une horizontalité absolue. Ce sont des grès alternant avec des schistes argileux très riches en empreintes végétales. Ils renferment notamment des troncs d'arbres fossilifiés dans un état de conservation si parfaite que l'étude de leur structure a été possible à l'aide du microscope. Les principaux gisements de ces végétaux tertiaires sont les monts Nordenskiöld, Nathorst et Sundevall.

Durant la seconde quinzaine d'août, MM. G. Nordenskiöld et Klinckowström firent une excursion sur les côtes nord-ouest et nord du Spitzberg et réussirent à avancer jusqu'au 80° 45′ par 14° 40′ longitude ouest de Greenwich.

Au retour, un calme plat arrêta l'expédition pendant cinq jours par le travers de la pointe nord de l'île du Prince-Charles. Au Spitzberg les vents ont un régime local. Ainsi, pendant que M. Nordenskiöld était retenu par le calme, une brise fraîche soufflait à quelques kilomètres dans l'ouest. Les chasseurs de phoques connaissent bien cette zone de calmes le long de la côte occidentale, et, afin de l'éviter, lorsqu'ils reviennent en Norvège, ils prennent le large pour y trouver du vent. Dans les fiords, la direction des brises dépend de la disposition topographique. Dans l'Isfjord elles soufflent généralement de la Dicksonbay et de la Sassenbay, souvent en bourrasques suivies immédiatement de calmes plats.

Pendant le voyage, M. Klinckowström a recueilli par des pêches de surface d'intéressants matériaux pour l'étude de la faune pélagique arctique. Aux approches de Beeren Eiland, la surface de la mer est recouverte d'une masse énorme de diatomées formant une poussière flottante. Dans cette région furent recueillis les premiers exemplaires de *Limacina arctica*. Au nord de cette île, cette espèce devient abondante avec une masse de calanides, et quelques exemplaires de *Clione limacina*, *Codonium princeps*, *Margeta ramosa*. Des recherches hydrographiques (mesures de températures à diverses profondeurs et analyses d'eaux) ont été en outre exécutées par l'expédition :

1° Dans la région du courant polaire, à l'ouest-sud-ouest de Beeren Eiland, a été faite une première expérience :

| Position. | Profondeurs en mètres. | Températures. | Densités. |
|---|---|---|---|
| Latitude 74° 17′ Longitude ouest de Gr. 18° 20′ | 0 | + 1°,9 | » |
| | 8 | + 1°,4 | 1.02500 |
| | 20 | + 1° | 1.02517 |
| | 50 | + 0°,8 | 1.02531 |
| | 100 | + 0°,8 | 1.02545 |
| | 125 | + 0°,8 | 1.02533 |
| (Fond) | 150 | + 0°,8 | » |

2° A l'ouest nord-ouest de Beeren Eiland, une seconde expérience, exécutée au milieu de *drifis*[1] montre l'influence de l'eau de fonte sur la température des eaux du Gulf Stream :

| Profondeurs. | Températures. |
|---|---|
| 0 | + 1°,3 |
| 2 | + 0°,9 |
| 4 | + 1°,8 |
| 8 | + 2°,9 |
| 9 | + 3°,3 |
| 10 | + 4°,4 |
| 20 | + 4°,4 |
| 60 | + 3°,4 |
| (Pas de fond) 700 | + 1°,2 |

3° Côte occidentale du Spitzberg. Entrée du Belsound. Latitude 77° 38′, longitude 13° 53′ O. de Gr. Fond 117 mètres.

| Profondeurs. | Températures. |
|---|---|
| 0 | + 5°,3 |
| 10 | + 4°,8 |
| 30 | + 1°,2 |
| 50 | + 0°,2 |
| 75 | + 1° |
| 100 | + 1° |

4° Entrée de l'Isfjord entre le Dödmand et la Fästning. (Deux observations.)

La température superficielle varie entre + 4°,2 et 4°. Elle baisse ensuite graduellement pour tomber à 100 m., à — 0° 7.

5° Isfjord entre l'Adventbay et le cap Boheman :

| 1re STATION FOND, 153m | | 2me STATION FOND, 260m | | 3me STATION FOND, 311m | | 4me STATION FOND, 167m | |
|---|---|---|---|---|---|---|---|
| Prof. | Temp. | Prof. | Temp. | Prof. | Temp. | Prof. | Temp. |
| 0 | + 5°,8 | » | + 6°,4 | » | + 6°,6 | » | + 6°,1 |
| 10 | + 4°,2 | » | + 5°,2 | » | + 2°,5 | » | + 1° |
| 20 | + 2°,5 | » | + 2°,2 | » | » | » | + 0°,6 |
| 50 | + 0°,6 | » | — 0°,5 | » | — 0°,5 | » | 0° |
| 100 | — 0°,6 | » | — 0°,7 | » | — 0°,6 | » | — 0°,4 |
| 150 | — 0° 5 | » | » | » | » | » | » |
| » | » | 200 | — 1° | » | — 1°,1 | 164 | — 0°,5 |
| » | » | 257 | — 1°,1 | » | » | » | » |
| » | » | » | » | 300 | — 1°,2 | » | » |

La station 1 est la plus rapprochée de l'Adventbay; la station 4 se trouve près du cap Boheman.

La décroissance de la température aux stations 3 et 4

1. Longs patins en bois en usage dans les pays scandinaves.
2. Voy. *Tour du Monde*, t. LXVI, 1893, p. 273-304.

1. Glaces flottantes.

est déterminée par le voisinage du grand massif glaciaire qui couvre la rive occidentale de l'Isfjord.

Ces observations bathymétriques de température, confirmées par deux séries prises dans le Nordfjord et dans la Klaas Billenbay, montrent la présence dans l'Isfjord d'une puissante nappe d'eaux froides occupant tout le fond de la baie sous une couche superficielle d'eaux chaudes, épaisse de 50 mètres environ.

Sur la côte nord du Spitzberg, par 80° 20′ de latitude nord et 12° de longitude ouest de Gr., M. Nordenskiöld a pris une intéressante observation de température.

| Profondeurs. | Températures. | Densités. |
|---|---|---|
| 0 | + 5°,6 | 1.02465 |
| 5 | + 5°,6 | 1.02482 |
| 10 | + 5°,5 | 1.02487 |
| 15 | + 5°,4 | 1.02490 |
| 25 | + 5°,2 | 1.02492 |
| 50 | + 3°,9 | 1.02502 |
| 100 | + 2°,2 | 1.02532 |
| 150 | + 1°,7 | 1.02532 |

Ce résumé des observations océanographiques, rapproché de celui des recherches géologiques et géographiques, montre toute l'importance des résultats obtenus par MM. Nordenskiöld et Klinckowström.

**La Dicksonbay au Spitzberg.** — La véritable étendue de la Dicksonbay (prolongement septentrional de l'Isfjord) était restée jusqu'ici inconnue. La magnifique publication de l'expédition météorologique suédoise, qui hiverna en 1882-1883 au cap Thordsen, vient de combler cette lacune, par une carte exacte de ce fiord dressée par le lieutenant Stjernspetz et une description de cette baie faite par cet officier[1]. L'extrémité nord de la Dicksonbay est formée par une longue et large plage recouverte seulement par les marées de syzygies, et sillonnée de torrents dont les lits se déplacent fréquemment. Cette plage est constituée par de l'argile rouge provenant de l'érosion des montagnes environnantes, qui sont constituées par des grès rouges appartenant à l'étage de la Liefdebay. L'eau du fiord et de ses affluents, chargée de particules de cette roche, a une couleur rouge brique. Dans cette région du Spitzberg se produit un travail très rapide et très important d'alluvionnement. En aval de la plage, des torrents perpendiculaires à la direction du fiord ont comblé la baie située à l'est du cap Nathorst et projeté en travers du fiord des amorces de barrage. Dans un avenir rapproché, l'extrémité supérieure de la baie sera isolée de la mer et convertie en un lac que les apports des torrents combleront rapidement. L'isthme séparant la Dicksonbay de la Wijdebay est couvert de glaciers d'accès facile.

**Expédition Garde au Grönland.** — Au cours de sa dernière exploration (voir notre numéro d'octobre 1893, p. 173), le lieutenant Garde a relevé quatre-vingts mouillages sur la côte sud-ouest du Grönland. Dans cette région les fiords atteignent une profondeur énorme. Dans une de ces baies on a filé 700 mètres de corde sans pouvoir atteindre le fond. Après son excursion sur l'*inlandsis*, M. Garde a réussi à contourner la presqu'île Nunarsuit. Cette entreprise, qu'aucun Européen n'avait pu exécuter jusqu'ici, était fort périlleuse. Sur tout le périmètre de ce large promontoire, la côte se dresse à pic et est partout battue par de hautes vagues lorsque la mer est libre. La presqu'île Nunarsuit est la « Terre de Désolation » de Davis.

1. *Explorations internationales des régions polaires*, 1882-1883. Observations faites au cap Thordsen par l'expédition suédoise, publiées par l'Académie royale des sciences de Stockholm.

**La côte orientale du Grönland en 1893.** — L'expédition du lieutenant Ryder avait, comme on sait, rencontré d'énormes masses de glace le long de la côte orientale du Grönland en 1891 et 1892. L'été dernier, au contraire, dans cette même région les banquises étaient clairsemées et *navigables*, suivant l'expression maritime scandinave, ainsi que cela résulte des observations du capitaine Knudsen, commandant le baleinier l'*Hékla*, celui-là même sur lequel avait été embarquée la mission Ryder en 1891-1892.

Le 28 juin, par 68° 14′ latitude nord et 28° 10′ longitude ouest, l'*Hékla* réussit à approcher à quelques milles du cap Grivel (terre de Blosseville). La traversée de la nappe de glace côtière n'avait présenté aucune difficulté, mais c'était l'époque où la chasse au phoque donne les meilleurs résultats, et le capitaine Knudsen dut abandonner ses projets d'exploration pour poursuivre le gibier.

Deux jours après l'*Hékla* se trouvait à douze milles de terre par 64° 22′ latitude et 28° 20′ longitude ouest. Dans cette position le bâtiment fut assailli par une masse de glace poussée dans l'ouest par un courant de foudre. Il fut bientôt bloqué, pressé de toutes parts et soulevé hors de l'eau. Dans le choc, le gouvernail fut enlevé. Le 1er juillet, sous la poussée d'une tempête d'est, la banquise dériva vers la terre, entraînant dans sa marche le bâtiment. A un moment l'*Hékla* arriva ainsi à un mille de la côte. Le 3, sous l'influence d'une forte brise d'ouest, la banquise s'ouvrit et le capitaine Knudsen réussit à se dégager.

D'après les observations du capitaine Knudsen, la côte entre le cap Grivel et Nuna Isua présente vers le sud une saillie beaucoup plus accusée que ne l'indique la carte de la marine danoise. Cette région est très haute et en plusieurs endroits s'élève directement au-dessus de la mer en escarpements abrupts. Une partie semble constituée par du basalte.

Entre le 29° 12′ et le 39° 50′ longitude ouest, la côte se trouve précédée de terres basses, hérissées de quelques monticules formés, semble-t-il, de grès. Dans cette section deux fiords s'ouvrent vers le N.-O. Nulle part dans cette région le capitaine Knudsen n'aperçut d'*inlandsis*.

Devant la terre de Blosseville les mouvements de la marée atteignent donc une grande amplitude et déterminent par suite des courants temporaires dont les effets modifient pendant quelques heures le grand courant polaire. Ainsi, à certains moments, la marée arrête la dérive de la glace vers le sud-ouest et la pousse vers l'est avec une assez grande vitesse. Lorsque le courant de la marée marche vers l'ouest, la banquise éprouve de très fortes pressions qui ont pour effet de briser les glaces. CH. RABOT.

## DERNIERES NOUVELLES

*Le lieutenant-colonel d'artillerie Bonnier, commandant supérieur des troupes françaises au Soudan, a pris possession de Tombouctou. Cette nouvelle, d'une importance considérable, aura un sérieux retentissement dans le monde du Nord-Africain. Pourtant, l'occupation de la ville légendaire n'est pas une surprise, mais la conséquence inéluctable de tout ce que nous avons fait du côté du Niger depuis 1880. Le résultat de cet événement doit être la jonction politique, économique et sociale du Soudan français à l'Algérie, avec Tombouctou pour jalon. Nous reviendrons sur cette idée dans notre prochain numéro.*

# MOUVEMENT ÉCONOMIQUE

## FINANCES ET COMMERCE DU BRÉSIL

Il serait intéressant d'étudier en détails les conséquences économiques des difficultés intérieures au milieu desquelles se débat la République brésilienne. Mais d'un côté cette crise exerce toujours son action; d'autre part les statistiques officielles sont trop fragmentaires et trop peu sûres pour permettre d'arriver à une conclusion générale. Aussi, au lieu d'un tableau complet, le lecteur ne trouvera-t-il ici que quelques chiffres et faits, qui ne sont pas toutefois sans intérêt.

D'abord les finances publiques. Le budget en 1890 était de 549 147 425 francs aux recettes, de 620 562 850 francs aux dépenses, soit un déficit de 71 415 425 francs. Si l'on ajoute aux recettes quelques fonds spéciaux (dépôts, monnaie de nickel, etc.) et l'excédent de l'année 1889, ce déficit se trouve transformé en un excédent de 202 126 500 fr. Diverses opérations financières, effectuées dans le courant de 1891 (dépôts des banques garantissant l'émission de leurs billets, etc.) portent cet excédent, à la fin de 1890, à 337 888 025 francs. En 1891, le budget était de 642 989 125 fr. aux recettes, de 624 800 950 francs aux dépenses, avec un excédent de 18 188 175 francs (ou de 104 817 600, y compris les dépôts des banques). Après diverses opérations effectuées dans le courant de 1891 et en y ajoutant le bilan de 1890, le Brésil a commencé l'année 1892 avec un excédent de 466 086 150 francs. Ce fut le point culminant de la prospérité des finances de la République; depuis elle a constamment décliné. Le budget de 1892 était de 632 719 125 francs aux recettes et 728 937 500 francs aux dépenses, soit un déficit de 96 218 375 francs, que les dépôts des banques réduisent à 67 858 200 francs. En tenant compte des opérations financières de 1892 et de l'excédent de 1891, l'année 1893 a commencé pour le Brésil avec un excédent total qui ne dépassait pas 164 759 925 francs. Le budget de 1893 était évalué (très approximativement, d'après les données pour les trois premiers mois) à 713 310 250 francs aux recettes et à 660 810 250 francs aux dépenses, soit un excédent de 52 500 000 francs ou, avec la somme des dépôts, de 62 325 000 francs. On voit que, même suivant les calculs du gouvernement, nécessairement optimistes, le trésor ne doit renfermer au commencement de 1894 qu'un peu plus d'un tiers des sommes qu'il contenait il y a un an, et un peu plus d'un huitième de celles qu'il possédait il y a deux ans.

Du reste, cet excédent doit être aujourd'hui fictif, les dépenses que nécessite la guerre civile l'ayant certainement déjà englouti. Le Congrès a voté, entre autres : le 4 mars 1893, 5 625 000 francs « pour parer aux dépenses extraordinaires dues aux circonstances dans l'État de Rio Grande do Sul »; le 25 mars, 2 875 000 francs pour l'achat de fusils en Allemagne; en juin, 33 750 000 francs pour l'achat de matériel de la marine et 36 250 000 francs pour le réarmement des troupes de la République. Soit 78 500 000 francs rien qu'à ces quatre rubriques et dans la première moitié de l'année. Pour 1894, le gouvernement lui-même prévoit un déficit de 47 632 725 francs (en évaluant les recettes à 704 413 025 francs et les dépenses à 752 045 750 francs).

Nous récapitulons ces divers chiffres dans le tableau suivant :

*Les budgets du Brésil (en francs).*

| | 1890 | 1891 | 1892 | 1893 | 1894 |
|---|---|---|---|---|---|
| Recettes | 549.147.425 | 642.989.125 | 632.719.125 | 713.310.250 | 704.413.025 |
| Dépenses | 620.562.860 | 624.800.950 | 728.937.500 | 660.810.250 | 752.045.750 |
| Excédent (+) ou déficit (—) | — 71.415.425 | + 18.188.175 | — 96.218.375 | + 52.500.000 | — 47.632.725 |
| Bilan total à la fin de l'année en + ou en — (après diverses opérations financières et en ajoutant l'excédent ou défalquant le déficit de l'année précédente) | +202.126.500 | +466.086.150 | +164.759.925 | Épuisé ? | ? |

Une autre brèche dans l'état des finances brésiliennes est produite par la dépréciation du papier-monnaie. Cette dépréciation est due à son tour au grand excédent des importations sur les exportations, et surtout aux payements exigés par le service de la dette publique sur le marché d'Europe, principalement à Londres, ces deux circonstances nécessitant des achats constants d'or par le pays brésilien. Ajoutons-y la trop forte émission du papier en 1891 : à la fin de 1892 il en circulait pour 1 603 925 000 francs. Aussi, tandis qu'en 1889 le cours du milreis était de 26,85 pence sur Londres, en 1890 n'était-il que de 22,56, en 1891 que de 16,33 et en 1892 que de 11,94 en moyenne. A peine amélioré en octobre 1890 (16 pence), il est retombé, à la suite de l'insurrection de Rio et de la révolte de la marine, à 10,25 pence en juin 1893.

Le Brésil a été obligé de recourir aux emprunts extérieurs, pour éviter la nécessité d'acheter toujours de l'or, en dépréciant ainsi le papier-monnaie. A part les 25 millions de francs empruntés en 1892 à la maison Rothschild de Londres, le gouvernement brésilien a conclu, en 1893, au nom de la compagnie du chemin de fer Oeste de Minas un emprunt de 92 500 000 francs, également à Londres, au taux de 5 pour 100 et à des conditions favorables pour l'État, mais très onéreuses pour les actionnaires de ladite compagnie. Sans entrer dans de plus grands détails, disons qu'aujourd'hui le total de la dette publique du Brésil (emprunts extérieurs et intérieurs, papier-monnaie, billets du Trésor) est de 3 508 661 000 francs; il n'était que de 2 844 457 212 en décembre 1889, immédiatement après la chute de l'Empire. Cette augmentation est due surtout à l'émission du papier-monnaie.

Quel est, d'un autre côté, l'état du commerce brésilien? Les documents officiels ne donnent pas de total général postérieur à 1889, et quant aux évaluations, elles sont trop approximatives pour être consultées avec fruit. Nous préférons donner ici quelques chiffres partiels, mais présentant une garantie d'exactitude.

Voici tout d'abord le tableau des sommes provenant des droits d'entrée perçus par toutes les douanes de la République (nous faisons une colonne à part pour Rio de Janeiro, le principal port du pays). Ce tableau est surtout intéressant parce que les droits d'importation forment la plus grande partie des revenus de l'État : jusqu'à 72 (!) pour 100 de recettes ordinaires en 1892.

| ANNÉES | FRANCS | |
|---|---|---|
| | DROITS D'ENTRÉE POUR LE BRÉSIL | DONT POUR RIO DE JANEIRO |
| 1890. . . . . | 282.620.925 | 137.664.325 |
| 1891. . . . . | 298.736.775 | 141.067.675 |
| 1892. . . . . | 368.930.000 | 237.358.125 |
| 1893. . . . . | 134.424.250 (pour les premiers trois mois) | 149.526.075 (pour la première moitié de l'année) |

On voit que le commerce du Brésil n'a cessé de se développer jusqu'au milieu de 1893 (il a décru tout naturellement depuis à la suite des troubles), car si la hausse des tarifs, décrétée depuis 1892, est considérable (jusqu'à 60 pour 100 sur les vins, alcools, etc.), la dépréciation du papier-monnaie est aussi, comme nous l'avons vu, très grande; or c'est à partir de 1892 que le Brésil a adopté la perception des droits d'entrée en papier, au lieu d'or, comme auparavant : les deux faits se contre-balancent, et l'augmentation des droits d'importation doit être attribuée aux progrès effectifs du commerce.

Très caractéristique est aussi la part prépondérante et toujours grossissante que Rio de Janeiro a prise dans le commerce total de la République: jusqu'à 72 pour 100 du montant des droits d'entrée en 1892. C'est pour cela et en l'absence du total général que la statistique détaillée des échanges à Rio de Janeiro a un intérêt tout particulier. Cette année les importations ont atteint 470 320 000 francs et les exportations 389 730 900 francs. Voici comment se rangeaient les pays suivant le total de leurs échanges :

| PAYS | FRANCS | | |
|---|---|---|---|
| | EXPORTATION | IMPORTATION | TOTAL |
| États-Unis. . . . | 207 088.350 | 42.870.700 | 249.959.050 |
| Royaume-Uni . . | 71.699.300 | 145.626.350 | 217.325.650 |
| France. . . . . | 24.887.100 | 64.320.800 | 89.207.900 |
| Allemagne . . . | 36 515.825 | 49 911.175 | 86.427.000 |
| Portugal . . . . | 1.044.425 | 23.761.150 | 24.805.575 |
| Italie. . . . . . | 4.016.250 | 4.314.100 | 8.330.350 |
| Etc. . . . . . | . . . . . . | . . . . . . | . . . . . . |

On remarquera la part tout à fait exceptionnelle des États-Unis à l'exportation, qu'alimentent surtout le café, le coton et le caoutchouc. Ces produits sont envoyés aussi en Angleterre, mais celle-ci est beaucoup mieux représentée à l'importation, pour laquelle elle occupe le premier rang par ses cargaisons de cotonnades, de houilles, de machines, de fers et aciers, etc. La France n'est dépassée à l'exportation que par les États-Unis et l'Angleterre, et à l'importation elle ne le cède qu'à l'Angleterre. C'est de la France surtout que le Brésil reçoit les vins et le beurre frais. Malheureusement les droits d'entrée très élevés dont la France frappe le café et autres produits du Brésil ont amené le Congrès brésilien à rejeter en juillet 1891, par voie de représailles, la convention conclue entre les deux pays le 31 janvier de la même année. Dès 1891, nous voyons fléchir l'importation des vins français et augmenter celle des vins du Portugal.

Un fait capital pour le commerce brésilien, c'est l'excédent de plus en plus fort des importations sur les exportations, car les exportations tombent relativement et, dans beaucoup de cas, absolument. Ainsi, tandis qu'en 1887 le Brésil exportait au Royaume-Uni pour 134 millions de francs et en importait pour 145, en 1891 ses exportations dans le même pays n'ont atteint que 106 millions, mais les importations se sont montées à plus de 206. Une exception remarquable est fournie par le commerce avec les États-Unis : grâce à une convention favorable, conclue en 1891 entre les deux Républiques, le Brésil a augmenté ses exportations aux États-Unis de 414 millions de francs en 1891 à 593 millions en 1892, tandis que les importations des États-Unis, qui étaient de 70 millions 1/2 en 1891, n'ont pas dépassé, en 1892, 71 millions 1/2.

Finissons par une question assez intéressante : dans quelle mesure est-il vrai que l'Empire du Brésil, comme on ne le répète que trop souvent, doive sa chute au ressentiment des gros planteurs de café, qu'aurait ruinés l'abolition « radicale et sans rachat » de l'esclavage par le décret impérial de 1888? Que disent les chiffres? Nous donnons ci-après le tableau des exportations du café par les deux principaux ports (2/3 du total) du Brésil, Rio de Janeiro et Santos : 1° d'abord pour l'année moyenne de la période triennale 1885-1887, antérieure à l'abolition de l'esclavage; 2° ensuite pour 1888, l'« année terrible » des esclavagistes; 3° et enfin pour l'année moyenne de la période quinquennale 1889-1893, qui suit l'abolition.

| PORTS | TONNES | | |
|---|---|---|---|
| | MOYENNE ANNUELLE de 1885 à 1887 | 1888 | MOYENNE ANNUELLE de 1889 à 1893 |
| Rio de Janeiro. . . | 158.376 | 113.194 | 179 903 |
| Santos . . . . . . | 124.083 | 78 592 | 175.924 |
| Ensemble. . . | 282.459 | 191.756 | 355.827 |

Et c'est à cela que se réduit toute la « funeste » influence de l'abolition de l'esclavage! L'exportation du café tombe momentanément pendant la seule année de 1888 pour rebondir avec un essor tout à fait remarquable après cette courte crise. Mais alors l'influence des crises commerciales ordinaires est autrement grave et profonde.

Du reste, cette abolition n'a pas été aussi subite qu'on s'est plu à le dire : elle était déjà en partie escomptée par les *fazeinderos*, qui commencèrent à employer, avant 1888, le travail libre, fourni assez abondamment par l'immigration. Ajoutons à cela les emprunts contractés par l'État précisément pour venir en aide aux planteurs de café, dont l'influence dans le parlement rendait d'autre part le gouvernement très circonspect en matière d'impôts fonciers. Le travail libre, toujours plus productif que celui de l'esclave, a fait le reste.

Serait-il juste, après de pareils faits, de chercher exclusivement dans les intérêts lésés des esclavagistes les causes de la révolution du Brésil ?

NICOLAS ROUSSANOF.

# BIBLIOGRAPHIE

*REVUE DES PÉRIODIQUES*

*Articles signalés*

**Annales de géographie**, 15 janvier 1894. — *Leçon d'ouverture du cours de géographie coloniale* (*Faculté des lettres*), par M. Marcel Dubois. (On lira avec intérêt cette leçon inaugurale du nouveau cours créé à la Faculté des lettres; elle est aussi remarquable par le fond que par la forme. Le cours ne pouvait être confié à un professeur plus autorisé, et nous sommes en droit d'attendre beaucoup de cette utile création.) — *L'hydrographie des eaux douces* (suite et fin), par Marcel Dubois. — *Les régions naturelles des Alpes*, par Emile Haug, avec carte. (Esquisse d'une division géographique de la chaine des Alpes. basée sur les travaux les plus récents. L'auteur, qui est chef des travaux pratiques de géologie à la Faculté des sciences, y fait preuve de beaucoup de savoir et d'ingéniosité). — *La question de la permanence ou de l'instabilité des grandes dépressions océaniques*, par F. Priem. — *Les variations de la frontière française des Alpes depuis le* XVI*e* *siècle*, par P. Sopheau (Intéressant article de géographie historique. La carte qui lui est jointe permet de suivre facilement les variations de cette frontière. Le texte donne des détails curieux sur les traités qui l'ont fixée. Elle coïncide depuis le traité de rectification signé à Turin en 1760 avec la ligne de partage des eaux. L'annexion de la Savoie a complété cette frontière naturelle, en la faisant partir du Mont Blanc.) — *Mâconnais, Charolais, Beaujolais, Lyonnais, Orogénie et Hydrographie*, par L. Gallois. — *Contribution à la limnologie française : les lacs du Jura*, par A. Magnin (Deuxième et dernière partie d'une étude très intéressante, dont nous avons déjà signalé le commencement). — *La colonisation des tourbières du nord-ouest de l'Allemagne*, par B. Auerbach. — *Mission E. Gautier à Madagascar.*

**Geographical Journal**, janvier 1894. — *The Renewal of Antarctic Exploration*, par John Murray, avec carte. (Très intéressant article sur les nouveaux projets d'exploration antarctique, leur utilité et les meilleurs moyens de les mettre à exécution. L'auteur, qui a visité les régions arctiques et qui a fait partie de l'expédition du *Challenger*, avait pour traiter le sujet une compétence toute spéciale. Une exploration antarctique serait d'un grand profit pour la géographie et la physique du globe : elle permettrait d'étudier la forme, l'étendue, le relief, la composition géologique du continent qui recouvre, selon toute probabilité, la partie sud de notre planète; puis ses conditions météorologiques, température, pression, magnétisme, etc.; enfin la faune de l'océan Glacial du Sud. M. Murray donne ensuite quelques avis sur la manière dont devait être organisée cette nouvelle expédition, qu'il espère réservée à la marine anglaise. Il s'agirait non pas d'atteindre le pôle sud, mais de faire une étude continue et systématique de toute la région polaire, avec les moyens dont dispose la science moderne. Cette étude demanderait deux hivers et trois étés : on irait débarquer une première expédition, d'une dizaine d'hommes, au Graham's Land, au sud du cap Horn, et une autre, semblable, au Victoria Land, découvert par James Ross, à la baie Macmurdo, au pied du mont Erebus. Ces expéditions passeraient deux hivers dans ces régions. Mais les bâtiments qui les auraient débarquées n'hiverneraient pas; ils retourneraient au nord, dans les mers libres, où l'on pourrait faire un grand nombre d'observations scientifiques, ils iraient se ravitailler ensuite aux Falkland ou en Australie, puis, l'été suivant, se mettraient de nouveau en rapport avec les deux expéditions, qu'ils viendraient enfin reprendre après leur second hivernage. Ce projet est certainement séduisant, et nous pouvons croire M. Murray quand il nous en parle comme d'une exécution relativement facile. Il est permis d'espérer qu'il se réalisera tôt ou tard, et que les régions antarctiques, si négligées depuis plus de cinquante ans, reverront de nouveau une pléiade d'audacieux explorateurs.) — *The Benue and the anglo-german treaty of november* 15[th] 1893, par E. G. Ravenstein. (Texte explicatif accompagnant une carte, qui montre les limites anglo-allemandes telles qu'elles sont arrêtées dans la convention dont nous avons déjà entretenu nos lecteurs). — *Discovery of a Map by Columbus.* (Description de l'esquisse d'une carte trouvée par le professeur Wieser en marge d'une lettre de Colomb, dans la bibliothèque nationale de Florence et qui doit certainement lui être attribuée. C'est une carte de la zone équatoriale tout entière suivant l'idée que le découvreur s'en était faite.) — *American Cliff-Dwellers*, par Clements R. Markham (Compte rendu de l'expedition de M. Nordenskiöld fils aux anciennes cités troglodytes du Colorado).

**Mitteilungen de Petermann**, décembre 1893. — *Die Verteilung der Wärme-extreme über die Erdoberfläche*, par le professeur J. G. van Bebber, avec carte. (Études de la répartition des températures extrêmes à la surface de la terre.) — *Die Binnenseen von Celebes*, par le professeur Wichmann. (Fin d'une étude très complète du savant professeur hollandais sur les lacs de l'intérieur des Célèbes.) — *Meine Erfahrungen in der Eishöhle von Szilicze.* (Récit de l'exploration d'une caverne, formant une glacière naturelle à Szilicze, dans le comitat hongrois de Gömör. L'auteur l'a entreprise afin de vérifier les théories existantes sur l'origine de ces glacières naturelles. D'après l'idée ordinaire, la glace se formerait simplement parce que ces cavernes, s'enfonçant verticalement dans le sol, ont à leur fond des couches d'air froid qui congèlent les eaux d'infiltration. Mais, d'après d'autres savants cette théorie ne tient pas compte du fait que la glaciation a lieu en tout temps, et que d'ailleurs la chaleur du sol l'empêcherait de se produire, s'il ne se trouvait une source de froid dans la grotte elle-même. La conclusion que l'auteur a tirée de son exploration, c'est que pour produire une glacière naturelle il faut d'abord qu'une caverne se creuse verticalement, de façon que l'air froid y pénètre avec facilité et n'en sorte qu'avec peine; mais il faut en outre que des fissures se forment dans les parois, et que la glace s'y amasse durant l'hiver; cette glace amassée dans les fentes et les creux des voûtes entretient une température constamment froide, que la pénétration de l'air chaud au printemps ne peut plus influencer). — *Kleinere Mitteilungen : Reiseskizzen aus der Südsee, Britisch Neu-Guinea*, par Carl comte Lanjus. — *Ein Streifzug nach dem Staat Chiapas*, par le docteur Carl Sapper. — *Die Grenze zwischen Argentinien und Bolivia*, par le docteur H. Polakowsky. — *Einige Bemerkungen zu dem Aufsatze von* D*r* *R. A. Philippi : Analogie zwischen der europäischen und chilenischen Flora*, par le professeur F. Kurtz. — *Bemerkung über Wind- und Wellengschwindigkeit*, par le docteur Gerhard Schott.

**Geografisk Tidskrift udgivet af Bestyrelsen for det Kongelige danske geografiske Selskab** (Bulletin de la Société royale de géographie danoise). Copenhague, vol. XII, 1893-1894. — C'est toujours par des éloges sans restrictions qu'il faut accueillir les comptes rendus des publications géographiques scandinaves. Ces recueils sont en effet remplis de mémoires originaux et de renseignements scientifiques. Les bulletins de la Société de géographie de Copenhague sont particulièrement intéressants par les documents qu'ils renferment sur le Grönland. A ce sujet les bulletins parus en 1893 méritent d'attirer l'attention. Nous nous bornons aujourd'hui à citer les titres des principaux articles, en nous réservant de revenir avec détails sur le contenu de quelques-uns d'entre eux, dans notre prochaine chronique des régions polaires. — Fascicules 1 et 2 : *L'expédition danoise à la côte du Grönland.* — *Contribution à l'anthropologie des Ferö*, par Arbo. — *Notes sur la nomenclature ethnologique*, par Sören Hansen. — *La formation des grands icebergs*, par Hammer.— *Observations sur l'histoire du développement de la flore phanérogame au Grönland*, par Eberlin. — *Histoire géologique du développement de l'inlandsis*, par le même. — *Les explorations géographiques et géologiques en Islande*, par Thoroddsen. — *La storis dans le détroit de Davis en 1892*, par Holm. — *Documents statistiques sur le Grönland*, par Ryberg. — Fascicules 3 et 4 : *Changements de climats survenus dans les derniers siècles*, par Willaume Jantzen. — *Note sur la géographie des Indes occidentales*, par Lassen. — *Note sur les lacs de Danemark*, par Feddersen.

### *COMPTES RENDUS*

**Marcelin Pellet**, ancien député : *Naples contemporaine*. Paris, Charpentier, 1894, in-16.

« Voir Naples et mourir. » Si nous en jugeons par le livre de M. Marcelin Pellet, ce n'est pas chose si simple que de voir Naples, mais cela doit valoir la peine. Il n'est pas question, bien entendu, dans le livre de notre studieux compatriote, de longues promenades au bord du golfe bleu; non point qu'il les ait dédaignées; comment donc? Il a plané en ballon à 1 000 mètres au-dessus de la fumée du Vésuve, sauf à être chassé sur la mer et ramené par quelque remorqueur; et d'après lui, ce spectacle prodigieux surpasse ce que l'imagination peut rêver; mais, redescendu à terre, il a courageusement plongé dans les bas-fonds de Naples, dans la vie populaire, dans les rues puantes des bas quartiers, et les a étudiés sans reculer ni devant les immondices, ni devant le vice, ni devant les laideurs de toute sorte cachées derrière la façade que tous voient. Les quartiers pauvres, les égouts, la Camorra, la loterie, les fêtes populaires, la presse, les superstitions, tout est fouillé consciencieusement et décrit avec une impitoyable précision. Si impitoyable même, que parfois on se prendrait à douter de la possibilité de ce qu'on lit, si les citations, les attestations, les preuves de toutes sortes ne se joignaient à la visible sincérité de l'auteur pour porter la conviction dans l'esprit le plus sceptique. En résumé, un livre à lire, une œuvre digne du chercheur tenace et passionné auquel nous devons déjà de si attachantes études sur les dessous de la Révolution française.

F. S.

**Marcel Monnier** : *La France Noire, Côte d'Ivoire et Soudan*. Paris, Plon, 1894, in-8°.

On se rappelle que, dans le courant de 1892, le capitaine Binger, aujourd'hui gouverneur des établissements français à la Côte d'Ivoire, fut chargé d'aller délimiter, conjointement avec un commissaire anglais désigné *ad hoc*, la nouvelle frontière que son magnifique voyage de 1887-89 avait nécessité de fixer entre les territoires qu'il avait acquis à la France par de nouveaux traités et les pays appartenant déjà à l'Angleterre ou compris dans sa sphère d'influence. M. Marcel Monnier accompagnait le capitaine Binger dans cette mission à la fois diplomatique et topographique, et il publie aujourd'hui le récit de ce voyage, accompli en commun du littoral au bassin de la Volta, pour revenir ensuite à la côte par Kong, le Bondoukou et la rivière Comoë.

Écrire un récit de voyage n'est rien. Le bien écrire est autre chose. A cet égard, l'auteur de *la France Noire* prend place parmi les meilleurs au milieu de ceux qui déjà nous ont exposé ce qu'ils ont vu des hommes et des choses de l'Afrique occidentale. Ce n'est, en effet, pas un mince avantage que de savoir répéter avec charme des choses déjà dites. Non que ces choses soient absolument dépourvues de variété; mais parce qu'elles prêtent suffisamment encore à la monotonie, parce que même un cerveau d'observateur, à la longue imprégné des paresses ambiantes, subit, lui aussi, la lassitude du milieu où il vit, et sent péricliter son sentiment d'analyse, parce qu'il n'est plus sollicité par les incidents d'une vie sociale toujours la même. Et pourtant, M. Marcel Monnier a trouvé le moyen de faire vibrer un instrument monocorde au point d'en tirer de séduisantes mélodies. Il a donné aux choses des couleurs inattendues, aux événements un caractère inédit, aux hommes une physionomie originale. C'est que le pays noir n'est point un sphinx que les voyageurs les plus constants et les plus sagaces pouront se vanter d'avoir déchiffré une fois pour toutes. Le mystère dissimulé derrière son masque sombre ne demande qu'à se révéler à ceux qui sauront voir et qui voudront l'étudier. M. Marcel Monnier a donc vu profondément et sans lassitude. Il a donc pu exposer des choses que d'autres n'avaient pas vues ou avaient mal interprétées.

Je n'ai à critiquer qu'une seule phrase de son beau livre. Il écrit, en parlant des territoires parcourus et restés possessions françaises : « J'ai dit possession et non colonie; ce dernier terme impliquerait l'idée de peuplement et nous ne parlons que d'une exploitation. »

J'avoue ne pas comprendre la subtile distinction qu'il peut y avoir entre *possession* et *colonie*. Je sais qu'on s'est efforcé depuis quelques années de créer des *genres* en matière coloniale. Même de bons esprits ont cru être de bons économistes en insistant sur une classification coloniale où il est tenu compte de l'exploitation, du peuplement et d'autres choses.

Mais d'abord, on peut coloniser un pays sans le posséder, comme on peut posséder un pays sans le coloniser. La colonisation consiste surtout en une adaptation quelconque, au profit réciproque des deux pays dont les intérêts deviennent communs. Tel qui considère l'*exploitation* comme un genre colonial devra se persuader qu'on ne colonisera rien si l'on se borne à exploiter.

L. S. D.

### CARTOGRAPHIE

**Atlas de géographie historique**, Paris, Hachette et C^ie^ (3^e^ et 4^e^ livraisons).

Les trois feuilles qui composent la troisième livraison de cet Atlas sont : *l'Ancienne Égypte; le Monde grec avant le v^e^ siècle av. J.-C.; la France depuis* 1815.

Les trois cartes et la notice sur l'Ancienne Égypte sont dues à la plume de M. Maspero. On n'aurait pu trouver un collaborateur d'une compétence aussi indiscutable que l'éminent professeur d'égyptologie au Collège de France. Les deux cartes auxquelles cette notice sert de complément représentent très clairement les agrandissements successifs de l'Egypte jusqu'à Thoutmosis III, et le monde oriental au temps d'Amenôthès III. La forme égyptienne des noms propres, qui a été conservée par M. Maspero, dans la dénomination des nomes, par exemple, pourrait étonner le lecteur si elle n'était accompagnée de la traduction de la plupart d'entre eux. Et cette traduction suffit bien souvent pour faire sentir l'immense distance qui sépare notre esprit et notre courant de vie de ceux des anciens habitants de l'Égypte.

C'est M. Haussoullier qui s'occupe des cartes relatives à l'histoire grecque. Les deux demi-cartes qu'il nous donne représentent l'une le monde avant le v^e^ siècle av. J.-C. et l'autre le monde grec au temps de la deuxième guerre médique. Deux cartons insérés dans le texte montrent l'état de la Grèce à l'époque héroïque, et après l'invasion dorienne. Deux autres cartons, non moins intéressants au point de vue de la géographie physique, indiquent les changements considérables survenus depuis l'antiquité dans les contours des golfes Latmique et Maliaque par l'effet d'alluvions du Méandre, qui ont complètement comblé le premier, et du Sperchios ou de ses affluents qui ont singulièrement réduit le second et formé une large plaine sous l'étroit passage où moururent Léonidas et ses compagnons. La notice de M. Haussoullier indique très clairement le point de vue auquel il s'est placé pour faire ses cartes.

L'histoire de la France depuis 1815 est représentée par M. H. Froidevaux dans quatre cartes d'égales dimensions, la France en 1815 et en 1871, et l'extension en Algérie, en Tunisie et en Extrême-Orient; ces cartes sont accompagnées d'une très intéressante notice, illustrée encore de divers cartons compris dans le texte.

La quatrième livraison, qui vient de paraître, comprend d'abord : *L'Italie au temps de la République romaine*, cartes et notice de M. Paul Guiraud. Les petits croquis insérés dans la notice représentent Rome à la fin de la République, le forum à la même époque, Carthage et le périple d'Hannon.

La seconde feuille a pour sujet *les Partages carolingiens*. Une première carte nous donne *l'Empire franc après le traité de Verdun*, une autre *l'Empire franc après* 888, année qui suivit la déposition de Charles le Gros, le dernier empereur qui ait régné sur l'Allemagne et la France, une troisième enfin, *l'Europe au milieu du X^e^ siècle*. Cette carte et la notice sont dues à M. Longnon, l'historien bien connu de la géographie française au moyen âge. Parmi les cartes et plans qui y sont insérés nous citerons *Paris à la fin du IX^e^ siècle*.

La troisième feuille est consacrée à *la Turquie au XVIII^e^ siècle*, et aux trois *Partages de la Pologne* en 1772, 1793 et 1795, carte importante où M. Émile Bourgeois, maître de conférences à l'École normale supérieure, fait très bien comprendre une époque fort embrouillée de l'histoire moderne. La notice expliquant ces deux cartes est à lire. Elle renferme un petit carton qui nous montre *la Finlande en* 1790, époque où la Russie n'en possédait encore que la partie sud-orientale.

P. P.

**Remarkable Maps of the XV, XVI et XVII centuries reproduced in their original seize, I The Bodel Nyenhuis collection at Leyden.** Amsterdam, F. Muller et Cie, 1894.

De cette publication si utile pour l'étude de la géographie historique, sur les cartes des xv^e^, xvi^e^ et xvii^e^ siècle, on vient de faire paraître le premier volume, contenant la collection Bodel Nyenhuis, à Leyde. On y trouve l'indication des cartes publiées à Venise, à Rotterdam, etc., de 1554 à 1640. L'ouvrage sera complet en 6 volumes.

D^r^ M. d'E.

# NOUVELLES GÉOGRAPHIQUES

## L'ÉTUDE DES LACS EN FRANCE

Depuis quelques années, une nouvelle science a conquis sa place au soleil ; c'est la *limnologie* ou, en langage vulgaire, la science des lacs.

Pendant longtemps, en France du moins, les lacs ont été des territoires aussi mystérieux que ceux du centre de l'Afrique. Trois ou quatre à peine étaient connus des touristes, et tous étaient, pour les topographes, comme s'ils n'avient pas existé. Ceux-ci arrêtaient soigneusement leur lever aux rives des lacs, laissant sur leur carte une belle tache blanche, et les géologues qui cherchaient l'origine de ces lacs, dont les profondeurs étaient complètement inconnues, raisonnaient sur des bases fausses.

Même encore aujourd'hui, quelques incrédules, heureusement en petit nombre, considèrent l'étude des lacs comme étant d'importance tout à fait secondaire et je pourrais citer telles personnes qui, me voyant explorer un lac, m'ont posé la question suivante : « A quoi cela sert-il ? »

Depuis 1887, les principaux lacs de France commencent à être bien étudiés. Le mérite en revient principalement à M. Forel et à M. Thoulet. Je ne ferai pas à mes lecteurs l'injure de leur présenter ces deux savants, dont les travaux sont universellement connus. Je dirai simplement que le premier, par ses belles recherches sur le lac Léman, le second par ses remarquables rapports[1], et aussi par ses travaux sur les lacs des Vosges[2], ont puissamment contribué à développer en France le goût de la limnologie. Leur exemple a été suivi par M. Belloc, l'explorateur des lacs pyrénéens, et par moi-même, qui ai sondé 69 lacs dans les Alpes, le Jura et le Plateau central et dressé les cartes hydrographiques de 28 d'entre eux.

Je vais essayer de montrer quelles sont les recherches qu'on peut entreprendre sur les lacs, de tracer en quelque sorte un programme pour l'étude des lacs, tout en donnant une synthèse des principaux résultats obtenus en France.

### 1° LEVER TOPOGRAPHIQUE

On comprendra sans peine qu'un excellent lever topographique est indispensable, non seulement pour la connaissance de la forme du lac, mais encore pour toutes les recherches ultérieures qu'on veut entreprendre. Je ne saurais trop le répéter, sans ce lever on ne peut que travailler sur des bases incertaines. Cette vérité si évidente n'a pourtant pas toujours été comprise, et nombre de savants ont édifié, sur des lacs dont la topographie n'était pas connue, des théories forcément extravagantes.

Comme appareil de sondage, je conseille un appareil à fil d'acier (les cordes en chanvre, qui se raccourcissent dans l'eau, sont à éviter) et en particulier l'appareil de M. Belloc[1], pesant 20 kilogrammes, dont j'ai réduit le poids à 4 kilos, de façon à pouvoir l'emporter dans les montagnes.

On peut déterminer l'emplacement des coups de sonde soit au moyen du sextant, soit, ce qui est préférable, par des visées faites de la côte (une planchette et une alidade stadimétrique sont très commodes).

Si l'on a un nombre suffisant de points, on peut dresser des cartes hydrographiques par courbes de niveau. C'est ce que j'ai fait pour les lacs suivants[2] :

Lac Léman (partie française) ; lac du Bourget ; lac d'Annecy ; lacs d'Aiguebelette et de la Girotte (Savoie) ; lacs de Paladru, de Laffrey et de Petit-Chat (Isère) ; lacs de Nantua, de Sylans et Genin (Ain) ; lacs de Saint-Point, de Remoray, de Malpas et des Brenets ou de Chaillexon (Doubs) ; lacs de Chalain, Dessus, Dessous,

1. J. Thoulet, l'*Étude des lacs en Suisse*, Archives des missions scientifiques et littéraires, 1890.

2. Comptes rendus de l'Académie des sciencess. 6 janvier 1890.

1. Comptes rendus. t. CXII, 1204.

2. *Atlas des lacs français*, publié sous les auspices du Ministère des travaux publics.

de Narlay, de la Motte ou d'Ilay, du Grand-Maclu et du Petit-Maclu (Jura); lac d'Issarlès (Ardèche); lac du Bouchet (Haute-Loire); lacs Pavin, Chauvet, de la Godivelle-d'en-Haut et de Tazanat (Puy-de-Dôme).

Voici, au-dessus de 30 mètres de profondeur, et par ordre de profondeur, la liste des lacs de France déjà explorés[1] :

| | Profondeur maxima. | Superficie. | |
|---|---|---|---|
| Lac Léman[2] | 310m | 58 236 hect. | (D) |
| Lac du Bourget | 145m | 4 462 hect. | (D) |
| Lac Bleu ou de Lihéou (Hautes-Pyrénées) | 116m approx. | 49 hect. | (B) |
| Lac de Lesponne (Hautes-Pyrénées) | 110m approx. | | (B) |
| Lac d'Issarlès (Ardèche) | 108m | 91 hect.7 | (D) |
| Lac Caillaouas (Hautes-Pyrénées) | 101m | | (B) |
| Lac de la Girotte (Savoie) | 99m | 56 hect.8 | (D) |
| Lac Pavin (Puy-de-Dôme) | 92m | 44 hect. | (D) |
| Lac d'Annecy[3] | 81m | 2 704 hect. | (D) |
| Lac d'Aiguebelette (Savoie) | 71m | 545 hect.1 | (D) |
| Lac de Cotepen, un des lacs des Sept-Laux (Isère) | 70m | 30 hect. env. | (D) |
| Lac d'Oo (Haute-Garonne) | 67m | 30 hect. env. | (B) |
| Lac de Tazanat (Puy-de-Dôme) | 67m | 34 hect.6 | (D) |
| Lac Chauvet (Puy-de-Dôme) | 63m | 53 hect. | (D) |
| Lac Lanoux (Pyrénées-Orientales) | 55m approx. | | (B) |
| Lac d'Orédon ou Doredom (Hautes-Pyrénées) | 54m | | (B) |
| Lac de Gaube (Hautes-Pyrénées) | 53m approx. | | (B) |
| Lac de la Godivelle-d'en-Haut (Puy-de-Dôme) | 44m | 14 hect.8 | (D) |
| Lac de Nantua (Ain) | 43m | 141 hect. | (D) |
| Lac de Cos, un des lacs des Sept-Laux (Isère) | 42m | 20 hect. env. | (D) |
| Lac de Saint-Point (Doubs) | 40m | 398 hect.2 | (D) |
| Lac de Laffrey (Isère) | 39m | 126 hect.9 | (D) |
| Lac de Narlay (Jura) | 39m | 41 hect.6 | (D) |
| Lac Crozet, dans le massif de Belledonne (Isère) | 37m | 11 hect. | (D) |
| Lac de Paladru (Isère) | 36m | 390 hect.3 | (D) |
| Lac Carré, un des lacs des Sept-Laux (Isère) | 36m | 10 hect. env. | (D) |
| Lac de Gérardmer (Vosges) | 36m | 122 hect. env. | (T) |
| Lac de Chalain (Jura) | 34m | 231 hect. 8 | (D) |
| Lac des Brenets ou de Chaillexon (Doubs) | 31m | 58 hect. | (D) |
| Lac de la Motte ou d'Ilay (Jura) | 30m | 72 hect. 6 | (D) |
| Lac de Longemer (Vosges) | 30m | 70 hect. env. | (T) |

Bien entendu cette liste n'est pas définitive; des explorations futures peuvent très bien nous révéler de nouveaux lacs profonds, surtout dans les Pyrénées, où M. Belloc est loin d'avoir terminé ses remarquables travaux.

La forme du relief immergé varie considérablement d'un lac à l'autre; elle peut être très simple, comme pour le lac de Nantua qui se compose d'une seule cuvette, très compliquée comme pour le lac de Paladru, qui en compte 4, le lac d'Aiguebelette qui en compte 6, le lac de Saint-Point qui en compte 8.

Toutes ces cuvettes sont à fond remarquablement plat; c'est un trait commun à tous les lacs. Souvent l'une de ces cuvettes est notablement plus vaste et plus profonde que les autres; son fond forme alors ce qu'on appelle *plaine centrale du lac*.

Les irrégularités qu'on rencontre dans le relief sont dues principalement :

A des ravins sous-lacustres : ravin du Rhône dans le lac Léman;

A des deltas torrentiels : delta de la Dranse dans le Léman, du Sierroz dans le lac du Bourget;

A d'anciennes moraines immergées : probablement les barres qui séparent les cuvettes du Petit Lac Léman (entre Nernier et Genève), des lacs de Paladru, d'Aiguebelette, de Saint-Point; les *crêts* de Châtillon et d'Anfon du lac d'Annecy;

A des sources sous-lacustres : le *Boubioz*, qui jaillit dans le lac d'Annecy à 81 mètres de profondeur, au fond d'un entonnoir tout entier creusé dans la vase.

A des émissaires souterrains : lac des Brenets.

### 2° ORIGINE DES LACS

Cette origine est tantôt évidente, tantôt très obscure.

Parmi les causes qui peuvent donner naissance à un lac, je citerai :

1° *Un éboulement qui barre une vallée :* lac de Sylans (D., profondeur 22 mètres) dans l'Ain; lac de Montriond (D., profondeur 11 mètres) dans la Haute-Savoie;

2° *La moraine latérale d'un glacier actuel qui barre une vallée :* beaucoup de petits lacs de peu de profondeur en général, par exemple le lac Mattmark dans le Valais;

3° *La moraine latérale, terminale ou frontale d'un ancien glacier qui barre une vallée :* lacs de Nantua, de Chalain;

4° *Un glacier qui barre une vallée :* lac de Merjelen dans le Valais, lac de Combal dans l'Allée Blanche, en Italie;

5° *Une coulée de lave qui barre une vallée :* lac d'Aydat (D., 14 m. 50), dans le Puy-de-Dôme;

6° *L'accumulation des eaux dans un ancien cratère :* lacs d'Issarlès, Pavin, Chauvet, de la Godivelle-d'en-Haut, de Tazanat, etc.;

7° *Les alluvions d'une rivière qui vient se jeter dans une autre :* je ne connais pas d'exemple bien net de lacs entièrement formés par ce procédé. Mais le niveau de beaucoup d'entre eux paraît avoir été exhaussé par les alluvions d'une rivière qui se jette dans leur émissaire. Je citerai l'exhaussement du Léman par les alluvions de l'Arve, du lac du Bourget par ceux du Rhône, du lac d'Annecy par ceux du Fier;

8° *L'excavation par les glaciers :* ici nous touchons à l'une des questions géologiques les plus controversées. On sait que l'hypothèse de l'excavation des lacs par les glaciers, soutenue autrefois par Tyndall et par Ramsay, plus récemment par le Dr Penck, a été vivement combattue, principalement par Alphonse Favre, par M. Heim, par M. Forel, par M. Bonney.

1. Les lettres D, B, T, indiquent que les lacs ont été sondés par M. Delebecque, par M. Belloc, par M. Thoulet.

2. Je rappellerai que les trois cinquièmes environ du Léman appartiennent à la Suisse.

3. La profondeur de 81 mètres ne se rencontre qu'en un point, dans un entonnoir au fond duquel jaillit une source; la profondeur de la plaine centrale n'est que de 65 mètres.

Je pense, pour ma part, qu'elle est parfaitement soutenable; autant il est difficile d'admettre que les grands lacs qui bordent les Alpes ont été creusés par les glaciers, autant il est vraisemblable qu'un certain nombre de petits lacs peu profonds doivent leur origine à l'excavation glaciaire. Nous ne savons pas ce qui se passe sous les glaciers actuels; nous n'avons jamais pu étudier qu'une partie très limitée de leur lit, celle qu'ils abandonnent dans leurs périodes de retrait. Il me paraît donc tout aussi téméraire de rejeter d'une façon absolue l'hypothèse de l'excavation des lacs par les glaciers que de vouloir l'appliquer à tous les lacs;

9° *Des irrégularités dans le plissement de l'écorce terrestre.* L'observation nous montre que les plis de l'écorce terrestre sont loin d'avoir une régularité géométrique. Il est donc naturel d'admettre qu'il a pu, dans le plissement des courbes, se produire des parties concaves formant des cuvettes. Bon nombre de lacs de montagne doivent avoir cette origine;

10° *L'affaissement de tout un massif montagneux :* lac Léman. D'après les théories de Lyell, de Forel et de Heim, il paraît assez probable que les Alpes ont été autrefois plus élevées qu'aujourd'hui; elles se sont affaissées par rapport à la plaine qui les entoure. De là est résultée une série de cuvettes, à la limite extérieure de l'affaissement (lacs Léman, de Thoune, de Brienz, des Quatre-Cantons, de Zoug, de Zurich, de Constance, etc.);

11° *Un décrochement horizontal produisant une cassure où les eaux peuvent s'accumuler :* probablement lac d'Annecy. Les chaînes alpines ont subi un rejet très apparent de part et d'autre de l'axe du lac [1]. Le Boubioz, la source sous-lacustre dont j'ai parlé, jaillit probablement dans la cassure;

12° *Une dissolution souterraine provoquant des affaissements :* beaucoup de lacs du Jura situés dans des bassins fermés [2];

13° *La dissolution par les eaux superficielles d'une roche assez soluble :* vraisemblablement le lac du Mont Cenis (D., 31 mètres) bordé au nord par une série d'entonnoirs résultant de la dissolution du gypse par les eaux pluviales.

Plusieurs de ces causes peuvent agir simultanément. Ainsi, comme je l'ai dit plus haut, le Léman, qui a vraisemblablement pour origine première un affaissement général des Alpes, paraît avoir été exhaussé par les alluvions de l'Arve.

### 3° ÉTUDE DES TEMPÉRATURES DES LACS

Cette étude se fait au moyen du thermomètre à renversement de Negretti et Zambra.

La plupart des lacs français sont des lacs du type tempéré, suivant la définition de M. Forel, c'est-à-dire où la température superficielle est tantôt au-dessus, tantôt au-dessous de 4°; ils gèlent donc en général en hiver.

Le lac Léman est un lac du type tropical, c'est-à-dire dont la température superficielle (du moins au large, dans la région pélagique) est toujours au-dessus de 4 degrés. Pour cette raison le lac ne gèle jamais dans son milieu. Cependant il s'en est fallu de peu que ce phénomène ne se produisît pendant l'hiver rigoureux de 1890-91, car j'ai mesuré, entre Évian et Ouchy, au-dessus de la plaine centrale, une température superficielle de 4°,1.

Un certain nombre de petits lacs de montagne sont des lacs du type polaire, c'est-à-dire dont la température superficielle ne s'élève jamais à 4°, et qui, par conséquent, peuvent geler même en été. Le 9 juillet, j'ai trouvé une température de 3°,6 au lac supérieur du Doménon, dans le massif de Belledonne.

Certains lacs ne gèlent jamais, quoique appartenant au type tempéré. Ainsi j'ai constaté que, pendant le grand hiver de 1890-91, la température superficielle du lac du Bourget était descendue à 3°,4 au-dessus du point de plus grande profondeur, et cependant il n'y a pas eu trace de congélation. Jamais, de mémoire d'homme, le lac du Bourget n'a gelé. Il faut vraisemblablement attribuer cette anomalie à l'agitation par les vents de la surface du lac.

Les températures profondes qui, comme on sait, sont en général de 4°,5, peuvent être modifiées par la présence de sources. Ainsi, grâce à la source sous-lacustre du Boubioz, dans le lac d'Annecy, la température était, au fond de cet entonnoir, de 11°,8, pendant l'hiver de 1890-91, tandis qu'elle était sur la plaine centrale, à 65 mètres de profondeur, de 3°,8, le lac étant gelé. Je citerai aussi le lac de la Girotte qui présente une stratification thermique des plus intéressantes. Au mois de juillet 1892, j'ai trouvé que, sur toute l'étendue du lac (et non plus en un point particulier comme au lac d'Annecy) la température, qui était de 17 degrés à la surface, décroissait jusqu'à la profondeur de 25 mètres, où elle passait par un minimum de 4°,5, pour remonter ensuite et atteindre entre 90 et 100 mètres la valeur de 7°. Ce réchauffement des couches profondes est dû probablement à la présence de sources.

### 4° ÉTUDE DE LA COULEUR DES LACS

On mesure la couleur des lacs en la comparant à celles d'une série de mélanges, en proportions variables, de sulfate de cuivre ammoniacal et de chromate neutre de potassium. Ces mélanges, au nombre d'une douzaine, renfermés dans de petits tubes, constituent la gamme de couleurs de M. Forel, qui va du bleu au jaune. Il faut avoir soin de regarder l'eau par transparence, en éliminant la réflexion du ciel. On arrive par ce procédé à trouver que tous les lacs sont loin d'avoir la même couleur. Ainsi le Léman est bleu, le

1. Maillard, *Bulletin du service de la carte géologique de la France*, n° 6, novembre 1889.

2. Voir M. Bertrand, *Bulletin de la Société géologique de France*, t. XII, p. 512, 1883-84.

lac du Bourget est vert, beaucoup de lacs du Jura, celui de Saint-Point en particulier, sont presque jaunes. La raison de ces différences est encore assez mal connue.

### 5° ÉTUDE DE LA TRANSPARENCE DES LACS

Elle se fait au moyen d'un disque blanc, dit de Secchi, dont on cherche la limite de visibilité dans l'eau. Cette limite est très variable non seulement d'un lac à l'autre, mais encore dans le même lac, d'une saison à l'autre.

Pour les lacs à affluents glaciaires, elle est naturellement plus grande en hiver qu'en été. Pour le Léman, elle atteint 21 mètres en hiver, pour certains lacs du Jura elle peut tomber à 2 ou 3 mètres.

### 6° COMPOSITION CHIMIQUE DE L'EAU DES LACS

Cette composition est très variable d'un lac à l'autre et dépend essentiellement de la nature des terrains traversés par les affluents.

Les lacs situés dans les terrains cristallins et éruptifs ont une eau en général extrêmement pure : ils renferment 2 à 3 centigrammes de matières dissoutes par litre (lacs du Plateau Central, du massif de Belledonne). Les lacs situés dans les terrains calcaires sont beaucoup plus riches; ils renferment de 0 gr. 10 à 0 gr. 25. Le lac Léman, un des plus chargés, titre 0 gr. 17 à 0 gr. 18 par litre.

L'eau des lacs n'a pas la même composition à la surface et dans les profondeurs. En été du moins (je n'ai pas encore fait cette étude pour les eaux d'hiver[1]) l'eau de la surface est moins chargée que celle des profondeurs. Ainsi, au lac d'Aiguebelette, j'ai trouvé au mois de juillet dernier 0 gr. 114 de matières dissoutes à la surface et 0 gr. 1605 au fond[2]. Cette différence a vraisemblablement pour cause une décalcification par la vie organique, plus intense à la surface que dans les profondeurs.

Au lac de la Girotte j'ai trouvé 0 gr. 068 à la surface et 0 gr. 52 au fond. Cette différence est la plus considérable que j'aie observée; elle provient vraisemblablement de l'existence de sources sous-lacustres.

Il est intéressant aussi d'étudier le rapport qui existe entre la composition de l'eau d'un lac et celle de l'eau de ses affluents. Cette dernière varie de jour en jour. Aussi le problème est-il très difficile. Toutefois il semble résulter, d'après les recherches de M. L. Duparc et les miennes, que l'eau des lacs est en général un peu moins chargée que celle des affluents, pris dans leur composition moyenne.

Cet appauvrissement dans les bassins lacustres de l'eau des affluents est probablement aussi un résultat de la décalcification par la vie organique.

1. Des recherches toutes récentes m'ont permis de constater qu'en hiver la composition devenait sensiblement uniforme, par suite, d'une part, du refroidissement des eaux superficielles qui tombent pour se mélanger avec celles des profondeurs, par suite, d'autre part, du ralentissement de la vie organique.

2. *Comptes rendus de l'Académie des sciences*, 20 novembre 1893.

### 7° ÉTUDE PHYSIQUE ET CHIMIQUE DU FOND DES LACS

On sait que, en faisant la coupe d'un lac depuis la rive jusqu'à la plaine centrale, on rencontre successivement la *beine*, terrasse horizontale sur laquelle la profondeur ne dépasse guère 5 à 6 mètres, le *mont*, talus très incliné (40° et plus quelquefois), et un talus d'inclinaison variable dont la pente s'adoucit jusqu'à la plaine centrale. La beine et le mont sont des produits d'érosion et de dépôt qui ont pour origine le jeu des vagues. Ce profil, bien entendu, n'est pas applicable là où le rocher plonge sous l'eau (roc de Chère au lac d'Annecy, montagne du Chat au lac du Bourget). Le sol de la beine est formé de vase, de sable, de galets, quelquefois de gros blocs. En général les talus et la plaine centrale sont recouverts d'une couche plus ou moins épaisse de vase qui nivelle les aspérités du sol primitif et produit cette horizontalité du fond des cuvettes dont j'ai parlé plus haut. La composition de cette vase est très variable d'un point à l'autre du fond d'un même lac. La proportion du résidu insoluble dans les acides (silice et silicates) diminue en général à mesure qu'on s'éloigne de l'embouchure des affluents (lac d'Annecy[1]). Ces variations peuvent nous expliquer les différences qu'on observe, souvent même en deux points très rapprochés, dans la composition d'une même couche géologique. Exceptionnellement on rencontre des graviers, des cailloux et même la roche en place au fond des lacs. Pour cela il faut que la vase soit balayée par une eau courante, source ou émissaire sous-lacustre, et ne puisse pas se déposer. C'est ce qui arrive sur les talus de certains lacs du Plateau central (lacs du Bouchet, d'Issarlès), talus graveleux formés de scories basaltiques à travers lesquelles s'infiltre l'eau pour donner naissance plus bas à des sources; au fond du Léman, près d'Yvoire, où l'on trouve des cailloux morainiques par une profondeur de 60 à 70 mètres (probablement sources sous-lacustres); au fond du Boubioz, dans le lac d'Annecy, où l'on trouve la roche en place (source sous-lacustre); au fond du lac des Brenets où l'on trouve également la roche en place au fond d'un entonnoir (émissaire souterrain).

Quant à l'épaisseur que la vase peut atteindre sur les talus ou sur la plaine centrale des lacs, nous n'en avons qu'une idée assez imparfaite. Toutefois j'ai pu, en mesurant les dimensions du Boubioz, arriver à la conclusion qu'elle devait être épaisse d'environ 50 mètres autour de cet entonnoir.

### 8° ÉTUDES ZOOLOGIQUES ET BOTANIQUES

Il faudrait un article spécial pour traiter ce sujet, et vu mon incompétence, je renverrai le lecteur aux savantes publications du baron Jules de Guerne, de

1. Voir L. Duparc. *Comptes rendus de l'Académie des sciences*, 1er février 1892.

M. le Dr Girod, de M. Amédée Berthoule, de M. le professeur Ant. Magnin, de M. Raphaël Blanchard.

J'espère avoir montré, par ces quelques lignes, quelle est l'importance de la limnologie et combien elle peut être utile aux autres sciences, notamment à la géologie. L'industrie, elle aussi, peut tirer grand parti de la limnologie, soit en se servant des lacs comme réservoirs de force motrice (lac d'Oo, d'Orédon dans les Pyrénées), soit en y puisant l'eau pour alimenter les villes, soit en les utilisant pour la culture du poisson[1]. Inversement la limnologie a besoin du concours d'une foule d'autres sciences. Pour faire une étude complète des lacs, il faut être à la fois topographe, géologue, pétrographe, physicien, chimiste, zoologiste, botaniste. Le vers du fabuliste :

> Il se faut entr'aider, c'est la loi de nature,

s'applique aux sciences aussi bien qu'aux êtres animés.

A. Delebecque.

# LE MAROC ET TOMBOUCTOU

La question africaine amène avec elle d'incessants avertissements dont la France aurait le devoir de profiter. C'est ainsi que les derniers événements du Maroc ont appelé une fois de plus l'attention sur nos intérêts du côté du Sud-Algérien, en même temps que la nouvelle de l'occupation de Tombouctou venait opportunément compléter l'exposé de ces intérêts. Qu'on examine, en effet, ces derniers au point de vue du Touât ou du Soudan, ils ne diffèrent pas. Ce qui peut légitimer dans l'avenir l'occupation du Touât par la France justifie l'occupation récente de Tombouctou, et réciproquement.

Des faits qui se sont déroulés au Maroc nous n'avons à retenir pour le moment qu'une considération : à savoir, si leur contre-coup peut déterminer de notre part une action plus hâtive et rendre plus urgente l'exécution définitive d'un programme qui s'impose. De cela il nous paraît qu'il n'y a pas à douter. Les dix mille Berbères du Riff contre lesquels les Espagnols de Melilla ont eu à combattre se ramifient à tous les groupes qui s'échelonnent le long de notre frontière oranaise, et sont les frères de tous les Berbères des oasis du Touât. Mais entre les Riffains du territoire de Melilla et notre Sud-Oranais il y a la région montagneuse, aussi indépendante du Maroc que de l'Espagne, et qui est une zone de protection suffisante entre nous et les pays belligérants. Il n'en est pas de même, toutefois, dès qu'on a franchi la montagne. Ici les tribus, qui sont à cheval sur la frontière des deux pays marocain et français, sont de plus en plus insoumises et constituent de plus en plus un danger pour nous. Là surgit dans son impérieuse urgence le problème de Figuig, comme une menace dont le gouvernement du Maroc use à son gré contre nous et dont il a plus encore accentué

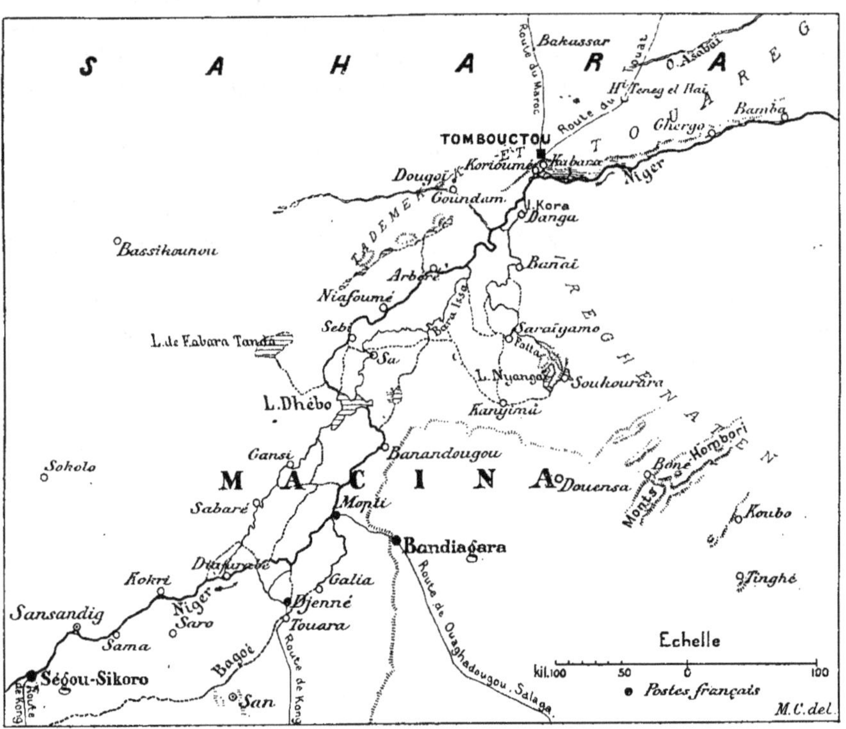


TOMBOUCTOU ET LE MACINA.

l'expression par le voyage récent de l'empereur au Tafilet. Qu'on veuille bien se rappeler qu'en annonçant ce voyage dans nos *Nouvelles*[2], nous exprimions le désir qu'on en profitât pour déléguer auprès du sultan une mission qui, peut-être, aurait réglé la question de Figuig. Or l'empereur du Maroc n'a pu, évidemment, négliger dans son

1. E. Belloc, *Utilisation des cuvettes lacustres pyrénéennes pour la pisciculture*. Association française pour l'avancement des sciences, congrès de Pau, 1892.

2. Voyez *Nouvelles géographiques*, 1893, p. 123.

voyage au Tafilet la question du Touât. Elle est pour lui une obsession qu'entretiennent habilement nos rivaux en influence sur la terre africaine, autrement dit les Anglais, qui ont certainement suivi les derniers événements du Maroc avec plus d'anxiété que nous-mêmes. Dans la circonstance, d'ailleurs, il s'agissait moins pour l'Angleterre de la destinée de Tanger que de l'avenir commercial du Sahara occidental, par corrélation avec le Maroc et avec le Soudan central. C'est ce qu'il importerait pourtant de bien comprendre, que cette stratégie discrète de l'Angleterre à l'endroit des intérêts commerciaux dont elle poursuit la garantie sur une zone où nous n'avons encore rien su voir. Étant donné un réseau de routes commerciales qui, par tradition ou par nécessité, a pour point de départ Tombouctou, avec le Maroc pour un de ses objectifs, il n'y a pas de raison pour que l'Angleterre n'essaie pas d'amener à elle les itinéraires de Tombouctou au Maroc, c'est-à-dire à des comptoirs anglais constitués dans le rayon marocain. Il n'y a pas de raison pour que l'Angleterre n'essaie pas d'amener à elle seule, à l'ombre du Maroc, un dérivatif commercial dont la France a tout intérêt à profiter avant les autres, parce que l'Algérie en tire des avantages et que les populations sahariennes en vivent. De sorte qu'un pareil programme aurait toutes les chances de réussir si la France n'occupait pas le Touât et Tombouctou, et qu'il aurait encore une chance de succès si la France n'occupait qu'un de ces deux points, en négligeant l'autre.

Qu'y a-t-il, en effet, dans les oasis du Touât pour motiver la présence de la France?

Il y a, tant dans le Gourara, le plus proche de nous, que dans les autres oasis, près de 50 000 Berbères, qui paient tribut à des chefs religieux, bien plus pour garantir leur liberté commerciale que par déférence pour des saints d'occasion dont ils se moqueraient parfaitement si ceux-ci ne tenaient pas les routes qui mènent en Algérie. Cette disposition d'esprit est d'ailleurs en raison directe des services à attendre. La preuve en est dans l'attitude des Touareg de Tombouctou, sur qui l'influence religieuse des marabouts de la prétendue ville sainte n'a pas la moindre action dès l'instant où la question commerciale n'est pas interprétée à leur gré.

Eh bien, de même que la France a un intérêt absolu à devenir la dispensatrice des transactions commerciales au Touât, par opposition aux tentatives anglaises qui ont pour objet d'attirer au cap Juby et ailleurs tout le courant commercial du Sahara occidental, et par nécessité d'assurer, au contraire, tout le bénéfice de ce négoce à l'Algérie; de même la France a un intérêt absolu à ne pas abandonner Tombouctou, dont elle a pris possession sans coup férir au commencement de cette année. Nous n'avons pas à apprécier ici comment et dans quelles conditions est survenu cet événement, un des plus considérables assurément, au point de vue géographique, dont il nous aura été donné de nous réjouir en ce siècle. La qualification de « ville sainte » employée pour Tombouctou est, à ce propos, fort inexacte. Tombouctou n'est plus, depuis longtemps, une ville sainte dans l'acception que l'Islam donne à ces deux mots. Elle a surtout été, elle est surtout encore un foyer commercial demeuré indemne de tout asservissement européen, comme une sorte de ville libre qui a conservé jusqu'à ce jour ses privilèges et ses franchises. Et c'est précisément une considération dont la France doit tenir le plus grand compte que cette espèce de monopole commercial dont a joui Tombouctou jusqu'à présent, par droit géographique plus que pour toute autre cause. Ce droit n'est même pas de ceux qu'on puisse déplacer à son gré ou qui puissent disparaître sans préjudice pour quelqu'un. Tombouctou figure un véritable poste de douane sur la route du Soudan central et occidental en Afrique du nord. S'il disparaissait, il faudrait le rétablir, car sa disparition entraînerait une incohérence d'itinéraires que le Maroc, ou plutôt ses inspirateurs commerciaux, s'efforceraient de rétablir méthodiquement à leur profit. Et nous serions alors dans l'impossibilité de diriger sur le Touât et sur le Sud-Algérien les courants qui, jusqu'à ce jour, se sont, de Tombouctou, fatidiquement déployés en éventail pour aller se fondre au seuil du Maroc ou au cœur de la Tripolitaine, aussi bien qu'au Touât.

Le Touât et Tombouctou sont deux expressions du mouvement économique saharien et il ne serait pas admissible que la France laissât une part de ce mouvement se détourner au profit d'une autre puissance qu'elle-même, alors qu'elle a les moyens de le diriger, non seulement en occupant les points qui servent de principaux échelons à ce mouvement, mais en exploitant celui-ci pour le plus grand avantage matériel et moral des éléments berbères disséminés entre l'Algérie et le Soudan. On sait le rôle que joue le principal de ces éléments, c'est-à-dire le groupe touareg, dans ses différentes ramifications sahariennes. C'est donc avec lui et par son concours que la France doit réaliser son programme de jonction et d'unification. D'une manière générale, d'ailleurs, la politique du gouvernement d'Algérie semble excellente depuis quelque temps en ce qui concerne la question saharienne. Non seulement l'impulsion existe, mais le mouvement est bien mené, avec prévoyance et sagesse. On ne peut donc que souhaiter, ainsi que nous avons déjà eu occasion de le dire ici même, qu'il y ait concordance absolue entre la politique suivie au nord et celle suivie au sud-ouest. Telle diplomatie franco-touareg dont on a lieu de se féliciter au nord ne saurait être compromise par des incidents contradictoires au sud-ouest. Il va de soi qu'en disant cela nous ne prétendons pas faire allusion à la manière dont nous avons occupé Tombouctou. Nous applaudissons sans réserve au fait accompli, qui eût été sans doute longtemps encore à l'état de projet s'il ne s'était pas accompli comme chacun sait. Des résistances individuelles et surtout motivées par la surprise ne sauraient, en aucune manière, justifier des dispositions militaires exagérées. Il s'agit de s'entendre et de poser une bonne fois les bases d'un accord entre nous et ces intelligents Touareg qui, depuis la fondation de Tombouctou par leurs pères jusqu'à nos jours, n'en ont jamais été que les nus propriétaires sans en avoir l'usufruit.

L. Sevin-Desplaces.

✤ ✤ ✤

# LE DERNIER RECENSEMENT DE L'INDE ANGLAISE

Le commissaire spécial pour le recensement de la population dans l'Inde anglaise vient de faire connaître son rapport sur les travaux du dénombrement décennal de la population en 1891. Ce rapport, d'après une analyse sommaire qui en a été faite dans le *Times* et à laquelle nous empruntons les données de statistique suivantes, est une œuvre considérable où les principes modernes de la démographie scientifique ont trouvé une large base d'application. Le rapporteur, M. Jervoise Baines, aidé de ses collaborateurs spéciaux, apporte à cette étude remarquable le fruit de vingt années d'expérience acquise dans divers services administratifs de l'Inde et notamment dans le secrétariat de la Présidence de Bombay, dont il avait dirigé, en 1881, les opérations de recensement.

Il est évident que la science démographique ne peut plus se contenter aujourd'hui de simples calculs d'arithmétique sur des chiffres de statistique recueillis à des intervalles différents de l'évolution sociologique des populations et que, en élargissant son domaine, elle devient un cadre lumineux où viennent se projeter, dans une image complexe, les conditions de toutes sortes qui constituent le milieu physique, social, intellectuel, etc., de ces groupements d'individus. C'est dans cet ordre d'idées que l'étude de M. Baines nous paraît avoir une valeur à laquelle nous rendrions peut-être un meilleur hommage, si au lieu de la signaler simplement, nous pouvions la démontrer. Loin de faire à M. Baines le reproche d'avoir, dans une étude introductive, exposé l'ensemble des caractères géographiques et physiques des milieux dans lesquels vivent, meurent et se multiplient les populations de l'Indei nous y voyons au contraire une des bases les plus solides et les plus nécessaires, par le fait, de ces « inductions de statistique » que le correspondant du journal anglais qualifie de dangereuses et peut-être de fantaisistes.

S'il est en effet une contrée où la corrélation entre le milieu physique et la population est étroite, c'est bien l'Inde, avec le sol si varié de ses plaines et de ses montagnes, avec le régime météorologique si changeant de ses régions climatériques. La constitution géologique du sol et la répartition des pluies et des températures aident ou contrarient l'homme, d'une façon indirecte mais certaine, dans l'exercice du peuplement.

Le premier recensement de l'Inde remonte à 1872. Comme il ne s'étendait pas à la superficie de toute la vice-royauté et qu'il avait manqué de synchronisme dans ses opérations, il n'avait donné que des résultats approximatifs. Le Pendjab, par exemple, avait échappé au dénombrement et plusieurs États feudataires n'avaient fourni que des chiffres généraux d'estimation. On s'était heurté alors à la méfiante répugnance de l'indigène, si fréquente en Orient, à accuser des chiffres vrais, et il est difficile, jusqu'à ce jour, d'éliminer cette cause d'incertitude.

Le deuxième recensement eut lieu en 1881. Il laissa subsister des lacunes, qu'est venu combler partiellement le dénombrement de 1891; il faudra toutefois attendre celui de 1901 pour avoir des chiffres complets sur l'ensemble des États de l'Inde.

La population totale de l'Inde anglaise se chiffre, en 1891, par 289 187 310 individus, dont 287 223 400 relevés directement par les opérations du recensement systématique. Sur ce dernier chiffre, 221 172 950 appartiennent aux possessions britanniques, tandis que le reste est formé par des sujets des États feudataires.

L'élément européen est représenté par trois catégories normales, auxquelles appartiennent, y compris famille, enfants, domestiques : 85 000 militaires, 10 500 employés et fonctionnaires civils, 6 100 employés des chemins de fer. Il est probable que le total est trop élevé parce que les *Eurasiens* (métis d'Européens et d'Asiatiques) se comptent volontiers parmi les Européens.

Ce qui frappe surtout dans l'Inde, c'est l'extraordinaire densité moyenne de sa population, densité qui dépasse celle de tous les autres pays agricoles du globe. En effet, tandis que la superficie du pays ne représente que les trois centièmes de la superficie des terres émergées, elle est habitée par le cinquième environ de tous les habitants du globe terrestre. C'est-à-dire que si on élimine la Birmanie et l'Assam, dont l'occupation remonte à une date relativement récente, on trouve que les provinces britanniques contiennent 279 habitants par mille carré (107 par kilomètre carré). Cette proportion dépasse celle de la plupart les États européens moins, les Iles Britaniques et la Belgique. Ainsi l'Italie a 105 habitants par kilomètre carré, l'Allemagne 91, la France 21, l'Autriche-Hongrie 66.

Pays agricole par excellence, l'Inde fertile nous offre encore, à l'égal de la Russie, un exemple de la justesse de cette théorie qu'un pays d'agriculture extensive est un pays où la population augmente rapidement. A conditions égales de fertilité des principes du sol, on peut considérer comme critérium du rendement des terres dans l'Inde la quantité moyenne des pluies qui tombent annuellement dans les différentes régions. Or, tout en accordant à la qualité du sol exploité une grande part dans les modifications des circonstances locales, on ne peut pas refuser la valeur d'une démonstration probante au parallélisme que M. Baines nous montre exister entre la quantité moyenne annuelle des précipitations météorologiques et la densité de la population. La quantité de pluies annuelles moyennement tombées dans l'Inde est de 106 centimètres.

En considérant la partie basse de la courbe des pluies annuelles à partir de 5 pouces (1 pouce a 25 millim.., 3) jusqu'à 35 pouces, on trouve que la densité de la population augmente proportionnellement de 54 habitants à 247 habitants par mille carré. Même marche ascendante des courbes au delà de la moyenne de 42 pouces, jusqu'à 49, où la population atteint l'énorme densité de 310 individus par mille carré. Si, dans les régions pluvieuses où la moyenne annuelle des pluies varie de 53 à 140 pouces, la même corrélation se dessine dans les deux courbes, il est à remarquer cependant que le chiffre de 140 semble être un maximum, puisqu'au delà, le nombre des habitants par mille carré retombe à 306.

Il nous semble qu'on ne puisse mieux indiquer le rôle considérable que les irrigations artificielles et l'extension du réseau irrigatoire doivent exercer sur le peuplement des régions de l'Inde qu'en disant que 142 millions d'habitants, soit environ la moitié de la population totale, occupent des territoires où la quantité des pluies annuelles reste au-dessous de la moyenne de 42 pouces.

D'après M. Baines, nulle part jusqu'à présent il n'y a pléthore de population et surtout de la population agricole, qui constitue la force de l'Inde. Dans une partie de Behar et sur une bande étroite de la côte de Bombay, la production locale n'est pas suffisante chaque année pour subvenir aux besoins des habitants. L'émigration vient alors rétablir la balance. Dans certaines parties du Dekkan, l'incertitude qui pèse sur la qualité changeante des saisons se fait sentir dans une certaine mesure, alors que sans cet aléa la terre pourrait aisément répondre à tous les besoins. En outre il existe au centre de la vallée gangétique une zone où le maximum du rendement est sensiblement atteint, non seulement à cause du chiffre élevé de la population, mais parce que cette région est exposée à souffrir de périodes non prévues de sécheresses. En somme, à ces exceptions près, les ressources locales sont actuellement suffisantes et dépassent, en différentes régions, les besoins de la population locale, mettant ainsi à la disposition des contrées moins favorisées un large stock de produits en excès annuel.

Il se pose alors un problème d'avenir dont les éléments sont, d'un côté la courbe des productions de sol et, de l'autre, la courbe de l'accroissement de la population, déterminée par les chiffres de la natalité et de la mortalité.

La natalité est considérable, grâce à la nubilité si précoce des femmes de l'Inde, qui procure ainsi une succession rapide de générations. La proportion des femmes mariées entre 15 et 40 ans atteint 84 pour 100, alors qu'en Europe, la Hongrie exceptée, elle n'arrive pas à la moitié de ce chiffre. Cependant les effets de cette natalité considérable sont bien vite atténués par des facteurs divers, parmi lesquels se place en première ligne la mortalité des enfants en bas âge, ensuite la réduction de la durée moyenne de la vie, deux facteurs qui relèvent du milieu physiologique interne; enfin l'hostilité du milieu physique externe, qui crée les épidémies, les multiples affections pathologiques et les famines. En prenant comme terme de comparaison l'Angleterre, où la mortalité des enfants jusqu'à l'âge de 1 an est de 15,5 pour 100, on la trouve de 26 pour 100 dans l'Inde. De même la durée moyenne de la vie est ramenée à 24 ans dans l'Inde, alors qu'elle est de 44 ans en Angleterre. Parmi les causes de cette grande mortalité qui semble jouer le rôle d'un correctif en quelque sorte imposé par la nature elle-même, M. Baines envisage la précocité des mariages indigènes, qui fait que la jeune femme n'est pas suffisamment forte pour supporter les charges des multiples maternités; il insiste également sur les effets meurtriers des disettes et des famines, effets qui se représentent surtout sur les enfants jusqu'à l'âge de 5 ans et sur les individus ayant dépassé la moyenne de la vie humaine dans l'Inde.

En somme, le résultat net de l'équation des forces se traduit par un taux d'accroissement annuel et moyen de la population très modéré, puisqu'il n'atteint pas 1 pour 100, exactement 0,93 pour 100. Tout en dépassant les chiffres de la Suisse (0,64 pour 100), de l'Italie (0,62), de l'Espagne (0,55), de la Suède (0,50) et de la France (0,06), il reste cependant au-dessous des chiffres que fournissent l'Angleterre (1,28), l'Allemagne et le Canada (1,67), la Belgique et le Danemark (0,99).

Le taux d'accroissement annuel par régions varie suivant la superficie de terres disponibles et la densité de la population, depuis 0,4 pour 100 dans les zones gangétiques très populeuses du nord-ouest, jusqu'à 2,5 pour 100 dans les districts peu peuplés de la Basse-Birmanie.

En supposant que le taux actuel se maintienne, ce qui n'est pas probable, la population de l'Inde aurait doublé dans l'espace de 75 ans. Alors, dit Baines, se dresserait devant nos successeurs, chargés de pourvoir à la subsistance des populations de l'Inde, un problème autrement difficile à résoudre que celui d'aujourd'hui.

En attendant, le recensement de 1891 semble avoir rassuré les pessimistes et refroidi les optimistes, en montrant que, jusqu'à un avenir qui ne dépasse pas la génération des économistes actuels, les ressources générales de la population marchent de pair avec son accroissement en nombre.

Un des chapitres les plus importants de l'ouvrage de M. Baines — nous ne l'avons malheureusement pas sous les yeux — traite d'une façon très complète des statistiques de race, de croyance, de langue, etc., des populations si variées de l'Inde. Il y aura là, sans doute, une mine fertile de renseignements sur l'ethnographie, l'anthropologie et l'économie sociale de tribus et de peuplades souvent si nettement différentes l'une de l'autre et si franchement placées en opposition ethnique. Avec ses 72,33 pour 100 de brahmanistes, 19,96 pour 100 de musulmans, 3,32 pour 100 d'*animistes* et de sectaires des cultes primitifs, alors que le nombre des chrétiens n'est que de 2 284 380 — soit 0,80 pour 100, — les missionnaires évangéliques ont devant eux un immense domaine de prosélytisme.

Il se dégage, finalement, de l'analyse des chiffres de ce recensement, quelque rapide qu'elle soit, un certain nombre de faits généraux que nous voudrions mettre en relief. Si on admet que, dans la nature en général, la tendance à l'équilibre est aussi manifeste que la nécessité de ne jamais l'atteindre, il apparaîtra que l'accroissement de la population terrestre se règle en quelque sorte automatiquement par le libre jeu des évolutions sociales. Un proverbe allemand prétend que « la Providence a pris des mesures pour que les arbres ne poussent pas jusque dans le ciel » : il rend bien notre pensée. Or il est avéré et démontré par de nombreux exemples que les pays de grand accroissement de population sont surtout les pays où l'agriculture est extensive et que, du moment où celle-ci, par l'entière occupation des terrains exploitables, est forcée de devenir intensive, le niveau de la natalité s'abaisse, à moins toutefois que cette cause d'abaissement ne soit contrariée par une cause plus puissante, comme la Chine nous en offre des exemples. Il nous paraît démontré — et si l'on veut de cette démonstration des preuves établies avec une hauteur de vue admirable, nous renvoyons à un volume très important qu'un de nos démographes les plus savants, M. Arsène Dumont, a fait paraître sous le titre de *Dépopulation et civilisation* — il nous paraît démontré que l'ignorance, le défaut de communications, la conservation d'un idiome spécial et sans littérature, la pauvreté et le système des castes maintiennent la fécondité, alors que les conditions opposées la rabaissent.

« Dans l'Inde, dit M. Arsène Dumont, le paria répète la vie de son père, dans la même condition, avec le même avenir, et chaque génération formera un cercle identique au précédent.... Le prolétaire qui n'a rien léguera toujours bien à ses fils un patrimoine égal au sien, à savoir une paire de bras, et, pour lui-même, la pauvreté n'en sera pas beaucoup plus irrémédiable,

« Dans l'Inde encore l'individu est sevré de tout développement personnel; la force d'expansion de la race ne peut faire explosion que dans un sens, celui d'une exubérante natalité, et l'homme y augmente en nombre, ne pouvant croître en valeur. »

L'individu n'y ressent nul besoin de s'élever dans la hiérarchie intellectuelle ou sociale, parce qu'il naît dans un cadre dont les limites, fixées à son berceau, l'enserrent jusqu'à sa mort sans qu'il puisse en sortir. En un mot, le système des castes nie radicalement ce nouveau principe de population auquel M. Arsène Dumont a donné si justement le nom de « capillarité sociale ». Partout où le système des castes a régné, le nombre des naissances s'est accru à proportion, car le progrès de la natalité est en raison inverse de l'attraction capillaire sociale.

Mais, déjà, la vie de l'indigène se transforme dans l'Inde. Les voies de communication se multiplient; avec les progrès de l'instruction, les barrières infranchissables qui séparent les castes s'abaissent de plus en plus. Dans un chapitre spécial, M. Baines étudie le degré d'instruction des populations et il trouve que 46 pour mille seulement savent lire et écrire et que 1,4 pour mille des indigènes connaissent l'anglais. Néanmoins des millions d'indigènes ont reçu une instruction convenable et d'autres millions fréquentent les collèges et les écoles, ce qui permet d'espérer un rapide progrès.

D'un autre côté M. Baines constate que le paupérisme général tend à disparaître de plus en plus. L'ensemble des peuplades de l'Inde britannique serait en progrès au point de vue matériel, pouvant mieux résister aux disettes et même acquérir un certain luxe et confort dépassant les besoins ordinaires de la vie.

Ce sont là autant de facteurs qui tendent à restreindre la natalité et le taux d'accroissement de la population, si tant est que ces entités sociales de l'Inde sont comparables à celles de l'Europe.

On peut voir par là combien intéressantes peuvent devenir les analyses des chiffres d'un recensement dans une contrée comme l'Inde, et combien lointaines et complexes peuvent être les causes qui interviennent pour en modifier les résultats.

GUILLAUME CAPUS.

# CHRONIQUE GÉOGRAPHIQUE

## EUROPE

**L'avalanche du Vœrdal en Norvège.** — Le Vœrdal a été l'été dernier le théâtre d'une terrible catastrophe comparable dans ses effets désastreux à celles de Zoug, d'Elm et de Saint-Gervais. Dans cette vallée tributaire du fjord de Throndhjem à 20 kilomètres environ de son embouchure, débouche à droite un ruisseau profondément encaissé entre de hautes et larges terrasses. Il y a là une sorte de cirque entièrement rempli de formations quaternaires traversé par l'étroit ravin du petit torrent. C'est dans ce vallon que s'est produit la catastrophe. Dans la nuit du 18 au 19 mai dernier, l'énorme masse des terrasse glissa et s'abattit dans le Vœrdal. Cent onze personnes furent noyées dans la boue, et plus de 25 fermes détruites et 11 kilomètres carrés de terres fertiles empestés ou recouverts d'une épaisse couche d'argile, et tous ces épouvantables ravages se sont produits en une demi-heure.

Dans le vallon de Fællobæk, une superficie de 3 kilomètres carrés a complètement disparu. A la place des anciennes terrasses se trouve maintenant une dépression circulaire profonde par endroits de cinquante mètres. Au milieu, un pan de terre témoin de l'ancien niveau du sol est resté debout comme une île.

L'étude du terrain révèle les causes de la catastrophe. Dans les vallées de la Norvège, qui, comme le Vœrdal, ont été, après la période glaciaire, recouvertes par la mer, le quaternaire présente la stratigraphie suivante : 1° sable et gros graviers d'origine morainique; 2° argile traversée de minces couches de sable, avec débris d'une faune marine, glaciale; 3° argile bleue avec débris de la faune marine actuelle; 4° sable ou marais. Sur les parois du gouffre creusé par l'éboulement apparaissent : à l'ouest, une couche de sable puissante de 20 mètres; au nord-ouest, de l'argile recouverte par un marais, au nord et à l'est, une mince nappe de sable étendu sur une couche d'argile épaisse de plus de 20 mètres. Les géologues n'ont pu reconnaître si l'argile n° 2 et la moraine manquent ici ou se trouvent à une plus grande profondeur, la roche en place n'ayant pas été mis à jour par l'éboulement. La disposition des terrains établie, la cause du phénomène devient aisée à comprendre. D'après le professeur, Brögger la couche sur laquelle repose l'argile bleue avait été fortement détrempée pendant une longue période, à la suite de l'automne pluvieux de 1892. Elle était devenue comme une pâte molle et, sous le poids du terrain surincombant, s'est affaissée en déterminant sa chute. Pendant toute la journée du 18 mai la rivière du Vœrdal roula une masse énorme de sédiments, ses eaux étaient grises, dès ce moment l'argile avait donc commencé à glisser et à s'écouler lentement par le Fællobæk. Dans la soirée, le mouvement s'accentua, et à minuit et demi la catastrophe se produisait. Pendant le courant de l'été dernier, de nouveaux éboulements se sont produits, moins importants, mais encore désastreux pour quelques pauvres paysans que le fléau avait épargnés.

## AFRIQUE

### NOUVELLES D'ALGÉRIE ET DE TUNISIE

Une société d'entrepreneurs tunisiens vient de demander au résident général de France l'autorisation de procéder aux études d'un canal de dérivation de la Medjerda.

Ce canal partirait ou partira de la rive droite du fleuve à Tébourba, du barrage d'El-Bathan; il lui emprunterait 1 mètre cube en temps ordinaire, 500 litres seulement par seconde en étiage; il irriguerait des terres sur son parcours entre Tébourba et Tunis et, arrivé dans la capitale, il y desservirait une usine de production de force électrique et il y nettoierait les égouts.

Jusqu'à ce jour Tunis manque essentiellement d'ombrages, de promenades. Il n'en sera pas longtemps ainsi. Sa colline du Belvédère, haute de 82 mètres, au nord et tout près de la ville, à l'ouest et non loin de la Bahira ou lac de Tunis, va devenir à bref délai un parc de 100 hectares de surface. A côté de ce parc, et séparé seulement de lui par la route de l'Ariana, un jardin d'essai ou d'acclimatation de 27 hectares s'étendra du Belvédère à la Bahira.

Bizerte compte sur de glorieuses destinées; à peine a-t-elle 10 000 âmes, et elle espère bien en posséder avant longtemps 100 000, quand elle sera grand port de guerre (et peut-être grand port de commerce, au détriment de Tunis), lorsque des escadres cuirassées flotteront sur son vaste lac, hors des atteintes de l'ennemi.

Aussi les Bizertins ne veulent-ils pas, ne peuvent-ils pas se contenter de leur dotation actuelle en eau potable.

Dans l'instant présent, Bizerte ne dispose que de 2 litres d'eau par seconde. C'est trop peu, ce n'est rien pour une ville de l'avenir. Elle a donc songé à une fontaine jaillissant à 14 kilomètres au sud-est, à Aïn-Bourras.

Aïn-Bourras naît d'un sol sablonneux, à l'est du lac de Bizerte, au pied méridional des coteaux littoraux, à l'orient de la ligne de relief entre ledit lac et les alluvions de la Medjerda inférieure. Son émergence est à 103 mètres au-dessus des mers. Elle verse 30 litres par seconde à l'étiage minimum, et elle en versera bien 60 quand on en aura dégagé les abords et baissé le niveau. Son eau excellente sera concentrée à 40 mètres d'altitude, dans un réservoir voisin du bourg de Menzel-Djemil, lequel se trouve entre mer et lac, près de l'une comme de l'autre. Le projet de dérivation est prêt.

Nul n'ignore que le Kef, la vieille *Sicca Veneria*, la ville des hauts plateaux où la « Numidie » se relie à l'« Afrique », est fier de sa belle fontaine sortant d'une grande caverne « à laquelle les indigènes attribuent une étendue de plus de 6 milles ! » Un document récent nous apprend que cette source, « ornée par les Romains d'une arcade monumentale à plein cintre », donne 5 000 litres par minute, soit 83 à 84 à la seconde.

Les travaux de délimitation et de répartition de la grande tribu des Ouled-Sidi-Yahia-ben-Thaleb, dans la province de Constantine, à la frontière de Tunisie, ont dégagé 64 327 hectares de terres domaniales, c'est-à-dire propriété de l'État, sous deux formes, forêts et terres de colonisation. Comme forêts l'État y est déclaré possesseur de 49 171 hectares, dont 24 736 dans le douar de Morsott et 13 582 dans le douar d'El-Méridj; comme fonds de colonisation il lui revient 15 156 hectares, dont 9 902 dans le douar de Gouraye et 3 883 dans celui d'El-Méridj. C'est dans ce domaine que le village d'Youks-les-Bains a été créé sur 2 183 hectares, et que s'établissent ou s'établiront Clairefontaine, Morsott et autres colonies.

Le nom d'Aïn-Touta, mots arabes qui veulent dire « Source du Mûrier », et celui d'Oued-Touta, qui signifie « Ru du Mûrier », sont assez communs en Algérie. Il n'y a donc aucun mal à les voir diminuer en nombre : chaque fois qu'un d'eux disparaît, c'est une confusion possible de moins. Tel est le cas de l'Aïn-Touta de l'arrondissement de Batna (province de Constantine), au versant méridional de l'Atlas. Ce chef-lieu de commune mixte, situé à 873 mètres d'altitude, au-dessus des gorges d'un torrent qui descend au Désert, cette station du chemin de fer de Constantine à Biskra prend le nom de Mac-Mahon.

Dans ce même arrondissement de Batna, au versant septentrional de ce même Aurès, au pied nord du massif du Touggour ou pic des Cèdres (2 100 m.), Sériana s'appellera dorénavant Pasteur.

El-Guélaa, colonie en création dans la province de Constantine, parmi les montagnes de Guelma, sur 1 058 hectares du douar de Chéniour, dans l'ancienne tribu de Bled-Guerfa, prend le nom de Gounod, d'après l'illustre musicien mort à la fin de 1893. On avait d'abord proposé le nom de Pobéguin, dit le *Progrès de Guelma* : Pobéguin, l'énergique, le malheureux sous-officier, dernier survivant du désastre de la mission Flatters; un Breton avait rappelé le nom glorieux de Du Guesclin; et surtout on avait mis en avant le nom de Bernelle, en mémoire du premier commandant de place de Constantine, qui résida longtemps dans le pays comme commandant du camp de réserve de Mdjez-Amar. Mais on s'est décidé pour Gounod.

Deux colonies à la veille d'être établies dans la province de Constantine, dans la très montagneuse région d'El-Milia, Aïn-Sultan et El-Agouf, se nommeront : la première Catinat, la seconde Arago.

Le village de Guergour, non encore achevé, qui a son site sur le Bou-Sellam, affluent droit sinon branche mère du fleuve de Bougie, appartient à la province de Constantine, à 900 mètres environ d'altitude, dans une très pittoresque gorge, entre monts de plus de 1600 mètres, qui font partie du dédale confus de pics, pointes et ravins qu'on nomme la Petite Kabylie. On l'appellera dorénavant Lafayette.

Blida est justement fière de ses eaux. Abondamment pourvue d'eau d'arrosage par l'Oued-el-Kébir, elle l'est également d'eau potable, grâce, entre autres sources, à la Fontaine fraîche.

Cette « fraîche » fontaine, descendue au plus bas étiage possible en 1893, quand il y avait, pour ainsi dire, trois ans qu'il ne tombait pas de pluie, donnait encore 30 litres par seconde.

Le Djendel, village de la province d'Alger, à 350 mètres environ d'altitude, dans la vallée du Chéliff moyen, qui vient d'échapper aux Steppes par de belles gorges tortueuses, s'appellera dorénavant Lavigerie, d'après le cardinal qui fut le premier archevêque de Tunis et le primat d'Afrique.

Dans la vallée basse du Chéliff, l'air est étouffant, la chaleur terrible et, par certains jours, l'accablement mortel. Le Sahara n'est pas plus dur.

Pourquoi ne pas la traiter, cette vallée, comme un Sahara? Pourquoi n'y pas cultiver la datte comme à Biskra, comme à Ouargla, comme au Djérid?

C'est ce qu'a pensé un Orléansvillois, Sidi-Yahia-ben-Kassem, qui a planté sur les bords du Chéliff, près d'Orléansville, dans la zone irrigable, des palmiers, devenus magnifiques et qui, n'ayant encore que quatre ans, portent déjà de superbes et savoureux régimes.

Le nom de Bougainville est destiné à un village, ou, à défaut du village, qu'on ne créera peut-être pas, à un ensemble de fermes qui vont être alloties au sud-sud-est d'Orléansville, dans la commune mixte du Chéliff, sur la route de Lamartine (jadis Bordj des Béni-Hindel), route jusqu'à ce jour presque déserte, dans des gorges de l'Ouaransénis.

A Philippeville, où les vignerons n'ont pas lutté avec énergie contre le phylloxera, le vignoble peut être considéré comme perdu. Partout au contraire où l'on s'est défendu vigoureusement, comme à la Calle et comme dans toute la province d'Oran, à Tlemcen, Oran, Sidi-bel-Abbès, le puceron n'a pour ainsi dire fait aucun progrès. Ainsi, d'après M. Couanon, l'inspecteur général du service antiphylloxérique, on ne compte à Oran que 5 hectares détruits, sur 10 000, depuis l'invasion du phylloxera en

1886; et que 22 détruits, à Tlemcen, depuis 1885, année des premières atteintes.

C'est d'abord par l'école, puis par la vie commune en ville, au village, au régiment, sur le marché, sur la place, à l'église, au théâtre, que les races se mêlent en Algérie pour une future unité française. A quel degré elles se coudoient à l'école, la dernière statistique des établissements d'instruction publique en Oranie le montre avec éloquence.

Ces écoles renferment 11 561 Français, 11 725 étrangers, la plupart Espagnols, 4 379 juifs, 2 005 musulmans : en tout 29 670 élèves, dont 39 pour 100 de Français, 40 pour 100 d'étrangers, 14 pour 100 de juifs, 7 pour 100 de musulmans.

Un grand nombre de juifs venus de Russie par Alexandrie, Marseille, Alger, se sont installés à Oran, assez bien habillés, et néanmoins fort misérables.

Que feront-ils dans la capitale de l'Oranie? Évidemment du commerce ambulant, du brocantage, et plus tard l'usure sans doute.

Mille fois mieux vaudraient des vignerons et paysans de Dauphiné, Savoie, Provence et Languedoc, des Corses, des Baléariens, Valenciens, Murciens, Andalous, cuits au soleil, durs à la besogne, résistants aux miasmes.

Tourville est le nom récemment donné à un village maritime qui s'est formé spontanément en Oranie, aux environs de la ville d'Arzeu.

Mefessour ou Mefsour, village de la province d'Oran, de la commune de Saint-Cloud, situé à 9 kilomètres sud-ouest d'Arzeu, à 124 mètres d'altitude, dans une vaste plaine commandée au nord-ouest par le djébel Orousse (631 mètres), Mefessour vient de prendre le nom de Renan.

Terga, dans la province d'Oran, dans la région d'Aïn-Temouchent, à petite distance de la mer, prend le nom du fameux ministre Turgot. Inconscient ou non, il y a là un calembour par à peu près semblable à celui qui a fait, à Paris, de la rue d'Enfer la rue Denfert-Rochereau.

La « ville d'Abd-el-Kader », Mascara, qui domine le ravin de l'Aïn-Toudman et l'immense plaine d'Eghris, manquait un peu d'eau; mais elle s'est adressée aux eaux du Sidi-Daho, ruisseau de sources né à quelques kilomètres au nord-est sur un plateau dominé par le Chareb-er-Rich, culmen des Béni-Chougran (910 mètres). Elle est en train de détourner ce ruisseau, par 600 mètres environ, au-dessus de ses cascades, avant qu'il s'enfonce dans d'étroites et profondes gorges terreuses et devienne l'Oued-Fergoug, torrent de quelque abondance qui se perd, en même temps que l'Oued-el-Hammam, dans le lac-réservoir de l'Habra. On ne nous dit pas la quantité de litres par seconde que Mascara tirera de l'Oued-Sidi-Daho.

Une nouvelle commune a fait son apparition dans la province d'Oran. C'est Boukanéfis, dans l'arrondissement de Sidi-bel-Abbès, dans la vallée de l'Oued-Mékerra, plus bas Oued-Sig. Cette station du chemin de fer d'Oran à Ras-el-Ma est une création de 1850, augmentée en 1877 de 604 hectares tirés du douar de Messer. Il y a là un pénitencier agricole indigène.

Les Tlemcenois ou Tlemcéniens se plaignent amèrement de ce qu'on colonise si peu autour de leur belle ville. Il n'y a certainement pas d'arrondissement d'Algérie où l'on dégage moins de terre, où l'on crée moins de villages, et justement il n'est guère de parages plus frais, plus tempérés, mieux arrosés en Atlantide. Depuis trente à quarante ans on n'y a pour ainsi dire rien fait.

La première colonie à fonder dans ce charmant pays, c'est Aïn-Sabra, sur la nouvelle route de Tlemcen à Lalla-Marnia et au Maroc. On y dispose ou l'on y pourra disposer aisément de 5 000 hectares de terres de premier choix, autour d'une belle source qui va se jeter dans l'Oued-Soufinirof, tributaire gauche du fleuve Tafna, au pied du Djébel-bou-Medras, haut de 1 240 mètres.

Onésime Reclus.

**Sahara occidental : Mission Fabert.** — La Société a reçu des nouvelles de la mission de M. Léon Fabert au Sahara occidental. Ces nouvelles sont datées du 7 novembre 1893; à cette date, notre compatriote était enfin parvenu au camp de Tenyera, chez le cheikh (*cher*) Saadh-Bou, après bien des difficultés résultant à la fois des moyens de transport mis à sa disposition et de l'état de guerre où se trouvaient certaines tribus Maures de la rive droite du Sénégal, particulièrement celle des Oulad-Delim. Après une traversée pénible du pays des Trarzas, M. Fabert a été pendant plusieurs jours assez gravement malade, au point que ses gens voulaient l'attacher sur un chameau et le ramener de force à Saint-Louis. A Boujaïba, il perdit beaucoup de temps à attendre un messager qu'il avait envoyé à la recherche de Saadh-Bou pour lui demander des chameaux en remplacement de ceux que les Trarzas lui avaient fournis et qui étaient insuffisants; ce messager ayant été capturé fut retenu pendant dix jours par les Oulad-Delim, qui guettaient notre compatriote.

Enfin, dès les premiers jours de novembre, M. Fabert était en sûreté chez Saadh-Bou, le marabout prestigieux dont le dévouement pour les intérêts français est depuis longtemps éprouvé. M. Fabert écrit que depuis le moment de son départ jusqu'à son arrivée au camp de Tenyera il a eu à supporter une température moyenne de 40 degrés, bien qu'on approchât de la saison sèche. Contrairement à sa première intention, M. Fabert a renvoyé à Saint-Louis les tirailleurs qu'il avait emmenés, et achèvera seul son voyage. Du moins il ne sera accompagné que de son unique interprète, l'intelligent et fidèle Hamat. Il a dû quitter le camp de Tenyera du 15 au 20 décembre.

A propos du camp de Tenyera d'où nous sont parvenues les nouvelles de M. Fabert, disons qu'il faut se montrer très réservé, au point de vue cartographique, sur les dénominations désertiques. Tel nom que nous voyons figurer sur une carte n'est souvent que celui d'une tribu ou d'une fraction de tribu qui a campé à l'endroit désigné. Après elle, en est venue une autre qui a substitué son nom à celui de la précédente, et ainsi de suite. De sorte que ce qui est aujourd'hui le « camp de Tenyera » s'appellera peut-être autrement l'année prochaine; à moins qu'il n'y ait là un puits abondant, auquel cas il s'agit d'un point de repère immuable.

**La République libérienne et le Soudan français.** — Le Parlement de Monrovia vient de ratifier la Convention signée à Paris le 8 décembre 1892, par laquelle la frontière française du littoral s'étend désormais officiellement de Grand Bassam au Rio Cavally. Nous disons avec intention « de Grand Bassam » parce que de cet établissement jusqu'à la rivière Cavally, c'est-à-dire sur un parcours où, en d'autres temps, nous avons essaimé les traités, sinon les postes, bien des endroits subsistent qui sont susceptibles d'offrir des prétextes à contestations... avec l'Angleterre, naturellement. Il importe donc d'occuper logiquement les points principaux où, jusque dans ces derniers temps, des conflits se sont produits, qui, pour n'être pas suscités absolument contre nous, n'en pourraient pas moins se renouveler à notre détriment. Tels sont les villages de Sessendré, Drewin, Victory, Béréby (grand et petit), Roch Town Béréby, etc. Tous ces points sont éloquemment travaillés par des agents venus de Sierra-Leone.

**Le conflit de Warina.** — C'est de ce nom qu'il faut désormais appeler le déplorable conflit qui s'est produit au commencement de janvier, dans le Kono, près du mont Kori, autrement dit et pour parler plus exactement, sur un territoire politiquement indéterminé, entre une colonne anglaise et un contingent français. Les deux corps de troupes évoluaient donc dans une zone située entre les dépendances de la colonie de Sierra-Leone et le Soudan français. Cela n'est pas contestable, pour une bonne raison : c'est que le gouvernement anglais, comme celui de la France, en sont encore à se demander lequel des deux peut revendiquer comme sien le terrain sur lequel s'est livré le combat. Et ce qui justifie amplement cette hésitation, ou du moins ce qui la justifiait encore il y a quelques jours, c'est que depuis quelques mois une commission formée de membres des deux pays a été spécialement chargée de fixer les limites réciproques entre le Soudan français et le Sierra-Leone. De sorte que la première morale à tirer de l'événement est celle-ci : tout conflit de ce genre a pour point de départ une arrière-pensée d'envahissement et d'extension. C'est aux hommes d'Etat qui font de la politique coloniale de prévoir cette arrière-pensée, ce qui serait une bonne manière de faire de la géographie politique. En l'espèce, cependant, on ne saurait se refuser le droit légitime d'insinuer que l'arrière-pensée dont nous parlons a pris naissance chez nos voisins et adversaires de circonstance bien plutôt que chez les nôtres. Quel a été, en effet, l'argument invoqué par les Anglais pour expliquer la rencontre de Warina? Un châtiment à infliger aux bandes de Samory, dont les incursions menaçaient la colonie de Sierra-Leone!

Or dans quelles conditions se présente cette opération militaire de la part des Anglais et par opposition au rôle que jouait la colonne française avec laquelle ils se sont rencontrés? Les Anglais sont allés au-devant des sofas de Samory sur un territoire où il n'y a pas encore d'établissements anglais, et où la population ne subit pas encore l'influence du gouvernement de Sierra-Leone, parce que celui-ci n'en connaît pas encore ou en connaît mal les éléments. C'est comme qui dirait la France faisant une expédition au Sokoto sous prétexte que ce pays menace le poste de Bammako. La colonne française, au contraire, représentant, au vu et au su de tout le monde, une fraction de corps expéditionnaire chargé d'anéantir les troupes de Samory, a poursuivi ces troupes jusque sur un territoire que les diplomates des deux pays intéressés n'avaient pas encore attribué à l'un ou à l'autre.

Voilà pour la stricte considération militaire; et celle-ci est déjà suffisante pour mettre à l'abri de toute critique soupçonneuse le lieutenant français Maritz, victime de la rencontre. Mais, il y d'autres considérations qui, elles, ne s'appliquent qu'aux Anglais et ont aussi leur valeur. Ce sont les suivantes.

Les Anglais n'ont jamais entretenu de mauvaises relations avec Samory. Chacun sait qu'avant et depuis la fameuse affaire du major Fœstings, Samory a toujours cherché à se rapprocher des Anglais et que ceux-ci l'ont toujours sollicité ; car, ils savent fort bien que le jour où la France occupera tout le pays de Samory, il en pourra résulter, au gré des dispensateurs des choses, la ruine de la colonie de Sierra-Leone, déjà endettée.

Cela est tellement vrai que, dans le moment même où se produisait le conflit de Warina, un envoyé de Samory était depuis plusieurs mois à Freetown, où il essayait de négocier un accord avec nos concurrents. C'est, d'ailleurs, à ce propos que le *Weekly News*, journal local, soutenait la cause de Samory (voir le numéro du 9 décembre 1893).

Enfin, il a été dit et prouvé à l'enquête de la première heure que le chef de la colonne anglaise s'attendait si peu à être attaqué par les fameuses bandes de Samory qu'il ne se gardait même pas!

Ce qui est, au contraire, vraisemblable, c'est que le gouvernement de Sierra-Leone, inquiet de la priorité que pouvait nous assurer le droit de la guerre dans des négociations dont l'objet était précisément de fixer des frontières indécises, a cru pouvoir faire acte de présence dans la zone éventuelle des dites frontières, sauf à justifier son initiative par la nécessité de repousser des attaques imaginaires, et de manière à prendre position sur un terrain qu'il désirait voir lui revenir et qu'il devenait difficile de lui enlever dès l'instant qu'il pouvait prouver qu'il y avait fait office de gendarme.

Nous appréhendions si bien ce qui est arrivé que dans notre avant-dernier numéro (6 janvier) nous exprimions la pensée que le gouvernement de Sierra-Leone, soucieux de ne point créer d'embarras aux négociateurs anglo-français chargés de résoudre la question de frontières, avait sans doute dans cette seule pensée suspendu son expédition annoncée contre les sofas de Samory.

Nous nous trompions et nous le regrettons.

L. S.-D.

**Dahomey.** — La seconde campagne du général Dodds au Dahomey vient de se terminer de la manière la plus décisive. Behanzin, abandonné par tous les membres de la famille royale, s'est soumis sans conditions le 25 janvier à Ajégo, au nord-ouest d'Abomey, où le colonel Dodds l'a fait prendre. Il a été expédié au Sénégal, et ses ministres ont été dirigés sur le Gabon. Peu de jours avant cet important événement, les chefs qui avaient fait leur soumission avaient été convoqués pour élire un nouveau roi. Ce roi, qui est un frère de Behanzin, s'appelle Gouthili, mais il a pris, suivant l'usage dahoméen, un surnom en montant sur le trône et il est connu sous le nom d'Agoliagbo, ce qui signifie litéralement « Corps d'armée français tient Dahomey »! La période militaire du Dahomey est donc maintenant terminée et le général Dodds va quitter incessamment le pays, où il sera remplacé par un gouvernement civil.

Le royaume du Dahomey sera divisé en trois parties distinctes, s'administrant séparément suivant les coutumes et les institutions du pays. Ces trois parties seront : 1° Royaume d'Abomey. — Limites : à l'ouest, le Confo; au nord, les Mathis; à l'est, l'Ouémé; au sud, la Lama. 2° Royaume d'Allada. — Limites : au nord, la Lama; à l'ouest, le Confo; à l'est, la lagune d'Aoua, le Ouovimé et la rivière de Sê, en amont de Quinto; au sud, les territoires annexés. 3° La confédération nago de Ouéré-Kétou (rive gauche de l'Ouémé). — Limites : au nord, le pays Mathi; à l'ouest, l'Ouémé; au sud, le royaume de Porto-Novo; à l'est, la colonie anglaise de Lagos (limite 0° 20′ longitude est).

❧ ❧ ❧

# MOUVEMENT ÉCONOMIQUE

## COMMERCE DE LA SUISSE EN 1892 ET 1893, PARTICULIÈREMENT AVEC LA FRANCE

Le commerce de la Suisse avec les divers pays en 1892 (et à titre de comparaison en 1891) s'exprimait, d'après les documents officiels, dans les chiffres suivants :

| PAYS. | IMPORTATION EN FRANCS | | | POUR 100 DE L'IMPORTATION TOTALE en 1892. | EXPORTATION EN FRANCS | | | POUR 100 DE L'EXPORTATION TOTALE en 1892. |
|---|---|---|---|---|---|---|---|---|
| | 1892. | 1891. | DIFFÉRENCE entre 1892 et 1891 en + ou —. | | 1892. | 1891. | DIFFÉRENCE entre 1892 et 1891 en + ou —. | |
| 1. Allemagne | 227.408.256 | 292.464.446 | — 65.056.190 | 26,14 | 162.198.730 | 164.045.041 | — 1.846.311 | 24,66 |
| 2. **France** | 179.436.161 | 214.315.019 | — 34.878.858 | 20,63 | 102.545.981 | 124.979.356 | — 22.433.755 | 15,59 |
| 3. Italie | 139.890.169 | 136.007.197 | + 3.882.972 | 16,08 | 45.701.709 | 46.996.689 | — 1.294.980 | 6,95 |
| 4. Royaume-Uni | 41.750.540 | 46.356.440 | — 4.605.900 | 4,80 | 117.411.491 | 113.095.835 | + 4.315.656 | 17,85 |
| 5. Autriche-Hongrie | 67.633.715 | 86.250.392 | — 18.616.677 | 7,77 | 37.342.638 | 36.246.312 | + 1.096.326 | 5,68 |
| 6. Russie | 49.262.313 | 46.871.113 | + 2.391.200 | 5,66 | 13.314.918 | 13.678.337 | — 363.419 | 2,03 |
| Les autres pays européens | 42.319.945 | 46.118.573 | — 3.798.628 | 4,87 | 44.128.199 | 48.121.659 | — 3.993.460 | 6,71 |
| I) **Europe** | 747.731.099 | 868.383.180 | — 120.652.081 | 85,95 | 522.643.666 | 547.163.229 | — 24.519.563 | 79,47 |
| 1. États-Unis | 40.749.167 | 30.562.912 | + 10.186.255 | 4,68 | 76.326.679 | 71.700.449 | + 4.626.230 | 11,61 |
| Les autres pays américains | 21.463.152 | 9.892.946 | + 11.570.206 | 2,47 | 20.763.870 | 16.658.520 | + 4.105.350 | 3,16 |
| II) **Amérique** | 62.212.319 | 40.455.858 | + 21.756.461 | 7,15 | 97.090.549 | 88.358.969 | + 8.731.580 | 14,77 |
| III) **Asie** | 39.546.432 | 7.507.363 | + 32.039.069 | 4,55 | 27.881.848 | 28.523.360 | — 641.512 | 4,24 |
| IV) **Afrique** | 15.085.147 | 13.629.438 | + 1.455.709 | 1,73 | 5.078.571 | 4.810.213 | + 268.358 | 0,77 |
| V) **Australie** | 5.412.599 | 2.190.007 | + 3.222.592 | 0,62 | 2.008.307 | 3.011.164 | — 1.002.857 | 0,30 |
| Indéterminé | — | — | — | — | 2.946.275 | — | + 2.946.275 | 0,45 |
| TOTAL | 869.987.596 | 932.165.846 | — 62.178.250 | 100 | 657.649.216 | 671.866.935 | — 14.217.719 | 100 |

Voici, d'un autre côté, comment se répartissent entre les principales catégories d'articles, les importations et les exportations de 1892 (et 1891) :

| GENRE DE MARCHANDISES. | IMPORTATIONS EN FRANCS | | EXPORTATIONS EN FRANCS | |
|---|---|---|---|---|
| | 1892. | 1891. | 1892. | 1891. |
| Substances alimentaires | 270.312.926 | 304.159.547 | 80.953.853 | 80.000.257 |
| Matières premières | 327.777.857 | 322.281.031 | 84.026.923 | 80.432.806 |
| Produits fabriqués | 271.896.813 | 305.725.268 | 492.668.440 | 511.433.872 |
| TOTAL | 869.987 596 | 932.165.846 | 657.649.216 | 671.866.935 |

Tout d'abord il est nécessaire de dire que, dans un assez grand nombre de cas, les différences entre les chiffres de 1892 et ceux de 1891 ne sont que le résultat de l'ordonnance du conseil fédéral du 12 janvier 1892, qui exige des commerçants pour les marchandises importées la désignation du véritable pays d'origine, et pour les marchandises exportées, celles du pays où elles se consomment. Cette recherche de la provenance et de la destination réelles a diminué nominalement le commerce des pays intermédiaires et de transit, à l'avantage des pays éloignés. Ainsi l'importation des quatre Etats limitrophes de la Suisse, ainsi que de la Belgique, des Pays-Bas et de l'Angleterre a subi une forte diminution (130 millions), tandis que l'importation des pays extra-européens, et particulièrement de ceux d'outre-mer, a augmenté de 68 millions. Ces changements ne sont donc que le résultat d'une nouvelle méthode statistique. Mais d'autres, qui se manifestent définitivement par une diminution totale des importations égale à 62 millions et une diminution totale des exportations égale à 14 millions, sont au contraire réels, au moins en partie.

Le recul des échanges avec la France nous intéresse tout particulièrement. Les importations de France en Suisse ont baissé en 1892 d'environ 35 millions, et les exportations de Suisse en France ont décru de près de 22 1/2.

Sur les 35 millions qui constituent la baisse totale des importations de France en Suisse, environ 7 millions représentent le rétrécissement réel du débouché suisse pour les produits français, tout particulièrement pour les matières premières (fer, houille, pierre, etc.) et pour quelques objets fabriqués montres et boîtes à musique). Quant aux exportations de Suisse en France, leur diminution est, pour la plus grande partie, réelle et tellement considérable (au moins relativement, qu'elle dépasse de plus de 8 millions de francs (22 contre 14) la diminution totale du commerce suisse en 1892 : c'est-à-dire que si la Suisse n'a pas perdu en exportations tout ce que le débouché français a refusé de lui prendre, c'est qu'elle a su élargir son marché ailleurs. Quoi qu'il en soit, la Suisse a exporté en 1892 en France pour 10,8 millions en moins de soieries, pour 1 million en moins de soie écrue, pour 1,5 million en moins de tissus et rubans de coton, pour 1,3 million en moins de fils de coton et pour autant en moins de broderies, pour 2 millions en moins de montres, pour 1 million 3/4 en moins de bois brut et scié, etc. C'était la conséquence du tarif minimum français qui entra en vigueur le 1er février 1892.

En comparant la diminution des exportations de Suisse en France avec la diminution des importations de France en Suisse, on voit que celle-ci est beaucoup moins considérable que celle-là : c'est que pendant 11 mois de l'année 1892 la Suisse a supporté les conséquences du tarif minimum français sans déclarer une guerre commerciale à la France, qu'elle traitait même sur le pied des pays les plus favorisés, et cela en vue des réductions qu'elle espérait obtenir de la France sur son tarif minimum. Mais quand la Chambre des Députés, mue par des considérations ultra-protectionnistes, rejeta le 24 décembre 1892 la convention proposée par la Suisse, l'opinion publique de ce dernier pays réclama impérieusement des représailles, d'où l'établissement par le Conseil fédéral du tarif différentiel, auquel la France a répondu par le tarif maximum : dès le 1er janvier 1893; la guerre se poursuit avec acharnement.

Il est certainement très intéressant de voir les résultats de cette lutte économique. Les statistiques suisses ne donnent jusqu'à présent que les échanges pour les neuf premiers mois de l'année 1893, mais elles permettent d'ores et déjà de tirer de ces chiffres une conclusion absolument convaincante. Voici deux tableaux qui montrent la diminution d'un côté des exportations de Suisse en France, de l'autre des importations de France en Suisse pendant le troisième trimestre 1893 par rapport au même trimestre (moyen) des années 1890-1892, soit avant la guerre. Il est à remarquer que les chiffres de ce trimestre expriment l'état normal de guerre et non les ardeurs du combat de la première heure; ils sont d'autant plus suggestifs.

| EXPORTATION DE SUISSE EN FRANCE (en francs). | MOYENNE DU TROISIÈME TRIMESTRE **1890-1891.** | TROISIÈME TRIMESTRE **1893.** | DIFFÉRENCE ENTRE 1893 ET 1890-1891 en pour 100 + ou —. |
|---|---|---|---|
| Filés coton. . . . . | 1.073.000 | 288.000 | — 73 |
| Tissus coton écrus . | 431 000 | 52.000 | — 88 |
| Tissus coton finis. . | 883.000 | 330.000 | — 63 |
| Broderies. . . . . . | 1.512.000 | 722.000 | — 52 |
| Soie et fleuret . . . | 2.165.000 | 1.390.000 | — 34 |
| Soieries . . . . . . | 9.581.000 | 3.688.000 | — 62 |
| Confections. . . . . | 796.000 | 234.000 | — 71 |
| Montres . . . . . . | 1.314.000 | 582.000 | — 56 |
| Machines. . . . . . | 890.000 | 1.191.000 | + 34 |
| Planches. . . . . . | 605.000 | 122.000 | — 80 |
| Fromages . . . . . | 2.671.000 | 2.492.000 | — 7 |
| Bétail et chevaux, etc. | 717.000 | 388.000 | — 6 |
| TOTAL. . . . . | 31.632.000 | 18 775.000 | — 42 |

On voit que, sauf les machines, tous les articles ont subi un recul considérable.

| IMPORTATIONS DE FRANCE EN SUISSE (en francs). | MOYENNE DU TROISIÈME TRIMESTRE **1890-1891.** | TROISIÈME TRIMESTRE **1893.** | DIFFÉRENCE ENTRE 1893 ET 1890-1891 en pour 100 + ou —. |
|---|---|---|---|
| Sucre . . . . . . . | 2.056.675 | 27.491 | — 99 |
| Vin en fûts. . . . . | 1.775.076 | 171.072 | — 90 |
| Vin en bouteilles . . | 269.296 | 83.976 | — 69 |
| Bétail . . . . . . . | 2.803.901 | 1.777.132 | — 37 |
| Viande. . . . . . . | 215.640 | 37.420 | — 83 |
| Confections. . . . . | 2.280.151 | 393.256 | — 83 |
| Lainages. . . . . . | 3.061.298 | 557.615 | — 82 |
| Soieries . . . . . . | 2.390.741 | 800.753 | — 66 |
| Cotonnades. . . . . | 701.302 | 203.771 | — 71 |
| Montres . . . . . . | 1.137.125 | 171.026 | — 85 |
| Machines. . . . . . | 1.520.720 | 475.288 | — 53 |
| Ouvrages en métaux. | 1.520.120 | 1.029.622 | — 32 |
| Quincaillerie . . . . | 573.640 | 240.621 | — 58 |
| Ouvrages en cuir. . | 513.940 | 160.822 | — 69 |
| Cuir. . . . . . . . | 622.320 | 441.040 | — 62 |
| Papier, etc. . . . . | 244.055 | 90.861 | — 63 |
| TOTAL. . . . . | 21.236.000 | 6.661.766 | — 69 |

Cela prouve qu'entrée dans la voie de représailles la Suisse a diminué sa consommation des produits français plus énergiquement même que la France ne l'a fait pour les articles suisses.

Maintenant à qui profite le rétrécissement du marché suisse pour les produits français? A la Hongrie, à l'Egypte, aux États-Unis et à l'Italie pour les sucres; à l'Italie et à l'Espagne pour les vins; à l'Allemagne, à l'Italie et à la Belgique pour les confections; à l'Allemagne et à l'Angleterre pour les lainages; à l'Allemagne, à l'Italie et aux Pays-Bas pour les soieries; aux Etats-Unis, à l'Allemagne, à l'Angleterre et à l'Italie pour les cuirs; à l'Allemagne pour les machines.

On pourrait certainement regretter que les tendances protectionnistes qui se donnent aujourd'hui partout libre carrière aient fait dévier le commerce de sa voie naturelle et obligent le producteur à chercher un débouché nouveau, en perdant ses anciens clients, et le consommateur à aller au delà des mers s'approvisionner de ce qu'il trouvait auparavant chez son voisin. D'après les documents officiels français pour 1893 (qui ne correspondent pas exactement aux données suisses) la France n'a envoyé l'année dernière en Suisse que pour 150 millions de marchandises (contre 228 en 1892 et 235 en 1891) et n'a importé de la Suisse que pour 66 millions (contre 92 en 1892 et 103 en 1891).

Et quand un pays perd un client par un moyen artificiel, il n'est jamais sûr de le retrouver de nouveau lorsqu'il rentre dans la voie naturelle, sans compter que les autres nations guettent cette occasion pour évincer le pays du marché, et que la bonne renommée des produits et leur vogue se ressentent à la fin des pratiques protectionnistes. Ecoutons plutôt ces paroles d'un expert officiel suisse sus les lainages et soieries français et allemands : « L'opinion que l'Allemagne ne fournit que la qualité inférieure et la France la bonne qualité ne correspond plus à la réalité. Pour bien des articles c'est le contraire qui est vrai. Les maisons allemandes livrent une marchandise à la fois meilleure et plus soignée. En ce qui concerne surtout les produits textiles, les Français ont cédé le pas aux Allemands pendant ces dernières années en essayant de se récupérer de leurs frais de production élevés aux dépens de la qualité. » (*Statistique du commerce de la Suisse. Rapport annuel* 1892; Berne, 1893, p. 20.) Je crois que cette citation mérite d'être méditée. NICOLAS ROUSSANOF.

# BIBLIOGRAPHIE

### REVUE DES PÉRIODIQUES

*Articles signalés*

**Geographical Journal**. Février 1894. — *Kurdistan*, par le capitaine F. R. Maunsell, avec carte au 3000000e. (Récit d'un voyage dans l'ensemble du Kurdistan, c'est-à-dire dans la grande chaîne de montagnes entre Iran et Mésopotamie, entre Erzeroum au nord et Kermanchah au sud. Le récit est assez sommaire, mais donne cependant quelques détails intéressants sur les productions du pays.) — *The Geography of Mammals*, par W. M. Sclater. (Essai sur la distribution des mammifères à la surface du globe. Prenant en considération les neuf ordres de mammifères groupés eux-mêmes en trois sous-classes, *prototheria*, *metatheria* et *eutheria*, l'auteur divise la terre en trois régions, la *Notogée*, ou région australienne, la *Néogée* ou région néo-tropicale, enfin l'*Arctogée*, comprenant les régions éthiopienne, orientale, sub-tropicale, néarctique et paléarctique. Cette division, proposée par P. L. Sclater, et admise par Wallace, n'a point été universellement adoptée. L'auteur termine en montrant dans un tableau les nombres des familles, genres et espèces des mammifères existant dans chacune de ces six régions. L'article est accompagné d'une carte.) — *Descriptive Notes on the Southern plateau of Bolivia and the sources of the river Pelaya*, par M. S. Pasley. (Voyage dans le plateau sud de la Bolivie, appelé les *Pampas Peladas*, d'une superficie de 28000 kilomètres carrés). — *Two Books on Central Asia*. (Analyse de deux ouvrages remarquables : les *Pamirs* par le comte de Dunmore, et l'*Asie centrale chinoise* par Henry Lansdell). — *The state of the Siberian Sea : the Nansen Expedition*, par le capitaine Joseph Wiggins. — *Commercial Geography*, par Hugh Robert Mill. — *Geography at the World's Columbian Exposition*, par Charles T. Conger. — *Italian Explorations in the Upper Basin of the Jub*, par E. G. Ravenstein. (Résumé des explorations Ruspoli, Bottego et Grixoni, dont nous parlerons dans une prochaine chronique.) — *Hydrography of the Eastern Mediter- ranean.*

**Mitteilungen de Petermann**. Janvier 1894. — *Skizze von Südwestafrika*, par Joachim comte Pfeil. (Première partie d'un important travail, accompagné d'itinéraires, de profils de hauteur, etc., sur la colonie allemande du Sud-Ouest Africain, que l'auteur a parcouru en 1892. Nous aurons à revenir plus longuement sur le sujet lorsque l'article sera terminé.) — *Die Adelsberger Grotte einst und jetzt*, par Franz Kraus. (Résumé des découvertes récentes faites dans la fameuse grotte d'Adelsberg, notamment par notre compatriote M. Martel, en 1893. L'article est accompagné d'une carte, qui représente d'un côté les environs d'Adelsberg et de Planina, de l'autre le plan cours souterrain du Poik dans lequel M. Martel a réuni aux résultats de ses recherches tous ceux auxquels étaient arrivés ses prédécesseurs.) — *Kleinere Mitteilungen : G. Sergis Untersuchungen über die Menschenvarietäten in Melanesien*, par G. Gerland. — *Schnee und Eis in Südchina im Januar* 1893, par Fr. Ratzel. — *Höhenmessungen in Mexiko*, par Karl Sapper.

**Det Norske Geografiske Selskabs Arborg**. IV 1892-1893. Christiania. (*Annuaire de la Société norvégienne de Géographie*.)

Dans aucun pays, si ce n'est en Suisse, les études de géographie et d'histoire naturelle n'éveillent un intérêt plus vif qu'en Norvège. Les Norvégiens, avec leur esprit froid et méthodique, sont de minutieux et véridiques observateurs; même chez le paysan, le voyageur est tout étonné de trouver cette qualité d'esprit et le goût des sciences naturelles. La fondation d'une Société de Géographie devait donc rencontrer en Norvège une approbation générale. D'autre part le succès de l'entreprise était assuré d'avance par les habitudes des savants norvégiens. Les naturalistes scandinaves ne restent point confinés dans les laboratoires, leur libre esprit ne comprend pas l'étude de la vie sur les échantillons inanimés des collections; la nature est leur livre et l'observation de ses phénomènes leur procédé d'investigation. Aussi depuis de longues années, un groupe nombreux d'explorateurs instruits travaillaient silencieusement en Norvège. L'organisation d'une Société de Géographie a eu pour premier résultat de grouper leurs travaux et de mettre bien en relief l'importance du mouvement scientifique norvégien.

La Société de Géographie de Christiania a déjà publié trois annuaires remplis de documents intéressants; le quatrième paru récemment ne le cède en rien à ses devanciers. Nous citerons les articles suivants.

I. *Sept ans aux Indes-Orientales*, par Römcke (Détails curieux sur les plantations de tabac de Deli, côte est de Sumatra. Pendant 25 ans, jusqu'à la promulgation du bill Mac Kinley, le tabac de Deli avait un important débouché en Amérique. Les propriétaires de plantations réalisèrent des gains de 100 pour 100. La production annuelle de Deli dépasse 20 millions de kilogrammes.)

II. *L'Expédition du lieutenant Peary au Grönland*. 1891-1892, par E. Astrup. (Voir notre dernière Chronique.)

III. *Scènes de l'histoire du Japon et une après-midi à Asaksa*, par C. Aamot.

IV. *Christophe Colomb en Islande et découvertes des Normands dans l'Atlantique nord-ouest*, par Storm (Article très documenté d'un spécialiste. M. Storm a publié un livre très étudié sur la découverte de l'Amérique (*Christoffer Colombus og Amerikas Opdagelse*, 1891. Christiania). D'après notre auteur, Colomb est parti à la recherche d'une route conduisant aux Indes et non point d'un continent nouveau. Aucun document n'autorise à penser qu'il ait connu l'existence d'une grande terre située au sud du Grönland pendant son séjour en Islande en 1477. La description de l'île faite par le grand navigateur prouve qu'il n'est point entré en relation avec les indigènes. Autour de l'Islande, affirme Colomb, la mer est toujours libre; nous savons au contraire que les côtes nord et est sont souvent encombrées par des glaces. S'il avait conversé avec des Islandais, son intention eût été sûrement attirée sur ce phénomène, et un marin de la Méditerranée n'eût pas manqué de signaler un fait aussi extraordinaire s'il l'avait connu. Colomb n'a donc point, d'après M. Storm, connu en Islande l'existence de l'Amérique. Le grand navigateur a, suivant toutes probabilités, accompli ce voyage sur un navire de Bristol. Au xve siècle les armateurs de cette ville et de Hull envoyaient des bâtiments commercer et pêcher sur les côtes d'Islande.)

V. *L'Avalanche de Vœrdal* par Björlykke. (Voir chronique).

### COMPTES RENDUS

**Ardouin-Dumazet** : *Voyage en France*, 1re série. Paris, Berger-Levrault et Cie, 1893, un volume in-16.

Voilà un ouvrage qui mérite d'être chaudement recommandé, et que tout le monde devrait lire. La France, on l'a déjà dit et répété, n'est pas assez connue de ses propres habitants. En dehors des régions où tout le monde va, comme les rivages de la Méditerranée, de la Manche et de l'Océan, la Bretagne, les Pyrénées et une partie des Alpes, le commun des touristes l'ignore, et se borne à la traverser en train express.

Il est temps que cela change; le club alpin, l'association pour l'avancement des sciences, les congrès de géographie, bien des sociétés locales s'y appliquent, et le succès répondra, espérons-le, à leurs efforts. Mais rien ne pourra mieux les seconder que ce *Voyage en France*, de M. Ardouin-Dumazet.

La première série de ses pérégrinations le mène dans le Morvan, le Nivernais, la Sologne, la Beauce, le Gâtinais, l'Orléanais, le Maine, le Perche et la Touraine : régions peu fréquentées, on le voit, sauf la dernière : et encore la Touraine que nous montre l'auteur est-elle fort différente de la Touraine traditionnelle.

M. Dumazet est un voyageur comme il n'y en a malheureusement pas beaucoup. Tout l'intéresse et il s'enquiert de tout : le pays en apparence le plus ennuyeux peut, interrogé par un chercheur aussi patient, nous révéler une foule de détails curieux sur la vie de ses habitants, ses productions, ses industries, souvent si originales.

M. Dumazet use sobrement des descriptions des paysages ou des architectures; quand il décrit, c'est en quelques mots très simples, et très pittoresques ; surtout il ne se complaît pas dans les impressions et sensations. Ce qui l'intéresse dans un pays, ce sont principalement les hommes qui l'habitent et la vie particulière qu'ils y mènent. Il nous dépeint, en traits précis, l'existence des bûcherons du Morvan, des paysans de la Sologne, des éleveurs et des boisseliers du Perche, et toutes ces curieuses populations, si ignorées des voyageurs, apparaissent devant nous avec un relief saisissant.

L'espèce particulière de travail que

fournit chaque région est décrite minutieusement; on y voit le résultat d'enquêtes faites sur place, laborieuses et exactes. Les cultures, les industries sont passées soigneusement en revue, et nous faisons, chemin faisant, de véritables découvertes : qui, par exemple, en dehors des spécialistes, pourrait se vanter de bien connaître la culture du safran en Gâtinais, ou celle de la réglisse en Touraine, ou les particularités de l'élevage des chevaux dans le Perche?

Bien d'autres sujets mériteraient de nous arrêter. Il n'est aucun des 29 chapitres de ce livre, plein de charme et plein de substance, qui ne mette quelque fait précis, et presque toujours nouveau, dans l'esprit du lecteur. C'est le plus séduisant des cours de géographie économique de la France qui se puisse imaginer. Aussi souhaitons-nous que cette première série soit promptement suivie de beaucoup d'autres. H. J.

**Colonel Baille**. *Une épisode de l'expansion de l'Angleterre dans le Sud-Africain*, traduit de l'anglais. Paris, Armand Colin, 1893, in-12.

Ce livre est un recueil de lettres adressées au *Times* sur l'Afrique du Sud par le colonel Baille. L'auteur nous mène successivement à Kimberley, à Bloemfontein, à Pietermaritzburg, à Prétoria, dans le Basutoland, et traite au fur et à mesure les diverses questions sociales, économiques, politiques, agricoles, industrielles qui s'agitent en ce moment dans l'Afrique du Sud. Un grand fait politique se dégage des données de ce livre : la substitution de l'influence anglaise au vieil élément boër jusqu'ici tout-puissant dans la République Sud-Africaine et l'Etat libre. Aujourd'hui les vainqueurs de Prétoria, de Majuba Hill (1881) sont désarmés, dit le colonel Baille, assimilés, emportés dans le grand courant du « Saxonnat », de la « Plus Grande-Bretagne ». Les causes de cette transformation sont l'immigration de la race anglo-saxonne, les découvertes de mines de diamants de Kimberley, des mines d'or du Witwaterstrand, l'extension des chemins de fer, la politique habile adoptée en 1881 par M. Gladstone, qui se refusa à prendre une revanche de la défaite de Majuba Hill. C'est aussi le génie pratique, l'esprit d'entreprise des Anglo-Saxons, formant des compagnies, achetant des fermes, exécutant partout de grands travaux d'utilité publique, dirigeant l'exploitation des mines, des entreprises d'éclairage, d'irrigations, de fournitures d'eau, de gaz, d'électricité, etc., bref, transformant ainsi le pays et la population qui l'habite. D[r] R.

**Mac Ritchie**. *The Aïnos*. Internationales Archiv für Ethnographie. Leyde, 1892. Paris, chez E. Leroux.

Nous sommes en retard pour mentionner la belle et importante monographie de M. Mac Ritchie sur les Aïnos, qui a paru dans les *Archives internationales d'Ethnographie*, publiées à Leyde.

Ces Aïnos, qui habitent l'île de Yéso, sont assurément les plus curieux barbares qui existent. Survivants authentiques de l'âge de pierre, ils n'ont pas de commerce, pas même de chronologie; leur principale, pour ne pas dire leur seule industrie consiste dans la fabrication d'un vêtement qu'ils se tricotent avec des filaments d'écorce. Les hommes sont remarquablement velus, mais les femmes ont la peau lisse; ils portent les cheveux longs, elles se les coupent; ils et elles sont richement malpropres et considèrent l'ivresse comme la plus haute félicité à laquelle il soit possible d'atteindre.

M. Mac Ritchie nous a donné un modèle de travail consciencieux et de belle exécution. L'ethnologue est réjoui par le nombre et le choix des documents : les documents écrits sont évidemment les plus importants, les plus intéressants sont une trentaine de dessins, reproduits d'après les originaux japonais, dont quelques-uns magnifiques et de vrais chefs-d'œuvre. La plupart sont déjà anciens et montrent des Aïnos, tels qu'ils vivaient et se mouvaient, alors qu'ils étaient moins entamés par les influences du dehors qu'ils ne le sont aujourd'hui. Ces dessins, nerveux et spirituels, d'une vérité évidente, font revivre les bonshommes : il n'y a qu'à les étudier pour les comprendre, et plus on les étudie, mieux on les comprend. Qui a le goût et le loisir de ces études entreprenne celle-là : il y trouvera de l'inédit.

M. Mac Ritchie incline visiblement vers l'opinion que les Aïnos pourraient être les derniers représentants d'une race troglodyte, pygmées anthropoïdes, lesquels auraient jadis habité les parties septentrionales du globe, et notamment le nord de l'Europe. R.

**C. J. Colpa**. *De fotografie als hulpmiddel voor architectuur en terrein opnemingen*. Utrecht, 1893, 1 vol. in-8° (avec deux gravures).

Le sujet de cet opuscule est intéressant et il a été bien traité. L'auteur nous montre, en effet, l'utilité de la photographie pour l'architecture et le levé des plans. On trouve dans son travail des détails précis, pratiques et clairs et sous ce rapport les ouvrages de Sterwalder et de Pollack laissent tant soit peu à désirer. L'auteur donne d'abord un exposé succinct des bases géométriques de la perspective et montre ensuite comment la photographie s'est développée depuis la *camera lucida* et la *camera obscura* de Laussedat. Puis il décrit le procédé de la photogrammétrie ainsi que les instruments en usage. Enfin il passe en revue tout ce qui a été fait dans ces dernières années en fait de photogrammétrie par rapport à la topographie en ballon, notamment en France, en Allemagne, en Italie et en Autriche. Il prouve d'une manière évidente tous les avantages de la photographie spécialement pour le levé des terrains.

## CARTOGRAPHIE

**Carl Weber** : *Nouvelle carte de la Chine nord-orientale*, à l'échelle de 1/1 344 000e à Saint-Pétersbourg, 1884, en russe et en anglais.

Cette carte n'est que le commencement d'une grande carte de toute la Chine proprement dite. M. C. Weber, actuellement consul russe à Séoul, est un sinologue émérite. Il a mis vingt-sept ans à réunir les matériaux et les documents existants sur la géographie de l'empire du Milieu.

Rappelons que les premières mesures astronomiques ont été faites en Chine, sous le règne de l'empereur Kan-Si, par des Jésuites français qui ont déterminé 460 points dans la Chine propre, et 137 dans la Mandjourie, la Mongolie et le Turkestan Oriental. Le premier atlas paru en chinois vers 1718, a été fait d'après ces travaux. Le même ouvrage a été publié en 1737 sous le titre de *Nouvel Atlas de la Chine par d'Anville* et a servi de base à toutes les cartes de l'Empire chinois faites en Europe.

Après la guerre de 1840-42, qui a ouvert au commerce européen quatre nouveaux ports (Amoï, Fou-Tchéou, Ning-Po et Chang-Haï), les Anglais ont réussi à explorer le cours du Yang-Tsé-Kiang de son embouchure jusqu'à Nanking et à fixer presque toutes les côtes maritimes.

La guerre de 1860 a procuré aux Européens le droit de commercer dans neuf autres ports, dont cinq intérieurs, situés sur le Yang-Tsé-Kiang. En 1876 ont en outre été ouverts quatre ports nouveaux, dont deux maritimes et deux sur le Yang-Tsé-Kiang. La Chine a reconnu aux Européens le droit de voyager dans l'intérieur du pays, ce dont bien des voyageurs ont profité. Blakiston notamment a remonté en 1861 le Yang-Tsé-Kiang de Han-Kéou au lac Toung-Ting et plus loin, sur une barque chinoise, presque jusqu'aux limites de la province de Yun-Nan. On peut trouver de nombreuses cartes dans les *Reports on Trade at the Treaty Ports in China*, que publie la Direction de douane des ports libres.

Tout récemment le baron de Richthofen qui a fait plusieurs voyages en Chine, a publié quelques feuilles au 750 000e de la partie nord-orientale de la Chine. Enfin, en 1888, Z. Matoussovsky a donné, avec son ouvrage sur la Chinée (*Aperçu géographique de l'Empire chinois*) une excellente carte en 4 feuilles de l'Empire chinois qui nous a servi pour notre carte publiée dans l'*Atlas de géographie moderne*. Le principal reproche que l'on pouvait faire à cette carte, était sa petite échelle (5040000[e]). La carte de C. Weber dont il est question dans cette note est dressée à une échelle quatre fois plus grande et par conséquent peut satisfaire à tous les besoins. L'exécution en est très soignée et l'impression agréable à l'œil.

D. A.

**L. Ravenstein** : *Karte der Ost-Alpen*, à l'échelle de 1/250 000e. Francfort-sur-le-Main, 1885-1893.

Nous avons sous les yeux les feuilles VII et VIII (Lombardie, Trentin, Vénétie), parues à la fin de 1893, de cette excellente carte qui est ainsi complètement terminée. Du lac de Constance à Vienne et de Bergame à Agram, toute la région des Alpes Orientales y est reproduite d'une manière très exacte au point de vue de la planimétrie, pour laquelle on a profité des documents les plus récents et des corrections fournies par les dernières publications des États-Majors et des Sociétés Alpines. Cette carte est surtout d'une merveilleuse, d'une éloquente clarté, pour le relief du sol, qui est rendu par une gradation de 13 nuances, correspondant à autant de zones altimétriques, dont chacune comprend le terrain contenu entre deux courbes horizontales à l'équidistance de 250 mètres. Enfin, l'écriture et les chiffres (très nombreux) des altitudes sont toujours et partout bien lisibles. E. F.

# NOUVELLES GÉOGRAPHIQUES

## LA CONVENTION FRANCO-ALLEMANDE
### DU CAMÉROUN-CONGO

Le texte de la convention du 4 février dernier entre la France et l'Allemagne vient d'être publié. Nous nous empressons de donner connaissance à nos lecteurs des clauses par lesquelles cette convention règle le tracé de la frontière franco-allemande, entre nos possessions du Congo et la région allemande du Caméroun.

On n'a pas oublié l'origine des pourparlers qui viennent d'aboutir à la signature de la convention de Berlin.

Un accord intervenu entre l'Angleterre et l'Allemagne à l'insu de la France avait réglé la limite des possessions des deux pays entre le golfe de Guinée et le lac Tchad. Il est évident que cette entente subite avait été amenée par la réussite des explorations françaises dans cette région, et par la crainte de voir l'influence de la France s'y implanter définitivement. Mais il était non moins évident que la France ne pouvait pas se désintéresser d'une région où ses pionniers avaient pénétré avant ceux des nations voisines, et qu'une entente avec l'Allemagne, devenue riveraine du Tchad, s'imposait.

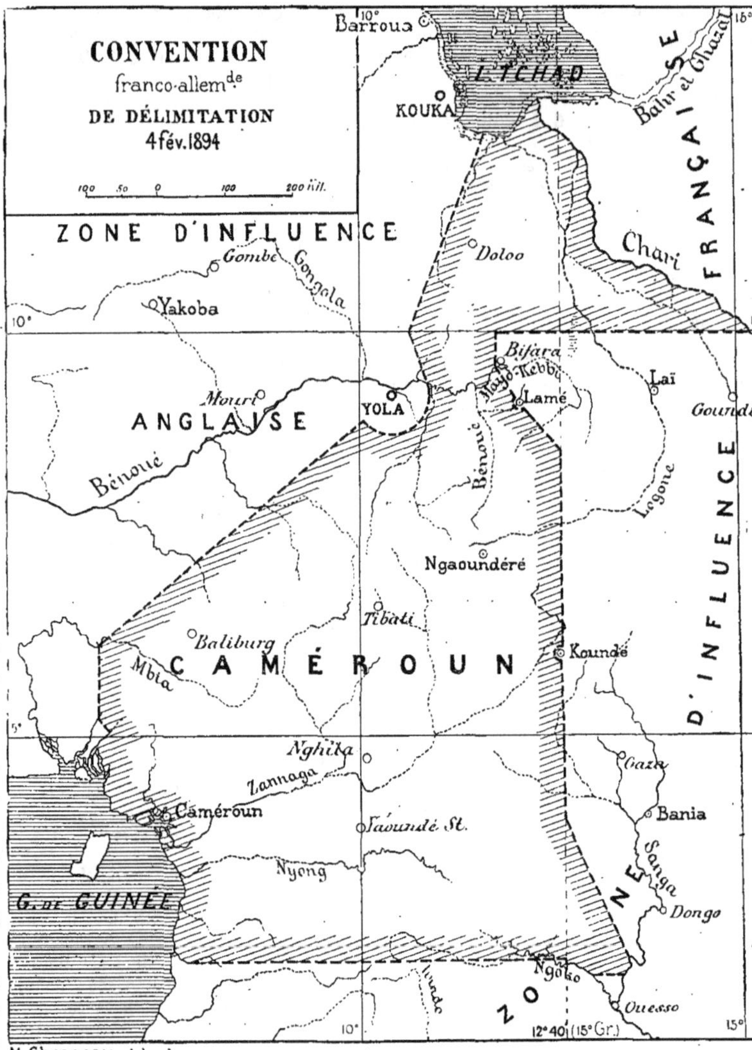

Cela était d'autant plus nécessaire qu'une clause de la convention anglo-allemande, limitant l'influence future de l'Allemagne du côté du Nil, indiquait la préoccupation d'évincer la France de toute la région voisine du lac Tchad. A cette phrase ambiguë il importait de substituer une solution nette et équitable ; c'est ce qui a été fait, et nous sommes heureux de n'avoir qu'à féliciter nos représentants, M. J. Haussmann et le commandant Monteil, des résultats qu'ils ont su obtenir.

Entre l'Atlantique et la longitude de 12°40′ est de Paris, la frontière suit l'ancien tracé indiqué par la convention du 25 décembre 1885. Mais à partir de ce méridien vers le nord il y avait lieu de fixer une limite précise. En effet, tandis que nos cartes indiquaient la direction nord-sud comme tracé éventuel, nombre de géographes allemands demandaient l'application stricte de la théorie du Hinterland, et la pénétration vers l'est jusqu'au centre du continent. Il était permis de se demander, dans ce cas, pourquoi la longitude de 15 degrés est de Greenwich (12°40′ est de Paris) avait été mentionnée comme angle de la frontière. Les représentants de l'Allemagne ont équitablement consenti à prendre ce point pour limite, du moins jusqu'à la rivière Ngoko, à partir de laquelle la délimitation suit le parallèle de 2° nord jusqu'à la rencontre de la Sangha. Il y a là une diminution notable du domaine français, mais du moins cette délimitation se repère-t-elle sur un trait naturel. A 30 kilomètres plus au nord la frontière aboutit, d'après les observations existantes, à la longitude de 62′ à l'ouest de Bania; de là elle se dirige vers un autre point situé à 43′ ouest de Gaza, puis elle contourne Koundé, qu'elle enveloppe d'un arc de 5 kilomètres de rayon.

De Koundé, la frontière reprend la direction sud-nord suivant le méridien de 12°40′, jusqu'à 8°30′ de latitude nord. De là, se dirigeant vers Lamé qu'elle enveloppe comme Koundé à 5 kilomètres de distance, elle oblique ensuite vers Bifara, sur la rivière Mayo-Kebbi, contourne Bifara à 5 kilomètres, et suit enfin le parallèle de 10 degrés nord jusqu'au Chari, qui sert de limite jusqu'au Tchad.

En présence de la convention anglo-allemande, il était à peu près impossible à nos délégués d'obtenir davantage. La convention tient compte de l'exploration de M. Maistre en reportant la limite française vers Bifara. Si les voyages du lieutenant Mizon semblent avoir été moins profitables au règlement de notre zone française, il est cependant évident que l'énergie et l'activité de notre vaillant ami sont pour beaucoup dans le règlement définitif de la question. Nous perdons sans doute l'espoir de nous étendre au sud-ouest du lac Tchad, mais n'en était-il pas ainsi depuis le jour où la convention franco-anglaise de 1890 avait tracé la ligne mal définie de Saï à Barroua?

En revanche, l'est du lac Tchad nous est désormais ouvert; nous avons toute liberté de réunir nos possessions sahariennes à notre colonie congolaise. L'Afrique centrale est désormais nettement divisée entre les peuples d'Europe, et c'est à peine s'il sera nécessaire de ratifier nos conventions avec le Congo belge pour mettre un terme aux empiètements de quelques pionniers militaires trop zélés, ou de déterminer, d'accord avec l'Angleterre, la limite de la zone française vers le Haut-Nil. La cause de la France a été cette fois-ci en bonnes mains. Il faut remercier de leurs efforts si compétents et si éclairés nos deux représentants à Berlin, M. Jacques Haussmann et le commandant Monteil.

F. SCHRADER.

# LES IRRIGATIONS AUX ÉTATS-UNIS

On peut dire légitimement que l'emploi des irrigations constitue un précieux adjuvant en agriculture : lors même qu'il s'agit d'un pays où la chute annuelle de pluie est considérable d'une façon absolue, elles peuvent être d'un grand secours en régularisant l'écoulement, le débit de cette eau, qui, sans elles, fuirait immédiatement et presque sans profit. L'utilité de l'irrigation se fait particulièrement sentir quand le climat est chaud et sec, le sol perméable; l'eau, non seulement remédie à l'insuffisance ou à l'irrégularité des pluies, mais encore apporte des matières fertilisantes qu'elle tient en suspension. L'eau, la chaleur et les engrais, voilà les trois grands facteurs de la productivité d'une terre. M. Philippe, directeur de l'Hydraulique agricole en France, estime que les arrosages procurent un accroissement de revenu net d'au moins 200 francs par hectare[1].

1. Note sur l'irrigation en France et en Algérie, citée par M. Fr. Bernard, dans une intéressante étude publiée par lui, en 1892, dans le *Journal de la Société de statistique de Paris.*

En présence de ces considérations, il n'y a pas à s'étonner si les États-Unis, toujours prêts à faire de hardies tentatives, n'ont pas hésité à se lancer dans d'importants travaux d'irrigations, suivant en cela les exemples pratiqués dès la plus haute antiquité, aussi bien dans l'Inde et en Babylonie, qu'en Italie et en Espagne. Bien entendu, pendant les premiers temps de la colonisation, ces travaux étaient à peu près inconnus, comme le fait remarquer M. Élisée Reclus; si les terres étaient bien arrosées dans les États cis-mississipiens, il en était tout autrement au delà du Mississippi et des Montagnes Rocheuses, et, le plus souvent, les irrigations devenaient la condition nécessaire de la mise en culture.

Pour se faire une idée de ces contrées desséchées, de ces *arid regions* comme on les appelle, qui demandaient des arrosages, on peut se reporter à une publication faite pour le compte du *Geological Survey*, par M. F.-H. Newell, et intitulée *Hydrography of the arid regions*; nous en rapprocherons une autre, *Reports on the arid regions of the United States*, due à la plume si autorisée de M. le major Powell. Pour indiquer d'un mot la situation de ces régions arides, disons qu'elles s'étendent à l'ouest du 100e degré de longitude ouest de Greenwich. Le sol y est pourtant fort riche; il est très suffisamment profond, en ce sens qu'il est homogène jusqu'à un mètre au moins de la surface, et qu'en ce point il est aussi productif que dans sa partie superficielle. Il contient une grande quantité de calcaire, comme partout dans les États-Unis, et, pour être aussi fertile que le reste de la Confédération, il ne lui manque qu'une certaine quantité d'humidité.

Si nous nous reportons à une étude de M. Charles-H. Shinn [1], nous voyons que les régions arides comprennent en premier lieu le Texas (représentant une superficie de 688 340 kilomètres carrés), puis la Californie, le Dakota Sud et le Dakota Nord, le Montana, le Nouveau-Mexique, l'Arizona, le Nevada, le Colorado, le Wyoming, l'Utah, l'Idaho, le Nebraska. Il faut y ajouter 145 000 kilomètres carrés pour la portion du Kansas à l'ouest du 97e degré, puis 124 000 pour l'est de l'Orégon et enfin 90 000 pour l'est du Washington. Dans leur ensemble, ces États et territoires forment une superficie totale d'environ 4 300 000 kilomètres carrés, et sont habités, suivant les chiffres du dernier recensement, par une population de 7 480 000 âmes.

Ce sont ces mêmes régions qu'a considérées et étudiées le général A.-W. Greely dans un rapport [2] assez récemment présenté au Parlement des États-Unis; il fait remarquer que c'est dans l'Arizona, la Californie, le Colorado, le Nevada, le Nouveau-Mexique et l'Utah que les conditions sont le plus défavorables à la culture : chute de pluie très réduite, température fort élevée, maximum d'évaporation et de rayonnement solaire. Ces conditions météorologiques, se renforçant en maint endroit, ont l'influence la plus pernicieuse non seulement pour le succès des entreprises agricoles, mais encore pour le développement de toutes les industries qui ont besoin d'eau en abondance : pour les unes comme pour les autres, les irrigations sont indispensables.

Il ne faut pas croire que ces régions arides ressemblent en rien à un Sahara; il y pousse de l'herbe, des arbustes, parfois même des arbres, et en tout cas des cactus, des agaves, ce qui prouve bien ce que nous avancions plus haut de la fertilité du sol en lui-même; mais l'absence d'humidité se fait rudement sentir. Nous n'en voudrions donner que quelques exemples : dans le bassin de la rivière Gila, tandis qu'on pourrait mettre en culture plus de 170 000 kilomètres carrés, c'est à peine si l'on en a exploité une centaine, et il y a bien d'autres bassins où les proportions analogues sont tout aussi alarmantes. Dans le bassin du Taos, on compte au moins 68 000 hectares susceptibles d'irrigation : or c'est à peine si actuellement les irrigations s'étendent effectivement sur 7 600 hectares, et encore n'y a-t-il que 2 500 hectares qui produisent des récoltes. Dans la vallée de la rivière Chama, sur 40 000 hectares qu'on aurait profit à irriguer, on n'a pu encore livrer aux arrosages que 12 000 hectares, et on ne tire de récoltes que de la superficie fort modeste de 2 200. Dans la vallée de Mesilla, le sol est peut-être encore plus fertile que partout ailleurs, mais c'est une fertilité *virtuelle*, si l'on peut s'exprimer ainsi, et les progrès agricoles sont bien lents et insuffisants par suite du manque d'eau.

La situation réclame un remède, et ce n'est pas d'aujourd'hui. Sans nous lancer dans des recherches météorologiques, sans essayer de faire l'application d'une théorie qu'exposait récemment M. Duponchel [1], nous pouvons assurer que, depuis une bien longue période, cette région de l'Amérique septentrionale a présenté le même état de sécheresse : aussi ne faut-il pas s'étonner si les entreprises actuelles d'irrigations ont été précédées de fort loin par des entreprises analogues menées à bien par les populations préhistoriques, et, plus tard, par les travaux de même nature dus aux colons espagnols. M. Shinn rappelle les anciens canaux d'irrigation construits par des tribus aujourd'hui oubliées, et dont on retrouve les ruines dans l'Arizona, dans l'Utah méridional, dans tout le sud-ouest, où des milliers de milles carrés étaient sillonnés par tout un réseau de fossés petits et grands; les Indiens Pueblos, derniers descendants des anciens *Cliff Dwellers*, irriguent encore leurs champs de blé comme leurs ancêtres le faisaient il y a des siècles. Dans un récent numéro du journal *The Anthropologist*, M. F.-W. Hodge donnait des détails sur ces irrigations préhistoriques. Il en reste des traces dans les vallées et sur les flancs des montagnes. C'est ainsi que, dans la vallée du Salado, les principaux canaux établis par les populations préhistoriques pouvaient suffire à une superficie de 100 000 hectares de cultures. Ce qu'il y a de remarquable, c'est que les travaux exécutés par ces populations primitives pourraient servir de modèles aux fermiers et cultivateurs actuels : et cependant, combien étaient primitifs les instruments et les méthodes qu'on mettait en œuvre à cette époque! On a pu, dans la vallée dont nous parlions, relever au moins 240 kilomètres de canaux, dont quelques-uns véhiculaient l'eau jusqu'à 23 kilomètres de la rivière. Le profil du canal était calculé savamment, si l'on peut employer pareil terme en la circonstance, de façon que la section immergée augmentait rapidement quand l'eau devenait plus abondante. Quand les Mormons s'installèrent à Mesa-City, ils utilisèrent tout ce qui subsistait des anciennes canalisations préhistoriques, et, de ce chef, ils réalisèrent de sérieuses économies.

A une époque relativement très récente, les Espagnols, en arrivant dans l'Amérique du Nord, retrouvant d'ailleurs, bien autrement intacts qu'aujourd'hui, les travaux d'irrigation préhistoriques, appliquèrent les traditions qui leur sont venues des Arabes constructeurs de l'Alhambra; ils se mirent à établir des réservoirs, à conduire de l'eau en abondance aux vignes et aux orangers plantés autour des missions et dans les jardins des villes nouvelles de San Antonio, Santa Fé et Los Angeles.

Il nous est bien difficile d'insister un peu longuement sur cet historique des irrigations dans l'ouest des États-Unis, et cependant nous trouverions des détails fort intéressants sur ce point dans le rapport du général Greely que nous avons cité plus haut. Il rappelle notamment que, dans la vallée du rio Santa Cruz, près de Tucson, on peut voir encore des ruines d'aqueducs de pierre, si vieux que les Indiens ne savent absolument rien de leurs constructeurs; il note encore les restes d'aqueducs rencontrés près de Florence, dans la région où se trouve la Casa Grande. Avec de pareils enseignements, les Américains actuels ne pouvaient manquer de recourir aux irrigations : cela était nécessaire quand ils arrivèrent pour coloniser et mettre en culture ces terres naturellement si arides.

1. *Popular Science Monthly*. Juin 1893.

2. *Report on the climatology of the arid regions of the United States, with reference to irrigations.*

1. Voir la *Revue scientifique*, 2e semestre de 1893.

D'une façon générale, on peut dire que la chute des pluies est insuffisante dans toute la région aride : c'est à peine s'il en tombe 78 millimètres à Yuma, et il est bien rare qu'il en tombe plus de 42 dans aucune autre partie du pays, sauf sur le versant des montagnes. C'est trop peu pour faire pousser les moissons, surtout sur les points où cette quantité est encore diminuée par une évaporation intense. Nous allons revenir sur ces divers points en indiquant plus exactement quelle est la chute de pluie dans différentes régions spéciales et suivant quelle loi s'exerce l'évaporation; mais disons d'abord d'un mot qu'on a cherché à porter remède de diverses façons à cette insuffisance d'humidité au moment où les récoltes réclament de l'eau.

En voyant la pluie si rare dans ces États de la Confédération, on s'est demandé si le fait ne proviendrait pas de l'absence de forêts. Le fait est que le déboisement est devenu des plus rapides aux États-Unis, et ce serait même là toute une question à traiter; mais il reste à savoir si les forêts augmentent la chute de pluie pour un lieu donné. La question est fort controversée : toujours est-il que le major Powell estime qu'elles ne peuvent avoir aucune action, du moins quand il n'y a pas d'humidité dans l'air. Le seul remède dans lequel les Américains aient confiance, c'est celui qui a pour effet d'apporter, pour l'employer en irrigations, l'eau des montagnes, surtout celle qui provient de la fonte des neiges. D'ailleurs ce sont principalement les neiges qui alimentent les rivières, bien plutôt que la pluie : si, en effet, nous nous reportons à un diagramme contenu dans l'étude citée plus haut de M. Newell, nous constatons qu'il n'y a pas coïncidence entre les mois pluvieux et les périodes de crues. Nous pourrions fournir de nombreux exemples de ce défaut de coïncidence : à Denver, par exemple, les grandes pluies se produisent en mai, et la crue de Cache-la-Poudre, au-dessus de Fort Collins, atteint son maximum en juin; sur le cours du Rio Grande, à Embudo, la pluie est à son maximum en août, trois mois après la grande crue; le Colorado à Yuma a sa crue au commencement de juin, tandis que les maxima de pluie se produisent en août et en janvier. D'autre part, ces crues, même quand elles ont lieu à un instant favorable, ne durent que peu de temps, et c'est encore un de leurs grands défauts au point de vue des irrigations.

Comme nous le verrons tout à l'heure, il a déjà été fait beaucoup pour les irrigations dans la région que nous envisageons, mais on cherche à faire encore bien davantage, et c'est pour cela qu'on veut se rendre compte au mieux des moyens à employer dans ce but, en étudiant les conditions du problème. D'une manière générale, avant d'entreprendre des travaux aussi coûteux que le sont les entreprises d'irrigation, il faut savoir la quantité d'eau sur laquelle on peut compter, les facilités qui se présentent pour la mettre en réserve, la superficie où l'on devra la distribuer, et, pour éviter des dilapidations d'une substance si précieuse en terrain desséché, on doit calculer exactement la masse d'eau nécessaire ou suffisante pour telle culture déterminée. Le problème est délicat et complexe. Et d'abord il faut s'arranger pour avoir de l'eau d'une façon continue; autrement on s'exposerait à voir périr les récoltes, si l'eau venait à manquer au moment même où elle est le plus nécessaire. Il est de l'intérêt de tous que les fermiers soient instruits de la façon de l'utiliser le plus économiquement possible, une petite quantité donnée avec intelligence faisant plus pour les cultures qu'une grande masse distribuée à tort et à travers. On doit aussi tenir compte de ce que, pour bien des sols, l'humidité permanente augmente petit à petit en se rapprochant de la saturation, si bien que l'irrigation doit être peu à peu diminuée. Nous n'ajouterons pas, parce que cela est trop évident, qu'il faut savoir compter dans la distribution de l'eau, car l'irrigation ne doit pas seulement s'appliquer aux terres hautes, mais aussi aux terres basses.

Nous avons parlé tout à l'heure de la quantité d'eau *suffisante et nécessaire* : sans vouloir entrer dans des détails trop minutieux, disons que c'est là ce que les Américains nomment le *duty of water*, mots que bien des gens ont traduit littéralement sans les comprendre; ils signifient la surface irrigable avec une quantité donnée d'eau. D'ailleurs cette quantité est appréciée au moyen de deux unités de mesure différentes : l'une est le « pied à la seconde », le *second-foot*, représentant le débit d'une veine liquide d'une section de 1 pied carré coulant à la vitesse de 1 pied par seconde; l'autre unité est le « pied à l'acre », *acre-foot*, ou masse d'eau couvrant une acre (un peu plus de 40 ares) à 1 pied de hauteur. Quand on veut s'assurer que l'eau dont on peut disposer pour les irrigations sera suffisante, il faut précisément rechercher quelle doit être la valeur du *duty of water*. M. Powell estimait qu'il doit être de 100 acres (40 hectares 46) au pied à la seconde; la pratique actuelle l'évalue à 70 acres, ce qui ne l'empêche point de descendre jusqu'à 40 et même 30 acres quand on dépense sans compter; au contraire, en Californie et dans l'Arizona, où l'on observe la plus grande économie, le pied à la seconde suffit à 120 et même parfois à 200 acres (80 hectares 92).

Comme de juste, il importe de constater la différence de débit des cours d'eau entre la période d'étiage et celle des crues; dans l'état actuel des choses, on se trouve en présence d'une étendue à irriguer plus grande que ne le permet la quantité d'eau dont on dispose à l'étiage; il faut donc créer des réserves, autrement dit construire des réservoirs pour emmagasiner l'eau quand elle est abondante, puis la distribuer ensuite en temps de besoin. Et comme ce sont là des travaux qui coûtent cher, il faut s'assurer que l'eau qu'on se procurera ainsi payera les frais qu'on aura faits. Précisément, dans toute la région que nous envisageons, l'écart est énorme entre le débit des crues et celui de l'étiage; en général, le premier égale quatre à cinq fois le second; pour le Rio Grande à El Paso, pour le Gila, c'est onze à douze fois; pour quelques rivières cela peut atteindre cent fois. Quand on ne les met pas en réserve, ces flots énormes s'écoulent bien souvent sans utilité, parce qu'ils ne se produisent pas au moment où les récoltes poussent et ont besoin d'humidité. Très fréquemment l'eau est abondante à l'époque où l'on plante; mais bientôt la sécheresse arrive et tue toutes les récoltes.

Comme nous l'avons dit déjà, les Américains ont étudié et étudient toutes les conditions des entreprises à tenter, et, si nous consultons, par exemple, les rapports de M. Newell ou de M. Greely, nous y voyons le relevé de ce qui tombe de pluie dans les divers États ou territoires arides, suivant les altitudes considérées. C'est ainsi que dans l'Arizona il ne tombe que 21,5 centimètres d'eau jusqu'à 900 mètres au-dessus de la mer, tandis qu'il en tombe 36,4 de 900 à 1500 mètres. Dans le Nouveau-Mexique, la chute de pluie, limitée à 25,3 centimètres jusqu'à 1 200 mètres d'altitude, monte à 42,1 si on s'élève à 2 100 mètres; dans le Colorado, la chute de pluie est comprise entre

27,8 centimètres, tant qu'on ne s'élève pas au-dessus de 1 200 mètres, et 32,8 centimètres si l'on atteint 2 100 mètres d'altitude.

De tout cela, ce qu'on peut conclure, c'est que les entreprises d'irrigation dans ces États demandent, pour réussir, l'étude la plus précise et la plus scientifique du total de la pluie tombée dans une région donnée, de sa distribution et aussi de l'évaporation. La chute de pluie est essentiellement variable et capricieuse dans tous ces États *arides*, pour employer le terme consacré à cette partie du territoire américain; les réservoirs que l'on construit doivent être aménagés pour recueillir toutes les pluies quand l'eau est rare; d'autre part, il faut qu'ils soient en état de résister aux véritables trombes qui éclatent parfois et apportent des torrents d'eau. Nous avons prononcé le mot d'évaporation : c'est encore une question qui vient compliquer celle des irrigations dans cette partie des États-Unis. L'air est constamment très sec; les vents chauds d'été circulent presque toujours pendant la belle saison, activant l'évaporation. Comme le faisait remarquer M. Newell, c'est une des grandes difficultés du problème que de lutter contre cette évaporation, qui s'exerce sur les réservoirs et lavoirs de retenue, qu'on sera peut-être obligé de recouvrir pour porter remède, aussi bien que sur l'eau courant dans les grands canaux d'irrigation et dans les champs où se ramifient les fossés de distribution de l'eau. Des relevés faits à Fort-Douglas, près de Salt Lake, à El Paso et à Tempe, ont montré que l'évaporation, qui atteint seulement 5 à 6 centimètres en hiver, monte à 25 en juillet et en août, parfois même jusqu'à 35; dans le bassin de la rivière Gila, le total de l'évaporation annuelle est de 2 m. 27.

Pour la plupart, les rivières de ce pays, naissant dans de hautes montagnes, commencent par couler comme des torrents dans d'étroits cañons pour venir ensuite s'étaler dans de vastes plaines d'alluvions, où l'évaporation prend une valeur considérable. On doit donc capter l'eau dans le *headwater*, établir les réservoirs près des sources dans la montagne, là où il n'y a presque pas de cultures qui aient besoin d'eau, et où l'on se trouve en présence d'une accumulation de neige. On diminue d'autant l'évaporation, qui se faisait si intense à la surface du fleuve élargi, et l'on rend ensuite l'eau ainsi économisée aux cultures de la plaine, qui en ont si grand besoin.

Au surplus, sans insister outre mesure sur ces considérations théoriques, nous ne pouvons que renvoyer, pour le détail de toutes ces questions de chute de pluie, de débit des cours d'eau ou d'évaporation, au volumineux rapport du général Greely dont nous avons déjà parlé. Disons maintenant à quels résultats effectifs sont parvenus les Américains.

Il y a une vingtaine d'années, on peut affirmer que, en dépit des exemples laissés par les populations préhistoriques ou par les Espagnols, on ne savait pas encore aux États-Unis comment utiliser l'irrigation, au moins sur une grande échelle. De modestes travaux étaient seuls pratiqués par quelques colons dans des vallées isolées; parfois des agriculteurs se réunissaient, dix ou douze, et creusaient à frais communs un fossé de 1 mètre de large pour arroser leurs récoltes quand la sécheresse se faisait particulièrement sentir. Mais on avait longtemps hésité à s'établir dans la zone aride proprement dite, partout où d'une façon *normale* la pluie était insuffisante, et, à bien plus forte *raison*, où la pluie faisait d'une façon continue à peu près complètement défaut. Il n'y a pas beaucoup plus de dix années, bien que le nombre des colons se fût rapidement accru, on n'avait encore fait des canaux et fossés d'irrigation que sur une superficie de 800 000 hectares à peu près. Le *Census* de 1890, qui englobe toutes les manifestations de l'activité aux États-Unis, n'a point manqué de relever toutes les données possibles pour ce qui touche les irrigations : il a donc noté toutes les fermes où l'on emploie les irrigations pour une culture quelconque. On entend par ferme tout verger, toute pépinière, tout jardin maraîcher de grande étendue cultivé pour en tirer un profit pécuniaire, et occupant au moins le travail d'un homme durant toute l'année : on voit donc immédiatement que l'unité prise comme base de cette statistique est fort large, et il en résulte que les chiffres du *Census Bulletin* sont loin d'être complets, les irrigations pouvant s'étendre sur des terrains de culture qui ne rentrent pas dans la définition ci-dessus.

Toujours est-il que le *Census* de 1890 trouvait qu'en 1889 il existait dans les régions arides proprement dites et dans la région appelée *subhumide* (les deux Dakota, le Nebraska, le Texas et le Kansas) 54 136 fermes où les irrigations étaient pratiquées, partiellement ou non, sur une surface totale de 3 631 381 acres, environ 1 460 000 hectares : c'est dans la Californie qu'on en trouvait la plus forte proportion, 13 732 fermes et 1 004 233 acres; venait ensuite le Colorado avec 890 735 acres réparties entre 9 659 fermes; le Montana avec 350 582, mais seulement 3 706 fermes; pour l'Utah, les chiffres respectifs étaient de 263 473 et 9 724, de 229 676 et 1 917 pour le Wyoming, de 224 403 et 1 167 pour le Nevada. Ainsi en Californie on trouvait en moyenne par ferme une surface irriguée de 73 acres, tandis que cette surface était de 92 dans le Colorado, de 119 dans le Wyoming, de 192 dans le Nevada.

A ce même propos, le *Census* avait fait une comparaison intéressante, en se bornant aux seuls territoires arides, sans tenir compte des régions dites *subhumides* : il avait montré que, en moyenne, on ne comptait pas plus de 42,13 p. 100 de toutes les fermes[1] de cette partie de l'Union comme possédant des cultures irriguées; celles-ci ne s'étendaient, du reste, que sur 20,72 p. 100 de la surface totale des propriétés où l'on avait su recourir à cette méthode spéciale. Cette dernière proportion ressort à 43,21 p. 100 dans l'Arizona, à 31,09 dans le Colorado, à 14,13 seulement dans le Nevada. D'autre part, la surface irriguée ne représente, en moyenne, que 0,50 p. 100 de la superficie générale de tous les États et territoires considérés, la proportion extrême atteignant 1,34 p. 100 dans le Colorado, pour s'abaisser à 1,01 en Californie, à 0,50 dans l'Utah, à 0,32 dans le Nevada et enfin à 0,12 dans le Nouveau-Mexique. Une classification fournissant le rapport des terres irriguées aux terres cultivées en fermes nous donnerait des proportions toutes différentes : 43,21 p. 100 dans l'Arizona, 31,09 dans le Colorado, 26,68 dans l'Idaho, 23,05 dans le Montana, 17,86 en Californie, 14,13 dans le Nevada.

Mais tout cela, ce sont les chiffres de 1889, et de plus ils sont basés sur la *ferme* comme unité, laissant de côté tout ce qui ne rentre pas dans cette définition : aussi serons-nous bien autrement complet en faisant des emprunts à l'étude de M. Shinn que nous avons citée en commençant. D'après lui, la surface totale sillonnée par

1. On en comptait 124 808 au moment du recensement.

les canaux d'irrigation, petits ou grands, est de 17 177 843 acres, ou à peu près 6 880 000 hectares; c'est la superficie *under ditch*, comme disent les Américains, « sous fossé ». La Californie en a pour sa part 4 500 000 acres; le Wyoming, 3 031 484; le Colorado, 3 007 050; le Montana, 1 250 000; l'Idaho, 1 200 000; le Kansas (à l'ouest du 97e degré), 990 000; l'Utah, 735 000; le Nouveau-Mexique, 700 000; l'Arizona, 660 000. Nous ne citons pas les chiffres inférieurs. Quant à la surface effectivement mise en culture, elle est au total de 7 998 000 acres, approximativement 3 200 000 hectares. La répartition s'en fait ainsi : 3 550 000 en Californie, 1 800 000 dans le Colorado, 185 000 seulement dans le Wyoming, qui possède pourtant, comme nous l'avons noté tout à l'heure, un vaste territoire où les canaux pourraient utilement distribuer le liquide fertilisant; nous trouvons ensuite 419 000 acres en culture irriguée dans le Montana, 330 000 dans l'Idaho, 423 000 dans l'Utah, 405 000 dans le Nouveau-Mexique, 315 000 dans l'Arizona, 160 000 dans le Texas, 120 000 dans la partie du Kansas que nous avons citée plus haut.

Comme le fait remarquer M. Shinn, on ne cultive pas même la moitié des terres qui sont actuellement en état d'être irriguées : c'est qu'il faut en effet toujours un certain nombre d'années pour mettre le sol en état, pour le défoncer, etc. Si l'on juge de l'avenir d'après le passé, et si l'on tient compte des projets actuels, on est en droit d'estimer qu'à la fin du siècle il y aura des travaux d'irrigation effectués sur 35 millions d'acres (14 millions d'hectares) et que les cultures en occuperont 20 millions (8 millions d'hectares).

C'est en Californie plus que partout ailleurs qu'on a poussé activement les irrigations; on y pratique les différents systèmes, on y a étudié les meilleures solutions, et l'on y rencontre côte à côte des entreprises privées et des entreprises communales. En 1887, une loi a été votée pour encourager et faciliter les syndicats d'irrigation : depuis lors on a vu se fonder 38 *districts*, comme on les appelle, englobant une superficie de 2 millions 1/2 d'acres; dès maintenant ils ont décidé l'émission de 60 millions de francs de valeurs pour leurs opérations, et 15 millions sont déjà placés[1]. Pour donner une idée de l'importance de ces districts d'irrigation, nous dirons que celui de Sunset couvre une superficie de 146 000 hectares, et qu'il en coûtera plus de 10 millions de francs pour irriguer ce vaste territoire; le district de Madera doit irriguer 125 000 hectares, celui de Selma 110 000 hectares, etc. Quant à celui de Modesto, dont la surface ne monte pourtant qu'à 32 000 hectares, il ne faudra pas y dépenser moins de 7 millions de francs.

Les irrigations ont déjà fait leurs preuves en Californie, les cultures fruitières y ont beaucoup de succès, et l'on connaît la fameuse colonie de Riverside, où les plantations d'orangers prospèrent comme nulle part ailleurs; la science de l'irrigation est poussée au plus haut degré dans cette région, et les banquiers considèrent comme d'excellents placements ceux qu'ils font sur des entreprises de ce genre.

Une des plus grandes associations fondées pour des irrigations se trouve dans le comté de Merced : elle a dépensé une somme de 17 millions 1/2 de francs pour établir un canal de 80 kilomètres de long prenant naissance dans la rivière Merced, puis 240 kilomètres de canalisations secondaires, enfin un réservoir gigantesque, qui n'est autre que le lac Yosemite et qui couvre une superficie d'au moins 2 kilom. 1/2 sur une profondeur de 9 mètres. La compagnie avait également consacré une partie de son capital à acheter des terres : elle possède assez d'eau pour irriguer 240 000 hectares; le canal principal peut débiter 113 mètres cubes par seconde. On ne doit pas s'étonner de voir des colonies se fonder sur toute la ligne des irrigations, des cultures s'étendre sur des milliers d'acres. Nous pouvons trouver un autre exemple remarquable dans la région de Kern : on y a creusé 1 120 kilomètres de canaux ou fossés; l'irrigation était une nécessité absolue. On a dérivé 30 larges canaux de la rivière Kern, qui prend naissance dans la partie la plus élevée de la Sierra Nevada. Le plus connu de ces canaux est celui qu'on appelle Canal Calloway, large de 24 mètres au plafond, de 36 m. 1/2 au plan d'eau, avec un tirant d'eau de 2 m. 15, il se ramifie en 65 émissaires latéraux, représentant une longueur totale de 240 kilomètres et arrosant une surface de 80 000 hectares. Dans le delta de la rivière Kern, deux puissants capitalistes de San Francisco ont créé un formidable réseau d'irrigations, qui n'a pas entraîné une dépense de moins de 20 millions de francs : on a établi 27 canaux principaux, ayant en tout un développement de 480 kilomètres, et 1 760 kilomètres de canaux secondaires; tout cela permet de distribuer l'eau à 240 000 hectares. Le réservoir est digne d'être signalé : c'est tout simplement le bassin d'un ancien lac; il couvre une superficie de 10 000 hectares et contient 2 250 millions d'hectolitres, d'après M. Shinn.

Du reste, là où les grands capitalistes font défaut, les petits propriétaires terriens savent s'entendre pour arriver à un résultat; c'est ainsi qu'on a établi le réservoir Newton dans la vallée de la rivière Cache-la-Poudre. Il est assez petit, d'ailleurs, n'ayant qu'une surface de 57 hectares et une profondeur de 2 mètres environ en moyenne. Cependant il a demandé de grands efforts pour être mené à bien. On l'a formé en enfermant entre 2 levées le bassin de la « crique » Clarkson; la principale digue est composée de terre, elle s'étage en gradins soutenus par des planches; elle a 150 mètres de long sur 9 de haut; il a fallu rebâtir par trois fois une des digues enlevée par des crues. Les frais d'établissement se sont élevés à 37 000 francs; et dès maintenant on a pu livrer à la culture 400 hectares non cultivés.

Nous avons déjà cité quelques chiffres montrant quelles dépenses entraînent ces travaux d'irrigation : si nous ne craignions de nous allonger outre mesure, nous donnerions encore quelques détails extraits du *Census Bulletin* sur le coût des irrigations. Sans prendre exactement au pied de la lettre les renseignements fournis aux commissaires du recensement, nous évaluerons avec eux à 41 francs en moyenne la dépense de premier établissement pour irriguer une acre (un peu plus de 40 ares) en territoire aride ou *subhumide* : ce coefficient varie du reste grandement d'une région à l'autre, ayant son maximum en Californie et son minimum dans le Wyoming. Nous renverrons au *Bulletin* ceux qu'intéresseraient ces détails trop secondaires pour une étude générale.

Il serait plus curieux de rechercher, au moins par approximation, quels sont les résultats et avantages pécuniaires de ces travaux. Comme le dit M. Shinn, il y a une vingtaine d'années, les terres de cette partie de l'Union

1. A l'heure où paraissent ces lignes, ces chiffres sont largement dépassés.

ne valaient pas 5 francs l'acre (40 ares), et dans la plus grande portion de la vallée de San Joaquin on ne pouvait guère exploiter les terres que sous forme de pâturages. Aujourd'hui, sur des milliers d'hectares, on y cultive dans des vergers des fruits de toutes sortes, pêches, amandes, prunes, etc.; on y fait pousser la canne, le blé, le tabac. Ouvrons encore le Bulletin du *Census*, nous y trouverons des données parfaitement édifiantes, bien qu'un peu approximatives ou incomplètes, et montrant l'énorme plus-value que l'agriculture de ces régions doit aux irrigations. Les 3 564 416 acres irriguées que recensait le Bulletin en 1890, représentaient une valeur totale de 296 850 000 dollars, ce qui correspond à 83,28 dollars, ou environ 420 francs l'acre en moyenne, les terres de Californie valant jusqu'à 150 dollars à l'acre. En 1889, l'ensemble de ces cultures irriguées ont produit une valeur totale de 53 057 000 dollars, ce qui revient à 14,89 dollars à l'acre, ou 79 francs, autrement dit un sixième de la valeur.

Pour bien montrer quelle plus-value considérable ont donnée ces travaux aux terrains sur lesquels ils ont été faits, nous ajouterons que, si l'on évalue à 29 611 000 dollars le coût cumulé des réseaux d'irrigation actuellement productifs, on constate que, dès 1890, ces exploitations valaient 94 412 000 dollars! Cela représentait une augmentation de valeur de 218,84 pour 100! Un autre chiffre serait fort probant: pendant la campagne 1889-90, les dépenses d'irrigation, entretien des fossés, alimentation d'eau, etc., montaient à 3 794 000 dollars (toujours pour les territoires recensés), tandis que nous avons noté le chiffre de 53 057 000 dollars pour la valeur des produits obtenus : cela laisse un bénéfice de 49 263 000 dollars.

Avant de finir, nous ferons remarquer que les Américains n'empruntent pas aux rivières seules l'eau des irrigations; ils ont aussi recours dans ce but aux puits artésiens, dont il existe 13 492 dans les territoires que nous avons spécialement en vue. La Californie, à elle seule, en compte 3 500, le Colorado 4 500, l'Utah 2 524, le Texas 1 000, comme le Nebraska. Quelques-uns de ces puits sont énormes et peuvent fournir journellement jusqu'à 22 millions de litres; mais d'une façon générale ils ne servent que comme appoint à l'irrigation normale.

Les premiers succès ainsi obtenus ont gagné bien des adeptes à la cause des irrigations, et nous pourrions signaler des projets de toutes sortes, dont quelques-uns sont déjà entrés dans la voie de l'exécution. C'est ainsi que la *South Gila Canal Company* a commencé une digue de retenue sur la rivière Gila et un canal de 200 kilomètres dans l'Arizona; la *Sonora Canal Company* vient de terminer les études d'un grand canal en Californie. D'autre part, on projette de créer une retenue à 19 kilomètres à l'est de Yuma, formant un réservoir de 48 kilomètres sur 13; la digue serait longue de 1350 mètres et haute de 33 : elle entraînerait, à elle seule, une dépense de 25 millions de francs, mais ces travaux permettraient d'irriguer 1 350 000 hectares. Nous pourrions citer, comme travail en cours, la grande digue La Grange, dans le cañon de la rivière Tuolumne, à 5 kilomètres de la ville de La Grange, en Californie : cette digue de retenue, longue de 110 mètres, haute de 39, coûtera au moins 3 millions de francs. Le bassin qu'elle enfermera distribuera l'eau sur 110 000 hectares.

On le voit, le mouvement qui s'est dessiné si franchement en faveur des irrigations ne fait que s'accentuer chaque jour. On se heurte pourtant à de nombreuses difficultés. La première consiste dans l'opposition que font les grands propriétaires éleveurs de bestiaux : à peu près toujours assurés de la nourriture de leurs bestiaux, ils ne se soucient guère de contribuer aux entreprises d'irrigations. Puis on se trouve à chaque instant en face de droits établis du premier occupant, droits si puissants aux États-Unis[1] : des fermes se sont installées sur les hauts plateaux d'élevage, absorbant toute l'eau qui pourrait être si utilement employée; parfois un cours d'eau utilisé dans le bas est brusquement arrêté et absorbé dans le haut. Il faudra aussi compter avec les dépôts salins, qui déjà se manifestent en Californie, et qu'on ne pourra éliminer qu'au moyen du drainage.

Malgré tout, l'avenir est ouvert, et les États-Unis vont rapidement reconquérir d'immenses territoires inutilisables jusqu'ici, et transformer en plaines fertiles couvertes de moissons, en vergers, en jardins, toute cette région que traversaient sans l'arroser le Rio Grande, le Colorado, le Sacramento, le San Joaquin et bien d'autres cours d'eau naguère inutilisés.

Daniel BELLET.

1. Voir, sur ce qui se passe dans le Colorado, un article publié par nous, en 1892, dans le *Journal de l'agriculture*.

# CHRONIQUE GÉOGRAPHIQUE

## AFRIQUE

**Mission Foureau.** — Pour la seconde fois depuis trois ans, la mission confiée à M. Foureau par le Ministère de l'instruction publique se trouve interrompue; et ce, on peut le dire, malgré le très vif désir de ce dernier de la voir aboutir. Une première fois, M. Foureau a été rappelé, dans sa marche sur Rhadamès, par mesure diplomatique. Cette fois, l'explorateur est obligé de revenir, contre toute espérance, parce que les chefs Azdjer, autrement dit les *Touareg de l'Est*, annonçaient contre lui des dispositions hostiles, dispositions qu'ils ne témoignent pas, d'ailleurs, à une autre mission française qui suit à peu près la même direction que celle projetée par M. Foureau.

**Convention franco-libérienne.** — Nous donnons dans ses grandes lignes le texte du traité de délimitation franco-libérien signé à Paris le 8 décembre 1892.

La ligne frontière entre les possessions françaises et la république de Liberia sera constituée comme suit :

Par le thalweg de la rivière Cavally jusqu'à un point situé à environ 20 milles au sud du confluent du Fodédougou-Ba à l'intersection du 6° 30′ de latitude nord et du 9° 12′ de longitude ouest;

Par le parallèle passant par ledit point d'intersection jusqu'à la rencontre du 10° de longitude ouest, le bassin du Grand Seisters appartenant au Liberia et celui du Fodédougou-Ba appartenant à la France; par le méridien 10° jusqu'à sa rencontre avec le 7° de latitude nord; à partir de ce point la frontière se dirigera en ligne droite vers le point d'intersection du 11° avec le parallèle qui passe par Tembi-Counda, la ville de Barmaquirla et la vallée de Mahomadou appartenant à la république de Liberia et les points de Naalah et de Mousardou restant par contre à la France; la frontière se dirigera ensuite vers l'ouest, en suivant le même parallèle jusqu'à sa rencontre, au 13° de longitude ouest, avec la frontière franco-anglaise de Sierra-Leone.

Ce tracé devra, en tout cas, assurer à la France le bassin entier du Niger et de ses affluents.

En reconnaissant à la république de Liberia les limites qui viennent d'être déterminées, le gouvernement de la république française déclare qu'il n'entend s'engager que vis-à-vis de la république libérienne libre et indépendante, et fait toutes ses réserves soit pour le cas où cette indépendance se trouverait atteinte, soit pour le cas où la république de Liberia ferait abandon d'une partie quelconque des territoires qui lui sont reconnus par la présente convention.

**Côte de l'Ivoire.** — Le capitaine Marchand, chargé, comme on le sait, d'une mission d'exploration dans le bassin côtier de la Côte de l'Ivoire, vient d'envoyer de ses nouvelles. Après avoir traversé le Baoulé et exploré l'Isi, un affluent de gauche du Lahou, le voyageur s'est dirigé vers le haut Lahou, laissant son convoi à la frontière du Baoulé du côté des États de Kong. Coupant à Sakhala l'itinéraire du malheureux capitaine Ménard, il a passé dans le bassin du Niger et, gagnant la ville de Tengréla, il a réuni de la sorte ses nouveaux itinéraires à ceux de sa précédente mission.

Le 16 février le capitaine Marchand quittait Tengréla pour rejoindre son convoi, qu'il se propose de conduire à Kong.

**Côte de l'Or.** — La Colonie anglaise de la Côte de l'Or paraît en voie de prospérité, d'après les documents anglais que nous avons sous les yeux. La valeur des exportations était, en 1892, de 16 625 000 francs, celle des importations de 14 925 000 francs, soit, pour toutes deux, un chiffre double de celui de 1867.

Les principaux produits de la Colonie sont l'huile de palme, le caoutchouc et le bois de construction. La richesse minérale est assez grande, mais on n'a pu encore exploiter les mines avec une rémunération suffisante. Le café est de bonne qualité; les cultures de cacao sont fort étendues. Un projet de chemin de fer allant de la côte à l'intérieur est actuellement à l'étude.

**Colonie de Lagos.** — M. Denton, gouverneur intérimaire de la colonie de Lagos, a conclu avec les Ibadans un traité par lequel ceux-ci consentent à recevoir un résident britannique accompagné d'une garde de police, et s'engagent à concéder le terrain nécessaire à la construction d'un chemin de fer le jour où le gouverneur leur en fera la demande.

Ce traité a pour résultat de faire entrer sous le protectorat de l'Angleterre le pays situé au nord d'Abéokouta, à l'ouest du Yorouba et au midi du pays des Ilorins. Ibadan est, comme Abéokouta, une réunion de villages enfermée dans une même enceinte, mais ayant conservé chacun leur nom distinct et s'administrant séparément. Bower en 1851 a estimé la population de cette confédération urbaine à soixante-dix mille habitants; aujourd'hui es missionnaires qui l'ont visitée sont unanimes à lui donner cent mille âmes.

**Adamaoua.** — L'expédition allemande sous les ordres du baron d'Uechtritz, qui, comme on sait, explore en ce moment la haute Bénoué, a été attaquée à quelques heures de Rei-Rouba, alors qu'elle essayait de pénétrer dans le district de Boubandjidda, où la Bénoué prend sa source. Après un combat qui dura deux heures et dans lequel les indigènes eurent 100 morts et blessés, y compris plusieurs chefs, le frère et le fils du sultan, les Allemands, qui n'avaient qu'un blessé, rentrèrent à Rei-Rouba, la capitale du pays, d'où M. d'Uechtritz a l'intention de gagner le Baghirmi par une autre voie.

L'expédition du Comité du Caméroun allemand avait quitté Yola le 5 octobre 1893, et était heureusement parvenue le 13 du même mois à Garoua, où elle avait reçu le meilleur accueil et la permission du sultan d'y fonder une station. Pendant le long séjour de l'expédition dans le camp près de Yola, le docteur Passarge a réuni de nombreux documents botaniques, zoologiques, ethnographiques et géologiques et a exécuté une série d'observations astronomiques pour fixer la position de Yola, dont la connaissance exacte est de la plus haute importance pour la détermination de la frontière entre les possessions anglaises et allemandes dans ces régions. D'après ces observations, la longitude de Yola serait de 12° 47′ à l'est de Greenwich au lieu de 12° 18′, position précédemment adoptée. De Yola à Garoua l'expédition avait pris la route de Ghira, Dighimma, Grand et Petit Bardaki et Kokomi, route qui, depuis Ghira, n'avait été, jusqu'alors, parcourue par aucun Européen. D'après les renseignements qu'ils envoient, Garoua se trouve sur la rive nord et non sur la rive sud de la Bénoué. Le Mayo Tiel ne se jette pas dans la Bénoué près d'Ourr Abakoumbo, mais à cet endroit se déverse l'important affluent Koghi-n-dassin, tandis que le petit Mayo Tiel coule dans la Bénoué à moitié route de Taépé. Les massifs montagneux de ces régions sont d'origine volcanique et la contrée de Yola est décrite par les voyageurs comme une steppe.

**État du Congo. — Observations astronomiques.** — Le tome LIII des mémoires de l'Académie royale de Belgique contient un rapport sur les observations astronomiques et magnétiques exécutées sur le territoire de l'État indépendant du Congo. Ce rapport est rédigé par le capitaine adjoint d'État-major Gillis, d'après ses notes et celles de feu le commandant Delporte, chef de l'expédition scientifique belge.

C'est au mois de juin 1890 que le gouvernement belge chargea le capitaine Delporte de faire, avec le concours du capitaine adjoint d'État-major Gillis, des observations astronomiques et magnétiques au Congo.

Le 3 juillet 1890, les deux officiers s'embarquaient à Anvers et le 5 août ils arrivaient à Matadi, où ils commencèrent immédiatement leurs observations. Dès le commencement de l'année suivante ils furent tous les deux atteints de dysenterie, néanmoins ils continuèrent leurs observations le long du Congo jusqu'aux Falls. L'état du chef de la mission empirant graduellement, les deux officiers regagnaient l'Europe, quand le capitaine Delporte mourut à Mpozo.

Ces données magnétiques ont pu être obtenues pour douze stations le long du Congo.

Les observations astronomiques ont le mérite de constituer les premières données scientifiques pour dresser le cours du Congo depuis son embouchure jusqu'aux Stanley Falls.

Nous donnons ici quelques-unes des principales observations (le signe + indiquant le nord, le signe — le sud).

| VILLES. | LATITUDE. | LONGITUDE EST de Paris. | ALTITUDE. |
|---|---|---|---|
| Banana . . . . . | — 6° 00′ 21″ | 10° 07′ 06″ | 0 |
| Matadi. . . . . . | — 5° 49′ 21″ | 11° 10′ 55″ | — 87 m. |
| Brazzaville. . . . | — 4° 17′ 02″ | 13° 00′ 20″ | — 330 m. |
| Bangala (Nouvelle-Anvers) . . . . | + 1° 35′ 56″ | 16° 49′ 12″ | — 375 m. |
| Yambinga . . . . | + 2° 07′ 08″ | 20° 19′ 45″ | |
| Bassoko. . . . . | + 1° 13′ 47″ | 21° 19′ 20″ | — 420 m. |
| Stanley Falls. . . | + 0° 30′ 18″ | 22° 50′ 42″ | — 428 m. |

On peut voir d'après ces observations que la position de Stanley Falls a été reportée de 14′ à l'ouest et de 7′ au nord par rapport à la carte du fleuve levée par O. Baumann et qui était considérée jusqu'à présent comme donnant le meilleur tracé du cours du Congo. A l'ouest la position de Brazzaville diffère d'environ 4′ avec celle donnée par M. Rouvier, ce qui peut s'expliquer par la différence des points où les observations ont été faites. Quant aux latitudes, elles s'accordent bien, en général, avec les observations antérieures. Après la mort du capitaine Delporte à Mpozo à une lieue de Matadi, le capitaine Gillis put revenir en Europe et mit en ordre les observations qui font l'objet du mémoire en question.

Le programme des observations que les deux officiers se proposaient de faire dans l'État Indépendant comportait : 1° la détermination de la longitude et de la latitude des points principaux du fleuve Congo et d'un grand nombre de points à l'intérieur du continent, de manière à recouvrir l'immense territoire d'un premier réseau géodésique qui devait servir de base pour la triangulation du pays; 2° l'étude de la déclinaison, de l'inclinaison et de l'intensité magnétique.

Le travail du capitaine Gillis comprend 114 pages grand in-8° et est divisé en quatre parties, qui sont : 1° observations astronomiques; 2° observations magnétiques; 3° observations barométriques et opérations géodésiques; 4° construction de la carte de l'État du Congo et résultat des observations.

**Lutte contre les traitants arabes.** — Les télégrammes venus de l'État indépendant du Congo ont annoncé le retour offensif des trafiquants arabes sous les ordres de Roumaliza, la trahison de Gongo Louteté, le chef indigène allié des Belges, et la mort du capitaine Ponthier, tué dans un combat livré à l'est de Kassongo. Nous apprenons que le baron Dhanis, sur le sort duquel on n'avait pas été sans inquiétude, a poursuivi depuis lors les troupes arabes et que le 17 novembre il leur a livré un combat dans lequel le fameux Séfou, le fils aîné de Tippo-Tip, a été tué; les Belges ont perdu, de leur côté, le baron de Heusch. A la suite de ce dernier engagement les Arabes se sont retirés et se sont fortement retranchés à l'est de la rivière Louama.

**Ligne télégraphique de Boma au Tanganyika.** — L'État du Congo a décidé la construction, à ses frais, d'une grande ligne télégraphique entre Boma et le Tanganyika, par Matadi, Léopoldville, Stanley Falls et le Manyéma. Le décret relatif à cette construction vient de paraître dans le *Bulletin officiel*.

La ligne présentera un développement de 3000 kilomètres. Au budget de 1894 est inscrit le crédit nécessaire pour faire face à la construction d'une première section télégraphique de Boma à Kenge, point terminus du chemin de fer actuel. La ligne, lorsqu'elle sera achevée, doit se rattacher vers le lac Tanganyika à un autre réseau construit par d'autres puissances, de manière à créer, du nord au sud et de l'ouest à l'est, un vaste système de communications rapides à travers l'Afrique. Elle doit se souder notamment à la ligne télégraphique dont M. Cecil Rhodes poursuit l'établissement du Cap à Alexandrie et qui pour le moment s'arrête à Fort-Salisbury dans le Machonaland.

**Exploration du Rouki.** — Nos lecteurs se rappellent sans doute l'époque, peu éloignée, où la carte d'Afrique leur présentait encore le cours du Kassaï comme se dirigeant du sud au nord pour se déverser dans le Congo sur sa rive gauche presque en face du confluent de l'Oubanghi, un peu en amont de la station de l'Équateur. Les explorations de Wissmann, de Grenfell et de von François, et plus tard celle d'Alexandre Delcommune, ont rectifié cette erreur et assigné à ce tributaire de la rive gauche du Congo sous l'équateur son vrai nom et sa vraie direction : ils l'avaient appelé le Tchouapa ou la Boussira, et Grenfell l'avait remonté jusqu'au 22° 30′ longitude est. M. Thierry l'a reconnu jusqu'à 23° 50′ longitude est, point qui correspond au 2° 15′ latitude sud. Mais, à proprement parler, le véritable nom du cours d'eau est Rouki, et les noms de Tchouapa et de Boussira ne désignent que des sections du cours moyen. En remontant ce tributaire (« l'eau noire », comme disent les indigènes), l'explorateur a rencontré un affluent de gauche, le Mombayo, en amont duquel le Rouki prend le nom de Boussira; plus haut encore arrive un autre affluent, la Loméla, en amont duquel la rivière s'appelle Tchouapa. Jusqu'à Wena, à partir du confluent avec le Congo, les rives sont très basses, et pendant la saison des hautes eaux elles sont inondées, sauf dans les endroits où s'élèvent les villages. Dans cette partie de son cours, la rivière a une largeur moyenne de 300 à 400 mètres et elle est navigable en toute saison. En amont, elle se rétrécit, et n'a plus que 20 à 25 mètres de large; les rives, à pic et rocheuses, atteignent une hauteur de 8 à 15 mètres. La réputation faite aux populations riveraines était des plus mauvaises. Néanmoins, dans la lettre publiée par le *Mouvement géographique*, M. Thierry dit que pendant les quarante-deux jours durant lesquels il a reconnu la rivière, pas une flèche n'a été lancée sur son bateau, l'*Auguste Beernaert*, et que partout il a reçu un accueil empressé. L'arme principale des indigènes est la flèche munie de fer et mesurant de 1 mètre à 1$^{m}$,50. Plusieurs indigènes ont parlé au voyageur du Lomami, qu'ils connaissent bien et qui coule à trois ou quatre jours de marche du Rouki. Les Arabes se sont avancés jusque dans la région du cours supérieur de la rivière et y ont tout détruit, villages et plantations; aussi les indigènes sont-ils réduits à vivre des fruits de la forêt. Ils paraissent intelligents et désireux de s'entendre avec les Européens.

**Lac Victoria Nyanza.** — L'occupation d'une grande partie des rives du Victoria Nyanza par les Allemands a grandement contribué à la connaissance géographique de cette immense nappe d'eau. Après les travaux estimés du Père Schynze et le magnifique voyage du docteur Baumann, deux nouveaux voyageurs viennent aujourd'hui apporter les résultats de leurs observations. M. J. Rindermann, qui avait été envoyé en Afrique à la suite d'Emin-Pacha, a exécuté des observations astronomiques nombreuses, sur le lac, à Nyéghesi et Mouansa; il a fondé une station météorologique à Boukoba et fait un levé de la côte du Victoria Nyanza au nord de ce point jusqu'à l'embouchure du Kaghéra; sur la rive orientale il a déterminé par 1° de latitude sud la limite entre les sphères d'influence anglaise et allemande; de plus il a exécuté des levés et des observations astronomiques dans l'île Oukéréoué. Ces observations n'ayant pas été calculées jusqu'à présent, on ignore quelles modifications elles apporteront au tracé du lac.

Presque en même temps que M. J. Rindermann, le capitaine A. Spring, envoyé par la société anti-esclavagiste allemande, a exécuté, notamment dans l'île Oukéréoué et sur la côte voisine, des levés et des observations astronomiques importants. Un des principaux résultats de la détermination de la position du Nyéghesi a été de repousser le lac Victoria de 10', soit 17 kilomètres, vers l'ouest.

M. le docteur Ambronn, de Gœttingue, qui a calculé les observations du capitaine Spring, dit qu'elles sont excellentes, et que, grâce à elles, la position exacte du lac Victoria est désormais fixée. Le capitaine Spring, en l'absence de toute appellation indigène, a donné le nom de Baumann au golfe découvert par cet explorateur.

Tous les renseignements et documents recueillis par le capitaine Spring seront utilisés dans la grande carte en 4 feuilles au 1/600 000 qui paraîtra dans le prochain numéro supplémentaire des *Mitteilungen* de Petermann.

**Chemin de fer du Transvaal.** — Le Transvaal a accordé l'extension sur son territoire de la ligne du Natal, mais à deux conditions : 1° que les tarifs du Natal au Transvaal soient égaux à ceux de la baie de Delagoa au Transvaal; 2° que le Natal s'interdise d'établir une communication avec l'embranchement d'Harrismith partant d'un point situé plus au nord que Kroonstad, sur la ligne principale.

**Afrique Orientale Allemande.** — L'expédition dirigée par O. Neumann dans le pays des steppes salées et du lac Manyara promet d'apporter de nombreuses contributions à la géographie de ces régions précédemment visitées par le docteur Baumann.

M. O. Neumann, qui poursuit à ses frais des recherches zoologiques dans ces régions, est parti de Tanga. Après avoir visité Maghila, Korogoué, Iranghi, il atteignit par une nouvelle route Mpouapoua en passant par Ousandaoué, prit part à une expédition contre le Ouahéhé et revint à Ousandaoué. De là il se dirigea vers les monts de Gouiroui, que nul européen avant lui n'avait gravis; il détermina leur hauteur moyenne à 3 120 mètres au-dessus du marais de Natron qui est à 1 100-1 200 mètres au-dessus du niveau de la mer. Il n'y trouva aucun cratère, mais au sud-ouest et au nord-ouest on voyait des vallées aux formes de cratères bien caractérisées; l'une d'elles, que le voyageur visita, était pleine de scories et de masses de pierre ponce.

**Mission Bottego.** — Le capitaine Bottego, que nous avons laissé[1] au moment où il pénétrait sur le territoire galla des Gormosos et se séparait de son collègue Grixoni (15 fév. 1893), a atteint la côte de Benadir, le 8 septembre dernier, après avoir parcouru, depuis Berbera jusqu'à Brava, l'intérieur du pays Somali.

Il semble que les Italiens s'exagèrent l'importance du résultat de ce voyage, car en somme le but principal, c'est-à-dire le problème des sources du Djouba, n'est pas définitivement résolu; cependant la science géographique y aura gagné de nouveaux et précieux itinéraires.

Chez les Gormosos, le Ganale-Goudda n'est qu'un simple ruisseau qui peut-être manque absolument d'eau pendant la saison sèche; ce dernier détail n'a pu être vérifié à cause de l'hostilité des habitants, qui se sont opiniâtrément attaqués à la mission, sans consentir à aucun pourparler.

Après sa séparation de Grixoni, qui retournait à la côte, l'explorateur Bottego s'éleva à 2 200 mètres au-dessus de la mer, près des monts Fakès (7° latitude nord, 35° 55' longitude est), mais il ne tenta pas d'escalader les massifs des Galla-Aroussi, par crainte d'aboutir à un désastre, comme toutes les expéditions qui ont essayé de pénétrer au Choa de ce côté. Il redescendit donc chez les Gormosos et passa de là dans le sillon du Daou qu'il remonta jusqu'à 6°. Il ne fallait plus songer à rebrousser chemin, car les hommes, déjà réduits à ne manger que de l'herbe bouillie, seraient tous morts de faim. La colonne se jeta dans les massifs montagneux des Borani, où elle réussit à tuer quelques hippopotames, puis atteignit le Ganale-Goudda qu'elle descendit jusqu'à Logh (17 juillet).

Après le confluent du Ganale-Gouratcha, l'explorateur, descendant le Ganale-Goudda, reconnut le confluent de l'Ouebi-Mane que ses devanciers faisaient aboutir à l'Ouebi-Chebeli; il vit aussi le confluent du Daou avec le même Ganale-Goudda.

Au lieu de rencontrer la mission Chanler-Höhnel, Bottego rencontra deux membres de la mission Ruspoli, restés en détresse à Logh.

De Logh à Bardera le trajet fut extrêmement pénible à cause des taillis épineux dépourvus de sentiers. La guerre civile entre les Somalis de Kismayou empêcha de gagner la côte en suivant le fleuve, et Bottego atteignit directement Brava le 8 septembre.

Ce voyage d'un an fait honneur à l'intrépidité de l'explorateur, qui est allé bravement de l'avant, sans jamais reculer, à travers des contrées où il a été presque continuellement assailli par des indigènes très nombreux. Forte de 146 hommes à son départ de Berbera, la mission ne se composait plus que de 46 survivants en arrivant à Brava, le reste ayant été tué ou étant mort de faim.

Contrairement à l'opinion de Cecchi, le capitaine Bottego croit que le Ganale-Goudda est la branche maîtresse du Djouba. Ce fleuve reçoit onze gros affluents, dirigés d'abord du nord au sud, puis de l'ouest à l'est. Quant au lac Zouaï et à ses voisins inconnus, ils formeraient un bassin intérieur ou bien se jetteraient dans l'Omo.

Ce qu'il y a de certain, c'est que l'Omo ne peut être l'origine d'une des artères qui sillonnent le pays Somali, puisque le lac Rodolphe, où aboutit ce fleuve, est en contre-bas des bassins de la presqu'île. Ainsi l'Omo ne peut plus être qu'un tributaire du Nil ou simplement le tributaire du lac Rodolphe.

**Mission Ruspoli.** — Depuis novembre 1892 surtout, la recherche des sources du Djouba est devenue passionnée. On ne lui a pas consacré moins de sept expéditions, dont trois italiennes (Ferrandi, Bottego, Ruspoli), une autrichienne (Höhnel), deux anglaises (Villiers, Paget), une franco-russe (duc d'Orléans et prince Boris).

On vient de voir que les géographes italiens n'admettent plus guère l'hypothèse que le fleuve Omo se jetterait dans l'océan Indien, mais il resterait à déterminer lequel, du Ganale-Goudda ou du Daou, est la branche maîtresse du Djouba. Il y a tout lieu d'espérer que la mission Ruspoli tranchera la question.

On se rappelle que le prince Eugène Ruspoli partit de Berbera trois mois après Bottego, pour se diriger vers le Kaffa et le lac Rodolphe, cherchant ainsi à résoudre le problème du Djouba en l'attaquant pour la première fois par le nord.

Une lettre du jeune explorateur, datée de Malcare sur le Daou (1er juin 1893) et confiée à l'un des membres de la mission que Bottego trouva en détresse à Logh, nous apprend que la courageuse petite colonne, débarrassée de ses malades, s'enfonce vers les territoires mystérieux du Kaffa, d'abord par le Daou jusqu'au Borori. Cette rivière est fort puissante pendant la saison des pluies et ne peut être guéée nulle part; d'énormes crocodiles fort dangereux foisonnent dans ses eaux limoneuses et noirâtres. Du pays des Borori, l'expédition devait marcher droit au nord pour gagner le Ganale-Goudda à Gorali, puis marcher vers l'ouest-sud-ouest, c'est-à-dire vers le lac Rodolphe.

1. Voy. *Nouvelles Géographiques*, 1893, p. 187.

## ASIE

**Une nouvelle province en Sibérie.** — Le *Journal officiel* nous annonce la formation en Sibérie d'une nouvelle province détachée de la Province Maritime. Cette division administrative, qui portera le nom du principal fleuve de la région, l'Anadyr, est située entre le 62° et le 70° degré de latitude et entre le 162° et le 188° degré de longitude à l'est de Paris.

**Le chemin de fer transsibérien.** — Le *Comité du chemin de fer transsibérien* vient de prendre une décision importante : le tronçon de ce futur chemin de fer qui devait contourner à l'ouest le lac Baïkal et qui aurait coûté une soixantaine de millions de francs, sera remplacé, vu les difficultés de sa construction, par le tronçon beaucoup plus court et infiniment moins coûteux allant d'Irkoutsk à Listvenitchnaïa, sur le Baïkal. Pendant huit mois de l'année, les voyageurs et les marchandises seront transportés sur la rive opposée du lac au moyen de bateaux spécialement construits à cet effet. Chaque hiver il sera établi un chemin de fer temporaire sur la glace. La communication rapide ne sera donc interrompue que pendant les quelques jours de débâcle.

Le Comité annonce que les huit dixièmes des terrassements sont exécutés sur le tronçon Tcheliabinsk-Omsk et que les rails même sont posés sur un tiers environ de la distance. Sur la ligne de l'Oussouri, 120 kilomètres environ sont déjà ouverts à la circulation (Vladivostok-Nikolskoïé).

Il est décidé de commencer immédiatement le tronçon Atchinsk-Krasnoïarsk qui, étant terminé, facilitera beaucoup le transport du matériel roulant, des rails, etc., surtout si l'on tient compte de la possibilité de les apporter d'Europe par l'océan Arctique et le Iénisséi.

Les travaux sur les lignes d'Omsk à l'Ob et de l'Ob à Krasnoïarsk sont en pleine activité.

**M. de Poncin dans les Pamirs.** — La Société de Géographie reçoit de M. de Poncin une lettre datée de Gilgit, 26 août 1893, dans laquelle le voyageur annonce son départ de Goultcha (en Ferghana) et la traversée des Pamirs, du nord au sud. Il a visité Alitchour et les Grands Pamirs, traversé le col Bendersky, touché le lac Tchakmantin, et est arrivé à Hanza par le col Kilik. Il a découvert, à la sortie du col Bendersky, un petit lac jusqu'alors inconnu, dont il n'indique malheureusement ni l'altitude, ni la situation exacte.

**Émigration chinoise.** — Nous empruntons à un journal de Hong-Kong les statistiques suivantes relatives à l'émigration chinoise, qui montrent que cette émigration part surtout des provinces de Foukian et de Kouang-Toung, et que les émigrants se dirigent surtout vers les Indes Néerlandaises. De 1879 à 1889, 1 537 367 Chinois ont quitté leur pays natal, par les ports d'Amoy (Foukian), 115074, de Souatéou (Kouang-Toung), 458 815, de Hong-Kong, 657 478.

Voici les pays où ils se rendaient :

| | |
|---|---|
| Aux Détroits et dans l'archipel Indien. . . | 1 167 000 |
| Aux Philippines. . . . . . . . . . . . . | 100 267 |
| Au Siam. . . . . . . . . . . . . . . . | 77 802 |
| Aux États-Unis d'Amérique. . . . . . . . | 144 137 |
| En Australie. . . . . . . . . . . . . | 31 450 |
| Aux îles Hawaï . . . . . . . . . . . . | 4 300 |
| A l'île Maurice. . . . . . . . . . . . | 2 800 |
| A la Jamaïque. . . . . . . . . . . . | 694 |
| *En Afrique Australe*. . . . . . . . . . . | 152 |

On estime l'ensemble de la population chinoise aux chiffres suivants en dehors de la population propre de l'empire, qui est d'environ 300 millions d'habitants.

| | |
|---|---|
| Aux *États-Unis*. . . . . . . . . . . | 109 044 |
| Dont : Dans les États du Pacifique (1880). | 102 196 |
| Dans l'Alaska (1890) . . . . . . . . . | 2 125 |
| Dans les États de l'Atlantique (1880). . | 1 669 |
| Dans les États du Centre-Sud (1890). . | 1 428 |
| Dans les États du Centre-Nord (1880). . | 993 |
| Dans les États avoisinant le golfe du Mexique (1890) . . . . . . . . . . | 633 |
| En *Australie* (1879). . . . . . . . . | 44 207 |
| Dont : Au Queensland. . . . . . . . . | 14 524 |
| En Victoria. . . . . . . . . . . . . | 13 000 |
| Dans la Nouvelle-Galles du Sud. . . . | 500 |
| A la Nouvelle-Zélande. . . . . . . . . | 4 433 |
| A Port Darwin (Territoire du Nord). . . | 2 000 |
| En Tasmanie. . . . . . . . . . . . . | 740 |
| Au *Siam* (1889). . . . . . . . . . . | 3 500 000 |
| Aux *Indes Néerlandaises* : A Java et Madoura (1889) . . . . . . . . . . . | 237 579 |
| Aux autres îles de l'archipel Indien. . . | 209 451 |
| Au *Cambodge* (1878). . . . . . . . . . | 100 000 |
| Aux *Philippines* (1878). . . . . . . . . | 30 800 |
| Total. . . . | 6 375 322 |

Pour plus de détails, voir *Thoung-Pao*, volume I, pages 91 à 412, et vol. II, page 99, *Indische Geds*, 1880, t. II, page 439, *Harpers Weekly*, 1891, 18 juillet, etc.

**Chemins de fer français en Indo-Chine.** — L'outillage économique qui manquait le plus jusqu'ici à nos possessions d'Indo-Chine, c'était celui des voies ferrées. Or travaux et projets viennent de prendre un regain d'activité depuis l'arrivée des commissions techniques au Tonkin.

L'achèvement de la ligne de Phu-Lang-Thuong aux frontières chinoises du Kouang-Toung est mené en grande hâte. Nous aurons prochainement l'occasion d'expliquer l'importance de cette voie ferrée, qui tombe au beau milieu d'un des projets de pénétration anglaise au Yun-Nan, celui de la rivière de Canton. Cette ligne se réunira à Hanoï par un tronçon qu'étudient en ce moment les ingénieurs Bazin et Chapron.

Le projet de la grande ligne que nous appellerons *trans-tonkinoise* va être soumis aux Chambres. Elle part du port maritime de Tien-Yen, sur la côte de la baie d'Along, et file d'abord sur Dong-Trieu et les Sept-Pagodes, à travers les hautes collines du Kouang-Yen. Puis elle remonte le Thay-Binh jusqu'à Thai-Nguyen, passe dans la vallée de la rivière Claire qu'elle atteint à Tuyen-Quan ; enfin, elle franchit l'arête septentrionale du sillon du fleuve Rouge pour gagner Yem-bay, et remonter le Song-Koï jusqu'à la frontière chinoise du Yun-Nan. Il est évident que si Haïphong était préféré à Tien-Yen pour l'établissement imminent d'un port en eau profonde, un tronçon de ligne rejoindrait aussitôt Yem-Bay à Hanoï et à l'estuaire du Kouan-Nam-Trieu.

Le gouverneur général, M. de Lanessan, s'est entendu avec la cour de Hué pour que celle-ci se charge de la ligne de Hanoï à Hué par le delta tonkinois et les côtes de l'Annam.

Une autre grande ligne est projetée pour relier Saïgon au Mékong, à travers la Cochinchine, où nous n'avions que la petite ligne de Saïgon à Mytho.

La voie aboutira à Khône. Afin d'activer les démarches, le conseil colonial vient de s'engager à verser annuellement une somme de cinq cent mille francs pour cette nouvelle voie ferrée qui reliera notre grand port d'Extrême-Orient à nos nouvelles colonies du Laos.

**Voyage du docteur Yersin chez les Moïs.** — Le numéro de novembre 1893 de la *Revue indo-chinoise illustrée*, publiée à Hanoï, contient un intéressant résumé du dernier voyage que le docteur Yersin, médecin de la marine, déjà connu par son exploration du Sé-Bang, vient d'accomplir chez les Moïs de la Cochinchine et du sud de l'Annam.

Déjà le docteur Neis en 1880-82 et, plus récemment, le lieutenant de vaisseau Humann avaient parcouru cette région; l'itinéraire suivi par M. Yersin complète les renseignements fournis par ces explorateurs.

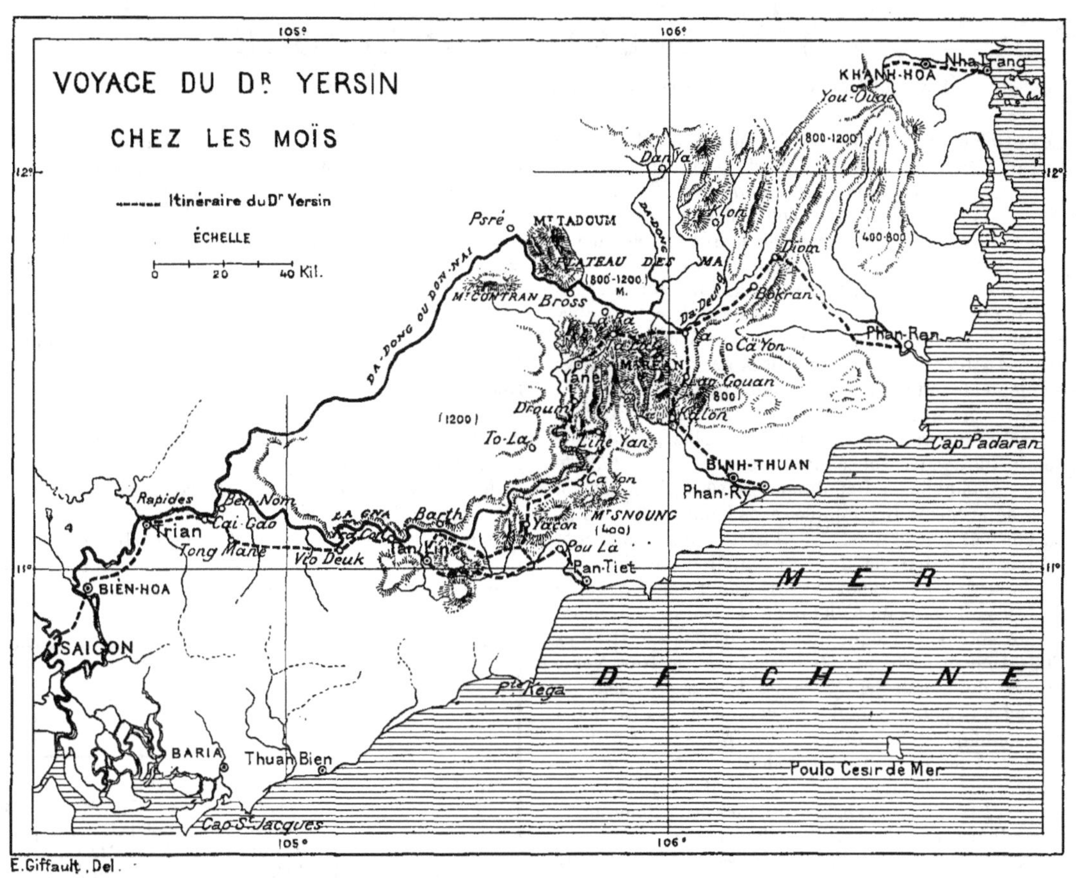


VOYAGE DU DOCTEUR YERSIN.

Au point de vue géographique, le voyage du docteur Yersin modifie sensiblement les données qu'on possédait sur le cours du Don-Naï. Ce fleuve cochinchinois, contrairement aux premières hypothèses, prend sa source dans le massif montagneux qui sépare le bassin du Sé-Bang des rivières qui se déversent dans la mer de Chine, à la hauteur de 12° environ de latitude nord. M. Yersin confirme donc en partie l'opinion émise par le capitaine Cupet et exprimée par ce dernier voyageur dans les tracés du Sé-Bang et du Don-Naï sur la grande carte de l'Indo-Chine de la mission Pavie.

Le voyage entrepris par le docteur Yersin, indépendamment de la partie scientifique et géographique, avait pour but d'étudier la voie la plus avantageuse et la plus praticable pour réunir Saïgon à Pan-Tiet, d'une part, et la possibilité d'établir des routes se dirigeant sur Khanh-Hoa, Phan-Ran et Binh-Tuanh, afin de faire pénétrer notre influence, notre commerce et notre industrie chez ces Moïs de la province de Bien-Hoa, dont on s'était si peu soucié jusqu'à présent et qui sont restés pour nous, après trente-deux ans d'occupation de la Cochinchine, des « sauvages indépendants ».

L'exploration du docteur Yersin a pleinement réussi, et les données précises rapportées par le vaillant voyageur permettront de mener à bonne fin la construction de ces routes de pénétration déjà commencées entre Trian et Tan-Line.

Partout le docteur Yersin et son compagnon M. Wetzel ont reçu le meilleur accueil. Dans tous les villages moïs, ces braves « sauvages » ont assuré qu'ils travailleraient courageusement à l'établissement des routes projetées; la main-d'œuvre est donc acquise d'avance à l'entreprise.

Jusqu'à Tan-Line, le premier village moïs qui paye tribut à l'Annam, le pays parcouru par M. Yersin est assez monotone : quelques plateaux peu élevés entrecoupés de petits bois sans caractère. La vallée du Lagna est plus accidentée. Le lit de la rivière est encombré de blocs de rochers qui forment des rapides. Plus haut ses rives sont entièrement encaissées.

Près de Droum, le plateau très ondulé s'élève brusquement et atteint 850 mètres d'altitude environ. Le pays a totalement changé d'aspect, il est bien arrosé et fertile, couvert de pâturages; sur les sommets du plateau s'élèvent d'assez belles forêts de pins et d'autres essences résineuses.

Dans la vallée du Don-Naï les Moïs cultivent le riz en rizières inondées partout où cela est possible.

Yane est une riche agglomération entourée de vastes prairies favorables à l'élevage. Les villages Ma sont d'ailleurs très nombreux dans cette région. Chacun d'eux possède de grands troupeaux de porcs et de buffles qui constituent la principale richesse du pays. On trouve du minerai d'étain dans la montagne.

C'est à Ya, très gros village situé au milieu de belles forêts de pins et habité par des indigènes croisés de Moïs et de Tiames, que bifurquera la route projetée. Au nord elle se dirigera par Diom sur Khanh-Hoa. Au sud elle rejoindra la route mandarine à Phan-Ry en passant par Kalon.

M. Yersin estime que la construction de ces routes ne rencontrera pas de sérieuses difficultés. Souhaitons qu'on se mette bientôt à l'œuvre et que ces belles régions habitées par des populations douces et travailleuses ne restent pas plus longtemps improductives.

E. G.

# MOUVEMENT ÉCONOMIQUE

## DÉVELOPPEMENT ÉCONOMIQUE DE L'ÉTAT DE NEW YORK ENTRE 1880-1890

Le dixième Rapport officiel du Bureau de statistique du Travail dans l'État de New York, paru en 1893, en 2 volumes (*part I : Economic Development of Ten Years; part II : Strikes and Boycotts*), contient une remarquable étude sur les progrès industriels de la région, en même temps qu'il passe en revue la plupart des phénomènes économiques de cette énorme agglomération humaine. Malgré le caractère, à première vue, trop local de cette statistique, il serait bien difficile de trouver des documents plus propres à dégager quelques tendances générales des pays essentiellement industriels. En effet, quoique vaste de 127 350 kil. carrés seulement (ce « seulement » est tout relatif, cette superficie étant trois fois plus grande que celle de la Suisse), par conséquent n'occupant que 1/73 de la surface totale de la République Nord-Américaine, ou que 1/62 de la même République, sans compter le montagneux, boisé et glacial Alaska, — l'État de New York contient environ le dixième de la population de l'Empire yankee (5 997 853 sur 62 982 244 hab. au recensement de 1890); il possède plus du sixième de la richesse nationale, fournit au moins le cinquième des valeurs industrielles des États-Unis et participe par le seul port de New York, le premier du monde (en y ajoutant le mouvement du fleuve Hudson), pour la moitié au commerce international de la République (4805 millions de francs sur 9615, en 1892, au taux de 5 fr. 15 pour 1 dollar, soit à peu près autant que tout le commerce, cependant si actif, des Pays-Bas). Bref, l'État de New York, le premier de la République en population, en richesse, en industrie, en commerce, forme, avec ses innombrables fabriques, un merveilleux ensemble économique, plus instructif à étudier que maint et maint pays européen.

Voyons d'abord les progrès de l'industrie entre 1880 et 1890. Les statistiques officielles ne donnent pas encore le total général pour l'année 1890, et se bornent à communiquer des détails pour tel ou tel parmi les plus importants centres de production. Voici quel serait, d'après nos calculs, ce total général pour neuf de ces cités les plus populeuses, qui contiennent aujourd'hui 3 042 126 hab., soit plus de 50 pour 100 de la population de l'État, en commençant par New York (1 515 301 hab.) et en finissant par Elmira (30 893 hab.) :

| | 1880. | 1890. | |
|---|---|---|---|
| Fabriques | 25.080 | 45.708 | |
| Ouvriers | 362.190 | 609.028 | |
| Capital engagé | 1.687.939 | 3.779.429 | en milliers de francs. |
| Salaires | 769.789 | 1.854.908 | en milliers de francs. |
| Coût des matériaux, etc. | 2.597.328 | 3.743.319 | en milliers de francs. |
| Production | 4.100.739 | 6.602.598 | en milliers de francs. |

Si nous rappelons que la production totale de l'État de New York était de plus de 5 400 millions de francs en 1880, mais qu'à cette époque la population des neuf cités en question formait seulement 44 pour 100 de la population de l'État, nous pourrons, d'après notre tableau et les autres éléments indiqués, évaluer la somme des valeurs produites en 1890 par les industries de l'État de New York, qui embrassent toutes les ramifications du travail moderne, au moins à 7 650 millions, ou à 8 milliards de francs, en chiffre très rond mais plutôt inférieur que supérieur à la réalité.

Prenons maintenant, pour les étudier un peu en détail, les progrès industriels de la ville de New York, qui revendique à elle seule plus des 3/5 de l'activité manufacturière de l'État. Pour plus de clarté, nous donnerons à côté des chiffres absolus exprimant ces progrès le degré en pour 100 de leur augmentation entre 1880-1890 (en éliminant du total de 1890 les branches de l'industrie qui ne figuraient pas dans la statistique de 1880) :

| | 1880. | 1890. | pour 100 de l'augmentation. |
|---|---|---|---|
| Population | 1.206.299 | 1.515.301 | 25,6 |
| Fabriques | 11.339 | 25.399 | 103,2 |
| Ouvriers | 227.352 | 351.757 | 48,9 |
| Capital (en milliers de francs) | 933.313 | 2.164.229 | 97,4 |
| Salaires (en milliers de francs) | 499.705 | 1.176.967 | 127,9 |
| Coût des matériaux, etc. (en milliers de francs) | 1.485.475 | 2.149.143 | 20,4 |
| Production (en milliers de francs) | 3.074.022 | 4.964.890 | 56,2 |

En examinant surtout la dernière colonne, on découvre facilement les tendances caractéristiques du progrès industriel à New York, tendances dont la plupart sont communes à tous les pays modernes et dont quelques-unes ne présentent de particularités qu'à première vue. 1° L'armée des ouvriers grossit plus vite (48,9 pour 100) que la population totale de la cité (25,6 pour 100); en d'autres termes la proportion des personnes qui ne peuvent vivre qu'en louant leurs bras augmente en Amérique aussi bien qu'en Europe. 2° Le capital engagé dans les entreprises s'accroît plus rapidement (97,4 pour 100) que le nombre d'ouvriers (48,9 pour 100) : cela veut dire que les progrès de la technologie nécessitent un emploi de plus en plus étendu de moyens de production (machines, etc.) de plus en plus coûteux quoique en même temps augmentant d'une manière très considérable la productivité du travail. 3° La valeur totale des produits augmente moins vite

(56,2 pour 100) que le capital engagé (97,4 pour 100) : étant donnée l'énorme économie du travail qu'on obtient avec des machines perfectionnées, cela ne peut signifier qu'une chose : que le prix d'une certaine quantité de produits manufacturés baisse au fur et à mesure que le machinisme se développe, tandis que la quantité totale peut indéfiniment augmenter. 4° Les salaires augmentent plus vite (127,9 pour 100) que le nombre d'ouvriers (48,9 pour 100): cela veut dire que l'ouvrier gagne plus qu'auparavant et que, s'il n'y avait pas d'autres circonstances défavorables, son bien-être se trouverait augmenté. Malheureusement ces circonstances existent, et le rapport, après avoir longtemps étudié le coût de la vie et le budget de plusieurs catégories d'ouvriers, cite au moins deux des causes qui frustrent l'ouvrier des bienfaits du progrès économique : c'est d'abord l'énorme croissance du prix du loyer, qui a démesurément haussé la rente du propriétaire dans les grandes villes industrielles; c'est ensuite le bénéfice trop élevé de l'épicier et autres intermédiaires, qui, malgré la baisse du prix en gros des objets manufacturés, des céréales, du sucre, etc., majorent leurs prix de détail du simple au double. Or cette exploitation même de l'ouvrier par le marchand est produite au moins en partie par les exigences du propriétaire : l'ouvrier, qui ne peut plus occuper comme auparavant une maison entière à la mode anglaise, doit vivre naturellement dans des garnis étroits (*tenements*), et, n'ayant plus d'espace pour mettre en réserve une tonne de charbon, un quintal de pommes de terre, etc., il est obligé de s'approvisionner chez l'épicier à un prix de détail toujours exagéré, ainsi que cela ressort clairement d'une série de tableaux qu'on trouve dans le rapport. 5° Un fait très curieux de la statistique new-yorkaise et qui paraît tout d'abord inexplicable, c'est l'énorme augmentation du nombre des fabriques (103,2 pour 100) comparativement à celui des ouvriers (48,9 pour 100) ou même au capital engagé, (97,4 pour 100), ce qui serait en désaccord avec la tendance de l'industrie actuelle vers la concentration des moyens de production. Toutefois cette contradiction ne serait, d'après le bureau de statistique, qu'apparente : le nombre des capitalistes a plutôt diminué, mais le progrès industriel les a amenés à diriger de nombreuses branches de travail nouvellement créées; en outre un grand nombre des fabriques qu'a relevées le recensement de 1890 ne sont que des boutiques et des ateliers secondaires, qui ont surgi autour de la grande fabrique et qui n'en forment qu'une simple dépendance.

Comme il arrive toujours dans les pays très industriels, la campagne se dépeuple au profit des cités : de 1880 à 1890 la population totale de l'État a passé de 5 082 871 à 5 997 853, soit une augmentation de 18 pour 100 dans la décade (le puissant courant de l'immigration y est pour beaucoup, mais la plupart des immigrants se dirigent maintenant dans les régions agricoles du nord-ouest). Or, tandis que le recensement de 1880 comptait 60 localités de plus de 4 000 habitants, ayant par conséquent plus ou moins le caractère de ville, avec 2 743 632 habitants, le recensement de 1890 relève déjà 84 de ces localités avec 3 085 577 habitants. A l'augmentation des citadins, égale à 37,7 pour 100, correspond la diminution des campagnards, égale à 6,28 pour 100. Cependant l'agriculture a fait d'énormes progrès, grâce au perfectionnement de l'outillage : pour les machines agricoles, le New York tient le premier rang dans la République, tout en le cédant à trois ou quatre États pour la valeur totale des produits agricoles; il est le premier pour la production des pommes de terre, les pépinières, la floriculture, etc. Voici un fait qui jette une vive lumière sur le caractère de l'agriculture new-yorkaise, on peut dire américaine : malgré la diminution de la population campagnarde, le taux des salaires des ouvriers agricoles a diminué depuis 1865 et reste stationnaire ou même baisse à partir de 1885; il faut donc supposer que les machines, tout en ayant augmenté la production, ont rendu un grand nombre de bras superflus, sans que la création des nouvelles branches du travail, comme cela a lieu dans l'industrie, ait pu les utiliser. D'un autre côté, le nombre des fermes, qui était de 241 058 en 1880, est tombé en 1890 à 224 942. A l'encontre de l'opinion de certains économistes américains, tels que Walker, qui parlent de la « démocratisation », du morcellement du sol de leur patrie, le rapport produit un certain nombre de chiffres qui prouvent que la propriété foncière continue à se concentrer, dans le New York, comme entre 1870 et 1880 :

| ÉTENDUE D'UNE FERME. | NOMBRE DES FERMES | | AUGMENTATION (+) OU DIMINUTION (—). |
|---|---|---|---|
| | EN 1880. | EN 1870. | |
| Moins de 4 hect. . . | 14,913 | 13,078 | + 1,835 |
| De 4 à 40 hect. . | 128,276 | 146,982 | — 18,706 |
| De 40 à 202 hect. . | 96,273 | 55,948 | + 40,325 |
| De 202 à 404 hect. . | 1,315 | 209 | + 1,106 |
| Plus de 404 hect. . | 281 | 36 | + 245 |
| Total. . . . . | 241,058 | 216,253 | + 24,805 |

On voit que déjà de 1870 à 1880, période où le nombre des fermes augmentait encore, cette augmentation portait seulement d'un côté sur les très petites fermes, *poverty farms* ou « fermes de misère » (étant donnée la culture extensive aux États-Unis), de l'autre sur les grandes propriétés et surtout les énormes *bonanza farms*, tandis que la propriété entre 4 et 40 hectares, pouvant occuper le travail d'une famille de vrais cultivateurs, disparaissait à vue d'œil.

Terminons notre bref résumé de ce remarquable rapport par quelques mots sur les grèves qui ont eu lieu dans l'État et leurs résultats. On en a compté 2 398 en 1892, dont 1 541 (soit environ 65 pour 100) favorables aux grévisies; 71 partiellement favorables; 752 (soit 31 pour 100) défavorables; 34 non terminées. En 1891, on en avait relevé 4 519 et, en 1890, 6 258. La forte proportion des grèves victorieuses, en même temps que la rapide diminution de leur total en ces dernières années, sont deux faits curieux à noter : le rapport constate la tendance de plus en plus accentuée vers la solution des disputes entre le capital et le travail au moyen de l'arbitrage. Du reste, conçue dans un esprit large et impartial, la statistique officielle attribue aux organisations ouvrières une influence bienfaisante sur l'amélioration du sort des travailleurs après la crise de 1880 : elles auraient obtenu des salaires plus élevés précisément à des moments où le permettait une reprise d'affaires.

NICOLAS ROUSSANOF.

❧ ❧ ❧

# BIBLIOGRAPHIE

*REVUE DES PÉRIODIQUES*

*Articles signalés*

**Bulletin de la Société de géographie de Paris**, 3e trimestre 1893. — *Les voyageurs français à Madagascar pendant les trente dernières années*, par A. Grandidier. (M. A. Grandidier, dont la compétence en matière de géographie malgache est bien connue de nos lecteurs, fait un résumé des voyages qui ont le plus contribué à la connaissance géographique de la grande île africaine. Au point de vue de la forme de l'île, trois cartes ont servi de base à toutes les autres : ce sont celles du Pedro Reinel (1517), celle de D'Après de Mannevillette (1776), et enfin celle d'Owen, qui rectifie les erreurs des précédentes et qui dans son ensemble est exacte. Mais, au point de vue topographique, la configuration de l'intérieur de l'île a été tracée à peu près au hasard jusqu'en 1871, époque où parut la première esquisse de M. A. Grandidier. Depuis cette époque, de nombreux voyageurs et missionnaires de nationalités diverses ont sillonné l'île; mais, malgré tout le profit que la géographie a pu tirer de leurs itinéraires, ce sont certainement les voyageurs français qui ont le plus contribué par la valeur de leurs travaux aux progrès de nos connaissances topographiques sur Madagascar. Parmi ces voyageurs il faut, en dehors du nom de M. A. Grandidier, citer ceux du R. P. Roblet, du R. P. Colin, de M. Muller, de MM. Catat, Maistre et Foucart, de M. Douliot, de MM. le Dr Besson et d'Anthoüard, de M. E. Gautier. M. Grandidier a coordonné leurs observations et dressé leurs principaux itinéraires, qu'il a réunis en quatre cartes au 1/750 000e publiées à la fin du fascicule. Ces cartes, dessinées avec beaucoup de clarté, offrent le plus grand intérêt et vont permettre de compléter dans une large mesure le tracé des détails intérieurs de l'île de Madagascar.) — *Voyage au pays des Tanala indépendants de la région d'Ikongo*, par le Dr L. Besson, et *Journal du voyage fait sur la côte ouest de Madagascar* (1re partie), par Henri Douliot. (Ces deux récits de voyage dans l'île de Madagascar viennent s'ajouter comme un développement naturel à l'article de M. Grandidier et servir de commentaire aux cartes précédemment mentionnées.) — *Projet pour remédier aux inondations dans le nord de la Chine*, par le baron G. de Contenson. (Résumé d'un mémoire présenté en 1891 par M. J.-G.-W. Fijnje van Salverda, conseiller du gouvernement hollandais pour les chemins de fer et les travaux hydrauliques et relatif à l'amélioration du cours du Hoang-Ho ou fleuve Jaune, qui, en sortant de son lit, causait des inondations.) — *L'habitat de l'autruche en Afrique*, par J. Forest. (L'auteur passe en revue les pays d'Afrique où l'autruche se trouve aujourd'hui en plus grand nombre, il étudie ensuite le développement de l'élevage de cet oiseau dans la colonie du Cap et conseille enfin, après bien d'autres, d'introduire cette industrie si importante dans les milliers d'hectares incultes du sud de l'Algérie où l'autruche vivait en liberté. Une petite carte dans le texte indique par une série de grisés la densité de l'autruche en Afrique).

**Mitteilungen de Petermann**. Février 1894. *Die neue geologische Karte des Deutschen Reichs*, par le professeur Alexandre Supan. (Article sur la nouvelle carte géologique de l'Empire allemand, par le professeur Richard Lepsius, dont la publication vient de commencer.) — *Die Südabteilung von Borneo*, par Gottfried Schneider, ingénieur des mines. (Récit d'un voyage dans la partie sud-est de Bornéo, avec détails sur les produits minéraux et végétaux du pays, et les conditions dans lesquelles on pourrait y fonder quelques établissements. L'auteur conclut que Bornéo n'est pas difficile à coloniser, et qu'avec les richesses qu'elle possède, on pourrait beaucoup attendre d'une exploitation énergique et prudente. L'article est accompagné d'une carte.) — *Die Landschaftsformen von Montenegro*, par le Dr Kurt Hassert, avec carte. (Article sur l'aspect physique du Montenegro. L'auteur, qui a exploré le pays pendant plusieurs années, et lui a déjà consacré un ouvrage dont nous avons rendu compte (1892, p. 192), donne ici un aperçu intéressant de l'aspect physique des différentes régions du pays, et du genre de vie de leurs habitants. L'article est accompagné d'une carte en couleurs, très nette.) — *Skizzen von Südwestafrika*, par Joachim comte Pfeil. (Dernière partie d'un travail commencé dans la précédente livraison, sur le Sud-Ouest Africain allemand. Nous nous proposons d'y revenir avec détail dans un de nos prochains numéros.)

*Ibid.* Mars 1894. — *Die Insel Sakhalin*, par Fr. Immanuel, avec carte au 4 000 000e (L'île de Sakhalin, à l'extrémité orientale de l'Empire russe, était tout récemment encore l'une des parties les plus inconnues de l'Asie, au moins dans son intérieur, car les côtes avaient déjà été assez complètement explorées. Mais, depuis le commencement de colonisation qui a suivi l'arrivée des premiers transportés, les travaux sur l'île se sont multipliés; c'est de ces travaux que M. Immanuel a tiré une intéressante esquisse géographique de Sakhalin. Il en examine successivement l'histoire, la configuration physique, le climat, la faune, la flore, les habitants. Nous lui empruntons quelques données statistiques : Sakhalin a 79 750 kilomètres carrés, dont 3 500 ont été déjà mesurés topographiquement; le point culminant de l'île, le *Pic Tiara*, s'élève à 1550 m.; en 1890 la population sédentaire était de 19 644 habitants, dont 16 416 Russes et 3228 indigènes, Ghiliaks, Orotchones, Toungouses et Aïnos. Sur les 16 416 Russes, on comptait 10 687 transportés). — *Beiträge zur Geographie von Südwestafrika*, par K. Dove (Étude sur le relief du Sud-Ouest Africain allemand; nous aurons à revenir sur cet article, en parlant, dans un prochain numéro, des colonies allemandes en Afrique). — *Kleinere Mitteilungen : Die Brandenburg-Küste* (Nouvelle-Guinée), par O. Finsch. — *Die wichtigsten Ergebnisse der letzten ungarischen Volkszählung*, par le Dr Supan. (Analyse du recensement hongrois de 1891.) — *Die Ruinen des Alten Merv*, par L. Cohn.

**Geographical Journal**. Mars 1894. — *The evolution of Indian Geography*, par R. D. Oldham. (Article sur l'histoire géologique de l'Hindoustan; l'auteur a été, pendant 14 ans, membre du Geological Survey de l'Inde. L'article, intéressant et original, est accompagné d'une carte dans le texte, et de quelques illustrations.) — *A Journey in Hadramaut*, par Léo Hirsch. (Nous parlerons le mois prochain de ce voyage.) — *Geographical Work in Canada*. (Résumé des levés géographiques et géologiques faits au Canada, en 1893, par le Geological Survey : ce sont ceux de M. J. B. Tyrrell dans les *Barren Grounds*, entre le lac d'Athabasca et la baie d'Hudson; de M. A. P. Low dans l'intérieur du Labrador, du lac Saint-Jean à la baie d'Ungova; de M. R. G. Mc Connell sur le Finlay River, branche de la rivière de la Paix à l'ouest des Montagnes Rocheuses; de M. J. Mc Evoy sur le Nasse River, dans la Colombie Britannique; enfin de M. D. B. Dowling à l'extrémité sud-est du lac Winnipeg.) — *The treeless plains of the United States* par Jacques W. Redway. (Dissertation sur les causes du manque d'arbres dans la partie centrale des États-Unis. D'après l'auteur, l'eau est l'agent principal de la distribution des arbres; ceux-ci ne se rencontrent pas dans les régions dont les conditions n'ont pas été troublées par des agents physiographiques. De la limite sud de la glaciation aux terres d'alluvion qu se rencontrent sur la côte du golfe du Mexique, la plaine centrale des États-Unis est l'ancien fond d'un lac paléozoïque; elle est dépourvue d'arbres sur la plus grande partie de son étendue; non, comme on l'a dit, à cause des incendies de prairies, ni par suite des mauvaises conditions du sol, mais simplement parce que les semences d'essences forestières n'ont jamais été distribuées sur sa surface.) — *The Great Earthquake in Japan*. (Compte rendu d'un article du professeur japonais Koto sur les causes du grand tremblement de terre du Japon en 1891). — *The Census of India*, par C. E. D. Black. (Article sur le recensement de l'Inde en 1891. Détails intéressants, qui complètent bien ceux qu'a donnés, dans notre dernier numéro, notre collaborateur M. G. Capus sur la répartition de la population entre les villes et les cam pagnes, sur les professions, les races, les langues, les religions, etc., des habitants des diverses régions de la péninsule.) — *The Sixth International Geographical Congress* 1895. — *M. Errol Gray's Journey from Assam to the Sources of the Irawadi.*

*COMPTES RENDUS*

**Vivien de Saint-Martin et Rousselet :** *Nouveau Dictionnaire de Géographie* *universelle*. Tome VI. *SO-U*. Paris, Hachette et Cie, 1894, un vol. in-4° de 998 pages.

Ce grand ouvrage s'approche rapidement de sa fin. Le volume que nous avons sous les yeux est l'avant-dernier, et nous mène jusqu'à la lettre U. Le volume septième, dont l'achèvement nous est promis pour l'année prochaine, contiendra, outre les lettres V, W, X, Y, Z, dont les trois dernières ne donneront qu'un petit contingent de mots, un supplément destiné à compléter les articles du corps de l'ouvrage, lorsque les progrès de l'exploration l'ont rendu nécessaire, comme c'est le cas, notamment, pour tout ce qui concerne l'Afrique.

C'est donc en 1895 seulement que nous pourrons porter un jugement d'ensemble sur cette œuvre colossale, qui n'a sa pareille dans aucun pays, et qui sans doute restera unique pendant de longues années. Nous nous bornons à signaler aujourd'hui ceux des grands articles du présent volume qui nous ont paru le plus intéressants. Ce sont : à l'S le Soudan, d'une actualité très grande, suivi d'une description très complète du Soudan français, avec ses divisions administratives, le Spitzberg, la Suède, la Suisse, Sumatra, la Syrie. Au T, nous trouvons Terre-Neuve, Tibet, Tombouctou, Tonkin (très étendu), Touareg, Touât, Transvaal, Tunis et Tunisie, Turcs, Turkestan (Russe et Chinois), Turquie (d'Asie et d'Europe). A l'U, qui n'occupe que 35 pages, nous n'avons à signaler que l'Uruguay.

Cette énumération montrera quel est l'intérêt du volume, en particulier au point de vue des questions coloniales qui préoccupent aujourd'hui si vivement l'opinion. Les articles que nous venons de citer sur la Tunisie, le Tonkin, le Soudan, sont des monographies très détaillées, dont quelques-unes ont presque, à elles seules, les dimensions de petits livres, et qui nous donnent, avec la description complète de ces pays, l'indication de toutes les sources auxquelles le lecteur peut puiser lui-même, s'il veut avoir une connaissance plus approfondie du sujet.

En dehors de ces grands articles, le dictionnaire contient une énumération extrêmement étendue de tous les accidents physiques, de toutes les provinces, départements, districts, de toutes les villes, de tous les villages (au-dessus d'une certaine population), de tous les peuples et tribus du globe. C'est un répertoire infiniment varié, aussi complet qu'il peut l'être. Une fois achevé, ce grand dictionnaire sera certainement à la géographie ce que l'ouvrage de Littré est à la langue française.

**Luigi Bodio** : *Sulle condizioni della Emigrazione italiana e sulle istituzioni di patronato degli emigranti*. Rome, 1894, in-8.

Nous venons de recevoir cette nouvelle publication de l'éminent directeur général de la statistique italienne. Ce n'est qu'une brochure, mais chaque page nous offre des renseignents précieux sur les conditions de l'émigration italienne, sur les agences d'émigration et sur les institutions de patronage pour les émigrants, notamment dans les deux Amériques. Ce nouvel envoi de M. Bodio, à qui nous sommes redevables des très intéressantes et très utiles publications des *Annali di statistica*, des Annuaires statistiques italiens, etc., nous prouve que l'existence de la Direction générale de statistique italienne, à la veille, disait-on, d'être supprimée pour des raisons d'économie qui ont fait renvoyer le recensement général prévu pour 1891, n'est pas si gravement menacée; pour l'honneur de l'Italie et pour l'intérêt de la statistique, des recherches de laquelle tant de lois dépendent, nous souhaitons que les ministres des finances et du trésor en quête d'économies aillent les chercher ailleurs.

E. F.

**Henri Moser** : *L'irrigation en Asie Centrale. Étude géographique et économique*. Société d'éditions scientifiques. Paris, 1894, in-8°.

M. Henri Moser est bien connu des lecteurs français par son beau récit de voyage à travers l'Asie Centrale, paru il y a neuf ans; c'est un des hommes les mieux renseignés sur ces pays si intéressants qui ont été réunis à l'empire russe, et qui offrent aujourd'hui tant de sujets d'étude aux curieux de colonisation. La question que traite aujourd'hui M. Moser est précisément l'une de celles-là. A première vue, elle peut sembler bien spéciale, mais un instant de réflexion nous reporte aux terres françaises d'Afrique, à l'Algérie, à la Tunisie, au Sahara, pour lesquelles l'irrigation est aussi d'une importance si capitale, et c'est avec un double intérêt que l'on poursuit la lecture de l'ouvrage, pour le sujet lui-même, et pour les exemples qu'on en peut tirer.

Le livre se divise en six chapitres : dans le premier, l'auteur nous donne une vue d'ensemble très nette de l'Asie Centrale russe, de la nature de son sol, de sa topographie, de son hydrographie et de son climat, de sa flore, de sa faune et de sa végétation : sujets déjà connus, mais que M. Moser sait rajeunir par la connaissance profonde qu'il en a, et par la manière toute pratique dont il les traite.

Le second chapitre est consacré à l'histoire de l'irrigation dans l'antiquité, le troisième à l'irrigation actuelle en Asie Centrale; nous y trouvons des détails fort curieux sur l'exécution des travaux de canalisation par tous les intéressés et leur administration des canaux par des délégués des cultivateurs, les *aryk-aksakals*. Ces usages sont établis et conservés depuis fort longtemps; les conquérants russes ont eu le bon sens de ne point les modifier.

Les chapitres IV et V traitent de l'irrigation dans la province de Zérafchane et dans l'émirat de Boukhara.

Enfin le chapitre sixième et dernier, particulièrement intéressant, a pour sujet l'irrigation dans l'avenir, les progrès et projets : l'auteur compare les travaux du Turkestan à ceux de l'Inde anglaise et de l'ouest des États-Unis. Il s'étend sur la question du déboisement et du reboisement, puis sur les cultures à développer ou à introduire dans l'Asie Centrale, particulièrement sur celle du coton.

L'ouvrage se termine par quelques considérations sur la colonisation russe en Asie. On pourra y voir que les colons russes ne sont pas aussi nombreux qu'on le croit quelquefois. « Le tempérament russe, nous dit l'auteur, pas plus que le français, n'admet cette rapidité de la colonisation par les nationaux, telle que le tempérament anglo-saxon nous en donne le plus vif exemple. » Il y a dans cette constatation de quoi rassurer en France les critiques timorés de la politique coloniale. « Néanmoins, ajoute M. Moser, cette immigration russe, que le gouvernement ne favorise pas assez, pourrait rendre de très grands services. »

En somme, l'excellent ouvrage de M. Moser mérite d'être recommandé en tous points : intéressant en lui-même, utile à tous ceux qui s'occupent de cultures et de colonisation, il mérite surtout d'être lu et consulté parce qu'on le sent puisé aux bonnes sources, écrit d'après les expériences propres de l'auteur, qui a été associé aux grands travaux dont il parle, et d'après des documents de première main.

H. J.

## CARTOGRAPHIE

**Atlas de géographie historique**, Paris, Hachette et Cie (5e livraison).

*Occident germanique*, *Europe après les traités de* 1815, *Extension de la puissance russe* (1795-1894), telles sont les trois feuilles de cette nouvelle livraison.

Les trois cartes consacrées à l'Occident germanique ont été dressées sous la direction de M. A. Longnon. Elles représentent la *Gaule vers l'an* 523, *la Gaule, la Germanie et l'Italie en* 741, et le *Partage de l'empire franc entre les fils de Pépin le Bref*. Nettes et très suffisamment complètes sans être surchargées, ces cartes et la solide notice qui les accompagne faciliteront singulièrement aux spécialistes aussi bien qu'aux simples curieux l'étude de cette période, une des plus obscures et des plus confuses de notre histoire. Signalons parmi les cartons intercalés dans le texte celui où est indiquée l'infiltration de l'élément germain dans les Gaules; il a été établi à l'aide de documents en partie inédits. A remarquer également le paragraphe sur les champs de bataille de l'époque mérovingienne.

C'est sous la direction de M. Bourgeois qu'a été faite la carte de l'*Europe après les traités de* 1815, carte où apparaît très clairement l'état dans lequel l'Europe était laissée, et pour près d'un demi-siècle, par cet important règlement de toutes les questions qui l'avaient agitée depuis les débuts de la Révolution. Les changements survenus sont exposés en détail dans une notice illustrée de très intéressants cartons et où l'œuvre des traités de Vienne est, en manière de conclusion, considérée dans ses rapports avec la géographie physique.

L'*Extension de la puissance russe* (1795 à 1894) est représentée par M. Haumant, chargé de cours à la Faculté des lettres de Lille, dans une grande carte embrassant l'Empire entier des Tsars, de la Baltique au Pacifique, de l'océan Arctique à la mer Noire et au Pamir. Des teintes diverses indiquent d'une manière très frappante les étapes de cette prodigieuse expansion. Un cartouche est consacré à la région du Caucase. L'auteur, à la fin de la notice qui est le commentaire de cette carte, conclut à la prédominance probable, dans un avenir prochain, de la vocation asiatique de la Russie sur sa vocation européenne.

ERRATUM. — Dans l'article l'*Étude des lacs en France*, p. 33, 1re colonne, ligne 8, au lieu de : *comme s'ils n'avaient pas existé*, lire : *comme s'ils n'existaient pas*.

# NOUVELLES GÉOGRAPHIQUES

## AU MONT BLANC

Il y a longtemps que nous n'avons parlé du Mont Blanc aux lecteurs des *Nouvelles géographiques*. Ce n'était point un oubli, nous attendions de pouvoir leur rendre compte de faits nouveaux, et non plus seulement de choses déjà vieilles ou de projets. Ils connaissaient l'existence de l'observatoire construit par M. Vallot et les projets de M. Janssen. Jusqu'à la campagne dernière, rien d'absolument particulier ne s'était produit ni d'un côté ni de l'autre. M. Vallot, continuant à faire de sa fortune le noble usage pour lequel il n'a recherché ni reçu d'autre satisfaction que celle de sa conscience, agrandissait son observatoire, y ajoutait un refuge supplémentaire, construit sur un rocher voisin et destiné à rendre indépendant le bâtiment scientifique. En même temps il amassait les matériaux d'une publication dont le premier fascicule a récemment paru[1]. Ce fascicule, que nous allons analyser tout à l'heure, donne une haute idée de l'intelligente activité qui a présidé aux travaux de M. J. Vallot et de ses collaborateurs. D'autre part, M. Janssen, poursuivant avec une ténacité admirable et avec l'aide de plusieurs généreux donateurs, son projet d'établir un observatoire astronomique sur le sommet même du Mont Blanc, parvenait à faire hisser jusque sur leur emplacement définitif les pièces de cette construction, à les y faire assembler, et à couronner la plus haute montagne d'Europe d'un bâtiment en charpente, suffisamment achevé d'ores et déjà pour qu'on puisse s'y établir avec le retour de la belle saison. Tels sont les deux faits principaux dont nous avons à rendre compte à nos lecteurs.

Comme l'ordre chronologique est le plus naturel et le plus équitable de tous, c'est par les travaux de M. Vallot que nous commencerons notre compte rendu. Le résumé de ces travaux forme déjà un volume de 187 pages in-8°, remplies de faits nouveaux, bien observés, et qui sur plusieurs points apportent à la science des données absolument neuves. Mais avant d'aller plus loin, il nous faut associer au nom de M. J. Vallot celui de son cousin et fidèle collaborateur M. H. Vallot, ingénieur distingué, qui prend une grande part à ses travaux topographiques. Pourquoi ne mentionnerions-nous pas aussi d'un mot discret et respectueux la jeune collaboratrice si courageuse, gracieuse et active, qui a soutenu M. J. Vallot de ses encouragements et de son aide, l'a deux fois accompagné jusqu'au sommet du Mont Blanc, et chaque été, oubliant le monde parisien, va joyeusement s'établir dans un chalet de Chamonix, où on la trouve inscrivant, attentive, les lectures du baromètre ou de l'actinomètre, en même temps qu'elle suit, dans une lunette, toujours anxieusement braquée vers le même point, ce qui advient de son mari, perdu là-haut dans les neiges?

Le premier fascicule des *Annales de l'Observatoire météorologique du Mont Blanc* débute par un bref historique du plus grand intérêt, dans lequel M. Vallot rappelle, modestement, mais avec une fierté bien légitime, les phases de l'établissement de son observatoire. Les trois chapitres suivants, dus également à M. J. Vallot, rendent compte : de la première série d'observations météorologiques simultanées exécutées au sommet du Mont Blanc, aux Grands-Mulets et à Chamonix ; des études sur la correction de température des baromètres à mercure ou métalliques ; enfin des variations de température, de pression et de vapeur d'eau au Mont Blanc et aux stations inférieures. Ces trois séries d'études, particulièrement la première et la troisième, sont illustrées d'un nombre considérable de diagrammes tracés par les instruments enregistreurs et qui présentent le plus grand intérêt. Il s'en dégage des faits particuliers qui ne pourront manquer de modifier certains aspects de la météorologie. Rien de plus curieux, par exemple, que la différence d'allures et d'amplitude des vagues aériennes enregistrées par le baromètre au sommet du Mont Blanc et dans le fond de la vallée. Tandis que les pulsations de l'atmosphère, si on peut ainsi dire, acquièrent au sommet de la mon-

1. *Annales de l'Observatoire météorologique du Mont Blanc* (altitude 4365 m.), publiées sous la direction de J. Vallot, fondateur et directeur de l'Observatoire. Paris, 1893, G. Steinheil, in-8°.

tagne une intensité singulière, si bien que la colonne barométrique y est presque toujours en mouvement, la courbe générale d'oscillation diurne s'y simplifie au contraire d'une manière inattendue, et les deux oscillations quotidiennes que présente le baromètre à Genève, à Chamonix ou même au Saint-Bernard, se réduisent nettement à une seule grande oscillation sur la cime du Mont Blanc.

Nous en dirons autant : des observations extrêmement curieuses relatives à la variation diurne de la tension de la vapeur d'eau, considérée soit dans sa moyenne, soit à différentes dates; des décroissements de température avec l'altitude ; de la variation diurne de la température aux différents niveaux, etc. Il y a là toute une série de faits nouveaux, de sondages opérés dans l'épaisseur de l'atmosphère, sondages bien plus intéressants que ceux de l'océan, puisque l'océan est formé d'un fluide incompressible et ne nous enveloppe point, tandis que l'atmosphère, composée d'un fluide élastique, nous enveloppe de toutes parts.

Il est donc difficile de prévoir la portée que prendront plus tard les observations de M. Vallot jointes à celles des autres observatoires de haute montagne, on peut seulement dire que cette portée est extrêmement grande.

Deux chapitres relatifs aux glaciers ou aux neiges viennent après ces études de météorologie. Le premier traite de l'écoulement des glaciers du Mont Blanc, le second des mouvements de la neige sur le sommet même. Ici encore la moisson de faits nouveaux et bien observés est grande, et ces deux études resteront comme base pour des recherches ultérieures. C'est à regret que nous devons renoncer à les analyser en détail; peut-être y reviendrons-nous, pour initier certains de nos lecteurs à ce monde si peu connu des neiges et des glaces, sur lequel la science acquise n'a pas dépassé les premiers balbutiements. Disons seulement que, fidèle à sa méthode prudente, M. Vallot, après avoir étudié la direction des glaciers descendant du Mont Blanc vers la vallée de Chamonix, donne la liste des objets abandonnés sur le glacier ou engloutis dans la masse, avec la date et le lieu de la disparition. Rien de plus curieux que cette liste, sur laquelle figurent les objets les plus disparates, depuis des toiles, des tiges de fer, des morceaux de bois, des bidons à pétrole, des plaques de plomb abandonnées avec inscription de la date et du site, jusqu'à l'abri surmonté d'un paratonnerre établi en 1887 par M. Vallot sur la cime du Mont Blanc. Cet abri, lentement *bu* par la neige, a fini par disparaître avec son paratonnerre et chemine maintenant dans les profondeurs du glacier. Cette épave, dont M. Vallot donne le signalement exact et la photographie, reparaîtra quelque jour à la surface, rejetée par la glace des régions inférieures.

De tous ces témoins, le plus remarquable peut-être est un modeste noyau de pruneau, rencontré à 12 mètres de profondeur dans le tunnel de glace que perçaient les ouvriers de M. Imfeld en 1891. Combien il est regrettable que le pruneau auquel appartenait ce noyau désormais historique n'ait pas été mangé par un savant consciencieux, qui aurait daté son noyau avant de le jeter sur la neige! Mais on ne s'avise jamais de tout. Quant aux neiges de la cime, étudiées dans le même chapitre, M. Vallot arrive, après M. Durier, à conclure que leur profil extérieur ne cadre pas avec celui de la charpente de rochers qui les supporte. C'est ce qui nous paraît également évident; et les recherches que nous avons personnellement faites sur le mouvement et le transport des neiges de montagnes[1] nous auraient aussi conduit à conclure que la coupole de neige du Mont Blanc est située, par rapport à l'arête, dans une direction oblique, opposée à celle du vent dominant, c'est-à-dire que cette masse neigeuse, alimentée par l'ouest, doit se déverser incessamment du côté de l'est ou du nord-est, vers la partie supérieure du glacier des Bossons et, par avalanches, vers les glaciers du Géant.

Mentionnons encore, parmi les travaux contenus dans ce premier fascicule : un compte rendu, par M. H. Vallot, des premières études entreprises pour l'exécution d'une carte du massif du Mont Blanc à l'échelle du 20 000$^{e}$, un rapport de M. X. Imfeld, l'éminent topographe suisse, sur les travaux de sondage exécutés en 1891 sous le sommet du Mont Blanc à l'instigation de M. Janssen et aux frais de M. Eiffel; une étude de M. le docteur Egli-Sinclair sur le mal de montagnes; mentionnons enfin une note de M. H. Vallot sur la compensation graphique applicable aux points trigonométriques secondaires, et une étude de M. J. Vallot sur les tempêtes au Mont Blanc; cela suffit pour indiquer l'exceptionnelle valeur de cette publication, dont le deuxième fascicule ne tardera pas à paraître. Mais là ne s'est pas bornée l'activité de M. Vallot. Frappé des périls que présente par les mauvais temps la descente de la redoutable montagne, il a jalonné de cent en cent mètres toute la partie dangereuse de la route; en outre il a fait établir sur les longues pentes de la Mer de Glace une série de lignes de cailloux diversement colorés, qui, se combinant avec des signaux fixes construits sur les rives du glacier, permettront d'en mesurer la marche avec précision. Voilà déjà un beau bagage scientifique, autant par ce qu'il a déjà donné que par ce qu'il promet pour un avenir prochain.

De son côté, M. Janssen, l'éminent directeur de l'Observatoire de Meudon, a redoublé d'activité pour établir son observatoire astronomique sur le sommet. Il semble que ce soit un don particulier au Mont Blanc que d'inspirer l'héroïsme à ceux qui le touchent. Nous venons d'en donner une preuve, en voici une autre : Malgré un état de santé qui, joint à son âge, semblerait devoir retenir M. Janssen au pied des pentes neigeuses, il a tenu à faire une deuxième fois l'ascension du Mont Blanc; comme la première fois, il s'y est fait hisser dans un traîneau, mais cette fois-ci avec

1. *Transport des neiges et alimentation des glaciers* (Annuaire du Club Alpin français, 1877).

l'aide de treuils à neige de son invention. Comment pourrait-on ne pas admirer le courage calme d'un homme qui se laisse ainsi enlever, à travers crevasses et pentes glacées, à 4810 mètres au-dessus de la mer, et y séjourne quatre jours et quatre nuits[1]?

Un tel déploiement de volonté devait aboutir à une réussite, en dépit des obstacles. Cette réussite est aujourd'hui assurée. Plus favorisé que M. Vallot, qui a dû prendre sur sa fortune personnelle de quoi construire et entretenir le premier observatoire, M. Janssen a réussi à intéresser à son œuvre quelques hommes riches et généreux, qui n'abandonneront pas le travail commencé. Ajoutons que, mû par un sentiment élevé de solidarité scientifique, M. Vallot a mis son observatoire à la disposition de M. Janssen jusqu'au jour où cette aide n'a plus été nécessaire.

C'est en effet par l'arête des Bosses, sur laquelle s'élève l'observatoire de M. Vallot, que M. Janssen a attaqué la cime du Mont Blanc.

Déjà, avec l'appui financier du Club Alpin français, l'éminent astronome avait fait établir aux Grands-Mulets une station météorologique, à 3000 mètres environ d'altitude. Ainsi assuré de deux points d'appui, il pouvait s'élancer plus hardiment vers la cime. Mais il ne tarda pas à reconnaître que l'arête des Bosses, surplombant les deux versants de France et d'Italie, présentait de grands dangers pour le transport des matériaux encombrants, sur lesquels le vent avait trop de prise. C'est alors qu'abandonnant cette route, et employant une série de treuils à neige, il résolut de hisser le matériel de construction de l'observatoire du sommet par la voie des Rochers Rouges, sur la rive orientale du grand plateau de neige qui précède le point culminant.

C'est en effet par la neige et sur la neige que le travail tout entier devait s'accomplir. Les recherches faites en 1891 par M. Imfeld avaient démontré l'extrême épaisseur de la calotte neigeuse du sommet et enlevé tout espoir d'atteindre une base rocheuse. C'est donc dans la masse neigeuse même qu'il fallait établir l'observatoire. Cette perspective hasardeuse n'arrêta pas M. Janssen, et l'événement prouvera sans doute que, là comme en toutes choses, la fortune sourit aux audacieux.

Nous ne nous arrêterons pas aux constatations par lesquelles M. Janssen s'est assuré du poids que pourrait porter la neige sans s'affaisser; là n'est pas l'intérêt de l'expérience, puisque la neige, on le sait depuis les expériences de Tyndall, présente une sorte de plasticité spéciale par gel, dégel ou regel successifs, qui la laisse traverser très lentement par les objets qui exercent une pression à sa surface. Il est donc certain, et M. Janssen ne s'est fait aucune illusion à cet égard, que l'observatoire du sommet s'enfoncera graduellement dans ce sommet même, comme l'abri de M. Vallot, les plaques de plomb de M. Forel ou le noyau de pruneau dont nous parlions plus haut. En même temps, l'observatoire glissera inévitablement sur la pente qui descend vers le glacier des Bossons. Mais comme ces mouvements s'accompliront avec une extrême lenteur, M. Janssen a entrepris de les combattre et d'en annuler l'effet par un ensemble ingénieux d'organes qui lui permettront de redresser ou même de déplacer l'observatoire. Des vérins appuyés sur de larges plaques de métal seront placés dans ce but sous la base même de la charpente; en dégageant cette base de la neige environnante et en agissant sur les vis des vérins, on modifiera la position du bâtiment tout entier. Ce bâtiment lui-même a reçu la forme qui a paru la plus propre à lui donner un maximum d'assiette dans la neige, où il a été fortement enterré, et un minimum de surface à l'extérieur, où il sera exposé aux efforts du vent et de la neige pulvérulente. Il consiste en une pyramide quadrangulaire tronquée, dont la partie inférieure, formant rez-de-chaussée, est enfouie dans la masse neigeuse de la cime, tandis que la partie supérieure, plus étroite, formant un étage, reste dégagée et s'élève en plein air, surmontée d'une terrasse et d'un petit pavillon en saillie.

C'est dans cette construction, suffisamment achevée au mois de septembre dernier, que M. Janssen a repris la série des belles observations spectroscopiques commencées à son précédent voyage.

Parti de Chamonix le vendredi 8 septembre, il arrivait au sommet le 11 septembre à 2 h. 30 de l'après-midi. Ces deux dates suffisent pour indiquer les difficultés de l'ascension. Une bourrasque de deux jours se déchaîna dès l'arrivée, et pendant ces deux jours les voyageurs demeurèrent privés de vivres.

Enfin, le jeudi, le vent tomba, l'atmosphère s'éclaircit, et M. Janssen put assister à un coucher de soleil qu'il décrit en termes magnifiques dans sa communication à l'Académie des sciences.

Dès le lendemain matin, l'éminent astronome put procéder enfin, avec ses grands instruments, aux expériences depuis si longtemps projetées. Nos lecteurs savent déjà qu'il s'agissait principalement de constater la présence ou l'absence de l'oxygène dans l'atmosphère solaire.

Lors de ses précédents voyages, M. Janssen avait déjà pu constater la décroissance graduelle des raies caractéristiques de l'oxygène dans le spectre solaire à mesure qu'il s'éloignait du niveau de la vallée; cette fois-ci, l'expérience, faite dans des conditions plus parfaites, donna des résultats plus concluants encore. « On a pu constater, dit M. Janssen, que la diminution du nombre et l'affaiblissement des raies de l'oxygène dans le spectre solaire paraissait correspondre à l'épaisseur atmosphérique de 4800 mètres qu'on avait au-dessous de soi, et que dès lors les raies de l'oxygène que nous présente le spectre solaire sont dues entièrement à l'oxygène de notre atmosphère. »

Nous ne pouvons entrer ici dans des détails qui

1. *Comptes rendus de l'Acad. des sciences. Annuaire du Bureau des Longitudes*, 1894 : *Quatre Jours d'observations au sommet du Mont Blanc.*

sortiraient de notre cadre, pour faire sentir toute l'importance de cette constatation. Il nous suffira de dire que la présence de l'oxygène gazeux dans l'enveloppe lumineuse du soleil ne pouvait s'expliquer sans la production de masses énormes de vapeur d'eau par la combustion de l'hydrogène, vapeur qui eût grandement diminué le pouvoir calorifique du soleil et amené son extinction relativement rapide. Le problème semble résolu aujourd'hui, l'oxygène n'existant pas dans l'enveloppe solaire, du moins sous l'état où il se présente sur notre planète.

On devine l'immensité des questions qui se posent devant l'astronome à mesure qu'il s'élève vers les limites de notre atmosphère et qu'il peut dégager ses observations des chances d'erreur que cette atmosphère y mêlait. Ceux qui regretteront — et nous sommes de ce nombre, pourquoi ne pas l'avouer? — la solitude sublime du Mont Blanc de naguère, devront se consoler en songeant que ce qu'il y a de plus près de la poésie, c'est la vérité, et qu'un observatoire est aussi une sorte de temple. Au frisson sacré qui saisissait le voyageur parvenu pour ainsi dire au contact de l'infini, succédera la clarté croissante de la science. Le Mont Blanc aura changé de gloire et de beauté, mais il n'en sera pas moins admirable pour être dominé par quelque chose qui, à vrai dire, était déjà plus haut que lui : la pensée humaine.

F. Schrader.

# LA FRANCE EN GAMBIE

## I

Depuis la signature de l'important traité du 10 août 1889 qui règle la situation réciproque de la France et de l'Angleterre dans l'Afrique occidentale et fixe d'une façon définitive les limites des établissements qu'elles possèdent dans ces régions, notre commerce d'outre-mer s'est beaucoup et à juste raison préoccupé de l'avenir qui lui était réservé dans le bassin de la Gambie.

On s'est trop hâté, à notre avis, de crier à la ruine de notre influence dans les contrées qu'arrose ce grand fleuve africain. Jusqu'à ce jour, en effet, les conséquences économiques de cet arrangement, peut-être prématuré, semblent avoir donné tort aux inquiétudes de nos commerçants coloniaux, et les résultats de leurs opérations ne paraissent pas avoir eu beaucoup à en souffrir[1]. Ils sont tout aussi considérables et tout aussi satisfaisants que par le passé. La cause en doit être uniquement attribuée à la situation vraiment exceptionnelle que nos nationaux ont su se créer dans le pays et au prestige que nos succès militaires sont arrivés à donner à la France auprès des peuplades indigènes avec lesquelles nous nous sommes trouvés en contact.

Au cours de la mission scientifique que le département des colonies avait bien voulu nous confier au Soudan Français en 1891-1892, il nous a été donné d'étudier sur les lieux cette importante question, et, sans avoir la prétention de résoudre définitivement cet épineux problème économique, nous croyons être utile en faisant connaître ici les observations auxquelles nous nous sommes livré et les réflexions qu'elles nous ont suggérées. Mais, avant toutes choses, quelques détails géographiques et historiques nous semblent indispensables pour bien établir l'état de la question et en bien faire comprendre au lecteur toute l'importance.

La Gambie est, après le Congo, le Niger et le Sénégal, le plus grand fleuve de la côte occidentale d'Afrique. Elle prend sa source dans le pays de Labé, à 30 ou 35 kilomètres au nord de cette grande ville noire, dans les environs du petit village peulh de Orédimmah. Ses sources ont été particulièrement visitées par Hecquart, Bayol et Noirot. Ce n'est d'abord qu'un mince ruisseau, que les indigènes désignent sous le nom de *Dimmah*. Elle prend rapidement une importance considérable par suite de l'apport des eaux d'un grand nombre de marigots qui descendent du versant est du contrefort que le Fouta-Djallon envoie au nord, dans cette région. Les habitants lui donnent alors le nom de *Gambia*, qui lui reste jusqu'à son embouchure. C'est aussi le nom que lui avaient attribué les premiers voyageurs qui l'ont explorée. Non loin des sources de la Gambie se trouvent celles du *Rio Grande*, la *Gomba* des indigènes. Quelques kilomètres seulement les séparent l'une de l'autre.

Sur les 100 premiers kilomètres environ de son cours, la Gambie suit une direction générale ouest-est. Elle oblique alors brusquement au nord, et suit cette direction jusqu'au gué de Tomborocoto. Là son cours s'infléchit tout à coup vers l'ouest, et elle se dirige dans ce sens jusqu'à l'embouchure.

Le régime de ses eaux est celui de tous les grands fleuves de la côte occidentale d'Afrique. Comme le Sénégal et le Niger, elle présente dans le cours de la même année des différences considérables de niveau. Dans sa partie moyenne, celui-ci varie, en quelques mois, de 12 à 15 mètres, du moment où il est le plus bas à celui où il est le plus élevé. Pendant l'hivernage, la Gambie est un fleuve majestueux aux eaux bourbeuses et dont le courant est excessivement rapide. Sa largeur est alors quadruplée. En maintes régions, elle déborde, et, comme le Nil, fertilise les terrains avoisinants. Mais dès que cessent les pluies, elle rentre rapidement dans son lit, et à la fin de la saison sèche elle laisse à découvert les barrages qui obstruent son cours, et de nombreux bancs de sable qui, en maints endroits, forment son lit. Il n'y a pas alors, à proprement parler, de biefs véritables, car il est peu de régions où la profondeur soit uniforme.

1. Nous ne pouvons partager absolument cet optimisme. (*Réd.*).

La Gambie reçoit un grand nombre d'affluents, si nous pouvons appeler ainsi les marigots qui l'alimentent. Sur sa rive droite, nous ne trouvons, à proprement parler, qu'un seul cours d'eau qui mérite réellement le nom de rivière, parce qu'il a une source qui lui est propre, c'est la rivière *Oundou*. Vu leur importance, on pourrait également donner ce nom au *Niocolo-Koba* qui arrose le Badou et le pays de Gamou, au *Balé* qui coule dans le Tenda, et au *Sandougou* qui sépare le pays de ce nom du Niani. Mais ces cours d'eau n'ont pas d'origine première véritable. Ils ne sont uniquement formés que par les nombreux marigots qui leur apportent les eaux de pluies et d'infiltration des contrées à travers lesquelles ils coulent. Quant aux marigots proprement dits qui se jettent dans la Gambie sur sa rive droite, ils sont innombrables, et il serait fastidieux d'en donner ici une énumération complète. Sur sa rive gauche, elle ne reçoit qu'une seule rivière également, c'est le *Kouloutou*, que les Anglais désignent sous le nom de *Rivière Grey*. Elle descend du versant ouest du contrefort nord du Fouta-Djallon dont nous avons parlé plus haut. C'est une jolie petite rivière qui, dans la dernière partie de son cours, sépare le Kantora du pays de Damantan. Beaucoup de marigots sont aussi tributaires de la Gambie de ce côté. On ne saurait, en réalité, donner aux marigots le nom d'affluents. Le régime de leurs eaux diffère, en effet, absolument de celui des cours d'eau que l'on a l'habitude de désigner ainsi. Pendant l'hivernage, ils reçoivent le trop-plein des eaux du fleuve. Leur courant est alors dirigé du fleuve vers l'intérieur des terres. Pendant la saison sèche, en revanche, ils se déversent dans le fleuve ou rivière au bassin duquel ils appartiennent. Leur courant est alors dirigé en sens contraire du précédent. Une petite levée de terre ou de sable, suivant les régions, se forme peu à peu à leur embouchure. C'est un véritable barrage, qui ne tarde pas à devenir assez élevé pour arrêter complètement l'écoulement des eaux. Il se forme ainsi dans tout leur cours, de distance en distance, de véritables réservoirs où les eaux croupissent et finissent par disparaître complètement, par évaporation, sous l'action de la chaleur solaire, et quand des terrains environnants, complètement desséchés, ne peuvent plus les alimenter. Dans la dernière partie de son cours, les marigots que reçoit la Gambie ne sont plus, à proprement parler, des marigots : ce sont de véritables *diverticula* du fleuve, que les Anglais désignent sous le nom de *creek*.

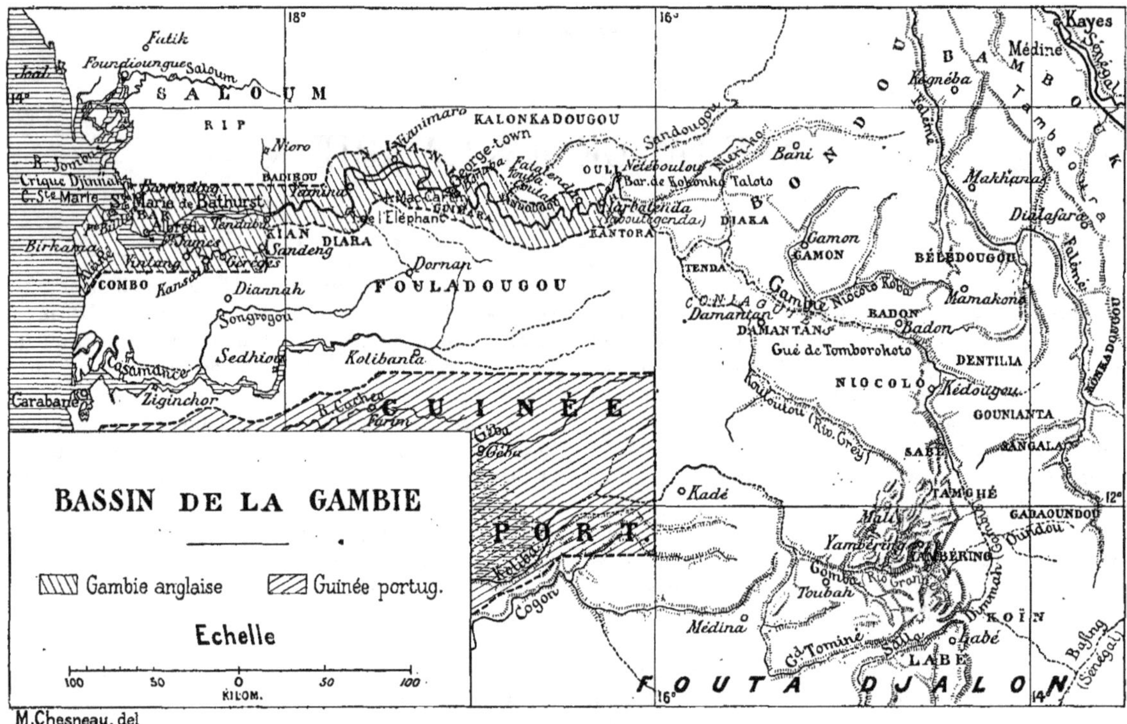


Depuis sa source jusqu'à son embouchure, les pays qu'arrose la Gambie sont sur la rive droite : le pays de *Labé*, le *Koïn*, le *Gadaoundou*, le *Sangala*, le *Gounianta*, le *Dentilia*, le *Badon*, le *Gamon*, le *Tenda*, l'*Ouli*, le *Sandougou*, le *Niani*, le *Badibou* et le *Bar*. Sur sa rive gauche, nous trouvons : le *Labé*, le *Yambéring*, le *Tamgué*, le *Sabé*, le *Niocolo*, le *Coniaguié*, le *Damantan*, le *Kantora*, le *Fouladougou*, le *Guimara*, le *Diara*, le *Kian* et le *Combo*. La population de ces différents pays peut s'élever à un total d'environ 400 000 habitants, dont 60 000 à peine résident sur le territoire anglais. Partout, sauf dans le Gamon, le Badon, le Damantan et le Kantora, les rives du fleuve sont éminemment fertiles et peuvent être cultivées avec profit.

D'après l'énumération qui précède, il est facile de se rendre un compte exact de l'immense superficie du bassin de ce grand fleuve africain. Qu'il nous suffise de dire que ses limites extrêmes sont : au nord le 13° 50′, au sud le 11° 30′ de latitude nord, à l'est le 13° 55′, à l'ouest le 19° 12′ de longitude ouest.

A l'époque des basses eaux, le fleuve est navigable pour les grands vapeurs jusqu'à l'île de Mac-Carthy. De ce point, les navires de faible tirant d'eau peuvent remonter en toutes saisons jusqu'au barrage de Kokonko-Taloto;

au-dessus, on ne peut guère, du moins pendant la saison sèche, y faire circuler que des chalands en bois et à fond plat et des pirogues indigènes. L'entrée de son estuaire est beaucoup moins dangereuse que celle du Sénégal. La mer y est meilleure et surtout la barre y est plus profonde. Les navires calant 3 mètres, par exemple, peuvent, en toutes saisons, venir mouiller devant Bathurst, et là on ne trouve pas moins de 20 mètres de fond au pied même des appontements des maisons de commerce.

La constitution géologique du sol du bassin de la Gambie diffère peu de celle des autres parties du Soudan français. D'une façon générale, on peut dire qu'il appartient tout entier à la période secondaire. Certes en maints endroits on pourra signaler l'existence d'épaisses couches d'alluvions, mais le squelette, l'ossature elle-même de tout le pays se rattache absolument à cet âge géologique. Du reste, les roches qui la forment ne peuvent laisser aucun doute à ce sujet. On n'y rencontre guère en effet que des grès, des quartz simples ou ferrugineux et des schistes de toutes variétés, ardoisiers, lamelleux et micacés. Dans les vallées, la croûte terrestre est formée d'argiles compactes résultant de la désagrégation des roches qui forment le terrain ardoisier, et sur les plateaux c'est la latérite qui domine. Partout où l'on rencontre ce dernier terrain, le sol est d'une surprenante fertilité, et les indigènes en connaissent si bien la richesse, que c'est là, de préférence, qu'ils cultivent les arachides, le mil, le maïs, etc., qui forment la base de leur nourriture. Les bords du fleuve et des marigots sont, en général, couverts d'alluvions récentes qui sont transformées en belles rizières pendant la saison des pluies. En fait, la masse d'eau souterraine se trouve, suivant les régions, à des profondeurs variables. Sur les plateaux, il faut parfois descendre jusqu'à 30 et 40 mètres pour la trouver, et dans les plaines il n'est pas rare de la rencontrer à 1 m. 50 au maximum. L'eau du fleuve et de la plupart des marigots est d'excellente qualité, ne contient aucun principe nuisible et est propre à tous les usages domestiques. Celle des puits présente souvent un aspect laiteux et contient en abondance des matières terreuses en suspension. Il suffit de la laisser reposer et de décanter ensuite pour avoir une eau absolument claire, limpide et potable.

La faune du bassin de la Gambie est des plus riches. Les grandes antilopes de toutes variétés y foisonnent. Les sangliers, biches, gazelles, etc., y sont excessivement communs et le gibier à plume abonde partout. Les animaux nuisibles sont relativement rares. Nous citerons parmi ceux-ci le lion, le lynx, la panthère. L'éléphant y vit en troupes nombreuses, surtout dans les régions désertes du Tenda, du Kantora et du pays de Damantan. Les indigènes lui font une chasse acharnée, mangent sa chair, qui est pour eux un mets délicieux, et vendent les défenses à Bathurst ou à Mac-Carthy. Le fleuve et les marigots sont riches en poissons de toutes sortes, et l'hippopotame y est très commun. Ses défenses, d'un ivoire de qualité inférieure, sont encore pour les habitants une source de profits assez importants. Tous les cours d'eau sont littéralement infestés de caïmans et ces immondes animaux y atteignent parfois des proportions réellement surprenantes. Parmi les animaux domestiques, nous citerons le bœuf, le mouton, les chèvres, les poulets et les canards. Dans tous les villages, le chien est très commun. C'est lui qui est, pour ainsi dire, le seul agent de la voirie municipale.

La flore du pays tient à la fois de celle des steppes sénégalaises et soudaniennes et de celle des régions les plus tropicales des Rivières du Sud. Nous y trouvons réunis les végétaux rabougris du Soudan et les magnifiques essences des régions les plus méridionales de l'hémisphère nord. Citons au hasard les palmiers, citronniers, orangers, les grandes légumineuses, les gigantesques sterculiacées, le baobab, le fromager, le karité, etc. Dans ses champs et ses jardins, le noir cultive partout avec succès le mil, le maïs, le riz, le tabac, l'indigo, l'oignon, la courge, la calebasse et enfin l'arachide, qui est dans ces régions l'objet d'un commerce important et dont la qualité est supérieure à celle des arachides de tous les autres pays.

Quant à la population, elle est formée des éléments les plus divers. On y trouve, pour ainsi dire, des représentants de toutes les races connues du Soudan : des Ouolofs venus du Sénégal, des Akous originaires de Sierra-Leone, des Peulhs du Fouta-Djallon, des Diolas, des Mandingues aborigènes, des Sarracolés venus du Kaarta et enfin des Bossarés et des Coniaguiès, véritables sauvages vivant isolés des autres et rebelles à toute civilisation. L'Européen y est faiblement représenté. Les rigueurs du climat torride qui est propre à ces vastes contrées ne lui permettent pas de s'y développer, d'y résider longtemps et d'y faire souche. Il peut néanmoins, en s'y soumettant aux règles d'une hygiène rigoureuse, y vaquer à ses occupations et y faire des séjours assez prolongés, à la condition toutefois qu'il vienne de temps en temps en Europe se retremper et éliminer le poison qu'il aura absorbé.

Tel est, dans ses grandes lignes, l'aspect géographique de ces vastes territoires, où depuis tant d'années notre politique d'expansion coloniale s'est si souvent heurtée à l'influence anglaise. Il nous suffira de faire ici l'histoire de cette lutte économique et d'enregistrer, sans commentaires, les résultats acquis, pour démontrer d'une façon évidente comment, au point de vue politique et commercial, nous l'avons emporté sur des voisins qu'on se plaît à tort à regarder partout et toujours comme invincibles.

Afin d'apporter plus de clarté à cette étude, nous la diviserons en deux parties. La première sera consacrée à l'histoire de l'influence anglaise et de l'influence française dans la basse et la moyenne Gambie; dans la seconde, nous exposerons comment elles se développent dans le haut cours du fleuve.

## II

Avant le traité du 10 août 1889, les Anglais ne possédaient en Gambie que Sainte-Marie de Bathurst et son territoire, un protectorat sur le *Combo*, l'*île de Mac-Carthy*, *Elephant-Island*, un peu en avant de Yamina, quelques comptoirs de commerce, *Vintang*, *Badiana*, *Albreda*, *Tendaba* et une bande de terrain sur la rive droite, s'étendant depuis la crique *Djinnak* jusqu'à *Albreda* et n'ayant pas plus d'un mille marin de profondeur. La colonie paye encore, à titre de redevance, au chef du Combo, une certaine somme d'argent dont le chiffre a été stipulé dans le traité passé entre lui et le gouvernement et en vertu duquel il autorisait les Anglais à s'établir au cap Sainte Marie.

La capitale, Bathurst, fut fondée en 1816 dans l'île Sainte Marie et s'appela d'abord Léopold. Certes, si

Bathurst est supérieurement située au point de vue commercial, elle est, par contre, d'une insalubrité remarquable. Entourée de marais au sud, les Européens qui sont appelés à l'habiter y subissent rapidement l'influence de la malaria et ne pourraient y résider que fort peu de temps, s'ils n'allaient se reposer et respirer un air moins empesté au cap Sainte Marie, où il a été établi un véritable sanatorium. Là, les fonctionnaires et les principales factoreries possèdent de saines maisons de campagnes, qu'ils habitent surtout pendant la saison des pluies. La distance de Sainte-Marie de Bathurst au Cap est d'environ une douzaine de kilomètres. Il a été souvent question d'y établir le siège de l'administration et de décapitaliser Bathurst. Mais la mer y est mauvaise et le mouillage moins sûr.

Bathurst est une ville assez importante par son commerce. Sa population, relativement nombreuse, est principalement formée de mulâtres et d'indigènes. Il n'y a guère plus d'une centaine d'habitants d'origine européenne. La plupart sont Français. Seuls les fonctionnaires supérieurs de l'administration sont Anglais. Vue du large, la ville a un aspect séduisant, car toutes les maisons de commerce se trouvent sur le bord du fleuve à l'ombre de gigantesques fromagers. Les principales factoreries sont françaises. Ce sont : *Maurel et Prom* de Bordeaux, *Maurel frères* de Bordeaux, la *Compagnie Française de la Côte occidentale d'Afrique et du Sénégal* de Marseille, *Lagrange* de Marseille, *Bourère* de Marseille. Il n'y a qu'une seule maison anglaise qui mérite d'être mentionnée : c'est la *Bathurst Trading Company* de Liverpool, et encore son chiffre d'affaires est-il bien inférieur à celui de n'importe laquelle des maisons françaises. Dès que l'on a traversé Wellington Street, la rue principale de Bathurst, on tombe tout de suite dans la ville indigène. Les rues en sont larges, mais mal entretenues. Au milieu sont creusés des canaux pour permettre aux eaux de s'écouler. Si l'on avance un peu dans l'ouest, on ne tarde pas à rencontrer de vastes marais pestilentiels qui sont une des causes les plus actives de l'insalubrité de la ville, surtout pendant l'hivernage, alors que les vents d'ouest et de sud-ouest n'arrivent à Bathurst qu'après avoir passé sur ces terrains toujours inondés pendant les hautes eaux.

A part les maisons de commerce et les établissements publics, le reste de la ville se compose en grande partie de misérables huttes en bambous d'une saleté repoussante où grouille une population noire formée des éléments les plus divers. Les Ouolofs du Sénégal y sont particulièrement nombreux.

Il n'y a que peu d'établissements publics. En voici la liste : l'établissement des Sœurs de Saint-Joseph de Cluny, la mission des Pères du Saint-Esprit avec son église, l'école des filles, l'école des garçons où les professeurs, par ordre de l'autorité, ne doivent enseigner que l'anglais, la caserne des *policemen* sur une grande place plantée de fromagers, l'hôtel du gouverneur avec son jardin, le nouvel hôpital (l'ancien sert de logement aux fonctionnaires), enfin l'établissement du câble télégraphique. Bathurst est relié au cap Sainte Marie par une belle route qui longe le cimetière et traverse Oyster Creek sur un solide pont en fer construit sur pilotis.

Une batterie établie près du gouvernement et armée de vieilles pièces forme avec le fort Bullen, situé en face de Bathurst sur la pointe Barra, et absolument délabré, les seules défenses de la rade et de la ville. Pendant longtemps il n'y avait pas de garnison, et l'ordre y était maintenu par une compagnie de policemen indigènes; mais, depuis deux ans, une compagnie de cipayes y réside continuellement. De plus, une petite canonnière stationne toute l'année sur la rade.

A environ 38 kilomètres de Bathurst en amont, quand on a doublé la pointe Dog, on trouve au milieu du fleuve, en face d'Albreda, le vieux fort Saint James. Il tombe littéralement en ruine.

Le câble sous-marin de la *West African Company*, qui touche à Dakar, passe également à Bathurst. Une ligne de paquebots venant de Liverpool dessert la colonie toutes les trois semaines à l'aller et au retour. De plus, de nombreux vapeurs, la plupart français, y viennent, chaque année, charger les graines de palme, peaux, arachides, gommes et caoutchouc. L'entrée du fleuve est balisée, mais non éclairée.

Avant la fondation de Bathurst, le principal comptoir des Anglais en Gambie était Albreda. Il est aujourd'hui bien moins important qu'autrefois et les affaires qui s'y traitent diminuent chaque jour.

Il en est tout autrement de Mac-Carthy, qui, bien déchue cependant de son ancienne prospérité, est encore le centre de transactions considérables et d'un commerce relativement actif.

L'île de Mac-Carthy est située au milieu du fleuve, à environ 320 kilomètres de son embouchure. Sa superficie est d'environ 60 kilomètres carrés. Les deux bras du fleuve qui l'enserrent ont une largeur inégale et le bras nord est de beaucoup le plus important. Il est aussi plus accessible à la navigation que celui du sud. C'est, du reste, sur sa rive que se trouvent tous les établissements commerciaux de l'île.

Il y a près de trois siècles que Mac-Carthy est connue des Européens. En 1618 Thompson la visita. Parti de l'embouchure de la Gambie, il remonta le fleuve jusqu'au Tenda, reconnut, par conséquent, cette île et se disposait à redescendre jusqu'à l'embouchure, lorsqu'il fut massacré par les indigènes. Deux années plus tard, Jobson y aborda de nouveau, et, en 1796, Mungo-Park y séjourna. Depuis cette époque, de nombreux voyageurs l'ont visitée; mais c'est seulement au commencement du siècle que les Anglais comprirent son importance et s'y installèrent définitivement.

Relativement à son étendue, Mac-Carthy est peu peuplée. Elle n'a pas plus de 1 800 habitants, soit environ 25 par kilomètre carré. On n'y trouve que deux centres de population : George-town et Boraba.

*George-town* (1 500 hab.) est située dans la partie centrale de l'île, sur sa côte nord. Sa population se compose d'éléments les plus divers : un seul Européen, deux au plus, agents de la Compagnie française; des mulâtres anglais venus de Bathurst et de Sierra-Leone, des Ouolofs, des Malinkés, des Akous de Sierra-Leone et quelques Toucouleurs. De tous ces peuples, seuls les Malinkés ou Mandingues sont indigènes; les autres ne sont qu'importés et ne sont venus qu'à la suite des commerçants qui les emploient, ou pour y faire eux-mêmes du commerce, à leurs risques et périls.

La ville elle-même se compose de deux parties : l'une est construite en pierre, c'est la ville commerciale; l'autre, construite à la mode indigène, est la ville noire.

Les constructions sont peu nombreuses dans la ville

commerciale. On n'y trouve guère que la factorerie française, la factorerie anglaise, l'église protestante, quelques magasins et enfin la demeure du gouverneur. De toutes ces constructions, la factorerie française est de beaucoup la mieux comprise et la plus confortable. C'est une vaste maison construite avec galeries et vérandas, et bien appropriée aux pays chauds. D'immenses magasins en dépendent, et l'on y trouve toutes les installations que nécessite le commerce tout particulier de ces régions. La factorerie anglaise est moins bien construite et bien moins confortable. Le palais du gouverneur est un pavillon carré, construit en pierre, avec rez-de-chaussée et étage. Il est à galeries et à arcades. Jusqu'à ce jour il était assez mal entretenu. Le gouverneur actuel, M. Syrett, y faisait exécuter de grandes et utiles réparations pendant le séjour que nous avons fait à Mac-Carthy.

George-town a dû être autrefois un centre de population et de commerce bien plus important qu'il ne l'est aujourd'hui. On peut s'en faire une idée par les ruines que l'on y rencontre à chaque pas : ruines de l'ancien palais de justice, de l'hôpital, des casernes, de maisons particulières, toutes constructions faites à grands frais avec la pierre ferrugineuse du pays, qu'il faut aller chercher au loin sur la terre ferme, et avec ciment et chaux soit importée d'Europe, soit fabriquée avec des coquilles d'huîtres que les côtres apportent de Bathurst. C'est encore le mode de construction employé aujourd'hui.

La ville indigène est bien tracée. Elle se compose de huttes indigènes construites à la mode du pays, en chaume et en bambous. Entre les cases, les habitants font de petits jardinets, où ils cultivent du tabac, des courges, calebasses, etc., mais avec le même manque de soin dont le noir fait toujours preuve partout. Les rues sont larges et assez bien entretenues devant les habitations, mais sales dans leur milieu, où les herbes poussent à discrétion.

Nous avons dit plus haut de quels éléments se compose la population de George-town. Tout ce monde-là parle anglais et, dans les relations journalières, ne se sert absolument que de cette langue. La plupart des habitants sont protestants, et le dimanche est observé comme dans la ville la plus puritaine d'Angleterre. Le pasteur est un noir qui fait partie de la mission de Bathurst.

A 3 kilomètres environ de George-town, à l'est, se trouve le petit village de *Boruba* (300 hab.). Il est habité uniquement par des Mandingues, qui vivent là paisiblement et se livrent à la culture de leurs lougans de mil, patates, riz, arachides. Ils ne viennent guère à George-town que pour y chercher ce dont ils peuvent avoir besoin.

Les autres comptoirs de commerce que possédaient les Anglais en Gambie avant 1889 sont de minime importance. En résumé, en dehors du protectorat du Combo, de Bathurst et de Mac-Carthy, la Grande-Bretagne n'était maîtresse d'aucun autre territoire sur la terre ferme que des quelques arpents sur lesquels s'élevaient les factoreries de ses nationaux. De même, elle n'était liée à aucun des grands chefs aussi bien de la rive droite que de la rive gauche, par quelque traité que ce fût. Malgré cela, la petite colonie de Gambie est une des plus florissantes de la côte d'Afrique. Ce n'est que depuis 1821 qu'elle est placée sous le gouvernement direct de l'Angleterre. Elle appartenait avant cette époque à une compagnie concessionnaire. Ses douanes constituent, pour ainsi dire, son seul revenu, qui n'est pas de moins de 650 000 francs par an. Elle n'a pas de dette. Nous ferons tout particulièrement remarquer que plus des trois quarts du revenu sont constitués par les droits relativement exorbitants que les maisons françaises payent chaque année au fisc et dont sont frappées toutes les marchandises qui y sont importées. Le commerce anglais, comme nous le verrons plus loin, n'étant que très faiblement représenté, n'en acquitte, par conséquent, que fort peu.

L'influence politique de l'Angleterre en Gambie était donc absolument nulle avant ces dernières années. Il était loin d'en être de même pour la France. Quelques explications suffiront pour bien faire comprendre toute l'importance de ce fait.

L'établissement du premier comptoir français en Gambie remonte à André Brüe. Ce fut en effet en 1698 que cet actif directeur de la « Compagnie royale du Sénégal » fonda à Albreda la première factorerie française. Le terrain sur lequel s'élevaient les constructions n'avait pas plus de 157 mètres de côtés. C'était un quadrilatère parfait. Il a appartenu à la France jusqu'au milieu de ce siècle et a été échangé aux Anglais contre Portendik, escale située sur la côte des Maures, au nord de Saint-Louis, et où se faisait autrefois un assez grand commerce de gommes. La France possédait encore à *Gèrèges* un autre comptoir situé sur un affluent méridional du fleuve. Il est aujourd'hui abandonné et est compris dans la zone de terrain qui, au sud de la Gambie, a été cédée à l'Angleterre. Ce fut de Gèrèges que partit André Brüe en 1700 pour son voyage à travers les contrées comprises entre la Gambie et la Casamance. Depuis cette époque, et malgré les luttes que la colonie du Sénégal eut à soutenir tant contre les Anglais que contre les indigènes, l'influence politique de la France dans ces régions n'a fait que croître. Vers la fin du XVIIIe siècle, M. de Repentigny, gouverneur du Sénégal, signe avec les chefs du pays de Bar un traité fort avantageux. Par l'article 8 du traité de Paris (30 mai 1814), tous les établissements que nous possédions au 1er janvier 1792 sur la côte occidentale d'Afrique, c'est-à-dire le bassin du Sénégal et le littoral compris entre le cap Blanc et l'embouchure de la Gambie, nous furent rendus. En 1886-1887, colonne du Rip et du Badibou, établissement du fort de Nioro et conquête de ces deux pays. En 1887, le colonel Gallieni, alors commandant supérieur du Soudan français, établit le protectorat de la France sur le Niani, le Sandougou, l'Ouli. En 1888, c'est le Kantora — où se trouvait autrefois le fameux marché de *Kantor*, cité par certains historiens portugais comme un centre commercial aussi important que pouvait l'être jadis Tombouctou — qui signe avec le commandant Archinard un traité de protectorat. Ainsi, en 1889, sauf le Combo, placé sous le protectorat de l'Angleterre, le Kian, le Diara, le Guimara et le Fouladougou, qui étaient indépendants, tous les États riverains de la basse et de la moyenne Gambie étaient placés sous notre autorité. Mais aujourd'hui que toutes les nations européennes se sont jetées à la curée du sol africain, et pour éviter dans l'avenir des complications probables, il convenait d'établir une ligne de démarcation exacte entre les possessions françaises et anglaises en Gambie. Le 10 août 1889, une convention fut signée entre les deux puissances intéressées et elle fut ratifiée le 12 mars 1890. Par ce traité, nous avons fait abandon à la Grande-Bretagne, sur la rive droite et la rive gauche du fleuve, d'une bande de terrain de 10 kilomètres de profondeur et s'étendant de son embouchure jusqu'au village de Yaboutegenda dans l'Ouli. Autrement dit, nous lui cédions tout le bassin de la Gambie navigable en toutes saisons. Cette langue de terre forme ainsi une véritable barrière entre nos possessions du Sénégal et notre colonie des Rivières du Sud.

Vers la fin de 1890, une commission composée de délégués français et anglais fut envoyée sur les lieux pour procéder à la délimitation exacte de ces régions, conformément aux conditions de l'arrangement du 10 août 1889. Les délégués français étaient MM. Pinaud, capitaine d'infanterie de marine, Tête, lieutenant d'infanterie de marine, et le docteur Bonnefoy, médecin de 2e classe de la marine. Il résulte des travaux de cette commission, que MM. Tête et Bonnefoy ont bien voulu nous communiquer, que la colonie anglaise, telle qu'elle est maintenant constituée, est comprise entre les méridiens 13° 27′ et 19° 12′ ouest de Paris et les parallèles 13° 10′ et 13° 35′36″ nord. La frontière part, au sud, de l'embouchure de l'*Aléiné*, dont elle remonte la rive gauche jusqu'à la rencontre du parallèle 13° 10′ (un palmier dont on a élagué la tête sert de pilier), qu'elle suit jusqu'à la rencontre du méridien 18° 6′56″, passant à 1 kilomètre dans l'est de *Sandeng*, après un parcours de 107 km. 500 (le pilier en pierres est élevé près du village de *Kasambon*), remonte ensuite au nord et s'arrête à 10 kilomètres de la rive gauche de la Gambie, près du village de *Damboutou*, où a été élevé un pilier en pierres. Au nord, elle part de la pointe de la crique de *Djinnak* (pilier en maçonnerie), pour suivre le parallèle 13° 35′36″, et s'arrête à 10 kilomètres du grand coude de la Gambie, après un parcours de 118 km. 500, près du village de M. Bayen, où a été construit un pilier en pierres. A partir de ces deux points, la ligne frontière suit les deux rives de la Gambie à une distance constante de 10 kilomètres, jusqu'au delà de Yaboutegenda, où un écriteau en bois portant : *Anglo-French Frontier*, a été fixé sur un arbre de la rive gauche dont on a coupé les branches basses. Le village de Touba-Couta, où le capitaine Fortin, de l'artillerie de marine, défit complètement dans un brillant combat, le marabout Mahmadou-Lamine en 1887, appartient donc désormais à l'Angleterre. Il est, en effet, situé dans cette zone de 10 kilomètres dont nous avons fait abandon à la Grande-Bretagne.

Dr Rançon.

(*La fin à la prochaine livraison.*)

# CHRONIQUE GÉOGRAPHIQUE

## EUROPE

**Les lacs du Danemark.** — Dans un pays aussi abondant en nappes d'eau que le Danemark, l'exploration des lacs, qui est aujourd'hui à l'ordre du jour en Europe, devait naturellement occuper les naturalistes.

M. Feddersen leur consacre un article dans le *Geografisk Tidskrift* de Copenhague. Il distingue les lacs des côtes et ceux de l'intérieur. Les premiers, séparés de la mer par un mince pédoncule de terre, sont d'anciens golfes. Ils sont fréquents particulièrement sur la côte occidentale du Jutland et sur celle de Sjælland. Très nombreux et de formes très diverses sont les bassins de la deuxième catégorie. M. Feddersen les divise en plusieurs types, d'après une pittoresque classification dérivant de la ressemblance de leurs bassins avec des ustensiles de cuisine. Ce sont : 1° les lacs en forme de marmite, caractérisés par des rives accores, une grande profondeur et l'absence d'émissaires ou d'affluents; 2° les « lacs-chaudières », présentant des rives escarpées, mais des fonds moindres que les précédents; 3° les « lacs-poêles », offrant, comme cet engin culinaire, un fond plat à une petite profondeur; 4° les lacs formés par un barrage dans une vallée d'érosion. Souvent un même lac réunit ces divers caractères localisés dans différents bassins réunis par des goulets en une nappe d'un seul tenant.

Les lacs danois les plus profonds sont :

| | Prof. | Alt. |
|---|---|---|
| Lac Fure . . . . . . | 37 m. 20 | 19 m. |
| Lac Gleenstrup. . . . | 33 m. | 14 m. |
| Lac Mos. . . . . . | 33 m. | 22 m. |
| Lac Fusing . . . . . | 31 m. | 15 m. |
| Lac de Viborg. . . . | 24 m. 8 | 9 m. |
| Lac Hold . . . . . . | 24 m. 8 | 9 m. |

Des expériences sur la transparence de l'eau ont donné les résultats suivants : la limite de visibilité des barres de Forel varie entre 1 m. 86 (lac Bavelse, profondeur max. 20 mètres) et 4 m. 65 (lac Esrom, prof. maximum 15 m. 60). Les observations ont été faites en juin, dans la matinée, la température de l'eau étant de + 15 degrés.

Une carte bathymétrique du lac Tjustrup complète l'intéressant travail de M. Feddersen, qui, nous l'espérons, sera poursuivi.

## AFRIQUE

**Sahara.** — M. Foureau, bien connu déjà par ses explorations dans le Sahara, vient de rentrer en France après avoir accompli dans cette même région un voyage des plus intéressants. Parti de Biskra vers la fin de l'année dernière, M. Foureau s'est d'abord dirigé sur In-Salah, dont il a pu s'approcher d'une cinquantaine de kilomètres, et rectifier ainsi la longitude de cette oasis, qu'il faudrait reporter, selon lui, à plus de 100 kilomètres vers l'est; la mission s'est ensuite dirigée sur El-Biodh, Timassinin et Tadjentourt, puis est revenue à Biskra après avoir atteint dans le Tassili des Azdjer un point de l'Oued Mihero situé à deux journées de marche du lac du même nom. M. Foureau rapporte de son exploration 4 600 kilomètres de levé et 150 observations astronomiques et magnétiques.

Presque en même temps que M. Foureau, un autre voyageur, M. d'Attanoux, qui avait remplacé M. Méry comme chef de l'expédition envoyée au commencement de cette année chez les Touareg par le syndicat de Ouargla au Soudan, est revenu en excellente santé. M. d'Attanoux a rencontré près du lac Menghough les grands chefs azdjer, qui lui ont remis une confirmation écrite des engagements conclus en 1862 avec les représentants d'Ikhenoukhen par le commandant Mircher et le capitaine (depuis général) de Polignac et connus sous le nom de « traité de Ghadamès ».

**Sénégal.** — M. L. Fabert, qui avait été chargé d'une

mission d'exploration dans le nord du Sénégal et dans le Sahara occidental, vient de rentrer à Saint-Louis assez sérieusement malade, sans avoir pu mener à bonne fin les études qu'il s'était proposé de faire sur les mouvements commerciaux du Sahara.

**Dahomey.** — Le *Temps* a publié dernièrement un certain nombre de latitudes rapportées du Dahomey par M. le capitaine Decœur et qui serviront de base pour la nouvelle édition de la carte définitive, actuellement en préparation à l'État-Major. Voici ces positions :

| | Latitude nord |
|---|---|
| Pessi | 8° 5′12″ |
| Doumi | 8° 0′ 6″ |
| Savalou | 7° 56′ |
| Darsa-Zoumé | 7° 45′50″ |
| Logozohé | 7° 51′ 8″ |
| Oumbégamé | 7° 19′20″ |
| Abomey | 7° 6′40″ |

**Caméroun.** — Le comité allemand qui a organisé l'expédition d'Uechtritz dans le Hinterland du Cameroun a reçu d'Akassa une dépêche de M. d'Uechtritz annonçant qu'il revient à la côte. On ignore les motifs de cette décision[1].

**Congo français.** — A la suite d'une entrevue que M. Grelle-Rogier, chef de l'administration des affaires étrangères de l'Etat du Congo, a eue avec M. Casimir-Perier, le gouvernement français avait décidé d'envoyer à Bruxelles une délégation pour tenter de résoudre à l'amiable avec le gouvernement du Congo la question pendante, depuis si longtemps, des limites du Congo français dans la région de l'Oubanghi.

Les commissaires français qui étaient partis le 13 avril pour Bruxelles étaient: MM. G. Hanotaux, directeur des consulats et des affaires commerciales au Ministère des affaires étrangères, J. Haussmann, chef de la division politique au Ministère des colonies, et Desbuissons, géographe du Ministère des affaires étrangères.

Les délégués du gouvernement du Congo étaient : MM. Grelle-Rogier, chef de l'administration des Affaires étrangères de l'État du Congo, le chevalier de Cuvelier, le capitaine Liebrechts, secrétaire général du département de l'Intérieur, et le lieutenant Milz.

Après une semaine de pourparlers, les négociations ont dû être rompues sans que les délégués aient pu parvenir à une entente.

**État indépendant du Congo.** — La délimitation des frontières respectives de l'État du Congo et de la colonie portugaise de l'Angola dans le Soudan vient d'être définitivement réglée.

Les commissaires étaient : pour l'État du Congo, le Révérend G. Grenfell, auquel était adjoint, en qualité de commissaire royal pour les travaux techniques, le capitaine Gorin; et pour le Portugal Son Excellence de Brito Godins, gouverneur général par intérim de la province d'Angola, qui délégua ses pouvoirs au lieutenant Sarmento, pour ce qui concernait les travaux sur le terrain.

Le procès-verbal fixant la délimitation de la frontière fut signé par les deux commissaires à Saint-Paul-de-Loanda le 26 juin 1893 et vient d'être ratifié le 24 mars par les deux gouvernements intéressés.

Voici les principales lignes de la nouvelle délimitation depuis le Kouango jusqu'au Kassaï.

La continuation du thalweg du Kouango depuis le 8° parallèle jusqu'au confluent de la Toungila, le thalweg de la Toungila, le thalweg de la Lola, une ligne joignant la Lola et la Komba, le thalweg de la Ouamba jusqu'à l'Ouevo, le thalweg de l'Ouevo, le thalweg du Kombo et de la Kamagouna jusqu'au 8° latitude sud. De ce point la limite suit le 8° parallèle jusqu'à la Loukaï, puis le thalweg de cette rivière jusqu'au parallèle 7° 55′ sud, ce parallèle jusqu'au Kouango, le thalweg du Kouango jusqu'au 8°, ce parallèle jusqu'à la Louita, le thalweg de cette rivière jusqu'à son confluent avec le Kouilou, le parallèle de ce confluent jusqu'à la Kangouloungou, le thalweg de ce cours d'eau puis celui du Loangoué jusqu'au 7° latitude sud. Plus loin elle suit ce parallèle jusqu'à la Lovoua, le thalweg de la Lovoua jusqu'au parallèle 6° 45′ latitude sud, puis ce parallèle jusqu'à la Chikapa, le thalweg de cette rivière jusqu'au 7° 17′ latitude sud et enfin ce parallèle jusqu'au Kassaï.

## ASIE

**Chemins de fer en Turquie d'Asie.** — La ligne de Haïfa à Damas, actuellement en construction, est entreprise par une société anglaise. Elle part de la baie d'Acre, d'où elle se relie à Haïfa d'un côté et à Saint-Jean-d'Acre de l'autre. Elle pénètre, en passant au sud de Nazareth, dans la vallée du Jourdain, dont elle longe la rive droite jusqu'au lac de Tibériade. Elle effleure ensuite l'extrémité méridionale de ce bassin, puis monte sur le plateau du Haouran, pour traverser la plaine de Damas, et atteindre la ville par le sud. De Damas, son terminus actuel, on aurait le projet, encore vague, de la prolonger jusqu'à l'Euphrate. En vue du trafic que provoquera vraisemblablement cette ligne, les ports de Saint-Jean-d'Acre et de Haïfa vont être approfondis, de façon à recevoir de grands bâtiments maritimes.

On sait qu'une autre ligne, celle-là de construction française, et également commencée, va joindre Damas au littoral en partant de Beyrouth. Elle est plus courte, mais elle a dû surmonter de plus grandes difficultés techniques, pour traverser les deux chaînes du Liban et de l'Anti-Liban. Elle sera également prolongée au nord de Damas.

**Nouvelles routes à travers le désert Syrien.** — Nous trouvons dans les *Mitteilungen* quelques détails sur une intéressante expédition du baron d'Oppenheim, qui a ouvert de nouvelles routes à travers le désert Syrien.

Parti en juin 1893 du Haouran, qu'il contourna au sud-ouest, il traversa le Harra par une route encore inconnue, et gagna les montagnes de Safah, qu'aucun Européen n'avait vues depuis le voyage de Wetzstein en 1858; de là il se dirigea au nord par le Djebel Ses, mais ne put, par crainte des Bédouins, se diriger droit sur Palmyre; il prit pour l'atteindre une route située plus à l'ouest, suivant une ligne ondulée. Puis, par un chemin connu des caravanes, il se rendit à Der-es-Sor, où il franchit l'Euphrate; il explora les cours inférieur et moyen, encore très peu connus, du Khabour, puis, à partir de Tel-Kokeb, il arriva, par le Rad et le Djoudjour, à Nisibin, et, après une excursion dans le Sindjar, se rendit à Mossoul, pour gagner de là Bagdad par une route en zigzag.

1. Notre ami et collaborateur M. Maistre nous écrit ceci, à propos d'un passage de notre chronique d'avril : « Une légère erreur s'est glissée dans votre dernier numéro : il est dit, p. 56, que de Yola à Garoua, l'expédition Uechtritz avait pris la route de Ghira, etc.... Kokomi, route qui depuis Ghira n'avait été jusqu'alors parcourue par aucun Européen. Or c'est cette route, qui suit à une certaine distance la rive droite de la Bénoué, que j'ai parcourue au mois de janvier 1893 avec l'expédition de l'Afrique française dont j'avais le commandement. A ce moment M. d'Uechtritz n'était pas encore parti du Caméroun. La carte que va publier la Société de Géographie, et qui paraîtra prochainement, donne cette route comme le reste de mon itinéraire, avec les moindres détails. Pour ce qui est de la position de Garoua, M. Mizon, qui était resté plusieurs jours dans cette localité, avait déjà indiqué depuis longtemps qu'elle se trouvait sur la rive nord de la Bénoué, et la petite carte que j'ai donnée dans ma relation du *Tour du Monde* le montre très clairement ».

## AMÉRIQUE

**République Argentine.** — Nous trouvons dans la *Prensa* de Buenos Aires l'intéressante nouvelle de la première ascension du pic culminant de la Sierra Aconquija (4 700 mètres environ), qui est l'un des plus importants chaînons parallèles au grand système andin et qui couvre la majeure partie de la province de Tucuman. Cette ascension a été accomplie le 5 juin 1893 par M. Hauthal, géologue du musée de la Plata. Le voyage de M. Hauthal a été pénible, car il a effectué en plein hiver ce que personne n'était parvenu à faire pendant la saison d'été. Le voyageur rédigera une relation détaillée de l'exploration de ce massif, laquelle avait principalement pour but d'étudier sa constitution géologique, ses mines et aussi de compléter le levé qu'en avait déjà entrepris l'ingénieur Lange.

## RÉGIONS POLAIRES

**Expédition danoise à la côte orientale du Grönland.** — La mission confiée au lieutenant de vaisseau Ryder par la Commission d'explorations géographiques et géologiques du Grönland avait pour objet de continuer le lever de la côte orientale au delà d'Angmagsalik (66° de latitude nord), limite atteinte par le commandant Holm en 1883. L'expédition, embarquée à bord du baleinier *Hekla*, affrété par le gouvernement danois, quitta Copenhague le 7 juin 1891, se dirigeant vers le fiord François-Joseph. Dans le courant de l'été, le bâtiment devait visiter les grandes baies comprises entre le 70 et le 75° de latitude nord, puis débarquer le lieutenant Ryder et quelques compagnons sur un point de la côte. Au printemps suivant, M. Ryder ferait route au sud en canot pour rallier en automne l'*Hekla* à Angmagsalik. L'état défavorable des glaces pendant l'été 1891 a empêché la réalisation de ce plan. L'*Hekla*, n'ayant pu atteindre directement l'entrée des fiords, fit route au nord le long de la banquise jusqu'au 75° de latitude nord, puis, après avoir réussi à traverser la glace, descendit au sud le long de terre. En juillet, la banquise s'étendait au large à 300 milles sous le 68° de latitude nord, à 290 sous le 70°, à 380 sous le 72°, à 360 sous le 74° et à 300 sous le 76°. L'*Hekla* dut hiverner dans le Sound Scoresby. Le lieutenant Ryder mit à profit cette détention pour explorer et relever ce fiord. La carte exécutée par lui est une contribution très importante apportée à la géographie de cette région. A l'extrémité supérieure des ramifications du fiord, débouchent de larges émissaires de l'*inlandsis*, qui produisent d'énormes icebergs. L'un d'eux avait un volume de 530 000 mètres cubes. La Terre de Jameson, qui borde au nord le Sound Scoresby, est une large formation morainique présentant une grande analogie avec celle du Danemark. Au delà de cette plaine, sur les bords du Harry Sound, s'étend une région montagneuse où furent trouvés des gisements de plantes tertiaires. Au sud, au cap Steward, les naturalistes de l'expédition découvrirent une localité renfermant des empreintes végétales antérieures au jurassique. La côte méridionale du Scoresby Sound est constituée par des basaltes reposant sur le gneiss. La puissance du terrain primitif, qui à l'entrée du fiord ne dépasse guère 130 mètres, augmente à mesure que l'on avance vers l'intérieur. Sur la côte sud de la Terre de Milne, elle atteint 1 000 mètres pour arriver à 2 000 mètres plus au nord. Aucune population ne vit actuellement autour du Sound Scoresby, mais en plusieurs localités l'expédition a observé des ruines attestant l'existence à une époque antérieure d'une tribu eskimo relativement nombreuse. Ces vestiges sont dans un état merveilleux de conservation. Des caves renfermaient du lard de phoque, que les membres de l'expédition purent consommer, et ce dépôt devait remonter à 50 ou 100 ans, ou même plus, à en juger d'après la grosseur des broussailles poussées sur ces ruines.

Pendant l'hivernage on exécuta les observations météorologiques réglementaires.

Elles ont donné les résultats suivants :

| | | Moyenne. |
|---|---|---|
| 1891. | Septembre à partir du 18 | — 2°,9 |
| | Octobre | — 7° |
| | Novembre | — 20°,2 |
| | Décembre | — 20°,2 |
| 1892. | Janvier | — 18°,5 |
| | Février | — 24°,2 |
| | Mars | — 25°,4 |
| | Avril | — 17°,1 |
| | Mai | — 5° |

La plus basse température observée a été — 35°.

Excepté une seule fois, toutes les tempêtes vinrent de l'ouest-nord-ouest, avec les caractères du *fœhn* et en déterminant des variations brusques de température. Ainsi, le 10 janvier 1892, à 6 heures du matin, le thermomètre marquait — 20°,5; une heure après il s'élevait à + 3°,3; à 8 heures à + 6°. A 3 heures du soir il descendait à + 1°,2, et à 9 heures du soir à — 12°,5, pour tomber à 11 heures à — 16°,2. Sous l'influence d'un de ces coups de vent, la température s'éleva un jour à + 11°.

Le 13 août 1892, l'*Hekla* quitta son havre d'hivernage. Après avoir vainement essayé de suivre la côte vers le sud, elle réussit à traverser la banquise et à atteindre, le 20 août, le Dyrefjord sur la côte ouest d'Islande. Pendant cette partie du voyage, le lieutenant Ryder ajouta aux résultats déjà intéressants de son exploration la carte de la côte du 70° au 69° latitude, région jusque-là absolument inconnue. Le 29 août, l'expédition reprit la mer pour atteindre de nouveau la côte orientale du Grönland. Trois fois l'*Hekla* arrive à la lisière de la banquise et trois fois il dut battre en retraite, arrêté par l'épaisseur de la glace et l'abondance des icebergs. Au nord de l'Islande, ces montagnes de glace flottantes se rencontrent dans le voisinage même de la terre; on n'en observe ni sur l'*iskant*[1], ni au milieu de la banquise. Dans le détroit de Danemark, au contraire, elles se trouvent disséminées sur toute l'étendue de la banquise. Dans cette région, entre Islande et Grönland, se trouve un plateau sous-marin situé à une profondeur de 270 à 360 mètres. Sur ce seuil, de grands icebergs restent échoués, suivant toute vraisemblance, et arrêtent autour d'eux les simples glaces, déterminant ainsi la formation d'une embâcle. Le 12 septembre enfin, l'*Hekla* réussit à mouiller dans le port du Roi-Oscar, situé près d'Angmagsalik, celui-là même où, en 1883, Nordenskiöld avait conduit la *Sofia*. Depuis le passage du commandant Holm (1884), la population de cette région avait subi une diminution énorme. De 413, le chiffre des habitants d'Angmagsalik était descendu à 294. 114 individus avaient émigré au sud, 87 avaient succombé aux maladies et 20 avaient péri de mort violente. Après une courte excursion au nord, l'expédition quitta le port du Roi-Oscar le 24 septembre et rentra à Copenhague le 12 octobre. Les résultats obtenus par M. Ryder et ses compagnons sont considérables et intéressent toutes les branches de la science. Les collections botaniques éclairent particulièrement la question de l'origine de la flore grönlandaise. Sur les bords du Sound Scoresby, un nombre important d'espèces américaines ont été recueillies.

(*Geografisk Tidskrift.*)

**La chasse au Grönland.** — La chasse acharnée faite par les populations du nord à tous les êtres plus ou moins comestibles a, comme on sait, décimé plusieurs espèces

1. Lisière de la banquise.

animales. Les documents publiés par M. Ryberg sont particulièrement intéressants à ce point de vue. Ainsi le renne, autrefois très abondant au Grönland, y a aujourd'hui presque complètement disparu, comme le montre la statistique des peaux exportées en Danemark :

| Années. | Nombre de peaux exportées. |
|---|---|
| 1839 | 24 197 |
| 1846 | 26 374 |
| 1848 | 16 412 |
| 1850 | 10 183 |
| 1854 | 7 866 |
| 1856 | 3 357 |
| 1858 | 1 366 |
| 1860 | 707 |
| 1862 | 154 |

De 1863 à 1891 le nombre des peaux exportées en Danemark a varié de 0 à 40 (1891).

Pendant les années 1874-1875, 1875-1876, 1876-1877, le rendement annuel de la chasse au phoque dans les établissements danois s'est élevé en moyenne à 73 765 individus. Durant cette période, environ 1133 baleines blanches et narvals ont été capturés chaque année. Seulement dans le Grönland méridional (pour le Grönland septentrional on n'a pas de statistiques postérieures à 1877), le nombre moyen des phoques tués annuellement de 1874 à 1891 a été de 32 826. Pendant le même laps de temps également, en moyenne 1588 renards (blancs et bleus) ont été pris chaque année. Ce nombre est à retenir, car la plus grande partie des fourrures de renard bleu actuellement si recherchées proviennent du Grönland. Les espèces de phoques capturés sont : le *Phoca hispida* Erxl., le *Phoca vitulina*, le *Cystophora cristata* Erxl., le *Phoca barbata* F. et le *Phoca groenlandica* M.

(*Geografisk Tidskrift.*)

**Glace dans le détroit de Davis.** — Depuis plusieurs années les officiers de la marine danoise recueillent chaque saison toutes les observations relatives au mouvement de la banquise du Grönland. Ces découvertes ont un intérêt particulier. Le climat de nos régions étant singulièrement influencé par la présence des glaces dans l'Atlantique nord, il importe au plus haut degré de connaître leur position pour déduire ensuite des conclusions climatologiques.

Pendant l'été de 1892 l'épaisseur et la persistance de la *Storis*[1] ont été absolument anormales dans le détroit de Davis. Au milieu de février, la banquise arriva sur la côte occidentale et la bloqua jusqu'à la hauteur de Frederikshaab. En avril et mai, la glace s'étendait du 59° 30' latitude nord au 64° 30', jusqu'au 57ᵉ degré de longitude ouest de Gr. En juin et juillet, elle formait une grande masse comprise entre le 63° et le 64° latitude nord, allongée jusqu'au 59ᵉ degré de longitude ouest de Gr. Le long de la côte, jusqu'à Godthaab, une barrière littorale se maintint jusqu'à la fin d'août. La *Storis* a présenté ainsi en 1892 à peu près la même disposition qu'en 1881.

Il est à remarquer qu'en 1892 comme en 1881 la partie nord de l'océan Atlantique (Spitzberg) a été très dégagée, tandis qu'en Norvège l'été était froid et que dans l'Europe centrale régnaient des chaleurs extraordinaires.

(Holm, *Geografisk Tidskrift.*)

**Expédition arctique américaine.** — La partie de l'archipel polaire américain située au nord du détroit de Jones est restée jusqu'ici en dehors des investigations des expéditions arctiques. Seule l'entrée orientale de ce passage a été explorée ainsi qu'une portion de la Terre d'Ellesmere. Du côté de l'est, les contours de cette île ont été relevés approximativement par les nombreuses expéditions qui ont suivi le détroit de Smith, et dans le nord la mission Greely a parcouru une zone assez étendue. En dehors de ces deux régions, l'archipel situé au delà du détroit de Jones était resté absolument inconnu. Pour combler cette lacune, M. Stein, membre du *Geological Survey* des États-Unis, organise une expédition. Cette mission n'a pas pour objet d'atteindre une haute latitude. L'expérience a montré combien faibles étaient les résultats de ces entreprises et surtout combien ils étaient disproportionnés avec l'effort tenté; très sagement le promoteur de l'expédition veut avant tout faire œuvre scientifique et pour cela poursuivre méthodiquement l'exploration de la Terre d'Ellesmere et des régions avoisinantes.

Les membres de la mission quitteront Terre-Neuve au mois de mai, à bord d'un baleinier qui les débarquera au cap Tennyson, à l'entrée est du détroit de Jones. En ce point, une maison sera bâtie et un dépôt contenant des vivres pour deux ans y sera laissé à la garde de quatre hommes. Pendant le courant de l'été, le gros de la troupe fera route vers l'ouest et avancera aussi loin que possible en relevant le terrain et en faisant des collections d'histoire naturelle. Une troisième escouade longera la côte orientale de la Terre d'Ellesmere pour retrouver les traces des deux jeunes naturalistes suédois, MM. Björling et Kallstenius, perdus dans ces parages en 1893. En automne les différentes reconnaissances rallieront le dépôt et y hiverneront. Pendant l'été 1895, les explorateurs poursuivront leurs recherches et essaieront d'atteindre le détroit de Hayes. En automne la mission sera rapatriée par un baleinier. M. Stein nous a offert la direction de cette expédition, que nous n'avons pu accepter pour des raisons d'ordre privé.

**Exploration du baron Toll en Sibérie.** — Le baron Ed. Toll, le compagnon du docteur Bunge dans son remarquable voyage aux îles de la Nouvelle-Sibérie en 1885-1886, vient d'accomplir une exploration non moins importante dans ces lointaines régions de la Sibérie septentrionale.

La nouvelle expédition avait pour objet, en premier lieu, la recherche d'un cadavre de mammouth signalé à l'est de l'embouchure de la Iana et, en second lieu, la reconnaissance du bassin de l'Anabara, resté jusqu'ici complètement inconnu. Dans le courant de mars 1893 la mission, composée du baron Toll et du lieutenant Schileiko, chargé des observations astronomiques et magnétiques, arriva à Verkhoïansk, le pôle du froid de l'ancien continent (en 1885 on y a noté l'invraisemblable température de — 68 degrés!). De là elle atteignit les environs du Sviatoïnos (à l'est de l'estuaire de la Iana). Le gisement de mammouth signalé par les indigènes n'ayant point l'importance qui lui avait été attribuée, M. Toll gagna l'île Liakhov en traversant la banquise. En 1885 et 1886 ce naturaliste avait découvert à la base des terrasses côtières de cette île une épaisse nappe de glace surmontée de formations quaternaires d'eau douce contenant des débris végétaux et une masse énorme d'animaux disparus (mammouth, rhinocéros à narines cloisonnées, etc.). La nouvelle excursion entreprise par M. Toll sur cette terre avait pour but une étude plus complète de cette intéressante formation. Dans l'assise du mammouth M. Toll découvrit des troncs d'aunes (*Alnus fructicosa*) longs de 5 mètres, encore couverts de feuilles et de bourgeons. A l'époque du mammouth la limite septentrionale de la végétation forestière s'étendait donc à trois degrés plus au nord qu'aujourd'hui. D'après les observations de M. Toll sur la grande île Liakhov comme sur l'île Kotelny, cette couche de glace serait un restant des névés qui ont couvert ces terres pendant la période glaciaire, une véritable glace fossile vieille de milliers de siècles.

1. Sous ce nom de *Storis*, les Danois désignent la banquise qui encombre la côte orientale du Grönland et qui, après avoir doublé le cap Farvel, se prolonge jusque sur la côte sud-ouest et ouest.

Le 27 mai la mission, de retour sur le continent, se dirigea vers la Léna à travers les *toundras*, partagée en deux troupes. L'une, commandée par le lieutenant Schileiko, passa par le nord et explora la baie Borkhaya ; la seconde traversa les monts Karaulagh. Dans cette région et à cette époque de l'année, la traversée de ce désert ne présente pas de grosses difficultés à une caravane ayant de bons équipages de rennes. Notons en passant que la température n'est pas précisément froide dans cet extrême nord de la Sibérie. En juillet M. Toll vit le thermomètre s'élever à + 34 degrés sous le 72e degré de latitude nord. Arrivée sur la Léna, l'expédition descendit le fleuve et gagna l'embouchure de l'Olenek. Le 12 août MM. Toll et Schileiko se mirent de nouveau en route à travers les *toundras* vers l'embouchure de l'Anabara. Depuis les voyages de Laptev et de Prontchichtchev, qui remontent à 150 ans, aucun Européen n'avait visité cette région. Le 21 août la caravane arriva à destination et pendant un mois elle explora l'estuaire et la vallée inférieure de l'Anabara jusqu'à la limite septentrionale de la végétation forestière.

Jusqu'ici l'existence d'une période glaciaire dans la Sibérie septentrionale avait été révoquée en doute, bien que, à notre avis, la présence de couches de glace fossile dans les îles de la Nouvelle-Sibérie fût singulièrement suggestive. Les observations de M. Toll lèvent maintenant tous les doutes à cet égard. A l'embouchure de l'Anabara, sur une falaise constituée à la base par l'étage inférieur de la craie, ce naturaliste a découvert une moraine nettement caractérisée par des blocs erratiques[1] et des cailloux polis et striés. Par-dessus s'étendait une couche de glace recouverte de lœss. Pendant que M. Toll poursuivait ces intéressantes études géologiques, le lieutenant Schileiko dressait une carte de la région de l'Anabara, atteignait l'embouchure de la Khatanga et remontait ce fleuve jusqu'à Khatanskoyé, où son compagnon le rejoignait dans les premiers jours de novembre. De là les deux voyageurs firent route vers l'ouest à travers une région complètement inconnue et atteignirent le 22 novembre le Iénisséi à Doudino, où prenait fin l'exploration proprement dite.

Cette expédition est absolument remarquable à tous les points de vue. Son itinéraire embrasse un développement de 4 200 kilomètres. A travers cette région peu ou point connue, la position de 38 points a été relevée astronomiquement, et l'altitude d'un grand nombre de localités soigneusement déterminée. Le réseau géodésique de la Léna se trouve ainsi relié à celui du Iénisséi. Grâce à ces observations, le tracé de l'immense région comprise entre l'embouchure de la Iana et celle du Iénisséi pourra désormais être établi avec une plus grande précision. Par cette seconde exploration et ses nouvelles découvertes géologiques, M. Toll a continué avec éclat l'œuvre commencée par lui en 1885 aux îles de la Nouvelle-Sibérie.

**Mers antarctiques.** — Les baleiniers écossais ont récemment étendu leur terrain de chasse aux mers antarctiques. En septembre 1892, quatre bâtiments quittèrent Dundee pour poursuivre les phoques et les baleines dans les parages au sud du cap Horn. Grâce à l'intervention de M. Leigh Smith, l'explorateur bien connu du Spitzberg et de la Terre François-Joseph, deux de ces baleiniers embarquèrent des médecins habitués aux recherches d'histoire naturelle et munis des instruments nécessaires aux observations météorologiques et physiques. La Société de géographie de Londres remit en outre aux capitaines des chronomètres et des compas de précision pour obtenir une détermination satisfaisante des positions. Les rapports de ces capitaines, accompagnés de ceux des médecins, seront édités prochainement par les soins de la Société de géographie de Londres. En attendant, le *Geographical Journal* publie les rapports préliminaires des docteurs Bruce et Donald, que nous résumons en les complétant par des renseignements empruntés au *Scottish Geographical Magazine*.

*Rapport de M. Bruce, embarqué sur le* Balæna. — Le 16 décembre 1891, par 59° 40′ de latitude sud et 53° 42′ de longitude ouest de Greenwich, le *Balæna* rencontra le premier iceberg, et, du 22 décembre au milieu de février, croisa entre le 62° et le 64° latitude sud. Le bâtiment ne dépassa pas vers l'ouest le golfe de l'*Erebus* et de la *Terror*. Au delà du 62° de latitude sud, les icebergs devinrent très nombreux. Un jour, il n'y eut pas moins de soixante-cinq colossales montagnes de glace flottantes en vue. La plus longue rencontrée par le *Balæna* mesurait 30 milles ; une seconde atteignit 10 milles, un grand nombre mesuraient de 1 à 4 milles. Un de ces icebergs s'élevait à 75 mètres au-dessus de la surface de la mer. En général, leur hauteur était de 45 mètres. Tous ces énormes glaçons présentaient une forme tabulaire. Le *pack* a le même aspect et la même composition que dans l'océan Arctique. Les glaçons sont fréquemment colorés en brun par une diatomée (*Corythron cryophyllum*), très abondante à la lisière de la banquise. Le 19 décembre, par 62° 20′ latitude sud et 54° 45′ longitude ouest, le *pack* était orienté est-ouest. En janvier il avait reculé au 64° 37′. A la lisière de la banquise, l'eau avait une couleur brunâtre, et au large de la glace elle devenait bleue. C'est dans les eaux du bleu le plus foncé que la chasse au phoque donnait les meilleurs résultats. La plus basse température observée a été — 6,5°, et la plus haute + 3°,1. En décembre la température moyenne a été — 0°,4, en janvier 0°,48, en février — 1°,2.

*Rapport du docteur Donald.* — L'*Active* rencontra le premier iceberg en vue de l'île Clarence le 11 décembre 1892. D'après M. Donald, les icebergs antarctiques, qui affectent presque tous une forme tabulaire, proviendraient de la rupture du front de glaciers glissant d'une grande hauteur sur une pente très douce, qui se continuerait en dessous de la mer jusqu'à une distance d'un mille et plus du rivage. L'*Active* a découvert un détroit traversant de l'est à l'ouest l'île de Joinville. Cette passe a reçu le nom d'*Active Sound*, et la terre séparée par ce goulet de l'île de Joinville celui d'île Dundee.

A la fin de janvier, deux bâtiments de la flottille baleinière arrivèrent près du 65° latitude sud ; ils auraient pu, paraît-il, facilement poursuivre leur route à travers les nombreux canaux qui découpaient le *pack*, si les nécessités de la chasse ne les avaient entraînés d'un autre côté. La banquise était composée de minces flaques de « glaces de baie », qui n'auraient présenté qu'une faible résistance.

D'après M. Donald, le *Balænoptera australis* est très abondant et très peu farouche dans ces parages. Ainsi, à plusieurs reprises, l'*Active* heurta de ces cétacés avant qu'ils se décidassent à prendre la fuite. Un jour, on n'aperçut pas moins de trente de ces animaux. Une autre fois, le Dr Donald vit un balénoptère long de vingt-cinq mètres sauter hors de l'eau comme un saumon. Dans les eaux de la Terre Louis-Philippe, le *Megaptera longimana*, les hyperoodons, l'*Orca capensis* et plusieurs espèces de globicéphales sont également communs.

L'exemple donné par les Écossais a été suivi par les Scandinaves. En même temps que les baleiniers de Dundee, un bâtiment norvégien se trouvait dans ces parages. Le capitaine réussit à débarquer sur l'île Seymour et recueillit sur cette terre une grande quantité de fossiles, qui appartiennent au jurassique, d'après la détermination du professeur James Geikie.

Ces entreprises ont sans aucun doute procuré de sérieux profits aux armateurs, et une nouvelle expédition, préparée par le célèbre baleinier Svend Föyn, est partie de

1. Ces blocs sont des basaltes, roche dont le plus proche affleurement se trouve à plus de 400 kilomètres de là.

Norvège à la fin de septembre pour les mers antarctiques. L'*Antarctic*, barque à vapeur de 226 tonnes, fait route vers les îles Kerguelen pour longer ensuite les terres de Sabine et d'Adélie, et essayer d'atteindre par la route de Ross une haute latitude à l'est de la Terre Victoria.

Ces expéditions ont excité un très vif intérêt en Angleterre, et chez nos voisins l'exploration des terres australes est aujourd'hui à l'ordre du jour. Le Dr John Murray, le savant éditeur de la magnifique publication du *Challenger*, a posé la question d'une expédition antarctique devant la Société de Géographie de Londres. Dans une communication adressée à cette association, il a fait ressortir le puissant intérêt d'une exploration dans les mers australes. Les plus hautes autorités scientifiques se sont associées à ce projet et une campagne est actuellement poursuivie par les savants anglais pour obtenir du gouvernement l'organisation d'une expédition antarctique. Si, comme nous l'espérons, leur demande est agréée, l'honneur de cette belle entreprise appartiendra à M. Murray et à la Société de Géographie de Londres. En toute occasion cette société donne des exemples d'initiative que nous voudrions voir suivre par les institutions similaires françaises.

Charles Rabot.

# MOUVEMENT ÉCONOMIQUE

## JAVA ET SON COMMERCE EN 1893.

L'île de Java, une des plus belles et des plus riches possessions de la Hollande, offre le type d'une colonie européenne intelligemment administrée. C'est en grande partie la vente, directe ou par fermage, de ses produits exotiques qui défraye le budget considérable des « Indes Néerlandaises » (environ 283 millions de fr. en 1893), en ne laissant à la charge de la métropole qu'une somme modique de 12 à 13 millions. A ce prix, la Hollande a dans l'île un vaste champ de colonisation ouvert à l'activité de ses citoyens, et son commerce extérieur s'en trouve fortement augmenté. Java est du reste, à elle seule, un pays qui ferait une très bonne figure parmi les États européens de second ordre. Sa superficie est de 131 373 kil. carrés (y compris Madoura), soit le quadruple de celle de la Hollande; sa population est, en 1891, de 23 862 820 hab., supérieure ainsi à celle de la péninsule Ibérique. La densité de la population javanaise est énorme : 181 hab. par kil. carré. La Belgique a seule au monde une densité supérieure : 210 hab. Mais une vaste région reste encore inculte dans les montagnes du centre de l'île, tandis que, d'après M. Schmalhausen, contrôleur à Java, on comptait vers 1885 jusqu'à 539 (!) hab. par kil. carré dans la province (« résidence ») côtière de Sourabaya, et dans la province, purement agricole, de Bagelen, 361 hab. par kil. carré. Or en Belgique, où l'industrie a pris un développement extraordinaire, la province de Brabant, la plus densément peuplée, n'a que 346 hab. par kil. carré.

La population javanaise est peut-être celle du monde qui augmente le plus rapidement : elle double tous les 30 ans — et cela par l'excédent des naissances sur les décès, fait très exceptionnel sous les tropiques. C'est que la Hollande a eu le bon sens de laisser intacte l'institution primitive de la communauté agricole (en javanais *doewehé wong aké* ou « possession de plusieurs ensemble »), qui a une ressemblance des plus frappantes avec le *mir* russe et qui, assurant comme lui à chaque cultivateur et par conséquent à ses enfants un lot dans le territoire communal, agit puissamment sur les progrès de la population. La propriété individuelle n'occupe que les 3/7 de la superficie cultivée; les 4/7 appartiennent à la commune, qui paraît même s'étendre de plus en plus. Sur les 2 288 075 hect. cultivés en 1883, elle possédait 1 300 616 hect. et ne laissait à la propriété privée que 987 469 hect. Les 30 066 *dessas* (nom de la communauté javanaise), qui comprennent plus de 2 millions de familles et comptent chacune plus de 600 membres, sont absolument autonomes dans leurs affaires intérieures, à la condition, consacrée par l'ancienne coutume ou *adat*, de payer au gouvernement 1/5 des produits du sol ou de lui donner un jour de travail sur cinq, ou même sur sept, en l'appliquant à la culture du sucre et du café dans les plantations de l'Etat.

C'est précisément le sucre et le café qui occupent la première place à l'exportation. En 1893, la production du sucre s'est chiffrée par 487 273 tonnes (en progression : contre 423 178 en 1892), presque entièrement exportées : pour 154 687 000 fr. La récolte du café a été l'année dernière excessivement mauvaise : 18 999 tonnes (contre 64 516 en 1892), cependant elle a fourni à l'exportation pour 70 896 200 fr. Parmi les autres articles exportés figurent l'étain (21 844 500 fr.), le tabac (18 366 000 fr.), le thé (6 865 000 fr., en augmentation de 1 142 100 fr. sur l'exportation de 1892, quoique pour une quantité moindre : 3 775 930 kil. en 1893 et 4 157 112 en 1892), l'indigo, le riz, le cacao, la gomme, etc. Quant à l'importation, elle consiste en diverses cotonnades (58 565 500 fr.), en provisions de toute sorte (8 564 600 fr.), en lainages (4 800 800 fr.), en articles de mercerie (4 539 000 fr.), en poteries (3 330 600 fr.) et verreries (1 080 700 fr.), en fer et acier (3 224 900 fr.). Java commerce surtout avec la métropole, avec l'Angleterre, puis, beaucoup moins, avec l'Allemagne, la Norvège, l'Italie, la France, etc. Voici le mouvement, en 1893 des trois ports principaux de Java, ceux de Tandjong-Priok (y compris Batavia, pour une part insignifiante), de Sourabaya et de Samarang :

| | IMPORTATION | | EXPORTATION | |
|---|---|---|---|---|
| | Nombre des navires. | Tonnage. | Nombre des navires. | Tonnage. |
| Tandjong-Priok . | 947 | 1.005.544 | 947 | 1.002.263 |
| Sourabaya. . . . | 941 | 916.650 | 967 | 917.136 |
| Samarang. . . . | 664 | 896.098 | 659 | 888.805 |

Les vapeurs forment environ 85 pour 100 du nombre des navires et leur tonnage environ 90 pour 100 du tonnage total.

Nicolas Roussanof.

# BIBLIOGRAPHIE

*REVUE DES PÉRIODIQUES*

*Articles signalés*

**Annales de Géographie**, 15 avril 1894. — *Leçon d'ouverture du cours de géographie botanique à la Sorbonne* (1893-1894), par M. G. Bonnier. (Cette leçon d'ouverture d'un cours fort utile, et jusqu'ici assez délaissé à la Sorbonne, est d'une clarté et d'une élégance remarquables.) — *La structure du sol et son influence dans la vie des habitants. Études sur la Perse méridionale.* (Notes rapportées par M. Houssay d'un voyage fait en Perse, qu'il a raconté, d'une façon fort intéressante, dans le *Tour du Monde*, 1892, 2e semestre. La Perse, dit-il justement, a jusqu'ici peu tenté les géologues. Les matériaux réunis par M. Houssay, bien qu'incomplets, par suite de la rapidité relative de son voyage, seront une contribution bienvenue à la géologie de ce pays. L'article est accompagné d'une carte et de trois croquis géologiques.) — *Steppes de la Russie méridionale. Origine, évolution, flore*, par M. Krasnof. — *Contributions à la connaissance de la Franche-Comté septentrionale. Les collines préjurassiennes et le Jura du Doubs*, par M. Kilian. (Cette étude rend bien, sous une forme vivante, la physionomie d'une région intéressante à plus d'un titre encore et assez peu connue. Elle est accompagnée d'une carte « oro-tectonique » en couleur, et de trois vues reproduites d'après des photographies. C'est un de ces excellents travaux de géographie régionale, comme les Annales nous en présentent souvent.) — *La colonisation russe en Asie centrale*, par Édouard Blanc, avec carte en couleur. (Article que le nom de l'auteur suffit à recommander.) — *Voyage à Bornéo*, par M. Chaper. — *Noms sémitiques en Grèce*, par V. Bérard. — *Le continent austral*, par Marcel Dubois. — *Le Parc national du Canada*, par H. Lorin. — *L'Ouémé et la lagune de Kotonou*, par X. — *La Finlande, sa prospérité actuelle.*

**Geographical Journal**, avril 1894. — *Across Iceland*, par Karl Grossmann. (Récit de voyage dans les régions de l'ouest et du nord de l'Islande. Il se distingue surtout par d'intéressantes reproductions de photographies.) — *Johore*, par Harry Lake. (Description du sultanat de Djohor, petit État qui forme l'extrémité méridionale de la presqu'île de Malakka. L'auteur, ingénieur des mines, a exploré le pays, à l'occasion d'un projet de ligne de chemin de fer, qui devait traverser dans sa plus grande longueur la presqu'île de Malakka, et joindre ainsi Singapour à l'Inde anglaise. Il a traversé l'État dans toute sa largeur, en partant de la côte orientale pour remonter l'Indaou, et en redescendant à la côte occidentale par le Palong et le Muar. Il donne beaucoup de détails intéressants sur la géographie du sultanat, sur ses populations aborigènes, notamment les Djakouns, peuplade négrito de l'intérieur, sur le gouvernement du pays, son commerce, etc. A noter ce qu'il dit des deux rivières Sembrong, qui naissent dans le même marais, et qui coulent l'une à l'est, vers l'Indaou et la mer de Chine, l'autre à l'ouest vers le Muar et le détroit de Malakka, faisant ainsi une île de toute la partie sud de la presqu'île. La population du Djohor est évaluée par M. Lake à 300 000 habitants. Le commerce s'y développe beaucoup depuis une vingtaine d'années, principalement avec Singapour. Le Djohor exporte du *gambier*, usité pour la tannerie, du poivre, du coprah, du café, du thé, du caoutchouc; il importe surtout du riz. L'article, qui est suivi d'observations intéressantes, de celles entre autres de Dato Abdul-Rahman, secrétaire du sultan, est accompagné d'une carte, la plus complète que nous ayons sur cette région de la presqu'île de Malakka. Nous y voyons, dans la partie orientale, une contrée montagneuse assez étendue, qui est encore complètement inexplorée.) — *Recent contributions to Oceanography*, par H. N. Dickson. (Note sur les travaux et les explorations océanographiques les plus récents.) — *Count Szecheny's Travels in Eastern Asia*, par le baron F. de Richthofen. (Compte rendu de l'ouvrage récemment publié dans lequel l'explorateur hongrois, le comte Bela Szechenyi, raconte ses voyages dans l'Asie Orientale, de 1877 à 1880.) — *The Pampas*, par P. Kropotkin. (Notes sur un article du professeur Bodenbender, récemment paru dans les *Mitteilungen* de Petermann.) — *Dr Cjivic's on the phenomena of limestone region.*

**Mitteilungen de Petermann**, avril 1894. — *Neu-Mecklenburg*, par le comte Joachim Pfeil, avec carte, et observations de Paul Langhans. (Le nom de Neu-Mecklenburg a été donné par les Allemands à l'ancienne Nouvelle-Irlande, l'une des deux principales îles de ce qui est aujourd'hui l'archipel Bismarck. Le comte Pfeil, déjà connu par ses explorations dans les colonies, l'a traversée à deux reprises dans l'isthme étroit qui réunit à sa partie principale, dirigée du nord-ouest au sud-est, une péninsule allant du nord au sud. Nous aurons à revenir, dans notre prochaine chronique d'Océanie, sur cet article, important pour la connaissance de l'archipel Bismarck.) — *Kratertypen in Mexiko und Guatemala*, par Karl Sapper. (L'auteur, qui a déjà publié dans les Mitteilungen des travaux dignes de remarque sur l'Amérique centrale, essaie ici une division des cratères, d'après les matériaux dont sont formées leurs parois, pierres dures, cendres ou *lapilli*.) — *Kleinere Mitteilungen : Die Grenzlinie zwischen Chile und Argentinien*, par H. Polakowsky. (Détails sur le traité de délimitation entre le Chili et l'Argentine conclu à Santiago en décembre 1893, et ratifié par les Chambres des deux pays.) — *Eine Karte von Flandern vom Jahre 1538*, par le Dr Eugen Træger. — *Flora von Tibet*, par O. Drude. — *Stürme und « moderne » Meteorologie*, par W. Blasius.

*COMPTES RENDUS*

**F.-M. Istomine et G.-O. Dütsch** : *Chansons populaires russes dans les gouvernements d'Arkhangel et d'Olonetz*; Saint-Pétersbourg, 1894. — **V.-N. Dobrovolsky** : *Recueil ethnographique du Smolensk* partie II; Saint-Pétersbourg, 1894.

Ces deux ouvrages russes dont nous traduisons les titres contiennent de curieux documents sur le *folklore* du pays. Le premier se compose des chansons (accompagnées de musique) de toute sorte, en commençant par des hymnes religieuses et en finissant par des chansonnettes d'amour. Le second recueil renferme les chansons qui accompagnent chez les Russes les diverses phases des fiançailles et du mariage; ainsi que des dictons, coutumes, etc., qui ont trait au baptême, à la vie de famille, aux funérailles. Citons, parmi les poésies du gouvernement d'Arkhangel, une variante nouvelle d'une très ancienne chanson religieuse ou plutôt d'un cantique qui sanctionne la mendicité. Jésus-Christ monte au ciel et en partant laisse « à ses frères cadets, aux veuves, aux orphelins éplorés » une montagne d'or, un fleuve de miel, un vignoble magnifique. Saint Jean Chrysostome l'en dissuade en disant : « Il se trouvera ici-bas des gens riches qui leur enlèveront toutes ces belles choses et il coulera des flots de sang sur cette montagne d'or, sur les bords de ce fleuve de miel, dans ce superbe vignoble ». Il vaudrait mieux laisser aux indigents le nom de Christ, avec lequel ils pourraient se nourrir « en mendiant sous la fenêtre » Le fils de Dieu loue la perspicacité et l'éloquence de saint Jean Chrysostome, et voilà que la mendicité vient au monde, sanctifiée par la parole divine. Une autre chanson raconte les malheurs d'un gars de dix-sept ans — on se marie tôt en Russie — qui demande à son père la permission d'épouser la petite Sacha qu'il adore. Et le père, « ne croyant pas qu'il y a une chose au monde qui s'appelle amour », répond avec une ironie vraiment très fine pour un paysan : « Les hommes sont tous égaux au monde; il faut les aimer tous également ». Le fils se coupe la tête avec un « sabre bien tranchant » et a encore le courage de dire à sa tête déjà séparée du tronc : « Roule, ma pauvre tête, roule sur l'herbe molle ». Ce n'est qu'alors que « le père a cru qu'il y a une chose au monde qui s'appelle amour » !

Les chansons de noce de Smolensk rappellent, entre autres, l'ancienne coutume du rapt de la fiancée par son futur : dans la plupart, la jeune fille se plaint d'être obligée à vivre « avec un homme étranger, au milieu d'une famille, d'une tribu étrangères ». Dans une très curieuse chanson, on retrouve les traces de ce que la science ethnographique a appelé la *couvade* : au moment de l'accouchement de la femme, le mari se met au lit, imite si bien les cris de l'enfantement et joint si naturellement ses lamentations simulées à celles, trop réelles, de son épouse que la mère de celle-ci ne sait plus qui secourir, sa fille ou son beau-fils. Citons encore une très curieuse coutume qu'on observe aux funérailles dans quelques endroits du gouvernement de Smolensk : en portant le défunt à sa dernière demeure, on a soin de le secouer fortement pour « faire sortir du corps tout ce qui lui a pu rester d'âme » — conception plutôt primitive qu'orthodoxe!

N. R.

**Alfred Grandidier** : *Histoire de la Géographie de Madagascar*. Paris, 1 vol. in-8. Imprimerie Nationale, 1885, deuxième tirage, revu et augmenté en 1892.

L'important ouvrage que nous mentionnons ici n'est pas une œuvre absolument nouvelle; mais les compléments ou additions que M. Grandidier y a ajoutés donnent à cette nouvelle édition une valeur bien supérieure à celle de l'ancienne.

M. Grandidier est en effet du nombre de ces travailleurs infatigables qui ne considèrent jamais leur œuvre comme achevée et qui s'efforcent sans cesse de l'amener à un nouveau point de perfection. En outre, divers travaux parus depuis 1885 et dus en grande partie aux conseils, à l'initiative ou aux indications de M. Grandidier sont venus depuis quelques années enrichir notre connaissance de la grande île africaine et compléter sur plusieurs points les travaux précédents. C'est ainsi que les triangulations de M. Grandidier ont été étendues par le R. P. Roblet, que MM. Catat, Foucart et Maistre ont de leur côté fourni des renseignements intéressants sur le nord et le sud de l'île, que MM. Douliot, Gautier, Muller, Grégoire, le colonel Badens, plusieurs ingénieurs hydrographes, un grand nombre de missionnaires, etc., ont apporté leur contingent de travaux et accru le fonds de ceux déjà dus à leurs prédécesseurs, dont M. Grandidier restera le plus méritant et le plus actif. Plus de 200 pages de son volume grand in-8° sont remplies de mesures précises, de déterminations, de positions et d'altitudes. Est-il besoin d'en dire davantage pour montrer que l'œuvre de M. Grandidier est un modèle de persévérance, de méthode et de précision? De tels travaux honorent au plus haut point la science française, et sont au-dessus de tous les éloges qu'on peut en faire.

F. S.

**Elio Modigliani** : *L'Isola delle Donne, viaggio ad Engano*. Milan, Hœpli, 1894, gr. in-8.

Depuis la publication de sa très intéressante monographie de l'île de Nias ou Tano Nitra (archipel Malais), qui a paru il y a environ quatre ans, M. Elio Modigliani a pris rang parmi les voyageurs scientifiques les plus actifs, les plus studieux et les plus intelligents.

Ce sont les îles de la Sonde qu'il a choisies pour champ de ses recherches. Ainsi, après Nias c'est Engano qu'il nous décrit aujourd'hui : Engano, la Poulo Telandjang des Malais, l'île aux mœurs curieuses et qu'une dépopulation lente, progressive, fatale et due aux maladies autant qu'aux vices des habitants, va rendre déserte dans une trentaine, même peut-être dans une vingtaine d'années. Comme le précédent, le nouveau livre de M. Modigliani est très riche en observations et en recherches sur l'origine, les mœurs, la langue et le costume des habitants, dont il parle dans un style agréable et facile, qualité qui n'est pas à dédaigner chez un écrivain italien. La lecture de ce volume sera aussi utile au géologue qu'au naturaliste, qui y trouveront une étude à peu près complète du sol d'Engano, de sa flore et de sa faune; le géographe y apprendra à mieux connaître une île dont la situation était à peine marquée sur les grands atlas, et le philologue pourra profiter d'un petit vocabulaire italien-malais-nias-toba-tabaco-enganais. Les illustrations sont nombreuses et presque toutes intéressantes; une carte de l'île, à l'échelle de 1 : 92 592, termine le volume.

E. F.

**Armand Rainaud** : *Le Continent austral : hypothèses et découvertes*. Paris, Armand Colin, 1893, in-8° (avec figures).

Une revue des hypothèses qui ont été faites sur l'existence d'un Continent austral, et des découvertes qui ont amené les géographes à abandonner cette croyance, devait être une étude de presque toutes les théories de géographie scientifique qui se sont fait jour depuis l'antiquité, et de la plupart des grandes explorations qui nous ont fait connaître la surface du globe terrestre. C'est ce que M. Rainaud a tenté, et il a réussi à nous donner une vue très claire de cet immense sujet.

Pour chacune des trois périodes — antiquité, moyen âge et temps modernes — M. Rainaud, passant en revue les écrits des géographes, les cartes et mappemondes, montre quelles sont les théories principales, sur quels arguments de raisonnement ou d'expérience elles s'appuient, comment et par qui elles sont combattues, et de quelle manière les voyages d'exploration contribuent à les affirmer ou à les détruire.

L'importance de cette étude pour l'histoire de la géographie ne peut échapper à aucun de ceux qui s'occupent de cette science. Elle nous montre les diverses phases par lesquelles a passé la géographie scientifique : pour les géographes grecs, et jusqu'à Aristote, c'est une partie de la philosophie, une science de raisonnement : l'argument principal invoqué en faveur de l'existence d'un Continent austral, d'une seconde œcumène, est la symétrie absolue qui doit régner dans le monde, et doit reproduire dans l'hémisphère austral les mêmes zones que dans celui que nous habitons.

Pour les savants du moyen âge, pour ceux du moins qui ne s'en tiennent pas absolument à la science grecque, la géographie ne peut être en contradiction avec la Bible : aussi la théorie du Continent austral subit-elle une éclipse; il ne peut exister un monde dont les habitants ne descendent pas d'Adam et ne peuvent participer à la révélation évangélique.

Dès que les grandes explorations du xv<sup>e</sup> et du xvi<sup>e</sup> siècle enfin ont prouvé que la plupart des théories anciennes sur l'inhabitabilité de la zone torride, et même sur la parfaite symétrie du globe étaient erronées, et qu'à la place du raisonnement pur il fallait mettre l'exploration et la connaissance pratique du globe, on s'est mis à la recherche de ce Continent austral. Des calculs sur l'équilibre de la terre, puis et surtout l'appât des conquêtes et des richesses ont excité les navigateurs. La question du Continent austral a été alors véritablement posée comme elle devait l'être, et, malgré des erreurs nombreuses, des généralisations hasardeuses comme celles de Quiros ou de Dalrymple, les explorations sérieuses de Tasman et de Cook ont détruit toutes les illusions. Le Continent austral théoriquement continu, fertile et habitable, cède alors la place aux terres antarctiques, probablement dispersées, certainement désolées et repoussées au delà du cercle polaire.

Si donc l'ouvrage de M. Rainaud nous intéresse beaucoup par l'exposé des théories, par le récit très complet des grandes explorations à la recherche du Continent austral, il dépasse son sujet et prend une importance plus grande encore pour tous ceux qui s'intéressent à l'histoire de la géographie.

Il ne s'agit plus exclusivement d'une théorie géographique hasardée et de la manière dont on a été obligé de reconnaître qu'elle était mal fondée, mais de toute une philosophie de la science de la Terre, montrant les erreurs, les expliquant, et, par là même, extrêmement utile à tous. C'est de cela surtout que l'on doit remercier M. Rainaud.

J.-G. Kergomard.

## CARTOGRAPHIE

**Atlas de géographie historique**. Paris, Hachette et C<sup>ie</sup>, 6<sup>e</sup> livraison.

L'*Empire carolingien* a été confié à M. Longnon. La carte principale est consacrée au partage de 806; un jeu de teintes ingénieusement combiné indique pour chacun des fils de Charlemagne sa part de l'empire proprement dit et sa part des pays tributaires, dont l'ensemble se distingue par une teinte plus claire de la masse de l'empire. Deux cartons représentent l'Angleterre en 827 et l'Espagne en 757.

Allemagne et Italie au temps d'Otton I<sup>er</sup>, Allemagne orientale en 1056, Italie au temps de Frédéric I<sup>er</sup>, telles sont les trois cartes dans lesquelles M. Blondel, chargé de cours à la Faculté de droit de Lyon, montre ce qu'il appelle le *Terrain du Saint-Empire*, expression très heureuse, car elle rend bien l'incertitude et l'inconstance du cadre géographique correspondant à cette formule de « Saint Empire romain de la nation germanique », pouvoir à peu près idéal, sans territoire déterminé, dont les trois cartes nous montrent le champ d'action d'Otton I<sup>er</sup> à Frédéric Barberousse.

Ce Saint-Empire, dont on peut dire, en retournant le mot célèbre de Metternich, qu'il ne fut guère jamais qu'une « expression politique », après bien des vicissitudes dont d'autres cartes et d'autres notices nous exposeront bientôt l'histoire, nous le voyons disparaître dans l'*Europe de Napoléon*. Une grande carte dressée avec la collaboration de M. Froidevaux montre par la diversité des teintes la France de 1802, les acquisitions de 1803 à 1805 et de 1805 à 1810, et les pays alliés. Trois cartons représentent la France administrative et la France concordataire en 1802 et l'Allemagne en 1806. Une notice très claire, illustrée d'intéressants cartons, expose les étapes de cette extraordinaire et instable expansion.

# NOUVELLES GÉOGRAPHIQUES

## LA FRANCE EN GAMBIE[1]

III

Il semblerait au premier abord que cet arrangement soit absolument préjudiciable à nos intérêts. Certes on ne peut s'empêcher de reconnaître que ces terrains que nous avons ainsi cédés aux Anglais sont d'une richesse très grande. Mais il convient aussi de remarquer, pour se rendre un compte exact de l'idée qui a présidé à la conclusion de ce traité, que l'Angleterre a toujours été maîtresse incontestée de l'embouchure du fleuve. En nous en interdisant l'entrée, il lui eût été facile de ruiner complètement notre commerce dans ces régions et de porter un coup funeste à notre influence. De plus, si l'on jette seulement les yeux sur la carte, il n'en reste pas moins acquis ce fait que la colonie anglaise est toujours enclavée entre les possessions françaises du Sénégal et des Rivières du Sud, et quoi que puissent faire nos voisins, elle ne sera jamais qu'une dépendance de ces deux colonies.

Bien que la Gambie soit une voie de pénétration naturelle vers l'intérieur, bien qu'elle présente la route la plus courte vers les régions aurifères du Bambouk et du Konkodougou et les contrées fertiles du Sandougou, du Niani, de l'Ouli et des contreforts nord du Fouta-Djallon, les comptoirs anglais n'auront jamais au point de vue politique qu'une importance secondaire. Vis-à-vis des populations riveraines, les traités que nous avons conclus avec leurs chefs sont loin d'être tombés en désuétude et notre situation politique reste intacte. La France est respectée dans ces régions et son nom y est avantageusement connu. Les luttes que nous avons eu à y soutenir, particulièrement contre Mahmadou-Lamine et contre Saër-Maty, luttes qui se sont toujours terminées à notre avantage, nous y ont donné un renom de bravoure qui, partout au Soudan, en impose aux Noirs.

Nous pouvons donc envisager l'avenir avec confiance. Si nous avons abandonné une mince parcelle de notre territoire, les populations qui l'habitent sont inféodées à notre politique. Elles n'ont pas oublié les services que nous leur avons rendus et nous pouvons d'ores et déjà compter sur leur fidélité. Et pourtant, depuis que les Anglais ont pris possession de ce que nous leur avons concédé, ils s'efforcent de suivre à l'égard des populations indigènes une ligne de conduite bien faite pour leur attirer toutes leurs sympathies ; mais ils sont jusqu'à ce jour loin d'avoir donné les résultats auxquels ils étaient en droit de s'attendre. C'est ainsi qu'ils ont appliqué à cette colonie le système politique qu'ils ont adopté pour la plupart de leurs colonies africaines. Ils ne se mêlent en rien des affaires des indigènes ; mais aussi, dès qu'un conflit éclate entre deux villages ou deux peuplades, ils savent prendre toutes leurs précautions pour que les intérêts de leurs nationaux, de quelque nature qu'ils puissent être, soient sauvegardés. Les habitants de toute couleur et de toute nationalité sont censés sujets anglais. Ceci ne s'applique, bien entendu, qu'aux indigènes. L'esclavage, sous quelque forme que ce soit et de quelque nom qu'on le désigne, est inconnu. Tout captif évadé qui se réfugie dans la colonie est considéré comme un homme libre et est assuré de la protection efficace des autorités.

Enfin, le gouverneur de Mac-Carthy prodigue avec une étonnante libéralité aux différents chefs les cadeaux auxquels ils sont le plus sensibles. Malgré cela, il n'en est pas un qui ait consenti à se ranger sous l'autorité de Bathurst. Dès qu'ils ont appris les conséquences du traité de 1889, beaucoup d'entre eux ont préféré émigrer en territoire français plutôt que d'être forcés d'obéir, comme ils me le disaient, à des « marchands ». Les chefs du Kantora, du Sandougou occidental, du Sandougou oriental notamment, et bien d'autres depuis notre voyage dans ces régions ont abandonné, de gaieté de cœur, leurs villages, et sont venus avec leurs sujets s'établir chez nous.

En résumé, si en Gambie les Anglais sont arrivés à s'inféoder les populations de Bathurst et de Mac-Carthy, cela tient uniquement à ce que ces deux comptoirs sont peuplés d'éléments très divers. Leur politique a complètement échoué auprès des peuplades de races pures et homogènes.

Au point de vue politique, la situation de la France est donc excellente dans la basse et la moyenne Gambie ; au point de vue commercial, elle est absolument exceptionnelle. Ce sont les factoreries françaises qui accaparent la presque totalité des produits indigènes. Pour une seule maison anglaise, il n'y a pas moins de cinq maisons françaises. Grâce à son influence dans ces régions et aux pro-

1. Suite. — Voyez p. 68.

cédés qu'elle emploie dans ses rapports avec ses clients, la Compagnie française de la côte occidentale d'Afrique et du Sénégal, notamment, a su monopoliser la plus grande partie des affaires qui s'y font. Nous avons pu nous procurer des chiffres exacts, que nous tenons à reproduire ici et qui ne permettront pas de douter un seul instant de l'extension du commerce français. Ce commerce se compose presque uniquement d'échanges de produits du pays contre des étoffes, du sel, tabac, poudre, verroterie, etc., etc. Les principaux produits achetés sont exportés en Europe. Ce sont des arachides, peaux, cire, caoutchouc, ivoire. Ainsi, rien qu'à Mac-Carthy, où la Compagnie française et la Bathurst Trading Company sont seules représentées, les quantités traitées en 1890 ont été environ :

Arachides : 3000 tonnes, à 170 francs la tonne environ.

Peaux : 10000, à 2 fr. 50 ou 3 francs la peau.

Caoutchouc : 4500 kilogrammes, à 1 fr. 25 le kilogramme.

Cire : 8000 kilogrammes, à environ 1 franc le kilogramme.

Ivoire : quelques défenses seulement, à des prix variables.

Si nous ajoutons à cela un certain chiffre d'affaires au comptant, consistant dans la vente de riz, mil, verroteries, alcools, sel, étoffes, etc., etc., chiffre qui peut s'élever à environ 3500 à 4000 francs par mois, on sera aisément convaincu de l'importance des transactions qui s'y font, et si nous faisons remarquer que les opérations de la factorerie française forment plus des trois quarts de la totalité, on ne pourra pas s'empêcher de reconnaître que notre situation commerciale est vraiment remarquable.

Outre les produits que nous venons de mentionner, les factoreries en achètent encore d'autres, qu'elles revendent sur place. Parmi ceux-là, nous citerons particulièrement les kolas, le beurre de karité, les étoffes du pays, le mil et le maïs. Le chiffre d'affaires ainsi obtenu est relativement élevé et vient s'ajouter à ceux que nous avons cités plus haut.

Le pouvoir central ne fait pourtant rien pour favoriser le développement du commerce. A part Bathurst, aucun comptoir ne possède de service postal ni de service télégraphique. Les communications sont des plus rares et des plus difficiles. Il faut avoir recours à la complaisance des maisons de commerce. Tout est laissé à l'initiative privée. Il faut dire aussi que, sous ce rapport, les négociants jouissent de la plus grande latitude.

Il ne faut pas cependant à ce sujet se faire trop d'illusions et s'imaginer un seul instant que les marchandises écoulées par nos négociants sortent de nos manufactures. Il est loin d'en être ainsi et je suis persuadé que les produits français entrent à peine pour un cinquième dans la quantité totale. Il n'y a guère que le sel qui soit d'importation française et encore depuis seulement que la Compagnie française l'exporte directement. Les étoffes sont anglaises, la poudre, les armes sont anglaises, la verroterie, les alcools allemands, les conserves alimentaires anglaises et norvégiennes ; le vin est français, il est vrai, mais le stock consommé chaque année est peu considérable. C'est dans le bon marché des produits anglais et allemands qu'il faut chercher uniquement les motifs de cette préférence de la part des indigènes. Certes ils reconnaissent que la qualité de nos marchandises est bien supérieure à celle de nos concurrents. Mais le prix les effraie toujours. Ils préfèrent la quantité à la qualité. Malgré tout ce que l'on a pu faire en France, on n'est pas encore arrivé à fabriquer dans de bonnes conditions ces étoffes de pacotille si appréciées des noirs. Il n'y a guère que Rouen qui se soit un peu intéressé à cette question et je suis persuadé que les fabricants n'ont pas eu à se plaindre de sortir un peu de leur routine habituelle. En Gambie, une maison de commerce qui voudrait n'opérer qu'avec des marchandises purement françaises serait obligée de liquider à brève échéance. Cette question est des plus graves, à notre avis, et nous estimons qu'il serait grandement temps que nos usines songeassent à s'outiller de façon à pouvoir lutter avec avantage contre la concurrence étrangère.

Dans un autre ordre d'idées, nous ne croyons point, comme on l'a dit, que l'établissement d'une voie ferrée allant de Rufisque à Foundioungne sur le Saloum porterait un coup mortel aux comptoirs anglais de la Gambie. Ce chemin de fer, qui rendrait de si précieux services aux riches pays qu'il traverserait, n'enlèverait pas, par année, deux tonnes de produits indigènes provenant des régions comprises entre le Saloum et la Gambie. Les noirs n'en continueraient pas moins à commercer avec les factoreries de Bathurst. De plus, les négociants hésiteraient à faire transporter leurs échanges par cette voie et reculeraient devant les frais énormes qu'entraînerait cette opération. Car il ne faut pas perdre de vue qu'après avoir chargé à Foundioungne, il faudrait ensuite décharger et recharger à Rufisque pour expédier en Europe. Dans ces conditions, nous estimons que tous les frais accessoires qu'entraîneraient ces manipulations doubleraient au moins le prix d'achat. A Bathurst, au contraire, et, dans les comptoirs du fleuve, on achète à la factorerie même où les produits sont apportés par les indigènes et l'on peut aussitôt expédier directement en Europe. Les transports par eau, même pour des distances triples, sont toujours bien moins onéreux que les transports par chemin de fer.

On peut aisément, d'après ce qui précède, se rendre un compte exact de la situation qui est faite actuellement à la France dans la basse et la moyenne Gambie. Toute la partie du fleuve comprise entre Yabouteguenda et Bathurst, et navigable en toutes saisons pour les bateaux calant de 1 m. 50 à 3 m. 20 environ, appartient, il est vrai, aux Anglais ; mais il n'en demeure pas moins acquis que nos commerçants y peuvent trafiquer en toute liberté, en se conformant aux lois et coutumes qui régissent la colonie et les régions où ils sont établis. Bien que nous nous trouvions là en pays absolument étranger, nous sommes les maîtres de la situation, tant au point de vue politique qu'au point de vue commercial. A Bathurst, Albreda, Balangar, Nianimaro, Mac-Carthy, ce sont nos factoreries qui occupent le premier rang. Et pourtant, nous avions à lutter contre un terrible et puissant adversaire. Qu'on ne vienne donc pas nous dire que le commerce français est réduit à néant dans les pays d'outre-mer et que l'Anglais nous a partout supplantés et évincés ! Les chiffres que nous avons cités plus haut sont plus éloquents que tout ce que nous pourrions dire, et il est du devoir de nos nationaux qui vont là-bas soutenir l'honneur du négoce français de ne pas y laisser péricliter notre influence. Disons également que, s'il est aussi prospère, cela tient surtout à la situation politique que nous occupons dans ces régions. Du reste, les Anglais ont depuis longtemps si bien compris que leur colonie, en raison de sa situation géographique, ne pourra jamais s'étendre vers l'intérieur et ne sera jamais qu'une simple annexe des nôtres, qu'ils nous ont proposé une première fois de nous l'échanger contre le Gabon, bien avant que nos établissements dans cette région aient pris l'importance qu'ils ont aujourd'hui. Et dernièrement encore, ne nous ont-ils pas offert de nous en faire l'abandon, si nous voulions renoncer aux droits et prérogatives dont nous jouissons à Terre-Neuve! Bien que nous n'ayons aucune autorité en pareille matière et que notre opinion soit de peu de poids dans une aussi grave question, nous estimons que la cession de la Gambie dans de semblables conditions serait une compensation absolument dérisoire. L'étude que nous en avons faite nous permet de formuler cet avis.

## IV

Dans la Haute-Gambie, de Yabouteguenda à la source nous sommes les maîtres absolument incontestés, non seulement du cours du fleuve, mais encore de ses deux rives.

D'après les renseignements que nous avons pu nous procurer, et par ce que nous en avons vu nous-même, la Gambie au-dessus du barrage de Kokonko-Taloto n'est plus navigable, du moins à l'époque des basses eaux, que par des pirogues indigènes ou des chalands en bois à fond plat et d'un faible tirant d'eau. Son lit est, en effet, parsemé de bancs de sable et de roches qui en rendent la navigation excessivement pénible et souvent même dangereuse. Pendant l'hivernage, au contraire, alors que la crue a atteint son maximum, je crois que de petits vapeurs pourraient aisément circuler entre le barrage de Kokonko-Taloto et le gué de Tombocoroto. Il faudrait, bien entendu, les monter de toutes pièces en amont du barrage.

Quant à ses deux affluents, le Koulontou ou Rivière-Grey et le Niocolo-Koba, ils ne sont guère navigables que pour les pirogues et encore sur une distance relativement faible. Quoi qu'il en soit, je ne puis à ce sujet qu'émettre une opinion très approximative. Il serait urgent, à mon avis, qu'une étude complète et systématique fût faite de la Haute-Gambie et du régime de ses eaux. Elle serait, je n'en doute pas, éminemment profitable, tant au point de vue purement scientifique qu'au point de vue de la pénétration de notre influence dans ces régions encore peu connues.

Les rives du fleuve sont peu peuplées et il faut s'avancer assez loin dans les terres pour rencontrer des centres importants. Ce n'est guère qu'en arrivant dans le Niocolo que les villages commencent à se montrer, et, du gué de Tomborocoto à la source, ils deviennent de plus en plus rapprochés les uns des autres. Cela tient évidemment à ce que, à l'époque des hautes eaux, le fleuve déborde et couvre de chaque côté des étendues immenses de terrain.

Notre arrivée dans la Haute-Gambie est de date relativement récente. Ce n'est en effet qu'en 1881 que nous y avons pris définitivement pied. A cette époque, le docteur Bayol, au cours d'une mission politique importante et d'un voyage d'exploration resté célèbre, signa avec l'almamy du Fouta-Djallon un traité en vertu duquel ce vaste empire était placé, ainsi que ses provinces tributaires, sous le protectorat de la France. Ce traité fut modifié en 1888 par la convention conclue par le regretté lieutenant Plat de l'infanterie de marine. Parmi les pays qui venaient ainsi se ranger sous notre autorité, il convient de citer le *Niocolo*, le *Sabé*, le *Tamgué*, le *Yambéring*, le *Koïn*, le *Labé*, le *Gadaoumndou*, le *Sangala* et le *Gounianta*, tous riverains de la Haute-Gambie. En 1887, le colonel Galliéni, alors commandant supérieur du Soudan français, établit le protectorat français sur l'Ouli, le Tenda-Touré, le pays de Gamon. Au cours de la même campagne, le pays de Badon et le Dentilia sont visités par le lieutenant Levasseur, et leurs chefs signent avec lui des traités par lesquels ils se placent sous notre autorité. En 1888 c'est le Kantora qui, de son plein gré, traite avec le commandant Archinard, de l'artillerie de marine, qui venait de succéder au colonel Galliéni. Ainsi donc, dès ce moment, sauf le pays de Damantan, le Coniaguié et le Bassaré, qui étaient indépendants, tout le bassin de la Haute-Gambie était placé sous le protectorat de la France.

Au cours de la mission scientifique dont je fus chargé en 1891-1892 par les départements des Colonies et de l'Instruction publique, et pendant le séjour que je fis à Nétéboulou dans l'Ouli, retenu par une longue et grave maladie, je reçus à plusieurs reprises la visite d'envoyés du chef de Damantan qui me faisait dire combien il serait désireux d'entrer en relation avec nous. Ce fut également à cette époque que j'appris l'existence des Bassarés et des Coniaguiés, ces peuplades étranges, objet de légendes curieuses et derniers représentants d'une race appelée à disparaître. Il n'en fallait pas plus pour exciter ma curiosité d'ethnographe, et, encore malade, je me décidai à les visiter dès que mes forces me le permettraient. Muni de renseignements précieux et bien secondé par Sandia-Diamé, le chef de Nétéboulou qui avait déjà donné tant de preuves de dévouement à la cause française dans ces régions, je me rendis à Damantan, qu'aucun Européen n'avait visité avant moi. J'y fus cordialement reçu par le chef et la population et je fus heureux de constater quels étaient leurs sentiments à notre égard. N'ayant aucune qualité pour engager une action politique quelconque, je n'eus pas de peine à décider mes hôtes à se placer sous le protectorat de la France, malgré les nombreux cadeaux dont les comblait le gouverneur anglais de Mac-Carthy, toutes les fois qu'ils s'y rendaient pour leurs affaires. Il en fut de même pour le Bassaré et Coniaguié, que je visitai ensuite.

Je séjournai pendant plusieurs jours à Yffané, la capitale du Coniaguié et, après de nombreux palabres, j'arrivai à obtenir des chefs la promesse qu'ils signeraient avec le commandant de Bakel, mon excellent ami le capitaine Roux, de l'infanterie de marine, un traité en vertu duquel ils reconnaîtraient notre autorité. Il fut fait ainsi que je l'espérais, et les deux conventions furent conclues peu après, lors du voyage que fit le capitaine à Damantan. L'importance de ces deux arrangements, au point de vue politique et commercial, est considérable. Car ils placent sous notre autorité directe toute cette partie de la rive gauche de la Gambie comprise entre le Kantora et le Niocolo, et permettent à notre territoire de s'étendre ainsi jusqu'à la rive droite du Rio-Grande et jusqu'aux établissements portugais. S'il en avait été autrement, et si les Anglais nous avaient devancés, c'en était absolument fait de notre influence dans toute cette région et nous aurions eu, près du Fouta-Djallon et des pays Malinkés du Bambouk et du Konkodougou, des voisins peu agréables et fort gênants.

Telle est aujourd'hui notre situation politique dans la Haute-Gambie. Au point de vue commercial, tout y est à faire et il serait facile d'y créer un courant important d'affaires. Seules, jusqu'à ce jour, quelques caravanes osent s'y aventurer. Les Dioulas (marchands ambulants) redoutent d'être pillés par les Peulhs du Tamgué et les Malinkés du Bélédougou; mais il serait facile de donner à cette région la sécurité sans laquelle les transactions ne peuvent normalement se conclure. Dans l'Ouli, le Kalounkadougou, le Tenda, le pays des Coniaguiés et des Bassarés, le Dentilia, le Niocolo et tout le contrefort nord du Fouta-Djallon, existent des centres de population que le commerce d'échange pourrait avantageusement exploiter.

Les arachides de toute cette région jouissent d'une renommée bien méritée et sont supérieures en qualité à celles du Cayor, du Galam et des Rivières du Sud. La production ne tarderait pas à en être augmentée dans une notable proportion, si les habitants savaient qu'il leur serait facile de les écouler avantageusement. L'ivoire, la cire, le caoutchouc, la gutta-percha, les bois de construction donneraient rapidement de considérables profits à qui saurait les exploiter. D'autre part, les étoffes, le sel, le tabac, la verroterie, les alcools y seraient, je n'en doute pas, importés en notable quantité.

Déjà, d'après nos conseils et sous les auspices de M. le commandant de Bakel, le capitaine Roux, une prospection intelligente de l'Ouli a été faite par les soins de la compagnie française de la côte occidentale d'Afrique et nous savons pertinemment que les résultats ont été satisfaisants. Un établissement commercial créé à Genoto, non loin de l'embouchure du marigot de Nétéboulou, a pleinement réussi. Il serait facile d'en faire autant pour les autres régions. Sans doute le succès ne sera pas immédiat; mais il se manifestera certainement d'année en année, surtout si l'on arrive à secouer la paresse et la torpeur des indigènes.

L'important pour le moment est de purger toutes ces régions des pillards Peulhs et Malinkés qui les infestent, et, pour arriver à ce résultat, une conduite énergique vis-à-vis du Fouta-Djallon est absolument indispensable. De même il est de toute nécessité d'y établir une autorité forte et qui sache se faire respecter. Le gouvernement du Sénégal s'est déjà ému de la chose et, dès l'année dernière, il a installé à Nétéboulou un administrateur colonial. Il eût été préférable, je crois, de lui assigner Oualia comme résidence. Il eût ainsi été plus près de Mac-Carthy et aurait pu contrebalancer avec plus de profit l'influence du gouverneur anglais. De plus, le commerce de l'Ouli, à Genoto, n'aurait pu qu'y gagner.

Enfin, quant à l'exploitation commerciale proprement dite du pays, nous estimons qu'il convient que l'administration, quelle qu'elle soit, qui y sera établie, ne s'en occupe que pour y protéger sans tracasseries nos nationaux. Il faut laisser la plus grande latitude à l'initiative privée. Il ne faut pas cependant se le dissimuler, la tâche est lourde et demandera une longue patience et une persévérante activité. Cette perspective, nous en sommes certain, ne saurait faire reculer ceux qui portent si dignement et si haut le drapeau de la France, au Sénégal, au Soudan et dans notre jeune colonie des Rivières du Sud. Ne craignons donc pas d'engager l'avenir, surtout si nous devons en retirer dans la suite gloire et profit. Ne nous laissons pas décourager, si le succès ne vient pas immédiatement nous récompenser de nos peines et de nos fatigues. D'autres viendront, après nous, qui, pour notre honneur, récolteront le fruit de nos travaux. L'égoïsme contemporain ne doit pas trouver place dans les questions, si importantes, de colonisation et de commerce d'outre-mer. Et qu'importe, après tout, la perte de quelques millions, si nous sommes certains de faire œuvre utile, patriotique et durable?

Dr Rançon.

❧ ❧ ❧

# LES ANGLAIS AU YUN-NAN

Les Anglais poursuivent un double but en Extrême-Orient : l'accaparement du trafic avec les provinces du sud-ouest de la Chine et l'expansion de la Birmanie; encore le second but n'est-il qu'une dépendance du premier. Mais deux obstacles se dressent en face des ambitions britanniques : les difficultés physiques et la rivalité de la France. Dans la presqu'île Transgangétique, des montagnes infranchissables séparent des fleuves impropres à la navigation dans leurs bassins supérieurs. Une seule de ces artères descendant de Chine est parfaitement utilisable, c'est le fleuve Rouge, et les Français s'en sont emparés. Une autre voie de pénétration s'offrait aussi pour atteindre le Yun-Nan, non par la navigation fluviale complète, mais par des routes terrestres ou par des relais de bateaux de bief à bief : c'était le Mékong, et les Français viennent encore d'y arriver les premiers. D'ailleurs ce n'est pas le dernier traité avec le Siam qui nous a assuré la prépondérance sur ce fleuve; cette prépondérance, nous l'avions à l'état latent, par le fait même que nous possédions les côtes d'Annam. On se souvient, en effet, que la mission Pavie a résolu le problème de la pénétration dans le Haut-Laos et dans le Yun-Nan, par le Mékong; la plus avantageuse de toutes les voies est celle du port de Tourane par la providentielle passe d'Aï lao.

Or qu'est-ce que ce Yun-Nan, avec lequel les deux plus grandes puissances coloniales du monde convoitent d'entrer en relations commerciales? C'est une des plus riches vice-royautés de Chine, une contrée grande comme les deux tiers de la France et dont le sol est une vraie mosaïque de minerais et de charbons à fleur de terre. Le Yun-Nan fournit une grande quantité d'étain en saumon, de cuivre et de fer; il produit en abondance le thé, les moutons et les bœufs. Les provinces limitrophes du Yun-Nan concourent à rendre cette partie de la Chine fort enviable au grand négoce d'Europe. Ainsi, le Sé-Tchouen donne un tabac d'un grand rapport; on y trouve des jambons à très bas prix et des fruits d'Europe tels que pommes, pèches, châtaignes et noix.

La Chine a fait les plus grands efforts pour reconquérir le Yun-Nan sur les musulmans révoltés. Cette province, quoique soumise de nom à Pékin, n'en reste pas moins la plus indépendante de l'empire, parce qu'elle appartient en grande partie à des bassins étrangers, le fleuve Rouge et le Mékong. L'Iravadi et la Salouen n'en ont qu'un sixième environ, et encore ce sixième s'étend-il, en grande partie, dans les régions les plus clairsemées. Dans la vallée du Yang-Tsé, les montagnes sont si difficiles à franchir que les troupes chinoises ne purent atteindre le Yun-Nan, à l'époque de la grande révolte. C'est alors que Dupuis employa la vallée du Song-Koï pour fournir des armes aux autorités légales.

Dépeuplé par la guerre civile, le Yun-Nan est actuellement le centre de migrations venant du Koeï-Tchéou, du Kouang-Si et surtout de certaines contrées du Sé-Tchouen, que les habitants désertent à cause de la rapacité des lamas tibétains. L'industrie de la soie, détruite par la révolte plus récente encore des Taï-pings, reprend avec le plus grand succès depuis 1884. Une magnanerie a été installée à Yun-Nan-Fou pour l'éclosion des œufs importés du Sé-Tchouen et du Tché-Kiang.

En somme, le Yun-Nan est une province riche, destinée à devenir plus riche encore, et que la nature a tournée vers les possessions françaises de l'Indo-Chine.

En ce qui concerne notre exportation européenne, les habitants des provinces chinoises du sud-ouest de la Chine ont tout avantage de nous donner la préférence sur leurs compatriotes de l'est, pour les cotons filés. Quel merveilleux débouché pour les cotons du Tonkin, qui sont de plus en plus demandés, même en Chine orientale où ils arrivent à l'état de matière égrenée! Les Yun-Nannais achètent aussi volontiers les liquides d'Europe, les vins, la bière; leurs femmes ont beaucoup de goût pour nos verroteries, notre parfumerie et notre imagerie. Le sel marin est très recherché dans cette région où le sel des mines a un goût détestable. Enfin, les disettes fréquentes de riz rendent très souvent indispensable l'importation de cette céréale. Le commerce ne s'y fait encore que par troc, mais l'accueil que les indigènes réservent déjà à la piastre, sur la frontière, permet de prévoir un facile emploi du système monétaire.

Nous avons fait ressortir dans un précédent article de cette revue comment la France s'est emparée de la meilleure route pour atteindre ce *Hinterland* chinois. Nous nous proposons de montrer aujourd'hui par quels moyens l'Angleterre cherche encore à nous enlever la prépondérance commerciale en Extrême-Orient.

Les frontières de l'empire Chinois quittent le rivage de la mer à leur point de contact avec le Tonkin; de là, elles s'enfoncent vers l'ouest, dans l'affreux dédale montagneux de l'Asie méridionale. Le Tonkin est juste au-dessous du Yun-Nan, au beau milieu de la ligne de frontières maritimes ou terrestres de la Chine par où l'on peut tenter de pénétrer, c'est-à-dire au milieu de la route entre Chang-Haï et le Tibet. Il s'agit donc, pour les Anglais, de « tourner » le Tonkin. Deux séries de voies se présentent à eux[1] : celles de l'est, le Yang-Tsé-Kiang et la rivière de Canton, qui constituent les voies *latérales*, d'après l'heureuse expression du prince d'Orléans; celles de l'ouest ou de la Birmanie, qui sont appelées *voies ascendantes* par le même auteur.

Dans la première catégorie, la route du Yang-Tsé-Kiang est la seule employée par les Anglais pour le moment. La convention du 31 mars 1890, entre la Grande-Bretagne et le Céleste Empire, permet aux marchandises anglaises de circuler librement de Chang-Haï à Tchong-King. Cette dernière ville est considérée par nos voisins d'outre-Manche comme le « futur Liverpool du Hinterland chinois ».

Mais cette route aquatique ne peut lutter de vitesse avec le fleuve Rouge. Les bateaux à vapeur ne remontent encore qu'aux rapides d'Ichang, rapides espacés sur 160 kilomètres de parcours, et il faut dix jours de navigation pour atteindre ce point terminus. D'Ichang, on emploie vingt-cinq jours à gagner Tchong-King en jonques, et de là quatorze autres jours pour parvenir à Sou-Tchéou-Fou dans le Sé-Tchouen, à la condition d'embarquer les marchandises sur de très petits bateaux. Total, quarante-neuf jours. Lorsque le fret fluvial se fera à la vapeur jusqu'à Tchong-King, si toutefois il parvient à surmonter les obstacles qu'il trouvera, tant dans l'opposition systématique de la Chine que dans des conditions hydrographiques fort désavantageuses, il n'en faudra pas moins encore seize jours aux marchandises pour être déchargées sur un quai distant de plus de 800 kilomètres de la capitale du Yun-Nan.

Il y a 1500 milles de la mer au Sé-Tchouen. Le Yang-Tsé ne s'offre donc aux Anglais que comme une voie de commerce pour les vice-royautés de l'est et du centre, mais il ne peut aucunement se prêter à la concurrence avec le fleuve Rouge, car bientôt nos chaloupes fluviales du Tonkin remonteront en deux jours de la mer aux frontières yun-nannaises. Ajoutons à cette infériorité du Yang-Tsé la différence du fret qui coûte évidemment moins cher de Marseille à Haïphong que d'Angleterre à Chang-Haï, l'avantageuse situation de Lao-Kaï sur le territoire français, aux portes de la Chine, enfin la proximité des produits tonkinois, beaucoup mieux placés que les produits anglais de l'Inde. Ces observations suffisent à expliquer combien le Yang-Tsé a perdu de sa valeur depuis notre installation sur le fleuve Rouge. D'ailleurs, au pis aller, la grande artère fluviale de Chine n'est pas exclusivement anglaise, et tout récemment une maison française du Tonkin vient de fonder un comptoir à Tchong-King.

Quant à l'autre pénétration latérale, celle de la rivière de Canton, elle semble à première vue plus pratique, et beaucoup d'Anglais sollicitent leur gouvernement d'obtenir d'y circuler. Cette route est en effet très suivie déjà par les Cantonnais qui remontent le Si-Kiang et le Yu-Kiang par Naning-Fou et Pai-Sec jusqu'à Montze ou Yun-Nan-Fou. Mais les Chinois eux-mêmes s'effrayent du tort qui leur est fait depuis que nos chaloupes à vapeur remontent jusqu'à Lao-Kaï, et ils devront tôt ou tard abandonner cette voie.

C'est dans l'espérance de leur future pénétration par la rivière cantonnaise que les Anglais soufflèrent à la Chine, lors de nos traités de 1885, le conseil de ne pas nous accorder l'enclave de Pakoï, point maritime convoité par nos rivaux pour tête de route. Dernièrement, la Chambre de commerce de Hong-Kong insistait auprès de lord Rosebery pour que la lutte contre l'influence française fût transportée sur la rivière de Canton.

Mais là encore de graves difficultés s'opposent à

1. *Autour du Tonkin*, par Henri-Ph. d'Orléans, passim.

l'ambition de nos adversaires. Remonter directement le Si-Kiang par son embouchure est impossible aux bateaux à vapeur d'un certain tonnage, car ce cours d'eau, qui n'a jamais été amélioré, est fort mauvais jusqu'à Sin-Tchéou et exigerait des travaux énormes d'amélioration[1]. Il est vrai qu'on pourrait atteindre Sin-Tchéou par le port de Pakoï, mais ce moyen exige l'emploi très lent et très onéreux des mulets, moyen qui fait monter le transport de la tonne à 130 francs par kilomètre. D'ailleurs, le projet de la Chambre de Hong-Kong a contre lui les cinquante et un jours qu'il faudrait employer pour atteindre seulement Pai-See, avant la création d'un chemin de fer dont la cession paraît fort douteuse. Avec ce chemin de fer de Canton au Yun-Nan, l'Angleterre ne serait-elle pas devancée encore par notre voie ferrée de Lang-Son, qui va être ouverte prochainement et qui va transporter dès le début la tonne, à raison de 20 francs par kilomètre, jusqu'à la frontière chinoise du Kouang-Toung septentrional, bien plus haut que Sin-Tchéou, sur la route de Canton au Yun-Nan? On sait qu'une commission française étudie, ces jours-ci, un projet de prolongement de la voie de Lang-Son jusqu'à Nacham et même jusqu'à Binhi, débarquant directement ainsi à Naning-Fou par la vallée du Tso-Kiang.

Par cette voie de la rivière de Canton, il ne semble pas que l'Angleterre puisse espérer autre chose que d'atteindre le commerce du Kouang-Si tout au plus et encore sera-t-elle fort gênée par la ligne ferrée française, qui va drainer une bonne partie du négoce chinois vers le Tonkin.

Donc, à l'est de notre établissement indo-chinois, l'Angleterre est en état d'infériorité par rapport à nous, pour atteindre le Yun-Nan. Restent les voies à l'ouest, celles de la Birmanie et du Laos, où les fleuves ne suffisent plus, où la prépondérance restera au premier chemin de fer établi.

Rappelons en passant qu'il ne faut plus compter sur la pénétration par le Tibet, qui est lui-même si réfractaire à tout envahissement de son territoire. Les Anglais eux-mêmes ne parviennent pas à l'atteindre par l'Inde et ils échouent encore dans leurs efforts du côté de Dardjiling, dans l'Himalaya, entre le Boutan et le Népal. Du Tibet au Yun-Nan, ce sont des chemins affreux dont ont gardé le souvenir tous les lecteurs des captivants récits du P. Huc et de Bonvalot.

Les routes naturelles de Birmanie sont toutes ascendantes et longent les artères fluviales de la presqu'île. Il n'y a guère de communications d'une vallée à l'autre, sinon dans les bassins inférieurs; les cours supérieurs des fleuves, sorte de venelles montantes, tortueuses, raboteuses, ne sont nullement navigables.

Après mille recherches, tout chemin de fer latéral pour relier l'Inde à la Chine est généralement regardé aujourd'hui comme impossible. L'Angleterre a spécialement étudié une voie ferrée de Bhamo, sur l'Iravadi, à Tali-Fou[2], dans le bassin du Yang-Tsé, mais il faudrait franchir les arêtes colossales qui séparent entre eux l'Iravadi, la Salouen, le Mékong et le Yang-Tsé, et ce travail coûterait des sommes incalculables. En prolongeant jusqu'à Bhamo la ligne ferrée (actuellement déjà exploitée depuis Rangoun jusqu'à Mandalay), les Anglais vont bien en effet réussir à relier l'Inde au Yun-Nan, car il existe des sentiers fréquentés par les caravanes entre Bhamo et Tali-Fou, mais ce sera là une route lente, dangereuse et de nulle valeur au point de vue de la concurrence française. De Mandalay non plus, ni de Illidenet, on ne peut songer à un chemin de fer pour atteindre le Yun-Nan. Rien que depuis le bac de Kounloun, sur la Salouen, les caravanes de mulets emploient quinze jours pour atteindre le Mékong, et le transit de la tonne revient à 858 fr. 50 pour ce seul tronçon.

Reste alors uniquement[1] la fameuse voie des États chans, depuis Moulmein ou Rangoun par la vallée du Ménam jusqu'à Xieng-Maï, puis par la vallée du Mékong. C'est en prévision de cette voie que l'Angleterre s'était empressée de déclarer *indépendants* les États chans, ses voisins de Birmanie, exposés aux empiétements de la France.

Les rails de nos rivaux atteindraient le Mékong à Xieng-Hong; là, faute d'issue par la rive droite, ils traverseraient le fleuve, franchiraient la frontière chinoise à Semao, puis fileraient par Pou-Eurl à travers le Yun-Nan pour aboutir à Tchong-King. Mais ici encore, nos rivaux jouent de malheur; la France vient de s'établir dans cette contrée et c'est pourquoi l'Angleterre réclame la création d'un *État-Tampon*, dont ferait partie le territoire traversé par sa ligne ferrée sur la rive gauche. L'Angleterre établit ses prétentions sur ce qu'elle n'aurait cédé au Siam une partie du Kiang-Ken qu'autant qu'elle ne serait cédée postérieurement à aucun autre État[2]. Si l'Angleterre a grand intérêt à relier Calcutta à Chang-Haï par voie de terre, la France a un intérêt non moins grand à ne pas lui laisser tracer une route qui frôlerait, à moins de 350 kilomètres, le port d'Hanoï.

La lutte est engagée; c'est une lutte de vitesse, dit l'auteur d'*Autour du Tonkin*, et la France a toutes les avances puisqu'elle peut atteindre la frontière chinoise en quatre jours et qu'elle le pourra prochainement en deux jours, quand les derniers obtacles à la navigation du Song-Koï auront disparu.

A l'instant où ces lignes sont écrites, la Compagnie des Messageries Fluviales s'occupe de reconnaître les endroits à approfondir ou à débarrasser des roches, pour délivrer le fleuve des petits obstacles qui entravent la circulation permanente et aisée de son cours. Notre voie de pénétration est le seul chemin rapide exigeant peu de frais, le seul qui parcoure une région montagneuse abordable de suite; il convient de la « baguer » sans délai.

L'intérêt commercial des deux nations rivales n'est pas seulement dans le riche Yun-Nan et ses mines, mais aussi dans les ressources du Sé-Tchouen, du Koeï-Tchéou et du Tibet. Quant au Tibet, inutile que nous courions à lui, il viendra à nous; il y vient déjà. Les Tibétains descendent à Tali-Fou et même à Pou-Eurl pour

1. Les jonques indigènes elles-mêmes doivent s'arrêter en aval de Canton lorsqu'elles ont un fort tonnage.

2. La route de Bhamo à Tali-Fou a été mise en usage, en 1856, par les musulmans révoltés qui allaient chercher des armes en Birmanie.

1. Cependant l'ingénieur Bagley persiste à faire des plans pour une ligne qui partirait de Mandalay et traverserait la Salouen à Kounloun. Mais ces plans ont de très nombreux adversaires qui nient la possibilité de construire une aussi longue série de travaux d'art colossaux, avec les sommes prévues par les devis, quelque énormes qu'elles soient.

2. Cet État-tampon (Kiang-Ken, Kiang-Hung, Kiang-San) longe le fleuve pendant 90 milles et est large de 100 milles; il atteint à l'est l'arête de partage du fleuve Rouge. L'Angleterre se réserverait là un passage pour son chemin de fer du Ménam à Sémao.

chercher le thé et des marchandises textiles manufacturées. Les Français ont encore à leur donner le riz et les cotons tonkinois que les Anglais doivent colporter depuis Canton, Calcutta ou Rangoun. L'occupation du Mékong vient de donner un nouvel atout à notre jeu. Il est vrai que les Anglais draineront le commerce du bas Laos avec leur chemin de fer de Bangkok à Korat, mais la sage résolution que vient de prendre la France d'employer le système du libre-échange dans nos nouvelles possessions, attirera tout le trafic du moyen et du haut Laos vers nous. Peu important est, pour la France, le désavantage de trouver dans le port de Pégou un centre d'attraction anglaise pour les mines de rubis du Siam.

Reste à savoir si nous profiterons de nos avantages, si nous suivrons la politique ferme et soutenue de nos rivaux, avec la même énergie que ceux-ci, partout où ils s'établissent et surtout là où ils trouvent des compétiteurs. Ce n'est pas sans une vive impatience que le négoce colonial français doit attendre la solution définitive de la question de l'État-tampon.

Nous venons de montrer comment les Anglais ont lutté, luttent et lutteront encore contre nous pour la prépondérance commerciale aux frontières du sud-ouest de cette Chine qu'ils assaillent à l'ouest, au Tibet, en rivalité avec la formidable invasion russe. Il nous reste à citer le second but de l'Angleterre, corollaire du premier, c'est-à-dire l'expansion de la Birmanie, but auquel tend, comme pour le premier, la ligne ferrée de Rangoun au Mékong.

D'après l'administrateur de Birmanie, M. Stertz, l'expansion de la colonie britannique repose uniquement sur ce chemin de fer qui reliera l'empire de Mandalay à la Chine vers l'est et à l'Inde vers l'ouest. C'est toujours l'idée de Colquhoun et de Halett, d'après laquelle les navires anglais apporteront à Rangoun les marchandises de la métropole et de l'Inde pour s'en revenir avec les produits de la Chine. Seule une action prompte, dit la presse de Londres, empêchera la France de devancer la Grande-Bretagne et pour cela il faut qu'en attendant le grand chemin de fer de l'État-tampon, la ligne de Mandalay soit prolongée jusqu'à Bhamo. Mais nos rivaux ne se trompent-ils pas dans ce tracé provisoire? Le commerce de Bhamo est très mince, puisque de ce côté les habitants du Yun-Nan sont clairsemés dans une région montagneuse très difficile à parcourir. En admettant la possibilité de construire un jour un onéreux chemin de fer de l'Iravadi au Yang-Tsé, est-il admissible que les Yun-Nannais se prêtent à des travaux exécutés avec des capitaux étrangers? Il ne faut pas oublier non plus que le Yun-Nan ne peut être d'un rapport immédiat pour la nation qui devra faire de grandes dépenses pour l'atteindre, car cette vice-royauté se relève à peine de la désastreuse révolte musulmane qui lui a coûté des millions de vies.

M. Stertz préconise aussi la paix et l'entente entre la France et l'Angleterre, sous prétexte que les deux nations n'ont pas affaire dans les mêmes parties du pays. C'est là une opinion tout au moins fort sujette à contradiction. D'ailleurs

*Timeo Danaos et dona ferentes.*

Après l'assassinat de Margary, en 1874, l'Angleterre avait obtenu de grands avantages au Yun-Nan (convention de Tche-Fou, 1876); elle pouvait déléguer des résidents commerciaux dans toutes les villes de la province. Il semblait qu'elle dût rapidement s'implanter là.

Mais, au contraire, elle ne progresse plus dans ses relations diplomatiques avec le Céleste-Empire et elle n'obtient plus rien de lui, depuis les fautes capitales qu'elle a commises en se soumettant à payer tribut au Fils du Ciel pour la Birmanie, et depuis que son ambassadeur a consenti à pénétrer au palais de Pékin par la petite porte. Toute conciliation avec les Chinois équivaut pour ceux-ci à un aveu de faiblesse ; l'Angleterre, ayant fait le jeu de la Chine, dans ces deux événements, est aujourd'hui dans les pires conditions, d'après l'avis des journaux de Hong-Kong eux-mêmes[1]. « Et puis, comme dit Élisée Reclus à propos des échecs des missionnaires anglicans, les Chinois se demandent si la même nation qui les empoisonne par son opium peut les améliorer par ses doctrines. Les Anglais ne sont pour eux que des marchands de fusils « pleins de perfections homicides. » Cette situation est fort alarmante pour elle, surtout au moment où la pacification du bassin du fleuve Rouge vient d'être achevée par le colonel Pennequin et où la création, depuis longtemps imminente, du chemin de fer d'Haïphong à Lao-Kaï est devenue certaine. D'ailleurs peu importe le temps qu'on mettra à établir ce chemin de fer; déjà la France entre au Yun-Nan et tout dernièrement une maison d'Hanoï vient d'y établir un comptoir. C'est en grande partie à son consul, M. Rocher, que la France doit ses progrès dans la province.

Ainsi la Chine, cet État à demi civilisé seulement, où la grande industrie n'a jamais réussi encore, est cernée par trois nations européennes, la France et l'Angleterre au sud, la Russie au nord. La Russie s'est assuré deux grandes routes : celle qui conduit à l'océan Indien, par les Pamirs; celle qui conduit à la mer de Chine, par la Corée. Le puissant empire du tsar enlace donc l'Empire du Milieu sur presque toutes ses frontières terrestres. Nous voilà bien loin de la fameuse alliance anglo-chinoise rêvée par sir Griffin pour sauvegarder les intérêts anglais. Faut-il en plaindre la Chine? Citons, à ce sujet, l'opinion d'un des hommes qui nous ont le plus fait connaître l'empire de Han, le missionnaire Huc : « L'Angleterre, écrivait-il en 1857, achèvera de dissoudre par son insatiable cupidité les civilisations asiatiques; la Russie en rassemblera les débris épars qui seront régénérés et fécondés par le génie civilisateur de la France » (*le Christianisme en Chine*, tome IV, p. 469).

H. Méhier de Mathuisieulx.

1. Cela n'empêche pas cette même presse de Hong-Kong de retomber dans la même faute en demandant l'intervention de la Chine dans l'État-tampon. Elle va même jusqu'à demander que la Cour de Pékin exige des garanties de la France au sujet de la future inviolabilité du Siam. A quel titre? Cela était bon pour nos affaires en Annam, parce que l'Annam reconnaissait alors l'empereur de Chine comme suzerain; mais le Siam a secoué depuis longtemps le joug des Chinois et ne relève aucunement d'eux.

# CHRONIQUE GEOGRAPHIQUE

## AFRIQUE

**État indépendant du Congo.** — Une dépêche du gouverneur général major Wahis, parvenue à Bruxelles, annonce que la ville de Kabambarré a été occupée le 25 janvier et que les troupes de l'État indépendant, sous les ordres du baron Dhanis, poursuivant leur marche, sont arrivées au lac Tanganyika, occupant ainsi une province qui était encore, il y a un an, tout entière au pouvoir des chefs arabes. On estime que les troupes du baron Dhanis ont dû parvenir au lac vers le 10 février. Rappelons qu'elles se composent de 1300 soldats commandés par 30 Européens, et qu'elles disposent de 4 canons.

Une autre dépêche transmise par la voie de Mozambique nous apprend que le capitaine Jacques, après avoir opéré au mois de septembre, à Abercorn, sa jonction avec l'expédition Decamps, s'est dirigé vers Zanzibar, d'où il compte s'embarquer immédiatement pour l'Europe.

Dans la région nord-orientale de l'État du Congo, l'ancienne expédition Van Kerckhoven, qui depuis la mort de son chef, survenue au mois d'août 1892, était commandée par le capitaine Baert, a dû battre en retraite devant les derviches soudanais. Aux dernières nouvelles, elle attendait des renforts à Nyangara.

La région située entre le coude de l'Oubanghi et le Congo vient, pour la première fois, d'être franchie entre Banzyville et Mobéka par le capitaine Schagestrom, de la marine de l'Etat.

D'après la reconnaissance du capitaine Schagestrom, le bassin de la Mongalla occupe presque toute la région qui s'étend au sud du grand coude de l'Oubanghi, ce qui coïncide parfaitement avec les renseignements déjà fournis par Hodister.

L'Oubanghi ne reçoit en aval de la jonction de l'Ouellé et du M'Bomou aucun grand affluent; la ligne de faîte suit de très près sa rive gauche, et les sources des rivières qui descendent vers la Mongalla se présentent aussitôt au delà.

La région parcourue par M. Schagestrom est très belle, très boisée et extrêmement peuplée.

**Traité anglo-congolais.** — Le traité signé à Bruxelles le 12 mai dernier, entre sir Francis Plunkett, représentant de Sa Majesté Britannique, et M. Eetvelde, secrétaire d'État à l'intérieur de l'État du Congo, est un événement trop important dans l'histoire des partages africains pour que nous ne lui consacrions pas dès aujourd'hui une brève notice explicative. Nous y reviendrons avec plus de détails, d'autant que ce traité, conclu sans l'avis de la France, appelle de sérieuses réserves, que notre diplomatie fera probablement valoir sans tarder, et qui devront avoir pour effet d'y apporter de sérieuses modifications.

L'article premier fixe définitivement les limites de l'État du Congo. D'après l'alinéa A, sa « sphère d'influence » sera limitée au nord de la sphère allemande, c'est-à-dire en partant de 1° latitude sud, d'abord par le trentième méridien est de Greenwich, jusqu'à son intersection avec la crête de partage des eaux du Nil et du Congo, puis par cette crête elle-même dans la direction du nord et du nord-ouest.

L'alinéa B se rapporte à la fixation de la frontière sud-est de l'État, qui le sépare des possessions de la Compagnie britannique du Sud-Africain, et met fin au litige qui s'était élevé au sujet de la Katanga. La frontière partira du cap Akalunga, sur le lac Tanganyika, par environ 8° 15' latitude sud, pour arriver au point où le Louapoula sort du lac Moëro, puis traversera ce lac du nord au sud jusqu'à l'embouchure de cette même rivière, de façon à laisser à la Grande-Bretagne l'île de Kiloua; elle suivra ensuite le Louapoula jusqu'à sa sortie du Bangouéolo; de là le méridien passant par ce point jusqu'à la crête de partage du Congo et du Zambèze, puis cette crête de partage jusqu'aux possessions portugaises.

Toute cette partie du traité, qui attribue à l'État du Congo des frontières naturelles, ne donnera lieu à aucune réserve. Elle a été conclue entre les deux parties dans la plénitude de leur droit.

On ne peut en dire autant des articles 2 et 3, qui soulèvent de graves difficultés de droit international.

L'article 2 partage tout simplement entre l'État du Congo et la Grande-Bretagne de territoires appartenant à un autre. La Grande-Bretagne commence par s'attribuer tacitement la rive droite du Nil, puis elle donne « à bail » au roi Léopold II, souverain de l'État du Congo, un vaste territoire de la rive gauche, délimité par une ligne partant du lac Albert au sud de Mahagi, rejoignant la frontière de l'État, puis suivant la crête de partage du Congo et du Nil jusqu'au 25° longitude est, remontant ce méridien jusqu'au 10° latitude nord, puis suivant ce parallèle jusqu'au Nil, au nord de Fachoda, et de là remontant le Nil jusqu'à son point de départ.

Ce territoire forme ainsi un appendice considérable à l'État du Congo vers le nord et le nord-est. Il est vrai qu'il ne lui est pas donné, mais simplement, par une mesure tout à fait inédite en droit international, donné « à bail » à son souverain. A la mort du roi Léopold, la situation changera : l'État restera maître du pays situé entre 30° et 25° de longitude est, c'est-à-dire une importante partie du Bahr-el-Ghazal, mais la Grande-Bretagne reprendra les territoires situés entre le 30° méridien et le Nil, à l'exception d'une bande de 25 kilomètres de largeur, à déterminer d'un commun accord, se prolongeant jusqu'à la côte occidentale du lac Albert, de façon à donner à l'État du Congo le port de Mahagi.

Cette situation durera « aussi longtemps que les territoires du Congo resteront, comme État Indépendant ou comme colonie belge, sous la souveraineté de Sa Majesté et des successeurs de Sa Majesté ».

On le voit, il s'agit d'un partage d'une notable partie de l'ancien Soudan Égyptien. Les deux contractants le règlent avec une parfaite désinvolture, sans s'inquiéter des droits de l'Égypte, qui ont été suspendus par l'insurrection mahdiste, mais ne sont point périmés, ni de ceux de l'Empire Ottoman, suzerain de l'Égypte, et dont l'intégrité est garantie par les puissances. Il est vrai que l'Angleterre peut arguer de l'occupation récente de Ouadelaï, et l'État du Congo de l'expédition Van Kerckhoven qui est parvenue à Lado. Mais cet argument n'aurait de valeur que si les pays occupés étaient *res nullius*.

On savait depuis longtemps que les Anglais aspiraient à reconquérir par le sud le Soudan Égyptien. En mettant l'État du Congo dans leurs intérêts, ils ont voulu évidemment empêcher la France de parvenir jusqu'au Bahr-el-Ghazal; ils ont constitué entre eux et nous un nouvel État-tampon, et ont prétendu fixer, sans nous consulter, au 25° méridien de longitude est la limite au-delà de laquelle il nous serait interdit de passer. Mais il est clair que le traité anglo-congolais ne fait pas loi pour des tiers, et que, dans le règlement de la frontière orientale du Congo français, notre gouvernement n'en tiendra compte que dans la mesure où il le jugera convenable. Les droits éventuels de la France ne sont d'ailleurs pas seuls en jeu, toutes les puissances d'Europe ont en principe un égal intérêt à ce qu'il ne soit pas permis de disposer ainsi de territoires appartenant à un autre, comme le Soudan égyptien.

L'article 3 contient une disposition à laquelle la Grande-Bretagne attache beaucoup d'importance. L'État du Congo lui donne « à bail » une bande de terre d'une largeur de 25 kilomètres, se prolongeant du port le plus septentrional du lac Tanganyika jusqu'au point le plus méridional du lac Albert-Édouard. Cette sorte d'avenue, qui fait communiquer le Sud-Africain anglais et le Haut Nil, lui est donnée pour la même durée que le territoire entre 30° et 26° à l'État du Congo. La Grande-Bretagne, qui visait jadis à posséder une bande continue du Caire au Cap, et qui l'avait vue coupée en deux tronçons par le traité de 1890, parvient ainsi à la retrouver.

Cet article prête, lui aussi, à des réserves formelles. La France, on le sait, a un droit de préemption reconnu sur l'État du Congo. Toute mesure par laquelle cet État disposerait de tout ou partie de son territoire doit nécessairement lui être soumise. Dans l'espèce, on répondra que l'État n'aliène pas, mais donne « à bail ». Malheureusement pour lui, cette opération n'est pas connue encore en droit international; elle peut, le cas échéant, nous ne disons pas dans le cas actuel, dissimuler une aliénation véritable. Il serait donc dangereux de laisser créer ce précédent. L'État pourrait se croire autorisé à donner « à bail » sans notre assentiment d'autres parties de son territoire, et même à se donner tout entier à la Grande-Bretagne sous le couvert de cet euphémisme.

Nous ne parlerons pas ici des points accessoires du traité, tels que la question relative à la ligne télégraphique que la Grande-Bretagne peut construire dans tout le territoire de l'État du Congo pour joindre ses possessions du nord et du sud; nous ne parlerons pas non plus de l'arrangement en vertu duquel le gouvernement anglais promet au roi Léopold de lui faciliter, en lui fournissant des soldats noirs, l'occupation du Soudan. Nous renvoyons ce sujet à notre prochaine chronique.

**Afrique Orientale Allemande.** — Le baron von Schele qui, ainsi qu'on le sait, a succédé au baron de Soden dans les fonctions de gouverneur de l'Afrique Orientale Allemande, vient, tout récemment, de parcourir la région méridionale de la colonie placée sous sa direction.

Parti de la côte au mois de novembre 1893, à la tête d'une forte expédition, le baron de Schele suivit d'abord la rive méridionale de l'Oulanga, l'affluent de la Roufidji, relevé pour la première fois en 1886 par le comte J. Pfeil, et traversa le pays des Mafiti et des Ouabéna en poussant des reconnaissances sur les deux rives de l'Oulanga, afin d'assurer l'influence allemande et la tranquillité dans ces régions. L'expédition s'engagea ensuite dans les monts Livingstone, qui forment la ligne de partage des eaux entre le lac Nyassa et l'Oulanga. La traversée de ces montagnes, qui offrit de grandes difficultés et coûta beaucoup de fatigue, dura quinze jours, du 29 décembre au 13 janvier. Pendant le séjour de trois semaines que l'expédition fit à la station de Langenburg, sur les bords du lac Nyassa, une reconnaissance fut poussée à travers le pays de Kondé jusqu'à l'Ousango.

Le 7 février l'expédition partait de la baie Amélia, retraversait par un chemin plus commode la chaîne bordière du lac, et, par une route presque directe, se dirigeait à travers le pays inconnu et faiblement peuplé des Magouangara vers Kiloua, où elle arrivait le 18 mars 1894.

D'après les rapports de M. le baron de Schele, la vallée de l'Oulanga et les vallées des monts Livingstone seraient extraordinairement fertiles. Quant au pays de Kondé, il serait des plus riches (appréciation qui concorde parfaitement avec les renseignements des missionnaires allemands de ce pays (voir *Nouvelles géographiques*, 1893, p. 172), et l'établissement, dans les parties élevées, de colons européens et éleveurs y serait facile.

Comme on le voit, l'exploration du gouverneur de Schele est, avec la dernière expédition du Dr Baumann, la plus importante qui ait été accomplie à travers de grandes régions inconnues depuis l'établissement des Allemands dans l'Afrique Orientale, et les levés exécutés pendant le voyage par le topographe de l'expédition, M. Ramsay, permettront de combler un des blancs les plus considérables qui existent encore dans cette région de l'Afrique.

On annonce l'arrivée à Iranghi, un peu au nord de ces régions, du comte von Götzen, qui suit, dans une expédition qu'il dirige vers le Rouanda, la route du Dr Baumann.

Le retour de l'expédition d'Uechtritz à Akassa, que nous avons annoncé dans notre dernier numéro, a été motivé, paraît-il, par l'occupation du Baghirmi et du Bornou par les mahdistes. On ignore encore les détails précis sur ces événements et jusqu'à quel point l'expédition a pu s'avancer dans l'intérieur.

**Presqu'île des Somalis.** — Nous donnons ici les grandes lignes du protocole signé le 5 mai à Rome entre les gouvernements anglais et italien et qui complète les protocoles du 23 mars et du 15 avril 1891 pour la délimitation des sphères d'influence des deux pays dans l'Afrique du Nord-Est.

La limite des sphères d'influence de la Grande-Bretagne et de l'Italie dans les régions du golfe d'Aden est constituée par une ligne qui, partant de Gildessa et se dirigeant sur le 8° latitude nord, contourne la frontière nord-est des territoires des tribus Girri, Bertiri et Rer-Alli, en laissant à droite les villages de Gildessa, Darmi, Giggigæ et Milmil.

Arrivée au 8° latitude nord, la limite suit ce parallèle jusqu'à son intersection avec le 48° longitude est de Greenwich; elle se dirige ensuite à l'intersection du 9° latitude nord et du 49° longitude est de Greenwich et suit ce méridien jusqu'à la mer.

Par cette convention l'Italie acquiert la majeure partie de la grande presqu'île des Somalis, que ses explorateurs ont si vaillamment sillonnée dans ces dernières années.

**Côte du Bénadir.** — Nous avons fait connaître à nos lecteurs les récents établissements des Italiens sur la côte du Bénadir. Le *Bollettino della Società geografica Italiana* donne, dans son numéro de janvier-février, des documents très circonstanciés sur le portulan des rivages, depuis l'embouchure du Djouba jusqu'au port d'Itala, c'est-à-dire sur tous les débarcadères récemment acquis au négoce italien.

La côte, depuis l'embouchure du Djouba jusqu'à Itala, se dirige uniformément vers le nord-est, avec ses collines de sables arides qui jamais ne s'élèvent à plus de 80 mètres et qui n'offriront que des repères insuffisants à la navigation, tant que des phares n'y auront pas été construits. L'abord de ces plages est intercepté par une ligne parallèle de bancs madréporiques, qui constitue un long canal où les bateaux accèdent par des *daus*. D'octobre à avril, l'accès de ces daus n'oppose d'autre difficulté que celle de se repérer, l'accalmie des moussons permettant de franchir, sans grands périls, les obstacles.

Partout le baromètre reste stationnaire à 0,762; le thermomètre n'oscille guère qu'entre 25 et 27 degrés, et les pluies sont extrêmement rares.

Pendant la mousson du sud-ouest, les courants, dirigés du sud-ouest au nord-est, ont une vitesse de 4 milles (de mai à novembre); les vents entraînent une poussière qui dérobe la vue de la côte; mais pendant la mousson du nord-est, les courants marchent en sens inverse avec une vitesse ralentie de moitié, et les côtes, devenues nettement apparentes, ne s'opposent que rarement au mouillage.

La marée atteint 2 m. 50 aux syzygies, et les navigateurs se rendent compte de l'état du flot à la seule inspection de la mer : à marée haute, l'eau est unie; à marée basse, elle est frangée par l'enceinte madréporique.

Depuis l'embouchure du Djouba jusqu'à Brava, on ne remarque de loin qu'un seul point de repère notable : ce sont deux collines de 120 mètres environ, offrant à 25 milles en mer l'aspect d'une selle. Les calculs astronomiques, exécutés sur la mosquée, ont donné : 1° 45″ latitude nord et 41° 43′ 14″ longitude ouest.

Le port de Merka, difficile à distinguer en venant du sud, à cause des petits promontoires rocheux qui le cachent, est très apparent en arrivant par le nord, d'où l'on découvre ses mosquées blanches abritées par de rares cocotiers. Comme Brava, Merka est divisé en deux quartiers : le faubourg arabe, construit en pierre, et le faubourg Somali, couvert de cabanes. Les observations ont donné 1° 42′ 6″ latitude nord, 42° 33′ 34″ longitude est. L'eau, provenant de puits éloignés de la côte, est mauvaise et insuffisante, mais on trouve à bon marché des bœufs, des chèvres, des poulets, des œufs et du lait.

Les collines s'abaissent légèrement entre Merka et Magdochou, sans que l'aspect général varie pour cela. Magdochou, avec ses 8000 habitants, est le port le plus important du Bénadir, sous le rapport du commerce actuel; on l'aperçoit de très loin, dans toutes les directions. L'ancrage y est bon devant la plage du port; quant à l'eau, si on peut l'utiliser aisément pour les chaudières et les lavages, elle est trop fangeuse pour les usages culinaires; les indigènes l'apportent par barils de 200 litres dans leurs canots, au prix de 2 ou 3 roupies pour 4800 litres. On trouve à Magdochou les mêmes aliments qu'à Merka, ainsi que du miel; le commerce indigène semble avoir diminué pendant ces dernières années, surtout pour les cotonnades. La tour de Hamervuein se trouve par 2° 1′ 30″ latitude nord et 45° 24′ latitude est.

Entre Magdochou et Ouarchek il faut signaler le promontoire de Habaï, si noir qu'on le prend de loin pour une île; de ce point les roches de couleur sombre se continuent jusqu'à Ouarchek, tandis que les collines dominantes conservent leur teinte rougeâtre sous leur malingre végétation.

Ouarchek étale les cabanes de ses 1000 habitants sur un promontoire en forme d'éperon de cuirassé; on atteint ce port en franchissant le banc *Doucouëdic*, reconnu en 1847 par le navire français de ce nom. L'éclat de la *Pyramide*, située au nord-est de Ouarchek, a fourni les coordonnées suivantes : 2° 19′ 45″ latitude nord et 45° 34′ longitude est. C'est devant ce port qu'on trouve les daus les plus propices à l'accès des chenaux côtiers. Si l'on peut se procurer à Ouarchek les mêmes vivres qu'à Merka et Magdochou, en revanche l'eau y est presque introuvable et fort mauvaise. Actuellement le commerce y est rare, même pour l'ambre gris et les ailerons de requins qu'on exporte en Chine.

De Ouarchek à Itala les collines s'abaissent encore et leur silhouette rase parfois le niveau de la mer; la ville d'Itala s'aperçoit à peine à 8 milles en mer.

Les coordonnées astronomiques trouvées par le *Stafetta* ne concordent nulle part avec les données des cartes hydrographiques anglaises de l'océan Indien. Ainsi :

Ouarchek est signalé à 2′ 5″ plus au nord et à 4′ 8″ plus à l'ouest.

Magdochou est signalé à 2″ plus au nord et à 1″ plus à l'ouest.

Merka est signalé à 29″ 6 plus au nord et à 5′ 11″ plus à l'ouest.

Brava est signalé à 15″ plus au nord et à 1′ 3″ plus à l'ouest.

Indiquons, en terminant, les déviations magnétiques constatées par le même navire :

Merka : 5° 49′ ouest.
Magdochou : 5° 40′ ouest.
Ouarcheck : 5° 17′ ouest.

**Exploration du capitaine Gentile dans le Co-Haïn.** — Le massif de Co-Haïn est la région capricieusement tourmentée du Tigré qui force le fleuve Magreb à descendre vers le sud pour la contourner ensuite, avant de couler à l'ouest vers le Nil. Déjà, en 1861, Muzinger l'avait traversée et dépeinte comme une contrée fertile et peuplée, où les indigènes se distinguent de leurs voisins par leur caractère hospitalier et indolent.

Le capitaine Gentile, attiré par le désir de visiter une contrée si voisine des possessions italiennes, partit d'Asmara, l'an dernier, pour descendre le fleuve Obel. Après avoir visité Arghesana, près du nouveau fort d'Ugri qui remplace Godofelassi, dans le Seraé, il atteignit Emet au confluent du Maga et du Bisinna, puis Ghinni, au confluent du Guatima. Dans ces vallées, il trouva une végétation luxuriante où foisonnent de grands figuiers, des baobabs et une foule d'autres arbres géants, si bien que la contrée lui sembla un immense parc anglais, où les eaux abondantes scintillent dans la verdure. En creusant à un mètre ou deux, on trouve en toute saison de l'eau potable dans le lit de l'Obel.

L'Obel est un affluent du Magreb; depuis Ghinni, l'explorateur le suivit dans sa descente directe vers l'ouest et ne s'en écarta que pour atteindre au sud la ville de Debra-Mariam. A mi-chemin, il avait rencontré le village de Soaf-Omni, dont le nom signifie en tigréen « Pierre Ecrite »; de fait, un bloc énorme de granit, à moitié enseveli dans le sable du fleuve, porte des signes étranges qui ne répondent à aucun caractère connu. D'après le capitaine Gentile, il se peut que l'eau elle-même ait creusé ces signes. Entre Soaf-Omni et la longitude de Debra-Mariam, l'Obel reçoit, à gauche, le Seke Gobaï qui descend des monts Adi-Gorded, et, à droite, un grand nombre de torrents du nord.

Le massif de Debra-Mariam s'élève à 500 mètres au-dessus du lit de l'Obel; du haut de ces collines on aperçoit : à l'est, le sillon de l'Obel; au nord, celui de son affluent le Rihib-Osa et, à l'ouest, les plaines où coule le Mareb. Ce sont des étendues fertiles que les habitants de Debra-Mariam descendent cultiver pendant la belle saison.

D'après la tradition, l'église chrétienne de cette dernière ville remonterait au XII^e^ siècle et serait en partie due aux Portugais. On raconte que Théodoros aurait voulu en faire copier l'architecture, mais que ses ouvriers y auraient complètement échoué; le monument est, en effet, très grandiose, avec ses colonnes, ses pilastres et ses architraves de bois dur.

De Debra-Mariam, l'explorateur rejoint l'Obel par une pente vertigineuse, qui l'oblige à descendre de sa monture; les sables torréfiés des thalwegs peuvent seuls servir de passage pour atteindre le Magreb, où l'escorte se plonge avec délice dans les eaux abondantes et constate la présence de nombreux crocodiles, lions, léopards et sangliers. Vainement le capitaine Gentile s'efforce de descendre la rivière, il est bientôt arrêté par les vases du fleuve et la végétation inextricable des hauteurs, où s'embarrassent les chameaux. Bien qu'on soit là à 1200 mètres d'élévation au-dessus de la mer, l'immobilité bouillante de l'air est aussi suffocante qu'à Massaouah.

Le capitaine Gentile se résolut alors à remonter à pied le Magreb, dont le lit pierreux est la seule route accessible parmi la végétation trop luxuriante; il aperçut les confluents du Zerbil, de l'Agaïs, de l'Elmi et de l'Udah, sur la rive gauche, et ceux du Vualcait et du Daro, sur la rive droite. Ensuite, il atteint le confluent du Catina, grand affluent de la rive droite qu'il remonte et dont la vallée, largement déprimée et très cultivée, se resserre peu à peu jusqu'à n'être plus qu'un sillon torrentiel. Une branche du Catinà, le Zabri, prend sa source près de celle de l'Obel et traverse diagonalement tout le Co-Haïn.

Laissant le Catina, l'explorateur passe à Adi-Gobbo, où il est acclamé par les cris de joie des femmes, par les fantasias des guerriers et par les protestations des prêtres chrétiens; le chef de la tribut lui offre l'hydromel et la bière abyssine. Mais quelle différence avec l'époque de Munzinger! Là où, trente-deux ans auparavant, s'étalaient des villages fort peuplés, c'est à peine si quelques cabanes recèlent 2 ou 3 habitants..., si bien que les femmes s'attellent à la charrue. Quant à la mouche *esero*, à laquelle on imputait des épizooties, elle pique inoffensivement le bétail aujourd'hui; si cet insecte a été la cause du fléau, il n'a pu l'être qu'indirectement, c'est-à-dire en colportant le mal.

Le massif d'Adi-Golbo, pendant de celui de Debra-Miriam, est le bastion méridional du Co-Haïn; il s'allonge entre le Magreb et le Catina pour se terminer, à l'ouest, par l'éperon du Cancri. En face du Cancri, de l'autre côté du Magreb, se dessinent les crêtes du Medelaï-Tabor, massif de 2000 mètres de hauteur, d'où descendaient les bandes pillardes qui furent détruites l'an dernier par le chef de l'Adi-Golbo.

Le capitaine Gentile retomba de nouveau dans le thalweg du Magreb dont il rencontra plusieurs affluents de la rive droite (Czerna, Mastai, Atacaro, Lamin), puis revint dans le bassin du Catina où il visita Adi-Catina et Kesadgua; c'est de ce dernier point, la patrie des corneilles, que Munzinger a tracé son levé expédié, parce que c'est de ce sommet que s'épanchent en éventail, dans toutes les directions, les torrents de la contrée.

Enfin l'explorateur passe la Sagla, principal affluent de droite du Catina, traverse pour la troisième fois cette rivière, et, après avoir poussé une pointe sur Kéradeca, remonte au nord vers Ugri, en franchissant le Guda-Gudi, par où le négus Johamès était descendu en 1875 pour écraser l'expédition égyptienne.

Cela fait un voyage de près de 400 kilomètres exécuté en 179 heures de marche (2 h. 40 m. par jour en moyenne), d'où le capitaine Gentile rapporte un itinéraire détaillé et des documents absolument nouveaux sur une contrée peu connue et bien changée depuis 1861.

## ASIE

**Le Mékong.** — On se souvient qu'en octobre dernier deux canonnières françaises, le *Massie* et le *La Grandière*, furent dirigées sur Khône afin d'en franchir les rapides et d'entreprendre, au delà de ces obstacles, l'étude hydrologique du grand sillon transgangétique. Le *La Grandière* ne put affronter les rapides et dut mouiller à Khong, en attendant les crues futures; mais le *Massie* parvint, avec la chaloupe *Ham-Luong*, à surmonter les difficultés et à se hisser dans le bief du Laos moyen. Le lieutenant de vaisseau Simon, chef de la mission, fournit des détails nouveaux sur la navigabilité du Mékong. « Ce vaste fleuve, dit l'officier, est appelé, en dépit de ses caprices, à devenir la grande artère commerciale du Haut-Laos. » Cette affirmation confirme celle de la mission Pavie, qui, comme on le sait, a signalé les échancrures de la chaîne annamite par où l'on fait glisser les marchandises depuis Tourane jusqu'au bief Kemmarat-Outhène, et inversement. Mais ce qui est loin d'être prouvé, malgré certaines affirmations audacieuses, c'est qu'on parvienne un jour à rendre le Mékong navigable, jusqu'à son embouchure, aux bateaux à vapeur.

Voici le résumé des obstacles à cette navigation, d'après M. Simon :

1° De Khône à Khong, la navigabilité ne sera possible qu'entre juin et janvier et seulement après que la dynamite aura ouvert le chenal des basses eaux.

2° De Khong à Bassac, il suffira d'un balisage pour rendre la navigation possible pendant neuf mois de l'année et peut-être pendant l'année tout entière.

3° De Bassac à l'embouchure de la Sé-Don, les bateaux ne calant pas plus d'un mètre pourront franchir, de juin à janvier, les nombreux obstacles accumulés par la végétation noyée.

4° De l'embouchure de la Sé-Don à celle de la Sé-Moun, il faudra reprendre l'usage de la dynamite et des balises, pour naviguer aux basses eaux. C'est dans ce tronçon que se centralise le commerce du Bas-Laos, surtout sur la rive gauche.

5° Enfin viennent les rapides de Kemmarat, qui descendent du grand bief navigable. C'est là un obstacle bien plus sérieux que les autres, tant par la rapidité des eaux que par la longueur qui atteint 150 kilomètres. Le lieutenant Simon l'étudie actuellement.

La mission du *Massie* a une portée plus étendue que la simple étude hydrologique du Mékong : elle surveille l'exécution du traité franco-siamois et recherche des renseignements commerciaux. Partout, sur son passage, M. Simon a contrôlé la démolition des forts de la rive droite; il a fait remettre en liberté les Laotiens encore détenus par les délégués de Bangkok et hâté le départ de détachements siamois; il a obtenu des commissaires un concours plus efficace à notre installation; enfin il a constaté partout la satisfaction des indigènes à se voir ralliés sous notre pavillon.

Il reste néanmoins des points obscurs à trancher. Ainsi le roi de Bassac, dont les États s'étendent sur les deux rives, continuera-t-il à administrer des sujets de la rive gauche? Les éléphants et les pirogues que les Siamois ont réquisitionnés sur la rive gauche, avant le traité, seront-ils rendus ou payés à leurs propriétaires? Ces deux questions sont fort complexes. Pour ne parler que de la première, le roi de Bassac, très aimé de ses sujets, est très bien disposé pour la France. Mais s'il passe sur la rive gauche, il perdra ses États de la rive droite, et tous ses sujets ne pourront pas le suivre; s'il reste sur la rive droite, il lui sera difficile de demeurer indépendant de la politique du Siam.

Quant au commerce du Bas-Laos, le noyau principal se trouve dans le tronçon compris entre les embouchures de la Sé-Don et de la Sé-Moun. Ce commerce se fait par voie d'échange entre les habitants d'Oubon et les Khas des Bolovens qui apportent, à Champu et dans d'autres marchés de la Sé-Don, la cardamome (15000 piculs par an), les peaux, les cornes et les nattes; ces produits leur sont payés en sel et en tissus rayés.

La principale découverte commerciale de M. Simon est la ville de Ban-Samphaï, dans l'île de Don-Coti. Ce grand marché, *plus important peut-être que celui de Bassac lui-même*, n'a encore été porté sur aucune carte et est resté jusqu'ici masqué aux voyageurs par l'île de Don-Coti. La ville de Ban-Samphaï respire l'aisance et est animée par un mouvement commercial considérable qui s'étend jusqu'à Nong-Khai. Les autorités de ce point attendent avec impatience l'installation d'un résident français.

Comme on le voit, la mission Simon a un intérêt de premier ordre. Il est à souhaiter qu'elle achève au plus vite ses perquisitions et que le gouvernement prenne les dispositions nécessaires, à mesure que l'officier du *Massie* lui signale ses découvertes.

**Gisements de pierres précieuses dans le haut Mékong.** — Dans une des dernières séances de la Société géographique de Londres, on a donné lecture d'une note intéressante de M. Warington Smyth sur son voyage dans le Mékong. Le but principal de l'expédition faite pour le compte du gouvernement siamois, était la recherche des gisements de rubis et de saphirs situés en face de Kieng-Kong. Parti de Bangkok en décembre 1892, M. Smyth prit la route de

Ménam, traversa le pays montagneux du Haut-Laos et arriva sain et sauf à Xieng-Kong sur le Mékong. Il a reconnu les gisements des pierres précieuses en question, que l'on trouve surtout dans les graviers des ruisseaux descendus des montagnes environnantes, formées de roches cristallines. Ces gisements ont été jadis exploités par les Birmans et sont assez riches. M. Smyth est revenu au Siam en descendant pendant cinq jours le Mékong jusqu'à Louang-Prabang. Il prétend que le seul magasin français qui existe dans cette ville ne fait pas de brillantes affaires, les indigènes préférant aux cotonnades européennes les étoffes tissées par eux-mêmes.

## AMÉRIQUE

**Bolivie.** — M. A. Quijano a proposé au gouvernement bolivien la construction de deux chemins de fer, l'un reliant la rive droite du Rio Paraguay à la ville de Santa Cruz de la Sierra, l'autre prolongeant les lignes argentines jusqu'à Potosi.

L'importance de ces deux projets est très grande.

La Bolivie ne saurait négliger plus longtemps de développer chez elle de grands réseaux de voies ferrées, car l'élévation de ses centres d'activité et son isolement au milieu du continent lui créent une véritable infériorité au point de vue des transactions.

Le premier de ces projets aurait l'avantage de créer un courant d'immigration sur une immense zone de terrain actuellement sans population à cause de la difficulté des moyens de communication.

Le second projet intéresse particulièrement aussi la République Argentine, dont les provinces du nord auraient un débouché assuré pour leurs céréales et leurs produits d'élevage. De plus, bien des centres miniers abandonnés verraient renaître leur activité.

## AUSTRALIE ET OCÉANIE

**Expédition Elder.** — Nous avons déjà parlé à plusieurs reprises de l'expédition organisée par M. Elder, et dirigée par M. David Lindsay, qui devait explorer les dernières parties restées inconnues de la colonie d'Australie Occidentale. Interrompue au bout de quelques mois, puis abandonnée, cette expédition a donné pourtant certains résultats géographiques, comme l'a prouvé une carte récemment parue. Aujourd'hui la publication du rapport final et du journal de route complet nous permet d'ajouter quelques détails à ceux que nous avons déjà donnés.

On se rappelle qu'après avoir traversé le Great Victoria Desert, M. Lindsay avait dû interrompre sa marche, parce qu'il n'avait pas trouvé d'eau aux sources de la Reine Victoria, découvertes par Giles en 1875. Il s'était alors rendu à la côte, pour entrer en communication avec Adelaïde, tout en se proposant de reprendre sa marche, du sud au nord, le long des stations extrêmes de l'Australie Occidentale, et de repartir pour l'intérieur à la latitude du haut Murchison. Mais il fut rappelé à Adelaïde pour conférer avec ses bailleurs de fonds, et la conférence eut pour résultat l'abandon de l'expédition. En attendant, M. Wells, qui avait pris la place du chef, profita de la fin des sécheresses pour faire quelques expéditions à l'est et au sud-est des monts Kimberley; il ne parcourut pas moins de 1350 kilomètres, et découvrit de belles terres pastorales, à sous-sol argileux, ainsi que quelques filons aurifères. L'expédition ne rencontra qu'un petit nombre d'indigènes. M. Elder estime qu'avec un peu plus de persévérance le but de l'expédition aurait été pleinement atteint.

**Nouvelle-Guinée.** — La frontière entre la Nouvelle-Guinée britannique et la Nouvelle-Guinée hollandaise était formée jusqu'ici par le 141° méridien est de Greenwich. Une petite expédition a été entreprise d'un commun accord à la fin de février dernier par sir William Mac Gregor, gouverneur du territoire britannique, et M. Bensbach, résident hollandais à Ternate pour chercher sur la côte sud un point favorablement situé dans le voisinage de ce méridien et propre à former une frontière naturelle.

Ce point a été fixé à l'embouchure d'un petit fleuve côtier, encore inconnu, et auquel on a donné le nom de *Bensbach*. L'embouchure, qui offre un ancrage sûr, est par environ 141°1'48" longitude est Greenwich et 9°7'35" latitude sud.

Suivant l'arrangement conclu entre les représentants des deux nations, et ratifié depuis par le gouvernement britannique, la frontière partira de l'embouchure et en suivra le méridien, jusqu'à sa rencontre avec le Fly, par environ 7° latitude sud. Elle remontera de là le Fly jusqu'à sa rencontre avec le 141° méridien, par 6°20' latitude sud, puis suivra ce méridien jusqu'à la frontière commune des possessions anglaises, allemandes et hollandaises.

L'abandon que ferait la Grande-Bretagne des territoires situés entre le 141° et le Bensbach serait presque exactement compensé par l'acquisition des pays situés à l'est du Fly et compris dans une boucle qu'il formait sur territoire hollandais.

Cet arrangement qui met entre les deux pays quelques parties de frontières naturelles, aura pour effet, dit sir William Mac Gregor, de leur faciliter à tous deux l'établissement dans le pays et la lutte contre les tribus indigènes, notamment les Tugeri qui se sont montrés jusqu'ici très hostiles.

## NOUVELLES DIVERSES

*— L'organisation du pays des Matébélés vient d'être réglée par un accord entre le gouvernement anglais et la Compagnie sud-africaine. Ce sera une sorte de protectorat, placé, comme une partie du Machonaland, sous le contrôle de la Compagnie.*

*— Le règlement de la souveraineté des îles Samoa va être remis en question au mois de juin. Le condominium anglo-germano-américain est depuis quelque temps un peu compromis, comme on pouvait s'y attendre, l'Angleterre voudrait avoir l'archipel pour elle seule, et sa colonie, la Nouvelle-Zélande a manifesté l'intention de se l'annexer. Mais l'Allemagne a protesté vigoureusement. Elle aurait, nous annonce-t-on aujourd'hui, proposé la réunion d'une nouvelle conférence, et l'Angleterre aurait accepté cette proposition.*

*— Un ingénieur, M. F. de Villepigne, vient de proposer de réunir les deux rives du Bosphore par un pont-tunnel, qui passerait à 12 mètres de profondeur au-dessous de la surface de la mer. La longueur du pont serait de 2 500 mètres, avec des travées de 60 mètres et des piles dont la plus haute aurait 48 mètres. Les trains y seraient remorqués par des câbles métalliques, et le pont serait relié aux chemins de fer des deux rives par des amorces tubulaires en pente douce.* (*Le Temps*).

⁂

# MOUVEMENT ÉCONOMIQUE

## HAMBOURG ET SON COMMERCE DEPUIS 40 ANS

Hambourg a été longtemps la cité la plus considérable de cette célèbre confédération hanséatique qui, au XIIIe siècle, réunit un certain nombre de villes marchandes du nord de l'Europe. Ses nombreuses flottes parcouraient les mers, il avait une véritable armée navale, et cependant il eut à subir des vicissitudes sans nombre, mais pour toujours en triompher. C'est qu'aussi il profite d'une situation topographique exceptionnelle au milieu de côtes allemandes de la mer du Nord qui ne présentent guère d'abris sérieux. Le vieux port hanséatique est au contraire installé dans l'estuaire d'un fleuve profond, à 110 kilomètres de la mer, il est vrai, mais à l'extrémité d'un chenal où peuvent circuler les plus grands navires. Hambourg est en somme le port le mieux situé de toute l'Allemagne, surtout au point de vue des relations internationales. En outre, grâce à sa communication naturelle et immédiate avec tout le réseau navigable intérieur de l'empire et même d'une partie de l'Autriche-Hongrie, il est pour ainsi dire le port par excellence de l'Europe Centrale. Tous les articles d'exportation peuvent parvenir directement des centres de production aux quais d'embarquement, et, réciproquement, les produits d'importation parvenus au grand port de l'Elbe peuvent se réembarquer sur des bateaux de navigation intérieure, qui vont les distribuer dans le reste de l'Allemagne.

Mais notre siècle a vu naitre une concurrence acharnée, et Hambourg a pu craindre un moment de se voir complètement éclipser par Anvers, qui, sortant tout à coup du néant, est devenu un des plus grands marchés de l'Europe continentale. Hambourg alors a lutté, s'est imposé des sacrifices, et a fait de son port une installation modèle. En interrogeant les statistiques qui ont été dressées depuis environ un demi-siècle, nous voulons précisément suivre pas à pas les progrès accomplis et montrer le résultat qu'on a su atteindre aujourd'hui.

Hambourg n'était pas jadis sur l'Elbe même, mais bien sur l'Alster; les habitants, au bout d'un certain temps, comprirent qu'ils étaient trop isolés, et ils eurent l'habileté de creuser des chenaux qui fournirent un nouveau passage à l'Elbe : le grand fleuve changea son cours et vint passer au pied même de la cité, où il forma bientôt un port des plus importants. Dès 1850, ce port prenait toute la largeur de la ville, s'étendant sur 5 kilomètres, et se divisant en port fluvial et en port maritime; le premier pouvait admettre un grand nombre de chalands; quant à l'autre, il recevait aisément des navires de 1000 à 1500 tonneaux.

Dans le dessein d'améliorer ses ports, Hambourg a renoncé à son indépendance : n'ayant plus une confiance suffisante dans l'initiative privée, il a consenti, le 25 mai 1881, à entrer dans le *Zollverein* et cette transformation a été consommée le 15 octobre 1888 ; mais en échange, une convention était conclue entre le *Conseil des Bourgeois* et le Gouvernement impérial, qui promettait à la ville un subside de 40 millions de marks. C'était une contribution à des travaux multiples, creusement de bassins, création de docks, pour lesquels la ville avait du reste à fournir de son côté 30 millions de marks. Disons immédiatement que si Hambourg est entrée dans l'Union douanière, une bonne partie de son port n'en demeure pas moins port franc (*Freihafen*) : c'est le territoire exempt de tout droit de douane, le reste constituant le *Zollgebiet* ou territoire douanier. En somme, ce port franc, s'étendant principalement sur la rive gauche de l'Elbe, représente la plus grande partie du port entier; sa superficie est de 1000 hectares, dont 300 en bassins; le long de ces bassins s'élèvent ses docks, occupant une surface de 37000 mètres carrés. Plus loin ce sont d'autres docks couvrant 19000 mètres, des hangars de 15000 mètres, d'autres de 13000. Puis ce sont des quais sans nombre, munis des instruments de manutention les plus perfectionnés, que nous ne pouvons mentionner tous. Citons du moins le bassin des voiliers, le plus grand et le plus profond du port, calant 7 mètres d'eau à mer basse, entouré de plus de 2700 mètres de quais, et pouvant recevoir de 100 à 110 bâtiments de grande dimension; c'est dans ce bassin que viennent s'amarrer les paquebots transatlantiques de la puissante Compagnie Hambourgeoise-Américaine. Ce port immense dispose d'une longueur de quais de 11456 mètres, et de 4690 mètres de hangars.

Examinons maintenant, dans ses diverses manifestations, le commerce de la grande cité hanséatique, en comparant ce qu'il était vers 1860 avec ce qu'il est devenu vers 1876 et 1880, puis enfin en disant ce qu'il est actuellement.

En 1857, sa flotte marchande se composait de 468 bâtiments, représentant un tonnage de 144097 tonneaux de mer français. Au moment où Hambourg est entrée dans le Zollverein, à la fin de 1888, sa flotte se composait de 505 navires, jaugeant au total 372495 tonneaux; la part des voiliers est de 280 bâtiments et de 145482 tonneaux, et celle des vapeurs de 225 bâtiments et de 226913 tonneaux. Depuis lors, cette flotte s'est encore sensiblement accrue, comme nous allons le voir.

Dès longtemps, les Hambourgeois se sont mis, à l'aide de services réguliers, en relations directes avec les principaux ports du monde, et c'est ce qui a donné une si merveilleuse expansion à leur commerce. En 1857, des bateaux à vapeur naviguaient déjà à périodes rapprochées entre ce port et le Havre, Amsterdam, Rotterdam, Londres, Hull, Grimsby, Newcastle, Leith, Bergen, Christiania; une fois par mois, un vapeur allait déjà à New York, en touchant Southampton, et les Hambourgeois avaient établi une ligne de vapeurs sur Rio de Janeiro. En 1889, on comptait 72 lignes régulières entre Hambourg et diverses parties du globe : 3 vers les ports allemands de la mer du Nord, 22 sur l'Angleterre (Londres, Hull, etc.), 7 vers les ports de la Baltique, 3 vers les ports norvégiens, 5 sur les ports hollandais, 4 sur la Belgique, 1 vers la France, 3 vers le Portugal et l'Espagne, 3 vers les côtes de la Méditerranée, 10 vers les deux Amériques, enfin 5 sur l'Afrique, 5 sur l'Asie et 1 sur l'Australie. Depuis lors ces lignes se sont encore multipliées. Tout naturellement, pour assurer le service, il a fallu que la flotte s'accrût sensiblement : si bien que, tandis qu'elle ne possédait que 501 navires et 384310 tonneaux en 1888, elle en comptait, en 1892, 583 et 546262, dont 379474 tonneaux pour les vapeurs.

Par suite même de la situation de la ville, qui en fait à la fois un port maritime et un port fluvial, il faut y distinguer deux espèces de trafic. En 1875, le commerce fluvial était représenté par 627700 tonneaux de jauge à l'entrée, et à la sortie par 584600 tonneaux. Aujourd'hui Hambourg possède 4734 bateaux de navigation intérieure; le nombre des bateaux partis de Hambourg par l'Elbe est de 12423, jaugeant 2376757 tonneaux ; pour les bateaux arrivés dans le port fluvial, le chiffre en est de 12385, jaugeant 2349527 tonneaux; parmi les bateaux partis, 7832 se dirigent sur la Prusse et 2 319 sur la Bohême et la Saxe.

Le mouvement du commerce maritime est bien autrement important. En 1815, il entrait 2003 navires, jaugeant 144 391 tonneaux, en 1836, 2 497 et 248 485 tonneaux. Pendant l'année 1856, il est entré dans le port de Hambourg 5 201 navires et il en est sorti 5 175, ce qui fait un total de 10 376 avec une jauge totale de 1 945 790 tonneaux de mer français.

En 1876, voici quelle était la statistique des entrées : 2 694 voiliers, jaugeant 504 400 tonneaux, et 2 915 vapeurs, jaugeant 1 723 300 tonneaux, ce qui donnait pour toutes les entrées 2 227 700 tonneaux. Pour les sorties, les totaux étaient de 536 000 tonneaux pour les voiliers et de 1 728 000 pour les vapeurs, soit en tout 11 100 navires, d'une jauge de 4 492 600 tonneaux.

Dix années plus tard, en 1886, il entrait à Hambourg 6 913 navires, d'une jauge de 3 791 992 tonneaux, dont 5654 vapeurs, représentant 3 203 626 tonneaux; en 1889, les statistiques pouvaient relever les chiffres de 8079 navires et 4 809 892 tonneaux, dont 4 206 413 pour 5 772 vapeurs; enfin, en 1891, il est entré 8673 navires, jaugeant 5 762 369 tonneaux, dont 6 304 vapeurs, d'une jauge de 5 083 263 tonneaux. Quant aux sorties, voici quel a été le taux de leur progression. En 1886, 6906 navires correspondant à 3 786 845 tonneaux, la part des vapeurs étant de 3 193 944 tonneaux; en 1889, les chiffres globaux sont de 8 079 et de 4 826 906, la part de la vapeur y étant de 4 401 834 tonneaux, et enfin les chiffres analogues sont de 8 684 et 5 766 068 pour l'ensemble de la navigation, et de 6 304 et 5 086 129 pour la vapeur. C'est un accroissement continuel et qui procède par différences énormes d'une année à l'autre; toujours est-il que pour 1891, le mouvement maritime total du port de Hambourg a été de 17 357 navires et de 11 528 437 tonneaux[1]. Que l'on compare simplement ces chiffres avec ceux que nous avons fournis pour 1876, et l'on ne pourra manquer d'être frappé d'étonnement.

Du reste, nous allons encore mieux mettre en lumière ce magnifique développement du port de Hambourg et de son commerce, en cherchant quel est le chiffre des affaires qui s'y font annuellement. Nous trouvons des renseignements à ce sujet dans des statistiques relatives à l'année 1850, où l'on obtient pour le mouvement total de Hambourg le chiffre de 1 352 millions de francs; mais il faut prendre garde qu'on y comprend *toutes* les exportations et importations, et, par suite, aussi bien les expéditions par voie de terre et de navigation intérieure que par voie de mer. On doit faire la même observation pour les statistiques de 1856; mais il n'en est pas moins intéressant de relever ces chiffres : pour les importations et exportations, un total de 2 milliards 400 millions de francs à peu près. Si nous passons aux statistiques les plus récentes, nous trouvons le chiffre de 1 483 millions de francs pour le total des exportations et celui de 1 531 millions pour les exportations.

Parmi les principaux articles d'importation nous pouvons citer le café : en 1853, il en arrivait seulement 35 000 tonnes; pour l'année 1891, il en est arrivé 1 985 314 sacs, pour plus de 220 000 millions de francs. En 1858, il arrivait 15 000 tonnes de coton ; ce chiffre devient successivement 33 000 en 1868 et 74 000 en 1887; en 1889, il arrive 324 000 balles et plus de 450 000 en 1891, pour 128 millions de francs. Au cours de cette dernière année, il est arrivé à Hambourg 129 000 sacs de cacao, représentant un poids de 6 057 000 kilogrammes. Les céréales arrivent par énormes chargements. Le port reçoit 1 581 000 tonnes de charbon de Grande-Bretagne et 87 940 wagons (de 5000 kil.) de houille provenant de la Westphalie. Ajoutons 40 000 tonnes environ de tabac, 30 000 de vins, 50 000 de chanvre et de jute, autant de bois de teinture, 70 000 de laine pour 141 millions de francs. Le pétrole ne figurait pas aux relevés de 1858, et aujourd'hui il donne lieu à une importation de 160 000 tonnes environ; pour le commerce des peaux et cuirs, Hambourg, qui n'en recevait qu'une infime quantité en 1853 et seulement 770 000 pièces en 1868, en reçoit maintenant plus de 1 900 000, tandis que l'importation analogue n'est que de 1 400 000 à Anvers, de 1 340 000 au Havre, de 800 000 dans les ports anglais. Citons enfin le chiffre de l'importation du salpêtre : en 1858, 7 000 tonnes et 266 000 actuellement.

Les principaux fournisseurs de Hambourg sont d'abord la Grande-Bretagne, pour 396 millions de marks environ, puis les États-Unis (pour 129 millions), le Brésil (pour 104), le Chili (pour 65), les Indes Anglaises (pour 58); la France ne vient qu'au 6e rang, avec un chiffre de 47 340 830 marks. Viennent ensuite la Russie, la république Argentine et les Pays-Bas. Au point de vue de la répartition des pavillons importateurs, le pavillon anglais vient le premier avec 2 178 000 tonnes, puis le pavillon allemand avec 2 079 000; nous trouvons ensuite 185 000 tonnes pour les Norvégiens, 95 000 pour les Hollandais, 72 000 pour l'Espagne, 66 000 pour la France. A ne considérer que les ports d'où proviennent les navires importateurs, on verrait que c'est encore la Grande-Bretagne qui tient la tête.

Si nous considérons maintenant l'exportation, nous trouvons toujours en première ligne la Grande-Bretagne, pour 304 millions de marks, puis les États-Unis pour 156 millions, le Brésil pour 65, la république Argentine pour 61. La France ne vient que 15e, pour un chiffre de 15 026 350 marks, après la Norvège, le Chili, l'Espagne, les Pays-Bas, la Suède, la Russie. Comme pour l'importation, le mouvement se fait surtout sous pavillon anglais : ce pavillon, pendant une des dernières années, a couvert 2 162 000 tonnes, contre 2 078 000 pour le pavillon allemand; le chiffre analogue est de 209 000 pour le norvégien, de 95 000 pour le hollandais et de 68 482 pour le français. D'ailleurs, la plus grande partie des navires exportateurs vont vers les ports anglais, qui, dans le courant d'une année, reçoivent 2 480 000 tonnes de cette provenance. Nous ferons remarquer en passant que les relations du commerce français avec Hambourg sont bien peu importantes : en 1886, le tonnage des bâtiments français arrivés à Hambourg était de 70 536 tonneaux, il est tombé successivement à 68 408, puis à 66 339; les principaux articles importés de France étaient les vins (pour 8 990 000 marks), les champagnes (pour 1 175 000 marks), puis les tourteaux pour 6 600 000; les peaux de toutes espèces, les cafés, les cotons, les phosphates, le cuivre, etc. Quant à l'importation hambourgeoise en France, qui atteint environ 18 millions de marks, elle comprend principalement les viandes salées, le zinc, le cuivre, les fruits, les farines et les légumes.

Toutes les ressources de l'État sont affectées à l'amélioration du port, et en particulier le droit de tonnage de 12 1/2 centimes; les rails sillonnent les quais, la ville est parcourue de toute une série de canaux intérieurs, les élévateurs, les grues hydrauliques activent toutes les manutentions; magasins, cales de radoub abondent, et chaque jour on perfectionne encore cet établissement maritime si bien doté.

DANIEL BELLET.

1. Cette étude sur l'accroissement du commerce de Hambourg et sur les causes qui l'ont amené nous a paru particulièrement intéressante à un moment où une politique douanière exactement opposée s'efforce de rejeter en quelque sorte la France hors de l'Europe et d'augmenter les obstacles entre notre pays et les régions limitrophes. Tandis que les 11 ou 12 millions de tonnes de Hambourg représentent une partie du transit qui prend de plus en plus le chemin de l'Europe centrale, les ports français, artificiellement isolés, voient décroître leur commerce. Il faut avoir le courage de le voir et de le dire, avant que le mal soit définitivement irréparable. *Rédaction.*

# BIBLIOGRAPHIE

## REVUE DES PÉRIODIQUES

### Articles signalés

**Geographical Journal.** Mai 1894. — *A Journey in Mongolia and Tibet*, par W. Woodville Rockhill. (M. Rockhill, un Américain qui a fait son éducation en France, est un des voyageurs modernes qui connaissent le mieux le Tibet, dont il a appris la langue et étudié la littérature. Il raconte ici le voyage qu'il a accompli en 1891 et 1892. Parti de Pékin le 1er décembre 1891, il a traversé les provinces de Petchili et de Chansi, longé le Hoang-ho dans la courbe qu'il décrit autour de la « péninsule des Ordos », puis, passant par Lantchéou-fou et Si-Ning, est entré dans le Tibet, qu'il a parcouru en décrivant vers l'ouest et le sud une grande courbe, qui l'a mené jusqu'à un point tout près de Lhassa. De là il a repris le chemin de l'est, et est arrivé à Batang le 15 septembre 1891. M. Rockhill a rapporté de son itinéraire un levé au 2 027 520e, de nombreuses mesures d'altitude au baromètre, et des observations de température, de pression atmosphérique, d'humidité, etc. Son récit, fort intéressant à lire, est une contribution importante à l'étude du Tibet.) — *Prince Henry the Navigator.* (Article composé de courtes communications faites dans une séance spéciale de la Société par différents orateurs, parmi lesquels nous citerons M. Markham, Sir G. Taubman Goldie, vice-gouverneur de la Compagnie royale du Niger, M. M. Yule, Oldham, le ministre du Portugal, etc.) — *The Early Cartography of Japan*, par George Collingridge. (Le Japon apparaît pour la première fois sur la carte du monde de Mercator, publiée en 1569; d'après l'auteur de l'article, le *Zipangu* de Marco Polo et le *Cipango* de Colomb et de Toscanelli n'auraient rien de commun avec le Japon, mais ce nom, introduit par Marco Polo, aurait désigné une île de l'archipel Malais, probablement Java.) — *Baron Toll's Expedition to Arctic Siberia and the New Siberia Island.* (Nous avons rendu compte, dans notre dernière chronique des régions polaires, de cette intéressante expédition.) — *The Sahara.* (Analyse de l'ouvrage de M Schirmer, que nous avons déjà signalé.) — *The missing Swedish Expedition.* — *The exploration of the Lukuga.*

**Mitteilungen de Petermann.** Mai 1894. — *Die Lösung des Djuba-Problems. Neueste italienische Forschungen in den Galla-Soma-Grenzländern*, par G.-E. Fritzsche. (Etude sur les voyages des explorateurs italiens dans le bassin du Djouba. Notre chronique a déjà renseigné nos lecteurs sur le résultat de ces voyages, qui a été la solution définitive du problème du Djouba. Une carte au 4 000 000e réunissant les itinéraires de Ruspoli, de Bottego et Grixoni et de Baudi et Candeo ajoute beaucoup à l'intérêt de cet article.) — *Beiträge zur Geographie von Südwest-Afrika*, par le Dr Carl Dove. (Cette partie de l'étude de M. Dove sur la colonie allemande du Sud-Ouest Africain est consacrée au climat. Elle se fonde sur onze années d'observations. Les conclusions de M. Dove sont assez optimistes. D'après lui la colonie ne mérite nullement sa mauvaise réputation de sécheresse et d'extrême chaleur, et la mise en culture du pays ne rencontrerait pas de difficultés insurmontables.) — *Die Expedition der Kaiserlichen Russischen Geographischen Gesellschaft nach Mittelasien*, par le major-général Krahmer. (Résumé des travaux de l'expédition russe Roborovski et Koslof, partie en août 1893 pour explorer le Thian-chan. Il est fait d'après les lettres reçues des explorateurs. Nous y reviendrons dans une prochaine chronique.) — *Kleinere Mitteilungen : Die flächentreue Azimutalprojektion für die Karte von Afrika*, par le professeur E. Hammer. — *Ortsbestimmung durch Verrazzano*, par le Dr E. Gelcich. — *Die Hallig Habel*, par le Dr R. Hansen.

**Izvestia de la Société de géographie de Saint-Pétersbourg.** T. XIX, 1893. — Ce volume, dont le dernier fascicule vient de paraître, contient entre autres les articles suivants (les chiffres romains indiquent les fascicules) : I. *Des travaux géodésiques aux États-Unis*, par V. Vitkovsky. — *Oukase impérial sur le changement des noms des villes Dorpat et Dunabourg en Iouriev et Dvinsk.* — *Explorations dans le nord de la Russie d'Europe.* (Voyage de M. Tanfilieff à la toundra de Timan, gouv. d'Arkhangelsk, en 1892.) — *Exploration dans le Zarafchan.* (Voyage de M. Glazounoff dans les Kyzyl-Koum et les montagnes du Zarafchan.) — *Température minimale au sommet du mont Ararat.* (MM. Markoff et Kovalevsky ont déposé en août 1888 un thermomètre minimal au mont Ararat. Un an après, plusieurs officiers, en passant par le même point, ont pu constater que la température avait atteint pendant cette période —50° C.). — II. *Marais de Pinsk et leur assèchement*, par A. Voïeikoff. — *Premières nouvelles des voyages de MM. Potanine et Obroutcheff* (partis de Péking, le premier en décembre 1892, le second en janvier 1893). — *Nécrologie : Jules Janson* (Professeur de statistique à l'Université de Saint-Pétersbourg, dont les travaux sur la « statistique comparée des différents États de l'Europe » et sur la « théorie de la statistique » ont une importance capitale.) — III. *Résultats géographiques de l'expédition envoyée par le ministère des Domaines dans la province d'Akmolinsk et le gouvernement de Ieniseisk*, par K. Bogdanovitch, chef de l'expédition. — *Nouvelles du voyage de G. Potanine.* (Également dans les fascicules suivants.) — IV. *Détermination de la direction et de la vitesse angulaire des nuages*, par M. Pomortseff. — *Attraction locale aux environs de Moscou*, par Th. Sloudsky. — *Voyage de P. Kryloff aux sources du Iénisèi (Mongolie) en 1892*, avec une carte au 1 680 000e. — *Liste de points déterminés en altitude pendant le voyage de P. Kryloff*, par A. de Tillo. (Cette liste contenant l'altitude de 394 points, et la carte représentant la région allant de Minousinsk au lac Oubsa-Nor et à l'est jusqu'aux sources du Bei-Kem, l'une des branches du Iénisèi, ont une grande importance pour l'étude de la topographie de cette partie de l'Asie.) — *De la concordance de l'année civile avec l'année astronomique*, par G. Grebneff. (M. G. Grebneff propose une nouvelle réforme au calendrier. En ne comptant comme bissextiles que celles des années centenaires dont les centaines se divisent par 5, et en considérant comme années bis-bissextiles celles des années milliaires dont les milliers se divisent par 5, on obtiendrait une année civile qui en 10 000 ans ne retarderait que de 3 minutes, tandis que le calendrier grégorien retarde pendant la même période de 3 jours.) V. *Esquisse géologique de la route des caravanes de Kiakhta à Kalgan*, par V. Obroutcheff. — *Esquisse géologique de la route de Ten-Tchéou-fou* [à *Lan-Tchéou-fou*, par V. Obroutcheff. — *Des mesures à prendre pour le développement des études géodésiques en Russie*, par A. de Tillo. — *Catastrophe à Koutcha.* (Inondation qui a coûté la vie à plus de 160 personnes.) — VI. *Le glacier Tsiti sur le versant nord du Caucase*, par Rossikoff (avec une carte.) — *Au milieu des tribus turques*, par N. Katanoff. — *L'Irrigation en Égypte et le lac Mœris*, par S. Rauner. — *Des mesures d'arcs de parallèles en Russie*, par A. Jdanoff. — *Projet de mesures de l'arc du méridien 4° 20′ au Spitzberg*, par I. Stebnizky. — *Travaux de N. Knippovicht dans l'océan Polaire.* — *Organisation des observations météorologiques dans la taïga du Iénisèi*, par L. Iatchevsky. — *Eaux minérales en Perse*, par le Dr Daniloff.

## COMPTES RENDUS

**E. Levasseur, J.-V. Barbier et Anthoine :** *Lexique Géographique du monde entier.* 1er fascicule, Paris et Nancy, Berger-Levrault, 1894.

Le lexique géographique dont nous avons le premier fascicule sous les yeux est principalement dû à M. J.-V. Barbier, le sympathique et très actif secrétaire général de la Société de géographie de l'Est. Notre ami M. E. Anthoine s'est chargé de revoir l'œuvre entière sur le manuscrit de M. Barbier. Quant à M. Levasseur, qui a accepté le patronage de ce travail considérable, son rôle a consisté dans la direction d'ensemble de l'ouvrage. Autant qu'on en peut juger par ce premier fascicule, le lexique nouveau sera une œuvre sérieuse, faite avec conscience, et bien au courant des travaux antérieurs. Nous ne pouvons qu'approuver les principes généraux dont M. Barbier fait l'exposé dans une introduction substantielle, et qui cadrent d'une manière presque complète avec ceux que nous avons dès longtemps adoptés nous-même. Si le reste de l'ouvrage répond au début, et si, comme nous le désirons vivement, les forces du principal auteur lui permettent de mener jusqu'à son achèvement le travail qu'il a courageusement entrepris, les travailleurs auront à leur disposition un lexique extrêmement condensé, et par cela même d'une utilité réelle. Sans doute le fascicule de début appelle quelques observations, et nos collègues et amis ne nous en voudront pas de les exprimer. Il nous paraît difficile que l'ouvrage contienne — à moins de devenir absolument démesuré — même une faible partie des matières énumérées dans l'introduction. Donner pour la France, la Suisse, la Belgique, l'Italie, la Grèce, les Etats-Unis, *toutes* les localités à partir de 250 habitants, nous paraît un projet irréalisable, du moins dans les limites indiquées. Nous en dirons autant des autres bases numériques indiquées pour le choix des lieux habités du monde entier. Sur ce point-là, les auteurs seront amenés par l'expérience à modérer grandement leurs désirs, ou bien ils augmenteront fortement le nombre de leurs articles. En revanche, nous ne pouvons que louer l'idée de donner les noms sous leur forme originale à côté de la transcription française; il y a là une heureuse initiative.

Nous savons que les erreurs sont inévitables dans des œuvres de cette nature, et nous ne nous amuserons pas à les rechercher dans ce fascicule, où nous nous hâtons de dire qu'elles nous ont paru vraiment rares. Quelques-unes cependant nous ont frappé en ce qu'elles indiquent des emprunts à des documents vieillis ou dépassés. Par exemple, le cerro de Aconcagua aurait 6 884 m. d'altitude, et appartiendrait au Chili. Qu'on se reporte aux derniers documents parus, on verra que son altitude rectifiée est de 6 934 mètres et que, suivant que les tracés de frontière définitivement adoptés passeront par les hautes cimes ou par la crête séparative des eaux, il sera ou limitrophe ou entièrement argentin. Le fait a son importance, puisqu'il s'agit de la plus haute cime des Andes. Parfois aussi, par excès de concision, les indications peuvent devenir peu compréhensibles; par exemple *Adi, sommet Fr. Pyrénées occidentales, au N. N. E. de Pampelune*. Pour certaines régions des Alpes, nous attirons l'attention des auteurs sur les publications des divers clubs alpins; par exemple, l'Aiguille de la Floriaz est cotée 2 958 mètres, alors que les travaux de M. Vallot, parus probablement au moment de la composition du fascicule en question, ont établi que le sommet indiqué avec cette altitude n'existe pas, et que l'Aiguille de la Floriaz, située plus au N., n'a que 2 888 mètres.

Mais la critique est aisée, si aisée qu'en pareille matière on peut toujours craindre d'être injuste en insistant sur les détails. Terminons donc en souhaitant aux courageux auteurs le succès que mérite leur hardie entreprise.

F. S.

**Launay (de)** : *Statistique de la production des gîtes métallifères.* Petit in-8°. (*Encyclopédie scientifique des Aide-Mémoire*). Paris, librairie Gauthier-Villars et fils.

Cet ouvrage résume, d'après les documents les plus récents, les données statistiques essentielles relatives à l'usage et à la production des métaux.

Chaque métal y est successivement passé en revue; l'auteur examine ses usages, ses minerais, son prix, puis s'étend principalement sur ses centres d'extraction qu'il s'est attaché à classer d'après leur importance actuelle et à grouper, d'abord par pays, ensuite dans chaque pays, par district minier; enfin, dans chaque district, par mines.

Tandis que les statistiques habituelles se contentent d'indiquer en bloc la production métallurgique de tout un pays sans distinguer quelle est l'origine des minerais traités, l'auteur a cherché ici à restituer à chaque région ses minerais propres et a réussi ainsi à tracer un tableau complet de l'industrie minière dans le monde entier.

Ce livre pourra rendre de grands services à tous ceux qui utilisent les métaux en leur présentant, rassemblés et commentés, une foule de chiffres qu'il fallait auparavant aller chercher dans un grand nombre d'ouvrages écrits en toutes les langues et au milieu de longues descriptions scientifiques.

Il est le complément pratique de l'ouvrage antérieur du même auteur sur la *formation des gîtes métallifères*.

**Ardouin-Dumazet** : *Voyage en France, 2ᵉ série, Anjou, Bas-Maine, Nantes, Basse-Loire, Alpes Mancelles, Suisse normande.* Paris, Berger-Levrault, 1894, in-12.

Nous avons déjà signalé la première série de ces charmants voyages en France, qui contiennent, sous une forme facile et agréable, une foule de renseignements sur les régions où l'on ne va pas, sur les industries, sur les cultures qu'on ignore, et qui donnent surtout si vivement le désir de connaître par soi-même ces coins de France inédits.

Cette seconde série nous conduit dans le Maine, l'Anjou, la Normandie, la Vendée et la Bretagne. L'auteur commence ses pérégrinations par Alençon et les termine par Nantes. Chemin faisant, nous visitons les « Alpes Mancelles », Sablé, Laval, Mayenne, nous sommes initiés à la fabrication des camemberts, nous passons à Flers, petit village au commencement du siècle, et maintenant devenu, par l'introduction du tissage mécanique, une importante ville manufacturière, nous parcourons la Suisse normande, Angers, Saumur, le Bocage vendéen, et le voyage se termine par la description de la Loire, d'Angers à Nantes et de Nantes à Paimbœuf, avec excursions à Château-Gontier, Clisson et le lac de Grand-Lieu.

Cette simple énumération montre à la fois la variété et la nouveauté des sujets traités dans ce volume, aussi attrayant que celui qui l'a précédé. On le lit sans fatigue, on le ferme avec peine, et l'on est fort heureux d'apprendre, sur la couverture, qu'une troisième série est sous presse, sous ce titre : les *Iles de l'Océan et de la Manche.*

**André Lefèvre** : *Les races et les langues.* Paris, Alcan, 1893, in-8°.

Cet ouvrage, qui fait partie de la Bibliotèque Scientifique Internationale, se recommande par le nom seul de son auteur, dont les travaux sur la philosophie, la linguistique, l'ethnographie sont universellement connus. Il est plein d'idées neuves et personnelles, qui sont exposées avec beaucoup de netteté et de conviction, de sorte qu'elles feront réfléchir ceux-là même qui ne les partagent pas. La première partie est consacrée à l'origine du langage, qui, d'après l'auteur, évolutionniste déterminé, est né sur différents points du globe, et s'est formé peu à peu par un long développement, en partant du simple cri. La seconde partie, la plus intéressante pour le géographe et l'ethnographe, s'occupe de la distribution géographique des langues et des races; l'auteur met en lumière l'expansion graduelle des langues flexionnelles et analytiques, qui sont les plus parfaites, et la retraite graduelle des langues agglutinantes sur les confins du monde civilisé, tandis que les langues monosyllabiques, qui forment le premier stade de l'évolution linguistique, sont restées comme un bloc à l'Extrême-Orient.

La troisième partie, qui s'adresse plus spécialement aux linguistes, est consacrée à l' « organisme indo-européen ».

**Vivien de Saint-Martin** et **L. Rousselet** : *Nouveau Dictionnaire de Géographie universelle*, 76ᵉ fascicule. Paris, Hachette et Cⁱᵉ.

Le 76ᵉ fascicule de ce dictionnaire, le second du septième et dernier volume, vient de paraître. L'œuvre approche donc de son achèvement, et on peut prévoir pour une époque peu éloignée l'apparition des derniers fascicules. Celui qu'on vient de publier va de *Velden* à *Vienne*. Nous avons à signaler tout spécialement une étude très complète et fort intéressante sur le grand lac africain *Victoria Nyanza*, les monographies consacrées à la colonie de *Victoria* et la République de *Venezuela*, puis les grands articles sur l'État de *Vermont*, les gouvernements de *Viatka* et de *Viborg*, la *Vénétie*, *Venise*, *Vérone*, le *Comtat-Venaissin*, la *Vendée*, le *Vésuve*, etc.

## CARTOGRAPHIE

**Atlas universel de Vivien de Saint-Martin et Schrader** : *Amérique du Sud*, en 5 feuilles (feuille nord-est). Paris, Hachette et Cⁱᵉ.

Cette planche est la troisième, actuellement publiée, de l'ensemble des 5 feuilles dont se composera l'Amérique méridionale au 6 000 000ᵉ. Elle contient les États du Brésil septentrional et la plus grande partie de ce qu'on appelle physiquement l'« Ile des Guyanes ».

Les progrès de la cartographie sont fort lents dans ces zones immenses qui, si l'on en excepte la bande du littoral, ne sont en général connues que par leurs grands traits physiques, c'est-à-dire les puissantes artères fluviales qui les arrosent. Les cartes brésiliennes, surtout, ne s'appuient souvent, malgré l'abondance de leur nomenclature et l'inextricable réseau de leurs rivières, que sur les données les plus vagues.

Mentionnons surtout la configuration soignée de la Guyane française, contenue dans cette carte, ce qui, au point de vue français, lui donne un élément particulier d'intérêt.

On y trouvera, de plus, le tracé exact du contesté franco-brésilien, si souvent mentionné et si rarement précisé, dont les données sont dues à des indications de provenance officielle et par conséquent certaines.

# NOUVELLES GÉOGRAPHIQUES

## LES VOLCANS ET LES GLACIERS D'ISLANDE

### D'APRÈS LES EXPLORATIONS DE M. THORODDSEN

I

L'Islande est une des terres les plus intéressantes par l'ampleur et la variété des phénomènes physiques dont elle est le théâtre. Comme l'Alaska, mais dans de plus vastes proportions, elle présente le spectacle grandiose d'une activité volcanique se produisant au milieu d'immenses glaciers. Sur cette terre ne se dressent pas moins de huit massifs éruptifs et ses champs de glace couvrent une superficie à peu près égale à celle de deux grands départements français. Dans un même cadre, le géologue peut ainsi étudier les effets les plus énergiques du feu et du froid sur l'écorce terrestre.

A une époque où les phénomènes naturels n'attiraient guère l'attention, l'Islande excitait déjà la curiosité. Les premiers documents scientifiques sur cette île remontent au siècle dernier[1]. En 1772, deux étudiants islandais, Eggert Olafsson et Bjarni Pálsonn, publièrent une relation de voyage, consultée encore aujourd'hui avec fruit[2]. Plusieurs années après, Uno von Troil écrivait ses lettres sur l'Islande[3], et au commencement du siècle les naturalistes anglais Hooker et Mackenzie visitaient la Terre de Glace. Ces travaux furent complétés par une œuvre française. En 1835 et 1836 la commission du Nord, composée de Gaimard, de Xavier Marmier, d'Eugène Robert, etc., explora l'Islande avec une conscience au-dessus de tout éloge et rapporta un ouvrage qui restera un des monuments de la science géographique française[4]. Après cette mémorable expédition, un nouveau progrès est marqué par les voyages de J. Steenstrup, de Bunsen, de Descloizeaux et de Waltershausen. En 1839, le célèbre naturaliste danois J. Steenstrup découvrait des gisements de plantes miocènes prouvant le changement de climat survenu en Islande après le tertiaire comme dans les autres régions polaires. Quelques années plus tard, Bunsen, Descloizeaux et Waltershausen, venus en Islande à la suite de l'éruption de l'Hékla en 1846, publièrent un ensemble d'observations absolument neuves sur la géologie et la minéralogie. Pendant cette période, un indigène, Bjorn Gunnlaugsson, exécutait une carte de l'île. Cette œuvre grandiose, à laquelle il ne consacra pas moins de douze ans, est le principal document cartographique sur l'Islande. Nous devons signaler ensuite les voyages de Forbes[1] (1859), du célèbre minéralogiste allemand Zirkel[2] (1860), puis du Suédois Paijkull[3] (1867), auteur de la première carte géologique de l'île. Enfin, dans deux expéditions entreprises en 1871 et 1876, M. Johnstrup étudia la région volcanique du Myvatn, avec la conscience qu'il apporte à tous ses travaux.

Plus récemment, deux Français, MM. Bréon[4] et Labonne[5], ont parcouru l'Islande et ont enrichi nos connaissances d'intéressantes observations.

A partir de 1850 les voyages en Islande deviennent très fréquents. Attirés par la réputation des geysers et de l'Hékla, de nombreux touristes visitent l'île, et à leur retour beaucoup publient la relation de leurs excursions. Quelques-uns de ces récits contiennent d'utiles renseignements, mais ils sont en nombre beaucoup trop considérable pour être cités ici.

Les divers voyages que nous venons d'indiquer avaient été en général dirigés dans les mêmes districts et presque tous limités aux régions des côtes, des geysers et de l'Hékla. Le centre de l'Islande était par suite resté inconnu dans sa plus grande étendue. A un naturaliste islandais, à M. Thoroddsen, appartient l'honneur d'avoir révélé les principaux traits de cette région. Pendant plus de dix ans M. Thoroddsen a poursuivi méthodiquement ses recherches, con-

1. H.-J. Anderson, *Nachrichten von Island, Grönland, und der Strasse Davis*, Hambourg, 1746. — N. Horrebow, *Tilforladelige Efterretninger om Island*, Copenhague, 1752.
2. *Reise igiennem Island*, Sorö, 1772.
3. Uno von Troil, *Bref rorande en resa till Island*, Upsal, 1777.
4. P. Gaimard, *Voyage sur la corvette* la Recherche, Paris, 1835-1838.

1. Forbes, *Iceland, its volcanoes, geysers and glaciers*. Londres, 1866.
2. Preyer et Zirkel, *Reise nach Island im Sommer* 1860. Leipzig, 1862.
3. Paijkull, *En Sommar pâ Island*. Stockholm, 1866.
4. R. Bréon, *Notes pour servir à l'étude de la géologie de l'Islande et des îles Fœrœ*. Paris, 1884.
5. Labonne, *l'Islande et les Færöer*. Paris, 1888, Hachette.

sacrant chaque été à l'exploration les loisirs que lui laisse sa position dans l'enseignement. Les études de ce savant distingué n'ont pas seulement une valeur géographique locale; elles apportent en outre à la géologie une riche moisson d'observations générales sur deux des phénomènes actuels les plus intéressants, le volcanisme et la glaciation. Les travaux de M. Thoroddsen sur les volcans islandais constituent une importante contribution à la connaissance du dynamisme interne. D'autre part ses études sur les glaciers de l'île, complétant celles de M. Helland, nous révèlent le véritable aspect des plus vastes nappes glaciaires de l'Europe.

L'ensemble des itinéraires de M. Thoroddsen à travers l'Islande embrasse un développement de dix mille kilomètres, et tout ce long parcours a été effectué à dos de poneys.

Il faut lire la pittoresque description de M. Labonne pour se rendre compte des difficultés de l'exploration en Islande. Dans les régions fréquentées, la route est une étroite piste. Nulle part ailleurs, trace de chemin; à travers les déserts de l'intérieur, le voyageur doit se diriger à la boussole, et, dans ce pays constitué par des roches riches en fer, les indications de cet instrument sont très imprécises. Sur les rivières, point de ponts; il faut les traverser à gué et l'entreprise est souvent périlleuse. A chaque pas les poneys risquent de s'enlizer dans les argiles perfides des torrents glaciaires ou d'être entraînés par la rapidité du courant. D'immenses espaces sont couverts de sables volcaniques très mobiles, et ce Sahara septentrional a aussi son simoun. Soulevées par l'ouragan, les particules pierreuses s'enlèvent en épais tourbillons, remplissent l'air de poussières et obscurcissent la lumière du jour. Toutes ces difficultés sont aggravées par la brièveté de la saison des voyages. Avant le commencement de juillet, les poneys ne trouveraient point d'herbe sur les montagnes; l'explorateur doit donc attendre cette date avant de pouvoir se mettre en route. L'espace nous fait défaut pour suivre M. Thoroddsen dans ses longues et pénibles explorations. Pour mettre en valeur l'intérêt de ses observations, il nous paraît préférable de résumer ses publications dans une description de l'Islande telle qu'elle ressort de ses travaux[1].

L'intérieur de l'Islande est formé par un plateau d'une altitude moyenne de 500 à 600 mètres, doucement incliné vers le nord, le nord-ouest et le sud-ouest. Vers le sud, au contraire, ce *Hochland* présente des escarpements abrupts à une très petite distance de la mer. Là s'élève le vaste plateau glacé du Vatnajökull avec l'Oræfajökull (1 956 m.), la plus haute sommité de l'île, située pour ainsi dire sur la côte. Plus loin vers l'ouest, le terrain reste très élevé, et au Myrdalsjökull il atteint l'altitude de 1500 à 1 700 mètres. A l'ouest, au nord et à l'est, ce socle qui constitue la surface normale de l'île se trouve profondément entaillé par de longues vallées et découpé sur sa périphérie par de larges fiords. La côte sud se distingue au contraire par une remarquable rectitude de lignes, due au comblement de toutes les indentations préexistantes par les apports des torrents glaciaires.

Représentez-vous ce plateau bossué, hérissé de massifs éruptifs, couvert de larges coulées de lave et de nappes de sables volcaniques, parsemé d'immenses glaciers et vous aurez une idée de l'aspect de l'Islande. Cette terre sale, ocreuse, comme rouillée, laisse une impression de pénétrante tristesse. Sur cette morne immensité de laves et de scories, seules les petites nappes d'eau enfermées dans les plis des montagnes égayent le regard. Les lacs sont très nombreux en Islande, mais tous de petites dimensions. Dans les vallées des régions basaltiques, quelques-uns, creusés dans la roche en place, sont très profonds, tel le Lagarfljót (alt. 26 m., prof. 110). Dans le haut pays, un grand nombre de bassins sont d'origine morainique. A une époque très récente, quelques lacs assez étendus ont été formés par le barrage de puissants torrents. D'autres, comme le Myvatn (superficie 27 kil. carrés, prof. 5 à 6 mètres), sont dus à des affaissements du sol volcanique; d'autres enfin sont des lacs de cratère. A cette dernière catégorie appartiennent le Fiskevötn et les bassins découverts en 1889 par Thoroddsen au sud-ouest du Vatnajökull.

Dans l'intérieur, point d'habitants, partant point de culture. Nulle part également de bois au sens que nous attachons à ce mot; seulement, en de rares localités privilégiées situées près de la mer, quelques touffes de bouleaux (*Betula intermedia*), atteignant au plus la taille d'un homme. Dans la région orientale, M. Thoroddsen a cependant vu des arbres hauts de 10 mètres. Le sorbier des oiseaux peut également atteindre la même dimension. Souvent sur des centaines de kilomètres on ne rencontre pas une touffe d'herbe, et pour nourrir ses poneys dans la traversée du désert le voyageur doit emporter des chargements de foin comprimé. Jugez par cette description des difficultés du voyage.

## II

L'Islande est uniquement constituée par des roches appartenant à la série éruptive moderne. Les basaltes forment le *substratum* de l'île; leur puissance sur plusieurs points doit atteindre 3 000 mètres. Ces énormes épanchements, principalement dans la presqu'île du nord-ouest, datent de deux époques différentes. En diverses localités au milieu des basaltes sont en effet incluses des couches d'argile renfermant des empreintes végétales et des troncs d'arbres silicifiés (*surturbrand*). Les émissions basaltiques ont donc été interrompues par une période de repos durant laquelle s'est développée une végétation luxuriante. D'autre part, sur plusieurs falaises, M. Thoroddsen a cru observer une discordance de stratification entre les deux nappes basaltiques. Partout les couches de *surturbrand* reposent sur des basaltes, et les empreintes végétales qu'elles contiennent appartiennent à la flore miocène; le premier épanchement doit donc remonter au moins au milieu des temps tertiaires. Le facies américain très

1. Thoroddsen, *Oversigt over de islandske Vulkaners Historie.* Copenhague, 1882. *Vulkaner i det Nordöstlige Island,* in *Bihang till K. Svenska Vet-Akad-Handlingar.* Vol. XIV, 2e partie, n° 5, Stockholm, 1888. *En Rejse gjennem det indre Island i Sommeren* 1888, in *Geografisk Tidskrift.* Vol. X, 1 et 2, Copenhague, 1889. *Fra Islands indre Höjland. En Rejseberetning fra Sommeren* 1889, in *Geografisk Tidskrift. Snefellsnes i Island,* in *Ymer* 1890, 2 et 3, Stockholm. *Geologiske Iagttagelser paa Snefellsnes og i Omegnen af Faxebugten,* in *Bihang till K. Svenska Vet-Akad-Handlingar.* Vol. VII, 2e partie, 402, Stockholm, 1891. *Islands Jökler i Forntid og Nutid,* in *Geografisk Tidskrift. Postglaciale marine, Aflejringer, Kystterrasser og Strandlinier i Island,* in *Geografisk Tidskrift.* Vol. XI, 8. *Om Islands geologiske og geografiske Undersögelse,* in *Geografisk Tidskrift.* Vol. XII, 1 et 2. *Rejse i Vester-Skaptafells Syssel paa Island i Sommeren* 1893, in *Geografisk Tidskrift.* Vol. XII.

marqué de la flore fossile islandaise autorise à penser qu'à l'époque miocène l'Islande était reliée à l'Amérique par une langue de terre et jointe à l'Europe par un isthme. Après le dépôt de ces lignites, les phénomènes volcaniques ont repris, recouvrant les couches sédimentaires d'une nappe épaisse et les traversant de filons.

Ces basaltes forment deux puissants massifs situés respectivement sur les côtes ouest et est. Au centre de l'île, de la vallée du Skjalfandafljöt à celle du Jokulsaa et de la Vatnajökull à la côte nord, le *Hochland* est constitué par des brèches et des tufs palagonitiques[1] et par des laves, postérieurs aux basaltes. En dehors de cette région centrale, ces brèches et ces tufs constituent le Reykjanæs et un vaste territoire au sud du Langjökull. Elles composent également le *substratum* des massifs du Vatna et du Myrdalsjökull jusqu'au Reykjanæs.

Au milieu de ces diverses formations se rencontrent des massifs de rhyolite de dates diverses. Elles reposent en effet aussi bien sur les basaltes que sur les brèches et sont fréquemment traversées par des filons d'âge récent, mais elles ne paraissent pas remonter au delà du dépôt du *surturbrand*. Contrairement à l'opinion du géologue allemand Keilhack, M. Thoroddsen ne croit pas à une relation entre les gisements de rhyolite et l'abondance des filons de basalte. La rhyolite a des aspects très variés. Sur plusieurs points elle constitue des montagnes entières, mais le plus souvent elle se présente en filons. Le Torfajökull est ainsi entièrement formé de cette roche. Ce gisement, le plus important de l'Islande, couvre une superficie de 200 kilomètres carrés. Sur la face nord se trouvent en outre trois courants de laves rhyolitiques post-glaciaires.

Dans la chronologie des terrains de l'Islande se placent ensuite les laves préglaciaires, remarquables par leur richesse en dolérite[2]. Ces courants s'appliquent très exactement sur toutes les inégalités du sol. On peut penser qu'à l'époque de leur émission le pays avait à peu près la même forme qu'aujourd'hui. Un assez long intervalle s'est par conséquent écoulé entre la formation des brèches et la sortie des laves préglaciaires pour que l'érosion ait pu modeler le pays; d'autre part ces laves sont en discordance avec les basaltes et les brèches palagonitiques. Les mêmes régions qui sont aujourd'hui le siège des paroxysmes volcaniques ont été avant la période glaciaire le théâtre d'une puissante activité volcanique.

Ainsi, au centre de l'Islande jusqu'au delà du Langjökull, des laves préglaciaires occupent une vaste superficie; suivant toute vraisemblance elles forment le *substratum* de l'Odadahraun. Leur puissance est considérable et peut atteindre dans la vallée supérieure du Jökulsaa (Dettifos) 50 à 100 mètres sur une longueur de 20 kilomètres, et au Blafjull 200 mètres. Les volcans d'où sont sorties ces laves ne sont pas entièrement dénudés; d'après M. Thoroddsen, l'Urdarhals et le Vadalda, dans le centre du pays, et l'Ok dans le sud, seraient d'anciennes bouches d'émission de ces coulées.

Dans le Reykjanæs les laves préglaciaires sont très abondantes; entre le Myrdalsjökull et le Vatnajökull, elles n'apparaissent que dans quelques localités, mais, suivant toute probabilité, leur véritable extension est masquée par des formations postérieures. Sur les rives nord et est du Faxafjord elles sont rares, et elles font défaut dans la presqu'île du nord-ouest. A la base nord du Snefellsnæs apparaît un lambeau sorti probablement de ce volcan, antérieurement à la période glaciaire.

Avant la grande extension des glaciers, l'Islande avait à peu près son relief et sa forme actuels. Les grands golfes tels que le Faxafjord et le Breidifjord avaient déjà été formés par des mouvements architectoniques et les vallées qui devaient servir de lits aux courants de glace également creusées.

Pendant le quaternaire, l'Islande a été entièrement recouverte par une puissante calotte de glace, au-dessus de laquelle n'émergeaient que de rares pointements rocheux. La presqu'île du nord-ouest constituait un massif glaciaire distinct, moins épais que la carapace étendue sur la masse continentale de l'île. Dans cette péninsule, entre les différents glaciers, se dressaient des crêtes dépourvues de glaciation. D'après la hauteur des stries, la puissance de l'*inlandsis* dans cette partie de l'Islande ne devait guère dépasser 500 mètres, tandis que dans l'intérieur de l'île elle devait atteindre 1 000 mètres.

Depuis l'époque de leur dépôt les formations laissées par ces glaciers ont été grandement modifiées. Dans certaines régions, des moraines profondes ont été recouvertes par des laves, dans d'autres elles ont été remaniées par les eaux et dissimulées sous des nappes d'argile et de cendres volcaniques. La partie du *Hochland* constituée par des basaltes présente d'assez vastes espaces occupés par l'ancienne moraine de fond, mais on n'y observe aucune moraine latérale ou frontale nettement caractérisée. Lorsque la glaciation était à son maximum, l'*inlandsis* déposait ses débris en mer. Les anciennes moraines frontales et latérales de cette région datent donc d'une époque où les glaciers commençaient à reculer. Dans la partie nord de l'île, ces dernières moraines sont très développées, d'après Thoroddsen, et nous-mêmes avons pu le constater à l'extrémité inférieure de la vallée débouchant dans le Faskrudfjord.

Par suite de la nature essentiellement friable des roches, les stries glaciaires sont rares en Islande. Les agents atmosphériques attaquent la surface des basaltes; d'autre part, les tufs et les brèches à palagonite se délitent trop rapidement pour avoir conservé les traces des anciens glaciers. Seules les dolérites, plus résistantes, fournissent sur ce sujet des renseignements. D'après la direction des stries au centre de l'île, les courants de l'époque quaternaire s'écoulaient du sud au nord; à la hauteur de l'extrémité septentrionale actuelle du Vatnajökull, ils se déversaient au contraire vers le sud. Au nord du Myrdalsjökull et du Torfajökull, l'obstacle formé par ces puissants massifs obligeait la glace à modifier sa direction première. Une partie descendait vers le sud-ouest et une autre vers le sud-est entre le Myrdalsjökull et le Vatnajökull.

A la fin de la période glaciaire, un changement se produisit dans les niveaux respectifs de la terre et de la mer, et les eaux envahirent plusieurs régions de la zone littorale.

Les dépôts marins post-glaciaires couvrent la quinzième partie de l'Islande. Ils se rencontrent principalement dans les vallées inférieures de l'Olfusa et de la Thjorsa, sur les bords du Faxafjord, jusqu'à la base du *Hochland*.

1. Ces tufs, qu'il serait plus exact d'appeler tufs tachylitiques, sont composés de verre basaltique, de tachylite, de petits fragments de basalte, de scories, enfin souvent de grands cristaux d'anorthite.

2. L'antériorité de leur émission relativement à l'époque glaciaire est indiquée par les stries qu'elles portent.

Des couches d'argile ont été découvertes à l'altitude de 150 mètres dans la vallée de la Hvitaa, mais les gisements de coquilles ne dépassent pas la hauteur de 10 à 15 mètres. Dans la presqu'île du Snefellsnæs, des terrasses littorales se rencontrent à 30 ou 40 mètres, et des coquilles à 49 mètres au-dessus du niveau de la mer. En Islande comme en Scandinavie, les formations marines appartiennent à deux horizons différents, le premier caractérisé par la *Yoldia arctica*, le second par des espèces actuelles. La position des argiles à *Yoldia* sur des roches polies indique que cette formation date de la fin de la période glaciaire. Sa stratification est très régulière et presque partout horizontale; de gros blocs s'y trouvent rarement inclus. Sa puissance est variable. Dans la région voisine du *Hochland* elle atteint 20 à 30 mètres; plus bas elle n'est plus que de 5 à 15 mètres et son épaisseur diminue à mesure que l'on approche de la mer. La présence de la *Yoldia arctica* indique qu'à cette époque la mer d'Islande était beaucoup plus froide qu'aujourd'hui[1]. Le second horizon se distingue du premier non seulement par l'absence de la *Yoldia* et la présence d'espèces appartenant à la forme actuelle d'Islande, mais encore par le calibre de ses matériaux. Les bancs coquilliers récents sont en effet composés de couches sablonneuses plus ou moins grossières, avec inclusion de gros blocs; ce sont des formations littorales, tandis que l'argile à *Yoldia* est un dépôt d'eau profonde.

Dans la presqu'île du nord-ouest, M. Thoroddsen a tout particulièrement étudié les formations marines. Elles comprennent : 1° des bancs de coquilles parsemés d'anciens bois flottés et de dents ou de crânes de morse, animal devenu aujourd'hui très rare sur les côtes d'Islande; leur altitude ne dépasse guère 10 à 15 mètres; les mollusques appartiennent tous à des espèces actuelles; 2° d'étroites terrasses (*Havstokke*), à peu près à la même hauteur que les bancs coquilliers; 3° des terrasses côtières de graviers roulés avec de minces strates d'argile; hauteur 30 à 40 mètres; 4° les *Strandlinier*, situées presque toutes sur les côtes extérieures, — à l'époque de leur formation les fiords se trouvaient remplis par les glaciers. Dans cette presqu'île, la plus haute plage soulevée se rencontre à une altitude de 70 à 80 mètres; la plupart sont comprises entre 30 et 40 mètres.

Les *Strandlinier* les plus élevées (70 mètres) doivent dater de la fin de la période glaciaire, lorsque les glaciers couvraient encore le centre de la presqu'île et remplissaient les petits fiords. L'absence de coquilles sur ces anciennes lignes de rivage prouve qu'elles ont été creusées par le ressac; ces étroites entailles, toujours battues par les vagues, constituaient un milieu peu favorable au développement de la vie.

D'après M. Thoroddsen, les *Strandlinier* les plus élevées dans la presqu'île du nord-ouest correspondent au niveau le plus haut des formations marines dans le sud. Celles de 30 à 40 mètres doivent dater de l'époque où les glaces étaient retirées sur le *Hochland*. Les formations marines situées à 4 ou 5 mètres au-dessus du niveau actuel sont encore plus récentes, peut-être même sont-elles actuelles dans certaines régions. Depuis les temps historiques, des modifications se sont produites sur les côtes d'Islande. Ainsi, à l'extrémité supérieure du Breidbfjord, le fond s'est exhaussé, des récifs autrefois entièrement sous l'eau émergent et la passe entre les deux Langeyjar est devenue beaucoup moins profonde.

1. La *Yoldia arctica* ne se rencontre que dans les mers dont la température maxima est voisine de zéro. Elle est ainsi très abondante dans la mer de Kara, dont les couches profondes ont une température variant de 0° à —2°, elle est rare au contraire sur la côte nord du Spitzberg, où la température du fond s'élève à +1°.

Tels sont, d'après M. Thoroddsen, les principaux linéaments de la géologie de l'Islande. Pour apprécier l'œuvre de ce géologue il nous reste maintenant à faire connaître ses observations sur les phénomènes actuels du volcanisme et de la glaciation.

## III

Depuis les temps historiques, le paroxysme volcanique se manifeste en Islande avec une intensité extrême. Bien loin d'être limité à l'Hékla, comme on le croit trop souvent, cette activité s'étend sur une grande étendue de l'île. D'après M. Thoroddsen, les volcans islandais sont répartis en neuf groupes, ce sont :

1° Le Snefellsnæs;

2° Le massif de l'Hékla;

3° Le Reykjanæs;

4° Le Katla;

5° Le groupe du Varmardalr;

6° Le massif volcanique situé à la lisière méridionale du Vatnajökull;

7° Le massif de l'Odadahraun;

8° Le groupe du Myvatn;

9° Le groupe de Reykjaheidi.

A part les trois derniers massifs, tous sont situés sur la côte méridionale.

Le dépouillement patient des archives islandaises a fourni à M. Thoroddsen une très intéressante chronologie des principaux phénomènes volcaniques dont l'île a été le théâtre depuis le x^e^ siècle. Cette liste débute par une éruption du Katla, survenue vers l'an 900. Depuis, environ soixante-douze éruptions ont été signalées dans l'île. Les deux centres les plus actifs sont l'Hékla et le Katla. L'historique de la première montagne est trop connu pour nous arrêter; tous les livres relatifs à l'Islande mentionnent ses dix-huit éruptions et leurs terribles ravages.

Le groupe du Katla et de l'Eyjafjallajökull, situé au milieu des vastes glaciers du Myrdallsjökull, donne naissance à des déluges de boue (*Jökulhlaup*) dus à la fusion de la glace par les laves.

L'Eyjafjallajökull n'a eu que deux éruptions, en 1612 et 1821. Le Katla n'en compte pas moins de douze, survenues en 900, 1245, 1262, 1311, 1416, 1580, 1625, 1660, 1721, 1755, 1823, 1860. La neuvième fut particulièrement remarquable par sa durée et l'importance de ses effets. Elle commença le 11 mai et ne prit fin qu'en automne. Les *Jökulhlaup* auxquels elle donna naissance exercèrent des actions terribles; ils rasèrent une cime gazonnée, dénudèrent une superficie de 24000 mètres carrés, emportèrent une aiguille rocheuse haute de 28 mètres et entraînèrent en mer d'énormes blocs de glace. Telles étaient les dimensions de ces glaçons qu'ils échouèrent à 5 kilomètres de la côte par des fonds de 130 à 150 mètres. Une pluie de cendres s'abattit sur l'Islande et voilà le soleil pendant plusieurs jours. A 150 kilomètres du volcan l'obscurité était si profonde qu'à midi il était impossible

1. En 1625 la cendre volcanique fut transportée par le vent jusqu'à Bergen en Norvège.

de distinguer les caractères d'un livre. L'éruption de 1755 dura neuf mois et demi; elle couvrit une région fertile d'une couche de cendres épaisse de 15 à 60 centimètres, détruisit 50 fermes et produisit une chaîne de monticules longue de 23 kilomètres et haute de 40 mètres, constituée par des ponces, des boues, des lapillis et de la glace. Les projections volcaniques et les *Jökulhlaup* ont considérablement modifié la topographie de la côte au sud du Katla. Plusieurs districts fertiles ont été transformés en déserts sablonneux et un long fiord a été comblé.

Le Snefellsnæs a été beaucoup plus calme et n'a vomi des laves qu'une seule fois, vers 950.

Dans le groupe du Reykjanæs, le principal centre d'activité est le Trölladyngja, M. Thoroddsen en signale cinq éruptions. A 11 kilomètres de la pointe sud-ouest du Reykjanæs est situé l'archipel des Fugleskjær, fréquemment bouleversé par des éruptions sous-marines. En 1211, plusieurs îles nouvelles apparurent en même temps que d'autres étaient englouties. En 1226, 1231, 1238, 1240, 1583 et 1783, les annales mentionnent des éruptions sous-marines. En 1422, même phénomène caractérisé par l'émersion puis par la disparition d'un îlot. En 1783, une île surgit, surmontée d'un cratère qui couvrit la mer de ponces dans un rayon de 150 à 225 kilomètres. Cette île disparut ensuite; dans le cours de ce siècle, deux éruptions ont été constatées autour du Reykjanæs.

Le groupe du Varmardalr ou du Lakis[1] est une chaîne de cratères longue de 30 kilomètres, orientée N. 40° E. Ces cratères, constitués par des cendres et des fragments de laves, sont généralement des cônes ébréchés. Leur base dessine une ellipse dont le grand axe coïncide avec la ligne de fracture. Ces bouches volcaniques sont au nombre d'une centaine; tantôt elles s'alignent en file, tantôt, au contraire, elles s'élèvent isolées, séparées par de grands intervalles. Leur hauteur varie de quelques mètres à 100 mètres; en moyenne elle ne dépasse pas 50 mètres.

En 1783, cet ensemble de volcans produisit une des plus violentes éruptions dont l'histoire de la terre fasse mention, et rejeta les plus puissants courants de lave que volcan eût jamais émis. Ces déjections couvrent une superficie de 565 kilomètres carrés sur une épaisseur variant de 157 à 188 mètres; leur volume est évalué par Thoroddsen à plus de 12 millions de mètres cubes. Les laves s'écoulèrent en deux branches : l'une, longue de 75 kilomètres et large parfois de 23 kilomètres, remplit le lit du Skarpta, l'autre, longue de 23 kilomètres, celui du Hverfisfljöt. De plus, les cratères rejetèrent une masse énorme de cendres et de scories dont Thoroddsen estime le volume dans la région voisine du Lakeis à 1 580 millions de mètres cubes. Des quantités de ces projections tombèrent beaucoup plus loin et la cendre volcanique fut transportée jusqu'aux Ferö et en Europe. C'est à environ 15 milliards de mètres cubes que Thoroddsen évalue le volume des matières rejetées pendant cette éruption. Incalculables furent les désastres causés par ce cataclysme. La cendre couvrit presque toute l'Islande, détruisit les prairies et détermina par suite la mort des troupeaux, la principale ressource des indigènes. L'année suivante, une épouvantable famine, conséquence de ce cataclysme, ravagea le

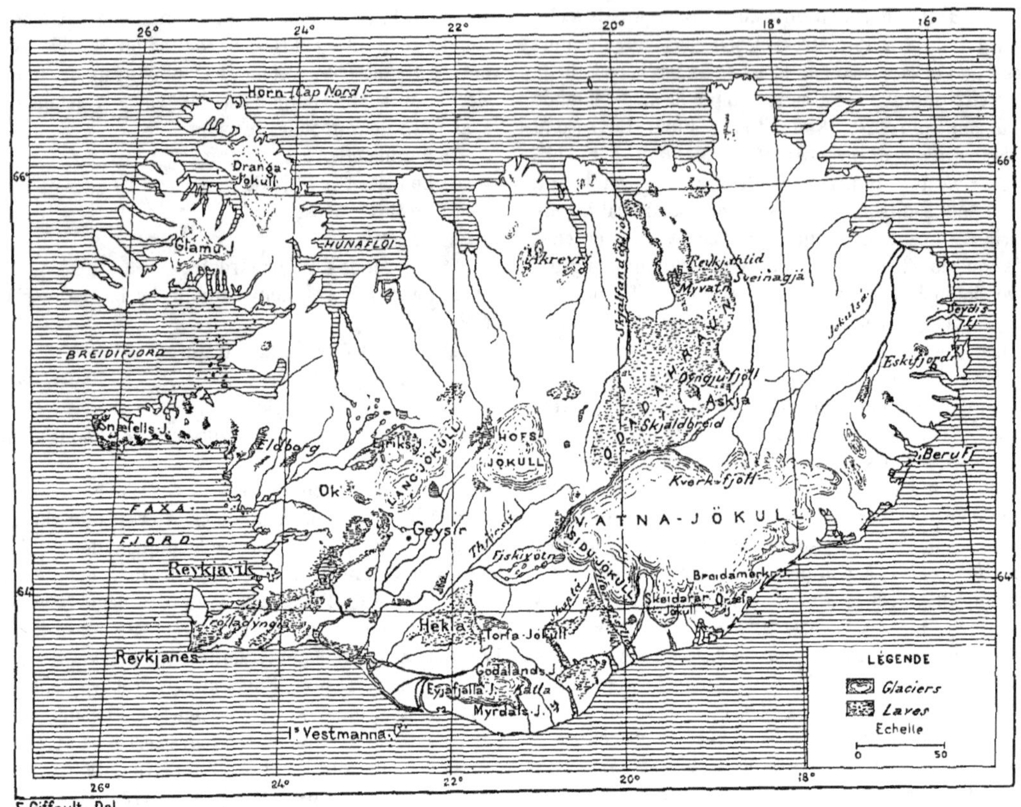

E. Giffault. Del

1. Ce groupe est souvent désigné à tort sous le nom de Skarptajökull.

1. Helland évalue à tort le volume de laves à 27 milliards de mètres cubes. Le cube de ces matières est également inférieur à celui du Mont Blanc, comme l'a écrit Lyell d'après Bischoff.

pays. Près du quart de la population mourut de faim, et, faute de pâturages, les deux tiers du bétail périrent.

La coupole glacée du Vatnajökull est le centre éruptif le plus actif de l'Islande, mais, par suite de sa situation éloignée de tout centre habité, ses manifestations échappent à l'attention. M. Thoroddsen croit cet énorme glacier traversé par une longue ligne de fracture orientée nord-sud du Kverkfjöll à l'Oræfajökull. Les anciens documents signalent en 1598, 1685, 1716 et 1717 des éruptions au Grimsvötu, localité dont la position n'a pu être identifiée. De 1681 à 1883, dans la région du Skreidararjökull, onze éruptions ont eu lieu. Les annales signalent quatre éruptions de l'Oræfajökull. La plus importante paraît être celle de 1349. La masse des débris charriée par les *Jökulhlaup* combla la mer sur une profondeur de 56 mètres. Sous la nappe glacée du Vatnajökull se trouvent d'autres centres éruptifs dont la position est encore inconnue. A ce propos on doit faire remarquer qu'on ne connaît qu'une seule émission de lave sortie des volcans couverts de glaciers; ces bouches ne rejettent ordinairement que des cendres.

Le district d'Odadahraun comprend un grand nombre de bouches volcaniques. Ce sont, d'abord dans le sud, le Dyngjuhals (1 227 m.) et le Kverkfjöll, situés à la lisière nord du Vatnajökull. Plus au nord se trouvent les grands volcans de Kollota Dyngja (1 209 m.), de Trölladgnga (1 491 m.), le Dyngjufjöll (1 400 m ) et le célèbre cirque d'Askja, chaudière toujours fumante. Au nord de cette dépression s'en rencontre une seconde, le Sveinagja, enveloppée également de cratères. Dans la région d'Odadahraun la plupart des paroxysmes volcaniques remontent à l'époque préhistorique, cependant il a dû s'en produire depuis la colonisation de l'Islande, mais la région étant absolument déserte, ces phénomènes ont échappé aux annalistes. On sait toutefois qu'en 1717 le Kverkfjöll eut une éruption très violente accompagnée de *Jökulhlaup*. En 1873, le Kverkfjöll passa par une autre phase d'activité, et en 1875 la région entière fut bouleversée par un épouvantable cataclysme.

Le 2 et le 3 janvier 1875, des cratères ouverts sur la face sud-est de l'Askja lancèrent à 30 mètres de haut d'énormes rochers de tuf et de basalte de plus de 31 mètres cubes; en même temps, d'autres bouches rejetaient de gros blocs de graviers cimentés par de la glace. Six semaines plus tard, le 18 février, un centre d'éruption se déclarait au Sveinagja et restait actif jusqu'à la fin d'août. Trois groupes de cratères se formèrent et vomirent une masse de lave de 276 millions de mètres cubes. Le 10 mars, nouvelle éruption. Quelques jours plus tard, le 29 mars, le Dyngjufjöll commençait à son tour à travailler et couvrait toute l'Islande orientale de cendres et de pierres. Le volume de ces projections a été évalué à 400 millions de mètres cubes; la cendre fut transportée jusqu'à Stockholm et en Dalécarlie. C'est la seule éruption connue de pierres ponces pendant la période historique [1].

Le 15 août 1875 se produisit aux environs de Myvatn une dernière éruption. Depuis lors, l'activité volcanique est réduite à l'émission de fumerolles, mais le feu couve sous la cendre.

Le district de Myvatn renferme également un grand nombre de bouches volcaniques. Sur les îlots de cette nappe d'eau n'apparaissent pas moins de 50 cratères. De 1724 à 1729 les bords du Myvatn furent le siège de paroxysmes volcaniques très violents et les laves rejetées comblèrent en partie le bassin. Au nord du Myvatn, autour de Reykjaheidi, s'étend jusqu'à la mer une dernière région volcanique encore inexplorée.

On a cru longtemps l'activité volcanique actuelle limitée à la région constituée par des brèches. Les explorations de M. Thoroddsen viennent de prouver qu'elle s'étend également, mais beaucoup moins intense, aux zones basaltiques du Faxafjord.

## IV

Les différents volcans situés à l'est du méridien de Reykjavik sont disposés suivant deux lignes principales de fracture. Dans le sud ils ont surgi sur des crevasses orientées du sud-ouest au nord-est, et dans les régions de l'Odadahraun et du Myvatn suivant des fentes allant du nord au sud. La ligne de fracture, sud-ouest-nord-est, s'étend jusqu'à l'extrémité sud-est de l'Askja, où elle rencontre celle dirigée nord-sud. Les principaux volcans de l'Askja se trouvent donc au point de recoupement de ces deux axes. En 1875, des crevasses longues de plus de 80 kilomètres se sont ouvertes dans ces parages, suivant la direction nord-sud. Sur le Reykjanæs, les cratères forment des rangées parallèles orientées nord-est-sud-ouest. Dans l'est et au nord-est du Faxebugt, les bouches éruptives dessinent une sorte de cercle et sont situées sur des lignes de fracture dirigées les unes nord 5° ouest, les autres nord-ouest-sud-est, d'autres ouest-nord-ouest — est-sud-est.

D'après leur mode de formation, M. Thoroddsen divise les volcans d'Islande en trois catégories : 1° volcans stratifiés; 2° volcans-crevasses; 3° coupoles de laves.

Les premiers sont rares en Islande. A ce type appartiennent seulement quelques cônes anciens, tels que le Snefellsjökull et l'Eyafjallajökull. La seconde catégorie est beaucoup plus nombreuse. Sous le nom de volcans-crevasses, M. Thoroddsen désigne des crevasses ayant donné naissance à des épanchements de laves. Sur la ligne de fracture n'existe aucun cône, mais simplement de petits cratères formés de laves et de scories. Vienne une seconde éruption, il peut arriver que la lave nouvelle recouvre les cratères précédemment formés. Les différentes coulées se trouvent ainsi séparées par des nappes de scories provenant de la destruction des anciens appareils volcaniques. Lorsque la matière en fusion s'écoule sur un marais ou rencontre un lac, elle s'imprègne fortement de vapeur d'eau et forme de petites intumescences d'aspect cratériforme. Les coupoles de laves [1] sont très fréquentes dans le centre de l'Islande, tels sont le Trölladyngja (1491 m.) et le Kollotta Dyngja (1209 m.), comparables aux grands volcans des Hawaï et caractérisés comme eux par des pentes très faibles. L'inclinaison des coupoles de l'Islande varie de 1 à 10 degrés. En Islande, comme aux Hawaï, des dépressions elliptiques ou en forme de croissant marquent, au sommet de ces coupoles l'emplacement d'anciens lacs de laves dont le fond s'est abaissé.

De tous ces divers volcans est sortie, depuis l'époque post-glaciaire, une masse énorme de laves. Ces laves présentent deux principales variétés : l'une rugueuse, hé-

1. Depuis les temps post-glaciaires, de pareilles émissions ont cependant eu lieu. On trouve en effet dans les tourbières, sous une épaisse nappe de végétaux, des fragments de ponces. Ils reposent sur une seconde couche de tourbe renfermant des troncs de bouleau, puissante de 1 m. 50, située elle-même sur l'argile glaciaire.

1. *Dyngja* en islandais.

rissée d'aspérités, appelée *Apalhraun* en islandais (l'*Aa* des îles Hawaï), l'autre l'*Helluhraun*, plate et unie (le *Pahoehoe* des Hawaï). Notons que les deux aspects peuvent se trouver réunis dans une même coulée.

L'*Apalhraun*, qui paraît très voisin de nos *cheires* d'Auvergne, ne constitue généralement que des coulées étroites, caractérisées par des bords escarpés. L'*Helluhraun* couvre au contraire de vastes espaces; elle constitue la plus grande partie de l'Odadahraun et s'y présente sous trois facies différents : 1° Lave compacte ayant l'aspect des *laves cordées*. Au contact de la roche sous-jacente il ne s'est déposé qu'une mince couche de scories. Aucune cavité ne s'est formée dans l'épaisseur de la coulée, sans doute par suite de la faible vitesse d'écoulement et de l'arrivée constante de matière. La pâte cristalline est très compacte et le refroidissement n'a dû guère diminuer le volume du courant. 2° Lave crevassée. La surface, originairement plate, s'est affaissée et fendue par le fait du refroidissement. Le courant présente par suite une série de monticules et de dépressions en forme de chaudières. On dirait, suivant la comparaison de M. Thoroddsen, une nappe de glace disloquée par un coup de vent, puis subitement solidifiée avec toutes ses protubérances. 3° Lave « noueuse », caractérisée par l'abondance de globules et de vacuoles.

La plus vaste nappe de lave est l'Odadahraun, situé au centre de l'île (superficie 3 409 kilomètres carrés, presque celle de Tarn-et-Garonne). C'est un des plus épouvantables déserts des régions septentrionales. Sur sa plus grande étendue, l'altitude (600 à 1 200 m.), les tempêtes de neige et l'absence d'eau, due à la porosité des laves, empêchent le développement de la végétation. Seulement dans les dépressions où les vents ont accumulé les sables apparaissent quelques touffes d'*Elymus arenaris*, de *Silene maritima*, de *Cerastium alpinum* et d'*Armeria sibirica*. Enfin, dans les endroits où les ruisseaux des montagnes ont apporté un peu de terre végétale, on rencontre quelquefois de très petits exemplaires de *Salix herbacea* et de *Polygonum viviparum*.

Dans cette région centrale de l'Islande se trouvent plusieurs autres coulées importantes. Au nord du Vatnajökull, la superficie occupée par les laves atteint 239 kilomètres carrés; dans la région du Myvatn et la Laxardal elle mesure 367 kilomètres carrés. Enfin, aux environs de Reykjaheidi et de Kelduhverfi elle se chiffre par 375 kilomètres carrés. En résumé, au centre de l'Islande, les laves post-glaciaires couvrent une surface d'un seul tenant de 4 390 kilomètres carrés. Répandues à la surface du Danemark, elles couvriraient entièrement ce royaume d'une couche épaisse de cinquante centimètres.

Les autres principaux courants de l'Islande sont ceux de l'Hékla (680 kilomètres carrés), du Varmardalr (565 kilomètres carrés) et de l'Eldja (700 kilomètres carrés).

L'Eldja est une large crevasse découverte en 1893 par M. Thoroddsen entre le Myrdalsjökull et le Vatnajökull, dans le genre du fameux Almannagja et du Sveinagja, mais de dimensions beaucoup plus considérables. Du Myrdalsjökull au Gjahnukur, suivant le N. 40° E., cette crevasse déchire toutes les montagnes sur une distance de 30 kilomètres. Sa profondeur, très variable, atteint en divers points 132 mètres, et sa largeur est d'environ 146 mètres[1]. Cette colossale déchirure du sol a donné naissance à trois courants de lave, dont deux ont été recouverts par les produits de l'éruption subséquente du Lakis. Ces laves occupent une superficie de 693 kilomètres carrés; d'après M. Thoroddsen, leur volume n'est pas inférieur à 9 milliards 200 millions de mètres cubes. L'époque de leur émission est incertaine. Sous les réserves les plus expresses, d'après l'interprétation des sources historiques, M. Thoroddsen indique comme date probable le IXe siècle ou le commencement du Xe. Plus loin vers l'est, à la base sud-occidentale du Vatnajökull, se trouve une seconde zone de laves sorties du Randholar, chaîne de cratères située à la lisière même du glacier. Leur superficie est de 110 kilomètres carrés. La date de leur émission remonte à l'époque préhistorique. Entre ces deux principaux courants s'étend l'énorme coulée sortie en 1783 des cratères du Lakis (surface de 565 kilomètres carrés).

En 1882 M. Thoroddsen évaluait la surface occupée par les laves en Islande à 7 400 kilomètres carrés. A la suite de ses nouvelles explorations ce chiffre peut être, sans crainte de grande erreur, élevé à 8 000 kilomètres carrés.

Il nous reste maintenant à indiquer deux autres classes de manifestations du dynamisme interne; je veux parler des dégagements d'eaux chaudes et de vapeurs ainsi que des tremblements de terre.

Dans la région centrale de l'Islande, les solfatares et les sources chaudes sulfureuses sont très nombreuses. Les sources alcalines y sont au contraire rares; leur existence semble, du reste, liée à la présence des basaltes tertiaires et l'on sait que cette roche n'apparaît que dans quelques localités de cette région. La zone avoisinant le Faxafjord ne comprend pas moins de 43 groupes de sources chaudes, dont l'ensemble compte certainement plusieurs centaines d'émissaires. Comme les volcans, elles sont disposées en cercle autour de la baie.

Les tremblements de terre sont très fréquents en Islande, particulièrement dans la région de l'Hékla, sur le versant sud-est du Reykjanæs, et aux environs de Tjörnes et d'Husavik (côte nord). En 1872, dans cette dernière localité, les mouvements de l'écorce terrestre furent particulièrement accentués. Des pans de montagnes s'écroulèrent et des crevasses s'ouvrirent dans le sol. Le 25 janvier 1884 se firent sentir de terribles secousses, si violentes pendant deux ou trois minutes qu'il était impossible de se tenir debout. Des crevasses se formèrent également et lancèrent à une hauteur de plusieurs mètres du gravier et de gros blocs. La glace qui recouvrait un lac fut émiettée et amoncelée en murettes sur les rives. Dans la région sablonneuse voisine du Vikingvatn, le sable était lancé en l'air à chaque choc en colonnes hautes de 100 mètres, comme si une éruption se fût produite. En même temps se formaient des cratères de sable qui disparaissaient aussitôt après. Ces projections sablonneuses duraient 15 minutes. Le lendemain on trouva au milieu de la nappe arénacée de larges trous. Le plus grand mesurait une circonférence de 100 à 120 mètres, et était à moitié rempli d'eau. Dans la région de Faxafjord, les tremblements de terre sont également fréquents. De 1818 à 1889 on a enregistré une trentaine de secousses pour le moins.

CHARLES RABOT.

*(La fin à la prochaine livraison.)*

1. Dimension de l'Almannagja : longueur 10 kilomètres; hauteur du mur occidental 30 mètres; hauteur du mur oriental 10 à 15 mètres; largeur du fond 40 à 50 mètres.

# LA CONVENTION ANGLO-CONGOLAISE

L'ARRANGEMENT intervenu entre la Grande-Bretagne et l'État indépendant du Congo à la date du 12 mai dernier n'est pas destiné à prendre place à titre de règlement définitif dans les affaires d'Afrique. Les protestations et les réserves des États intéressés, que les contractants avaient omis de consulter, ont suffi pour établir la non-validité de cette convention étrange, par laquelle les parties contractantes se dégageaient d'obligations solennelles et disposaient de ce qui ne leur appartenait à aucun titre, se faisant mutuellement, sous l'apparence de baux temporaires, l'Angleterre sur les territoires de l'Afrique centrale qui, depuis l'expédition philanthropique de Stanley et le sauvetage forcé d'Emin-Pacha, étaient l'objet des convoitises britanniques. Il était évident aux yeux de tout homme clairvoyant que cette expédition tendait à préparer la prise à revers du bassin du Nil et la création d'une bande d'Afrique anglaise depuis le Cap jusqu'à la mer Rouge et à la Méditerranée. La convention anglo-italienne du 15 avril 1891 avait donné une nouvelle preuve de cette tendance. Avec l'esprit de suite qui caractérise nos voisins et leur conviction profonde de l'étendue illimitée de leurs droits, on devait s'attendre pour un jour plus ou moins prochain à une nouvelle tentative vers le haut Nil, amenée par les deux idées que voici : 1° l'Angleterre peut être un jour amenée à accomplir sa promesse d'évacuer l'Égypte; 2° celui qui tient la vallée supérieure du Nil est maître de la vallée inférieure, de par la nature du fleuve.

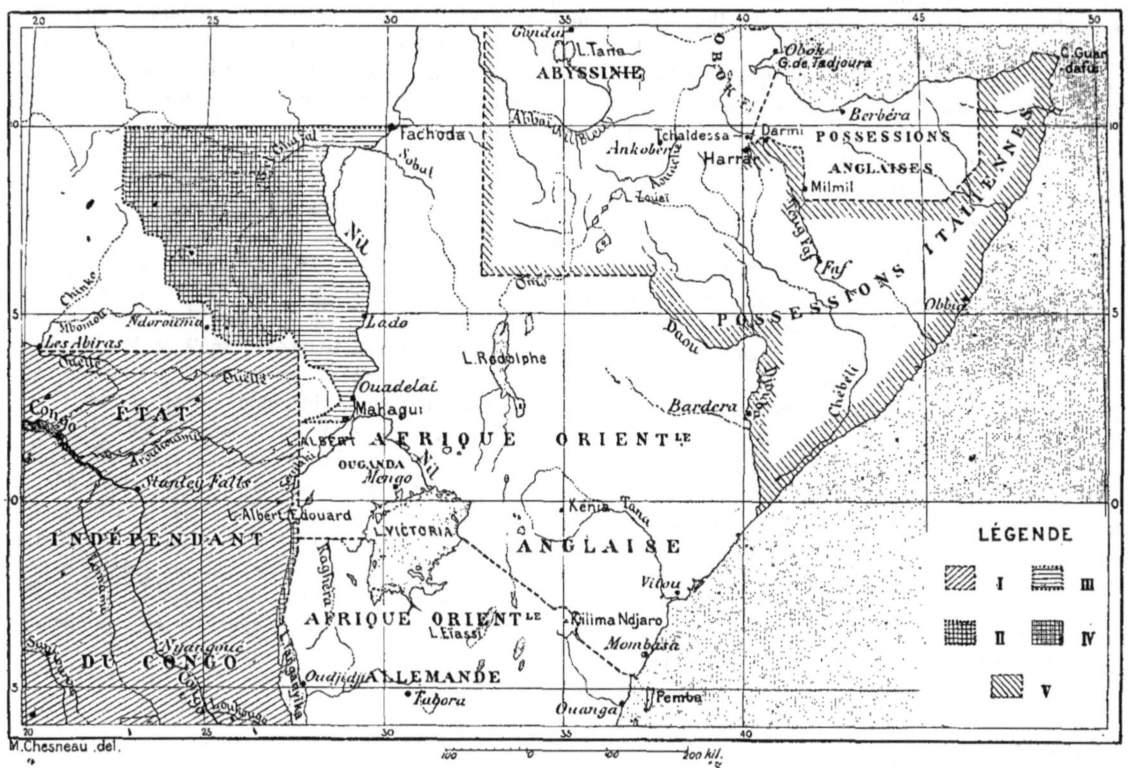


I. État indépendant du Congo tel qu'il a été délimité à la Conférence de Berlin le 26 février 1885. — II. Territoires du bassin du Nil donnés à bail par l'Angleterre à l'État Indépendant du Congo aussi longtemps qu'il demeurera dans sa constitution actuelle ou qu'il sera colonie belge. — III. Territoires du bassin du Nil donnés à bail par l'Angleterre au roi Léopold pour sa vie durant seulement. — IV. Bande de 25 kilomètres de largeur cédée à bail par l'État Indépendant du Congo à l'Angleterre. — V. Possessions italiennes d'après les conventions anglo-italiennes du 15 avril 1891 et du 5 mai 1894.

don de territoires, de passages, de limites nouvelles, en contradiction avec les conventions antérieures reconnues par l'ensemble des puissances européennes.

Si donc nous publions une carte indiquant les clauses de la convention anglo-congolaise du 12 mai 1894, c'est à titre purement historique et pour conserver dans notre Revue une trace d'un état de choses qui a cessé d'exister au moment même de sa naissance.

C'est en même temps pour permettre à nos lecteurs de se faire une idée nette des clauses intervenues entre l'Angleterre et l'État Indépendant du Congo.

Dégagées des formes plus ou moins ambiguës qui avaient pour but de faire croire à un arrangement temporaire, ces clauses renfermaient en réalité la mainmise de

Ces brèves explications données, nous nous référons purement et simplement aux protestations des deux principales puissances intéressées au maintien des clauses de la convention de Berlin en 1885, et nous tiendrons nos lecteurs au courant des modifications prochaines de la convention du 12 mai.

F. SCHRADER.

# LES TRAITÉS ANGLO-ITALIENS

## LES ANGLAIS ET LES ITALIENS A LA COTE ORIENTALE D'AFRIQUE

Un nouvel accord anglo-italien, fixant la délimitation des sphères d'influence anglaise et italienne dans les régions du golfe d'Aden, vient d'être signé. Cet accord clôt la série des opérations à la suite desquelles les Italiens ont occupé le littoral de la mer Rouge et la côte des Somalis. Nous allons résumer ici brièvement l'histoire des prises de possession italiennes et des traités de délimitation qui ont abouti à la situation actuelle.

Le point de départ de l'occupation par les Italiens de la côte orientale d'Afrique fut la prise de possession de la baie d'Assab sur la mer Rouge, le 5 juillet 1882. A l'origine, les Italiens ne cherchaient, du moins le disaient-ils, dans la prise de possession de cette baie qu'une station navale qui devait protéger les explorateurs et apporter un concours effectif contre la traite, mais bientôt, les circonstances aidant et leur ambition devenant grandissante, ils éprouvèrent le besoin de s'étendre. En janvier 1885 une section de marins occupait Beilul au nord d'Assab; le mois suivant, une escadre italienne arrivait en vue de Massaouah et la faisait évacuer par la garnison égyptienne qui détenait cette place depuis 1866. La prise de possession italienne s'étendit ensuite successivement à toute la côte depuis le cap (Ras) Kassar jusqu'à la frontière méridionale du sultanat de Raheita, vers Obok, sur une étendue d'environ 1 100 kilomètres. Pendant l'année 1889, peu de temps après la mort du roi d'Abyssinie Johannès, Keren et Asmara furent occupés par des troupes italiennes, et Ménélik, roi du Choa, qui succéda sur le trône d'Abyssinie à Johannès, après avoir subjugué toutes les provinces abyssiniennes moins le Tigré, envoya au roi d'Italie une ambassade dont le résultat fut, le 29 septembre 1889, la conclusion d'un traité par lequel le négus reconnaît la souveraineté de l'Italie sur Massaouah, Keren, Asmara et une sorte de protectorat nominal sur ses États. Au mois de décembre 1891 le général Gandolfi, gouverneur des possessions italiennes, concluait également avec le ras Mangacha un accord en vertu duquel la possession pacifique de Sara et Okulli-Kasaï était reconnue à l'Italie et la ligne Mareb-Belena adoptée comme frontière définitive italienne du côté de l'intérieur. Les possessions italiennes sur la côte occidentale de la mer Rouge comprirent alors : Assab, Beilul, Massaouah et leurs territoires avec les îles environnantes; les contrées à l'ouest, au nord-ouest, au sud et au sud-est de Massaouah avec le territoire des tribus de la contrée d'Ailet jusqu'au cap Kassar; le territoire de Keren et Asmara avec le pays des tribus qui vivent à l'ouest et au nord-ouest de Keren, l'intérieur du pays jusqu'à la ligne Mareb-Belena et le sultanat de Raheita. Ces possessions furent organisées par décret royal en mars 1890 et reçurent le nom d'Érythrée.

Toutes ces prises de possession et ces opérations n'avaient pas eu simplement pour but de donner aux Italiens une bande de littoral plus ou moins large et plus ou moins longue sur la mer Rouge : elles avaient eu aussi pour résultat de mettre entre leurs mains une base excellente d'opérations contre l'Abyssinie. Soudée enfin en corps de nation, l'Italie rêvait, elle aussi, la constitution d'un grand empire colonial. Écartée de la Tunisie par la France, de la Tripolitaine par l'Angleterre et la Turquie, elle pensait acquérir sur la côte orientale d'Afrique ce qu'elle n'avait pu obtenir sur la côte méditerranéenne. Les hauts plateaux abyssins, où pouvaient, au dire de ses explorateurs, vivre des millions d'Italiens, étaient là, qui constituaient pour elle un dédommagement compensant et bien au delà l'occupation de la Tripolitaine ou de la Tunisie. Le plan qu'elle conçut alors fut d'isoler l'Abyssinie de la mer, de la tourner, de l'envelopper de toutes parts, de manière qu'elle ne pût communiquer avec le reste du monde que par son intermédiaire. La prise de possession de la côte d'Érythrée avait isolé l'Abyssinie de la mer Rouge; l'occupation de la côte de Bénadir et des Somalis eut pour but de séparer le royaume abyssin de l'océan Indien et de l'investir complètement du côté du midi.

En 1886, les Anglais et les Allemands s'étaient partagé en partie les États du sultan de Zanzibar. Ces États, on le sait, s'étendaient sur le continent depuis la baie de Tungui au midi du cap Delgado jusqu'à la localité de Ouarchek sur une étendue d'environ 2 200 kilomètres de côte. Les actes du 29 octobre et du 1er novembre 1886 avaient reconnu comme rentrant dans la sphère d'influence de l'Allemagne le littoral depuis la baie de Tungui jusqu'à Ouanga et comme rentrant dans la sphère d'influence anglaise la côte depuis l'embouchure de la Ouanga jusqu'à l'embouchure du Tana. Il ne restait plus au sultan comme pays administré directement par lui que la partie du littoral au nord du Tana, où se trouvaient les villes de Kismayou, de Brava, Merka, Magdochou et Ouarchek, qu'on appelle côte de Bénadir. L'Italie se demanda alors pourquoi elle aussi ne prendrait pas sa part des dépouilles du sultanat de Zanzibar, et jeta son dévolu sur Kismayou et l'embouchure du fleuve Djouba. Alléguant pour prétexte un conflit de simple courtoisie survenu entre le roi d'Italie et le sultan, le Cabinet de Rome voulut en 1888 intervenir dans les affaires de Zanzibar et occuper Kismayou. Mais les Italiens avaient compté sans la Compagnie anglaise de l'Afrique Orientale. Devinant les projets du Cabinet de Rome, celle-ci se fit concéder par le sultan de Zanzibar l'administration des douanes de Kismayou et des territoires de la côte de Bénadir, et quand les navires italiens parurent en rade de Kismayou avec l'intention de prendre possession de la ville, ils eurent le désagrément de voir venir à leur rencontre les agents anglais de la Compagnie, qui déclarèrent avoir entrepris l'administration du pays. Dépités, les Italiens durent renoncer à occuper la côte de Bénadir, mais leurs visées sur le littoral de l'océan Indien n'en persistèrent pas moins, et au mois de février 1889 ils réussirent à prendre pied sur la côte des Somalis. Voici dans quelles circonstances le fait se produisit.

En 1888, la côte des Somalis, depuis la limite nord de la côte de Bénadir jusque vers le cap Guardafui, était divisée en deux sultanats indépendants, celui d'Opia et celui des Medjourtines. Le sultan d'Opia n'avait qu'un pouvoir précaire sur les tribus avoisinant la côte. L'Italie, que sa démonstration devant Kismayou avait avantageusement fait connaître sur le littoral de l'océan Indien, essaya de le persuader qu'en acceptant son protectorat il consoliderait son autorité. Le sultan se laissa convaincre et fit demander, à la fin de 1888, au consul italien de Zanzibar la protection italienne. Le 8 février 1889, la signature de l'acte de protectorat par le sultan et le chevalier Filonardi avait lieu à Opia même, à bord du *Dogali*. Par cet acte, la côte des Somalis depuis le 2° 30′ jusqu'au ras Aouad passait sous l'influence italienne, et notification en fut faite aussitôt aux puissances européennes, conformément à l'article 34 de l'acte de la conférence de Berlin.

Le sultan d'Opia et le sultan des Medjourtines étaient parents et alliés. La demande de protectorat faite par le premier ne tarda pas à être suivie d'une demande semblable faite par le second. Le nouvel acte qui plaçait le sultan des Medjourtines sous le protectorat italien fut signé le 7 avril 1889. Le littoral depuis le ras Aouad jusqu'au ras Bedouin par 8° 3′ nord fut ainsi acquis à l'Italie. En deux mois cette puissance avait réussi à placer sous son influence plus de 600 kilomètres de côte.

Elle allait avoir plus de bonheur encore. Nous avons vu que sa première tentative d'occuper la côte de Bénadir avait échoué en 1888. Fort habilement, la Compagnie anglaise de l'Afrique Orientale l'avait devancée et s'était fait concéder l'administration des villes de Kismayou, Brava, Merka, Magdochou et Ouarchek. La Compagnie anglaise trouva-t-elle cette administration trop onéreuse, ou plutôt voulut-elle concentrer son action sur les vastes contrées que la signature de la convention anglo-allemande de 1890 allait lui ouvrir à l'intérieur du continent, et notamment sur l'Ouganda? Toujours est-il qu'elle résolut de passer la main et de céder ses droits à l'administration de la côte de Bénadir à l'Italie. Le 25 avril 1890 M. Mackenzie, directeur de la Compagnie anglaise de l'Est Africain, informa les gouverneurs et les chefs de cette côte que l'administration de la région et les douanes des ports étaient transférées à une Compagnie italienne. Cette mutation s'effectua d'ailleurs sans difficultés. Les possessions de l'Italie sur le littoral de l'océan Indien comprirent dès lors la côte de Bénadir et la côte des Somalis depuis l'embouchure du Djouba jusqu'au 8° 3′ latitude nord et plus tard jusqu'au ras Hafoun par 10° 25′ latitude nord.

A la suite de cette extension, les nouveaux territoires placés sous le protectorat ou l'administration de l'Italie se trouvèrent contigus au sud aux possessions anglaises sur le littoral de l'océan Indien. Il devint nécessaire dès lors de régler par un acte diplomatique les situations respectives de l'Angleterre et de l'Italie dans l'Afrique orientale. Ce fut l'œuvre du protocole du 24 mars 1891 signé par le marquis di Rudini et lord Dufferin.

Cet acte a eu pour but de délimiter les sphères d'influence de l'Angleterre et de l'Italie non seulement sur le littoral de l'océan Indien, mais encore sur le littoral de la mer Rouge. Sur ce dernier point encore les possessions italiennes touchaient aux territoires occupés par l'Angleterre au midi de Souakim et il fallait déterminer en outre à l'intérieur du continent la limite future entre le *Hinterland* de la colonie d'Érythrée et le Soudan égyptien que convoitait l'Angleterre. Sur la côte des Somalis et à l'intérieur, la frontière a été ainsi délimitée : la ligne de démarcation remonte le thalweg de la rivière Djouba depuis son embouchure dans l'océan Indien, presque sous l'équateur, jusqu'au 6° latitude nord. Elle suit ensuite le 6e parallèle jusqu'au 35° longitude est (Greenwich), puis le 35e méridien jusqu'au Nil Bleu. Ainsi à l'intérieur l'Éthiopie avec Kaffa et le Choa rentraient dans la sphère d'influence de l'Italie, et sur le littoral les villes de Brava, de Merka, de Magdochou, de Ouarchek, la côte de Bénadir étaient reconnues en sa possession. Seule la ville de Kismayou, sur la rive droite du Djouba, était réservée à l'Angleterre, et encore était-il convenu que les sujets et protégés italiens y jouiraient des mêmes droits que les sujets anglais.

Toutefois le protocole du 24 mars 1891 ne donna pas la solution complète des questions pendantes entre l'Angleterre et l'Italie. Du côté de l'Éthiopie, la frontière septentrionale entre le Soudan et la région reconnue à l'influence italienne ne fut pas fixée. La possession de Kassala en fut la cause, les Italiens ayant grande envie d'occuper cette place, et les Anglais ne voulant pas admettre qu'un jour les Italiens partis de Kassala pussent, par une marche de flanc, atteindre le Nil à hauteur de Berber et couper les communications entre la Nubie et Khartoum. Une autre lacune encore avait trait à la délimitation du territoire italien de la côte des Somalis et des possessions anglaises sur le golfe d'Aden. En effet, en s'élevant du sud au nord le long du littoral de l'océan Indien, les Italiens s'étaient rapprochés des territoires qu'à la suite du mouvement mahdiste les Anglais avaient occupés de l'autre côté du cap Guardafui. Sous prétexte d'administrer la région pour le compte du gouvernement égyptien, l'Angleterre s'était d'abord installée à Berbera, puis à Boulhar et à Zeïla et s'était ensuite étendue progressivement le long du littoral du golfe d'Aden jusqu'aux approches du cap Guardafui. La zone d'influence italienne et la zone d'influence anglaise allaient ainsi se rapprochant l'une de l'autre. Bientôt elles ne furent plus séparées que par le cap Guardafui et le pays environnant. Cependant, ni les Anglais ni les Italiens ne prenant possession de cette région intermédiaire, les deux colonies restaient sans frontières de ce côté; elles n'avaient pas non plus entre elles de lignes de démarcation à l'intérieur du continent.

C'est à cet état de choses qu'a voulu remédier le protocole du 5 mai 1894. Cet acte diplomatique a eu pour but de tracer à la fois aux possessions anglaises et aux possessions italiennes une ligne frontière sur le littoral et à l'intérieur du continent; il a ainsi complété la délimitation des sphères d'influence entre la Grande-Bretagne et l'Italie dans l'Afrique orientale, délimitation qui avait été commencée par le traité du 15 avril 1891.

Désormais la limite des sphères d'influence de la Grande-Bretagne et de l'Italie dans les régions du golfe d'Aden est constituée par une ligne qui, partant de Gildessa et se dirigeant vers le 8° latitude nord, contourne la frontière nord-est des territoires des tribus Girré, Bertiri et Rer-alli, en laissant à droite les villages de Gildessa, Darmi, Giggigœ, Milmil. Arrivée au 8° latitude nord, la ligne s'identifie avec ce parallèle jusqu'à son intersection avec le méridien 48° longitude est de Greenwich; elle se dirige ensuite à l'intersection du 9° latitude nord et du 49° latitude est de Greenwich et suit ce méridien jusqu'à la mer.

Une disposition subsidiaire stipule que les deux gouvernements se conformeront, dans les régions du protectorat britannique et dans celles de l'Ogaden, en faveur des sujets et protégés britanniques et italiens ainsi que des tribus qui habitent ces territoires, aux stipulations de l'acte général de Berlin et de la déclaration de Bruxelles relatives à la liberté du commerce. En outre, dans le port de Zeïla, il y aura égalité de traitement pour les sujets et protégés britanniques et italiens en tout ce qui concerne leurs personnes, leurs biens et l'exercice de leur commerce et de leur industrie.

Envisagé au point de vue géographique, on peut dire que ce traité est tout à l'avantage des Italiens, au moins en ce qui concerne la superficie des territoires qui leur est reconnue. Tout le bastion formé par la côte orientale d'Afrique dont le cap Guardafui constitue le front saillant leur est accordé. Depuis le cap Hafoun jusqu'au 49e méridien de Greenwich, c'est un développement de côtes d'environ 400 kilomètres dont ils bénéficient. A l'intérieur, d'autre part, leur Hinterland est rapproché du littoral du golfe d'Aden, dont il n'est séparé, dans ses points les plus éloignés, que par une distance de 300 kilomètres, mesurant la largeur même de la zone d'influence que s'est réservée l'Angleterre. Dans leur ensemble, les possessions italiennes de la côte des Somalis s'étendent sans interruption depuis le fleuve Djouba, presque sous l'équateur, jusqu'au delà du cap Guardafui, vers le 49e méridien, sur le littoral du golfe d'Aden et atteignent un développement de côtes qui n'est pas moindre de 1500 kilomètres.

On peut donc considérer aujourd'hui comme définitivement réglée la situation de l'Italie par rapport à celle de l'Angleterre sur le golfe d'Aden. De nouvelles difficultés diplomatiques attendent cependant les Italiens, et, chose curieuse, c'est précisément la dernière convention anglo-italienne qui les leur aura créées. Il existe un arrangement, conclu en février 1888 entre la France et l'Angleterre, qui fixe la limite entre les possessions anglaises du golfe d'Aden et la colonie d'Obok et fait partir la ligne frontière d'un point à l'est de Djiboutai pour aboutir à la ville de Harrar en passant par Alassouan, Bir-Cadouda et Gjildessa. Les deux gouvernements s'engagent en outre à ne pas chercher à annexer le Harrar ou à le placer sous leur protectorat. Or l'arrangement anglo-italien place la ville de Harrar dans la sphère d'action politique de l'Italie. C'est une situation nouvelle pour le Harrar, que l'Italie devra régler avec la France.

Les complications d'autre part sont loin d'être terminées avec l'Éthiopie. Le roi Ménélik vient de dénoncer, comme c'était son droit, le traité d'Outchali qui, conclu en 1889, donnait à l'Italie une sorte de protectorat nominal sur l'Éthiopie, et entend redevenir complètement indépendant. L'Italie, de son côté, est fermement résolue à maintenir son protectorat sur le territoire abyssin. Si Ménélik persistait dans son attitude, c'est la force seule qui pourrait résoudre la question.

Dr Rouire.

# CHRONIQUE GÉOGRAPHIQUE

## AFRIQUE

**Expédition d'Uechtritz.** — Le baron d'Uechtritz et le Dr Passarge viennent d'arriver à Berlin, de retour de leur exploration dans l'Adamaoua.

Arrivés le 31 août 1893 à Yola, les voyageurs avaient entrepris, en octobre et novembre, de pousser vers l'est, et d'atteindre le Logone en passant par Lame et Laga-Lai. Mais la résistance qu'ils rencontrèrent dans le pays de Boubandjidda les obligea à revenir à Garoua, sur la Bénoué, qu'ils atteignirent le 20 novembre. L'expédition prit alors la direction du nord-nord-est, essayant d'aller jusqu'au Chari, par Karnak Logon. Après huit jours de marche, elle arriva à Marona, au sud des monts Wandara, par environ 10° 20′ latitude nord et 11° 30′ longitude est de Paris. Mais M. d'Uechtritz reçut en cet endroit la nouvelle de l'invasion victorieuse des Mahdistes, qui venaient de soumettre le Baghirmi et d'occuper Kouka, et les voyageurs durent une seconde fois battre en retraite sur Garoua, d'où ils revinrent à la côte en passant par Ngaoundéré. Le 14 avril ils étaient à Akassa, à l'embouchure du Niger.

MM. d'Uechtritz et Passarge rapportent des traités signés avec les chefs de l'Adamaoua et de la haute Bénoué, et s'expriment très favorablement sur les ressources de la contrée. Le sultanat de Moroua, en particulier, est décrit comme un plateau très fertile et très peuplé, et comme un marché important pour le caoutchouc. La Bénoué est, dit-on, navigable pour les bateaux calant 2 m. 50 à 3 mètres. Quant au sud de l'Adamaoua, on espère qu'avec l'aide des Haoussa et des Foulah des communications seront ouvertes avec Kaiser Wilhelmsburg, que le Sanaga unit à Malimba sur le littoral maritime.

**Sierra-Leone.** — La colonie anglaise de Sierra-Leone mesure aujourd'hui, avec l'acquisition nouvelle, faite en 1892, du littoral qui s'étend jusqu'à la rivière Maunay, une superficie de 10 360 kilomètres carrés. Le dernier recensement, fait en 1891, a indiqué une population totale de 74 835 habitants, contre 37 000 en 1871. 41 361 figurent comme se rattachant au christianisme. Sur ce chiffre, on ne comptait que 224 blancs, dont 139 Anglais, 24 Français, etc. Le climat, très malsain, empêchera toujours l'immigration des Européens. Les maladies régnantes sont surtout les fièvres pernicieuses et la dysenterie. Le nombre des naissances est inférieur à celui des décès, 1 210 contre 1 413. Le revenu de la colonie a été, en 1892, de 2 171 650 francs, les dépenses de 2 096 200 francs. Le revenu est produit pour les quatre cinquièmes par les droits de douane. La valeur des importations a été, en 1892, de 10 327 925 francs, dont plus des trois quarts venant de Grande-Bretagne, celle des exportations de 10 511 275 fr. Le gouvernement entretient à Sierra-Leone un dépôt de charbon; il y a en garnison un régiment des Indes Occidentales et une division d'artillerie; la police est confiée à un corps indigène, encadré par des officiers européens.

**Expédition Dècle.** — Notre compatriote M. Lionel Dècle vient d'achever une grande exploration dans l'Afrique du centre et du sud. Parti de Capetown en 1891, il se rendit de là au Zambèze, pour visiter les Victoria Falls, puis séjourna longtemps dans le Matabeleland et le Machonaland, et repassa le Zambèze à Zumbo, en territoire portugais. De là il se rendit au Nyassaland, puis au lac Tanganyika, qu'il traversa en mai 1893, dans un *dhaou* arabe, jusqu'à Oudjidji. D'Oudjdji il gagna Ourambo et Tabora par une route nouvelle, à travers le pays des Ouahha, et se rendit dans l'Ouganda par le Victoria Nyanza. C'était au moment où commençait la campagne des Anglais contre l'Ounyoro, et il obtint du colonel Colvile d'y figurer à titre de simple spectateur. A partir de l'Ouganda, M. Dècle traversa le pays des Massaï, et il atteignit Mombaz en mai, après avoir été exactement trois années en route. Ce beau voyage est le plus long qui ait encore été accompli en partant du Cap dans la direction du nord. M. Montagu Kerr, qui fut quelque temps le compagnon de route de M. Giraud, n'avait atteint que le lac Nyassa, dans une tentative de même nature.

**Mort du prince Eugenio Ruspoli.** — On sait que l'expédition Ruspoli, dont nous avons parlé, s'est terminée tragiquement par la mort de cet explorateur. Il était le 4 décembre 1893 à l'Amo, affluent du lac Rodolphe, lorsque, ce jour-là, contre son habitude, il partit seul à la chasse de l'éléphant. En poursuivant un de ces animaux, il eut l'imprudence de descendre de cheval. L'éléphant le saisit avec sa trompe, le jeta à terre, et lui écrasa la poitrine de ses pieds. Le cadavre de l'explorateur a été enterré près de Gebba Leggenda. L'expédition, privée de son chef, se dirigea vers la côte; le 24 février elle atteignait la ville de Bardera sur le Djouba; le 7 mars elle était à Brava, sur l'océan Indien. L'Italie perd avec Ruspoli un de ses meilleurs explorateurs.

## AUSTRALIE ET OCÉANIE

**Expédition aux monts Mac Donnell.** — Un riche squatter de la colonie d'Australie du sud, M. W. A. Horn, vient d'organiser à ses frais une expédition pour explorer la chaîne des monts Mac Donnell, qui s'étend au centre de l'Australie, de l'est à l'ouest, presque exactement sous le tropique du Capricorne. Cette chaîne appartient aux plus anciennes formations géologiques du continent australien. L'expédition a surtout un but scientifique; la chaîne, vu la sécheresse du climat, n'offre sans doute aucun terrain propre au pâturage et n'a aucun avenir pour la colonisation. L'expédition, dirigée par M. Horn lui-même, comprend un botaniste, un biologiste, un géologue, un ethnographe, un ornithologiste et empailleur. L'itinéraire projeté par l'expédition est le suivant. Elle se rendra en chemin de fer jusqu'à Oodnadatta, à 1107 kilomètres nord d'Adélaïde, terminus actuel de la ligne transcontinentale; de là elle remontera le Finke River jusqu'au confluent du Palmer, par environ 24° 50′ latitude sud et 131° 6′ longitude est; puis elle se dirigera au nord-ouest vers le Petermann Creek, franchira le Gill Range pour passer à Hermannsburg, mission luthérienne établie dans ces solitudes, sur le cours supérieur du Finke, et retrouvera à Alice Springs la ligne du télégraphe transcontinental. Le voyage doit durer trois mois.

**Triangulation de l'Australie.** — La triangulation du continent a fait récemment quelques progrès. Les travaux exécutés en 1892 par M. Joseph Brooks ont complété la chaîne de triangles entre les observatoires de Sydney et de Melbourne. M. Brooks a mesuré le mont *Kosciusko*; d'après ses mesures il redevient le sommet majeur des Alpes australiennes et de tout le continent. Il a 2237 mètres, tandis que le *Muller's Peak*, qu'on lui avait opposé, n'en a que 2216. La position du mont Kosciusko est 36° 27′ 26″ latitude sud, et 145° 55′ 41″ longitude est. Le massif du Kosciusko consiste en granit et en quartz, en partie recouverts d'herbe et de bruyère basses, interrompues par des marais, d'où s'écoulent un certain nombre de ruisseaux. Le pays est monotone et peu pittoresque.

**Nouvelle-Guinée Allemande.** — Nous avons à enregistrer, de temps à autre, quelque nouvelle exploration dans la Nouvelle-Guinée Allemande. La plus récente est celle de M. Kärnbach, qui a fait en mai 1893, sur l'*Yzabel*, un voyage le long de la côte septentrionale de la grande île, et visité par la même occasion les îles Le Maire ou Schouten, qui se trouvent au large de la côte, entre 142° et 143° longitude est. Ces îles sont volcaniques et très boisées; elles renferment beaucoup de palmiers, spécialement Lesson, la plus orientale du groupe.

La partie de la côte qui s'étend à l'ouest du Port Dallmann est très peuplée; les nombreux villages qui s'y élèvent sont construits sur pilotis; on y trouve des maisons ressemblant à des temples, comme Finsch en avait rencontré déjà sur les bords de la baie de Humboldt.

L'*Yzabel* toucha ensuite à Tiger Island, terre presque inconnue jusqu'ici, à 145 kilomètres au nord de la Nouvelle-Guinée. Elle est plus à l'est que ne la représentent la plupart des cartes, et paraît ne faire qu'un avec l'île appelée Matty. Les habitants, qui diffèrent entièrement des Papous de la grande île, et dont quelques-uns ont la couleur des Malais, voyaient sans doute pour la première fois un navire européen. Ils ne connaissent ni le fer ni le tabac.

M. Schmiele a visité, sur le même bateau, la partie allemande de l'archipel Salomon, dans le dessein de voir quel parti on en peut tirer pour la colonisation. Dans l'île d'Isabel et la partie sud de celle de Choiseul, le principal obstacle vient de ce que les côtes sont très abruptes et ne laissent qu'un petit espace propre à la culture. Yzabel est très peu peuplée. Les villages se trouvent sur des hauteurs inaccessibles, et sont entourés de murailles, protection nécessaire contre les chasseurs de têtes qui viennent des îles situées plus au sud. Même la mission wesleyenne qui s'est établie dans la partie sud de l'île est d'un accès difficile. Au contraire, Bougainville a de larges espaces plats et cultivables. Les principaux produits des îles sont les tortues et le trépang; on n'y fait que peu de coprah.

Au retour, M. Schmiele explora les côtes de la Nouvelle-Bretagne (aujourd'hui Nouvelle-Poméranie), de l'archipel Bismarck. Les côtes en sont également très abruptes. Mais l'expédition découvrit un petit fleuve navigable, qu'elle remonta sur quelques kilomètres; les rives en sont hautes, l'atmosphère est fraîche et salubre. A la station d'Herbertshöhe se trouvaient quelques indigènes des groupes Tasman et Lord Howe, engagés comme travailleurs; on prétendait que ces insulaires ne connaissaient pas l'usage du feu; mais, comme on pouvait s'y attendre, le fait se trouve être absolument faux.

(*Geographical Journal*).

## AMÉRIQUE

**Le plus haut sommet de l'Amérique du Nord.** — Ce plus haut sommet n'est plus ni le mont Saint-Élie, ni l'Orizaba. D'après les calculs de l'expédition Mc Grath, sur les côtes de la baie de Yakutat et d'autres parties de l'Alaska, le premier rang appartient à une nouvelle montagne, à laquelle M. Russell a donné le nom de mont Logan. Elle aurait 5 945 mètres, au lieu que le mont Saint-Élie n'en a que 5 500 environ, et l'Orizaba 5 580. On nous annonce que cette question va être prochainement discutée d'une façon complète.

**Canada.** — L'expédition de M. A.-P. Low, qui vient de traverser le Labrador, ajoutera beaucoup à la connaissance de la topographie et de la géologie du Dominion. Il n'a encore été publié qu'un rapport sommaire sur ce voyage, de sorte qu'il n'est pas facile d'en tracer exactement l'itinéraire; peut-être a-t-il pris pour point de départ la côte orientale de la baie d'Hudson. Il aurait dans ce cas reproduit à grands traits l'itinéraire du missionnaire Peck en 1884. M. Low arriva le 27 août 1893 à la baie d'Ungava; mais la famine qui régnait alors chez les Indiens établis autour de Fort-Chimo l'empêcha d'y prendre ses quartiers d'hiver. Il s'embarqua donc dans un navire pour le

Hamilton Inlet, où il se proposait d'hiverner, afin de traverser encore une fois la presqu'île, de l'est à l'ouest, et pour déboucher à la James Bay.

Comme résultats scientifiques de son voyage, M. Low cite en particulier la découverte de formations étendues de roches cambriennes le long de l'Ungava, ressemblant beaucoup à celles de la côte orientale de la baie d'Hudson; la preuve que la glaciation du continent a eu pour point de départ l'intérieur du Labrador; enfin la constatation que cet intérieur est partout bien boisé, contrairement à ce que l'on prétendait.

(*Mitteilungen de Petermann.*)

**Honduras Britannique.** — Un rapport colonial récent donne sur le Honduras Britannique, ou colonie de Belize, quelques détails statistiques qui ne manquent pas d'intérêt. La superficie de la colonie est de 19 580 kilomètres carrés, dont 182 seulement en cultures. La population était, au recensement de 1891, de 31 471 habitants, dont 400 blancs seulement. Les forêts, qui renferment entre autres essences, l'acajou et le *logwood*, couvrent près des deux tiers de la superficie totale. Outre ces bois, les principaux produits de la colonie sont le sucre, les bananes, le maïs, le café, le riz et le coco. D'après les observations faites à Belize, la température moyenne maximum observée en douze mois a été de 31°, la température moyenne minimum de 19°; les mois de janvier, novembre et décembre sont les plus froids; la température la plus basse, observée en janvier, a été de 16°. La chute des pluies a été de 181 centimètres, répartis sur 119 jours; la plus grande quantité est tombée en octobre, la plus petite en avril.

La colonie est encore dans un état très arriéré. Elle n'a ni chemins de fer, ni canaux, ni télégraphes, et il n'y a en fait de route que des sentiers, taillés à travers la forêt. Les cours d'eau sont presque les seules voies de communication.

**Guyane.** — Les découvertes récentes de gisements aurifères d'une grande richesse, faites à Carsewenne, dans le territoire de Counani, ont produit une véritable crise dans la Guyane, nous dit un correspondant de la *Politique coloniale*. Un exode formidable se produit vers ces nouveaux territoires, et chaque bateau qui part emmène des foules de passagers. Cayenne se vide, les communes rurales se dépeuplent, et cette crise économique pourrait changer complètement l'avenir de la colonie.

Comme il arrive toujours, cette fièvre d'or a produit un renchérissement énorme de tous les objets nécessaires à la vie. Tous les gens valides se précipitant vers le Counani, il ne reste plus personne pour la culture, la chasse, la pêche, et Cayenne, à deux doigts de la famine, ne comptait plus que sur l'envoi des denrées alimentaires de la métropole.

**Chemin de fer transandin.** — Nous recevons de Mendoza des renseignements intéressants sur l'état actuel des travaux du chemin de fer transandin, qui doit relier Buenos Aires à Valparaiso.

La ligne est à peu près achevée. Il n'y manque plus qu'une courte section, la plus difficile à construire, il est vrai, à cause des tunnels dont le creusement est prévu, mais que l'on se propose de faire plus courts que dans le projet primitif.

Pendant les mois d'été, de novembre à avril, le voyage de Buenos Aires à Santiago ou Valparaiso peut se faire, sans danger et sans fatigue, en 76 heures. De Buenos Aires à Villa Mercedes on prend la ligne anglaise du Pacifique, de Villa Mercedes à Mendoza la ligne anglaise du Grand Ouest Argentin, de Mendoza à los Andes (Chili) la ligne anglaise transandine à voie étroite, avec interruption d'une journée de mulet à partir de Rio Blanco ou de Punta de Rieles. Pendant les mois d'hiver, de mai à octobre, la route de mulet, qui franchit le col le plus élevé de la route, est rendue plus difficile par l'amoncellement des neiges. Mais pendant la belle saison on peut dire que les communications par chemin de fer entre l'Atlantique et le Pacifique sont virtuellement ouvertes.

## RÉGIONS POLAIRES

**Mouvement de la population du Grönland.** — M. Ryberg, chef de bureau de l'administration du Grönland à Copenhague, vient de publier un très intéressant travail de statistique sur les Eskimos du Grönland.

En 1891, la population des établissements danois s'élevait à 10 244 âmes. En 1805 elle ne dépassait pas 6 046 individus; en 1830 elle était de 6 997, en 1840 de 7 877 et en 1860 de 9 648. Il y a donc augmentation continue. Cet accroissement provient, contrairement à toutes les prévisions, des districts du nord, où pourtant le climat est plus rude. Dans le Grönland septentrional, de 1861 à 1891, il y a toujours eu excédent des naissances sur les décès, tandis que dans le Grönland méridional, sauf pour la période 1881-1891, on observe le phénomène démographique inverse. Cet excédent des naissances, dans les districts du nord, est dû, non point au chiffre élevé de la natalité, mais à la faiblesse de la mortalité. Dans le Grönland septentrional, la proportion des naissances varie de 33 à 35 pour 100, et celle des décès de 26 à 28 pour 100 (28 pour 100 dans le district d'Upernavik). Dans le Grönland méridional, la proportion des naissances varie de 34 à 43 pour 100, mais celle des décès s'élève de 36 à 44 pour 100. (*Geografisk Tidskrift.*)

**Exploration norvégienne dans les mers antarctiques.** — Pendant la saison dernière, le capitaine norvégien Larsen, commandant le *Jason*, a fait une remarquable campagne dans les mers antarctiques, la plus féconde en découvertes et en observations qui ait été entreprise dans ces parages, depuis l'expédition de Ross, au témoignage du docteur Murray.

En 1843, la banquise empêcha Ross de pénétrer au sud et à l'est des terres Louis-Philippe et Joinville. En 1892, le même obstacle arrêta les baleiniers écossais et norvégiens. L'hiver dernier, le capitaine Larsen a eu, au contraire, la chance de trouver ces parages libres, et, profitant de cette heureuse circonstance, il a pu reconnaître la Terre de Graham jusqu'au delà du 68° latitude sud. Cette terre présente des escarpements rocheux abrupts surmontés de pics neigeux très élevés et précédés d'une barrière de glace. Le *Jason* atteignit sans aucune difficulté le 68° 10′ de latitude sud. En battant en retraite, le capitaine Larsen découvrit, par 65° 7′ latitude sud et 60° 42′ longitude ouest, un archipel hérissé, deux volcans en activité et entouré par une banquise fixée au rivage. Larsen débarqua sur une des îles, après avoir traversé sur des patins (*ski*) la barrière de glace, large en cet endroit de sept milles. Cette circonstance indique que la glace devait présenter une surface peu accidentée.

Dans cette région, le courant porte vers le nord, parfois vers le nord-est. Sa vitesse peut atteindre deux milles à l'heure. Bien que le baromètre se tînt généralement bas, le temps fut le plus souvent beau, surtout lorsque le vent soufflait du sud. Les observations météorologiques exécutées par le capitaine Larsen confirment l'existence d'une large zone anticyclonique dans les régions antarctiques. Comme l'a fait remarquer le docteur Murray, les pressions sont hautes dans ces parages, comparées à celles, extrêmement basses, que l'on observe plus au nord.

(*Scottish Geographical Magazine.*)

CHARLES RABOT.

# MOUVEMENT ÉCONOMIQUE

## STATISTIQUE DE LA BULGARIE EN 1892

Les statistiques bulgares les plus récentes se rapportent à 1892. Voici quel était cette année le commerce de la principauté (en milliers de francs) :

| PAYS | TOTAL DES ÉCHANGES. | DONT | |
|---|---|---|---|
| | | IMPORTATION. | EXPORTATION. |
| Turquie . . . . . . | 31.789 | 10.233 | 21.556 |
| Autriche-Hongrie . . | 31.279 | 28.103 | 3.176 |
| Angleterre . . . . . | 25.237 | 17.930 | 7.307 |
| **France. . . . . .** | **22.727** | **3.225** | **19.502** |
| Allemagne . . . . . | 21.313 | 8,297 | 13.016 |
| Italie. . . . . . . . | 4.206 | 1.527 | 2.679 |
| Russie. . . . . . . | 3.084 | 3.041 | 43 |
| Belgique. . . . . . | 1.956 | 1.333 | 623 |
| Autres. . . . . . . | 7.332 | 2.133 | 5.239 |
| Totaux. . . . . | 151.943 | 77.303 | 74.640 |

Disons, à titre de comparaison, qu'en 1891 le commerce se chiffrait par 152 413 mille francs, dont 81 348 à l'importation et 71 065 à l'exportation, et en 1888 par 120 561 mille francs, dont 66 362 à l'importation et 64 199 à l'exportation. On voit que dans la période quinquennale 1888-1892 le mouvement commercial n'a pas cessé de se développer d'une façon considérable, car le total des échanges de la deuxième année de la période dépasse celui de la première année, de 26 pour 100 ou de plus d'un quart. Un très léger recul en 1892, par rapport à l'année précédente, s'explique par la quarantaine que la Bulgarie a été obligée d'imposer aux marchandises venant de l'étranger, à cause du choléra qui sévissait en 1892 dans l'Europe orientale. Mais cette quarantaine n'a diminué que l'importation, tandis que l'exportation s'est beaucoup accrue de 1891 à 1892. Quant au caractère des échanges, les articles principaux à l'importation sont : les cotonnades et filés de coton (14 275 mille francs, en 1892), venant surtout de l'Angleterre et de l'Autriche-Hongrie ; les métaux, machines et armes (7 650) qu'envoient l'Angleterre, l'Autriche-Hongrie et l'Allemagne ; les produits coloniaux, tels que le sucre, le café, etc. (7 044), expédiés par l'Autriche-Hongrie, l'Angleterre et la Turquie ; le bois (4 435), qui vient principalement de l'Autriche-Hongrie ; les cuirs, peaux, fourrures et les articles faits de ces matières (3 679), expédiés par la Turquie, l'Autriche-Hongrie et la France ; les pétroles, bougies et autres produits d'éclairage (3 419), fournis par la Turquie, la France et l'Autriche-Hongrie. Parmi les principaux articles d'exportation, il faut citer tout d'abord le blé (57 527), qui, à lui seul, forme environ 78 pour 100 de toutes les valeurs exportées et qui est envoyé principalement en France, en Allemagne, en Angleterre et en Italie ; ensuite les animaux (6 756). Le fait le plus saillant qui ressort de la comparaison des échanges en 1891 et 1892, c'est l'énorme accroissement du commerce de l'Allemagne, particulièrement à l'exportation : en 1891, l'Allemagne a acheté à la Bulgarie pour 1 044 725 francs de marchandises ; en 1892, ce chiffre était monté à 13 016 175 francs. Par contre, la part de l'Angleterre dans l'exportation s'est amoindrie de plus de moitié, et la France, qui occupait en 1891 le premier rang parmi les pays exportateurs avec 24 257 100 francs, ne venait en 1892 qu'à la suite de la Turquie : notre tableau montre que les exportations en France n'ont atteint, en 1892, que 19 millions et demi de francs. Il est à présumer que les droits sur les céréales, votés par les Chambres françaises, réduiront encore plus la part de la France dans les exportations de Bulgarie. Or la loi de la réciprocité économique, qu'on n'ignore que trop souvent depuis quelques années, veut que la restriction artificielle des importations se répercute tôt ou tard sur les exportations, qui se trouvent également diminuées. Par contre, le pays qui vient chercher des produits dans un autre pays fait naître dans ce dernier le désir de s'approvisionner chez son client. Ainsi, l'Allemagne qui, comme nous l'avons dit, a considérablement augmenté ses achats en Bulgarie, a vu en même temps ses importations dans ce pays monter de 4 900 000 francs en 1891 à 8 297 000 francs en 1892.

Finissons par quelques statistiques d'un intérêt général. D'après le recensement de 1892, la population de la principauté de Bulgarie était de 3 305 458 habitants (contre 3 154 375 habitants au recensement de 1888), dont 2 313 072 habitants pour la Bulgarie proprement dite et 992 386 pour la Roumélie Orientale, province annexée de fait depuis 1885. On évalue le revenu total de cette population à 825 millions de francs par an : l'agriculture y participe pour les deux tiers, 550 millions de francs, l'industrie pour le tiers restant, 275 millions. Des 98 084 000 hectares de la superficie relevée par la statistique agricole, les terres exploitées de manière ou d'autre embrassent 39 084 000 hectares (dont plus de la moitié emblavées), les terres non exploitées, mais propres à l'exploitation 54 604 000 hectares, et les terrains n'ayant aucune valeur économique seulement 4 390 000 hectares. On voit que les ressources sont grandes, et un bel avenir est réservé à la Bulgarie, si son agriculture et son industrie sortent de l'état arriéré dans lequel elles se trouvent, ce qui sera probablement le cas. La sobriété exemplaire et l'esprit d'association des populations bulgares en sont les garants. Cet esprit d'association, que des voyageurs considèrent presque comme inné chez les Bulgares, est dû, au moins partiellement, à l'existence de la communauté de famille, *koupchtina* en bulgare, analogue à la *zadrouga* des Serbes. Dans les districts montagneux de la Bulgarie occidentale, tels que ceux de Kustendil, de Sofia, de Trn, un village sur deux se compose de ces communautés (d'après Ghéchof, ancien ministre des finances). Elles comprennent souvent jusqu'à une quarantaine de membres, appartenant à plusieurs générations de la même famille, et il est assez curieux que chaque membre, fût-il député ou prêtre, verse à la caisse commune ses revenus professionnels. Pour montrer au lecteur le degré de solidarité qu'on trouve chez les Bulgares, il suffit de citer ces florissantes associations de maraîchers, qui quelquefois ne comptent pas moins de 60 co-participants, et qui pénètrent jusqu'à Saint-Pétersbourg et jusqu'à Bruxelles pour y exercer avec profit leur métier.

Nicolas Roussanof.

ꕥ ꕥ ꕥ

# BIBLIOGRAPHIE

## REVUE DES PÉRIODIQUES

### Articles signalés

**Bulletin de la Société de Géographie de Paris.** 4e trimestre 1893. — Ce bulletin, qui paraît un peu tardivement, contient le *Rapport de M. Maunoir sur les travaux de la Société de Géographie et sur les progrès des sciences géographiques pendant l'année 1892.* (Nous n'avons plus à faire l'éloge de ces rapports, à la fois si complets, si savants et présentés sous une forme si agréable. Ils constituent un guide indispensable pour l'étude de l'histoire géographique depuis près de trente ans. Aussi attendons-nous avec impatience les trois volumes, dont la publication a déjà été annoncée en 1892, et qui doivent contenir tous les rapports annuels de 1867 à 1891.) — *Une mission chez les Touareg*, par F. Foureau. (Récit de l'avant-dernier voyage de M. Foureau, exécuté en 1892, avec une carte provisoire au 4 000 000e, contenant ses itinéraires de 1890, 1892 et 1893. M. Foureau est, on le sait, l'un de nos premiers explorateurs sahariens. Ses beaux voyages, auxquels vient de s'en ajouter un autre, dont nous avons donné le résumé dans une de nos chroniques, ont fait faire une avance considérable à la géographie de cette région, dont la connaissance est pour nous si importante. Actuellement les itinéraires de M. Foureau permettent déjà de connaître la physionomie générale et le relief de la région de l'Erg. Dans le voyage de 1892, qu'il raconte ici, il a relevé trois routes entièrement nouvelles : 1° celle d'Aïn-Taïba à Hassi-Mouilah-Maatallah, longue d'environ 180 kilomètres; 2° celle de Temassinin à Hassi-Imoulay, près de Ghadamès (350 kil.); 3° celle de Hassi-Imoulay à Hassi-Touaïza (320 kil.).

**Geographical Journal.** Juin 1894. — *A Journey across Central Asia*, par Saint-George R. Littledale. (Récit d'un voyage dans l'Asie centrale, exécuté par M. Littledale et sa femme; il est accompagné d'une carte au 2 027 520e, retraçant l'itinéraire du Lob-Nor au Koukou-Nor, et de reproductions de photographies très intéressantes. Notre collaborateur, M. D. Aïtoff, doit résumer, dans un de nos prochains numéros, les résultats de ce voyage et de quelques autres, exécutés dans les mêmes régions. Disons ici que l'itinéraire de M. Littledale, le long du versant nord du Kouen-loun, comble heureusement une lacune qui existait dans ceux de Prjevalsky, entre le Lob-Nor et Sa-Tchéou.) — *The River Napo*, par Charles Dolby Tyler. (Récit d'une exploration en canot sur le Napo, affluent gauche de l'Amazone. L'auteur donne quelques détails sur les Indiens Zaparos et Orejons, qui habitent le bassin de la rivière, et sur la faune et la flore de la région. Il parle du fleuve qu'il a parcouru comme s'il était presque entièrement inexploré depuis le xvie siècle. Il a été cependant exploré en 1867 par une expédition scientifique américaine, et en 1880 par M. Charles Wiener.) — *The Manchester Ship Canal.* (Description du canal de Manchester à la mer, achevé en janvier dernier, et récemment inauguré par la reine. Ce canal, large de 37 mètres au plafond, profond de 8 mètres, est accessible aux grands bâtiments, et fait un port maritime de Manchester. Il a cinq écluses, et est traversé par l'ancien canal de Bridgewater au moyen d'un aqueduc tournant. Une carte donne le tracé du canal et sa section longitudinale). — *A note on the Geography of Franz Josef Land*, par Arthur Montefiore. (Note sur la géographie de la Terre François-Joseph, à propos de l'expédition polaire entreprise dans cette direction par M. F. G. Jackson.) — *Recent African Literature*, par E. G. Ravenstein. — *The spelling of Egyptian Names*, par le lieutenant-colonel J. C. Dalton. — *A decade of progress in India*, par C. E. D. Black.

**Mitteilungen de Petermann.** Juin 1894. — *Die geologischen Ergebnisse der Katanga-Expedition*, par le Dr J. Cornet. (Étude sur les résultats géologiques de l'expédition du Katanga, à laquelle l'auteur a pris part. Le terrain exploré comprend des régions appartenant aux bassins du Sankourou, du Loualaba et du Louapoula, depuis Lousambo jusque près du lac Bangouéolo. L'article est accompagné d'une carte. L'auteur, n'ayant pas trouvé de fossiles, n'a pas pu déterminer exactement l'âge des couches étudiées, par conséquent leur assigner des noms empruntés à la terminologie usuelle. Nous ne pouvons entrer ici dans les détails de cet article, que les géologues liront certainement avec intérêt.) — *Mitteilung über eine Reise nach den neusibirischen Inseln, und längs der Eismeerküste, ausgeführt im Jahre* 1893, par le baron E. de Toll. (Première partie du récit de l'expédition du baron Toll aux îles de la Nouvelle-Sibérie, sur laquelle notre chronique a déjà renseigné sommairement nos lecteurs. Nous y reviendrons lorsque cette relation détaillée, qui est accompagnée d'une carte, aura été achevée.) *Kleinere Mitteilungen : Das neu entdeckte Land im antarktischen Gebiete*, par A. Schück. (Notice sur la nouvelle terre découverte dans les parages antarctiques; voir la chronique.) — *Earl of Dunmores Reise im Hochlande der Pamir.* — *Ist der Cerro del Tupungato ein Vulkan?* par le Dr W. Mörike. (Le cerro del Tupungato est un sommet des Andes chileno-argentines; il s'élève à 6710 mètres, ce qui lui donne la première place après l'Aconcagua. On était dans le doute sur sa nature volcanique. L'auteur de la notice a pu s'assurer, au cours d'une exploration faite en 1889, que c'est un volcan encore actif.)

## COMPTES RENDUS

**E.-A. Martel** : *Les abîmes, les eaux souterraines, les cavernes, les sources, la spélæologie. Explorations souterraines effectuées de* 1888 *à* 1893 *en France, Belgique, Autriche et Grèce*, avec le concours de MM. G. Gaupillat, N. A. Sidéridès, W. Putick, E. Rupin, Ph. Lalande, R. Pons, L. de Launay, F. Mazauric, P. Arnal, J. Bouguet, etc. 1 vol. illustré de gravures et phototypies, avec 200 cartes, plans et coupes. Paris, Ch. Delagrave, 1894.

Le nom de M. E.-A. Martel est bien connu dans les milieux spéciaux, comme le Club Alpin français ou les diverses Sociétés de géographie. Le beau volume que vient de publier la librairie Delagrave, et où il résume ses nombreuses excursions souterraines, le fera connaître du grand public. C'est une étrange vocation que celle de ce jeune légiste, entraîné par une impulsion pour ainsi dire irrésistible à fouiller les gouffres, les cavités du sol, à scruter le mystère de la filtration des sources; promenant son attirail de sondeur, ses bateaux démontables, ses immenses échelles de cordes, de la Belgique à la Grèce; portant partout l'esprit d'examen et d'investigation qui force la nature à livrer ses secrets; suivant les ruisseaux superficiels, engouffrés dans les causses de la France centrale, à travers l'épaisseur des masses calcaires qu'ils pénètrent, érodent, traversent pour venir jaillir dans les vallées inférieures. Parti en simple touriste, M. Martel n'a pas tardé à se préoccuper d'un but plus élevé. Attiré d'abord par les splendeurs sépulcrales des grottes à stalactites, qui exercent sur certains esprits un attrait incompréhensible pour d'autres, il a graduellement élargi le champ de ses préoccupations, et on lui doit déjà nombre d'observations sagaces, d'indications neuves sur le mode de formation des abîmes, le fonctionnement de la filtration des eaux. Il est descendu, au prix de dangers sans cesse répétés, dans 230 gouffres, dont 37 complètement inconnus avant lui. Il y a levé 50 kilomètres de plans souterrains. Son ardeur s'est communiquée à un nombre toujours croissant de collaborateurs et de successeurs, et l'on peut dire que si l'étude de la France souterraine, trop longtemps négligée, fait chaque jour de nouveaux progrès, une large part dans ces progrès revient à l'initiative et à l'ardeur de M. Martel. L'ouvrage est illustré de phototypies fort intéressantes, de gravures dont un certain nombre sont empruntées aux travaux déjà publiés par l'auteur dans les annuaires du Club Alpin français; enfin les nombreux plans et coupes contenus dans ce nouvel ouvrage permettent de se rendre un compte exact de la conformation générale des abîmes explorés.

F. S.

**Charles Rabot** : *A travers la Russie boréale.* Paris, Hachette et Cie, 1894, in-12, illustré.

Nous n'avons pas à faire l'éloge de notre ami et collaborateur Charles Rabot, également connu des lecteurs du *Tour du Monde* et de ceux des *Nouvelles Géographiques*. M. Rabot a eu le bon sens, trop rare en notre temps, de se spécialiser fort jeune, et de concentrer sur un sujet, il est vrai très vaste, ses remarquables facultés de savant, de voyageur et d'écrivain. Il connaît comme personne les régions circumpolaires; il a exploré successivement la Laponie suédoise, norvégienne, finlandaise, le Spitzberg, le Grönland, l'Islande, Jan Mayen, la Russie boréale et la Sibérie occidentale, plus d'un tiers du grand cercle formé par les terres arctiques autour de l'océan Glacial. Il connaît à fond l'histoire géographique de ces pays, et nos lecteurs savent avec quelle compétence il les tient au courant des travaux si intéressants dont ils sont l'objet dans les pays scandinaves.

Le joli volume qu'il vient de publier nous raconte son expédition de 1890 dans les bassins de la Kama et de la Petchora, l'Oural et la Sibérie occidentale. Une partie du récit a déjà paru dans le *Tour du Monde*; le livre contient en plus les intéressantes observations ethnographiques sur les populations allogènes de la Russie d'Europe, Tchouvaches, Tchérémisses, Permiaks, et sur les Ostiaks de la Sibérie, et un petit appendice sur l'histoire naturelle des régions parcourues. Le récit de voyage est fait avec beaucoup d'entrain et d'humour; il est plein de détails pitoresques, mais le fond est toujours solide et sérieux. On est loin du genre touriste, et des impressions de voyage, dont on a abusé jusqu'à dégoûter le public pour bien des années. M. Rabot ne s'engage pas dans une expédition sans avoir étudié consciencieusement le pays, et quand il voyage, c'est les yeux toujours ouverts et l'esprit toujours en éveil.

Ce livre sur la Russie boréale a, en dehors de tous ces avantages, celui de nous renseigner sur une région très peu connue du grand empire. On la donne à tort comme pauvre et sans ressources; elle a, au contraire, grâce à la belle voie navigable qu'offre la Petchora, un sérieux avenir économique, et retrouvera la prospérité qu'elle eut aux XVe et XVIe siècles, à l'époque de la compagnie anglaise de Moscovie.

H. J.

**A. Martineau** : *Madagascar* en 1894. Paris, Ernest Flammarion, 1894, in-8° avec carte.

La bibliographie de Madagascar s'est beaucoup enrichie depuis ces dernières années; pourtant un livre nous donnant un résumé de l'ensemble des questions actuelles nous manquait encore. M. Martineau, ancien député et délégué de Nossi-Bé au Conseil supérieur des colonies, vient de le publier. Successivement il nous parle du traité de 1885, de la Convention de 1890, du passage de MM. Le Myre de Vilers, Bompard et Larrouy à Madagascar, des concessions accordées par le gouvernement hova, du pays et des habitants, du gouvernement et de l'administration hova, de l'armée hova et des missions, des conditions du travail, du commerce. Les finances, la justice, la main-d'œuvre, l'esclavage, la sécurité font également l'objet d'autant de chapitres spéciaux.

Après avoir lu ce livre, nous savons comment les Hovas sont arrivés à dominer dans la plus grande partie de l'île par l'établissement de postes militaires analogues aux colonies romaines installées chez les peuples conquis, l'énergie et l'habileté qu'ils ont déployées dans la conquête, la vénalité de leur administration à tous les degrés, la faiblesse de leur armée, les causes qui ont amené les *fahavalos* à s'insurger contre le gouvernement régulier. Nous assistons aussi à la transformation de ce peuple sous l'influence des idées chrétiennes qui, après avoir définitivement conquis les hautes classes, pénètrent de plus en plus dans la masse. On peut admettre aujourd'hui que les 5/6 des Hovas sont acquis au protestantisme, 1/6 aux catholiques. La grande crainte, vraie ou affectée, parmi les Hovas protestants est que nous ne tenions pas la balance égale entre les confessions diverses et que par nos procédés nous n'amenions la disparition des œuvres protestantes à Madagascar. Nous devons nous attacher à détruire ces préventions et ne pas tomber dans le piège de ceux qui voudraient nous obliger à faire du prosélytisme, chose que nous n'avons jamais faite d'ailleurs en Algérie. Une fois notre tolérance reconnue par les Hovas, le principal obstacle à notre influence à Madagascar disparaîtra, c'est notre conviction.

Les questions exposées par l'auteur sont traitées avec beaucoup de clarté et d'impartialité; on voit qu'il tient avant tout à nous bien renseigner, et nous lui savons bon gré de son intention, car ce qui nous manque le plus pour résoudre cette question de Madagascar, fort compliquée et fort épineuse, ce sont les renseignements.

Dr Rouire.

**Vice-Amiral Lindesay Brine** : *Travels amongst American Indians, their ancient earthworks and temples*, etc. Londres, Sampson Low, Marston and C°. 1894, in-8°.

Le voyage chez les Indiens des États-Unis du Mexique et du Guatemala, que nous raconte le vice-amiral Lindesay Brine, date de plus de vingt ans. Les devoirs de sa carrière ont empêché jusqu'ici l'auteur de réunir ses notes en un volume. On comprend que le récit du voyage lui-même manque un peu d'actualité : l'auteur nous parle du général Grant comme président des États-Unis, et s'entretient avec Ticknor, Longfellow, Agassiz, qui sont morts depuis longtemps. Dans un pays qui se transforme à chaque décade, comme les États-Unis, une semblable relation n'a plus en quelque sorte qu'un intérêt archéologique. On n'en peut dire tout à fait autant pour l'Amérique espagnole, où l'état social et économique ne change guère.

La partie de beaucoup la plus importante du livre, qui traite de l'histoire ancienne des Indiens, de leur civilisation et de ses origines, a une valeur naturellement plus durable; les descriptions et les observations de l'auteur se lisent encore avec intérêt, après tous les travaux qu'ont fait naître les recherches des Américanistes, parmi lesquels nous pouvons citer, à l'un des premier rangs, un compatriote, M. Désiré Charnay.

Le livre a des suggestions curieuses. On remarque en particulier dans le dernier chapitre l'examen de cette légende du Yucatan, d'après laquelle, à une époque fort antérieure à la conquête espagnole, des étrangers vêtus de longues robes, portant de longues barbes, chaussés de sandales, auraient abordé dans le pays et y auraient enseigné la religion. L'auteur la rapproche d'un passage où Gomara raconte que des Espagnols, fuyant les Maures, après la défaite du roi Rodrigue en 711, se seraient réfugiés dans des îles lointaines, et il n'hésite pas à conclure à la possibilité d'identifier avec ces Espagnols les étrangers barbus arrivés au Yucatan. Voilà une conjecture hasardeuse! L'auteur d'ailleurs ne s'y étend pas trop longuement, mais il conclut ainsi : « Il n'est pas improbable que des hommes appartenant à des races européenne, mauresque ou asiatique soient arrivés dans l'Amérique centrale entre le VIe et le XIe siècle de notre ère. Rien ne peut expliquer suffisamment la manière dont le fait s'est produit; mais, après avoir pris en considération les témoignages des prêtres et des caciques indiens, et les traditions sur les circonstances dans lesquelles leur science fut introduite au Mexique, en même temps que l'adoption d'institutions monastiques, et le système d'éducation, on peut conjecturer raisonnablement que la civilisation relative des Toltecs et des Aztecs est née sous l'influence et par des enseignements d'étrangers qui avaient traversé l'Atlantique. »

## CARTOGRAPHIE

**Atlas de géographie historique**, 7e livraison.

Les trois cartes que contient cette livraison ne le cèdent point en intérêt à celles qui ont été publiées jusqu'ici. La première nous montre, dans une grande carte embrassant l'ensemble du monde romain, les étapes de la *Conquête impériale* depuis l'avènement des Césars, ainsi que les acquisitions faites sous Auguste et sous Trajan, et perdues par la suite, qui sont marquées par des teintes diverses. Un cartouche indique la répartition des provinces en impériales et sénatoriales à la mort d'Auguste. C'est sous la direction si autorisée de M. Guiraud qu'ont été dressées ces cartes et celles incluses dans la notice qu'il a rédigée.

Une grande et belle carte de la Russie d'Europe, largement encadrée, des lacs suédois et du Danube inférieur à la Tobol et au khanat de Khiva, représente la *Formation de l'empire russe*, avec les annexions effectuées de 1261 à nos jours par les « rassembleurs de la terre russe ». M. A. Rambaud et notre collaborateur M. Aïtoff, un historien et un cartographe qui ont fait de la Russie l'objet principal de leurs études, ont réuni leurs efforts pour traiter cette importante question avec tout le soin et la compétence qu'elle réclame. Signalons, intercalées dans le texte de M. Rambaud, une carte des pays russes au XIIe siècle et une ancienne carte, très curieuse, de la Moscovie au XVIe siècle, enfin une notice complémentaire, avec carte, de M. Aïtoff sur la colonisation de la Sibérie. Cette feuille, avec celle précédemment publiée sur l'*Extension de la puissance russe*, constitue un exposé, sommaire sans doute, mais très suffisamment complet, du développement de l'empire des tsars.

France en gouvernements, France en généralités ou intendances en quatre cartons : Gabelles, Traités des Douanes, France judiciaire et France ecclésiastique, tels sont les différents aspects sous lesquels M. Debidour nous montre l'*État de la France en* 1789. Ces cartes, avec la très substantielle notice qui les accompagne, donnent une idée complète de l'état géographique, politique et administratif de la France à cette époque.

# NOUVELLES GÉOGRAPHIQUES

## LES ITALIENS DANS L'AFRIQUE ORIENTALE

L'Angleterre et l'Italie rivalisent aujourd'hui pour la pénétration dans cette portion du continent noir que nous nommerons « l'Hinterland extrême-oriental de l'Afrique ». Ce damier triangulaire, dont les sommets sont à Souakin, à Zanzibar et au cap Guardafui, se compose de contrées différentes les unes des autres par le sol et par les races, mais fort attractives par la diversité et par l'opulence des produits. Dans l'intérieur de ce triangle se dresse le massif Éthiopien, comprenant l'Abyssinie, le Choa et les pays Gallas. Tout autour de cette énorme citadelle s'étalent des plateaux inférieurs et des plaines : la Haute-Nubie, au nord-ouest, large marche intermédiaire entre l'Abyssinie et la Basse-Nubie; le désert Danakil, limité par le rebord oriental du massif Éthiopien, par la mer Rouge et par la dépression du fleuve Aouach; enfin la péninsule Somalis, dont le plan incliné vers l'océan Indien se rattache au continent par les hautes vallées du Tana, du Djouba et du Chébéli.

Richement forestier dans le Choa, minier dans l'Abyssinie, agricole dans la Haute-Nubie, ce Hinterland entrelace d'une contrée à l'autre ses produits convoités par le négoce européen. Filons de métaux, végétaux utiles par leur tige, leur gomme, leur essence, tout appelle le négoce. Les plantes nutritives, comme le café et le *kororima*, rivalisent avec les apports de pelleteries et plumes de la faune. Le règne animal fournit même ses sécrétions, car le musc de la civette est un des plus recherchés. Mais là encore, comme en tant d'autres contrées, l'indigène s'insurge contre les champions de la civilisation et repousse le progrès matériel, auquel la riche nature du sol se prête si largement.

L'Europe ancienne pénétra passagèrement dans le pays et n'y réussit un peu qu'en remontant le pénible et sinueux lacet du Nil; c'est aujourd'hui pour la première fois que les nations civilisées s'efforcent sérieusement de drainer les produits de l'« Extrême-Orient » d'Afrique. Si le négoce européen est plus prospère dans notre siècle, il le doit moins encore à son audace qu'aux avantages de la navigation moderne. Le percement de l'isthme de Suez, la célérité de la vapeur, l'agrandissement des navires, ont facilité l'établissement de ports d'attache sur les côtes de la mer Rouge et de l'océan Indien; or, dans ces pays de pénétration difficile, les têtes de route solidement et définitivement fondées sont la condition *sine qua non* du succès.

Le tout est de bien choisir ces ports d'attache. Quoi qu'en disent les admirateurs obstinés de la Grande-Bretagne, de longs déboires ont arrêté et arrêteront les Anglais à Souakin, car ce débarcadère est isolé de la Haute-Nubie par des déserts si arides que les caravanes refusent de s'y aventurer. La rade anglaise de Berbera vient de perdre toute sa valeur, depuis le 5 mai dernier, puisque le Harrar est reconnu à l'influence italienne. Enfin, le port de Mombaz semble jusqu'ici se prêter assez mal aux ambitions des trafiquants britanniques qui voudraient implanter leur commerce, avant tout autre, dans l'Ouganda, le Kordofan, les deux Nubies et qui rêvent d'amorcer tout le sillon nilotique au protectorat égyptien par la canalisation du grand fleuve et par le chemin de fer de Mombaz au Victoria. On sait l'insuccès de l'*Imperial British East African Company*. La grande nation colonisatrice est restée bien inférieure à elle-même dans le choix de ses ports, et il y a bien des réserves à faire dans l'admiration enthousiaste des Européens pour le génie colonial de l'Angleterre. Prendre l'Égypte à revers, par l'océan Indien et l'Ouganda, c'était un plan superbe, mais alors il ne fallait pas laisser l'Allemagne s'établir en face de Zanzibar! Pour atteindre l'Ouganda par l'océan Indien, la route allemande, qui se dirige de la côte à la rive sud du lac Victoria, est infiniment meilleure que la route anglaise qui part de Mombaz pour atteindre la rive est. Sir Gerard Portal, lui-même, l'a avoué dans le rapport posthume qu'on vient de publier sous son nom à Londres.

C'est pour mémoire seulement qu'il convient de citer l'établissement français d'Obok parmi les débarcadères récemment choisis sur les rivages orientaux d'Afrique, car la France n'a là que des intérêts dérivés, ceux de tenir prêt un dépôt de charbon. Cette rade de Tadjourah, où nous sommes arrivés juste à temps pour en écarter l'Angleterre, a pour rôle de ravitailler nos vaisseaux en cas de guerre parce que les Anglais détiennent tous les magasins de houille échelonnés sur la route d'Indo-Chine : Aden, Colombo, Singapour[1].

Quant à l'Italie, on lui a prêté des visées fort ambi-

1. C'est dans le même but que la France a organisé l'escale de Mahé, dans l'Inde.

tieuses, celles de s'implanter à Tripoli et d'attaquer le centre soudanais simultanément par le nord et par l'est, comme le fait la France par le nord et par l'ouest; mais cette nation toute nouvelle n'a rien entrepris encore qui prouve qu'elle pense au Tchad. Au contraire elle semble vouloir se confiner sur une base étroite pour se créer une colonie de peuplement bien solidement assise et il est incontestable qu'elle a choisi la meilleure part dans l'assaut de la « Corne africaine » par la mer Rouge et par l'océan Indien. Les ports de Massaouah, d'Assab et du Bénadir[1] sont les plus propices à la pénétration. Attaquant simultanément la Haute-Nubie, l'Éthiopie et les pays Somalis, elle avance lentement, mais elle avance. Ce sont précisément les progrès de l'Italie que nous nous proposons d'examiner dans cette étude, où nous ferons abstraction de toutes les hypothèses qui ne relèvent pas directement des événements.

## I

### MASSAOUAH, L'ÉRYTHRÉE ET LA HAUTE-NUBIE

Massaouah est le port d'attache de la colonie de peuplement appelée Érythrée; c'est aussi la tête de route d'une future colonie d'exploitation en Haute-Nubie. Mais ce ne fut pas sur ce point que les Italiens débarquèrent tout d'abord.

En 1869, le négociant Rubattino acheta la rade d'Assab et l'île Darmakiè au sultan Béhéran, moyennant 47 000 francs, malgré les protestations du gouvernement égyptien, qui du reste n'y avait aucun droit. L'Angleterre aussi se montra hostile à ce début, alléguant qu'elle verrait avec bienveillance la fondation d'établissements commerciaux étrangers, mais qu'elle s'opposerait à des empiétements politiques le long de la mer Rouge, qu'elle appelle sa « corde sensible » parce qu'elle lui sert de route pour les Indes. Plus tard elle se félicitera de voir l'Italie occuper des positions où la France aurait pu s'établir. En 1879 seulement, c'est-à-dire dix ans après l'achat de Rubattino, la cessation des difficultés diplomatiques permit enfin d'envoyer à Assab un commissaire italien.

Lorsque la France s'organisa à Obok et lorsque Bianchi fut assassiné avec Biglieri et douze marins sur la route d'Abyssinie, l'Italie se décida à envoyer une expédition sur les côtes de la mer Rouge. C'était en 1885, au moment même où le Mahdi entrait victorieux à Khartoum et exterminait l'armée de Gordon-Pacha. Massaouah et les plaines de l'Érythrée furent occupées définitivement, malgré la catastrophe de Dogali, et l'Angleterre se fit l'intermédiaire des arrangements entre Rome et l'Abyssinie.

Entre temps, le sultan de l'Aoussa, chef des Danakils, reconnaissait aux Italiens la plaine à l'est de l'Éthiopie. Ménélik, roi du Choa, venait s'offrir aux blancs de Massaouah pour combattre le négus Johannès dont il convoitait l'empire et, ayant vaincu celui-ci à Métemma, se faisait acclamer chef suprême de toute l'Éthiopie. En échange de son appui, il donnait à l'Italie, par le traité d'Outchali, le 2 mai 1889, le territoire compris entre la côte et un cordon terrestre passant par Arufali, Halaï, Saganeiti et Asmara. Mais bientôt l'attitude des chefs tigréens, qui subissaient mal le joug de Ménélik, devint telle que les Italiens durent descendre à Adoua avec 6 000 hommes (26 janvier 1890). Enfin Antonelli exigeait la signature d'une convention qui portait jusqu'au fleuve Magreb les limites de l'Érythrée, et Keren était occupé. Le gouvernement faisait accepter par les nations européennes sa nouvelle colonie qui est limitrophe au nord, à Raz-el-Kasar, du territoire anglais de Souakin et, au sud, du territoire français qu'elle atteint à Raheita.

Se souvenant que l'Amérique, l'Inde et l'Afrique ont été civilisées par des colons qui n'occupaient que quelques kilomètres carrés au bord du Hinterland, l'Italie cherche à s'asseoir solidement plutôt qu'à s'étendre rapidement. Ses possessions, larges comme l'aire de la Belgique et de la Hollande, sont considérées par Stanley comme un des coins les plus fertiles de l'Afrique. Son progrès est tel, que Schweinfurt en est émerveillé; en constatant combien grande est devenue la fertilité des champs qu'il avait vus dans le plus navrant état de stérilité un an auparavant, l'explorateur allemand fait remarquer à la *Société de Géographie de Berlin* combien il est absurde d'affirmer l'aridité d'un terrain avant de l'avoir travaillé, si désespérant soit-il d'aspect.

L'*alto piano* et les terres basses se repeuplent au fur et à mesure de la disparition de la piraterie, car on trouve là une vraie piraterie, aussi intense que celle du Tonkin. La culture reprend dans les centres jadis abandonnés, autant que le permettent l'insuffisance encore trop grande des bras et les suites de l'épizootie. Peu à peu la misère, due aux malheurs de la domination égyptienne, disparaît, et les indigènes d'Asmara, de Keren, de Massaouah se soumettent volontiers à un impôt équitablement réparti. Au sud-ouest, les hordes pillardes, si justement détestées des indigènes laborieux, sont refoulées au delà du Magreb. Dans le nord, il est vrai, les incursions persistent davantage, mais les tribus sédentaires se déclarent de plus en plus sujettes de l'Italie et concourent à la défense du territoire.

Quant à la situation financière, il est impossible de la juger sainement dans une colonie où les subventions de la métropole, plus ou moins considérément octroyées, modifient les moyens propres. L'an dernier, à la suite de diverses déceptions fiscales, il a été difficile de joindre les deux bouts, la douane à elle seule ayant fourni 23 000 francs par mois de moins que les prévisions de l'exercice. Mais c'était là une conséquence directe de l'amélioration du sol, qui commençait à produire et cessait d'acheter. On ne peut donc considérer cette crise que comme un malaise passager et la richesse assurée de l'intérieur n'aura pas de peine à compenser les pertes de la douane, dans le budget colonial.

Malgré l'amélioration notable de la pacification, due en grande partie au Ras Mangascia qui s'est ouvertement déclaré l'ami des Italiens, il ne faudrait pas considérer les indigènes du Tigré comme universellement ralliés à Massaouah. Il reste encore un fond d'esprit d'indépendance et d'hostilité dans la vallée du Magreb, témoin le chant suivant dont nous devons la traduction italienne au lieutenant Turano. Il s'agit du héros Balaï, tué à Dogali :

« Balaï, tu partis avec les héros, chevauchant avec ton mulet blanc.

« Ton épée ne cherchait pas les soldats, mais seulement les chefs.

« Balaï, tu ne feras jamais la paix avec tes ennemis!

« Les Italiens ont combattu avec des canons, mais non avec des chevaux;

1. Voir les *Nouvelles Géographiques* de janvier et de juin 1894. *Chronique*

« Que Dieu frappe les Italiens, sans leur donner le temps de se reconnaître !

« Et que, devant ces ennemis, tout devienne dur comme le fer ! »

Mais le Ras Mangascia n'en continue pas moins à renverser les chefs hostiles et à les remplacer par les soumissionnaires. On se souvient qu'il n'hésita pas à attirer dans un piège le réfractaire Sébath, pour l'emprisonner ensuite. Sébath, qui rêvait d'enlever la province d'Oculé-Cusaï à l'Érythrée, a été interné dans les montagnes de l'Avergallé, énorme prisme à pans verticaux où les prisonniers sont gardés à vue « entre ciel et terre ». Ce sont ces guérillas de Mangascia qui enlèvent momentanément des bras aux cultures du Tigré. Grâce à cette intervention, les rapports tendent à s'améliorer entre les Tigréens et Ménélik, que l'Italie reconnaît pour le chef légal.

Massaouah, ville de 16 000 âmes, a un climat trop énervant pour rester le siège du gouvernement, car on y constate souvent 49° de chaleur. Les administrateurs européens s'établiront certainement un jour à poste fixe sur les hautes terres ; déjà le gouverneur Baratieri s'y transporte pour quelques mois, comme fait aux Indes le vice-roi anglais quand il va chercher à Simla un abri contre les chaleurs de la plaine. C'est grâce à la salubrité des plateaux que l'armée britannique réussit à atteindre Théodoros à Magdala.

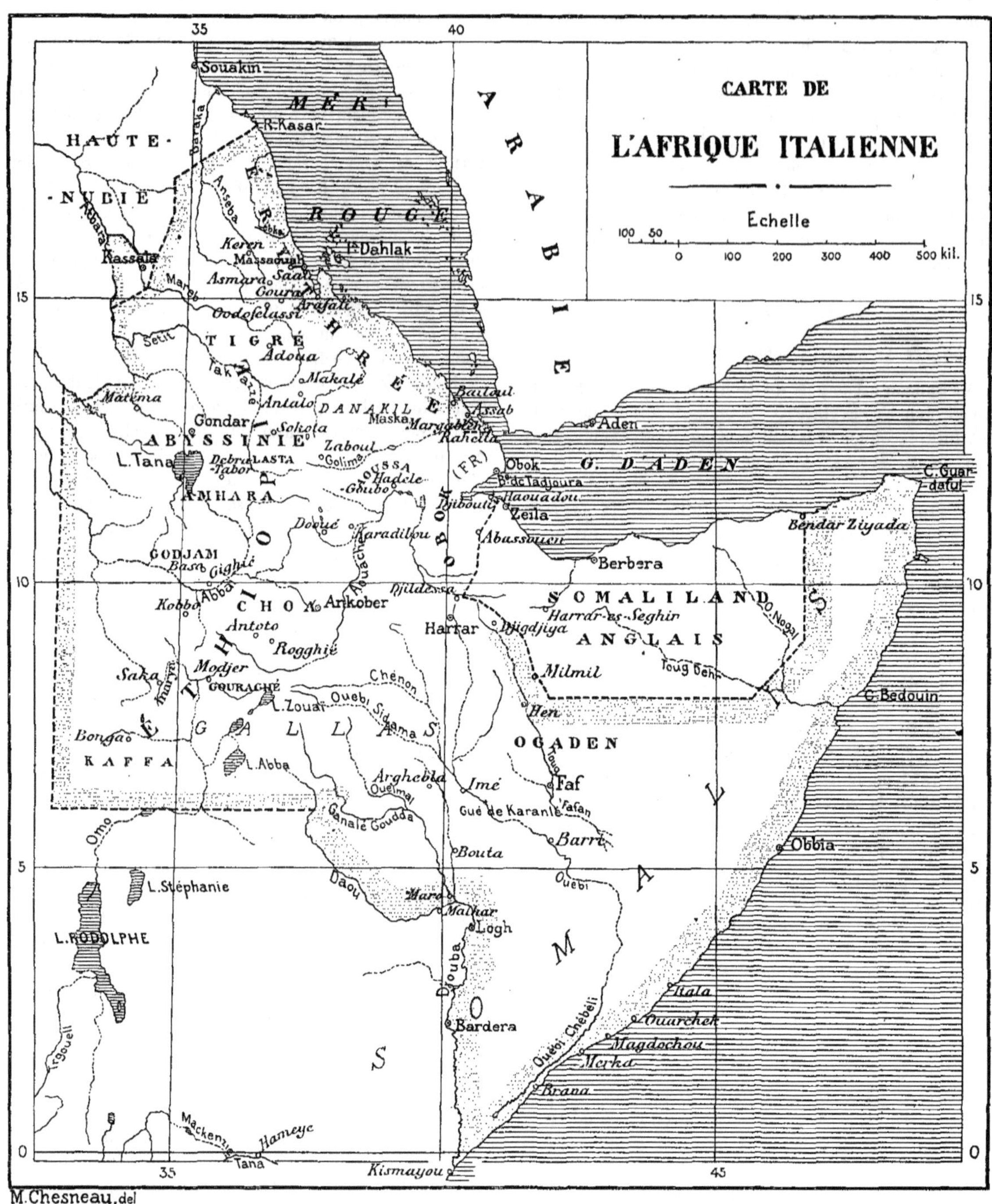

L'agriculture est un foyer d'attraction et l'Érythrée verdoie partout où la sécurité est définitive. Le labour y était connu de toute antiquité aussi bien qu'en Abyssinie, et s'il n'a pas prospéré ce n'est certes point la faute du sol, car nulle part il n'est plus fécond. On trouve les plantes utiles de toutes les zones dans cette contrée où croissent trente espèces de froment et d'orge, où le millet pousse à côté du maïs, des lentilles, des haricots, des petits pois et des fruits à huile jusqu'à une hauteur de 2 000 mètres. Dans le début, les Italiens ont commis une grave erreur en expédiant de la métropole une série d'onéreux convois de plantes et en dépensant 120 000 francs à de chimériques et inutiles essais, à côté des riches produits naturels d'Asmara, de Goura et de Godofelassi. Actuellement les terrains abandonnés hier rapportent jusqu'à 10 pour 100, et il y a grand'place pour les colons européens de l'avenir. L'exemple est donné par les soldats aux alentours des camps, qui se transforment en quadrilatères de coton, de froment, de fèves, d'orge et de millet. Dans le Barka on a importé des dattiers, qui promettent une bonne récolte dans un terrain aussi chaud et aussi humide.

Une délimitation équitable des propriétés est faite par les officiers à Asmara, à Godofelassi, à Az-Teclezan, à Keren, à Arkiko, à Ghinda et à Saati. Ont été déclarés domaniaux :

1° Les terrains délaissés par les tribus émigrantes;

2° Les terrains non cultivés sur lesquels aucun droit n'a pu être avancé;

3° Les terrains confisqués aux rebelles;

4° Les propriétés féodales des religieux, quand ceux-ci en tirent tribut sans les exploiter.

Cette répartition des biens-fonds est fort délicate dans un pays où se mélangent les lois abyssines et les lois musulmanes diversement modifiées par les gouvernements ottomans et par les révolutions éthiopiennes. Aussi le cadastre s'exécute-t-il lentement mais consciencieusement.

L'immigration italienne est fort encouragée par le Quirinal et le Monte Citorio. Le 25 novembre dernier, un groupe de nouvelles familles d'agriculteurs quittait Naples pour rejoindre leurs devanciers établis à Godofelassi. Dorénavant chaque famille obtiendra 20 hectares de bonne terre et les avances nécessaires à son établissement. On lui construira deux spacieuses habitations en maçonnerie, en même temps qu'elle recevra une paire de bœufs, 4 vaches, des chèvres, des brebis, de la volaille, un matériel d'agriculture et une provision de vivres pour une année. Ces avances, estimées à 4000 francs, seront remboursées en 7 ans, par moitié des produits annuels. L'argent rentré servira à faire de nouvelles avances aux colons successifs. Ajoutons que des haras pour la reproduction des chevaux égyptiens et des mulets indigènes assurent le recrutement des escadrons et des batteries et préparent un noyau de bêtes de trait.

Quant à ce qui concerne le fonctionnement de l'administration, le gouverneur Baratieri vient de donner à ses bureaux une nouvelle souplesse et un maniement plus rapide. Le gouverneur civil, choisi parmi les officiers supérieurs ou généraux, centralise aussi les pouvoirs militaires et maritimes et relève du ministère de la guerre. Son action est directe, grâce à la suppression du secrétariat général. Elle est secondée par trois bureaux :

1° La direction de l'intérieur (état civil, sûreté, santé et justice);

2° Finances (budget, trésorerie, douane, postes et télégraphes, ports, comptabilité générale);

3° Affaires politiques et militaires (renseignements, relations avec les indigènes, résidents et armée).

Un secrétariat particulier, avec un chef de cabinet, s'occupe spécialement des questions techniques, de la correspondance secrète, des affaires ecclésiastiques, de l'agriculture, des concessions, des travaux publics, du personnel administratif et des projets à l'étude.

Le colonel Baratieri se propose de modifier encore cette organisation pour la rendre plus mobile, plus subdivisible, de manière à ce que le gouvernement puisse se déplacer d'une contrée dans une autre sans qu'il se produise d'à-coups dans le service.

L'essai a déjà pleinement réussi et le gouverneur a séjourné deux mois à Asmara, n'ayant emmené avec lui que son secrétariat privé et le bureau politico-militaire. Les populations soudanaises et abyssines ont repris confiance en voyant parmi elles le chef du pouvoir; les services militaires aussi bien que les services civils ont reçu en même temps une nouvelle impulsion de la part d'un directeur qui se renseigne mieux par lui-même que s'il restait dans la ville demi-européenne de Massaouah. A mesure que les routes augmenteront, les déplacements du pouvoir central deviendront plus fréquents.

Lord Palmerston disait qu'une colonie a besoin de trois choses : 1° des routes; 2° encore des routes; 3° toujours des routes. L'Italie en trace pour remplacer à mesure les sentiers muletiers qui là, comme en tous pays montagneux, comme autrefois en Suisse, en Sicile et en Norvège, sont les premières voies.

A l'arrivée du général Baratieri c'était la question prédominante, car les travaux avaient été suspendus depuis un an et il existait en caisse des fonds destinés à ce but. On n'avait que l'embarras du choix. Une voie carrossable menait déjà à Ghinda, dans la vallée de la Baresa, importante station du chemin du Magreb et de l'Abyssinie; il s'agissait de la continuer par le tronçon plus difficile des régions montagneuses.

On adopta un plan général fort économique, qui était de demander les études préalables et la direction aux officiers du génie et de confier l'exécution des travaux aux soldats indigènes, moyennant une légère indemnité. Point de pentes supérieures à 6 pour 100, point de largeur inférieure à 3 mètres. Des puits espacés à un maximum de 18 kilomètres assurent l'abreuvement. Quant aux travaux d'art exigeant des dépenses trop considérables, ils sont remis à une époque postérieure et seront exécutés à mesure que les circonstances l'exigeront.

Il existe trois grandes artères : la voie de l'Abyssinie, par Ghinda; la voie de Kassala, par Keren; enfin une voie perpendiculaire aux deux premières et qui les relie.

Sur la route d'Abyssinie, le tronçon entre Ghinda et Arbaroba est le seul qu'aient exécuté des indigènes non militaires. Ses 40 kilomètres sont partout praticables aux cavaliers et s'élèvent à 1000 mètres de hauteur par une pente moyenne de 4 pour 100. La dépense a été de 4 francs par mètre. Le tronçon d'Arbaroba à la Porte-du-Diable, achevé lui aussi, atteint l'altitude de 1452 mètres, avec une pente moyenne de 5 pour 100, et ses 6500 mètres de développement ont coûté 3 fr. 60 le mètre. Enfin le tronçon de la Porte-du-Diable à Asmara, qui descend de 60 mètres et se déroule sur une longueur de 5200 mètres, avec une largeur constante de 5 mètres, a coûté une moyenne de 3 francs, y compris les dépenses de 3 ponts de 12 m. 50 chacun.

La route de Kassala, par Keren, encore presque entièrement à l'étude, évitera la vallée de l'Anseba, impraticable pendant les pluies. Son tracé passe par les régions les plus agricoles, profitant des sentiers déjà employés par les caravânes entre Az-Teclezan et Keren, soit 53 kilomètres sur 160. Elle dessert Ailet et Maldi. Son tronçon le plus difficile (Az-Teclezan à Elcberet) est déjà construit. Ces 23 kilomètres n'ont coûté que 1 fr. 50 le mètre. De Keren, point central très sain, les caravanes s'enfonceront vers Kassala par les sentiers déjà en usage.

La route intermédiaire d'Asmara à Keren fermera le triangle en suivant les hauteurs jusqu'à Teclezan, où elle se confondra avec la voie Massaouah-Keren. Avec une pente moyenne de 3 pour 100, sa largeur de 3 mètres se déroule pendant 60 kilomètres.

Ultérieurement, le sentier muletier qui relie Massaouah à Keren par la vallée de la Lebka sera amélioré, mais les autres tracés s'imposaient d'abord, parce qu'ils desservaient des localités plus agricoles, plus pacifiées, plus saines, et parce qu'ils exigeaient moins de dépenses.

Ajoutons, dans la nomenclature des routes, le chemin de fer de Massaouah à Saati qui permet de traverser rapidement la région malsaine des plaines.

Les lignes télégraphiques n'ont pas non plus été négligées. Celle de Massaouah à Agordat vient d'être améliorée par les habitants eux-mêmes, qui ont fourni très volontiers les poteaux. Un fil relie à la capitale la station de Godofelassi et la région du Magreb; un autre met en communication Massaouah avec Halaï, puis rejoint Asmara et dessert en même temps tout l'Oculé-Cusaï.

Au bureau central de la poste, établi dans le grand port, se rattachent trois autres bureaux secondaires : Keren, Assab, Asmara, avec une annexe à Ghinda. Le service postal entre Massaouah et Asmara par Saati est journalier; celui de Keren est bi-hebdomadaire et celui d'Assab hebdomadaire.

C'est le câble de l'Eastern Telegraph Company qui est employé pour les communications avec la métropole; un câble annexe, amorcé à Périm, le met en contact avec Massaouah. Le courrier de la mère patrie est pris une fois par mois à Alexandrie par le vapeur italien de la colonie; trois autres fois par mois, le même vapeur va chercher à Aden la correspondance arrivant de Brindisi.

La défense de l'Erythrée est confiée, outre les troupes européennes, à la garde indigène, qui comprend quatre divisions : Barca, Seraë, Oculé-Cusaï et Asmara. Cette garde se divise en « bandes » permanentes et en « bandes » auxiliaires; le recrutement des unes et des autres se fait dans la région même à protéger, et leurs troupes, dirigées par les officiers-résidents, constituent aujourd'hui une véritable force. La surveillance des frontières est soigneusement faite par ces indigènes, qui trouvent à repousser les pillards autant d'intérêt que les blancs eux-mêmes. Les « bandes » auxiliaires, sorte de réserve, accourent au premier signal pour se battre avec autant de courage que de fidélité, sur les mêmes rangs que les détachements de Ugri, d'Halaï, d'Agordat et de Keren.

Il existe aussi une police[1], composée de 5 officiers, 125 carabiniers et 81 gardes indigènes, dont le rôle consiste à empêcher la traite des esclaves. On sait que l'Italie a exigé l'abolition de la traite dans toutes ses conventions avec les chefs indigènes; malgré cela, les vieilles coutumes sont tellement enracinées qu'il se pratique un peu de fraude. Fort heureusement, la tribu des Beni-Amer, qui enlevait tant de jeunes gens des deux sexes aux environs de Massaouah (Emberemi, Otumbo, Moncullo, Zaga), et les entraînait en Arabie, a été réduite à l'impuissance, et ses chefs, déclarés responsables par le gouverneur européen, ont dû supprimer l'ignoble trafic de chair humaine. En Érythrée même, l'esclave non transporté à l'extérieur n'est pas un véritable esclave; il est considéré comme membre de la famille. L'Italie a reconnu l'esclavage volontaire, contracté par les débiteurs, pour un temps donné, sorte de location de domestiques qui seraient payés d'avance (*Décret royal*, 21 décembre 1885; *Convention anglo-égyptienne*, 4 août 1877; Art. 62 du *Traité de Bruxelles*). Malgré toutes les mesures énergiquement prises, les Nubiens parviennent quelquefois à embarquer leur marchandise vivante dans les environs de Taclaï, trompant ainsi la vigilance des bateaux de guerre qui sont chargés de s'opposer à ce trafic ainsi qu'à celui des armes à feu et de l'alcool[1].

Le fonctionnement de la justice est confié à deux groupes de tribunaux : 1° *district de Massaouah*; 2° *territoires dépendants*. Le premier district, très peuplé d'Européens, obéit à une réglementation analogue à celle de la mère patrie; le deuxième se conforme davantage aux us et coutumes des indigènes soudanais, arabes, gallas, danakils et abyssins. Voici la série des autorités judiciaires :

1° *Chefs de villages ou de tribus*, nommés par les Italiens;

2° *Officiers-résidents*, employés comme conciliateurs;

3° *Arbitres*, présidés par les commandants de zone et composés des notables (ils sont chargés de diriger les premiers tribunaux dans les questions de droit indigène, dans les affaires religieuses et dans l'application des peines);

4° *Conseils de guerre*, tribunaux permanents, destinés à punir rapidement le brigandage et la traite.

Les condamnés sont dirigés sur les pénitenciers de Nocra (Archipel Dalhac), sur Assab, sur Massaouah, Asmara et Keren, où on les astreint aux travaux de construction. Les statistiques témoignent du bon état relatif de la colonie, puisque la prison de Massaouah n'a que 160 détenus pour les 300 places qu'elle renferme; Nocra n'a que 143 places occupées sur 200; Assab 36 sur 70.

Le service de santé constate une amélioration notable, tant dans la région montagneuse que dans la plaine. A Keren, les fièvres de la saison pluvieuse diminuent et sont moins intenses qu'en diverses contrées de l'Italie. Grâce aux énergiques quarantaines imposées sur la côte, il ne s'est pas présenté de cas de choléra à Massaouah, quoique l'Arabie en soit infestée; pas un cas non plus de variole, grâce à la vaccination des troupes et des indigènes.

La nature de l'eau influant tout particulièrement sur l'état sanitaire, au point qu'on peut lui attribuer l'épidémie de 1890, une commission de médecins examine les puits à mesure qu'on les creuse. Des réservoirs recevront les eaux souterraines et les laisseront s'aérer au-dessus du sol.

1. Postes de police : Asmara, Keren, Assab, Arkiko, Moncullo, Dogali, Saati, Ghinda, Godofelassi, Nocra.

1. L'alcool ne doit être importé que par Massaouah

Les analyses récemment faites ont reconnu que l'état des sources était généralement satisfaisant dans l'intérieur.

C'est Massaouah surtout qu'il convient de pourvoir d'eau. Une machine pouvant perforer jusqu'à une profondeur de 600 mètres a été achetée à la *Oil Supply Company* et l'on fouille le sol aux environs d'Agassat; jusqu'ici le liquide trouvé à une faible profondeur était salé, ferrugineux et chaud; à 180 mètres on rencontra la roche et l'appareil cassa; les recherches continuent.

Outre le conseil de santé, une commission d'hygiène surveille la propreté ainsi que l'alimentation et combat l'épizootie, qui a tant ravagé cette portion de l'Afrique à la suite des guerres. Malgré ces ravages, l'état du bétail est encore fort satisfaisant en Érythrée, comme on peut en juger par le tableau suivant :

| TRIBUS. | HABITANTS. | CHAMEAUX. | BÊTES A CORNES. | MOUTONS. | ÂNES. | MULETS. | CHEVAUX. |
|---|---|---|---|---|---|---|---|
| Decandu | 220 | — | 347 | 648 | 12 | 4 | — |
| Artiba | 480 | — | 528 | 1.540 | 30 | 10 | — |
| Lamacelli | 684 | — | 1.187 | 2.845 | 62 | 5 | — |
| Bogos | 8.107 | 7 | 8.216 | 20.903 | 234 | 29 | — |
| Beit-Tacqué | 3.764 | 6 | 6.700 | 2.654 | 121 | 9 | — |
| Bab-Giangarèn | 340 | — | 513 | 1.109 | 15 | 3 | — |
| Begiuk | 1.292 | — | 1.771 | 3.807 | 331 | 7 | — |
| Maria-Rossi | 1.684 | — | 3.678 | 9.580 | 74 | 7 | — |
| Maria Neri | 3.872 | 5 | 12.734 | 33.157 | 194 | 13 | 1 |
| Mensa Beit Sciacan | 1.180 | — | 312 | 318 | 32 | 5 | — |
| Mensa Beit Ebrabè | 1.800 | — | 419 | 1.015 | 46 | 4 | — |
| Ad Teclès | 4.048 | 204 | 1.680 | 23.920 | 129 | 3 | 2 |
| Beni-Amer | 19.603 | 10.689 | 27.923 | 243.914 | 1.488 | 25 | 38 |
| Algheden | 1.065 | 84 | 500 | 1.091 | 36 | 1 | — |
| Sabderât | 935 | 42 | 466 | 1.437 | 50 | — | — |
| Ad Sciaraf | 435 | 287 | 182 | 699 | 6 | — | 1 |
| Indigènes de l'Agordat | 209 | — | — | — | — | — | — |
| Total | 49.618 | 11.324 | 67.156 | 349.637 | 2.860 | 125 | 42 |

Pour répandre la langue italienne, il a été créé une école dans chaque bataillon, escadron et batterie de troupes indigènes, où la connaissance de l'italien est indispensable pour obtenir un grade. On apprend aussi aux enfants l'amaréen, l'arabe, l'arithmétique, la géographie de l'Italie et de l'Érythrée, enfin la gymnastique.

Les sœurs de Sainte-Anne tiennent école à Assab; d'autres religieuses s'emploient à l'éducation à Keren; le P. Bonomi dirige un établissement à Asmara. Les Italiens ont trouvé en Érythrée les missionnaires lazaristes français, qui connaissent parfaitement le pays et rendent de grands services au gouvernement dans les régions d'Akrur et de Keren; les missionnaires protestants de Gheleb et de Belessa enseignent l'agriculture.

Pour l'étude du dialecte tigréen, le plus répandu de tous, le capitaine Camperio a publié un dictionnaire ingénieux, rendant les mots de ce parler qui ne s'écrit pas, pendant que M. Candeo compile les locutions du langage danakil.

La carte de la colonie n'est achevée qu'à moitié; il lui manque le Barca, le Habab, le Dambelas, le Seraé, l'Oculé-Cusaï. Elle est levée au 1 : 50 000 par les officiers. Seule la région avoisinant Barca a été levée provisoirement au 1 : 100 000.

L'Érythrée est fort dignement représentée à l'Exposition géographique italienne de Milan, qui s'est ouverte le 6 mai dernier. Le tribut de cette colonie est divisé en deux catégories : 1° articles d'importation; 2° articles d'exportation.

Les articles d'importation consistent en tissus, verroteries, ustensiles de métal, épices et comestibles. On y trouve les écharpes de soie dont les riches Arabes se font des turbans, les stores, les tapis persans, les verres de cristal qui brillent sur les tables des Ras abyssins et mille autres marchandises de provenance non italienne, parmi lesquelles l'absinthe française.

Chaque article est classé avec l'indication de sa provenance, le nom que lui donnent les indigènes, le prix de revient et la quantité approximative qu'en absorbe la colonie.

Les articles d'exportation montrent les progrès que l'Érythrée a faits dans ses productions, progrès bien palpables par la comparaison de cette exposition avec la précédente qui s'était tenue à Salerne, il y a trois ans. L'ivoire, le musc de civette, l'or, la perle, la gomme composent la première catégorie. Les productions du sol constituent une deuxième catégorie : froment, céréales, huiles, cotons, tabacs

Citons encore les modèles de l'industrie locale : stores bariolés d'Assab, tissus rouges de laine et de coton, armes, vases de terre cuite, vanneries de feuilles de palmiers doum, cordes de *sanseviera*, écorces de baobab, miel, cire, tamarin, poisson desséché.

Terminons cette inspection des progrès italiens à Massaouah en signalant la création de cinq phares d'une portée de 10 à 12 milles : celui de Diffneim, au nord du canal; celui de Chek-el-Abu, au nord du port; les deux feux du port même et enfin celui de Chiuma, au sud. Deux autres phares plus puissants encore (15 milles) doivent éclairer l'entrée et la sortie du canal, l'un à Ras Chab et l'autre à North Bluff.

H. MÉHIER DE MATHUISIEULX.

(*La fin à la prochaine livraison.*)

# LES VOLCANS ET LES GLACIERS D'ISLANDE

## D'APRÈS LES EXPLORATIONS DE M. THORODDSEN

### V

Non moins que les manifestations volcaniques, les immenses nappes de glace de l'Islande devaient attirer l'attention d'un explorateur aussi consciencieux que M. Thoroddsen. Situés dans des déserts, ces glaciers n'avaient été jusqu'ici que très rarement et très superficiellement étudiés. Dès la fin du siècle dernier (1794) pourtant, le naturaliste islandais Svein Pálsonn avait examiné les principaux *Jökull*[1], mais jusqu'à ces dernières années ses observations restèrent enfouies dans des archives. Pálsonn était un précurseur; longtemps avant Forbes, il explique le mouvement des glaciers par la viscosité de la glace. Plus récemment quelques-uns des glaciers de l'Islande et les formations auxquelles ils donnent naissance ont été étudiés par Torell (1857), Paijkull (1865), Helland (1881) et Keilhack (1883).

Les renseignements recueillis par ces divers voyageurs, complétés par M. Thoroddsen, donnent aujourd'hui une idée précise de l'ampleur du phénomène glaciaire en Islande.

1. Glacier, en islandais.

Nulle part ailleurs en Europe, si ce n'est dans les terres polaires, les glaciers n'atteignent d'aussi vastes dimensions. D'après M. Thoroddsen, ils occupent dans l'île une superficie de 13 400 kilomètres carrés, soit le cinquième de la surface totale. Le climat de cette terre est du reste particulièrement favorable au développement des glaciers. L'air y est presque toujours froid, les pluies abondantes[1], et les hivers longs. Ainsi à Reykjavik, en 1889-1890, la neige couvrit le sol pendant 96 jours et en 1890-1891 durant 84 jours. La température de l'Islande est grandement influencée par le mouvement en été des glaces flottantes sur la côte septentrionale. Lorsque les glaces bloquent cette région, l'été est froid; en plein mois de juillet, le nord du pays peut être couvert de neige, et même dans la partie sud de l'île il n'est pas rare de voir, en mai et en juin, les montagnes blanches de neige fraîche. Dans ce siècle, la côte nord n'a été libre de glace que 4 ou 5 années seulement.

1. Hauteur annuelle de la pluie. : Berufjord (côte S.-E.), 1093 millimètres. — Stykkisholm (côte O.), 658 millimètres. — Grimsey (côte N.), 414 millimètres.

| | SUPERFICIE EN KILOMÈTRES CARRÉS. | ALTITUDE DU POINT CULMINANT. | LIMITE [1] INFÉRIEURE DES NEIGES PERSISTANTES. | NOMBRE DES GLACIERS issus de l'*inlandsis*. | ALTITUDE DE LA LANGUE DE GLACE TERMINALE. |
|---|---|---|---|---|---|
| Glama | 230 | 901m | 650m env. | » | » |
| Drangajökull | 350 | 890m | » | 7 | » |
| Versant oriental | » | » | 400m | » | 30m |
| Versant occidental | » | » | 650m | » | 25m |
| Snæfellsjökull | 20 | 1.436m | » | 2 | 500m |
| Versant nord-est | » | » | 830m | » | » |
| Versant sud-ouest | » | » | 1.000m | » | » |
| Langjökull | 1.300 | 1.400m | » | 19 | » |
| Versant sud-ouest | » | » | 900m | » | 600m |
| Versant est | » | » | 1 000m | » | 450m |
| Eiriksjökull | 100 | 1.798m | » | 2 | » |
| Ok | 35 | 1.188m | » | » | » |
| Anarfellsjökull (Hofsjökull) | 1 350 | 1.700m env. | 1.000m env. | 4 | 552m |
| Myrdalsjökull | 1.000 | 1.705m | » | 19 | 40 à 50m |
| Versant nord | » | » | 1 000 à 1.300m | » | 700m |
| Versant sud | » | » | 900m | » | » |
| Torfajökull | 100 | 1.400m env. | » | » | » |
| Tindfjallajökull | 25 | » | » | 2 | » |
| Vatnajökull | 8.500 | 1 958m | » | 23 | » |
| Versant ouest | » | » | » | » | 650m [2] |
| Versant nord | » | » | 1.300m | » | 765m |
| Versant sud | » | » | 610m | » | 20m |
| Hofsjökull (près de Lon) | 80 | 1.100 à 1.200m | » | 1 | » |
| Thrandarjökull | 70 | 1.100m env. | » | » | » |
| Snæfell | 15 | 1.822m | » | 2 | » |
| Tongnafellsjökull | 100 | 1.600m env. | » | 2 | » |
| Petits glaciers dans le Nordland | 140 | 1.200 à 1.300m | » | » | » |
| | 13.415 | | | 83 [3] | |

1. Ces chiffres se rapportent à la limite inférieure des champs de neige continus et persistants sur les sommets des montagnes, limite qui ne varie guère. En dessous se trouve une zone de plaques dont l'importance dépend du degré de chaleur de l'année, mais qui ne disparaissent jamais complètement. Plus en bas enfin, dans les dépressions, se rencontrent des amas de neige qui persistent souvent pendant une série d'années froides et qui fondent ensuite presque complètement pendant les étés chauds.
2. Aux sources du Tungna, 635 mètres à la source du Skapta et 665 mètres à celle du Hverfisfljot.
3. Ce nombre s'accroîtra très certainement lorsque les glaciers d'Islande seront mieux connus.

Les glaciers de l'Islande appartiennent pour la très grande majorité au type des *inlandsis*. Ils recouvrent d'immenses plateaux, et de ces coupoles descendent dans les vallées des courants comme des torrents qui se déverseraient par-dessus les bords d'un lac. Des glaciers alpins se rencontrent également en Islande, mais en petit nombre, la plupart sur les bords du *Hochland*.

Les émissaires des *inlandsis* islandais sont courts relativement à l'immense surface des névés, et d'autre part remarquables par leur largeur. Ainsi le Dyngjujökull (versant nord du Vatnajökull)[1] mesure seulement une longueur de 20 kilomètres sur une largeur de 25 avec une surface de 400 kilomètres carrés. Le Skeidararjökull (versant sud du Vatnajökull) s'épanouit sur un front de 20 kilomètres. Le glacier du Katla issu de la haute plaine glacée du Myrdalsjökull présente les dimensions suivantes : longueur : 8 kilomètres environ; largeur : 6; superficie 35 kilomètres carrés[2]. Enfin le Skaptarjökull, ou Sidujökull, atteint l'énorme largeur de 70 à 80 kilomètres, couvrant une superficie de 5 à 600 kilomètres carrés jusqu'à la limite inférieure du névé.

Comme le montre la carte de la livraison précédente, les *inlandsis* se trouvent presque toutes dans la partie sud de l'Islande. Mieux que toutes descriptions, le tableau que nous donnons ci-dessus, et qui est emprunté au travail de M. Thoroddsen, donne les principaux renseignements intéressants relatifs à ces nappes de glace.

Les glaciers islandais donnent naissance à un phénomène particulier. Je veux parler des *Jökulhlaupt*, dont il a déjà été question dans notre premier article. Plusieurs *inlandsis*, notamment le Vatnajökull et le Myrdalsjökull, sont parsemés de cratères. Lorsque ces foyers d'activité interne travaillent, la glace fond, et sa fusion produit de terribles torrents d'eau charriant d'énormes blocs de glace, des quantités de graviers et des quartiers de roches. Tous les *Jökulhlaupt* ne sont pas la conséquence d'éruptions volcaniques; quelques-uns sont dus à la rupture de poches d'eau situées à l'intérieur des glaciers ou de digues retenant des lacs temporaires formés soit sur les glaciers, soit dans leurs vallées. Ce sont en somme les mêmes phénomènes dévastateurs, mais beaucoup plus terribles encore, que les inondations de Giétroz ou de Saint-Gervais dans les Alpes. Ainsi le Solheimajökull (Myrdalsjökull) donne naissance chaque été à des *Jökulhlaupt*. Il arrive souvent qu'un torrent coule à peu près perpendiculairement à la direction du glacier et s'est creusé un passage sous la glace. L'ouverture de ce tunnel vient-elle à être obstruée, les eaux ne pouvant s'écouler forment sur l'autre bord du glacier un lac profond. Lorsque le barrage cède, la masse d'eau accumulée se précipite vers l'aval comme une trombe en entraînant des fragments de glace. Le glacier de Thorsmörk donne également naissance à des *Jökulhlaupt*, produits par l'écoulement d'un lac temporaire. Un terrible *Jökulhlaupt*, sorti en 1792 du Skreidararjökull, a, suivant toutes probabilités, la même origine. 600 à 700 kilomètres carrés furent inondés et une masse énorme de glace arrachée au glacier. Toute la région fut parsemée d'énormes blocs; quelques-uns atteignaient une hauteur de 15 à 20 mètres. Dans les vallées du Skreidarar et du Nupsvötn ils formèrent des embâcles larges d'une dizaine de kilomètres. Chargées de pierres, de graviers et de sable, ces nappes de glace ressemblaient à des courants de lave. Après l'émission du *Jökulhlaupt*, le front du glacier présentait une énorme entaille qui se continuait dans l'intérieur par un profond ravin. Le désastre avait été, croit-on, causé par la rupture d'un barrage retenant une masse énorme d'eau. Le torrent s'était foré un passage sous la glace, et avait ensuite arraché le front du glacier; en même temps les eaux furieuses élargissaient le couloir d'écoulement et déterminaient l'éboulement du toit du tunnel dont le ravin marquait l'emplacement. Plus haut, nous avons signalé les effets dynamiques de ces déluges de boue. Dans ce siècle, à la suite d'éruptions à la lisière du Vatnajökull, le Skreidararjökull n'a pas produit moins de sept terribles *Jökulhlaupt*, le dernier en 1885.

Un des caractères des *inlandsis* est le faible relief de leurs moraines, comparé à l'étendue de leur nappe. Le Vatnajökull, la plus importante coupole glaciaire de l'Islande, charrie au contraire d'énormes masses de matériaux détritiques. Le développement de ce phénomène est dû ici à des conditions topographiques et géologiques particulières. En différents points la lisière de ce glacier est hérissée de pointements rocheux; d'autre part ces affleurements, comme le sous-sol, sont constitués par des brèches et des tufs facilement attaquables par les érosions. Le versant ouest se trouve ainsi chargé de débris et précédé de formations morainiques sur une distance de 15 à 20 kilomètres.

Le Dyngjujökull est couvert d'une telle quantité de pierres et de graviers, que de loin il présente l'aspect d'un courant de lave. La nappe de ces matériaux atteint une épaisseur de 0 m. 60 à 1 m. 20. Aucun pointement rocheux ne se trouve pourtant dans le bassin d'alimentation du glacier. Ces débris proviennent donc de la moraine profonde. Tous les autres émissaires du Vatnajökull présentent également des moraines d'un relief important, principalement constituées par des graviers. Dans ces monticules les gros éléments sont rares.

Les torrents issus des *inlandsis* islandais entraînent une masse considérable de sédiments provenant de l'érosion glaciaire et de la mise en liberté par la fusion des particules minérales incluses dans la masse cristalline. D'après les observations du géologue norvégien A. Helland, les torrents du Vatnajökull rejetteraient journellement 112 000 tonnes de *slams*, soit par an plus de 40 millions de tonnes.

Le dépôt de ces sédiments combiné avec les effets des *Jökulhlaupt*, les chutes de cendres volcaniques, le délitement des tufs et le mouvement des sables mobiles a modifié complètement et modifie chaque jour l'aspect de la région située entre le Vatnajökull et le Myrdalsjökull d'une part et la mer de l'autre. Dans ce district le sol est sans cesse remanié et la côte bouleversée par les actions de ces divers agents. C'est ainsi que tous les fiords ont été comblés, que des bancs ont été formés au large et que des lagunes se ferment peu à peu. Les torrents issus des glaciers changent fréquemment de lits et déposent successivement les uns au-dessus des autres les matériaux les

1. Superficie du Vatnajökull : 8500 kilomètres.

2. A titre de comparaison voici les dimensions de quelques-uns des principaux glaciers des Alpes, d'après le *Gletscherhandbuch* de Heim.

Aletsch. Long. 16 kil. 5; Superf. du gl. 29 kil. carrés 45; Superf. des névés 99 kil. 54. — Aar inférieur. 10 kilomètres; 16 kil. 5; 21 kil. carrés. Morteratsch. 6 kil. 2; 9 kil. 15; 14 kil. carrés 83.

1. Le torrent issu du glacier d'Isortok (Grönland) rejette journellement plus de 4 millions de tonnes de slams.

plus différents, des graviers au-dessus d'argiles, et *vice versa*, ou encore des sables sur des prairies. Le sol présente par suite une stratification alternante de couches d'argile, de gravier et de tourbe. L'étude de ces formations offre un très haut intérêt scientifique. D'après M. Thoroddsen, le Vatnajökull nous donne le spectacle de l'époque post-glaciaire, alors que les *inlandsis* commençaient leur mouvement de recul et que les formations auxquelles ils avaient donné naissance étaient remaniées par les torrents. Ce pays doit être un champ d'observation classique pour la connaissance des terrains quaternaires d'Europe.

Bien plus que les raisonnements des géologues sur les terrains muets de nos régions, les observations de M. Thoroddsen sur la région littorale de l'Islande méridionale éclairent la géologie. Il nous paraît donc intéressant d'étudier les divers agents actifs sur les plages du Myrdalsjökull et du Vatnajökull. Examinons d'abord les eaux courantes. Les torrents issus des glaciers entraînent, comme nous l'avons dit précédemment, une masse énorme de sédiments. La force de leur courant vient-elle à diminuer, une partie des matériaux tenus en suspension se déposent et peu à peu forment un barrage qui arrête les eaux; les branches les plus rapides du torrent culbutent ensuite la digue, puis se ramifient et se réunissent à d'autres ruisseaux, en renversant des monticules de graviers. Il y a ainsi lutte continuelle entre l'eau courante et les sédiments qu'elle entraine ou qu'elle a déjà déposés. Les torrents se divisent par suite en une multitude de branches dont le régime est extrêmement variable. D'un jour à l'autre un ruisseau devient un fleuve dangereux; ce fleuve se transforme ensuite en un lac immense; puis, non moins rapidement, cette masse d'eau trouve un débouché en se creusant un lit profond. Naturellement ces divers régimes des eaux superposent dans les mêmes localités les matériaux les plus différents. Les ruisseaux déposent de l'argile sur les pierres roulées du fond; viennent-ils à grossir, ils apportent sur cette argile du gravier, et lorsqu'à la même place se forme un gros torrent, des cailloux roulés et de gros graviers s'entassent sur ces matériaux de petites dimensions.

A ces actions constantes des eaux il faut maintenant ajouter celles des *Jökulhlaupt*. Les détails donnés plus haut sur ces phénomènes montrent leur puissance; il est donc facile de comprendre les modifications qu'ils apportent au terrain exposé à leurs ravages. Ces déluges déposent sur leur passage d'énormes blocs et une masse considérable d'argile et de graviers; en même temps, une pluie de cendres volcaniques provenant de l'éruption s'abat très souvent sur le pays. Une fois abandonnés par les eaux, ces matériaux, déposés soit par les eaux courantes, soit par les *Jökulhlaupt*, se dessèchent rapidement et leurs particules les plus ténues deviennent soumises aux actions des vents. Il se produit alors des phénomènes de transport éolien, et des régions épargnées par les inondations des torrents glaciaires et des *Jökulhlaupt* sont recouvertes de sables mobiles. Dans le district de Vester Skaptafells, qui comprend le Myrdalsjökull et le versant sud-ouest du Vatnajökull, ces formations arénacées couvrent une surface de 1 930 kilomètres carrés.

Au cours de ses nombreux voyages, M. Thoroddsen a recueilli d'intéressants renseignements sur les variations de longueur des glaciers. Les courants issus du Drangajökull sont actuellement en retrait. Depuis 1845 le glacier du *Reykjarfjord* a reculé d'environ 1 500 mètres. Au XVIIe siècle ce courant avait des dimensions moindres qu'aujourd'hui. A cette époque, une ferme existait sur l'emplacement de l'extrémité actuelle; en 1710, les murs de cette maison étaient encore visibles. Le glacier voisin du Leirufjord a aussi reculé d'environ un kilomètre depuis 40 à 50 ans. Il y a 3 ou 4 siècles, une ferme se trouvait également à l'endroit où s'arrête aujourd'hui ce courant. Au commencement du XVIIIe siècle les fondations de cette habitation étaient encore reconnaissables. Un troisième courant du Drangajökull, débouchant dans le Kaldalon, s'est également retiré de 350 à 550 mètres depuis une trentaine d'années. Comme les deux autres glaciers dont il a été question plus haut, il était jadis très réduit.

En 1703, le glacier de Solheima (Myrdalsjökull) avait à peu près les dimensions actuelles, d'après la description laissée par Arni Magnusson. Cette date marque la fin d'une période de crue. Jusqu'en 1783 le courant de glace se retira; à cette époque commence une nouvelle crue, qui a persisté jusqu'en 1860. Depuis, son front aurait reculé d'une centaine de mètres (1893). L'absence de moraines frontales devant le glacier du Katla fait penser à M. Thoroddsen que ce courant est actuellement en progression (1893).

Au Langjökull, une des nappes descendant dans le Hvitarvatn a augmenté depuis la fin du siècle dernier (1888).

Sur les oscillations des émissaires du Vatnajökull, M. Thoroddsen a recueilli des renseignements du plus haut intérêt. En 1884, le Dyngjujökull était en retrait, et jusqu'en 1890 le Bruarjökull, situé également sur le versant nord de cet *inlandsis*, diminuait également. A une grande distance du front actuel, l'ancienne extension du glacier est marquée par de larges fragments de glaces enfouis sur une couche de graviers et de terre végétale, recouverte de gazon. Il y a là une sorte de « glacier mort », comme sur les bords de la baie de Kotzebue ou aux îles de la Nouvelle-Sibérie. Cette nappe de glace est sinon fossile, au moins très ancienne. De pareilles formations ont déjà été signalées sur plusieurs points des régions polaires. A notre avis elles sont beaucoup plus nombreuses qu'on ne le présume, et dans certaines terres arctiques la glace peut être considérée comme une roche constitutive du sol. En 1890 un changement très brusque s'est produit dans le Bruarjökull. A la fin de l'hiver de 1889, les torrents issus du Vatnajökull roulèrent une énorme masse d'argile, une véritable boue liquide, puis, au commencement de 1890, les habitants de l'*Ostland*[1] aperçurent des lueurs au-dessus du glacier et entendirent des grondements lointains. Quelques mois plus tard, à la fin d'août, deux paysans remarquèrent que le front du glacier avait avancé d'un *mille et demi* (?!) D'après les observations d'un médecin qui passa vers la même époque dans ces parages, le glacier présentait une fracture et avait progressé d'une « vingtaine de kilomètres ». Dans une autre région, les moraines frontales couvertes de gazon avaient été bousculées. D'après Palsson ce même glacier était en retrait en 1794 après avoir été en crue soixante ans auparavant.

En 1890, un troisième glacier du front nord du Vatnajökull, situé à l'est du Snefellsnæs, était également en progression. A 70 ou 80 kilomètres on entendait les craquements produits par le mouvement de la glace.

En 1794, le Breidamerkurjökull était en progression[2];

1. Pays de l'Est (Islande orientale).
2. Palsson.

dans l'espace d'un an il avait avancé de 350 mètres sans le secours des *Jökulhlaupt*. En 1815, il était également en crue très rapide, et en 1869 il avançait à vue d'œil, en culbutant ses moraines. En 1881, lors de la visite du géologue norvégien Helland, il était stationnaire. D'après les observations faites par M. Thoroddsen en 1893, l'énorme Skaptarjökull (versant ouest du Vatnajökull) éprouvait à cette époque un très léger mouvement de recul.

En 1881, le Skreidararjökull était en retrait; en un an il avait perdu une longueur de 180 mètres. En 1893 son front était précédé de deux moraines, l'une située tout contre la glace, l'autre à quelques kilomètres en avant.

Sur l'emplacement du Breidamerkurjökull (versant sud du Vatnajökull), d'anciens documents mentionnent en termes exprès l'existence de fermes, et souvent la glace rejette des morceaux de tourbe et des troncs de bouleaux provenant de ces terres jadis verdoyantes. La destruction de cette région est due, dit-on, à des *Jökulhlaupt* survenus dans le courant du XIVe siècle. Au moyen âge les glaciers d'Islande semblent donc avoir eu des dimensions beaucoup plus réduites qu'aujourd'hui. Cette observation nous paraît intéressante à rapprocher de celles faites dans les Alpes. On sait qu'au XVe et au XVIe siècle, des sentiers fréquentés ont été détruits par les glaciers et que des mines d'or et d'argent situées dans le Hohe Tauern et mentionnées par Polybe ont dû être abandonnées au milieu du XVIe siècle à la suite d'un envahissement des glaces. D'autre part, dans le courant de ce siècle, les glaciers de l'Islande ont éprouvé une crue qui pour certains s'est arrêtée vers 1840, et qui pour d'autres a continué jusque vers 1870. La décroissance a été ensuite générale. Ce sont donc à peu près les mêmes dates que celles des variations des glaciers alpins. A la phase de retrait a succédé ensuite tout récemment une période de progression.

Comme le montre ce résumé, les explorations de M. Thoroddsen ont été particulièrement fructueuses. Elles constituent une importante contribution à la connaissance des phénomènes actuels dont l'observation seule pourra permettre la solution des nombreux problèmes encore obscurs de la géologie. Sans exagération, avec les Nordenskiöld, les Nansen, les Holm, les Jensen, le nom de M. Thoroddsen doit être cité parmi les voyageurs qui ont le plus travaillé pour la science dans les solitudes glacées de l'extrême nord.

CHARLES RABOT.

# SETTÉ-KAMA ET LA N'DOGO

Nous avons déjà parlé, l'an passé, de Setté-Kama pour signaler ce point géographique comme un des plus intéressants du littoral du Congo français. Nous donnons aujourd'hui une carte de la rivière N'Dogo, qui baigne ce territoire.

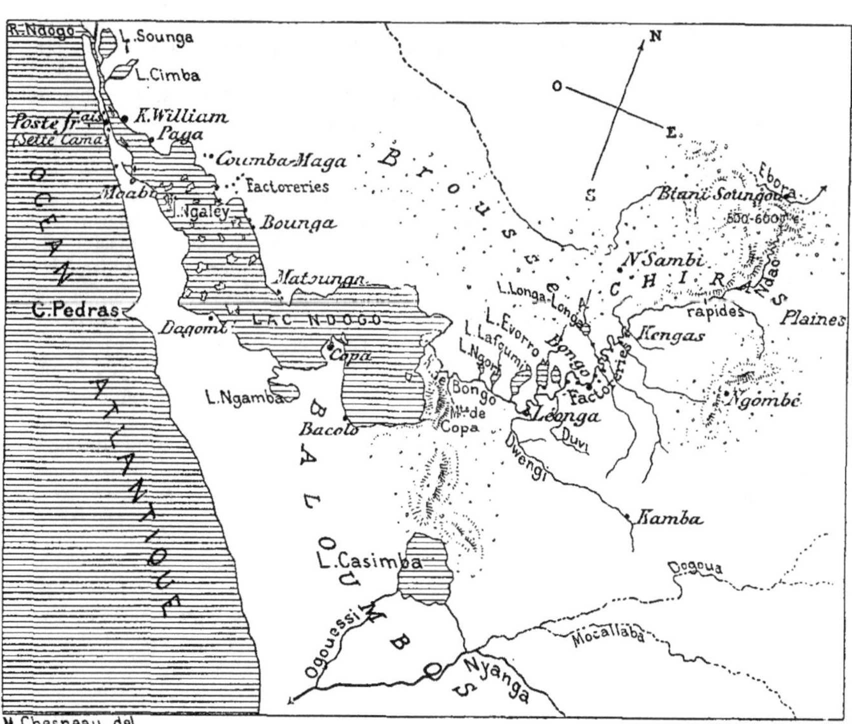


Le nom de cette rivière, à peine mentionnée jusqu'à ce jour sur quelques cartes, nous a été révélé pour la première fois par M. Forêt, administrateur colonial de Setté-Kama, qui a pu explorer une grande partie de son cours.

La rivière N'Dogo a environ 215 kilomètres de longueur et prend sa source au pays des Achiras. M. Foret lui attribue 12 kilomètres de largeur à son embouchure. Son bassin a approximativement 1 200 kilomètres carrés de superficie et a plutôt l'aspect d'un lac que celui d'une rivière. Elle est couverte de plus de cinq cents îles, dont quelques-unes ont jusqu'à 1 000 hectares. Elle alimente les lagunes de Sounga et Simba dans son cours inférieur, et celle de Ngamba dans son cours supérieur. Enfin, la marée s'y fait sentir jusqu'à Copa, à 55 kilomètres de l'embouchure.

La N'Dogo est navigable pour des vapeurs d'un faible tirant d'eau jusqu'à cette même distance, et pour des chaloupes à vapeur jusqu'à Leonga, à 30 milles plus loin. Ces chaloupes pourraient remonter jusqu'à Bongo, c'est-à-dire à 180 kilomètres, et peut-être à Kengas, à 215 kilomètres, pendant la saison des pluies, drainant avec elles le commerce des rivières Bongo et Ndové, affluents de la N'Dogo.

La N'Dogo a pour riverains les Balumbos, véritables habitants de Setté-Kama, noirs pacifiques et commerçants; les Ncomis, émigrés du Fernan-Vaz, turbulents et difficiles à conduire; les Bavilés, qui ressemblent singulièrement aux indigènes du Loango et, comme eux, sont laborieux et d'assimilation prompte; les Achiras, à partir de Bongo.

En général, les villages sont très disséminés.

Dans une des îles de la N'Dogo, l'île de N'Galey, est installée depuis deux ans une mission catholique française, avec une école qui compte environ déjà une centaine de jeunes noirs, dont quelques-uns ont été amenés de plus de 200 kilomètres. L'île a 200 hectares de cultures, et l'établissement peut nourrir ses élèves avec ses seules ressources pendant plus de six mois.

Ajoutons que le territoire de Setté-Kama est extrêmement riche, et que le commerce y est entre les mains de quatre maisons européennes, dont trois anglaises et une allemande. Les maisons françaises iront sans doute plus tard!

L. Sevin-Desplaces.

# CHRONIQUE GÉOGRAPHIQUE

## AFRIQUE

**La mission Monteil.** — Le commandant Monteil s'est embarqué à Marseille, le 16 juillet dernier, à destination de Loango. Parmi les officiers qui l'accompagnent se trouve le commandant Pineau qui, déjà comme capitaine, a fait partie jadis de la commission de délimitation de la haute Gambie, entre nous et les Anglais. Il n'a pas dépendu de lui, à ce moment, que les intérêts de la France fussent mieux respectés. Cet excellent officier fit ce qu'il put pour nous maintenir intégralement les résultats que le colonel Gallieni et le capitaine Fortin nous avaient acquis par leurs traités de 1887-88. Il a, dans tous les cas, une belle revanche à prendre, en matière de délimitation, sur le haut Oubangui.

Une excellente mesure a été prise à cette même date du 16 juillet. Les territoires de l'Oubangui ont été détachés du gouvernement du Congo pour faire l'objet d'un commandement spécial qui a été, bien entendu, confié au commandant Monteil. De sorte qu'il ne s'agit plus du Congo Français contre le Congo Belge, mais d'une zone nouvelle sur laquelle la France a déjà fait suffisamment acte d'influence pour ne point permettre qu'un élément étranger s'y insinue à côté d'elle. A cet égard, l'objet de la mission Monteil sera essentiellement une œuvre de police.

Le commandant Monteil procédera en vertu d'une Convention internationale (celle de 1885), dont le texte ne laisse prise à aucun malentendu. Il y a eu violation flagrante de cette Convention, à notre détriment, de la part des agents du Congo Belge. Le commandant Monteil s'efforcera de rappeler le gouvernement de l'État indépendant à l'interprétation exacte des traités, et subsidiairement au respect de ce qui constitue notre sphère d'influence. Si cette interprétation n'était pas comprise, il aurait recours à la force. Telle est à peu près la synthèse de ses instructions; et telle est, d'autre part, la seule morale à tirer, en ce qui nous concerne, du traité anglo-congolais qui a donné lieu à cette éventualité de conflit.

Le traité anglo-congolais ne peut être, en effet, considéré que sous deux aspects bien différents, parce qu'il comporte des responsabilités différentes. Si nous le discutons avec l'Angleterre, nous ne pouvons pas ne pas toucher à la question d'Égypte dont il n'est qu'une réelle émanation; car l'Angleterre peut nous déclarer qu'elle infirme son traité avec les Belges, sans que pour cela elle abandonne ses projets sur le haut Nil et sans que les Belges fassent un pas en arrière sur la voie de ce même haut Nil.

Si nous le discutons, au contraire, avec les Belges, nous nous bornons à leur signifier que là finissent leurs territoires et que là commencent les nôtres. Simple question de police, encore une fois, où nous n'avons à consulter personne autre que nous-mêmes.

C'est ainsi que le commandant Monteil entend certainement les devoirs que lui impose son nouveau gouvernement.

## ASIE

**Tonkin.** — Dans l'Indo-Chine française les conquêtes de géographie pure sont actuellement réservées à notre nouveau territoire du Mékong, et les missions en cours nous donneront bientôt les résultats de leurs travaux.

Mais la science géographique n'est heureusement plus limitée à la topographie, et longtemps après son occupation, le Tonkin nous révèle ses richesses par des découvertes géologiques, botaniques, zoologiques de la plus haute importance. Il ne sera pas sans intérêt de constater la valeur de ces découvertes, d'après les succès obtenus par nos colons dans l'agriculture, l'élevage et l'industrie.

L'organisation agricole a pris un regain d'activité que rien ne permettait d'attendre après les fluctuations malheureuses des huit précédentes années. Grâce à une amélioration très sensible dans la pacification, des fermes se sont établies là où, il y a un an, il était impossible de pénétrer. C'est ainsi que trois plantations se sont installées sur la rivière Claire, aux environs de Tuyen-Quan, une à Cam-Ké, sur le fleuve Rouge, une à Cho-Bo, sur la rivière Noire, trois à la Croix-Cuvelier, sur le haut Loch-Nam.

Il faut signaler les plantations de café de Tuyen-Quan, où 20 000 plants (*Liberia* et *Arabica*) donnent de superbes résultats et assurent les repiquages pour le mois de novembre prochain. Le nombre des établissements agricoles a triplé; un syndicat de planteurs vient d'être fondé pour faciliter les tentatives nouvelles et les diriger vers le but commun, si longtemps désiré.

On ne se contente même plus, à l'heure actuelle, d'exploiter la richesse là où elle se trouve, on va la chercher au loin pour l'implanter dans la colonie. Le R. P. Maillard, le fondateur des fructueuses plantations de thé de Tourane, est chargé d'une mission en Chine. M. Leroy est envoyé en Malaisie.

Les progrès de l'élevage marchent de pair avec ceux de l'agriculture. Une jumenterie a été construite à Phon-Vac, dans la province de Hong-Hoa, par le chef pirate soumissionnaire Dè-Kieu. Elle contient 30 bêtes grasses et lustrées, bien que celles-ci aient été achetées trop tard, à

Cao-Bang, parmi les reliquats de ce grand marché. Les animaux, à l'abri sous les bosquets de lataniers, paissent une herbe aussi belle que celle de Normandie, même pendant les heures les plus chaudes du jour.

C'est un résultat déjà bien encourageant dans un pays qui se plaint, comme le Japon, de la pénurie croissante de la race chevaline. Mais l'effort le plus puissant qui ait été tenté est le nouvel établissement zootechnique de la citadelle d'Hanoï, que M. le vétérinaire Lepinte a divisé en trois catégories : le haras, la vacherie, la bergerie.

Le haras contient un quartier d'étalons et un quartier de juments. On y compte 9 étalons français (2 landais, 1 camarguais, 6 bretons), 1 étalon tartare, 1 manillais, 7 annamites; les juments sont annamites, bretonnes, camarguaises et landaises.

La vacherie renferme un superbe taureau indigène et 14 belles vaches; les produits de ce troupeau sont gardés pour la reproduction, et l'élevage s'y fait sans grains, rien qu'au moyen des pâturages naturels. Les vaches annamites, qui ne donnaient qu'un demi-litre de lait par jour, sont arrivées à doubler leur produit.

La bergerie se compose de 74 animaux, dont les plus remarquables sont : 1 bélier du Yun-Nan, un autre du nord de la Chine et 6 jeunes béliers de races diverses. Il convient de signaler également 15 agnelles et 6 agneaux métis.

Tous ces produits de la bergerie sont précieux, en ce sens qu'ils tiennent du père et ont perdu l'excès de graisse si préjudiciable à la viande. Des parents nouveaux sont demandés en France.

Le coup de balai donné aux pirates par le colonel Gallieni, dans le Caï-Kim, a eu des résultats immédiats : les bandes se dissolvent sur toute la région et les travaux de la ligne ferrée de Langson redoublent d'activité. En mars dernier, on comptait 2 700 ouvriers, chiffre inconnu jusqu'ici depuis l'ouverture de la voie.

Dans les grandes villes, comme Hanoï et Haïphong, les égouts se creusent et se bâtissent plus vite qu'à Paris.

La compagnie des Messageries fluviales vient de lancer un nouveau vapeur, le *Bao-Ha*, construit exprès pour remonter le fleuve Rouge jusqu'à Laokaï. La machine de ce bâtiment possède un condensateur et un aménagement spécial à ce genre de navigation. Le bateau ne cale que 60 centimètres, et la roue qui le meut, à l'arrière, n'a qu'une bielle au lieu de deux, ce qui donne beaucoup plus de place aux marchandises. Une canonnière démontable, le *Mékong*, est en construction dans les chantiers.

Nous ne pouvons terminer cet exposé des plus récentes améliorations du Tonkin, sans signaler un progrès notable de l'état politique. Les problèmes des territoires contestés de la frontière chinoise sont aujourd'hui résolus, et, en ce moment, le commandant de cercle du Caobang achève d'organiser cette contrée sur les principes mêmes appliqués dans le cercle de Moncay, et qui ont donné les excellents résultats que l'on sait.

On dirait que le succès veut précéder maintenant nos efforts. Bien que la ligne ferrée de Langson n'atteigne pas encore la Chine, les commerçants qui se servent de la rivière de Canton se découragent. Le fleuve se dégarnit chaque jour des jonques qui remorquaient jadis en grand nombre les marchandises anglaises d'Europe et de l'Inde. La route est si longue par ce tracé et les douanes chinoises si onéreuses! Notre route de Langson donne déjà un rabais d'une piastre par tonne, mais elle offre surtout l'incomparable avantage de la rapidité et de la sécurité.

M. de M.

### RÉGIONS POLAIRES

**Grönland.** — Dans le courant de l'été le gouvernement danois va procéder à l'installation d'une mission évangélique à Angmagsalik, localité de la côte orientale où hiverna en 1884-1885 le commandant Holm. Sur les bords des fiords environnants habitaient, en 1884, 413 Eskimos païens.

Une station météorologique sera également établie à Angmagsalik, et confiée aux soins des missionnaires. Leurs observations fourniront sans aucun doute des renseignements de la plus haute importance sur la côte orientale du Grönland, encore si peu connue, en dépit des efforts des explorateurs danois.

D'autre part les chambres danoises viennent d'accorder les crédits nécessaires pour l'exploration hydrographique et zoologique des détroits de Davis et de Danemark. L'expédition, qui comportera deux campagnes d'été, sera dirigée par le commandant Wandel. Cet officier supérieur de la marine danoise a déjà dirigé avec beaucoup de distinction une croisière scientifique dans les mêmes parages et sa présence à la tête de la nouvelle expédition est un gage certain de son succès. C. R.

# MOUVEMENT ÉCONOMIQUE

## LE DÉVELOPPEMENT ÉCONOMIQUE DE LA BOSNIE-HERZÉGOVINE

Si l'on veut se rendre compte des progrès économiques de la Bosnie-Herzégovine, depuis l'occupation autrichienne, il faut remonter au commencement du siècle et se reporter à un ouvrage fort bien fait, aujourd'hui assez rare : c'est un « *Voyage en Bosnie dans les années* 1807 *et* 1808 », dû à M. A. Chaumette des Fossés[1], qui fut chancelier du Consulat général de France en Bosnie. Dès cette époque on pouvait reconnaître la fertilité naturelle du pays, « le terrain étant très favorable à la culture, malgré l'apathie des habitants et leur peu de soin à profiter des engrais ». « Le sol de la Bosnie, disait notre auteur, est presque partout d'une qualité supérieure ». Il avait pu reconnaître une épaisse couche de terre végétale; dans l'Herzégovine même, au sol pierreux, le froment et la vigne réussissaient. D'une façon générale on trouvait en abondance des pruniers, des poiriers, des arbres fruitiers de toute espèce, donnant des fruits d'une grosseur et d'une délicatesse remarquables; l'énumération des cultures comprenait les oliviers, la vigne, les produits maraîchers, le blé, le maïs, l'orge; les pâturages donnaient le moyen d'élever du gros et du menu bétail. Mais on était loin de tirer bon parti de ces richesses naturelles, et M. Chaumette des Fossés le faisait remarquer, en disant que le nombre des habitants aurait pu être trois ou quatre fois plus considérable, le fond seul des meilleures vallées étant cultivé.

Depuis le commencement du siècle jusqu'au moment de l'occupation autrichienne, on peut dire que l'agriculture n'avait pas fait de progrès, ne s'était pas modifiée : les causes en étaient non seulement l'apathie turque, mais encore la situation des cultivateurs, l'organisation sociale, autrement dit la question agraire. Le régime féodal existait depuis plusieurs siècles en Bosnie : en principe il mettait en opposition le *kmète* et l'*agha* ou *beg*. Le *kmète*, c'est le paysan ; il n'était que le fermier de la terre qu'il cultivait, ayant du reste un droit perpétuel et héréditaire, et ne pouvant être évincé tant qu'il payait régulièrement sa redevance, et remplissait ses obligations.

Le système féodal primitif avait, il est vrai, beaucoup perdu de sa rigueur : les relations entre agha et kmète étaient régies par la loi turque de 1858. Après la récolte, la dîme des produits est d'abord payée au gouvernement (c'est la seule taxe sur la terre), puis les neuf dixièmes restants sont partagés entre le kmète et l'agha, suivant une proportion variable. Si le paysan a fourni lui-même la semence et le bétail de labour, il en garde les deux tiers, l'agha recevant le troisième tiers, et même la part de ce dernier se réduit à un quart, quand les terres sont pauvres, comme en Herzégovine. Si au contraire c'est l'agha qui a fourni semence et bétail, il prend une moitié de la récolte à partager. Certainement il ne faudrait pas accuser de trop de méfaits ce régime, car cette loi est toujours en vigueur sous l'administration autrichienne, et beaucoup de paysans ont pu assez facilement se racheter ; ils sont devenus libres, disposant de leurs terres. Mais c'est un fait que, il y a encore une quinzaine d'années, les Bosniaques se contentaient des ressources que le sol pouvait leur fournir sans travail réel ; l'agriculture, les pratiques du fermage étaient des plus primitives, le bétail, mal nourri, peu ou point soigné, multipliait et vivait comme il pouvait. Les terres étaient plutôt grattées que labourées, à la façon arabe ; c'est à peine si l'on employait les fumures et bien souvent on laissait les récoltes mûrir trop longtemps. En outre, le battage, le vannage s'exécutaient suivant les méthodes les plus barbares.

Aujourd'hui ce paysan est devenu tout autre ; son indolence, son apathie sont vaincues, au moins en grande partie. Nous allons constater quelle importante transformation s'est produite.

Nous nous reporterons aux excellents *Diplomatic and consular Reports* du Foreign Office anglais, au *Moniteur du commerce français*, ainsi qu'aux rapports commerciaux qui l'accompagnent, et enfin aux renseignements personnels que nous a fournis M. Henri Moser. D'après les statistiques les plus sûres, la surface du pays est de 51,155 kilomètres carrés : elle comprend 38 950 hectares de jardins, 4 850 de vignobles, 1 249 000 de prairies, 2 649 000 de forêts, 1 019 00) de terres arables. Or, si en 1872 les terrains effectivement cultivés n'occupaient que 40 pour 100 environ des terres pouvant être mises en culture, la proportion en 1891 atteignait 75 pour 100 : on voit que le progrès était considérable. Examinons d'un peu près la culture des céréales : nous verrons qu'en 1888, par exemple, en dépit d'une mauvaise année, on n'a pas récolté moins de 112 000 tonnes de maïs, 50 800 de blé, 40 600 d'orge, 66 000 d'avoine. Cette production de maïs est relativement peu étonnante, car de tout temps on en a consommé une grande quantité en Bosnie ; mais il en est tout autrement de l'avoine, qui était presque inconnue avant l'occupation autrichienne, l'orge constituant la nourriture des chevaux. Ce sont là des chiffres qui sont certainement dépassés aujourd'hui ; le *Bulletin consulaire belge* considère comme une moyenne normale une production de 350 000 tonnes métriques de céréales, dont 50 000 pour le froment, 70 000 pour l'orge, 130 000 pour le maïs ; l'avoine particulièrement s'exporte en grande quantité en Autriche.

Parmi les autres cultures, nous signalerons celle du tabac : bien qu'elle soit soumise à une étroite surveillance gouvernementale, puisqu'il y a un monopole des tabacs, cette industrie agricole se développe chaque jour, et en 1888, notamment, le gouvernement a payé plus de 3 700 00 francs aux planteurs pour achat de leurs produits. Les vignes constituent une ressource de jour en jour plus importante, notamment en Herzégovine ; on récolte annuellement bien plus de 40 000 tonnes de raisins, on fait de bon vin, qui serait d'une qualité encore supérieure s'il était fabriqué plus soigneusement. Des raisins il est tout naturel de rapprocher les autres fruits, dont M. Chaumette des Fossés vantait déjà les qualités, et en premier lieu il faut citer les prunes ou plutôt les pruneaux, qui luttent vaillamment contre les produits français analogues : il s'en sèche et il s'en exporte de Bosnie et d'Herzégovine des quantités énormes. Le fruit sec surfin, appelé Sultana, est connu dans le monde entier ; l'exportation générale en 1890 atteignait 17 millions de kilogrammes et même 20 millions suivant M. Moser, représentant une valeur de 4 millions de francs ; dès 1891, les chiffres respectifs sont de 33 et 7 millions.

En même temps que les cultures et parallèlement à elles, l'élevage s'est tout naturellement développé : quelques chiffres vont nous le prouver. Autant qu'on peut en juger d'après des statistiques imparfaites, on estimait en 1888 le cheptel bosniaque à 160 000 chevaux, 3 000 ânes et mulets, 770 000 bêtes à cornes, 840 000 moutons, 520 000 chèvres et 500 000 porcs ; les paysans avaient du reste peu de soin de leur bétail, ne lui fournissant presque jamais d'abri, le laissant chercher sa nourriture comme il peut en hiver, tant que la neige n'est pas trop épaisse et, quand le pâturage est impraticable, ne lui donnant qu'un peu de foin et de paille. Par suite de ce manque de soins, les petits chevaux indigènes, vigoureux et jadis si réputés, avaient absolument dégénéré. Mais, suivant le progrès général, l'ensemble du troupeau s'est considérablement accru : d'après les estimations officielles, il comprend 179 000 chevaux, ânes et mulets, 849 000 bêtes à cornes, 172 000 moutons, 740 000 chèvres et 672 000 porcs.

Les forêts occupent plus de la moitié du sol, et cette richesse qu'on a dilapidée depuis si longtemps, on ne pouvait manquer d'en tirer raisonnablement profit sous l'administration autrichienne. L'essence dominante des forêts bosniaques est le hêtre rouge, au nord on rencontre du chêne d'excellente qualité, au sud de très bons bois résineux. D'après M. Moser, le rendement des forêts de l'État a été en 1882 de 200 000 francs, de 542 000 en 1884, de 764 000 en 1890 et de 966 400 en 1891. Entre Pribinitz et Doboj on exploite des douves, des merrains très appréciés à Bordeaux ; en 1886 l'exploitation était seulement de 2 500 000 merrains ; elle monte à 6 millions dès 1887, à 14 en 1889, à 26 en 1890 ; et encore on estime ces chiffres fort au-dessous de la vérité, quelques-uns considérant que les exportations ont dû monter à 30 millions de merrains en 1891 ; la valeur de ce commerce dépasse très probablement 5 800 000 francs.

Nous pourrions compléter ces chiffres en indiquant quel a été le mouvement des exportations en Bosnie-Herzégovine pendant 1891 : le total en est de 28 919 000 francs (contre 30 581 000 pour les importations), soit 8 780 000 francs pour les animaux vivants, plus de 1 100 000 pour les dépouilles d'animaux, 1 510 000 pour les céréales, 9 500 000 pour les prunes, 3 960 000 pour le bois, 1 600 000 pour le tabac.

On peut dire en vérité que cette transformation économique, ces progrès agricoles, tout cela est dû aux efforts faits, aux mesures prises par l'administration ou, plus exactement, par un homme qui est devenu comme l'autocrate de ce pays, M. de Kallay, ministre des finances de la monarchie, qui depuis douze années a toute autorité, et use de ces prérogatives avec un esprit de suite remarquable.

Comme nous l'avons dit déjà, on a trouvé dans le principe les pratiques agricoles les plus primitives : on a entrepris de faire l'instruction du paysan, de lui faire adopter des méthodes perfectionnées On a établi des marchés sur différents points, on a créé des postes de vétérinaires, on a pris des mesures relativement aux épizooties. En même temps on encourageait les cultures les plus diverses, on faisait en sorte de modifier les conditions de l'élevage des bestiaux. M. de Kallay fondait des haras qu'il peuplait de 200 étalons des meilleures races d'Autriche et de Hongrie; il introduisait aussi des taureaux de Styrie, de Hongrie et des ânes de Chypre : tous ces producteurs sont mis gratuitement à la disposition des éleveurs. Non seulement on a fondé des courses de chevaux et des concours agricoles où l'on distribue des primes aux meilleurs animaux, aux meilleurs produits, mais encore le ministre tout-puissant achète lui-même de bonnes vaches laitières et les revend à prix coûtant aux agriculteurs. Ce qui a été fait pour la race chevaline et la race bovine, on le fait aussi pour les moutons et les porcs : on introduit de bons reproducteurs pour améliorer les espèces indigènes. On encourage les irrigations, les drainages, on construit des abreuvoirs, des citernes pour le bétail, si mal traité jusqu'ici ; on réserve des primes d'encouragement même aux producteurs de poulets et de canards.

Comme de juste, les efforts se sont portés vers la diffusion de l'enseignement agricole. D'une part on a fondé des stations agricoles fonctionnant parfaitement, non pas seulement pour les essais, mais aussi et surtout à titre d'écoles d'agriculture, les indigènes qui en suivent l'enseignement recevant un salaire destiné à les y retenir. On donne des leçons aux paysans pour la fabrication des granges, pour l'élevage des volailles, la culture des arbres fruitiers. On n'oublie point la pisciculture, pas plus que l'enseignement de l'horticulture et de la culture maraîchère. Dans chaque préfecture on a installé des pépinières d'arbres fruitiers, où les indigènes peuvent se procurer gratuitement des arbres, de même qu'on met des légumes à leur disposition; il y a aussi des stations viticoles fournissant des plants de bonne espèce.

Pour bien faire pénétrer l'enseignement agricole dans le milieu indigène, on l'introduit, au moins sous une forme élémentaire, dans les écoles primaires; on y crée en effet de petits jardins annexes où travaillent les enfants et où ils peuvent mériter des prix consistant en plantes diverses.

Même dans cette courte énumération, nous ne pouvons pas omettre « les caisses de secours de districts » : elles ont eu pour but de mettre le crédit à la portée des *kmètes*, qui jusqu'ici étaient la proie de l'usure. On ne pouvait songer à défendre l'usure, c'est une mesure impraticable qui nuit même à celui qu'on prétend protéger, et l'on a imaginé des sortes de caisses de secours ou plutôt *de prêts*, formées partie de cotisations des populations intéressées, partie de subventions administratives. En 1892, les caisses avaient un capital dépassant 1 150 000 francs. Il est impossible de ne point signaler une réforme vraiment importante : c'est l'établissement d'un cadastre, livre foncier ou *Grundbuch* contenant le nom des propriétaires, la limite des propriétés, faisant foi pour les ventes et les prêts hypothécaires, cette réforme rendant plus faciles les achats de terres.

Et il nous faudrait encore faire remarquer que M. de Kallay essaye de développer même l'industrie dans ces pays musulmans de mœurs : non seulement il encourage la culture des vers à soie, le séchage des pruneaux dans des fours perfectionnés, la production des betteraves, mais encore il a déjà été fondé une raffinerie, une fabrique de papier, une tannerie, des brasseries, des fabriques de gants ou d'alcools, de tapis et de drap, deux manufactures de tabac, des fonderies, des laminoirs, des hauts fourneaux, toutes usines employant la main-d'œuvre indigène, qui paraissait pourtant si réfractaire à l'embrigadement dans les fabriques. On a vu au contraire qu'il y avait grand profit à tirer de l'habileté naturelle de ces populations à travailler les textiles.

Il faut bien dire du reste que ce qui a contribué puissamment à ce développement économique, c'est l'établissement de voies de communication, sous la forme soit de routes, soit de chemins de fer. On n'a qu'à jeter un coup d'œil sur l'ouvrage plusieurs fois cité de M. Chaumette des Fossés : on y verra en quel état pitoyable se trouvaient les chemins de Bosnie et d'Herzégovine au commencement du siècle. Cette situation s'était maintenue, ou avait même empiré jusqu'en 1878 : ces chemins n'étaient le plus souvent que de simples pistes cavalières coupées de fondrières, semées de troncs d'arbres. A ce moment il n'existait comme voie ferrée que celle de Doberlin à Bandjalouka; mais dès les premiers jours de l'occupation, et d'abord dans un but tout militaire, on commença à établir d'autres voies de fer. Sans en suivre le développement, disons qu'en 1893 le réseau ferré avait une longueur totale fort honorable : il comprenait 101 kilomètres à voie normale (la ligne dont nous venons de parler), plus 3 kilomètres de rattachement du réseau autrichien proprement dit au réseau bosniaque ; quant aux lignes à voie étroite, longues au total de 542 kilom. 116, elles se composaient de la Bosnabahn, de 189 kilom. 6 entre Brod et Zenica, puis de la ligne joignant cette dernière ville à Serajewo (sur 78 kilom. 6) ; c'était ensuite une voie de plus de 158 kilomètres jusqu'à Metkowitch (sans compter 18 kilom. 919 à crémaillère); il faut citer enfin 66 kilom. 7 pour Doboj-Simin-Harr, puis 29 kilom. 9 pour Lasva-Travnik. Il faudrait encore tenir compte de 72 kilomètres de lignes industrielles et de 7 kilomètres de tramways. Ces chemins de fer bosniaques, qui constituent un des plus importants réseaux à voie étroite existants, ont vu leur trafic décupler depuis leurs débuts, et, en dépit de leurs difficiles conditions d'établissement, ils rapportent de 4,39 à 5,73 pour 100 des capitaux engagés.

Les routes ont été l'objet de soins éclairés et surtout de créations nombreuses, si bien qu'en 1893 on entretenait plus de 5 545 kilomètres de chemins, dont 1 925 de grandes routes, 1 660 de routes d'arrondissements, le reste en pistes cavalières; de 1882 à 1892, 40 millions de francs ont été dépensés pour ces communications contre quelques centaines en 1882.

Il est bien évident que cette expansion économique, qui a si bien débuté, ne peut que s'accentuer et non pas seulement en matière agricole. La Bosnie et l'Herzégovine sont en effet riches en minéraux : on trouve de la houille aux environs de Bihac, de Banjalouka, de Travnia, Mostar, Zenica, Zvornik, Touzla, etc. ; en ce dernier point notamment il y a au niveau du sol une veine de 18 mètres d'épaisseur. Des mines de fer se rencontrent près de Vares, Kresevo, Visoko, formant en certains points des masses inépuisables; ce sont ensuite des minerais de cuivre, de manganèse, de chrome, d'antimoine, de mercure, de plomb argentifère.

Dans tous ces travaux, c'est l'État qui s'est fait entrepreneur; mais il faut bien dire que cela présente ici moins d'inconvénients qu'ailleurs, parce qu'il s'agit, pour ainsi dire, de l'administration d'un vaste domaine. En tout cas la population a augmenté de 15 pour 100 depuis 1879; en dix ans le commerce s'est accru de 60 pour 100, et en dehors de toute question politique, de toute considération de races, il était curieux de mettre en lumière le développement économique de ces provinces.

DANIEL BELLET.

# BIBLIOGRAPHIE

## REVUE DES PÉRIODIQUES

### Articles signalés

**Bulletin de la Société de Géographie.** 1er trimestre, 1894). — *Exploration dans l'océan Glacial arctique, Islande, Jan Mayen, Spitzberg*, par Charles Rabot. (Notre éminent collaborateur donne ici les résultats scientifiques de son voyage en Islande, en 1891, à bord du *Châteaurenault*, et de son voyage à Jan Mayen et au Spitzberg en 1892. à bord de la *Manche*. Cet article complète bien la relation que nous avons publiée l'an dernier dans *le Tour du Monde*. M. Rabot a particulièrement étudié le mouvement des glaces autour de l'Islande, et les glaciers du Spitzberg. L'article est accompagné d'une carte du *Rendal* (vallée à rennes) de la Sassenbay, dressée par MM. Rabot et Lancelin.) — *Le cañon du Rhône et le lac de Genève*, par C. Bourdon. (Première partie d'une étude qui paraît très complète sur la vallée du Rhône, en aval de Genève. On y trouve des détails sur la fameuse perte du Rhône et d'intéressantes reproductions de photographies.)

**Annales de Géographie**, 15 juillet 1894. — *Une jeune colonie. Côte d'Ivoire et Soudan méridional*, par Marcel Monnier. (Notice où nous retrouvons le talent descriptif déjà bien connu de l'auteur de la *France noire*, et son habileté à résumer en quelques traits le caractère d'un pays. Les conclusions sur l'avenir de la colonie sont fort encourageantes. Il y a actuellement cinq factoreries sur la plage de Grand-Bassam. Une dizaine de vapeurs y font escale chaque mois; le total des droits perçus par la douane est d'environ 400 000 francs. L'article est accompagné de reproductions de photographies faites par M. Monnier lui-même.) — *Le Mâconnais et le Charollais*, par L. Gallois. (Suite d'une de ces études de géographie régionale qui donnent une valeur toute spéciale au recueil de MM. Vidal de la Blache et Marcel Dubois.) — *Étude sur la Basse-Bretagne. La Cornouailles maritime*, par L. Gallouédec. (Autre suite d'une étude que nous avons déjà signalée.) — *La colonisation russe en Asie Centrale*, par Édouard Blanc. (L'auteur parle d'abord des cultures du Turkestan, de celles du coton, qui réussissent fort bien, du mûrier, du sorgho à sucre, de la vigne, du tabac et des céréales; il ne fait que toucher à l'étude du chemin de fer transcaspien, qu'il renvoie à une notice spéciale; il traite enfin des grands travaux publics en préparation, et termine par quelques remarques sur l'administration du Turkestan, comparée à celle des colonies françaises. On sait la compétence qu'a acquise M. Blanc dans toutes les questions relatives à l'Asie Centrale, et on lira cette notice, exacte, consciencieuse, pleine de faits et de réflexions, avec intérêt et profit.) — *La délimitation de la république de Libéria*, par le Dr Rouire. (Résumé historique des traités qui ont amené la formation territoriale de Libéria, avec quelques mots sur la situation actuelle de la République.) — *Mission Émile Gautier à Madagascar*. (Lettres de l'explorateur sur ses voyages de cette année. Il a accompli deux itinéraires entièrement neufs, ceux d'Ambiky à Ankavandra-Ambohitsalika, et de Manandaza à Mahabo; il donne des détails très complets sur la géologie, l'orographie, l'hydrographie, la météorologie, la végétation et la population des pays traversés.)

**Geographical Journal**, juillet 1894. — *Address to the Royal Geographical Society*, par Clements R. Markham. (Adresse du président de la Société de Géographie à l'assemblée générale annuelle du 28 mai dernier. M. Markham parle d'abord des réformes administratives adoptées par la Société, et de la réorganisation de son journal, qui a eu des résultats excellents; sur ce point, nous donnons pleinement raison à l'honorable président. La seconde partie de l'adresse est consacrée aux diverses expéditions arctiques actuellement en cours et en projet; ce sont celles de MM. Nansen, F.-G. Jackson, Wellmann, Peary. M. Markham parle aussi des deux jeunes explorateurs suédois, Björling et Kallstenius, dont on n'a pas de nouvelles depuis près de deux ans. On peut vaguement espérer qu'ils sont encore vivants chez les Eskimos, et deux petites expéditions viennent de partir à leur recherche. M. Markham touche en terminant à la question des explorations antarctiques; un comité s'est formé, dans le sein même de la Société, pour étudier les voies et moyens proposés par le Dr Murray.) — *Geography at the Universities*. (Rapports sur les cours de géographie donnés, pendant la dernière année scolaire, dans les deux universités d'Oxford et de Cambridge.) — *The Surveys of India*, par C. E. D. Black. (Résumé des travaux exécutés par l'*Indian Survey Department*.) — *The italian Monument to Columbus*, par Clements R. Markham. (Article sur la belle collection de documents relatifs à Colomb, rassemblés par le gouvernement italien dans un ouvrage en cours de publication.) — *The Geography of Mammals. II. The Australian Region*. (Suite d'un article déjà signalé avec carte montrant les cinq sous-régions entre lesquelles l'auteur divise l'Australie et l'Océanie au point de vue de la distribution des mammifères.) — *Note on the R. G. S. Map of Tibet*, par le général Walker. (Voir plus loin l'article que nous publions sur cette carte.) — *The recent territorial arrangements in Africa*, par E. G. Ravenstein.

**Mitteilungen de Petermann**, juillet 1894. — *Reiseskizzen aus den Cordilleren von Llanquihue*, par le Dr Hans Steffen. (Récit d'un voyage exécuté dans la partie méridionale du Chili. L'auteur, partant de Puerto-Montt, a exploré la baie de Reloncavi, le lac de Todos los Santos, et la vallée du rio Peulla, et a parcouru la cordillère, pour descendre sur le versant argentin jusqu'au lac Fria, dont l'émissaire se déverse dans le lac Nahuelhuapi. La crête de partage, à l'endroit où l'a traversée M. Steffen, a une altitude de 1 013 mètres. Le versant occidental est plus fortement érodé que le versant oriental, et la ligne de faîte se déplace graduellement vers l'est. L'article est accompagné d'une carte au 600 000e.) — *Mitteilungen über eine Reise nach den Neusibirischen Inseln, und längs der Eismeerküste ausgeführt im Jahre 1893*, par le baron E. de Toll. (Fin du récit de voyage de M. de Toll aux îles de la Nouvelle-Sibérie. Notre collaborateur M. Charles Rabot résumera dans une de ses prochaines chroniques les renseignements fournis par l'auteur.) — *Kleinere Mitteilungen : Die Nationalitäten der preussischen Monarchie nach der Zählung von 1890*, par le Dr Supan, avec carte dans le texte. (Étude fort intéressante sur la distribution des nationalités et des langues dans le royaume de Prusse, d'après le recensement de 1890. Sur une population totale de 29 957 367 habitants, on compte 26 438 070 Allemands, 2 816 657 Polonais, auxquels se rattachent 105 755 Mazures et 55 540 Cassoubes; puis 139 399 Danois (et Norvégiens), 121 345 Lithuaniens 67 967 Wendes, 58 408 Moraves, 48 828 Frisons, 17 670 Tchèques, enfin 11 058 Wallons (dans le cercle de Malmédy). Ces diverses populations « allogènes » résident à demeure sur le territoire du royaume. Quant aux étrangers, en séjour momentané ou permanent, on compte 40 959 Hollandais, 10 390 Anglais et Américains, 6 643 Français, 5 983 Suédois, 5 314 Italiens, etc. Le recensement donne 29 815 938 habitants ne se servant que d'une seule langue, et 141 429 se servant à la fois de l'allemand et d'une autre des langues de l'empire. L'auteur les attribue pour une moitié à l'allemand, pour l'autre à chacune de leurs langues respectives.) — *Der Schireflass*, par A Merensky, avec carte donnant le cours du Chisé de Matopé au lac Nyassa.

**Meddelelser an Grönland.** — Copenhague, volume III, appendice IV. — Volume VII. — Supplément au volume XI. — Volume XIII. — Il est aujourd'hui inutile d'appeler l'attention sur les *Meddelelser an Grönland*. Depuis longtemps le public scientifique apprécie la haute valeur de cette publication qui constitue peut-être la source la plus précieuse de documents pour la connaissance de tous les phénomènes de la vie et de la nature dans les régions arctiques. Les trois volumes qui viennent de paraître sont dignes à tous égards des précédents et sont également remplis d'observations du plus haut intérêt. — L'appendice IV du volume III termine le *Conspectus de la flore du Grönland* dû à MM. J. S. Deichmann, Branth, Grönlund, L. Kolderup, Rosenvinge et E. Rostrup. — Parmi les mémoires les plus intéressants contenus dans le volume VII nous signalerons une *Étude sur les minéraux de la région de Kangerdluarsuk*, due au regretté Lorenzen, le résultat des recherches entomologiques effectuées par M. W. Lundbeck dans le Grönland occidental, en 1889 et 1890, une longue et substantielle notice du commandant Wandel sur l'hydrographie du détroit de Davis, enfin un travail sur l'*Anthropologie des Eskimos du Grönland occidental*. Dans un des prochains numéros nous reviendrons sur ces deux intéressants sujets. — Le volume XIII est une bibliographie du Grönland due à M. Lauritzen. Ce travail, qui embrasse toutes les diverses branches des sciences, rendra les plus grands services aux géographes. CHARLES RABOT.

## COMPTES RENDUS

**Arthur de Ganniers** : *Le Maroc d'aujourd'hui, d'hier et de demain*. Paris, Furne, Jouvet et Cie, 1894.

Toute œuvre d'érudition ou simplement de renseignements sur le Maroc arrive à propos. Au moment où la question du Maroc est plus que jamais l'objet des préoccupations politiques et attire sur ce pays l'attention prévoyante, en bonne et en mauvaise part, des puissances européennes, il est utile de puiser à bonne source une récapitulation historique dont chacun a profit à tirer, à la fois pour se souvenir des relations du passé et pour examiner celles de demain. De cette dernière considération M. Arthur de Ganniers n'a peut-être pas assez tenu compte. Certes on ne saurait reprocher à la France d'avoir jamais fait de la diplomatie tortueuse; mais, en matière d'expansion coloniale, on a plutôt sujet de la blâmer d'être trop timide. Donc, à quoi bon des restrictions que la prudence la plus exagérée ne justifie pas? Le Maroc ne peut solliciter notre attention que de deux manières, sauf, bien entendu, le caprice plus ou moins impérieux des événements. La France ne doit permettre à aucune autre nation que l'Espagne d'y exercer une influence politique, tout en spécifiant pour elle-même un bénéfice éventuel de préemption. Elle doit réserver à son seul arbitrage la double question litigieuse, depuis 1845, du Tafilet et de Figuig.

Aussi bien tout ce qui touche aux garanties de notre frontière algérienne ne saurait donner prétexte à la moindre faiblesse de notre part.

En ce qui concerne la latitude que nous concédons à l'Espagne de devenir notre voisine au Maghreb, à l'exclusion de toute autre puissance, bornons-nous à rappeler qu'en 1859 la presse espagnole s'exprimait ainsi : « Tôt ou tard tout le territoire marocain redeviendra partie intégrante de la monarchie, comme au temps du roi Sisebuth ». Ceci est une paraphrase de l'histoire d'Espagne et du Maroc. Mais la presse espagnole disait encore : « Nous, qui devrions être à tant de titres une puissance maritime, qui possédons de si belles côtes et de si grands ports sur la Méditerranée, n'est-ce pas là notre rôle providentiel? Nous n'avons rien à faire en Europe; à nous reviennent les rivages qui font face aux nôtres; c'est notre terre promise. Charles-Quint en a éclairé le chemin, et nos grands hommes des temps passés, Cisneros et Mendoza, nous la montrent du doigt. »

Il n'est pas sans intérêt de rappeler actuellement cette expression du sentiment national espagnol, comme il serait sans doute de bonne guerre de rappeler la colère de nos voisins en présence de la déception que leur causa le traité du mois de mai 1860.

Espérons que, plus que jamais, l'Espagne se souviendra de Sisebuth et de Charles-Quint, comme nous-mêmes nous nous souviendrons des lacunes du traité de 1845. C'est le point de vue sur lequel nous aurions désiré voir M. Arthur de Ganniers insister davantage. A part cela, son livre a toute la valeur du meilleur des documents.

L. S. D.

**A. de Préville** : *Les Sociétés africaines*. Paris, Firmin-Didot, 1894, in 8°.

Dans ce livre l'auteur expose l'origine, l'évolution, l'avenir des Sociétés africaines et il applique à cette étude la méthode d'observation. L'Afrique est divisée par lui en quatre zones sociales : la zone des déserts du nord, la zone du plateau central, la zone des déserts du sud, la zone montagneuse de l'est; il raconte l'histoire et décrit l'état social de leurs populations. Il traite ensuite des rapports entre les noirs et les blancs, et en arrive à cette conclusion que ni les commerçants, ni les agriculteurs de race blanche ne sont arrivés, en Afrique, au relèvement social des noirs. Abordant alors les conditions de régénération sociale de la race noire, il croit qu'on en peut trouver la solution dans une émigration de cette race d'Amérique en Afrique, son habitat primitif. D'après lui, on peut attendre des « gens de couleur » aux États-Unis un renfort pour le relèvement social de l'Afrique noire, après la complète colonisation du Far-West. L'ouvrage de M. Préville est bourré de faits, fortement pensé, nourri d'idées générales et nous donne la clef de bien des événements de l'histoire des peuples africains.

Dr R.

## CARTOGRAPHIE

### Nouvelle carte du Tibet.

Le *Journal* de la Société de Géographie de Londres publie avec son dernier numéro (juillet 1894) une nouvelle carte du Tibet, qui peut être considérée comme le résumé de tout ce qui avait été publié jusqu'à présent sur cette région. Les documents suivants ont servi de base pour cette carte :

1) Voyage du pandit Nain-Singh exécuté en 1865-67 et en 1874-75.

2) Voyage du pandit Krishna, exécuté en 1874-82.

3) Voyages de Cary, et de Dalgleish,

4) Les quatre voyages de Prjevalsky,

5) Voyages de M. Bonvalot et du prince Henri d'Orléans,

Enfin, 6, 7, 8, les voyages de Bower, de Rockhill et de Littledale, publiés tout récemment dans le *Journal*.

Comme on le voit, à part les voyages de Littledale et de Rockhill, tout le reste nous avait déjà servi pour dresser nos cartes générales de l'Asie, de l'Empire chinois et de l'Inde qui renferment la région en question, et qui sont publiées dans l'*Atlas de Géographie moderne* et dans l'*Année Cartographique*.

On s'étonne de ne pas voir utilisé l'ouvrage important de M. Dutreuil de Rhins; du moins la notice qui accompagne la carte (p. 52) n'en parle pas.

L'important voyage de Grombtchevsky aux sources du Yarkend-Daria n'a pas été non plus consulté. La carte de Pevtsoff a été utilisée, mais l'auteur de la carte anglaise aurait dû, tout en employant la carte originale, jeter aussi un coup d'œil sur la reproduction que nous en avons faite dans les *Nouvelles Géographiques* et dans l'*Année Cartographique*. Cela lui aurait certainement permis d'éviter quelques fautes dans la transcription. L'Л majuscule russe s'écrit, par exemple, comme le Λ grec, ce qui ressemble bien à l'A. S'il avait consulté notre carte, l'auteur n'aurait pas écrit *Anshe Tagh* pour Luché-Tagh (c'est un nœud de montagnes très important). Il serait puéril d'indiquer ici quelques petites fautes que l'on remarque dans la partie de la carte empruntée aux documents russes, telles que *Altyn-Tagh* (monts d'or) pour *Astyn-Tagh* (montagnes antérieures), des oublis tels que le nom d'une chaîne très importante : Ak-Kar-Tchekyl-Tagh, qui s'étend sur quatre degrés de longitude, etc.

Malgré ses défauts et ses lacunes, cette carte, dressée à une échelle assez considérable, 1/3 800 000e, peut rendre de grands services comme résumé des documents publiés en Angleterre sur la région du Tibet.

D. A.

**Atlas historique**, Paris, Hachette et Cie, 1894, 8e livraison.

L'histoire de l'Italie ancienne se continue sous la direction de M. Guiraud, qui nous présente dans cette livraison un tableau du *Monde à la fin de la République*. Les possessions romaines après la troisième guerre punique, les acquisitions entre 146 et à la fin de la république, enfin les pays à moitié indépendants en l'an 30 sont représentés par des teintes diverses dans une grande carte embrassant l'ensemble du monde romain. Deux cartes plus réduites représentent l'une le monde romain et le monde barbare au moment de l'invasion des Cimbres, l'autre l'Orient au temps de Mithridate.

C'est M. Waddington qui a été chargé d'exposer la *Décomposition de l'Empire d'Allemagne et les progrès de la France* au XVIe et au XVIIe siècle. Les traités de Westphalie ont été la consécration de l'anarchie dans laquelle l'Allemagne s'agitait depuis le XIIIe siècle. C'est donc la date de 1648 qu'il convenait de choisir pour dresser la carte de l'Allemagne dans les temps modernes. C'est bien là le travail cartographique le plus pénible qui se puisse imaginer. Il est impossible d'indiquer les 360 États morcelés en 2 000 territoires environ dont se compose l'empire. Éviter une confusion excessive, et cependant donner l'impression d'une complication extrême, voilà tout ce qu'on peut et doit essayer : ce problème a été très heureusement résolu. Comme pendant à ce tableau de désagrégation, trois cartes réduites de la France en 1515, 1610 et 1659 montrent au contraire le travail d'agglomération qui se poursuit dans notre pays.

Les changements survenus de 1648 à 1789 sont exposés dans l'*Allemagne en 1789*, par le même auteur. Deux cartons sont consacrés aux principautés et aux villes libres en 1789.

ERRATUM. — Nos lecteurs auront corrigé d'eux-mêmes une erreur de notre dernier *Mouvement économique*, p. 110. Les chiffres de superficie de la Bulgarie ont chacun un zéro de trop.

# NOUVELLES GÉOGRAPHIQUES

## LA CORÉE ET LA GUERRE SINO-JAPONAISE

Il y a neuf ans, dans un article publié à propos des troubles survenus en Corée[1], nous comparions la situation de ce pays à celle de la Pologne à la fin du XVIIIe siècle, et nous prédisions de nouvelles atteintes à son indépendance relative, conséquence inévitable de sa situation géographique entre trois puissants voisins : la Chine, le Japon et la Russie. Les événements semblent nous avoir donné raison.

Depuis plusieurs années, en effet, les employés européens des douanes chinoises perçoivent des droits dans les ports coréens, au profit, il est vrai, du roi de la Corée. D'autre part, les Japonais, après avoir forcé la Corée à ouvrir trois ports au commerce étranger, s'y sont installés en maîtres et détiennent entre leurs mains tout le commerce du pays. Les deux puissances de l'Extrême-Orient, empiétant chacune sur l'indépendance de la Corée, y entretiennent aujourd'hui des détachements permanents de troupes sous prétexte de protéger leurs nationaux. Se surveillant mutuellement, cherchant l'une et l'autre à augmenter leur influence, en même temps que leurs troupes dans le pays, elles ont été forcément exposées à se rencontrer un jour ou l'autre, et le conflit armé était à prévoir depuis longtemps. Au moment où nous écrivons ces lignes, les journaux annoncent déjà les premières hostilités, lesquelles, par une anomalie qui n'a rien d'extraordinaire aux yeux des Asiatiques, ont précédé la déclaration de guerre. Le premier choc a été défavorable aux Chinois : un bateau, *Kow-Shung*, transportant 1500 soldats en Corée, a été coulé par le croiseur japonais *Naniwa* et tous les hommes ont péri dans les flots, sauf quelques officiers européens. Parmi ces derniers se trouve le capitaine Hannecken, Allemand d'origine au service de la Chine depuis plus de vingt ans et collaborateur actif de Li-Houng-Tchang, vice-roi du Petchi-li; tout récemment encore il a été chargé de la construction des fortifications du Port Arthur, dans la province de Liao-toung.

Voici donc un petit État de l'Extrême-Orient qui va fixer sur lui pendant un certain temps l'attention du monde civilisé. Quelle est son importance? quelles sont ses ressources? quelle est l'origine du conflit actuel? enfin quelle est la valeur militaire comparative de la Chine et du Japon? Telles sont les questions qui peuvent intéresser en ce moment nos lecteurs et que nous tâcherons d'élucider de notre mieux dans le courant de cet article.

La presqu'île Coréenne, baignée à l'est par la mer du Japon, à l'ouest par la mer Jaune, a été comparée quelquefois pour sa configuration avec la péninsule Italienne. Toujours est-il que la superficie du royaume de *Tchao-sien* (« calme matinal »), avec l'île Quelpaert (218 650 kilomètres carrés), n'est que légèrement inférieure à celle de l'Italie moins les grandes îles (Sicile et Sardaigne). On ne connaît pas exactement le chiffre de la population du royaume. Les nombres que l'on trouve dans les dictionnaires, almanachs et manuels varient du simple au double. La plupart oscillent cependant entre 7 et 8 millions, et ne sont que la reproduction plus ou moins exacte du chiffre de 7 342 361 habitants qu'avait accusé le dénombrement de 1763, signalé pour la première fois par l'évêque Daveluy en 1846 (Voy. *Annales des Voyages*, 1849, p. 306). Il est à présumer que l'accroissement naturel de la population, quoique assez lent d'après certains auteurs[1], a dû porter aujourd'hui ce chiffre à une dizaine de millions. D'ailleurs c'est à peu près le même nombre d'habitants que révèle le dernier recensement officiel (10 518 937), dont le résultat a été publié dans le *Japan Daily Herald* du 9 février 1885.

La Corée est un pays montagneux. Une chaîne principale suit la direction de la côte orientale, et envoie des ramifications nombreuses surtout vers l'ouest. Les deux courbes de cette chaîne, formée de schistes cristallins, sont réunies par un massif d'origine volcanique qui se dresse à la latitude du golfe de Broughton.

La côte orientale, formée de deux courbures qui se rencontrent également dans le golfe de Broughton, n'offre pas de découpures considérables, tandis que les côtes ouest et sud sont érodées et festonnées de golfes, de baies et de criques innombrables, où les jonques trouvent de bons mouillages en toute saison.

Trois ports de commerce sont ouverts pour le moment aux navires étrangers : *Tchemoulpo* ou *Youen-San*, sur

1. Deniker, *la Corée et les Coréens*, dans *Science et Nature*, 1885, p. 140 à 147.

1. Voy. Griffis, *Corea, the Hermit Nation*. New York, 1892, p. 280.

la côte ouest (à peu près par 37° 30′ latitude nord); *Fou-San*, à la rencontre de la côte orientale et de la côte méridionale; *Wön-San* ou *Gen-San*, sur la côte est (par 39° 30′ latitude nord environ). En dehors de ces ports il en existe bien d'autres, aussi commodes, par exemple la baie de *Pin-Yang* à l'extrémité nord-est de la presqu'île, ou la baie de *Mok-Pho*; mais l'accès de ces ports est interdit aux navires étrangers. L'île Quelpaert, située au sud de la Corée, est dépourvue de tout ancrage. On prétend que c'est à cause de cette circonstance que l'île a été abandonnée par les Anglais.

Parmi les fleuves qui servent de voie de pénétration dans l'intérieur du pays, il faut nommer : le *Toumen*, à la frontière de l'Empire Russe; le *Yalou-Kiang*, qui constitue en grande partie la frontière entre la Corée et la Chine; enfin le *fleuve de Séoul* ou *Han-Kiang*, qui débouche en face de Tchemoulpo et qui conduit vers Séoul, la capitale du royaume. Tous ces fleuves ne sont navigables qu'à une faible distance de l'embouchure et sont couverts de glace en hiver.

Le sol est fertile et produit suffisamment non seulement pour la consommation locale, mais encore pour l'exportation. Le riz est surtout cultivé dans les provinces méridionales (Kiang-Tsang-Lo et Tsien-Ta-To), ainsi que dans la province occidentale de Hoang-haï-to. Les légumes, le coton, le chanvre, le tabac prospèrent dans tout le pays.

Les montagnes sont couvertes d'épaisses forêts de pins, de chênes, d'ormeaux, de bouleaux, de magnoliacées, d'arbre à laque (*Rhus vernicifera*, etc.). Notons enfin, comme plantes caractéristiques de la flore du pays, le mûrier et le fameux *gin-seng* (*Panax quinquefolium*), dont la racine est un des produits les plus estimés de la pharmacopée chinoise.

La faune, encore peu connue, doit présenter un mélange intéressant de formes mandchoues et de formes insulaires japonaises. Le tigre à long poil est très fréquent; on le rencontre jusqu'à la côte, aux environs de Wön-San; les ours, les élans, les sangliers, les renards, peuplent les bois. Parmi les animaux domestiques, il faut noter les bœufs et les petits poneys très vigoureux, ainsi que les chiens dont on consomme la viande.

Mais c'est dans les profondeurs du sol que se trouvent les richesses principales de la Corée. Longtemps on a ignoré presque tous les gisements minéraux, le gouvernement coréen en défendant l'exploitation. Mais depuis quelques années on a levé cette interdiction, et le nombre des mines en activité augmente de jour en jour. En 1890 on comptait 82 mines d'or, 8 d'argent, 17 de cuivre, 40 de fer, 7 de plomb, 7 de pierres précieuses, plus 9 charbonnages. La houille se trouve souvent à fleur de terre. En 1887 on a exporté de la Corée pour plus de 4 millions et demi de francs d'or et pour un million et demi d'argent.

Le peuple coréen descend probablement d'une race toungouse. Le type physique varie suivant les régions; dans le nord on distingue les mélanges du sang toungouse, dans le sud, les mélanges japonais. D'une façon générale, les Coréens sont doux, aimables, honnêtes et braves, mais aussi très peu communicatifs et défiants envers les étrangers. La civilisation coréenne a été en entier importée de la Chine, et maintes coutumes et rites officiels disparus en Chine se retrouvent encore dans le royaume du « calme matinal », qui a réussi à être plus conservateur que l'empire du Milieu.

La langue coréenne, peu étudiée encore, est un idiome agglutinant et abonde en sons gutturaux et chuintants. Par sa structure elle se rapproche des dialectes des Toungouses méridionaux. Les caractères de l'écriture coréenne ne ressemblent à aucun de ceux que l'on connaît. Le bouddhisme fut introduit en Corée depuis le IVe siècle de l'ère vulgaire; mais il a à peine effleuré la masse de la population, qui s'en tient à ses croyances animistes; aussi y-a-t-il peu de temples et de moines bouddhistes en Corée. Les lettrés et les classes supérieures professent la philosophie de Confucius. De nombreuses missions catholiques et quelques missions protestantes font des prosélytes; on compte, d'après les missionnaires, de 15 000 à 20 000 chrétiens dans tout le royaume.

La plupart des habitants sont agriculteurs, l'industrie n'existant presque pas (à part les mines et les fabriques de papier). Les commerçants sont peu nombreux, mais par contre les fonctionnaires abondent : on prétend qu'ils forment 20 pour 100 de la population totale. La suprême ambition pour tout Coréen, c'est d'obtenir un emploi de l'État, si minime qu'il soit.

Le roi de Corée (actuellement Li-Houng ou *Vouï-Tchi*) est un monarque absolu, mais il existe auprès de lui un « Conseil d'État » composé de trente mandarins et présidé par une sorte de premier ministre qui est le véritable chef du gouvernement. Les autres ministres (de la guerre, de la justice, de l' « administration civile », etc.) n'ont aucune importance. Deux étrangers, les Américains Legandre et Greathouse, qui jouissent de la confiance particulière du roi, siègent également au Conseil. Le pays est divisé en huit provinces ou *to*. Deux grandes provinces au nord, *Ham-Kieng-To* (avec le port de Wön-san) et *Pien-San-To*; deux autres, assez étendues, au sud : le *Kiang-Sang-To* (avec le port de Fou-San) et le *Tsien-La-To*; enfin quatre provinces au centre, dont une, le *Kang-Ouan-To* sur la côte orientale, et trois autres, le *Kieng-Keï-To* (avec la capitale Séoul), le *Hoang-Haï-To* et le *Tsiong-Tsien-To* sur la côte occidentale. Le gouverneur de chaque province a sous ses ordres des préfets de différentes classes, dont le nombre total est de 332.

L'état des finances de la Corée n'est pas bien brillant. L'impôt foncier est payé en nature avec des retards considérables. La ressource principale du trésor est la régie du Gin-Seng (1 million de francs environ par an) et les douanes, qui ont donné en 1891 plus de 3 millions de francs dans les trois ports déjà mentionnés. Mais tous ces revenus sont absorbés par les dépenses personnelles du souverain, et il ne reste rien pour les travaux publics ou pour l'amélioration des ports. Et cependant c'est uniquement grâce à l'ouverture de ces ports que le pays a vu s'accroître considérablement ses ressources. Déjà la culture du riz pour l'exportation, qui n'existait pas avant 1880, a pris des proportions considérables; des industries nouvelles, comme les mines, se développent également et le commerce des ports va toujours en augmentant. Pendant l'année 1878, qui a suivi immédiatement l'ouverture des ports (juin 1877), le chiffre des importations représentait la valeur de 188 000 dollars, et celui des exportations 139 000 dollars. Quatre ans plus tard, en 1882, ces chiffres se sont élevés à 992 000 dollars et 751 000 dollars respectivement, et en 1886 l'ensemble des affaires avait atteint la valeur de 2 978 000 dollars. Dans les cinq années suivantes, le développement du commerce fut encore plus rapide, comme on peut en juger par le tableau ci-dessous :

| ANNÉES | 1887 | 1888 | 1889 | 1890 | 1891 |
|---|---|---|---|---|---|
| | DOLLARS | | | | |
| Importations. | 2.815.441 | 3.046.443 | 3.317.815 | 4.727.839 | 5.256.468 |
| Exportations. | 804.996 | 867.058 | 1.233.841 | 3.550.478 | 3.366.344 |

L'augmentation absolue de la valeur des transactions persiste, malgré la baisse sensible du dollar, qui, de 4 fr. 80 en 1887, est tombé à 3 fr. 40 en 1891. Un fait intéressant ressort aussi de l'examen du tableau, c'est l'accroissement plus rapide de l'exportation comparativement à l'importation. En 1887, le rapport entre l'exportation et l'importation était de 1 à 3 ; en 1890 de 5 à 7, en 1891 de 5 à 8. C'est une preuve incontestable du développement économique du pays.

Plus de la moitié des importations consiste en cotonnades de toutes sortes ; viennent ensuite : les métaux, les lainages, le pétrole, les allumettes et les « articles divers ». L'exportation comprend surtout le riz, les cuirs et les haricots, qui au Japon servent à la préparation du produit alimentaire connu sous le nom de *soya*. Les statistiques de la douane ne distinguent pour les marchandises que trois provenances : japonaise (trois cinquièmes de la valeur totale), chinoise (moins de deux cinquièmes) et russe (une somme minime) ; mais il est évident que la plupart des marchandises venant par ces trois voies sont de fabrication européenne ou américaine. D'après un relevé fait par le consul britannique Hillier, pour l'année 1891, les objets de fabrication anglaise constituaient 55 pour 100 de la valeur totale des importations, les objets japonais représentaient 18 pour 100 de cette valeur, les objets chinois 15 pour 100, allemands 5 pour 100, américains 4 pour 100, français 1 et demi pour 100, autres provenances 1 et demi pour 100. La presque totalité de l'exportation (95 pour 100) est à destination du Japon ; la Chine ne reçoit que pour 100 000 dollars de produits coréens, et la Russie à peine pour 10 000 dollars.

Le mouvement des navires dans les trois ports a suivi celui du commerce : 716 navires, jaugeant 181 297 tonnes en 1887 ; 1501 navires, jaugeant 358 145 tonnes en 1891. Presque toute la navigation est accaparée par les Japonais (1 355 navires, jaugeant 311 754 tonnes en 1891) ; viennent ensuite (pour la même année) : la Russie (30 navires, 18 900 tonnes), la Chine (44 navires, 11 260 tonnes), l'Allemagne (19 navires, 7 660 tonnes), la Corée et l'Angleterre.

Le commerce souffre beaucoup du manque de routes dans l'intérieur, où les transports se font avec une lenteur désespérante par des chevaux, des bœufs ou des hommes. Séoul est réuni par télégraphe à Tchemoulpo, où aboutissent aussi le câble chinois Pékin-Port Arthur et le câble japonais Nagasaki-Fou-San. Le fil télégraphique va également de Séoul à Wön-San, et il était question en 1893 de le prolonger jusqu'à Vladivostok, où aboutit la ligne télégraphique transsibérienne.

La Corée est-elle un État indépendant ou vassal de la Chine ? C'est une question à laquelle il n'est pas aisé de répondre. Toute l'histoire du pays n'est qu'une alternance de luttes avec les Chinois et les Japonais, luttes qui se terminaient presque toujours par la soumission de la Corée, qui reconnaissait la suzeraineté de l'un ou de l'autre de ses puissants adversaires. Nous ne nous attarderons pas sur la période légendaire de l'histoire coréenne, c'est-à-dire sur la fondation du royaume de Cho-San en 1122 avant J.-C. par le fugitif chinois Kit-Si, ou sur la fondation des royaumes Fou-You et Kokoraï par un prince du pays de Koraï situé au nord du Soungari. En nous reportant seulement à l'époque à partir de laquelle les annales chinoises offrent quelques garanties d'authenticité et de vérité historique (VIII<sup>e</sup> siècle), nous voyons déjà le royaume de Cho-San conquis par les Chinois, notamment en 107 avant l'ère chrétienne. A peu près à la même époque, des émigrés chinois fondent le royaume de Chin-Ra sur la côte est de la Corée, tandis que la petite principauté de Hiaksaï, fondée sur la côte ouest en 194 avant J.-C. par un prince fugitif de l'ancien Cho-San, prend de la consistance en englobant une bonne partie des anciens pays coréens de Ma-Han et de Ben-Han. En somme, du IV<sup>e</sup> au X<sup>e</sup> siècle, nous voyons exister dans le pays appelé aujourd'hui la Corée, trois États : le *Koraï* (*Komé* en japonais, *Kao-Li* en chinois) au nord, le *Chin-Ra* (*Chiriaki* ou *Sin-lo*) au sud-est, et le *Hiaksaï* (*Koudara* ou *Pe-Tsi*) au sud-ouest, tous reconnaissant la suzeraineté de la Chine. Les premiers émigrants coréens, venus au Japon au I<sup>er</sup> siècle de l'ère vulgaire, étaient des habitants du Chin-Ra, pays qui avait ensuite à soutenir plusieurs guerres contre le Japon. Au XI<sup>e</sup> siècle, le roi du Koraï, Ouang-Kien, aidé par la Chine, s'empara des deux autres royaumes et constitua l'unité de la Corée. Les descendants d'Ouang-Kien étaient protégés par les empereurs chinois de la dynastie youen ou mongole (1280-1368) ; mais sous la dynastie suivante, celle des Mings, le prince Li-tan ou Taï-Tso, soutenu par les Chinois, s'empara, en 1392, du pouvoir et fonda la dynastie qui règne encore aujourd'hui en Corée, celle de *Tsi-Tsien*. Les successeurs de Taï-Tso eurent à subir de nombreuses guerres avec le Japon, et, en 1592, le célèbre Taïko-Sama envoya en Corée une formidable armée, qui s'empara de presque tout le pays et l'aurait définitivement conquis sans la mort de Taïko-Sama (1598). En 1615 la paix fut signée entre la Corée et le Japon, qui gardait le port de Fou-San et recevait un tribut. Depuis 1636, époque à laquelle le roi de Corée, partisan des Mings, fut attaqué par les Mandchous, qui s'emparèrent de Séoul et lui imposèrent des conditions de vasselage beaucoup plus humiliantes, la Corée, quoique souvent déchirée par des luttes intestines, n'a plus eu de guerre étrangère. Par contre, elle a dû subir maintes fois l'intervention dans ses affaires des Chinois, des Japonais et plus récemment des Français (expédition du contre-amiral Roze en 1866) et des Américains (expédition de l'amiral Rodgers en 1871).

Nous ne pouvons pas entrer ici dans les détails de l'histoire de la Corée, mais de la lecture de cette interminable série de luttes un fait général se dégage : c'est l'habileté avec laquelle le gouvernement coréen parvenait toujours à amoindrir les effets de sa soumission.

La tactique qu'il suivait était d'ailleurs immuablement la même : les premières années du vasselage on payait régulièrement le tribut, souvent très élevé, imposé par le vainqueur ; puis, prétextant le manque de ressources, la pauvreté du pays, les mauvaises récoltes, on réduisait tous les ans ce tribut jusqu'à le transformer en un cadeau représentatif d'une valeur insignifiante.

Comme jadis l'Annam et plus récemment la Birmanie, la Corée envoyait encore il y a une vingtaine d'années des cadeaux périodiques à la cour de Pékin, mais se considérait comme un État indépendant. D'ailleurs cette indépendance a été formellement reconnue par le Japon, qui a conclu avec le roi le traité du 26 juillet 1876, sans l'intervention de la Chine. Les conventions signées avec la Corée par les États-Unis (1882), par l'Allemagne, l'Angleterre (1893), l'Italie, la Russie (1884), la France (1886) et l'Autriche (1892) la reconnaissent aussi implicitement.

Depuis l'ouverture des ports il s'est formé à la cour de la Corée deux partis : l'un progressiste, soutenu par le Japon, l'autre conservateur, soutenu par la Chine. En 1884 les progressistes ont fait une révolution de palais; ils ont assassiné sept ministres et ont obligé le roi à accepter un cabinet formé de leurs partisans. Ce succès mit en fureur le parti conservateur (lisez chinois) dont les chefs les plus résolus tuèrent plusieurs des nouveaux ministres ainsi que le fils du roi et incendièrent les bâtiments de la légation japonaise. C'est à ce moment que le Japon institua à Séoul une garde permanente de 200 soldats, destinée à protéger la légation. En réponse à cette mesure, la Chine envoya aussi des troupes. Enfin les deux puissances conclurent en 1885 un traité d'après lequel elles s'engageaient à ne point dépasser un certain maximum comme effectif de leurs troupes en Corée. Mais déjà en 1887 les Japonais ont essayé d'augmenter clandestinement ces effectifs et de les pourvoir de canons.

Un essai du même genre a été fait tout récemment par la Chine; il a certainement contribué à accélérer le conflit actuel, né d'une prétendue offense faite à l'ambassadeur japonais à Séoul.

Après avoir établi, pour ainsi dire, la valeur de l'enjeu que se disputent les deux adversaires, voyons quelles sont les forces respectives des belligérants.

Tout d'abord il faut éliminer de cet aperçu la Corée, qui, en somme, comptant sur les rivalités de ses voisins et prête à recommencer l'histoire de ses soumissions, n'éprouve aucun besoin d'entretenir une armée au véritable sens de ce mot. Il est vrai qu'il existe à Séoul un ministre de la guerre chargé en théorie d'appeler sous les drapeaux tous les hommes valides de 12 à 60 ans (1 million environ), mais en réalité il ne pourrait même pas réunir une trentaine de milliers de soldats en cas de guerre.

Il n'y a aucun système de recrutement, et en temps de paix chaque préfet n'entretient autour de lui que quelques « soldats », mal payés, mal nourris, qu'il emploie tantôt comme courriers, tantôt comme agents de police, mais le plus souvent comme ses domestiques personnels. Les officiers sortant de l'aristocratie ou « *Yanghan* » ignorent le premier mot de l'art militaire.

La seule partie tant soit peu organisée de l'armée coréenne est la garnison de Séoul. Cette garnison se compose de 3 500 hommes armés de fusils Remington et instruits par des officiers américains. Il y a, en outre, une compagnie de gardes royaux, chargés spécialement de veiller à la sécurité du chef de l'État. Toute l'artillerie de la garnison de Séoul se réduit à six canons qui gardent l'entrée du palais royal. En dehors de ces troupes il y a aussi à Séoul environ deux mille *Kiou-Ous*, c'est-à-dire des soldats dressés à la mode coréenne, armés de fusils à pierre et de sabres. Il y aurait enfin 500 hommes de même valeur, en garnison à Kang-Oua, et 300 à Pington où se trouveraient également « deux petits canons de bronze ». La marine existe encore moins que l'armée : le gouvernement coréen ne dispose que d'*un seul* bateau-transport en bois de 400 tonnes.

Ceci dit, passons à l'examen des forces militaires de la Chine et du Japon, commençant par la marine, qui, en somme, est appelée à jouer un rôle prépondérant dans la guerre actuelle.

*Marine chinoise.* La flotte militaire de la Chine se divise en quatre escadres : le *Pé-Yang* ou escadre du Nord, le *Nan-Yang*, ou escadre du Sud, dite aussi escadre de Chang-haï ou de Nankin, l'escadre de Fou-tchéou et celle de Canton.

Jusqu'à ces derniers temps il n'y avait aucune direction d'ensemble pour ces quatre divisions navales, ni rien qui ressemblât même de loin à un ministère de la marine. Chaque escadre dépendait, comme l'armée de terre, du vice-roi ou gouverneur général des provinces littorales qu'elle était censée défendre; c'était à ce vice-roi qu'incombait le soin de l'entretenir avec les ressources financières qu'il tire des revenus de ses provinces. Il pouvait ainsi disposer de l'escadre à son gré, mais aussi il ne pouvait compter sur le secours des escadres voisines, même en cas de guerre. On voit d'ici tous les inconvénients d'un pareil système. Ainsi, pendant la dernière guerre franco-chinoise, c'est l'escadre de Fou-tchéou, une des moins importantes, qui a dû tenir tête à nos cuirassés; et quand elle fut détruite par l'amiral Courbet, on envoya à sa place l'escadre la plus voisine, celle de Chang-haï, très faible aussi et de beaucoup inférieure à l'escadre du Nord qui mouillait tranquillement dans le golfe du Pe-tchi-li. Le fameux général Li-Houng-Tchang chercha, précisément après la guerre de 1884, à améliorer cet état de choses: mais, comme toujours, il s'est trouvé en face de la routine des mandarins et n'a réussi qu'à moitié. Il obtint d'être mis à la tête de la flotte réunie des quatre escadres, mais le ministère de la marine n'existe pas encore et il manque à l'amiral en chef l'outillage nécessaire pour diriger cet assemblage assez hétérogène, auquel on ose à peine donner le nom de marine militaire.

Dans le tableau ci-contre on trouvera les détails sur les forces relatives de chacune des escadres chinoises, en face desquels nous avons placé les chiffres relatifs à la marine japonaise organisée en un seul tout homogène. (Voir le tableau de la page suivante.)

En somme, il n'y a que l'escadre du Nord, organisée par Li-Houng-Tchang lui-même avec le concours du capitaine de vaisseau anglais Lang, qui puisse compter sérieusement. Seule de toute la flotte chinoise, elle possède des cuirassés, au nombre de deux : le *Tchen-Yuen* et le *Ting-Yuen*, construits en Allemagne en 1881-82 sur le même modèle : ces deux navires, absolument semblables, présentent l'un et l'autre 7 430 tonnes de déplacement, la force de leurs machines est de 6 200 chevaux-vapeur, leur vitesse est de 14 nœuds. Parmi les sept croiseurs de cette escadre, deux sont pourvus de tourelles et déplacent 2 900 tonnes. Les cinq autres, construits en Allemagne ou en Angleterre, ressemblent aux croiseurs de l'escadre de Fou-tchéou, sortis de l'arsenal de Fou-tchéou entre 1882 et 1887. Le reste de la flotte ne consiste qu'en bâtiments de bois, pour la plupart de construction chinoise, sans valeur militaire. Les torpilleurs sont de modèle anglais ou allemand, de 1885-86. Les matelots chinois sont très adroits et apprennent vite la manœuvre; malheureusement l'instruction navale si bien inaugurée par le capitaine Lang a été brusquement interrompue par le départ de celui-ci, survenu en 1890 : il a dû donner sa démission à cause des intrigues des mandarins. Les jeunes officiers chinois, sortis de l'école navale de Tien-tsin, ont, paraît-il, une bonne instruction théorique, mais certes aucun d'entre eux ne pourra remplacer le capitaine Lang dans le commandement suprême.

*Marine japonaise.* Si, en face de la flotte quelque peu hétéroclite de la Chine, on place la marine japonaise, on s'aperçoit vite de la différence. La flotte japonaise a été organisée par des officiers anglais, dont le dernier est parti en 1879, laissant le commandement à des officiers indigènes qui possèdent l'instruction navale complète, à la fois théorique et pratique. Le Japon n'a qu'un seul bon cuirassé, le *Fou-So*, entièrement en acier, sorti des chantiers anglais en 1887; il déplace 379 tonnes et file 13 nœuds à l'heure. L'autre cuirassé est un bâtiment blindé, construit en 1864, et probablement hors d'usage. Mais si sur ce point le Japon est inférieur à la Chine, il laisse bien en arrière sa rivale par sa belle flotte de croiseurs, qui sont tous en acier et pourvus de machines puissantes, donnant des vitesses de 15 à 20 nœuds à l'heure. Les plus grands (4 240 tonnes) sont l'*Itsoukousima* et le *Matsousima*, construits sur nos chantiers de la Seyne en 1889 et 1890; ils filent 17 nœuds à l'heure. D'autres croiseurs ont été construits en Angleterre, en Amérique ou au Japon même, sur les chantiers de Yokosouka. Tout en étant de dimensions moindres que les précédents, ils ont souvent une vitesse plus grande. Mais tous ces bâtiments sont surpassés par le nouveau croiseur le *Yochimo*, sorti à la fin de 1892 des docks d'Elswick (Angleterre), qui possède une machine de 15000 chevaux, développant la vitesse extraordinaire de 23 nœuds. Le corps des officiers de la marine japonaise est complété par celui des ingénieurs, constructeurs, médecins, commissaires, etc., institution dont il n'existe aucune trace dans la marine militaire chinoise.

TABLEAU COMPARATIF DES FORCES NAVALES DU JAPON ET DE LA CHINE.

| | BATIMENTS EN ACIER OU MIXTES. | | | | BATIMENTS EN BOIS. | | | | TOTAL. | | | |
|---|---|---|---|---|---|---|---|---|---|---|---|---|
| | CUIRASSÉS. | CROISEURS. | CANONNIÈRES. | TRANSPORTS. | CANONNIÈRES. | TRANSPORTS. | BAT. DIVERS. | TORPILLEURS. | BATIMENTS. | CANONS. | OFFICIERS. | MATELOTS. |
| **MARINE CHINOISE** | | | | | | | | | | | | |
| 1 Escadre du Nord | 2 | 7 | 6 | — | » | 3 | 3 | 12 | 33 | 203 | 301 | 2 820 |
| 2 Escadre du Sud | » | 6 | 1 | — | 2 | 4 | 2 | 1 | 16 | 104 | 163 | 1.845 |
| 3 Escadre de Fou-tchéou | » | 2 | 4 | — | 1 | 3 | 2 | » | 12 | 96 | 114 | 1.060 |
| 4 Escadre de Canton | » | » | 17 | — | » | » | » | 20 | 37 | 86 | 80 | 700 |
| Total | 2 | 15 | 28 | — | 3 | 10 | 7 | 33 | 98 | 489 | 658 | 6.425 |
| **MARINE JAPONAISE** | 2 | 18 | 10 | 2 | 2 | 12 | 10 | 40 | 96 | 432 | 1.243 | 8.644 |

*Armée de terre.* Il est difficile de savoir quelles seront les troupes mobilisées de part et d'autre dans la guerre sino-japonaise. Aussi allons-nous donner simplement l'énumération des forces totales des deux pays.

*Chine.* L'armée chinoise comprend :

1. Les troupes mandchoues ou de « Huit Bannières » (*Pa-Ki*).

2. Les troupes provinciales ou armée régulière (*Ying-Ping*) ou de l'étendard vert (*Lou-Ying*).

3. Les troupes temporaires ou armée irrégulière, dite des « braves » (*Yong*).

4. Les troupes du Turkestan Oriental et de la Mongolie. Cette dernière catégorie suffit à peine pour surveiller les frontières et maintenir l'ordre dans le pays. Nous n'avons pas à nous en occuper. Restent donc les trois premières catégories.

1. Les troupes mandchoues, tenant garnison, avec quelques troupes mongoles, dans la plupart des villes, se composent, sur le papier, de 678 *Lian-Tsa* ou compagnies (à 500 hommes dans l'infanterie, à 250 dans la cavalerie). On estime à 280 000 le nombre de ces guerriers. Armés uniquement de lances et d'arcs jusqu'en 1860 environ, ils sont aujourd'hui pourvus en grande partie d'armes à feu. Près de 5 000 hommes armés de fusils Mauser et instruits à l'européenne à Ghirin servent aujourd'hui de cadres à cette armée; d'autres cadres sont en préparation à Ghirin et à Tzitzikar. Avec les 211 escadrons de cavaliers mongols (20 000 hommes environ), les troupes mandchoues peuvent fournir 70 000 à 100 000 soldats, dont la moitié à peine connaît le maniement des fusils à tir rapide. Cette armée possède quelques canons Krupp de 8 et 9 centimètres.

2. L'armée provinciale, recrutée par engagements réguliers, dépend des vice-rois et son organisation présente par conséquent les mêmes défauts que nous avons déjà signalés à propos de la marine, avec cette différence qu'on n'a encore rien fait pour améliorer cet état de choses. Cette armée, que l'on estime à 500 000 hommes, est commandée par 6 000 officiers ignorant pour la plupart le premier mot de l'art militaire moderne.

3. Les irréguliers sont enrôlés temporairement dans les cas d'urgence. Inutile d'insister sur la valeur militaire de ce ramassis de gens sans aveu, turbulents et indisciplinés, dont l'instruction est faite au moment même où on doit les envoyer à l'ennemi.

En résumé, en comptant largement, la Chine ne peut mettre en ligne plus de 300 000 hommes auxquels on puisse appliquer le nom de soldats. Il n'y a rien de prévu pour l'approvisionnement, le transport, l'hygiène, etc., de ces troupes : tout est livré au hasard.

*Japon.* L'armée japonaise est organisée sur le modèle de l'armée prussienne d'il y a un quart de siècle. Le service est obligatoire pour tous les jeunes gens à partir de vingt ans. Ils ont à faire trois années de service dans l'armée active, quatre années dans la réserve et cinq années dans la territoriale. Il existe en outre un *Landsturm* pour le service intérieur en cas de guerre.

L'armée comprend sept divisions (dont une dite de « garde impériale »). Chacune de ces divisions se compose de 2 brigades (ou 4 régiments) d'infanterie, d'un escadron de cavalerie, d'un régiment d'artillerie, d'un bataillon de génie et d'un escadron du train des équipages. En y ajoutant les divers services auxiliaires on arrive aux chiffres suivants pour le total de l'armée : 3 631 officiers, 62 285 soldats, 345 canons, 7 749 chevaux. A cette armée active il faut ajouter 104 652 hommes de la réserve et 83 201 hommes de la territoriale. En somme le Japon peut disposer d'une armée de 200 000 hommes, tous instruits à l'européenne et armés de fusils Mourata fabriqués dans le pays même. Il y a deux modèles de ce fusil inventé par l'ingénieur japonais : un de 1880 et un autre de 1891, à répétition, pour la poudre sans fumée.

En somme, en comparant les forces des deux adversaires, on ne peut méconnaître la supériorité de l'armée et de la flotte japonaises; mais la Chine a pour elle le nombre. L'avenir montrera lequel des deux facteurs est le plus important pour assurer la victoire.

J. Deniker.

# LES ITALIENS DANS L'AFRIQUE ORIENTALE[1]

## II

### LA HAUTE-NUBIE, L'ÉTHIOPIE ET LA PLAINE DES DANAKILS

Un vaste champ d'expansion commerciale s'étale en face des Italiens : les plateaux d'Éthiopie soumis à Ménélik et les États de la Haute-Nubie soumis au Mahdi.

Les fleuves Atbara, Tacazzé et Magreb, dans leurs vallées supérieures, arrosent des plateaux tantôt agricoles et tantôt couverts de pâturages, suivant la concordance des pluies et des altitudes. Cette région, appelée Haute-Nubie, constitue un vaste plateau intermédiaire entre le massif abyssin et les plaines nilotiques de la Basse-Nubie, vers lesquelles elle incline sa pente. Elle est parfois aussi couverte d'épaisses forêts et de savanes où les tribus guerrières se livrent à la chasse du lion, du léopard, de l'éléphant, du rhinocéros, ainsi qu'à la poursuite des singes, des girafes et des buffles.

Peu après Mahomet, la Haute-Nubie devint un puissant royaume musulman, sous le nom de Senaar; elle est aujourd'hui partagée entre plusieurs petits États, fanatisés par les derviches et soumis à l'influence religieuse du Mahdi. Il est aisé de concevoir pourquoi cette région est toujours restée victorieuse des incursions opérées autour d'elle par l'Égypte, les Turcs, les Abyssins. Les montagnards d'Éthiopie s'étiolent vite lorsqu'ils descendent de leurs sommets bien aérés dans ces plaines meurtrières pour eux; de sorte que les vallées qui s'inclinent de l' « acropole africaine » vers Kassala ne constituent pas des routes fréquentées, malgré leur apparence propice. D'autre part, remonter jusqu'en Haute-Nubie par le Nil présente le danger de s'exposer aux marches de flanc des hordes belliqueuses, et les Égyptiens ont appris ce qu'il en coûte de braver de pareils obstacles. Quant à déboucher par Souakin, les Anglais n'ont obtenu aucun véritable résultat, à cause du manque absolu d'eau dans les déserts qui séparent ce port de la vallée du Nil. Ainsi protégée, la Haute-Nubie est restée jusqu'ici fermée. Mais il semble que nous allons assister à une nouvelle phase et que les Italiens vont débonder à Massaouah ce riche réservoir.

En 1891, le gouvernement de Massaouah pouvait croire à l'ouverture complète de la Haute-Nubie sur la mer Rouge. L'émir de Kassala, Abou-Ghergia, se montrait très favorable aux relations commerciales, mais cet émir eut pour successeur Musaid-Gaïdum qui rompit avec l'Érythrée, dont les frontières furent gravement inquiétées. L'an dernier, au mois d'avril, les Bazé et les Barias eurent à souffrir des razzias nubiennes; en juin, une colonne de derviches saccageait la tribu des Baria-Mogareh et ne s'arrêta que devant une compagnie italienne accourue d'Agordat; enfin, le 21 décembre, le colonel Arimondi défit complètement les troupes nubiennes à Agordat. Alors les routes semblèrent définitivement sûres et les derviches, las de guerroyer sans cesse, parurent aspirer à la paix. Plusieurs trafiquants de Kassala demandèrent aux Italiens des cotonnades, du savon, de l'huile, offrant en échange l'ivoire, la gomme et les peaux. Les pillards semblèrent définitivement rejetés au sud du Magreb. Mais peu à peu les incursions reparurent et les derviches, aussi mobiles qu'audacieux, recommencèrent leurs razzias jusqu'aux environs d'Agordat.

C'est pour les punir que le gouverneur Baratieri marcha sur Kassala, où il arriva inopinément le 17 juillet dernier, à l'aube.

Après une défense très courte, la garnison des derviches, forte de 2 000 fantassins et 600 cavaliers, s'enfuyait dans la direction du fleuve Atbara.

Quant à l'influence du Mahdi, elle diminue chaque jour parce que celui-ci veut jouer au chef politique au lieu de se confiner dans son rôle de chef spirituel.

Voilà donc les Italiens installés à Kassala. La prise de cette ville va certainement améliorer les conditions du négoce européen par Massaouah. Reste à savoir si l'Angleterre autorisera sa trop complaisante alliée à y séjourner longtemps.

L'Éthiopie, cet important massif de grès large comme 55 départements français, est profondément entaillée par ses fleuves, Abaï, Tacazzé et Omo[1]; elle se prolonge jusque sous l'équateur en un chaos de soulèvements parsemés d'éruptions volcaniques qui en font la contrée la plus embrouillée du globe. Cent races diverses s'y sont agglomérées pour suivre successivement les dogmes païens, juifs, chrétiens et musulmans. Tour à tour unie en un même faisceau par Théodoros et par Johannès, elle est tombée, en 1889, sous la domination du négus du Choa, Ménélik, qui y adjoignit l'oasis de Harrar récemment dévolue à l'influence italienne.

1. Suite, voir p. 113.

1. En sortant du lac Tana, l'Abaï se rétrécit parfois au point que les crocodiles n'y peuvent nager qu'en long.

Les régions basses, trempées par des pluies diluviennes et torréfiées par un soleil qui chauffe à 75 degrés leurs forêts pullulantes de vie inférieure, sont l'exception dans ces plateaux, dont la hauteur moyenne est de 2000 mètres et dont les cimes dominantes dépassent 4000 mètres. Les terres tempérées couvrent la majorité du massif, sous un climat napolitain qui fait pousser à foison la vigne et les céréales jusqu'à la base des terres froides. Ainsi étagée, la végétation variée de l'Éthiopie offre un résumé de toute la faune africaine et l'on y rencontre l'autruche, le chameau, l'âne sauvage, le singe, la girafe, le crocodile, le lion, l'hyène, le buffle, l'éléphant, le rhinocéros et l'hippopotame.

Les Italiens ont un beau champ d'action dans ces terres qui leur rappellent les plus belles et les plus salubres de leur admirable péninsule.

Mais faut-il considérer Ménélik comme l'allié réel des blancs d'Érythrée? Les rapports officiels l'affirment, tout en se plaignant parfois de lui; le potentat suprême des Éthiopiens laisse souvent douter de sa loyauté, car, s'il a favorisé au nord le gouverneur de Massaouah, il dénonce les précédents traités et entrave l'action italienne dans les pays Gallas et Somalis. Ménélik est un besogneux qui recherche l'appui des Européens pour asseoir son trône branlant; il fait tour à tour gracieuse mine aux Anglais, aux Italiens et aux Français. Actuellement le Godjam est en révolte ouverte contre lui, et les derviches de Nubie lui donnent beaucoup de fil à retordre; le Tigré passe aux Italiens. Certes le gouvernement romain doit éviter de choquer le négus, mais celui-ci fût-il carrément hostile, ce n'est là qu'un obstacle temporaire, car en Éthiopie les empires indigènes s'effritent et se désagrègent vite, comme les roches de mauvaise structure.

Un fait indéniable, c'est la noble persistance avec laquelle les Italiens, sacrifiant leurs intérêts, s'aliènent momentanément les indigènes par leur guerre à outrance contre la traite des esclaves. Le Hinterland est-africain fait partie de ce Soudan où, d'après l'expression de Serpa Pinto, la chair humaine est matière de troc. Les récents envahissements des Mahdistes ne sont pas de nature à diminuer la rapacité des négriers; malheureusement l'écoulement de cette triste marchandise se fait surtout vers l'ouest, sur les grands marchés de Chekka (Darfour), de Den-Goudyou (Dar-Fertit) et de Khartoum, où la police européenne est bien éloignée encore de pouvoir quelque chose.

Jusqu'ici le protectorat des Italiens sur l'Abyssinie est purement fictif. Il n'existe en effet actuellement aucune relation commerciale entre Assab et le plateau éthiopien; aucun résident italien ne représente la métropole dans les villes de l'Ambara, du Godjam et du Choa. Mais si la pénétration italienne doit atteindre un jour l'Ethiopie, elle trouvera une porte d'accès par les sources du Tacazzé, dont le thalweg divise l'Abyssinie en deux provinces : le Tigré et l'Amhara. Cette route aboutit en Godjam, au grand marché de Goghiè, où l'on peut arriver soit par Assab et le Zeibul, soit par Massaouah et Adouat, soit peut-être par le sud, c'est-à-dire par les fleuves Djouba et Omo.

Un caractère particulier des fleuves qui suintent des roches granitiques des contreforts avancés du puissant massif éthiopien et qui tombent dans des plaines brûlantes de sable et de lave, c'est que les cours d'eau n'aboutissent pas, en toute saison, à leur destination; quelques-uns n'y aboutissent jamais. Ainsi les torrents des bassins du Golima, de l'Aouach, etc., sont vite bus par un sol spongieux dont le niveau est quelquefois au-dessous du niveau de la mer. Ils n'en ont pas moins creusé naguère des sillons fort propices aux envahisseurs[1].

L'accès du Choa n'est pas non plus difficile, physiquement parlant. Cette selle épaisse, qui se reploie conformément au cours de l'Aouach et qui se fendille en étranges fragments prismatiques sur ses deux versants, présente des gradins hospitaliers. Le voyageur s'extasie devant la beauté des cluses, parfois si étroites que, pour ne citer qu'un petit spécimen, celle de Tadjoulet n'a qu'un mètre de largeur sur 180 de profondeur. Dans cette région, connue par les itinéraires de Rochet, de Lefèvre, de Harris, de Combes, de Tamisier, d'Isemberg et de Krapf, le principal marché, celui de Roghiè, dépérit entre les mains de Ménélik, au grand avantage de celui de Gighiè. Les Italiens pourraient au besoin ruiner complètement Roghiè, en fermant leur barrière du Djouba et de l'Aouach, de sorte que ce marché serait coupé de l'Harrar et du port de Zeila.

Quant aux pays Gallas, ce sera probablement par les ports du Bénadir que l'Italie aura le meilleur compte à en poursuivre l'accaparement. Le Djouba et ses tributaires draineront au profit des ports italiens de l'océan Indien le commerce de ces plateaux, qui se perd péniblement aujourd'hui dans les contrées environnantes. Visité par le missionnaire Fernandez au XVIIe siècle, puis par Beke, Chiarini et Cecchi, cet amas de peuples désunis habite des contrées qui inclinent vers l'océan Indien leurs versants agricoles. On ne peut prévoir quel sera l'accueil de ces indigènes batailleurs, qui, de toute antiquité, ont fourni d'esclaves l'Égypte et l'Arabie, mais qui se montrent âpres aussi aux gains licites sur leurs bestiaux, leur ivoire et tous leurs produits. Jusqu'ici les parties les plus riches du territoire galla — l'Ennaré, le Kaffa, le Gouraguè — n'ont guère écoulé leurs marchandises que vers le nord, c'est-à-dire dans les marchés de Roghiè et de Goghiè; mais la guerre du Godjam contre Ménélik, l'obstacle du fleuve Abaï, infranchissable pendant sept mois de l'année et surtout les douanes intérieures qui allongent quelquefois d'un an la durée de trajet des caravanes, seront autant d'atouts pour les colonisateurs de Brava.

A l'est de l'Abyssinie, les Danakils se sont montrés de tout temps férocement jaloux du monopole du transit entre la mer Rouge et les plateaux éthiopiens. Leur plaine, aride passerelle pour embarquer et débarquer les marchandises, est une étendue de sables ardents et de laves « lugubres », parfois en contre-bas du niveau de la mer[2], où l'eau des montagnes se perd sans produire aucune végétation. Dans cette excessive réverbération, à peine trouve-t-on quelques insuffisants jardinets au bord de l'Aouach, et les indigènes de cette fournaise en sont

1. Ces disparitions de fleuves de montagnes à leur entrée dans les plaines se répètent en d'autres contrées du globe, mais elles ne sont pas toutes dues aux mêmes causes. Les artères qui descendent de l'acropole Bolivienne, par exemple, dans les pampas de l'Argentine, n'aboutissent pas non plus au rio Parana; mais là ce phénomène doit être attribué à des causes météorologiques, c'est-à-dire à la présence du plateau brésilien qui fait l'office d'écran et arrête les nuages de l'Atlantique. Cet écran empêche la masse humide de se projeter sur toute cette partie du mur des Andes et de former des cours d'eau aussi puissants que l'Orénoque et l'Amazone; grâce à lui, les affluents de droite du Parana ont une importance relative presque nulle et n'atteignent pas toujours le déversoir commun.

2. Le lac Aoussa a une cote négative de 170 mètres.

réduits à chercher dans le transit les bénéfices nécessaires à l'achat de leurs vivres. Voilà pourquoi ils tiennent tant à leur monopole de caravanes, que les rois abyssins ont vainement tenté de leur enlever à diverses reprises. Les « Afar » ou Danakils, quoique divisés en nombreuses tribus, se rassemblent toujours sur les points menacés et fondent frénétiquement sur l'envahisseur. Fétichistes farouches, guerriers grands, souples et très braves, ils ne se laissent nullement intimider par les armes à feu, qui, d'après eux, « ne servent qu'aux lâches ». En 1840, une colonne arabe fut anéantie dans ce désert; en 1875, le pacha égyptien Munzinger y fut exterminé avec toute sa bande; récemment les explorateurs Bianchi et Chiarini y furent assassinés pour s'être obstinés à passer sans permission.

Là surtout, la guerre que l'Italie fait à la traite des esclaves retarde beaucoup son progrès, à cause de l'hostilité qu'elle excite parmi les indigènes. Les Italiens font bonne garde sur leurs côtes, mais malheureusement ces côtes sont longues et les veilleurs ne peuvent tout voir. Il y a quelque temps, le conseil de guerre de Massaouah jugeait cinq marchands de chair humaine qui s'étaient laissé surprendre près de Beilul au moment où ils allaient embarquer pour l'Arabie quarante jeunes gens des deux sexes. Généreusement l'Italie irrite à ses dépens les indigènes, et cette irritation est telle, que le gouverneur Baratieri dut retenir, l'an dernier, l'explorateur Candeo au moment où celui-ci allait partir à la reconnaissance du Golima : il y avait à craindre en effet que le sultan de l'Anfari n'exterminât la mission pour se venger de ces blancs qui enrayent son commerce d'hommes. Et il ne fait pas bon tomber victime du Danakil; féroce, sanguinaire, celui-ci ne recule pas devant l'assassinat d'un compagnon endormi quand il s'agit de gagner le titre d'*hellanah* qui ne se confère qu'à ceux qui ont tué dix hommes de leurs propres mains. Pour chaque assassinat, le Danakil se plante une épingle dans les cheveux, comme nous autres nous nous mettons une médaille sur la poitrine pour une bonne action.

Assab est le véritable pied-à-terre italien pour atteindre au Choa, en remontant l'Aouach. Quant au Golima, son bassin inférieur desséché trace une route pour remonter en Abyssinie. Le thalweg aride du bas Golima n'est pas encore bien précisé cartographiquement, en ce sens qu'on n'a pas rattaché le torrent qu'on croit être ses sources à la vallée desséchée qu'on croit être son embouchure. L'éminent géographe Guido Cora s'y trompa lui-même en affirmant que le torrent de Margable était le déversoir de ce fleuve dont les sources tombent et se perdent dans la plaine à l'est de Zébul. Mais ce torrent de Zébul se dirige au nord-est pour tomber dans une vaste dépression et n'a probablement jamais atteint la mer depuis que le relief actuel de la contrée est tel. On peut supposer que les marais de Maska proviennent des infiltrations du Golima devenu souterrain. Quoi qu'il en soit, les vallées de plusieurs torrents perpendiculaires à la côte offrent des puits, et les caravanes indigènes emploient depuis longtemps leurs sillons successifs. Assab est mieux placé que Massaouah, pour les Italiens, en ce qui concerne la concurrence aux étrangers; à proximité de Zeila, de Berbera, d'Obok, il n'est séparé de l'intérieur que par des difficultés politiques momentanées; ses vallées côtières, puis celle du Golima conduisent directement au Lasta par Zébul, le plus grand marché du Juggiu[1]. De là il est aisé de descendre dans la vallée du Tacazzé par Sokoto, puis dans celle de l'Abbaï, pour atteindre le Godjam.

1. Voir Camperio, Bullet. Societ. Geog. Ital., An. XII, fasc. I, II.

La route du Choa est utilisable par l'Aouach en suivant les petits marchés depuis Hadele Gubbo jusqu'à Caradibu[1]. Il est à prévoir qu'avec la civilisation cette ligne de l'Aouach deviendra très importante parce qu'elle aboutit au Choa, c'est-à-dire à une région limitrophe des plus riches provinces de l'Est-Soudanais. En attendant, les explorateurs italiens ne doivent pas oublier que la plaine Danakil n'est pas une sinécure et qu'aux victimes déjà citées on pourrait ajouter bien d'autres noms, entre autres ceux de Diana, de Monari et de Biglieri. Il faut que le voyageur ait l'œil continuellement ouvert, qu'il répande partout des cadeaux et ne s'aventure qu'avec une escorte bien armée.

## III

### LA PÉNINSULE SOMALI ET LES PORTS DU BÉNADIR

Depuis ces trois dernières années, une lumière plus intense s'est faite sur la mystérieuse « Corne d'Afrique », un peu délaissée naguère après les explorations de Haggenmacher (1876), de Révoil (1878-83) et des frères James (1885). Ce regain d'intérêt pour le pays Somalis est dû surtout à l'intrépidité des voyageurs italiens, qui ne reculent devant aucun des obstacles suscités par des populations musulmanes très fanatiques, très méfiantes et très aggressives. Rien ne décourage ces officiers et ces ingénieurs, qui bravent la faim, la fièvre et les flèches, pour s'enfoncer dans une contrée complètement inconnue, où les villages sont irrégulièrement échelonnés le long des cours d'eau, dans les vallées du Tana, du Djouba, du Chébéli et des torrents de l'Ogaden. Il semble au contraire que les nombreux dangers, tendus comme des pièges dans les affreux déserts des chaînes intermédiaires, soient aussi dédaignés par les Bottego et les Ruspoli que les formes fantastiques revêtues pendant la nuit par les roches étrangement mouvementées.

Le rivage océanien, depuis Guardafui jusqu'à Obia, n'a pas non plus dépité les marins, malgré une telle difficulté d'accès qu'en 1891 encore il fallait tâtonner longtemps pour les découvrir, au risque d'échouer mille fois. Sur cette côte medjourtine, les havres ne sont abordables que par de très petits bateaux et seulement pendant la saison des calmes, en mars et en avril. Mais les rivages du Bénadir, mieux abrités des puissantes moussons, offrent les ports de Brava, de Merka, de Ouarchek, de Magdochou et d'Itala où le gouvernement italien vient de planter son pavillon. Les nouveaux protecteurs ont trouvé autour de ces « échelles somaliennes » un rideau de dunes moins désolées que le reste de la côte, à cause des infiltrations du fleuve Chébéli qui coule parallèlement au rivage sur plus de 400 kilomètres.

Depuis 1886, le Djouba sert de frontière entre les sphères d'influence anglaises et italiennes, laissant à l'influence italienne l'Éthiopie, le Choa et le Kaffa; mais une pareille délimitation ne saurait encore avoir un caractère définitif que jusqu'à Logh, puisque la véritable branche maîtresse du fleuve n'est pas reconnue.

L'Angleterre et l'Italie viennent de se partager la presqu'île Somalis, par leur convention du 5 mai dernier.

1. Voir Traversi, Bullet. Societ. Geog. Ital., vol. VII, fasc. VI, VII.

Les Italiens ont ainsi à l'est une frontière déterminée pour leur sphère d'influence dans la Corne d'Afrique, en attendant que la topographie du Djouba permette d'établir définitivement la frontière de l'ouest. La nouvelle limite, partant de Djildessa et se dirigeant vers le 8° degré de latitude nord, contourne la frontière nord-est des territoires Girri, Bertiri et Rer-Ai, laissant à l'Italie les villages de Djildessa, Darmi, Djigdjiga et Milmil, avec tout l'oasis d'Harrar. Arrivée à ce 8° degré de latitude nord, la ligne s'identifie avec le parallèle et se dirige vers l'est jusqu'au 48° degré est de Greenwich. De là, la frontière remonte vers le nord, laissant à l'Italie tout le cap Guardafui.

On le voit, la plus belle part est faite à l'Italie, qui s'empare ainsi des quatre cinquièmes de la péninsule, englobant les possessions françaises d'Obok et les possessions anglaises de Berbera. Nous ne pensons pas que la France ait intérêt à chicaner au sujet de ce traité; seulement il faudra bien que les Italiens fassent reconnaître leur nouvelle frontière par nous et il y a tout lieu d'espérer que notre sœur latine n'agira pas avec le sans-façon ordinaire de nos voisins d'outre-Manche. Sans cela, le gouvernement d'Érythrée se verrait très probablement susciter des difficultés.

L'Angleterre s'est empressée d'offrir à l'Italie la nouvelle région de l'Harrar, parce que, une convention entre Paris et Londres empêchant les Anglais d'y mettre la main, il y avait à craindre que la Russie ne songeât à s'introduire là. Ce sont les Italiens qui en profitent, et réellement ils ont bien mérité cette péninsule qui leur a tant coûté.

C'est l'ingénieur Robecchi, qui, le premier, en 1891, accomplit la traversée du Somal, entre Obia et Berbera, suivant un parcours de 2000 kilomètres; Candeo et Baudi di Vesme, partis de Berbera, n'avaient pu atteindre que l'Ogaden.

La vallée du Djouba, plus saine que celle du Tana, est extrêmement favorable à l'agriculture et au négoce, comme l'a proclamé l'Anglais Dundas; seulement elle est peuplée d'indigènes hostiles aux blancs qui la parcourent. La découverte des sources de la grande artère somalienne, voilà le problème qui passionne l'Italie et qui met en marche tant d'explorateurs. Car d'où vient ce Djouba? Est-ce du nord, est-ce de l'ouest? Les uns, comme Chiarini et le P. Léon, le croient un émissaire du lac Rodolphe, un continuateur du fleuve Omo; les autres, comme Bottego et Ruspoli, nient qu'il puisse venir du grand lac du Kaffa, parce que, d'après leurs calculs, son thalweg supérieur est plus élevé que le niveau de ce bassin. Les derniers renseignements recueillis auprès des indigènes sont en complète contradiction : d'après le chef abyssin Ghiorghis, dit le Dr Traversi, l'Omo s'écoule vers l'ouest et ne peut avoir de rapports avec le Djouba; le roi de Cullo affirme qu'il continue à couler au sud; un troisième indigène, qui a voyagé dans ces régions, assure qu'il tourne à l'est.

Dundas remonta le Djouba, en 1892, depuis son embouchure jusqu'au 2° 34′ 35″. Au nord de Logh, il aperçut une embarcation naufragée.... C'était celle de l'infortuné von der Decken. Couchée sur le flanc depuis vingt-sept ans, elle avait donné asile à deux gros arbres qui poussent sur sa quille. Ferrandi aussi remonta le fleuve jusqu'à Bardera, mais, pillé par les indigènes, il dut rétrograder à Brava.

Le capitaine Bottego, envoyé par la Société de Géographie de Rome, se rendit du golfe d'Aden au Djouba, à travers l'Ogaden; mais il ne put atteindre son objectif, le lac Rodolphe. Ayant remonté le cours énigmatique du Dau jusqu'au sixième parallèle, il fut contraint de rebrousser chemin à cause du manque de vivre, qui réduisait l'escorte à manger des herbes bouillies. Son voyage cependant n'aura pas été stérile au point de vue scientifique; Bottego a reconnu onze affluents du Ganale-Giudda, un affluent du Dau et deux affluents du Guaraccia.

A la même époque, le prince Ruspoli, parti aussi de Berbera à la tête d'une caravane équipée aux frais de son père, le syndic de Rome, attaquait courageusement la grande énigme géographique où ses compatriotes avaient échoué jusqu'ici. D'abord il se proposait d'atteindre le Kaffa par le nord et de descendre ensuite l'Omo, pour trancher définitivement la question de savoir si l'Omo est tributaire du Nil, ou bien branche maîtresse du Djouba, ou bien seulement l'alimentateur d'un bassin intérieur ayant pour fond le lac Rodolphe. Mais, averti par les missionnaires français d'Obok des dangers qu'il courrait dans cette voie, il dut choisir un itinéraire plus méridional même que celui de Bottego, afin d'éviter les nations gallas en guerre les unes contre les autres. Il atteignit le Ganale-Giudda en mars 1893. Dans une lettre datée de Malkar il annonçait qu'il allait s'enfoncer vers le lac Rodolphe, en suivant le Dau, sur les rives duquel il trouvait une série d'habitations exposées le long des rives, sans solution de continuité, et dont les eaux pourraient bien être aussi la véritable branche maîtresse si recherchée.

Les renseignements qui précèdent sont tirés de la dernière lettre qu'écrivait à son père l'intrépide explorateur. Le jeune Ruspoli, ardent et brave jusqu'à la témérité, se faisait un jeu des mille difficultés suscitées par une population barbare et l'on sentait qu'il était attiré par le danger, par le désir de mourir pour son pays, sous une flèche sauvage. Hélas! il en devait être autrement et le brillant officier de cavalerie courait à une mort plus poignante encore, puisque ce malheur n'était imposé par aucune nécessité. Cette expédition si tristement échouée n'en aura pas moins donné la preuve que la marche vers l'Omo est possible dès maintenant.

L'expédition s'enfonça vers l'ouest par Elmole et Gellago, où elle fut attaquée par les Borani Gabra. Le 5 août elle était à Giacorsa, et le 14 elle atteignait Aloi, sur le Dau, devenu un torrent rocailleux. Nous donnerons dans nos chroniques les renseignements géographiques tout dernièrement rapportés par l'escorte du malheureux prince.

Le 4 décembre le prince était à Guba Leggenda, d'où il voyait les monts Malbé, qui probablement le séparaient du lac Rodolphe. Soudain il aperçut près du campement un énorme éléphant et s'élança au-devant de lui, sans permettre à personne de l'accompagner. Il était à cheval et armé de son fusil Vetterli avec lequel il avait tué tant d'autres pachydermes. L'imprudent chasseur disparaît bien vite, et peu après on voit sa coiffure voler dans l'espace. Aussitôt les Européens, anxieux, se précipitent et trouvent Ruspoli mort, les yeux ouverts, les habits déchirés. L'éléphant avait lancé sa victime contre le sol et, suivant la coutume de ces animaux, lui avait broyé la poitrine avec l'une de ses formidables pattes.

Privée de son chef, l'escorte est rentrée à la côte au mois de mars. Mais l'impulsion est donnée; le colonel

Piana, parti aussitôt pour l'Harrar, va probablement reprendre la route jalonnée par Ruspoli. Le travail lui sera grandement facilité, car le jeune prince a montré que la route vers les grands lacs était possible et que déjà les postes avancés des soldats de Ménélik en sillonnaient une partie.

L'Autrichien Höhnel et l'Américain Chanler étaient partis, deux mois avant Ruspoli, pour le même problème, mais en l'attaquant par le sud, par la vallée anglaise de la Tana qu'ils devaient suivre jusqu'au lac Rodolphe. A Daïcho, il leur a fallu renouveler la majeure partie des animaux de bât et le bétail de consommation, décimés par le climat. A Leja, Höhnel fut blessé par un rhinocéros, et depuis lors Chanler poursuit seul sa route[1].

En même temps que Chanler, l'Italien Ferrandi tentait de nouveau l'assaut du Djouba par Brava et par Logh. Il n'a pu atteindre que Logh, mais il rapporte de son voyage une foule de renseignements nouveaux et précis. Le pays est sain et cultivé; il pourrait produire beaucoup plus avec l'irrigation qui y est inconnue. La population sera facile à apprivoiser, mais le Djouba n'offrira que très difficilement une bonne voie fluviale, à cause de la barre de son embouchure et de ses nombreux bancs. La route terrestre des caravanes vaut beaucoup mieux. Les résultats de la maison Ferrandi seront également résumés dans les chroniques de notre revue.

Ferrandi a été suivi de près par la commission anglo-italienne de Villiers et de Locatelli, chargée de l'abornement; mais les guerres civiles ont fait ajourner la suite de cette opération. Pendant ce temps l'Italien Sylos visite l'extrémité de la « Corne Africaine », connue sous le nom de Nogal. Citons aussi la mission franco-russe du duc d'Orléans et du prince Boris, qui n'a pu pénétrer que fort peu dans l'Harrar, mais qui s'y était trouvée heureusement à point pour tirer d'un mauvais pas un détachement de la mission Ruspoli.

Le caractère spécial des fleuves somalis consiste dans une augmentation considérable des eaux pendant les torrentielles avalanches de la saison humide. Bottego employa huit jours à traverser l'Ouebi, qui n'a que 51 m. 50 de largeur et 5 m. 90 de profondeur en janvier, mais qui atteint parfois 8 m. 50 de profondeur au même endroit. Au gué de Magdala, le Ganale-Giudda n'avait que 95 m. 90 de largeur et 1 m. 10 de profondeur quand Ruspoli le traversa, le 15 mars 1893; mais les traces de ses berges prouvent que cette rivière monte à 4 m. 40 au-dessus de son thalweg et s'étale sur une bande large de 170 m. 45. D'autre part la flore variée des rives démontre que les eaux sont fort violentes, puisqu'elles entraînent quantité de germes de pays éloignés[2].

Dans toutes ces rivières foisonne une espèce de crocodile prodigieusement audacieux. Pendant la nuit, tandis qu'une forte caravane italienne campait sur une rive, un de ces sauriens sauta à terre et ravit un mulet dans la zériba[3]. Certains parages recèlent aussi la grosse tortue *éléphantina* et une foule de reptiles.

Les moyennes et basses vallées de ces fleuves constitueront de bonnes voies terrestres lorsque la hachette aura ouvert les sentiers ombragés de forêts de zizyphus, d'acacias, de cissus et enchevêtrés d'orchidées, de résédas, de lotus, de sensitives et d'euphorbes; sentiers où les relais sont naturellement marqués par les pâturages et les champs de céréales qu'on y trouve échelonnés.

N'étaient les privations et les fatigues nombreuses occasionnées par les attaques incessantes des indigènes, le pays n'offrirait pas de grands dangers pour la santé des Européens qui sauraient se priver du plaisir de se tremper dans l'eau; mais le bain devient une telle passion pour ceux qui ont dû traverser les arides déserts (en passant d'un bassin dans l'autre pendant leur pénétration est-ouest), que, pour s'être plongée dans l'Ouebi, toute la caravane Bottego fut atteinte de fièvres, à l'exception du capitaine Grixoni, qui avait su résister à ce besoin.

Entre les rainures humides s'allongent de sauvages et brûlants chaos calcaires dont les blocs déchiquetés revêtent des formes de châteaux forts et de monstres, comme les îlots de la baie d'Along au Tonkin. On conçoit quel surcroît d'entraves apportent les brusques transitions du sable ensoleillé et torride au sable ombragé et humide.

Certaines tribus jalouses s'acharnent à persécuter les Européens, qu'elles font espionner parfois à d'incroyables distances. Les Medjourtins d'Obia envoyèrent épier l'Italien Filonardi à Magdochou, c'est-à-dire à 500 kilomètres de chez eux. Telle colonne exploratrice, partie de Berbera avec 150 hommes, n'avait plus que 46 survivants quand elle atteignit la côte de l'océan Indien après avoir perdu tous ses instruments et toutes ses collections. Mais quand les hostilités auront cessé, quand on pourra monter en pays Gallas par le val des fleuves et non plus par la pénible pénétration latérale de Berbera, la vallée du Djouba constituera une route magnifique. Les jalons de ce tracé sont déjà plantés en divers points, car le sultan de Bardera s'est déclaré ouvertement l'allié des Italiens, et la ville de Bardera, fondée en 1819, prospère et progresse depuis quelques années. Plus au nord, le sultan de Logh a demandé aussi de contracter une alliance avec Ruspoli, comme nous l'apprenait le prince vers la fin de l'an dernier. Or Logh est un des centres les plus importants de la péninsule. Là remontent de la mer les caravanes chargées de sucre, de riz, d'huile et de cotonnades débarqués d'Arabie et des Indes; de l'Ouebi apparaissent des caravanes poussant devant elles leur bétail; et, des montagnes Gallas, descendent sur le Dau des bateliers charriant leurs précieuses cargaisons d'ivoire. En même temps, les tribus de l'Ogaden envoyaient un ambassadeur au gouverneur des blancs d'Érythrée pour lui demander d'entrer en relations commerciales avec la colonie italienne. La nouvelle convention anglo-italienne est allée au-devant de leurs désirs.

L'Harrar est une riante oasis élevée à 1 700 mètres au-dessus de la mer, que Ménélik prit en 1887 pour lui servir de communication entre le Choa et Zeila. Mais les 20 000 habitants de ce grand marché redoutent fort les incursions des Abyssins et font maintenant bon accueil aux Européens. Nous voilà bien loin de l'année 1892 où le sultan d'Harrar faisait emprisonner Baudi di Vesme!

Le gouvernement de Rome a inauguré dans sa nouvelle sphère de la Corne Africaine le système des grandes compagnies, système qui a fait la prospérité des colonies françaises au siècle dernier et qui fait aujourd'hui la fortune de l'Angleterre. La maison Filonardi a obtenu le monopole sur la côte du Bénadir, moyennant une rente annuelle de 160 000 roupies qu'elle paye au sultan de

1. Voir *Nouvelles Géographiques* de janvier 1894. Chronique.
2. Ruspoli, *Africa inesplorata.*
3. Bottego se vit enlever de la même manière deux ânes attachés l'un à l'autre et plusieurs hommes de son escorte.

Zanzibar. Le bail est de quatre ans, mais, du pas où les Italiens marchent en cette contrée, il est aisé de prévoir qu'il se sera passé bien du nouveau avant cette date.

Ainsi la versatilité de Ménélik, la jalousie des Danakils, le fanatisme des Nubiens, la méfiance des Somalis, pourront bien occasionner des ralentissements dans les progrès de l'Italie; de plus, la colonie d'Érythrée est bien aussi, comme l'Indo-Chine française, entravée par les fluctuations de la métropole d'où les chefs supérieurs prétendent diriger l'organisation de pays qu'ils n'ont jamais vus. Mais il n'en est pas moins incontestable que la marche en avant se fait, grâce à l'intrépidité des explorateurs et à la ténacité des colons.

La partie est belle, tant par les avances gagnées sur l'Angleterre que par la valeur intrinsèque des sphères choisies.

Certains journaux et certaines revues ont exposé tout autrement que nous venons de le faire la situation des Italiens en Afrique; d'après ces publications, ceux-ci n'ont fait que sottises et n'aboutissent à rien. Comment faire concorder de telles opinions avec les faits indéniables qui viennent chaque jour démontrer le contraire? Comment concilier pareilles hypothèses avec les affirmations des rivaux étrangers qui ont vu par leurs propres yeux? « Dans un siècle, a dit Stanley, l'Italie aura en Erythrée une succursale semblable à elle. » Schweinfurt reste stupéfait des progrès accomplis dans l'intervalle d'une année. De nouveaux postes se dressent de plus en plus loin dans l'intérieur du Tigré et le pavillon de Savoie est arboré à Kassala au moment où Ruspoli vient d'ouvrir le couloir du Kaffa. L'émigration européenne augmente. Des sociétés se fondent à l'instar de la Société africaine d'Italie, qui remplace l'ancien Club Africain de Naples fondé en 1880 dans le but d'attirer les compatriotes dans la baie d'Assab. Le gouvernement a envoyé en moins de dix ans un grand nombre de missions géographico-politiques : Bianchi, Licato, Porro, Dulco, Cicognani, Capucci, Robecchi, Baudi di Vesme; les sociétés scientifiques et la générosité privée ont détaché successivement Candeo, Marchiori, Bottego et Ruspoli.

Les sphères d'influence italienne sont toutes comprises dans l'hémisphère septentrional de la zone équatoriale et occupent, par rapport au Tchad, une position symétrique à nos colonies sénégaliennes. S'il était vrai que les colonisateurs d'Érythrée songeassent à trafiquer dans le centre du Soudan et à y pénétrer par le nord, ce siphon gigantesque à angle droit (dont le coude est à Kouka et les extrémités à Tripoli et à Massaouah) n'a pas les mêmes avantages que le siphon symétrique de la France. Nous rêvons en effet de drainer le Soudan par l'Algérie et par nos possessions de l'Afrique occidentale, mais partout nous avons de l'avance et les préférences de la nature. Le grand angle rentrant du golfe de Guinée nous favorise en rapprochant de moitié nos colonies du Dahomey et du Congo; nous ne sommes pas séparés du Tchad par des États aussi hostiles que ceux du Mahdi; nos voies de pénétration latérale sont multiples et beaucoup mieux connues que celles du Kordofan, du Darf ouret du Ouadaï, où le seul Nachtigal a tracé un itinéraire continu; enfin nous sommes fortement installés en Algérie et les Italiens ne le sont pas à Tripoli. D'ailleurs, si les colonisateurs d'Érythrée poursuivaient jamais un aussi vaste but et y réussissaient, ce serait un bienfait pour la civilisation, bienfait auquel notre généreuse nation ne manquerait pas d'applaudir.

Certes les progrès de l'Angleterre dans la « Corne » et dans « l'Acropole » africaines sont moindres que ceux de l'Italie. Il est possible que les Anglais abandonnent intentionnellement cette région pour chercher plus spécialement à accaparer le grand sillon du Nil. Mais ils sont bien éloignés d'avoir atteint leur but et il ne suffit pas de planter une bannière sur une cabane de l'Ounyoro pour être réellement maître du haut bassin. Au contraire, la prospérité future de la colonie d'Érythrée s'affirme aujourd'hui et l'étranger impartial doit s'en réjouir en pensant à ses habitants qui trouveront un avantage dans les protectorats de race latine, où il y a moins d'aversion pour les alliances avec les indigènes.

H. Méhier de Mathuisieulx.

# CHRONIQUE GÉOGRAPHIQUE

## AFRIQUE

**L'Oubangui français et le Congo belge.** — Une convention a été signée le 14 août dernier entre la France et l'Etat indépendant du Congo. Nous aurons à revenir nécessairement sur cette convention pour en apprécier les résultats. Bornons-nous aujourd'hui à la juger sommairement au point de vue purement diplomatique.

La France avait, depuis quelques années, fait des sacrifices considérables en Afrique Centrale, en prenant pour base l'Oubangui. La raison d'être de ces sacrifices était et est encore la jonction du Congo français au Tchad par la voie de l'Oubangui et des territoires qu'arrosent ses affluents, au nombre desquels figure le M'Bomou.

Notre histoire est pourtant pleine de sacrifices de ce genre, féconds pour la science, mais demeurés stériles pour la géographie politique.

C'est donc la première fois que nous voyons une conquête réalisée par les seuls travaux d'explorateurs; et, cela, en contradiction même avec l'État Belge indépendant, dont la jeune histoire n'est qu'une série de conquêtes à main armée.

Telle est la morale inédite qu'il convient d'abord de tirer de la Convention du 14 août 1894.

Comment, d'autre part, avons-nous été amenés à la solliciter et à la conclure?

Nous avons dit dans notre dernier numéro sous quel aspect nous pensions qu'il fallait considérer le traité anglo-congolais. Nous ne pouvions le discuter que subsidiairement avec l'Angleterre, parce que, sous réserve d'engager avec celle-ci la question d'Egypte, nous n'avions tout d'abord à considérer que la responsabilité de l'État Belge à l'endroit de nos possessions de l'Oubangui et en ce qui concernait la délimitation imposée par la convention de 1885.

Dans une déclaration faite à la Chambre des communes le 11 juin dernier, sir Edward Grey semblait bien avoir écarté cette interprétation en déclarant que le gouvernement anglais était prêt à discuter les raisons pour lesquelles la France s'opposait à l'entente Anglo-Congolaise. Il ajoutait même que l'Angleterre était disposée à passer en revue toutes les questions africaines pendantes entre les deux pays, afin de placer les relations des deux peuples sur une base plus satisfaisante.

Au nombre des questions africaines auxquelles a fait allusion sir E. Grey il n'est peut-être pas téméraire de faire figurer l'Égypte ; et c'est sans doute dans cette pensée que le sous-secrétaire d'État des Affaires étrangères anglais se hâtait de dire encore qu'il ne s'agissait en l'espèce ni d'arbitrage, ni de conférence internationale.

Quelque temps après, le 2 juillet, sir Edward Grey disait à la Chambre des communes que les puissances étrangères n'avaient pas été consultées avant la signature du traité anglo-congolais parce que l'Angleterre ne soupçonnait pas qu'un accord de ce genre pût concerner les intérêts de personne en dehors de ceux des puissances signataires.

Cette seconde déclaration faisait plus que confirmer la première. Elle signifiait que l'Angleterre avait reconnu implicitement, depuis que la France avait exposé sa protestation, qu'une autre puissance que les signataires du traité avait des intérêts en jeu. Mais elle déplaçait les responsabilités ou plutôt elle les déterminait.

Que si, en effet, le gouvernement français avait admis la candeur de l'Angleterre ne se doutant pas qu'elle avait

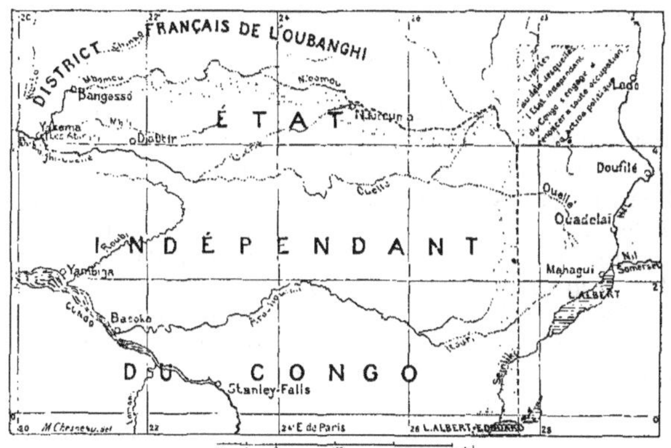


Voir la carte de la convention anglo-congolaise du 12 mai, parue dans le n° 7 des *Nouvelles Géographiques*.

violé une convention, il ne pouvait admettre la même inconscience de la part de l'autre pays à qui devait profiter cette violation. Et comme cette violation ne nous intéressait directement qu'au point de vue des frontières imposées à l'État Belge, c'est à celui-ci que s'est adressé le gouvernement français, se réservant, encore une fois, de discuter la question avec l'Angleterre en se plaçant à un autre point de vue.

D'autre part le gouvernement français a-t-il fait exclusivement œuvre d'intérêt personnel en réclamant le respect des conventions? Évidemment non. S'il a demandé l'annulation du traité du 12 mai dernier en ce qui concerne l'Oubangui et s'il a saisi ce prétexte pour obtenir la solution d'un litige qui durait depuis trop longtemps, c'est parce que la bonne foi a été surprise de toutes les puissances qui ont signé la convention de 1885 et celle de 1889.

Dans cette dernière, ouverte à Bruxelles à la fin de 1889, il ne fut question que d'assurer à l'État du Congo la faculté de s'assurer, par un régime douanier, les ressources dont il avait besoin pour la répression de l'esclavage. Rien de plus! Il ne fut pas question de conquérir, conséquemment de violer ce qui avait été convenu.

Pourtant les expéditions Van Gèle, Hodister, Van Kerkhoven, le traité avec sir William Mackinon et le dernier traité avec l'Angleterre n'ont été que des violations flagrantes.

Malheureusement celle-ci affectait précisément des territoires que la France avait le dessein d'occuper. C'est pourquoi la France avait le droit et le devoir de s'adresser directement à l'État Belge, et c'est ce qu'elle a fait.

Félicitons-nous du résultat, tout en faisant nos réserves en ce qui concerne l'Angleterre, pour qui, ne l'oublions pas, la question franco-congolaise est sans intérêt dès l'instant où elle annule la question anglo-congolaise du Haut Nil. La question d'Égypte, ou, ce qui est la même chose, la question du Soudan Oriental demeure ouverte plus que jamais, avec une recrudescence d'âpreté proportionnée au dépit que cause à l'Angleterre l'habile défaite infligée par notre diplomatie.

En résumé, la France entre désormais en possession de la rive droite du M'Bomou et du poste de Bangasso. C'est ce que nous avons toujours demandé ici même, nous montrant d'ailleurs généreux jusqu'à accepter l'éventualité du voisinage des Belges, à partir du 23° ou 24° degré de longitude; et ce, en manière de tampon entre nous et le Haut Nil.

Malheureusement pour les Belges, la convention du 14 août leur fixe le 5° parallèle environ pour limite d'extension, avec latitude d'occuper Lado, sur le Nil, comme point extrême de leur frontière orientale. Cette dernière concession ne regarde, en somme, que les Belges et les Anglais. Il se pourrait cependant qu'elle fût aussi éphémère que la question d'Egypte, s'il plaisait aux puissances de résoudre prochainement celle-ci conformément au droit. L. SEVIN-DESPLACES.

## ASIE

**Les grottes de Pung.** — Il faut ajouter un nouvel élément à la description physique du Tonkin. Dans les parages des lacs Ba-Bé, c'est-à-dire dans une des contrées les moins explorées des montagnes, se trouve un immense tunnel de 350 mètres de longueur, creusé dans le massif de Nui-Long-Nham, par la rivière Song-Gam. La largeur de ce conduit naturel est de 35 mètres, sa hauteur de 40. La portion libre de ce tunnel au-dessus de l'eau courante affecte la forme concave, et la voûte se hérisse de colonnettes et de stalactites.

Deux profonds couloirs partent latéralement du conduit, à 12 mètres au-dessus du niveau de l'eau. On y a découvert trois villages habités actuellement par des indigènes et leurs animaux domestiques, comme les hommes des temps préhistoriques. Les Thos de ces villages semblent être venus s'abriter là contre les invasions des pirates chinois. Ces grottes n'étaient pas inconnues, puisqu'elles sont mentionnées plusieurs fois dans l'histoire annamite, où elles ont joué un certain rôle; mais on n'en connaissait jusqu'ici l'existence que par ouï-dire.

## AMÉRIQUE

**Chili.** — Une lettre adressée aux *Mitteilungen* de Petermann par le Dr Stange, chef d'une expédition chilienne, nous donne quelques détails intéressants sur la zone sud de la Cordillère que la mission avait pour but d'étudier, à la fois aux divers points de vue géographique, ethnographique et anthropologique.

Les voyageurs eurent à lutter d'abord contre de terribles tempêtes de neige et de pluie, qui rendent les mauvais chemins de la montagne absolument impraticables et causent souvent la mort des bêtes de somme. Par le col de Puyehue, ils traversèrent la Cordillère; le Dr Stange explora la lagune totalement inconnue de Totoral, dont il fit un levé exact.

Par l'émissaire de ce lac, ils arrivèrent au rio Limay, puis ils voyagèrent à travers la Pampa, presque constamment en vue des chaînons orientaux de la Cordillère. Ce sont eux qui forment la ligne de partage des eaux et non pas la chaîne principale, la plus haute. D'ailleurs, point essentiel à noter, il n'y a pour ainsi dire pas de chaîne, ou elle est, en tout cas, presque toujours interrompue; de magnifiques cañons plongent dans les vallées latérales.

Sur le chemin du retour, leur mission principale étant terminée, les explorateurs furent faits prisonniers par une patrouille de cavalerie argentine. Conduits, par une marche forcée de treize jours, jusqu'à Junin de los Andes, ils furent encore retenus là pendant trois jours, après quoi ils purent achever leur périlleux voyage.

### RÉGIONS POLAIRES

**Exploration hydrographique et biologique dans la mer Blanche.** — Pendant le mois d'août 1892, un naturaliste russe, M. Knipovitch, a fait de très intéressantes recherches dans la Dolgaya Gouba, longue baie qui échancre la côte de la plus grande île de l'archipel de Solovetzki (mer Blanche). La faune de ce golfe comprend des formes arctiques à côté d'espèces boréales.

Son facies arctique est surtout marqué par la *Yoldia arctica*. Ce mollusque ne vit que dans des eaux dont la température est inférieure à 0. Dans la même baie M. Knipovitch a recueilli la *Cyprina islandica*, dont la présence dans les eaux froides est exceptionnelle. Dans les parages de la Nouvelle-Zemble, ce dernier mollusque a cependant été rencontré dans un milieu dont la température était de — 0°,4, et M. Herzenstein l'a retiré d'eaux très froides dans la mer Blanche.

Les conditions spéciales de la Dolgaya Gouba expliquent l'existence de la *Yoldia arctica* dans ces parages. Tandis que dans le golfe de Solovetzky, au commencement d'août, la température s'élevait à + 8° jusqu'à la profondeur de 38 mètres, M. Knipovitch a relevé les températures suivantes dans la Dolgaya Gouba :

7ᵐ + 12°,2
12ᵐ + 6°,19
13ᵐ + 0°,87
14ᵐ + 0°,25
16ᵐ,50 + 0°
19ᵐ — 0,12, — 0°,2 et — 0°,45.

La Dolgaya Gouba ne communique avec la mer Blanche que par une passe étroite barrée par un seuil. Les eaux profondes échappent par suite à l'action réchauffante des couches superficielles de la mer environnante. M. Knipovitch considère la présence de la *Yoldia* dans la mer Blanche comme une survivance d'une faune de la période glaciaire. (*Viestnik Estestvosnania.*)

**Variations des glaciers du Grönland.** — Le volume VII des *Meddelelser om Grönland* contient d'intéressants renseignements sur les glaciers du Grönland sud occidental (du 62° 18′ au 60° 30′ latitude nord). De 1878 à 1890 l'*isblink* de Frederikshaab, le plus large courant issu de l'*inlandsis* dans le sud du pays, est resté stationnaire. Autour du Kinalik (au sud-ouest d'Ivigtut), deux glaciers sont également stationnaires. L'un d'eux, débouchant perpendiculairement à un fiord, a barré ce chenal par le dépôt de ses moraines et des *slams* charriés par le torrent glaciaire. D'après les mesures du lieutenant Bloch, ce torrent entraînait 720 grammes de particules minérales par mètre cube, et le cours d'eau issu du glacier voisin 380 grammes.

Devant l'*isblink* de Frederikshaab on n'observe qu'une moraine frontale située généralement contre le front de la glace. En quelques localités seulement la glace s'en trouve séparée par une distance de 10 mètres environ. Sur un point et sur une petite distance, la moraine se dédoublait; les deux formations étaient espacées à 20 mètres l'une de l'autre. La plus éloignée était couverte de broussailles. Le glacier situé au sud du Kinalik était également précédé de deux moraines situées respectivement de 30 à 60 mètres l'une de l'autre; en avant la végétation était très fournie. Il est bien certain que dans cette région les glaciers ont atteint récemment un *maximum* et qu'une nouvelle période de retrait n'a pas encore commencé.

Les moraines de l'*isblink* de Frederikshaab, aussi bien que celles du glacier sud de Kinalik, sont principalement constituées de graviers et de sables. Les grosses pierres s'y présentent très rarement et sont presque toujours arrondies.

### *DERNIÈRES NOUVELLES*

**Mort de M. Dutreuil de Rhins.** — M. Dutreuil de Rhins, mort si tragiquement, près de Si-Ning-Fou, le 5 juin dernier, assassiné par les gens d'une tribu tibétaine, venait d'achever une exploration de l'Asie Centrale qui lui avait coûté plus de trois années d'un travail pénible. Il avait exploré successivement le Turkestan Oriental et les chaînes qui le bornent au sud, puis le Karakorum.

Depuis quelque temps on était sans nouvelles de lui, mais on le savait sur le chemin du retour. Il avait passé probablement par le Tsaïdam et le Koukou-Nor; c'est à la frontière même du Kan-Sou, au moment d'arriver dans la Chine proprement dite, qu'il vient d'être assassiné. Il échoue donc au port.

Les travaux topographiques qui devaient compléter si bien l'ouvrage de M. de Rhins sur l'*Asie Centrale* pourront, nous l'espérons vivement, être retrouvés. Ils donneront la mesure de la perte irréparable que la science vient de faire et sur laquelle nous reviendrons prochainement.

CHARLES RABOT.

# MOUVEMENT ÉCONOMIQUE

## LA SITUATION ÉCONOMIQUE DU PÉROU

Le Pérou semble sur le point de passer par une de ces crises politiques sanglantes qui désolent trop souvent les républiques sud-américaines; mais, même au point de vue purement économique, sa situation n'est pas ce qu'elle devrait être, et le pays ne sait pas profiter des richesses naturelles qu'il possède.

A l'occasion de l'Exposition universelle de 1867, M. Tenré, dans un livre intitulé *les États américains*, énumérait longuement les ressources du Pérou, et non seulement il montrait les gisements aurifères et argentifères, les dépôts de cuivre, d'étain, de plomb, de fer, de soufre, etc., mais il signalait les richesses végétales, blé, riz, café, canne à sucre, cacao, coton, tabac, forêts, coca, etc. L'exportation avait pu atteindre 65 millions de francs pour le guano,

15 pour l'argent, 13 pour le salpêtre, 7 1/2 pour les laines, 2 1/2 pour le coton.

Jusqu'à la guerre avec le Chili, la république a été dans une situation assez prospère; on tirait parti de ces ressources, et, en 1878, les recettes budgétaires montaient à 160 millions de francs; en même temps, l'ensemble du mouvement commercial dépassait 270 millions. Mais le Pérou n'a su que gaspiller sans profit les trésors de son sol, exploitant notamment ses guanos de la manière la plus imprévoyante. Puis sont survenues des catastrophes qui ont porté un coup terrible à sa fortune : par suite de sa lutte malheureuse avec le Chili, il a été amputé de deux provinces : celle de Tarapaca a été cédée aux Chiliens; celle de Tacna est occupée par eux, et les Péruviens ont perdu les nitrates; c'était le plus clair de leurs revenus qui s'en allait.

Un instant, on espérait voir la république sortir de tous ses embarras par la signature du contrat Grace : l'État s'est délivré du service de sa dette extérieure, dont le poids était énorme, en cédant aux porteurs de ses bons l'exploitation des chemins de fer de l'État pendant 66 ans, ainsi que celle des steamers appartenant à l'État, et différents autres privilèges. Cette dette extérieure était évaluée à plus de 155 millions en 1891. Les porteurs de bons, réunis sous le nom de *Peruvian Corporation*, sont intéressés à développer le trafic des voies de communication qui leur ont été abandonnées; mais ils ne cherchent point l'intérêt général du pays. D'ailleurs il reste une dette intérieure qui pèse lourdement sur le budget péruvien : elle était évaluée en 1888 à 546 millions, sans compter 416 millions de papier-monnaie; certains documents officiels la donnent comme ramenée actuellement à 250 millions, mais il semble douteux que pareil amortissement ait pu être mené à bien.

D'autre part, le budget est assez élevé, et il ne faut pas se fier à l'équilibre que l'on établit sur le papier : en 1891, par exemple, on oppose 43 millions de recettes à 40 850 000 francs de dépenses; mais on affirme que l'excédent n'existe pas en réalité; de même en 1892, et sans doute pour les autres années.

Jetons un coup d'œil sur le mouvement commercial du pays, autant qu'on peut s'en rendre compte, avec les renseignements officiels très vagues qu'il est possible de se procurer. En 1885, le total du mouvement commercial ne dépasse pas 96 1/2 millions de francs, dont 51 pour les importations; en 1887, c'est 86 1/2 millions seulement, se partageant à peu près par moitié entre les importations et les exportations. Il est vrai qu'on voit les totaux grossir un peu pendant les années suivantes, donnant, pour 1889, 111 millions, et 123 1/2 en 1890; mais combien l'on est encore loin des chiffres cités plus haut pour 1878! En 1891, l'exportation est seulement de 58 080 000 francs, et encore comprend-elle plus de 11 005 000 francs en argent sortant des usines (minerais ou barres), et 7 395 000 francs d'espèces; les deux articles principaux de production véritable sont, d'une part le sucre, et de l'autre le coton (respectivement 14 800 000 francs et 6 100 000 francs). L'année 1893 a dû être mauvaise, car les recettes douanières accusent une dépression très sensible (en dépit de l'augmentation de certains droits), la diminution atteignant même 40 pour 100 pour les six premiers mois. Il semble que le Pérou perde toutes ses facultés exportatrices. Il fait venir notamment du dehors le riz, le froment qu'il consomme; et nous sommes payés pour savoir quelle est l'importance du marché extérieur : que l'on songe qu'en 1876 la Grande-Bretagne recevait 156 000 tonnes de guanos, et qu'en 1892 elle n'en reçoit plus que 13 767. On comprendra combien il serait désirable pour le pays de trouver d'autres articles d'exportation.

Comme on le faisait remarquer dès 1867, il y a pourtant ample matière au développement commercial. Encore une fois, nous ne voulons pas attacher plus d'importance qu'il ne faut aux gisements miniers; mais on ne peut oublier qu'en 1891 il existait 4 187 mines en exploitation, dont 427 d'or, 2 641 d'argent, 613 de pétrole, 278 de charbon, 60 de sel : près de Huacho, sur la côte, on trouverait assez de sel pour le continent américain; les dépôts carbonifères de la Cordillère, près de Chimbote, sont fort riches. Pour le pétrole, rien qu'à Zorritos, on a expédié 2 300 000 kilogrammes d'huile brute, 1 999 000 de kérosine, 1 115 000 d'huile lubrifiante; il y a d'autres centres, mais on est loin de tirer pleinement parti de ces ressources, qui paraissent s'étendre sur une immense superficie.

Au point de vue agricole, il y a matière à toutes sortes d'exploitations : la base de la grande culture, c'est la canne à sucre; la production sucrière a pu atteindre un instant 100 000 tonnes, mais elle est retombée à 70 000, en partie parce qu'elle est devenue moins rémunératrice. Le coton constitue une culture qui pourrait donner d'excellents résultats, d'autant qu'il présente des qualités spéciales qui le rendent précieux en mélange avec la laine : la récolte est évaluée à 15 millions de francs, et l'on commence à en ouvrer quelque peu sur place, mais on pourrait en récolter bien davantage. Le riz vient parfaitement dans les basses-terres du nord, mais on en importe des quantités considérables de l'étranger. Le café pousse aussi, et il est presque partout d'excellente qualité dans les basses-terres; cependant c'est à peine si l'on en récolte assez pour la consommation locale; le blé vient dans toutes les régions, sauf à de trop grandes altitudes, et donne en maint endroit deux récoltes par an. On peut obtenir du cacao excellent, l'élevage des moutons se fait dans les meilleures conditions; et il faudrait encore parler de la coca, du caoutchouc, etc.

Le Pérou, pour sortir de la crise où il languit, doit multiplier les éléments de production et d'échange; il porte ses regards vers le bassin supérieur de l'Amazone, dont le climat et le sol offrent des qualités exceptionnelles; la *Peruvian Corporation* elle-même fait étudier cette région.

Mais, comme le faisait remarquer dernièrement M. P. Le Faivre, la mise en valeur du pays demanderait des capitaux, des voies de communication entre l'intérieur et les grandes villes de la côte, enfin des bras, la population étant beaucoup trop rare. Pour les communications, on fait des efforts pour les améliorer : en dehors des voies ferrées actuellement existantes, on travaille à 1 560 nouveaux kilomètres, qui seront prochainement terminés. On veut créer des voies carrossables d'exploitation de Palca à Vitoc, puis de Chicla au rio Pichis, etc. L'émigration européenne est extrêmement faible, l'émigration asiatique est suspendue, et, malgré la loi votée récemment pour encourager l'immigration, les vastes territoires concédés à la Peruvian Corporation menacent de rester longtemps en friche.

En un mot, on ne voit pas que le moment soit prochain où le Pérou sortira de la situation fâcheuse dans laquelle il se trouve actuellement.

DANIEL BELLET.

# BIBLIOGRAPHIE

## *REVUE DES PÉRIODIQUES*

### *Articles signalés*

**Geographical Journal.** Août 1894. — *Peoples, places, and prospects in British East Africa*, par C. W. Hobley. (L'auteur, qui a été pendant trois ans et demi au service de la Compagnie de l'Afrique Impériale Britannique, donne d'intéressants renseignements sur la Tana, qu'il a remontée en bateau à vapeur en 1891; il décrit sous ses multiples aspects le pays qu'elle traverse et les habitants qui peuplent ses rives.) — *Wanderings in the hinterlands of Sierra Leone*, par T. J. Alldridge, avec 1 carte. (M. Alldridge, qui fut chargé, par le gouvernement de la colonie de Sierra Leone, d'une mission pacificatrice dans le haut pays de Mendi, sans cesse en état d'hostilité, fait un récit très vivant de son séjour au milieu des populations peu connues encore de ces régions, et décrit quelques coutumes étranges qui y règnent, comme le *Poro* et le *Boundou*, espèce de franc-maçonnerie correspondant aux pratiques analogues déjà observées dans certaines parties de l'Afrique. Le tracé du pays visité par l'auteur est extrait de la grande carte de la colonie préparée au War Office, où l'on a utilisé ses observations dans ces régions.) — *The Jackson-Harmsworth polar expedition*, par F. G. Jackson. (Détails sur l'organisation et l'équipement de l'expédition qui se propose d'atteindre le pôle par la voie de la Terre François-Joseph.) — *Recent geographical Work by the United States geological Survey*, par M. Baker, avec 1 carte. (Notice sur l'état d'avancement des levés topographiques aux États-Unis; nous reviendrons prochainement sur cet article.) — *The landslip at Gohna in British Garwhal*. Communiqué par le général R. Strachey, avec carte et diagrammes. (Rapport sur l'éboulement considérable qui a eu lieu le 22 septembre 1893, dans la vallée du Birch-Ganga, petit affluent du Ganga, près du village de Gohna. Le sommet d'un éperon rocheux de montagne, situé à 1200 mètres d'altitude au-dessus de la rive droite du cours d'eau, glissa dans la vallée très étroite et la ferma sur une longueur de plus de 3 kilomètres, par une barrière compacte de 274 mètres de hauteur. Derrière cette digue, un lac s'est formé, lac qui grandit sans cesse et dont on observe jour par jour la crue rapide. Les populations riveraines sont prévenues et toutes les précautions sont prises pour diminuer les ravages que ne manquera pas de causer la terrible inondation qui va se produire, lorsque le lac se précipitera dans la vallée. Le 23 juillet 1894 l'eau était encore à 39 m. 80 du sommet de la digue, mais le niveau du lac s'élève d'environ 0 m. 60 par jour et l'on croit que la catastrophe aura lieu vers le milieu de septembre si la partie supérieure de la digue ne se rompt pas auparavant, sous la poussée formidable des eaux.)

**Revue d'Égypte**, *Recueil mensuel de documents historiques et géographiques relatifs à l'Égypte et aux pays voisins : Soudan, Arabie, Palestine, Syrie, etc.*, publié sous la direction de Ch. Gaillardot-Bey. Le Caire; première année, n° 1, 1er juin 1894. Le programme de cette nouvelle revue mensuelle, qui paraît avec l'appui du khédive et de Nubar-Pacha, est de publier des documents inédits ou peu connus sur l'histoire moderne de l'Égypte et de signaler tous les ouvrages qui paraissent sur ce pays. Parmi les articles du premier numéro, nous remarquons le *Journal d'une mission dans le Yémen*, 1847-1848, par Thomas Joseph. F. Arnaud; l'*Historique du bataillon nègre égyptien au Mexique* (1863-1867), par MM. Raveret et Dellard; quelques lettres d'une correspondance entre Ernest Renan et le Dr Gaillardot, et une *Bibliographie de l'expédition française en Égypte*. Nous faisons les meilleurs vœux pour le succès de cette Revue, et nous souhaitons qu'elle contribue à fortifier l'influence française en Égypte.

## *COMPTES RENDUS*

**A. Seidel** : *Praktisches Handbuch der arabischen Umgangssprache ägyptischen Dialekts*. Berlin, Gergoune et Cie, 1894, in-8°.

On sait qu'il existe une grande différence entre l'arabe littéral ou écrit et l'arabe vulgaire ou parlé. Le premier est une langue savante, qui est encore la langue du Coran, enrichie d'un certain nombre de mots nouveaux, langue écrite partout de la même façon, mais qui n'est parlée nulle part. L'arabe vulgaire, au contraire, parlé dans la plupart des pays musulmans, s'est fractionné en un grand nombre de dialectes, qui peuvent être ramenés à sept groupes : du Hedjaz, du Yémen, de l'Arabie orientale, de Mésopotamie, de Syrie et de Palestine, d'Égypte, du Maghreb (Algérie, Tunisie, Maroc).

La grammaire allemande-arabe que nous avons sous les yeux, a pour but de donner des notions élémentaires de l'arabe vulgaire de dialecte égyptien. N'enseignant que le langage parlé, l'auteur a transcrit tous les mots en caractères latins, suivant une méthode assez simple. La grammaire se divise en quatre parties : 1° une courte notice sur la phonologie et la morphologie de l'arabe; 2° une étude, sous forme pédagogique, des règles principales de la grammaire et de la syntaxe; 3° un petit glossaire arabe-allemand; 4° un résumé systématique des règles énoncées et développées dans la seconde partie.

La grammaire de M. Seidel est certainement appelée à rendre des services aux nombreux Européens qui séjournent ou voyagent en Égypte.

**Arthur Silva White** : *le Développement de l'Afrique*, traduit de l'anglais sur la 2e édition par le Dr E. Verrier et Mlle Lindsay, avec 14 cartes gravées et coloriées par M. Ravenstein, Bruxelles, librairie européenne Mucquardt, in-8°, 1894.

L'auteur s'est proposé d'étudier les phénomènes physiques et politiques de l'Afrique et d'en déduire les lois qui doivent régir son développement. Ainsi la description des montagnes, des lacs et des fleuves de l'Afrique lui permet d'indiquer les voies qui ont offert le moins d'obstacles physiques aux migrations; d'autre part, l'examen attentif des rapports politiques entre les populations est un moyen pour lui de nous faire comprendre les mouvements commerciaux. De même la connaissance qu'il nous donne des conditions climatériques des régions africaines nous met en état de juger si ces contrées sont propres aux entreprises commerciales ou à l'établissement des colonies européennes. Indépendamment de ces grandes vues générales, l'auteur traite un certain nombre de questions particulières relatives aux populations indigènes, à la situation respective de l'islamisme et du christianisme, à la traite des esclaves, aux progrès de l'exploration, aux ressources commerciales, à la domination européenne. Il nous parle ensuite du partage politique de l'Afrique entre les puissances européennes et consacre un dernier chapitre à la valeur comparative des terres africaines. C'est un ouvrage bourré de faits exposés avec science et méthode, une œuvre consciencieuse où apparaissent divers aperçus originaux.

**O. Baumann** : *Durch Massailand zur Nilquelle*. Berlin, Dietrich Reimer (Hœfer und Vohsen), 1894, avec 164 gravures et 1 carte.

L'expédition du Dr O. Baumann, dont les résultats sont consignés dans l'admirable volume que nous avons sous les yeux, a véritablement été, sous tous les rapports, une des plus intéressantes et des plus fructueuses qui aient eu lieu durant ces dernières années.

Entreprise à l'instigation de la Société de l'Afrique Orientale allemande et équipée par le Comité anti-esclavagiste allemand, l'expédition placée sous les ordres de l'explorateur autrichien auquel la géographie africaine est déjà redevable de si beaux travaux, avait pour mission, cette fois, d'explorer au point de vue géographique et économique la vaste région qui s'étend au sud du lac Victoria entre la côte et le lac Tanganyika et de construire une carte du pays ainsi parcouru. La durée du voyage a été de quatorze mois; 4 000 kilomètres de route ont été relevés par l'expédition; mais le récit de ce voyage n'occupe guère, dans le magnifique volume édité par la maison Dietrich Reimer, que le tiers environ de l'ouvrage; le reste est exclusivement consacré à des renseignements géographiques, géologiques, économiques, ethnographiques, etc., dont la valeur est inestimable.

Dans ce trajet de mille lieues, de vastes espaces complètement inconnus jusqu'alors ont été visités, deux nouveaux lacs, le Manyara et l'Eyassi, ont été découverts, l'hydrographie de la côte sud du lac Victoria a été partiellement remaniée, mais, plus que toutes ces acquisitions scientifiques, la gloire de l'expédition dont M. Baumann fut le chef est d'avoir définitivement résolu le grand problème qui depuis Ptolémée a si vivement passionné les géographes : la découverte de la source véritable du Nil!

Sans vouloir entrer ici dans la discussion de cette question si complexe, il est certain que si l'on considère uniquement la théorie du point le plus méridional, la source de la Kaghera, reconnue par l'explorateur, n'est autre que celle du grand fleuve égyptien, et la naissance de ce cours d'eau au milieu des *Missosi ya Mouëzi*, les monts de la Lune si longtemps cherchés, est bien faite pour confirmer cette croyance.

Les matériaux considérables amassés pendant ce voyage ont permis au Dr Baumann de construire une fort belle carte de la partie septentrionale de la colonie allemande de l'Est Africain. Cette carte, au 1/600000, a été publiée en quatre feuilles dans le supplément n° III des *Mitteilungen* de Gotha, et une réduction au 1/1500000 accompagne le présent volume, qu'elle résume d'une façon saisissante.

Pour la première fois la conformation topographique de ce pays nous apparaît nettement indiquée et elle confirme d'une manière éclatante l'admirable théorie qu'exposait le professeur Suess devant l'Académie impériale des Sciences de Vienne à la suite du voyage du comte Teleki et de von Höhnel. La carte nous montre en effet toute cette région formée par un immense plateau inégal coupé par deux failles profondes plus ou moins parallèles, mais toutes deux dirigées suivant le grand axe du continent : la fosse de l'Afrique centrale et la grande fosse de l'Afrique orientale. Au fond de la première dorment les lacs Tanganyika, Albert et Albert-Édouard, tandis que les lacs Manyara, Natron, Naïvacha, Baringo et le grand lac Rodolphe, pour ne citer que les principaux, égrènent le cristal de leurs eaux le long de la seconde, dont l'escarpement s'étendrait, d'après Suess, de l'Ougogo à la mer Morte sur un espace de plus de 40 degrés de latitude!

Entre ces deux grandes dépressions, plusieurs autres de moindre importance forment autant de bassins fermés; la principale d'entre elles est la fosse de Ouembéré, vaste cul-de-sac au fond duquel brille la nappe salée du lac Eyassi.

Au point de vue de la colonisation dans cette partie de l'Afrique, la carte du Dr Baumann est appelée à rendre les plus grands services en montrant du premier coup d'œil les régions sur lesquelles l'attention doit particulièrement se porter et les efforts se concentrer. En effet, des teintes différentes indiquent la valeur des différentes zones traversées : le jaune marque les steppes, le vert pâle les régions fertiles mais inhabitées, le vert foncé les régions habitées; ces dernières comprennent toute la partie occidentale de la colonie ainsi que l'Ounyanzi, l'Ousagara, l'Oussegoua et les massifs montagneux de la zone orientale qui se dressent comme autant d'oasis au milieu de la grande steppe des Massaï. Le tracé du chemin de fer projeté entre la côte et le lac Victoria est également indiqué sur cet intéressant document.

Terminons en disant que ce beau volume, très luxueusement édité, contient encore une série d'appendices sur la minéralogie, l'anthropologie, l'entomologie, etc., et de nombreuses et très artistiques illustrations.

**Dr Pierre Mirande** : *Les grottes de Pung. Notes pour contribuer à l'étude de la géographie du Tonkin.* Paris, Leroux, 1893, in-8°.

Nous parlons à notre chronique d'Indo-Chine de ces curieuses grottes de Pung. Nous nous bornons donc à signaler ici la brochure que vient de leur consacrer le Dr Pierre Mirande et qui contient la reproduction d'une conférence faite à la Société de Géographie. Elle est accompagnée d'une carte et de douze très belles planches hors texte, d'après les photographies de l'auteur.

**Gaston Deschamps** : *Sur les routes d'Asie.* Paris, Armand Colin et Cie, 1894, in-12°.

Tous ne peuvent pas aller à Corinthe. De là la littérature de voyages; littérature foisonnante, à tel point qu'on pourrait parfois craindre qu'elle ne tourne à la monotonie et à la fatigue. Pour éviter de tomber dans cette fatigue et dans cette monotonie, le voyageur s'épuise souvent à trouver des effets nouveaux, à analyser des sensations non encore éprouvées. Le livre de M. Gaston Deschamps nous produit une impression tout autre, et nous fait songer que le récit de voyage peut être éternellement rajeuni et vivifié moyennant deux ou trois conditions bien simples : une forte préparation, un regard juste, une sincérité complète et une plume assez docile pour obéir à une intelligence ainsi disposée.

En lisant *Sur les routes d'Asie*, nous ne lisons pas, nous sommes tout simplement en Asie, avec l'auteur, qui connaît mieux que nous la langue, les mœurs, l'histoire, la psychologie courante des populations, qui ne dédaigne rien, s'intéresse à tout, cherche à tout comprendre, et nous donne la sensation d'un compagnon de voyage bienveillant, intelligent, perspicace, avec qui, la main dans la main, nous voyons des choses que nous n'apercevions pas ou que nous verrions moins bien sans lui. Aussi, en fermant son livre, éprouvons-nous pour lui un sentiment de gratitude sympathique, et emportons-nous de cette lecture des idées nettes, des visions lumineuses, la compréhension plus complète d'un pays où se trouvent des aspects qui sont parmi les plus beaux de notre terre.

S.

## CARTOGRAPHIE

**Museo de la Plata** : *Atlas geográfico de la República Argentina. Mapa de la provincia de Catamarca, construida* por G. Lange, *ingeniero, director de la seccion topográfica del museo, y dirijado por* Enrique Delachaux, *director de la seccion cartográfica del mismo establecimiento La Plata*, 1893.

Sous l'impulsion de son infatigable directeur, notre ami et collaborateur Francisco P. Moreno, le musée de la Plata ne cesse d'accroître sa sphère d'activité. Non seulement il embrasse, dans une synthèse dont aucun autre établissement similaire n'offre d'exemple, l'ensemble des sciences naturelles, et publie des *Annales* précieuses, richement illustrées d'impressions phototypiques; mais voici la cartographie qui y prend une place importante; la carte de la province de Catamarca, dressée à l'échelle du 1/500000e, est le prélude des travaux bien plus importants qui lui succéderont. Une note de M. F. P. Moreno, jointe à la légende de cette belle carte, indique les sources principales auxquelles ont puisé les auteurs de l'œuvre, M. G. Lange, l'érudit directeur de la section géographique, et notre ami et ancien collaborateur M. H. Delachaux. Ce qui accroît la valeur de ce travail cartographique, c'est qu'il n'est point une œuvre de simple compilation. Une expédition dirigée par M. Moreno, et à laquelle prenaient part les ingénieurs G. Lange, F. Bovio et Rod. Hauthal, a traversé une partie de la province, y a déterminé plusieurs points et a permis de rectifier les données des cartes précédentes. Il suffit de comparer les tracés anciens avec la topographie nouvelle pour mesurer toute l'étendue du progrès accompli. C'est notamment sur la ligne frontière argentino chilienne, à la hauteur d'Antofagasta, que le changement est frappant. Toute la région comprise entre le Cerro de San Francisco et le Cerro de Zapaleri, étudiée sur le terrain par l'expédition dont nous venons de parler, prend sur cette carte une physionomie absolument nouvelle; la sanction de ces beaux travaux a été le traité du 10 mars 1893, qui reconnaît à la République Argentine la possession de cette zone, jusque-là en litige avec la Bolivie.

S.

**P. Vuillot** : *Carte du Sahara et du nord-ouest de l'Afrique, de la Méditerranée au lac Tchad, édition de juillet.* 1/4000000. Paris, A. Challamel, 1894.

Cette carte, imprimée en trois couleurs — noir pour la lettre, les chemins de fer et les routes de caravanes, bleu pour la côte et les cours d'eau permanents, et bistre pour la montagne, les sables et, malheureusement aussi, pour les Chotts et les Sebkhas (ce qui les rend difficiles à trouver du premier coup d'œil) — offre une image très précise de toute l'Afrique nord-occidentale, mise au courant des plus récents travaux. L'auteur s'est particulièrement attaché au détail de la partie du Sahara comprise entre l'Algérie, la boucle du Niger et le Tchad, en sacrifiant manifestement les régions limitrophes. Peut-être doit-on regretter qu'il ait poussé un peu loin son système de simplification, car dans la partie orientale du désert on peut constater l'omission, volontaire sans doute, de noms très importants, comme Tibesti, monts de Tummo, oasis de Kaouar et de Bilma, Aïr, etc., tandis que d'autres noms figurent qui sont d'importance beaucoup moindre.

On peut également faire le reproche à la carte de M. Vuillot d'avoir réparti les altitudes d'une manière un peu inégale. Alors que les cotes se pressent en rangs serrés dans la vallée de l'Igharghar, elles font complètement défaut pour des points de premier ordre, comme Ghadamès, El-Goléa, Igli, In-Salah.

Notons en passant que M. Vuillot, par anticipation, fait aller le chemin de fer d'Aïn-Sefra jusqu'à Djénien-bou-Resg.

Malgré cette petite critique de détail qui pourra n'être plus à faire dans une édition ultérieure, cette carte rendra de très réels services à tous ceux, et ils sont nombreux, qui s'intéressent à l'expansion française à travers le Sahara.

M. C.

# NOUVELLES GÉOGRAPHIQUES

## LA TROISIÈME CAMPAGNE OCÉANOGRAPHIQUE

### DE LA « POLA » DANS LA MÉDITERRANÉE

L'ACADÉMIE des sciences de Vienne a publié le second volume des *Berichte der Commission für Erforschung des östlichen Mittelmeeres*[1] qui ne le cède en rien comme intérêt au premier volume dont il a été déjà rendu compte[2]. L'ouvrage contient deux mémoires de zoologie du professeur Emil von Marenzeller sur les Echinodermes et les polychætes du fond, recueillis pendant les trois premières campagnes de la *Pola* en 1890, 1891 et 1892, une étude chimique du Dr Konrad Natterer correspondant à la troisième campagne de la frégate, en 1892, enfin une relation des observations physiques faites pendant cette même campagne de 1892 par M. Luksch et rédigées par ce dernier en collaboration avec le professeur J. Wolf. Nous ne nous étendrons pas sur les mémoires zoologiques de M. E. von Marenzeller, dont l'intérêt est absolument technique, mais en revanche nous examinerons d'une manière plus détaillée les deux autres mémoires de chimie et d'océanographie.

Le Dr Konrad Natterer expose les résultats de ses analyses d'eaux de mer superficielles et récoltées à diverses profondeurs, ainsi que de plusieurs échantillons de vases de fond. Le savant chimiste admet que les différences de composition permettent, par une comparaison mutuelle, de reconnaître et de suivre les mouvements qui s'accomplissent au sein même de la mer; en d'autres termes, il est d'avis qu'on peut déterminer la direction, sinon l'intensité des courants marins, au moyen de l'analyse chimique.

Le problème des courants est sans aucun doute l'un des plus importants et en même temps l'un des plus compliqués de l'océanographie. Toutes les forces naturelles, vents, rotation terrestre, configuration des continents, relief du sol immergé, température de l'air, densité des eaux, évaporation, quantité de pluie tombée, congélation et d'autres encore, entrent en action pour produire le mouvement de la masse océanique. Il est donc évident que l'une quelconque de ces variables est une fonction théorique de la circulation marine, de telle sorte que ces variations correspondent aux variations des mouvements de la mer; cependant il serait, je crois, dangereux de ne s'appuyer que sur une seule d'entre elles, aussi bien la composition chimique qu'une autre quelconque. C'est ainsi que Zöppritz, en ne prenant en considération que l'unique action du vent, n'a obtenu que des résultats partiellement vrais. Sans nier qu'il serait injuste de déconseiller l'étude de l'influence d'aucune d'entre ces variables, on ne saurait s'empêcher de préférer, au moins pour le moment, la mesure directe des courants. C'est surtout lorsque la raison montre qu'un phénomène est d'une complication si grande que l'étude théorique doit en être très longue et très difficile, qu'il importe de se livrer à des observations empiriques, lesquelles aideront ensuite à découvrir la véritable loi d'un mystère brusquement simplifié par la connaissance pratique qu'on en possède.

Malheureusement nulle part dans le second volume des *Berichte*, on ne trouve de mesures directes de courants. M. Luksch, océanographe de l'expédition, est médiocrement partisan de ce mode de procéder et il préfère, lui aussi, s'appuyer sur des déductions en relation avec les différences reconnues dans les propriétés physiques de l'eau en des localités différentes. Il a été frappé de l'irrégularité de marche des corps flottants même abandonnés le long du bord d'un navire mouillé et de la difficulté qu'on éprouve lorsqu'on est hors de vue de terre, à maintenir

1. *Aus den Denkschriften der Kaiserl. Akademie der Wissenschaften in Wien.* Bd LX. Berichte der Commission für Erforschung der östlichen Mittelmeeres. — Zweite Reihe.

V. *Zoologische Ergebnisse.* I. *Echinodermen, gesammelt* 1890, 1891 und 1892. Bearbeitet von Dr Emil von Marenzeller.

VI. *Zoologische Ergebnisse.* II. *Polychäten des Grundes*, gesammelt 1890-1892. Bearbeitet von Dr E. von Marenzeller.

VII. *Chemische Untersuchungen im östlichen Mittelmeer* von Dr K. Natterer. III. *Reise S. M. Schiffes* Pola *im Jahre* 1892. (Aus dem k. k. Universitäts-Laboratorium der Prof. Ad. Lieben in Wien.)

VIII. *Physikalische Untersuchungen im östlichen Mittelmeer* von Prof. J. Luksch, bearbeitet von den Professoren J. Luksch und J. Wolf. III. *Reise S. M. Schiffes* Pola *im Jahre* 1892 (avec 13 cartes, 8 tableaux et une figure dans le texte).

2. *Nouvelles Géographiques*, 1892, p. 17, 127 et 1893, p. 84.

un bâtiment immobile afin d'obtenir le point fixe indispensable à la mesure des courants.

Je ne partage point cette opinion : rien ne vaut une expérience, une mesure directe. Même en attendant la découverte encore à faire d'un mesureur précis d'intensité et de direction de courants, ces données sont-elles vraiment aussi difficiles à obtenir que le prétend M. Luksch? Un navire peut se maintenir sensiblement immobile pendant un temps suffisant pour dresser les roses de courants à l'aide d'un flotteur double. On profite pour cela de l'occasion d'un dragage; la drague arrêtée au fond remplit l'office d'une ancre, sur le câble de laquelle s'amarre une embarcation. Il ne s'agit d'ailleurs que de fixer les éléments de courant de surface, ce qui s'exécute en peu d'instants et dès lors les courants de profondeurs, déduits de celui de surface, n'exigent point l'immobilité. Ainsi ont opéré le *Challenger* en plein Atlantique [1] et M. Buchanan à bord du *Buccaneer* dans le golfe de Guinée. Ou bien encore on mouille en pleine mer sur une ancre tenue par un câble en fils d'acier selon la méthode des officiers américains du *Croast and Geodetic Survey* à bord du *Blake*, sur le parcours du Gulf-Stream et par des profondeurs dépassant 3 000 mètres. M. Hautreux, dans le golfe de Gascogne, a eu l'heureuse idée de se servir de bouteilles flottantes accouplées qu'il abandonne et qui sont ensuite recueillies aux points où elles atterrissent. Je manque de confiance, je l'avoue, dans les données relatives à la densité ou à la salinité réduites à une température normale, quelle que soit celle-ci, et j'en ai à diverses reprises énoncé les motifs. Il me semble évident que pour se rendre compte de ce qui est, c'est-à-dire d'un état de non-équilibre se traduisant par un mouvement, il est indispensable de se servir d'éléments qui *sont*, des densités d'eaux *in situ*, éléments agissant sur le phénomène au moment même où il s'accomplit et à cause même de leurs différences actuelles, et non d'éléments qui ne *sont pas* ou ne sont plus, de salinités réduites à une température normale, où l'on a supprimé volontairement, par un calcul exécuté après coup, les différences dont justement l'existence provoquait le phénomène complexe, le courant marin. M. Luksch a reconnu, il est vrai [3], qu'à l'entrée de l'Adriatique, les courants marchent en sens inverse de ce qu'indiquerait la densité; cela prouve que d'autres facteurs l'emportent en ce point sur le poids actuel du litre d'eau de mer. D'ailleurs je suis loin d'affirmer que les courants ne dépendent uniquement que de la densité de l'eau *in situ*, mais je crois qu'ils ne dépendent en rien des densités ou des salinités, ou de toute autre donnée déformée, faussée par une uniformisation artificielle, parce que si cette uniformisation existait, le phénomène dont on désire découvrir la loi ne s'accomplirait pas ou s'accomplirait autrement qu'il ne le fait.

J'adresserai la même critique aux cartes de températures superficielles et profondes, de salinité ou autres, de M. Luksch, auxquelles je reproche encore de ne pas représenter ce qui est. Les cartes de ce genre doivent être en quelque sorte des vues instantanées. Pendant une campagne de deux ou plusieurs mois, le bâtiment ne cessant de voyager, on prend chaque jour des données physiques variables et, l'expédition terminée, on porte sur la même carte les valeurs trouvées comme si elles avaient été prises le même jour, à la même heure. S'il en eût été ainsi, on aurait certainement possédé l'image d'un état actuel dont on aurait été en mesure de déduire, par comparaison avec un autre état actuel déterminé à un certain intervalle de temps du premier, des conclusions légitimes. Mais est-il possible de conclure quoi que ce soit d'observations recueillies à des époques différentes, en des lieux différents, souvent fort éloignés les uns des autres et néanmoins réunies à tort sur le même dessin? Que penser des observations météorologiques que ferait un voyageur en chemin de fer? L'objection me paraît appuyée par M. Luksch lui-même [1] qui, dans un tableau spécial, montre les écarts considérables des températures de la mer, à la surface et jusqu'à 100 mètres de profondeur, en deux stations extrêmement voisines l'une de l'autre et dans l'intervalle de quelques heures. Je préfère de beaucoup les sections et les courbes dressées par M. Luksch pour certaines portions du voyage de la *Pola*, qui n'offrent pas le même danger de méprises; à tout le moins, il aurait été prudent de porter sur chaque carte l'itinéraire de la *Pola* avec la date de l'observation afin d'établir nettement le caractère de ces cartes.

Sous les réserves que je viens de formuler, je me hâte de rendre un hommage très mérité au talent et à la précision avec lesquels sont relevées les observations océanographiques. Le mémoire de M. Luksch, inséré dans le second volume des *Berichte*, nous renseigne [2] d'abord sur l'itinéraire suivi par la *Pola* pendant sa troisième campagne de 1892. On se rappelle que pendant sa première campagne la frégate avait étudié les parages compris entre la Grèce, le cap Ras Hilil et Benghazi en Afrique, et pendant la seconde ceux qui s'étendent au sud-est du Péloponèse jusqu'à Alexandrie. Cette fois, on visita Zante, Cérigo, Alexandrie, Port-Saïd, Larnaca, Mersina et Makry. Tout le bassin oriental de la Méditerranée a été ainsi examiné.

1. *Report of the scientific results of the voyage of H. M. S. Challenger. Narrative of the cruise*, vol. I, p. 79.

2. *Nouvelles Géographiques*, 1893, p. 37.

3. Julius Wolf und Josef Luksch, *Physikalische Untersuchungen in der Adria*. Mittheil. aus dem Gebiete des Sendesens, 1887.

1. *Berichte*... 2 *Reihe*, p. 114.

2. Nous sommes dès à présent renseignés par un article du *Globus*, reproduit par le *Scottish Geographical Magazine*, sur la campagne de la *Pola* en 1893 et sur les principaux résultats océanographiques qui ont été obtenus. Le navire est arrivé le 21 juillet à Cérigo, extrémité occidentale de la région à explorer, et après avoir croisé au milieu des Cyclades, il a visité Rhodes et la mer de Caramanie, s'est dirigé vers le nord, à Samos, Chios, Mitylène et au mont Athos, puis s'est rendu aux Dardanelles. Malheureusement l'entrée de la mer de Marmara ayant été interdite par les autorités ottomanes, l'expédition a dû revenir en arrière, explorant successivement les parages de Lemnos, de Skyro, de Syra, d'où elle est revenue dans l'Adriatique en passant devant les caps Malée et Matapan.

La mer Égée, bornée au sud par les îles de Candie, de Karpatho et de Rhodes, n'offre que de faibles profondeurs. Le sondage maximum a atteint seulement 2 260 mètres un peu au nord de la pointe orientale de Candie. Le fond consiste en une série de bassins de dimensions et de profondeurs variables séparés par des îles ou barrières sous-marines. Les seuils bordant ces bassins sont très élevés et arrivent au plus à 800 mètres. Il en résulte que, de même que la Méditerranée est séparée par le détroit de Gibraltar des eaux profondes froides de l'Atlantique, les bassins de la mer Égée sont eux-mêmes isolés de la Méditerranée. Dans les Dardanelles, la profondeur ne dépasse guère 100 mètres. Comme on devait s'y attendre, la température et la salinité des couches moyennes diminuent graduellement du sud au nord. Au large, la mer est un peu plus froide que près de la côte. Il est à remarquer que la température du fond des bassins de la mer Égée (12°,2 à 12°,8) est sensiblement inférieure à celle de la Méditerranée où, à des profondeurs beaucoup plus grandes, on a trouvé 13°,3 et même davantage. On a en outre mesuré la densité d'échantillons d'eaux superficielles et profondes, exécuté des expériences de transparence et de coloration de la mer et étudié l'effet de l'huile et du savon sur les vagues,

On a déterminé avec plus de précision les contours de la fosse de la *Pola*, profonde de 4 400 mètres, découverte l'année précédente à 40 milles au sud-est du cap Matapan, et reconnu qu'elle ne communique pas avec la fosse du *Washington* trouvée par le navire italien de ce nom, dont la profondeur est de 4 067 mètres entre Malte et Cérigo. Ces deux dépressions sont séparées par un plateau qui les domine d'un millier de mètres environ. Un autre plateau s'étend par 1774 mètres de profondeur entre la côte de Barka et Candie. Les sondages effectués ont servi à dresser la carte par isobathes de 200, 500, 1 000, 1 500, 2 500, 3 000 et 3 500 mètres. Le travail de M. Luksch est précieux à tous les points de vue et nous possédons désormais la reconnaissance exacte du relief immergé des deux tiers environ de la Méditerranée.

On a exécuté en 13 stations principales et en 10 stations secondaires des sondages thermiques qui ont confirmé ce qui avait été établi pendant les deux expéditions précédentes : la température de la mer s'élève à mesure qu'on s'avance du nord vers le sud et l'ouest; les températures maximum dépassant 28 degrés se rencontrent le long de la côte de Syrie, entre les golfes d'Alexandrette et de Gaza ; la salinité augmente de la surface au fond, dans le bassin central, enfin la proportion de sel est à peu près régulière pour toutes les couches de la mer dans la partie orientale de la Méditerranée.

On a exécuté des observations météorologiques et des mesures de hauteurs de vagues. Conformément aux résultats obtenus pendant les deux premières campagnes, la transparence de la mer augmente, tandis que sa coloration s'éclaircit à mesure que le soleil s'élève davantage au-dessous de l'horizon. Toutes ces diverses données sont inscrites dans des tableaux détaillés annexés au mémoire.

Les travaux de M. Konrad Natterer ont une remarquable portée océanographique et géologique. La chimie de la mer, récemment encore ignorée, est aujourd'hui établie sur d'indiscutables bases; elle s'est, il est vrai, compliquée, mais elle éclaire d'une brillante lumière la genèse des roches sédimentaires. On découvre le rôle capital exercé par les êtres vivants dans la formation des terrains et inversement l'influence du terrain sur les êtres vivants. Les phénomènes botaniques et les phénomènes de minéralisation s'enchevêtrent et se complètent mutuellement; animaux, végétaux et minéraux font tous partie du même cycle, chacun d'eux complète l'action de l'autre, chacun d'eux est indispensable au résultat définitif. Ainsi la géologie, cessant d'être purement descriptive, se systématise, voit s'agrandir ses horizons et, guidée par des lois précises, elle est en mesure d'expliquer enfin d'une manière rationnelle, satisfaisant l'esprit du chercheur, les faits qu'elle se contentait jadis d'énumérer. Mohr, si attaqué de son vivant et dont maintenant la gloire augmente toujours davantage, Mohr, qui a écrit la *Geschichte der Erde*, est sans contredit le véritable initiateur de ces idées qui, après lui, devaient être développées et perfectionnées par Tornoë et Schmelck du *Vöringen*, Irvine et Murray du *Challenger* et par M. Konrad Natterer.

Dans le mémoire contenu dans le second volume des *Berichte* de la *Pola*, M. Natterer est amené, par ses analyses, à formuler les conclusions suivantes :

La matière organique en dissolution dans les eaux de mer y est partout répandue ; elle est cependant moins abondante à la surface que dans les profondeurs et provient sans doute de la saponification par l'eau de mer alcaline de la graisse des animaux morts et tombés sur le fond.

La quantité d'oxygène dissous diminue légèrement de la surface jusqu'au fond, tandis que la proportion d'ammoniaque augmente.

On constate un notable enrichissement en matières organiques et en ammoniaque dans la couche liquide immédiatement contiguë au sol sous-marin.

La couche d'eau superficielle est parfois complètement dépouillée de son iode et de son brome. Le phénomène observé sur la côte d'Afrique, à l'ouest de l'embouchure du Nil, est dû à la présence d'une énorme quantité de petites algues qui, par l'action réductrice qu'elles exercent, ont encore pour effet de diminuer considérablement la proportion d'acide azoteux contenue dans l'eau.

Dans certains fonds, on remarque au contraire un enrichissement en iode provenant de ce que ces algues mortes y ont été entraînées par les courants et se sont accumulées sur le lit océanique.

D'autres fois, l'acide azoteux augmente dans les eaux superficielles par suite de l'ascension d'eaux profondes. Inversement, une diminution dans la proportion normale d'acide azoteux dans les eaux profondes est due à des courants descendants.

Les matières organiques vivantes de la zone accessible à la lumière voisine de la surface fabriquent de l'oxygène qui se dissout dans les eaux ambiantes et finit par se dégager dans l'atmosphère ; les matières organiques mortes et tombées sur le fond donnent aussi naissance à de l'oxygène, mais ce gaz ne se dissout pas, ainsi que le prouve la non-augmentation de la proportion d'acide carbonique, et il sert à former des dépôts solides. Les matières organiques mortes enrichissent en ammoniaque les eaux reposant immédiatement sur le sol.

L'examen des fonds pierreux ramenés par la drague prouve qu'ils sont constitués par une vase molle, presque noire, chargée de sulfure de fer, recouverte par une vase de couleur plus claire, recouverte elle-même par une croûte pierreuse dont l'épaisseur varie entre 1 et 10 centimètres.

Ces vases et cette croûte sont la conséquence d'une précipitation chimique due à l'oxydation des matières organiques sur le fond et à une formation d'ammoniaque, d'acide carbonique et de carbonate d'ammoniaque. Lorsque, par suite de circonstances diverses, la chute des matières organiques cesse sur un point du sol sous-marin, ou si celles-ci sont enlevées par des courants, la vase et la croûte pierreuse se dissolvent et disparaissent.

L'oxydation au fond est activée par l'eau de mer qui pénètre à travers l'épaisseur de la vase et de la croûte pierreuse par les trous que pratiquent sans cesse les annélides. Ainsi se produit un dépôt gris ou noirâtre d'oxyde de manganèse, offrant une grande résistance à la redissolution, et qui, lorsque la vase qui l'entoure finit par être dissoute, reste sous la forme de nodules manganésiens. Cette résistance est néanmoins vaincue lorsque l'oxyde de manganèse vient à être mis en présence de matières organiques jouant le rôle d'agents réducteurs.

On le voit, M. Natterer, chimiste, attribue à peu près tout l'ensemble des phénomènes de la mer à la chimie. En définitive, l'économie de l'Océan est un phénomène de chimie ou la conséquence immédiate d'un phénomène chimique. L'explication admet que tout s'accomplit au fond des mers de la même façon que dans nos laboratoires. Jusqu'à présent on avait objecté les énormes pressions qu'on croyait exister dans les abîmes et qui mesurent autant d'atmosphères, à peu de chose près, qu'il y a de fois dix mètres dans la hauteur de la colonne d'eau sus-jacente. Les nouvelles théories réfutent cette opinion. On considère maintenant les liquides comme formant non plus une masse compacte, mais bien une masse pénétrée d'une multitude de canalicules excessivement fins, incompressibles à cause de leur capillarité, remplis d'air et en communication avec l'atmosphère, quelle que soit l'épaisseur de la couche d'eau. Dans ces conditions et ainsi qu'Aimé l'avait directement constaté pour la première fois à Alger en 1842, les gaz contenus ne peuvent être dissous dans la proportion correspondant à leur solubilité sous les pressions évaluées, et ils demeurent sous une pression qui n'est jamais que celle d'une seule atmosphère, quelle que soit la profondeur. Les réactions chimiques sont, dès lors, absolument conformes à celles qui s'accomplissent dans nos laboratoires.

Moi-même[1], en me basant sur les mesures de densité prises pendant la campagne du *Challenger*, j'avais été amené à considérer la zone immédiatement adjacente au fond comme un foyer d'activité chimique alimenté par des phénomènes de surface et rayonnant à son tour avec une grande lenteur vers la surface. J'avais en outre conclu que la densité absolue de l'eau de mer, c'est-à-dire la quantité de sels contenue dans l'unité de volume, et par conséquent la composition chimique étant variable en des points différents, il en résultait que, dans l'Océan actuel, les dépôts étaient localisés et — conclusion applicable aux océans anciens et par suite à la géologie — que leur répartition, leurs dimensions, leur épaisseur considérable, faible ou nulle, dépendaient moins de la durée de leur formation que de circonstances extérieures. Les considérations physiques confirment donc dans leurs traits principaux les conclusions de la chimie pure.

D'autre part, l'éminent océanographe le Dr John Murray[2], en collaboration avec M. Robert Irvine, s'est livré à un travail relatif aux changements chimiques qu'éprouve dans sa composition l'eau de mer au contact des vases bleues déposées sur le sol de l'Océan. La méthode d'observation consistait à draguer des vases, à les enfermer dans un sac perméable, à recueillir à divers moments et enfin à analyser par fractions l'eau qui s'en égouttait. Les savants anglais résument ainsi les résultats de leurs analyses :

1. L'eau de mer associée aux dépôts du fond de la mer offre souvent une composition chimique différente de celle de l'eau de mer normale recouvrant le dépôt; le phénomène est particulièrement remarquable dans les vases bleues.

2. Lorsque l'eau imbibant la vase du fond de l'Océan passe par circulation dans l'eau sus-jacente, elle peut être assez altérée pour que le procédé de dosage, consistant à préjuger de la quantité des sels contenus d'après la quantité de chlore trouvée par analyse, devienne inexact et n'ait par conséquent plus lieu d'être admis avec la confiance qu'on lui avait jusqu'à présent accordée.

3. Partout où de la matière organique subit une décomposition au sein de l'eau de mer, il se produit une réduction des sulfures alcalins ou alcalino-terreux qui y sont contenus et il en résulte pour cette eau de mer une augmentation d'alcalinité.

4. Quand la réaction précédente s'effectue dans l'eau recouvrant immédiatement le fond ou mélangée au dépôt du fond, une portion et quelquefois même la totalité du soufre contenu dans les sels de l'eau de mer est éliminée et déposée à l'état de sulfure de fer. Ainsi s'explique la couleur bleu noirâtre caractéristique des dépôts terrigènes désignés sous le nom de *vases bleues*.

5. Non seulement cette désoxydation des sulfates et cette élimination du soufre de l'eau de mer ont lieu dans les boues, mais, dans certains cas exceptionnels, elles s'effectuent dans l'eau elle-même et produisent alors l'accumulation d'acide sulfhydrique et de sulfures dissous qu'on observe dans la mer Noire; le fer est en quantité insuffisante pour se combiner avec le soufre et il y a, par suite, un manque d'oxygène.

6. L'action chimique entre l'eau de mer décomposant les matières organiques et le fer des dépôts marins fournit d'importantes indications relativement au mode de formation du sulfure de fer et de la glauconie dans un très grand nombre de terrains géologiques et, dans quelques cas, explique la couleur bleue des schistes et d'une foule d'autres roches. Quand de la matière organique morte, quelle que soit sa provenance, s'accumule sur le sol sous-marin, il peut en résulter des roches phosphatées, des schistes contenant des huiles et enfin du pétrole.

Sans nous arrêter à décrire en détail l'ingénieuse méthode de dosage employée par M. Natterer pour recueillir et évaluer la matière organique dissoute dans l'eau de mer, nous nous bornerons à résumer l'explication que donne ce chimiste de la pauvreté de la faune abyssale de la Méditerranée. Tout en constatant en effet que nulle part dans cette mer n'existent de conditions incompatibles au point de vue chimique avec l'existence de la vie, il reconnaît qu'il suffit d'une faible modification des circonstances ambiantes pour transformer la stérilité commune dans les fonds méditerranéens en une abondance réelle. Or partout où la faune est riche comme dans la partie septentrionale de l'Adriatique, sur divers autres points de la Méditerranée occidentale, au détroit de Messine, au voisinage de la côte d'Afrique, de Cérigo et de Milo, passent de violents courants. Il est donc probable que la lenteur avec laquelle se meuvent les eaux sur la presque totalité du fond de la Méditerranée est l'obstacle s'opposant au développement de la vie animale. Si à la surface en contact avec l'atmosphère et jusqu'à la profondeur où pénètre la lumière solaire, une eau tranquille constitue un milieu particulièrement favorable au développement des végétaux, il n'en est pas de même, au fond, pour les animaux, auxquels aucun courant n'apporte la proportion d'oxygène et les éléments indispensables à la nutrition.

Il serait difficile de contester à M. Natterer des conclusions aussi solidement appuyées sur de rigoureuses analyses. Quelque justifiées qu'elles paraissent, il faudrait néanmoins se garder de penser que la chimie seule suffise à expliquer tous les phénomènes qui s'accomplissent au fond de la mer et méconnaître ainsi le rôle des actions physiques et mécaniques. Cet exclusivisme de spécialiste est avantageux pour la science en ce sens qu'il aboutit à un exposé complet de toutes les explications susceptibles

1. J. Thoulet, *Considérations sur les eaux abyssales* (Comptes rend. Acad. Sc., t. CXII, p. 1144, et *Revue générale des sciences*. t. II. p. 326, 1891).

2. John Murray and Robert Irvine, *On the chemical changes which take place in the composition of the sea-water associated with blue muds on the floor of the Ocean*. Transact. of the Roy. Society of Edinburgh, vol. XXXVII, part. II, p. 481, 1892.

d'être raisonnablement déduites d'une théorie, mais il risque souvent de n'être pas complètement conforme à la réalité. Dans la nature, en effet, toutes les forces agissent plus ou moins concurremment pour produire un phénomène et il est bien rare, sinon impossible, qu'une force unique entre en jeu. La solubilité des minéraux dans l'eau de mer, qui prend une telle importance dans les théories de M. Natterer, est excessivement faible, et les fleuves ainsi que la désagrégation des côtes en amènent de grandes quantités à l'état de non-dissolution. Ces sédiments sont emportés et distribués au loin par les courants. Il serait inexact, sinon de méconnaître leur importance, du moins de ne leur en accorder qu'une aussi minime. John Murray a fortement appuyé sur le rôle joué par les poussières volcaniques, dont il a reconnu la présence dans la plupart des dépôts marins; les courants charrient à des distances parfois considérables des grains de sable venus de terre et qu'on retrouve avec leurs angles non émoussés dans les échantillons du fond; enfin, et surtout au voisinage des côtes, se produisent de vastes effondrements des talus de débris solides, meubles, accumulés près de l'embouchure des fleuves et qui, lorsque leur poids est devenu trop grand, glissent et s'étalent sur le lit de l'Océan. Faut-il rappeler les bancs de Terre-Neuve édifiés au moyen de pierres arrachées par la gelée aux rivages de l'île de Terre-Neuve et transportées par les glaces côtières, les immenses dépôts du Hoang-Ho qui couvrent le fond de la mer Jaune, ainsi que les boues rouges des embouchures de l'Amazone et du Congo qui n'ont rien de chimique? Sans quitter l'Europe, le lieutenant von Görtz[1], commandant du navire de guerre austro-hongrois *Kerka*, à la suite de sondages exécutés en 1891 sur les côtes de Grèce, à l'entrée du golfe de Patras, reconnaissait de notables changements accomplis depuis 1865 dans le relief sous-marin par le comblement des alluvions qu'ont apportées les fleuves Aspropotamos et Phidaris, et leur éboulement subséquent, peut-être aussi par des commotions volcaniques se manifestant, comme en 1881 à Patras, par des dégagements d'acide sulfhydrique capables d'attaquer la peinture des maisons, de noircir des bijoux et de couvrir les rivages de poissons morts.

1. *Kaiserliche Akademie der Wissenschaften in Wien.* Anzeiger n° 11, 8 mai 1891.

Dans le golfe d'Arcadie, un banc large de 2 milles, situé à la profondeur de 50 brasses, s'affaissa jusqu'à 300 brasses et, peu de temps après, à 1600 brasses; en 1886, près de Filiatra, un banc long de 30 milles s'enfonça de 700 brasses à 900 brasses en occasionnant la rupture de tous les câbles télégraphiques qui reposaient sur le fond. Le golfe de Corinthe presque tout entier augmente de profondeur : à Xylocastro, le fond s'est affaissé de 10 à 450 brasses et des phénomènes analogues ont eu lieu dans le canal de Zante.

Nous avons terminé l'exposé succinct des mémoires publiés dans le second volume des *Berichte* de la *Pola* et de leurs conclusions si hautement intéressantes. De pareils travaux honorent les savants qui les accomplissent et le gouvernement sans l'aide duquel ils n'auraient pu s'accomplir. Après tout, savants et gouvernement y trouvent leur avantage commun. Les premiers parviennent au noble but qu'ils se proposent; ils font avancer la science et arrachent à la nature, pour le plus grand bien de l'humanité, quelques-uns des voiles dont elle s'enveloppe. De son côté, l'État qui favorise l'océanographie en tire au moins ce profit immédiat, que résume si nettement la phrase par laquelle sir Georges Nares, l'ancien commandant du *Challenger*, le vaillant chef de l'expédition polaire de l'*Alert* et du *Discovery*, conseillait au gouvernement britannique de prêter son aide à l'expédition projetée du docteur John Murray dans les régions antarctiques : « En voyage ou dans le port, disait-il, un marin coûte le même prix et c'est seulement en voyageant qu'il apprend son métier. »

Souhaitons que la France comprenne enfin cette vérité et se rende compte que, grâce aux Russes, un peu aux Italiens et beaucoup aux Autrichiens, la Méditerranée entière avec la mer Noire sont maintenant connues, sauf toutefois la portion qui s'étend entre le Languedoc, la Provence, la Corse, la Tunisie et l'Algérie.

J. THOULET,
Professeur à la Faculté des sciences de Nancy.

# LE XV^E CONGRÈS NATIONAL DE GÉOGRAPHIE

Du 1er au 7 août dernier a eu lieu à Lyon le XVe Congrès des Sociétés françaises de géographie, sous la présidence de M. le docteur Hamy, de l'Institut.

Parmi les principales questions inscrites au programme figurait la suivante :

*De l'utilité de la création, par la collaboration commune des ministères, d'un atlas géographique de la France, d'une échelle uniforme et sur le modèle de l'atlas d'Autriche-Hongrie.*

Cette question, proposée par la Société de géographie de l'Est et développée par M. Barbier, avait déjà été présentée, avec quelques variantes, au Congrès de Montpellier, en 1890. Le succès, qui lui avait totalement fait défaut à cette époque, a paru cette fois lui être moins hostile; et les congressistes ont exprimé le vœu que « les ministères compétents centralisent en une publication spéciale tout ce qui concerne la géographie physique et la statistique de la France ».

Je ne sais pas si l'exemple de l'Autriche-Hongrie a été pour quelque chose dans l'innocente expression de ce vœu, mais, après quatre années de maturité, il est d'autant plus appréciable qu'il a été suivi presque immédiatement d'un autre en faveur de la *création d'une voie navigable de Nantes à Orléans*, question développée l'an passé, au Congrès de Tours, par M. Doby, de la Société de Nantes, et reprise cette année par son auteur avec une constance dont le résultat a été un vote favorable à l'exécution de cette voie.

Ces deux votes prouvent une fois de plus que les résolutions des Congrès ne sont pas irrévocables.

Une des plus intéressantes questions inscrites au programme de cette année était l'*Étude du programme de la Société de géographie de Paris au sujet de l'exécution d'une carte du monde au millionième*. Deux rapporteurs l'ont développée en sérieuse connaissance de cause et avec un réel talent : M. Barbier, de la Société de l'Est, et M. Léotard, de la Société de Marseille.

Il s'agit d'un projet présenté en 1891, par M. Penck, de Vienne, au Congrès de Berne. Le principe de l'exécution de cette carte fut voté par le Congrès ; et une commission internationale fut nommée pour examiner le projet. Les membres de cette commission sont, pour la France, MM. Maunoir et Schrader.

Or, sur la proposition de M. Maunoir, la Société de géographie de Paris a saisi de la question les Sociétés françaises de géographie par lettre circulaire en date du 5 avril dernier, circulaire accompagnée d'un programme d'études.

Nous devons donc les plus grands éloges aux Sociétés de l'Est et de Marseille d'avoir répondu à cette circulaire par une consultation directe et aussi opportune, dont MM. Barbier et Léotard ont été les interprètes laborieux et intéressants.

Il n'est pas douteux que la Société de géographie de Paris, dont l'intention est de présenter la question, l'année prochaine, au Congrès des Sociétés savantes qui doit se réunir à Londres, tiendra le plus grand compte des observations des Sociétés de l'Est et de Marseille et de celles de leurs excellents rapporteurs, MM. Barbier et Léotard.

Ces observations, ou plutôt les conclusions de ces deux Sociétés, qui diffèrent peu entre elles, sont les suivantes :

« 1° Approbation du projet de carte du monde à l'échelle uniforme invariable du 1/1,000,000$^e$, son utilité étant absolument reconnue, tant au point de vue français qu'au point de vue international;

« 2° Engagement formel de toutes les puissances d'appliquer le système métrique sur les feuilles dont l'exécution leur incombera, tant pour les distances planimétriques que pour les cotes d'altitude, l'équidistance des courbes de niveau et les profondeurs ;

« 3° Adoption d'un méridien initial océanique dans les conditions indiquées dans le rapport. Concession concernant le repérage de ce méridien à un multiple de 5 degrés à l'ouest de Greenwich, à la condition expresse que toutes les puissances, notamment la Grande-Bretagne, prendront l'engagement stipulé à l'article 2 ;

« 4° Adoption de la projection polyconique ou tronconique préconisée déjà, dès 1878, par M. J.-V. Barbier, en divisant la sphère suivant le système Penck pour les feuilles océaniques, suivant le système de la commission pour les feuilles continentales. Dans tous les cas, les feuilles seront limitées par des méridiens et des parallèles et divisées en degrés et demi-degrés, le tracé respectif de ceux-ci établi de façon que la surface du secteur conique qu'elles représentent soit équivalente à celle du secteur sphérique correspondant. Elles reproduiront, sur une bande d'un centimètre et sur leur pourtour, les parties correspondantes des cartes voisines ;

« 5° Adoption du zéro de Marseille comme point de départ des altitudes et des cotes bathymétriques, avec vœu exprès qu'il soit procédé au rattachement de ce zéro à des repères qui en assurent la fixité ;

« 6° Indication du relief terrestre par courbes de niveau de 100 mètres en 100 mètres, avec trait de force à chaque 500 mètres, sauf à les dédoubler dans les parties où ils risquent de se superposer ; addition d'un estompage bistre dans les conditions expliquées au rapport. de la Société de l'Est. Indication des profondeurs par teintes graduées de 40 mètres en 40 mètres, pour le plateau continental avec courbes de 20 mètres en 20 mètres ; teinte plus foncée pour les autres parties de la mer, avec courbes de 500 mètres en 500 mètres ; indication de tous les points de sondage, avec cote placée en regard ;

« 7° Établissement de deux éditions en cartes physiques et cartes complètes.

« 8° Maintien de l'orthographe officielle ou accréditée des noms de lieux de tous les pays employant l'alphabet latin, modifié ou non par des accents ou signes diacritiques ; transcription littérale des autres à l'aide de cet alphabet suivant les adaptations qu'une même origine indique et suivant un mode établi par les États intéressés ou d'un commun accord avec eux ;

« 9° Rédaction facultative de notices ; établissement d'un répertoire alphabétique avec adjonction, lorsqu'il y a lieu, de l'orthographe nationale. Indication de la prononciation absolument restreinte aux cas où cette indication est suffisamment exacte pour éviter toute équivoque. Si l'on croit devoir la tenter ailleurs, la transcription devra être suivie d'un point d'interrogation spécifiant qu'elle n'est qu'approximative ;

« 10° En tant que le prix des feuilles serait suffisamment élevé pour qu'il y ait intérêt pour l'acheteur à demander des fragments des feuilles continentales obtenus par voie de report — notamment en cas d'adoption du projet Penck pour ces feuilles, — décider qu'il sera fait des fragments homologues par moitié, quart ou autre division pratique. Rédaction d'un instrument diplomatique stipulant que toutes les planches pourront être toujours mises à la disposition de tout acheteur à un prix donné établi par série. Le même instrument stipulera le type de papier et d'impression qui devra servir à l'édition des cartes, ainsi que la création de gabarits métalliques pour le tracé d'ensemble des parallèles et méridiens de chaque zone, gabarits dont le dessin pourrait être confié à la commission internationale actuellement nommée, et l'exécution placée sous sa surveillance. »

Il est à peine besoin d'ajouter que, sauf quelques réserves faites par le Congrès, celui-ci a donné son approbation à ces conclusions qui ont au moins un mérite, celui de bien résumer, en l'éclairant suffisamment, une question qui ne manquera pas, à un moment donné, de solliciter l'attention des plus indifférents.

Il en est, d'ailleurs, à peu près de même de celle qu'a exposée M. de Rey-Pailhade, de Toulouse, et relative à la *notation du temps par le système décimal*.

M. de Rey-Pailhade propose tout simplement d'adopter pour les usages scientifiques la notation décimale du temps.

La réforme proposée, il y a un siècle, par la commission provisoire du système métrique divisait le jour en 10 heures et chaque heure en 100 minutes décimales. On voit de suite que le défaut d'un nom nouveau pour exprimer une unité nouvelle devait produire une confusion fatale à ce système. Ensuite les montres qu'on construisit à cette époque étaient très incommodes pour la lecture des heures.

M. de Rey-Pailhade, s'inspirant au contraire de ce qui avait si bien réussi pour les mesures de longueur, de capacité et de poids, propose pour unité pratique de mesure du temps le centième de jour, auquel il donne le nom abrégé de *cé*, formé par les deux premières lettres du mot *centijour*. Les noms d'heure, de minute et de seconde sont supprimés, comme autrefois toise, pied, pouce, etc. Le jour n'aura plus ni matin ni soir. Il comprendra 100 *cés* de minuit à minuit suivant. Toutes les périodes de temps exprimées par un nombre inférieur à 50 *cés* sont avant midi, et celles supérieures à 50 sont après midi.

Remarquons que, 100 *cés* valant 1 440 minutes, 1 *cé* vaut 14 min. 4 ou 14 min. 24, soit presque le quart d'heure. Or, comme le quart d'heure est une unité courante de temps, on compterait par *cés* comme on le fait quelquefois par quarts d'heure; il y aurait des réunions de 2, 3, 4 ou 5 *cés*, au lieu de demi-heure, 3 quarts d'heure, 1 heure ou 5 quarts d'heure.

Voilà le point de départ du système proposé par M. de Rey-Pailhade et sur lequel nous aurons sans doute prochainement à revenir.

Disons de suite qu'il a été fort bien accueilli par le Congrès, et que, sur la proposition de M. l'ingénieur Caspari, le vœu suivant a été voté : « Le Congrès de géographie de Lyon, reconnaissant les grands avantages qu'il y aurait à compléter l'œuvre commencée il y a un siècle par la commission du système métrique, sanctionnée par l'autorité de Laplace et du service géographique français; considérant qu'en 1885 une commission a été instituée au Ministère de l'instruction publique pour étudier l'application du système décimal à la mesure des angles et du temps, émet le vœu que cette question soit reprise, afin d'arriver à une solution donnant satisfaction à tous les intérêts scientifiques; invite en particulier les Sociétés de géographie à mettre cette étude à l'ordre du jour de leurs travaux. »

Or, après que M. de Rey-Pailhade avait préparé ainsi le triomphe du *cé*, et avant l'expression du vœu ci-dessus, M. Guénot, secrétaire de la Société de Toulouse, sollicitait le même succès en faveur du *cir*, en proposant la *division du cercle astronomique et géographique d'après le système décimal.*

Le service géographique de l'armée, dit M. Guénot, a adopté la centième partie de l'angle droit, sous le nom de *grade*, pour unité des mesures angulaires. Un des principaux inconvénients de cette mesure est d'innover une notation nouvelle qui ne concorde pas avec la notation des heures, pas plus avec celle du système sexagésimal qu'avec celle du système décimal proposée par M. de Rey-Pailhade.

Comme il faut aboutir enfin à quelque chose de simple, de pratique et de définitif, M. Guénot propose de faire concorder exactement les divisions du jour avec les divisions du cercle, c'est-à-dire de diviser le cercle d'après le système décimal. De même que l'unité de temps est donnée par le retour périodique du soleil au méridien inférieur du lieu d'origine, de même l'unité angulaire doit être le cercle entier et non le quart de cercle.

De même, enfin, que le *cé*, centième partie du jour, est une unité commode, de même le *cir* (de *circulus*), centième partie du cercle, répondra utilement à tous les besoins.

On voit que cette proposition se liait étroitement à la précédente. C'est pourquoi le Congrès les a associées l'une à l'autre dans l'expression du même vœu.

Tels ont été les principaux travaux du Congrès de Lyon. Leur intérêt est considérable et ils suffisent, à eux seuls, à consacrer le souvenir du quinzième Congrès des Sociétés françaises de géographie.

L. Sevin-Desplaces.

❧ ❧ ❧

# UNE CARTE GÉOLOGIQUE DE LA TUNISIE[1]

Cette carte géologique, la première qui ait été donnée de la Tunisie dans son ensemble, est le résultat de tournées effectuées de 1884 à 1889 par M. l'ingénieur Aubert. Grâce à l'état de sécurité complète dont on jouit dans toute la région et à l'accueil hospitalier des habitants, l'auteur a pu arriver très rapidement à se faire une idée générale de la structure du sol tunisien, malgré la difficulté des communications dans un pays sans routes et sans habitations, où l'explorateur doit transporter avec lui tout un matériel de campement. M. Aubert n'avait d'autres guides, comme travaux préliminaires, que les mémoires, excellents du reste, mais relatifs à des points isolés, de MM. Le Mesle, Pomel, Rolland et Thomas; avec l'aide de M. le contrôleur des mines Gauthier, il a parcouru notre belle colonie en tous sens, la carte au 1 : 200 000ᵉ à la main. Ses minutes ont été réduites au quart pour la publication, faite sur la carte au 1 : 200 000ᵉ du *Service géographique* comme base.

Quatorze teintes représentent les principales divisions des terrains reconnus (2 pour le quaternaire, 6 pour le tertiaire, 3 pour le crétacé et 1 pour le jurassique).

Le quaternaire occupe tout l'est de la Tunisie centrale, entre Sousse, Kairouan, Sfax et Gabès, puis le littoral jusqu'à la frontière de la Tripolitaine. Il s'étend également au sud-est du Chott Djerid, forme une grande partie de la presqu'île du cap Bon et remplit le fond de toutes les dépressions dans l'intérieur du pays. Au total, ce terrain recouvre plus de la moitié de la superficie de la Régence.

Le pliocène, qui manque au sud de la ligne des Chotts, présente au nord une distribution analogue à celle du quaternaire, par lequel il est d'ailleurs en grande partie masqué; d'origine marine le long de la côte (Sousse, Hammamet, Basse Medjerda), il est exclusivement lacustre ou de formation subaérienne lorsqu'on s'éloigne des rivages actuels de la Méditerranée.

L'étage sahélien (miocène supérieur) ne se montre qu'au sud de Bizerte, et les dépôts miocènes plus anciens

1. J. Aubert, ingénieur des mines, *Carte géologique provisoire de la Régence de Tunis*, publiée par ordre du gouvernement tunisien. Paris, H. Barrère, 1892.

Du même : *Explication de la carte géologique provisoire de la Tunisie.* ., *ibidem*, 1 vol. gr. in-8° de VII-91 p.

apparaissent en lambeaux clairsemés dans tout le nord-est, notamment suivant une traînée qui s'étend de Sbeitla au cap Bou.

L'éocène, constitué par une série très puissante de grès, de marnes et de calcaire, affleure au contraire surtout au nord-ouest (Khroumirie); on le retrouve plus au sud, remplissant les cuvettes comprises entre les chaînes crétacées jusqu'au delà de Kairouan, et l'étage inférieur est même représenté aux environs de Gafsa et de Tamerza, au pied des chaînes bordant la région des Chotts.

Les calcaires crétacés, qui acquièrent une grande épaisseur et présentent en même temps une grande résistance aux agents atmosphériques, forment la charpente de tous les reliefs principaux du sol tunisien; ils se montrent au jour suivant l'axe d'une série nombreuse de plis, orientés à peu près est-ouest dans le voisinage des Chotts et sud-ouest-nord-est ou même nord-nord-est entre Tebessa et Tunis; dans l'angle qui s'ouvre vers l'est entre ces deux faisceaux divergents, quelques rides aberrantes s'alignent du nord au sud en séparant des plaines de Kairouan et de Sfax les bassins supérieurs des cours d'eau tributaires du lac Kelbia. En quelques points où la dénudation a été plus profonde, le terrain jurassique (calcaires tithoniques) apparaît au centre des voûtes anticlinales : tel est le cas au Zaghouan, au Bou Gournine et au Djebel Djoukar.

Au sud de Gabès, les terrains secondaires ont une allure différente : ils forment un grand plan incliné vers l'ouest-sud-ouest, venant aboutir, du côté opposé, à une falaise où les assises les plus anciennes, d'âge jurassique, se montrent au jour. Ce plan incliné représente sans doute le flanc occidental d'un pli dissymétrique fort ample, dont l'aile orientale est presque entièrement recouverte par les dépôts récents des environs de Metameur. Il est manifeste, comme l'indique la direction nord-nord-ouest de son arête, qu'il n'appartient plus au système de rides plus ou moins parallèles correspondant aux chaînes de l'Atlas : c'est plutôt le régime saharien, avec ses larges ondulations, qui commence, et le prolongement de cet accident devrait être cherché dans le nord de la Tripolitaine.

On ne connaît de couches plus anciennes dans aucune autre partie de la Régence. Quant aux roches éruptives, M. Aubert signale quelques pointements insignifiants de rhyolithe (Khroumirie) et de dolérite (Djebel Ensarnie, Djebel Tabouna); il considère également comme d'origine interne une grande partie des gypses si répandus dans la région, tandis que, dans d'autres localités, la roche serait d'origine sédimentaire et d'âge crétacé. Toutefois, on ne doit pas oublier que cette question des gypses est loin d'être spéciale à la Tunisie : elle se pose en effet, et toujours dans les mêmes conditions d'incertitude, depuis l'extrémité des Pyrénées jusqu'au delà de l'Indus. Comme le montre le désaccord entre les différentes hypothèses qui ont été mises en avant tour à tour pour rendre compte de la formation de ces dépôts, c'est certainement l'un des problèmes les plus difficiles de la géologie des régions méditerranéennes.

On trouvera dans la notice explicative qui accompagne la carte des renseignements détaillés sur les variations de facies des terrains, sur leurs qualités agricoles et leur régime hydrologique. Des listes de fossiles, déterminées par MM. Douvillé, Gauthier, Pomel et Ficheur, fournissent de précieuses indications au sujet de l'âge relatif des couches, dont un certain nombre de diagrammes font connaître l'allure dans les localités les plus intéressantes.

Ajoutons que l'emploi d'une échelle et d'une gamme de couleurs indentiques à celles qui ont été adoptées pour la *Carte géologique de l'Algérie* facilite singulièrement les rapprochements entre ces deux publications, qui viennent ainsi se compléter l'une l'autre de la manière la plus heureuse.

Emm. de Margerie.

## NOUVELLES DU CANADA

Le Français qui connaît le Canada plus et mieux que le plus savant des Canadiens, l'auteur de la *France aux Colonies*, M. Saint-Edme Rameau de Saint-Père, a publié dans la *Revue française de l'Étranger et des Colonies*, une série d'articles sur le *Recensement canadien de* 1891, *ses inexactitudes et ses altérations au point de vue français*. Ses conclusions, qu'on peut considérer comme ayant force de loi, sont exactement les mêmes que celles qu'ont dégagées les *Nouvelles Géographiques*, dans les numéros de janvier et de février 1893.

« Je viens, dit M. Rameau, de terminer les études critiques que j'avais entamées sur le recensement canadien de 1891. Il résulte de mes observations et de mes conclusions qu'il doit y avoir environ 63 000 Canadiens de plus dans l'ensemble de la Confédération. Ces 63 000 Canadiens n'ont point été enlevés ou soustraits; le chiffre total de la population est exact, le chiffre des classifications religieuses est exact; c'est tout simplement 63 000 Canadiens que l'on a transvasés dans la colonne des catholiques de langue anglaise, et c'est ce qui a singulièrement facilité, à mes amis et à moi-même, la recherche et la démonstration des fraudes commises.

« Nous savions en effet que l'immigration irlandaise a considérablement diminué depuis vingt ans, et par conséquent le nombre des catholiques de langue anglaise doit ne pas s'accroître, ou s'accroître fort peu.

« Or, en 1891, non seulement ils fournissaient un accroissement énorme, mais il n'y avait d'accroissement que parmi les catholiques de langue anglaise! Il était donc visible que partout où les catholiques anglais présentaient un accroissement extraordinaire, on avait fait un faux en déversant à leur profit tout l'accroissement des catholiques français. Il n'y avait plus qu'à en chercher et à en trouver la preuve. »

Mais ce qui donne absolument et définitivement raison à M. Rameau et aux *Nouvelles Géographiques*, c'est la préface du premier volume du recensement de 1891. M. George Johnson, le surintendant du dit dénombrement, s'y excuse, sans s'accuser, mais il s'excuse. Voici en quels termes :

« On a essayé, dans les colonnes de ce recensement, de déterminer ce qu'il y a de Canadiens et d'Acadiens Français dans les diverses provinces de la Puissance. On a donc donné les instructions convenables pour faire inscrire les Acadiens français dans la colonne des Canadiens Français. Parmi les questions posées aux recensés par les recenseurs il y avait celle-ci : « Êtes-vous Canadien Français, ou Acadien Français? » Et les énumérateurs consignaient la réponse de oui ou de non.

« On a pourtant réclamé, *avec grande apparence de raison*; on a dit que la colonne « Canadiens Français » ne donne pas le nombre vrai des personnes d'origine française en Canada; et que la question posée aux Acadiens des Provinces Maritimes et aux Métis du Manitoba et des territoires du Nord-Ouest n'a pas été bien comprise par eux; enfin que dans la province d'Ontario nombre d'individus ont été portés à tort comme non Franco-Canadiens, pour telle cause ou pour telle autre.

« Nous notons tout ceci pour que ceux qui consulteront notre recensement ne soient pas sous une fausse impression : ils doivent se garder de croire que le nombre de Canadiens d'origine française indiqué par le cens est bien le nombre réel, et qu'on peut le comparer sans chances d'erreur avec les cens précédents pour toutes recherches sur le progrès ou le recul de cet élément. »

Bref, le coupable avoue.

Le recensement de 1891 nous apprend que le Canada renferme 647 362 personnes nées à l'étranger, dont, en nombres ronds, 220 000 Anglais (et Gallois), 149 000 Irlandais, 108 000 Écossais, 81 000 individus des États-Unis, 28 000 Allemands, 9 000 Russes (la plupart Mennonites allemands), 9 000 Chinois, 5 000 Français (exactement 5 381 : nombre que nous savons très au-dessous de la vérité), etc., etc.

En 1881, les habitants du Canada nés à l'étranger étaient déjà au nombre de 609 348, dont 186 000 Irlandais, 170 000 Anglais, 115 000 Écossais, 78 000 Yankees, 25 000 Allemands, 6 376 Russes (Mennonites), 4 389 Français, etc.

Soit durant les dix années un accroissement de 38 000 personnes nées à l'étranger, moins de 4 000 par an.

Or, suivant les chiffres officiels, durant la décade 1881-1891 la Puissance du Canada a reçu 836 000 immigrants, en moyenne 86 000 à 87 000 par an!

Serait-ce que la mort a fait, parmi les 609 000 étrangers du recensement de 1881 et parmi les 836 000 arrivés depuis, un tel ravage qu'au lieu d'être près de 1 500 000, ils ne sont que 647 000, en perte de 800 000 existences?

Non certes! Cela veut dire que presque tous les immigrants amenés à grands frais au Canada, des Iles Britanniques, d'Allemagne, de Scandinavie, d'Islande, on peut dire de tous les pays du monde, ne font que passer par la Puissance, ou du moins qu'ils n'y restent pas longtemps et que, cédant aux tentations du pays de l'Oncle Sam, à l'appel de son or, de son industrie, de New-York, de Chicago, des autres grandes villes, du « Sud soleilleux » (soleilleux par rapport au Dominion), ils ne tardent guère à se perdre dans les divers États de l'Union américaine.

Et même, les 800 000 en moins ne sont pas la perte totale du Canada pendant les dix années 1881-1891; en tenant compte des « nouveaux venus » que la supériorité des naissances sur les morts a dû donner pendant la décade aux provinces et territoires de la Puissance, on s'aperçoit aussitôt, dit le *Toronto Globe*, que d'autres centaines de milliers de départs pour les États-Unis ont compensé en grande partie l'arrivée de ce peuple de jeunes recrues. La déperdition totale n'est pas inférieure à 1 500 000 personnes : au lieu de 4 833 239 habitants seulement en terre canadienne, le recensement du 5 avril 1891 aurait dû en signaler plus de 6 300 000.

Dans un discours prononcé à Montréal au mois de septembre 1893, l'ex-lieutenant général de la province de Québec, M. Angers, estimait à plus de 25 000 le nombre des Canadiens Français revenus des États-Unis durant les cinq à six mois précédents : « La Mer Rouge, ajoutait-il, est ouverte et le peuple canadien émigré se précipite vers la Terre Promise. Il n'aura pas à y subir les épreuves du désert d'Arabie. Il n'a qu'à traverser le grand fleuve et à rentrer sans retard dans nos paroisses verdoyantes. » Les renseignements postérieurs, à la fin de 1893, puis au printemps de 1894, nous permettent de considérer ce nombre de 25 000 rapatriés comme beaucoup dépassé depuis, peut-être même comme doublé, sinon plus.

Mais il faut se garder d'admettre, avec tel journal canadien, que 100 000, 150 000 brebis sont rentrées au bercail. Il y a là une exagération pareille à celle qu'on commet là-bas quand on évalue à un million, voire à 1 200 000, les Canadiens Français fixés aux États-Unis.

Le recensement de 1891 donne à la capitale fédérale Ottawa une population de 37 269 habitants, dont 12 790 Français, soit les 343 millièmes.

Mais la ville d'Ottawa ne se borne pas à Ottawa même de l'autre côté de la grande rivière, dans la province de Québec, elle a pour faubourg Hull et Pointe Gâtineau; Hull renferme 11 264 habitants, dont 10 062 Canadiens Français, et Pointe Gâtineau 1 520 personnes, dont 1 487 Franco-Canadiens.

Donc, Ottawa, dans son sens le plus étendu, se trouve être une ville de 50 053 habitants, dont 24 339 Français et 25 714 Anglais, Écossais, Irlandais, Allemands, Scandinaves, Yankees, Italiens, etc. Ainsi cette capitale de la Puissance est presque exactement divisée entre les deux grandes races du Canada.

Il y a dix ans, au dénombrement de 1881, les nationalités se partageaient comme suit, ville et faubourgs d'outre-rivière : Français 16 670, non-Français 18 854, le nombre total des habitants étant de 35 524.

Il s'ensuit que de 1881 à 1891 notre élément a gagné 7 669 personnes et l'élément antagoniste 6 860, et que nous avons passé de 469 à 480 pour mille dans la ville centrale de la Confédération.

Mais ce n'est pas à Ottawa et banlieue que le progrès des Canadiens Français est le plus considérable. Dans l'ensemble des quatre townships ou cantons qui entourent Ottawa, dans Nepean et Gloucester (rive ontarienne), Hull et Templeton (rive québecquoise), c'est-à-dire dans la banlieue rurale, les Français ont augmenté de 2 484 durant les dix années et tous les autres éléments ensemble de 207 seulement. Enfin, et surtout dans les trois comtés qui l'environnent, Carleton et Russell (Ontario) et Ottawa (Québec), les Canadiens Français se sont accrus de plus de

17 000, et tous leurs adversaires ensemble d'un peu plus de 6 000 seulement. Comme on voit, la *french wave*, la vague française, commence à s'écrouler sur le Canada Central.

La population de Québec est à peu près stationnaire depuis 1861. En réunissant cette ville à son comté, pays rude qui n'a guère d'habitants que dans la banlieue de la « vieille capitale de la Nouvelle-France », on voit que la population a passé de 61 526 à 79 002 entre 1851 et 1861; mais 1871 n'y a relevé que 79 306 personnes, 1881 que 82 724, et 1891 que 82 593. Et pendant ce temps-là, Montréal croît démesurément.

Mais si les Québecquois n'avancent guère, leur stationnement est fait d'un grand progrès français et d'un grand recul anglais.

En 1861, les 79 002 habitants de la ville et du comté réunis se divisaient en 48 346 Français et 30 656 Étrangers, Anglais, Ecossais, Irlandais, Yankees, gens de nationalités diverses : soit 612 Français et 388 non-Français sur 1 000 personnes.

En 1871, il y avait, ville et comté, 79 306 habitants, dont 55 571 Français et 23 738 non-Français : autrement dit, à peu de choses près, 700 Français et 300 Étrangers sur 1 000 hommes.

En 1881, Québec ville et Québec comté donnaient 82 724 citadins et comtadins, dont 62 554 Français et 20 170 Étrangers : ce qui revient à dire 756 Français contre 244 non-Français, sur 1 000 individus.

Enfin les 82 593 habitants de 1891, se partageant en 67 646 Français et 14 947 non-Français, nous donnent une proportion de 819 Français contre 181 Étrangers sur 1 000 Québecquois.

En résumé, de 1861 à 1891, en trente années, ceux qui ont le français pour langue maternelle ont augmenté de 19 300; ceux qui parlent une autre langue dès le berceau ont diminué de 15 709, ils ne sont plus même la moitié de ce qu'ils furent; ils étaient bien près des deux cinquièmes de la population en 1861, ils ne sont même plus le cinquième.

Ainsi en est-il, plus ou moins, dans toute la province de Québec, dans le nord du Nouveau-Brunswick et dans maint et maint district de l'Ontario.

On n'entend pas souvent parler des Français de Terre-Neuve, sur lesquels tous les documents officiels sont muets. Voici que nous apprenons tout à coup l'existence de la petite peuplade francophone des Jacotars. « Il y a, dit M. Gresle, instituteur à Planchez en Morvan (Nièvre), il y a sur la partie sud du French Shore un groupe de population d'origine française qui provient d'Acadiens surnommés Jacotars par les Terre-Neuviens. Voisins de la ville de Saint-Georges (baie Saint-Georges), ces Franco-Canadiens, actuellement au nombre d'environ 300 (3000?), se multiplient très vite, mais malheureusement, mêlés de trop près à la population anglaise, ils manquent d'écoles françaises, et les nécessités du commerce leur font perdre l'usage de la langue maternelle. » C'est ce qu'il faudrait éviter à tout prix, conclut le 48ᵉ *Bulletin de l'Alliance française*.

O. Reclus.

*(La fin à la prochaine livraison.)*

# CHRONIQUE GÉOGRAPHIQUE

## AFRIQUE

**Côte de l'Ivoire.** — La situation faite à l'almamy Samory, depuis que les échecs successifs que nous lui avons infligés l'ont obligé à reculer jusqu'aux confins de nos possessions de Kong, a motivé quelques inquiétudes relativement à cette colonie. Les bandes de Samory se sont approchées d'assez près pour jeter l'émoi parmi les populations de nos territoires protégés. Ces populations ont sollicité notre appui. Le gouverneur de la colonie a réclamé une intervention exceptionnelle de la métropole; et c'est pour cette raison que le lieutenant-colonel Monteil a temporairement suspendu la prise de possession de son nouveau commandement en Oubangui pour aller à la Côte de l'Ivoire assurer la protection de nos établissements. Ses dispositions devront se borner à faire le nécessaire, sans offensive, pour fixer Samory en un point de la boucle du Niger d'où il ne sera plus une menace pour personne; et, vraisemblablement, à l'isoler de Liberia ou des établissements anglais de Sierra-Leone, dont il deviendrait, s'il en était autrement, le courtier commercial au détriment des ntérêts français. Il est probable que des instructions ont été données dans ce sens, et l'installation définitive du nouveau poste de Kouadiofikorou, sur le Bandamar, à 130 kilomètres de la côte, paraît un commencement d'exécution de ce programme. Il importe, pour le poursuivre utilement, de prendre pour objectif le territoire de Mousardou. C'est, d'ailleurs, le but même de la mission du capitaine Marchand.

**Sud-Ouest Africain Allemand.** — D'après le traité de 1890, la limite sud de la bande de territoire allemand qui prolonge vers le Zambèze la colonie de l'ouest africain devait être formée par le 18° latitude sud, à partir du 21° E. Greenwich jusqu'au Tchobé, avec cette réserve toutefois que cette bande ne devait, en aucun cas, avoir moins de 32 kilomètres de largeur. Cette réserve doit être appliquée aujourd'hui; en effet les levés du major von François dans le Damaraland, réunis dans une carte en 2 feuilles au 1 : 6 000 000ᵉ ont prouvé que le Coubango, ou Okavango, qui forme jusqu'à Andara la limite septentrionale de cette bande de territoire, a son cours à 3 kilomètres à peu près au nord du 18° latitude sud. La bande n'ayant plus ainsi que 3 kilomètres, la frontière devra, sauf vérifications ultérieures, être reportée de 29 kilomètres, soit de près d'un quart de degré vers le sud.

M. von François vient également de publier la carte au 300 000ᵉ de ses voyages dans le sud de la colonie. Les points extrêmes de cette carte sont au nord Gibeon, au sud le fleuve Orange, à l'ouest Béthanie, à l'est Rietfontein; ses positions diffèrent un peu de celles du comte Pfeil.

Une autre carte, également au 300 000ᵉ, représentant

la côte, de l'embouchure du Souakhob au cap Cross, montre les résultats d'une petite expédition entreprise du 12 au 18 août 1893 pour vérifier l'existence prétendue d'un bon port dans ces parages. Ce port n'existe pas : la côte est très uniforme, et l'on n'y trouve que cinq petites baies, dont la meilleure de beaucoup est celle du Souakhob, qui forme déjà le port de la colonie. Il n'y a d'eau que dans le delta de l'Omaruru et ce n'est que là également qu'on trouve quelques animaux sauvages, en dehors des phoques, qui sont nombreux au cap Cross, et des oiseaux aquatiques qui peuplent la lagune de la pointe Sierra. Les indigènes n'ont jamais demeuré dans cette partie de la côte, et les restes d'habitations que l'on trouve proviennent des chasseurs de baleines, qui furent autrefois nombreux. La côte a subi divers changements, par suite des courants et des vagues, depuis les premières reconnaissances hydrographiques qui en ont été faites.

(*Mitteilungen de Petermann.*)

**Afrique Orientale Allemande.** — Les Allemands poursuivent activement l'étude scientifique du massif du Kilima N'Djaro. Une station a été fondée dans le district de Marangou, à 1561 mètres d'altitude, par les Drs Lent et Volckens. Le premier s'est occupé de la topographie, de la géologie et de la météorologie du district, le second de la botanique, spécialement au point de vue des produits utilisables.

La station terminée et installée, les explorateurs s'avancèrent plns haut dans le massif, et construisirent une cabane à 2 800 mètres d'altitude. Le Dr Volckens accompagna une expédition dans les montagnes de Vgueno ; il y a trouvé les plantes des États Tchagga croissant côte à côte avec celles du littoral; il pense que les essais de cultures tropicales y réussiraient mieux que sur le Kilima N'Djaro.

Le Dr Lent a fait une triangulation de la région, et dressé une carte à l'échelle considérable du 25 000e ; il a étudié, à grands traits, la géologie du pays. La distinction la plus importante que l'on doive faire entre les terrains au point de vue de la culture, est celle des laves et des tufs. M. Lent a élaboré également un très bon plan d'observations météorologiques, et l'on nous annonce la prochaine publication d'un rapport annuel complet. On travaille activement aux levés topographiques, et les collections botaniques contiennent déjà plus de 2 000 espèces.

En décembre dernier, M. Volckens a visité les exploitations agricoles entreprises par la station missionnaire catholique de Kilima. Il a pu se rendre compte ainsi des perspectives qu'auraient les établissements européens, en particulier dans la zone de 1 300 à 1 700 mètres d'altitude, la seule habitée jusqu'ici. On n'a pas encore trouvé de culture rémunératrice. L'année est divisée, sommairement, en une saison sèche et une saison des pluies, avec une différence de température considérable. Pendant la saison des pluies, les nuages diminuent l'intensité des rayons solaires au point d'exclure la culture de nombre d'espèces tropicales ou sub-tropicales ayant besoin de beaucoup de lumière.

Quant aux produits susceptibles de culture, les uns pourraient servir à l'alimentation des colons d'Europe, les autres devenir articles d'exportation. Au-dessous de la zone habitée s'en étend une autre couverte d'acacias, d'euphorbiacées, etc., où les conditions ne sont nulle part favorables pour les cultures tropicales.

(*Mitteilungen aus den deutschen Schutzgebreten*).

**Mission Ruspoli.** — La mission Ruspoli, dont la marche victorieuse a été si tragiquement interrompue par la mort de son chef, est certainement la plus importante de toutes celles qui ont parcouru la péninsule somalie et le pays des Gallas. Aussi donnons-nous sur ce sujet quelques nouveaux détails.

On se rappelle que le but du prince Ruspoli était d'atteindre le lac Rodolphe et la région des Gallas Arussi, afin de trancher la question des fleuves Omo et Djouba; puis de revenir à la côte par le Massaï, la région des grands lacs et Zanzibar.

L'entreprise était parfaitement réalisable, puisqu'elle a été en grande partie réalisée et que la mort seule du jeune prince a pu l'arrêter. Mais les fatigues et les dangers l'attendaient à chaque pas, dès le début. En partant de Berbera, le 6 décembre 1892, l'expédition se composait de 5 Européens, 76 soldats indigènes de la colonie d'Érythrée, 14 Arabes du Yémen et 52 Somalis. La veille du départ, les Arabes désertaient; le lendemain à la première étape, c'était le tour de la grande majorité des Somalis. Il restait heureusement une forte caravane de bétail : 100 chameaux, 28 mulets, 5 chevaux et 12 ânes.

Nous avons tenu nos lecteurs au courant de cette mission jusqu'à Malkar, point d'où son intrépide chef annonçait son départ pour le Kaffa, par la mystérieuse vallée du Daou. A ce moment la maladie avait réduit à trois le nombre des Européens.

Le 2 juin 1893, l'expédition quittait Malkar et remontait le Daou, en se voyant amoindrir chaque jour par la désertion des soldats indigènes que la perspective d'un voyage en pays inconnu effrayait. Elle s'éloignait du fleuve à Medo Erelle et marchait droit vers l'ouest, à travers une région déserte où elle ne trouvait de l'eau qu'à Banas, après quatre jours de soif. Encore avait-elle la main heureuse, car à Banas, à toute autre époque que pendant les mois de juillet, d'août et de septembre, tous les étangs sont desséchés.

De Banas, Ruspoli se dirigea au nord-ouest, atteignit Gallego, le 26 juillet, et y fut attaqué par un fort parti de Borani, dont les fantassins et les cavaliers sont tous armés de la lance. Cette attaque, les indigènes l'avaient traîtreusement entreprise pour essayer de reprendre à la caravane les chameaux qu'eux-mêmes venaient de lui vendre.

Cela n'empêchait pas la mission d'atteindre dix jours après le village de Giacorsa, à 8 heures des rives du Daou, puis de rejoindre le fleuve lui-même à Aloï. Là, la contrée devient très montagneuse et le Daou coule, au fond de gorges étroites, sur un lit rocailleux.

C'est en amont d'Aloï que s'unissent les deux branches du fleuve, l'une venant du nord et l'autre de l'ouest. Ruspoli se décida à remonter le second des deux affluents et suivit le seul chemin praticable, c'est-à-dire celui qu'ont aplani les troupes d'éléphants et de rhinocéros; il trouva dans cette vallée des girafes à trois cornes. Il fallut franchir une chaîne de 2 000 mètres de hauteur pour atteindre Giaribule, d'où le prince tenta une pointe dans le pays Giamgiam, qu'il trouva planté de cafiers, de millet, de bananiers et de bambous. Après s'être débarrassé d'une partie du bagage, qui devenait trop gênant, il longea les monts Ahmara et parvint à Koroma, où il fut accueilli hospitalièrement par le sultan d'une tribu de cultivateurs très doux.

De Koroma, Ruspoli, muni d'un bateau démontable, escalada les monts Ahmara et alla reconnaître le lac Abba (Bissan-Abbaja). Le fleuve Omo (Sagan) n'est pas un émissaire du lac; il le contourne à l'ouest et au sud. Mais la branche nord du Daou ne vient-elle pas de l'Abba? L'explorateur ne put s'en assurer. Le lac a 30 kilomètres de long et 15 de large. L'Omo, dans ces parages, est très profond et mesure 100 mètres de largeur; les crocodiles y foisonnent; toute la région est extraordinairement peuplée d'éléphants, d'antilopes et de girafes.

Ruspoli rentrait à Koroma le 16 novembre et reprenait sa marche sur le lac Rodolphe. Le 4 décembre il arrivait à Gubba-Leggenda d'où il découvrait les monts Malbé, qui font probablement partie de la ceinture du bassin du Rodolphe. C'est à Gubba que l'attendait la mort tragique et mille fois regrettable que nous avons racontée.

Le cadavre du jeune prince, enveloppé d'une tente, faute de bois, fut enterré à côté de la tombe du père du sultan allié. Le second de l'expédition, l'explorateur Lucca, eut le triste devoir de ramener la caravane à la côte et de sauver toutes les collections scientifiques auxquelles Ruspoli avait apporté tous ses soins.

La mission quitta Koroma le 9 décembre et s'en revint tout droit, en longeant le plus possible les rives du Daou. Elle faillit périr de soif à Édicalle, en pleine époque de sécheresse, et la désertion de son guide l'obligea à chercher péniblement sa route.

En descendant la vallée depuis Koroma, le pays, fort plat, est couvert d'acacias épineux et de mimosas; une température de 35 degrés à l'ombre, l'absence complète de brise et l'abondance des moustiques rendent le voyage extrêmement pénible. Jusqu'à Salolé, on ne trouve de l'eau que tous les trois ou quatre jours.

La mission traversa Otallo et Dubalac, gros villages riches en bestiaux et points de passage des caravanes qui exportent l'ivoire et le millet de Konso. Elle rejoignait Giacorsa le 3 janvier 1894; cette ville est un centre populeux de Gallas Borani, bien approvisionné d'eau par ses dix puits.

L'explorateur Lucca et son escorte arrivaient à Logh, le 3 février, et à Bardera le 23. Après un vif combat avec la tribu Somalie des Aggiurans elle gagnait la côte à Brara, le 11 mars dernier.

Les résultats scientifiques de cette vaste et glorieuse expédition seront prochainement fournis par celui à qui a été dévolu le douloureux honneur de ramener la courageuse troupe que la mort seule de son chef a pu arrêter dans sa marche triomphante.

A propos de la péninsule Somalie, disons aussi quelques mots de la mission Ferrandi qui a essayé de pénétrer jusqu'aux pays Gallas, par le sud.

Le capitaine Ferrandi, parti en avril 1893 de la côte du Bénadir, n'est pas parvenu à dépasser Bardera, mais son long séjour dans cette ville a donné des résultats fructueux pour la politique coloniale italienne et pour la science. L'alliance du sultan et des chefs indigènes de la région a été cimentée sur des bases sérieuses et le protectorat italien définitivement reconnu. L'explorateur a étudié soigneusement le commerce, l'industrie et les mœurs des tribus avoisinantes et a dressé une carte de ses itinéraires.

Bardera est située sur la rive gauche du Djouba, à 17 mètres au-dessus du niveau moyen du fleuve. C'est une ville spacieuse, mais peu habitée encore, quoiqu'elle ait beaucoup prospéré depuis le passage de l'infortuné von der Decken. Ce dernier voyageur y avait compté 120 cases; il y en a aujourd'hui près de 500, réparties en cent camps, ou *zéribas*.

Un grand nombre de villages ou faubourgs entourent la ville et ses fortifications en ruine. La principale culture est le millet. Le pays pourrait produire davantage, sans la morgue des Somalis qui dédaignent les travaux des champs et les confient à leurs esclaves. Une autre cause diminue plus encore la production du pays, c'est l'ignorance des habitants en fait d'irrigation, malgré l'abondance des cours d'eau.

Le climat est sain. De décembre à mai, les vents du nord-est apportent une température qui ne dépasse pas 38 degrés le jour et 25 degrés la nuit; mais en février surviennent avec la mousson du sud-ouest des pluies torrentielles et des tempêtes.

Pour atteindre Bardera, la route la plus praticable est celle de terre, à cause du peu de navigabilité du Djouba dans son cours inférieur, enchevêtré de rapides et de barres.

Citons une particularité curieuse des découvertes de Ferrandi : d'après un document traduit librement, les Somalis prétendraient être les descendants directs de Cham; une généalogie complète des tribus successives donnerait l'ordre de filiation jusqu'à nos jours.

## RÉGIONS POLAIRES

**Expéditions arctiques en 1894.** — Après une assez longue période de repos une nouvelle ère d'activité s'est ouverte cette année pour les explorations arctiques. Durant l'été dernier il n'y a pas eu moins de cinq expéditions à l'œuvre au milieu des glaces polaires : M. Jackson à la Terre François-Joseph, M. Peary dans le Grönland septentrional, M. Stein dans l'archipel polaire américain, M. Wellman au Spitzberg, enfin le célèbre Nansen au nord des îles de la Nouvelle Sibérie à la recherche du Pôle.

Les premières nouvelles de ces voyageurs, quoique encore très incomplètes, font craindre que le succès n'ait point répondu à ce grand effort.

Comme nous l'avions prévu, au nord de l'Europe autour du Spitzberg et de la Terre François-Joseph, l'état des glaces n'a pas été favorable à la navigation. Une expérience de dix années passées dans les régions du nord nous a appris en effet qu'à un été froid à nos latitudes correspondent un été chaud dans la Scandinavie septentrionale et un encombrement de glaces dans l'océan Arctique.

L'événement a confirmé une fois de plus cette observation. L'été, si froid dans nos pays, a été particulièrement sec et chaud en Islande et dans le nord de la Norvège. A Throndenœsr (extrémité nord des Loffoten), d'avril au milieu d'août, il n'est tombé que quelques gouttes de pluie, et en juin et juillet la température a été très élevée. Dans ces pays abondamment arrosés l'eau manquait! En revanche l'océan Arctique était encombré de glaces.

Le navire de l'expédition Wellman a été, comme on le sait, coulé par la banquise aux Sept-Iles (Spitzberg septentrional), après avoir atteint très facilement cette haute latitude. D'après les renseignements fournis par un membre de cette mission, en juin les glaces restaient dans l'extrême nord agglomérées en barrière impénétrable et ne descendaient pas vers le sud en débâcle.

A l'est du Spitzberg des *pack* non moins compactes ont arrêté M. Jackson dans sa marche vers la Terre François-Joseph. Au milieu d'août, deux chasseurs de phoques l'ont rencontré sous le 78$^e$ degré de latitude, essayant vainement de se frayer un passage vers le nord. D'après les dernières nouvelles rapportées par un pêcheur norvégien, M. Jackson avait dû renoncer à son projet d'atteindre la Terre François-Joseph et essayait de se dégager de la banquise pour battre en retraite.

L'expédition de l'Américain Peary dans le Grönland septentrional n'a pas eu un meilleur succès. La mission, composée de douze hommes, de Mme Peary et de sa femme de chambre, quitta Saint-Jean de Terre-Neuve, le 14 juillet 1893, sur le baleinier *Falco* à destination du golfe Inglefield où furent établis les quartiers d'hiver. Au printemps, Peary devait traverser l'*inlandsis* l'itinéraire qui l'avait amené l'année précédente à la baie de l'Indépendance sur la côte orientale. De ce point, il se proposait ensuite de poursuivre vers le nord tandis qu'une escouade descendrait au sud le long de la côte dans la direction du cap Bismarck. Ce plan grandiose n'a pu être réalisé. Le 6 mars 1894, Peary entreprit la traversée de l'*inlandsis* avec huit hommes et douze traîneaux tirés par quatre-vingt-douze chiens. Contrariés par des tempêtes, la marche de la caravane fut très lente. En 31 jours 215 seulement furent parcourus. Le 19 mars, un terrible ouragan mit pendant quatre jours l'expédition dans le plus grand danger. Le thermomètre variait entre 42° à 51° au-dessous de zéro. Les chiens tombèrent gelés sur place et la plupart des explorateurs éprouvèrent de graves congélations. La perte d'un grand nombre de bêtes de trait rendant la situation très critique, Peary prit le parti de poursuivre seulement avec trois hommes. En quatorze jours cette escouade ne réussit à avancer que de 136 kilomètres. Un des membres de la caravane étant éclopé et presque tous les chiens étant morts, Peary résolut de battre en retraite. Il se trouvait alors seulement au quart de la distance séparant le golfe Inglefield de la baie de l'Indépendance. Le 18 avril enfin, les courageux explorateurs rejoignaient leurs quartiers d'hiver.

Pendant cette expédition, M. Astrup, le compagnon de Peary dans sa première expédition de 1893, exécutait en traîneau une longue exploration de la côte nord-ouest du Grönland jusqu'à la baie de Melville dans le sud. Au cours de ce voyage, M. Astrup a relevé 300 kilomètres de côte en grande partie recouverts par d'immenses glaciers.

Outre ce lever topographique, les résultats scientifiques de cette expédition paraissent considérables. Des dragages entrepris dans le détroit de Jones par le *Falco* ont fourni de très intéressants documents sur la faune marine de ces parages; d'autre part, le professeur Chamberlin, de l'Université de Chicago, a étudié les dix-sept glaciers qui débouchent de l'*inlandsis* dans le golfe Inglefield. Leurs tranches terminales présentent, inclus dans la glace, des lits statifiés d'argile épais parfois de 50 centimètres et contenant souvent de gros blocs. La vitesse d'écoulement de ces courants n'atteint pas le chiffre élevé constaté par les explorateur danois sur les émissaires de l'*inlandsis* voisins de Disko. D'après les mesures de M. Chamberlin elle varie, à l'extrémité inférieure des glaciers, de 0 m. 32 par jour à 0 m. 32 par semaine.

Pour atteindre le golfe Inglefield, le *Falco*, chargé de rapatrier l'expédition, a rencontré en juillet dernie et dans la mer de Baffin d'énormes masses de glace et de très mauvais temps. Il n'est arrivé à destination que le 20 août. Après avoir embarqué les membres de la mission, à l'exception de M. Peary et d'un compagnon qui ont résolu d'hiverner une seconde fois dans cette région intéressante, le navire a fait route au sud et vient d'arriver à Saint-Jean de Terre-Neuve.

D'après un télégramme adressé par M. Astrup au *Morgenblad* de Christiania, des épaves retrouvées de l'expédition Björling ne laisseraient plus aucun doute sur son triste sort.

La seule expédition arctique qui ait été, l'été dernier, couronné de succès est celle du commandant Holm, de la marine royale danoise. Dans un de nos précédents numéros, nous avons annoncé le projet du gouvernement danois d'installer près d'Angmagsalik, sur la côte orientale du Grönland, une mission évangélique et un observatoire météorologique. Nous recevons à l'instant la nouvelle que ce plan a pu heureusement être exécuté.

Le *Hvidbjörn* quitta Copenhague le 11 août, avec les membres de la mission, et, après une rapide traversée de l'Atlantique, atteignait le détroit de Danemark où elle était enveloppée par d'épaisses brumes. A 120 milles de la côte orientale on rencontra des glaces très morcelées. Tantôt en suivant la lisière de cette petite banquise, tantôt en se frayant un passage à travers ces blocs épars à la surface de la mer, le navire poursuivit sa route, gêné seulement dans sa marche par des brouillards constants. Dans une éclaircie le commandant Holm aperçut le cap Dan (65°30'), et, le 26, en dépit de la brume persistante, il réussit à mouiller le *Hvidbjörn* dans la baie Tasiusak (65°35'). D'après les indigènes, la grande banquise de la côté orientale (*Stor Is*), s'était disloquée six jours auparavant.

Après une reconnaissance des environs, le commandant Holm résolut d'établir la station sur les bords d'une baie du Tasiusak, celle-là même où en 1883 le baron Nordenskiöld avait mouillé son navire et qu'il avait baptisée en l'honneur de son souverain le roi Oscar. Le mouillage est excellent, les embarquements et débarquements sont assez faciles. Dans la baie débouche une rivière fréquentée par des saumons. Aux environs s'étendent de larges zones de terrain plat où la végétation est très belle pour le Grönland, enfin le paysage est pittoresque; toutes les conditions d'une bonne installation se trouvent donc réunies.

Du 27 août au 5 septembre, le commandant Holm fit élever, avec les matériaux apportés de Danemark, un magasin et une habitation provisoire pour les membres de la mission. Le 6, le *Hvidbjörn* appareilla pour effectuer son voyage de retour, mais, arrêté par les glaces qui bloquaient l'entrée du Tasiusak, il dut revenir au mouillage.

Deux jours après, le bâtiment réussit à reprendre la mer, après avoir traversé un mince banc de glaces flottantes, et, le 17 septembre, il rallia Copenhague.

La rapidité des traversées et le long séjour de l'expédition au mouillage indiquent un état des glaces très favorable sur la côte du Grönland.

Tout l'honneur de ce beau voyage revient au commandant Holm, qui, en cette circonstance, a donné une fois de plus la preuve de ses grandes qualités de marin et d'explorateur.

D'après les renseignements donnés au commandant Holm par les Eskimos, un brig monté par 9 hommes, de nationalité inconnue — jamais il n'avait hissé son pavillon — avait hiverné sur la côte; il avait quitté son mouillage trois jours seulement avant l'arrivée du *Hvidbjörn*. Cette expédition avait été évidemment entreprise dans un but commercial : l'équipage possédait une riche provision d'objets d'échange et par troc il acquit des indigènes soixante peaux d'ours blancs et de nombreuses fourrures de renards et de phoques. La nature de sa pacotille indiquait que le capitaine était au courant des besoins des Eskimos. Une fois ces opérations commerciales terminées, le bâtiment s'était dirigé en automne dernier vers la pleine mer, mais, arrêté par les glaces et les calmes, il avait dû hiverner près du cap Dan.

De M. Nansen nous sommes encore sans nouvelles. Suivant toute vraisemblance il a du hiverner aux îles de la Novvelle Sibérie, ou tout au moins atteindre cet archipel dans le courant de l'été dernier. Sur ces terres il a sans aucun doute laissé des lettres qui auront été recueillies par des chasseurs et qui nous parviendront dans le courant de l'hiver, une fois le traînage établi en Sibérie.

**Colonisation de la Nouvelle-Zemble.** — Le gouvernement russe poursuit avec ténacité la colonisation de la Nouvelle-Zemble. Deux stations existent déjà dans l'île méridionale, l'une à l'entrée du Matotchkin Char, l'autre à la baie Karmakul. A la fin de juillet, le gouverneur d'Arkhangel a visité cette dernière localité et y a conduit 38 Samoyèdes. La population de la Nouvelle-Zemble compte actuellement 90 individus de cette race.

**Expédition commerciale au Iénisséi.** — Le capitaine anglais Wiggins, qui plusieurs fois déjà, et notamment l'été dernier, a conduit avec succès des vapeurs au Iénisséi, a entrepris cette année une nouvelle expédition en Sibérie. Le 26 août il a quitté le port norvégien de Vadsö, à destination du Iénisséi, monté sur un vapeur chargé de convoyer deux steamers construits en Angleterre et destinés à la navigation sur ce fleuve. Les trois bâtiments emportent des cargaisons d'objets manufacturés destinés aux marchés sibériens.

Si le nouveau voyage a le succès des précédents, nos armateurs et commerçants feraient preuve d'initiative en suivant l'exemple donné par le capitaine Wiggins. La Sibérie manque absolument d'objets manufacturés et les céréales fournissent d'abondantes cargaisons de retour à bas prix. L'entreprise n'est cependant pas sans risques.

**La chasse de la baleine aux îles Férö.** — Les baleiniers norvégiens ont commencé cet été à poursuivre la baleine dans les parages de Férö. A la date du 23 août un seul navire avait déjà capturé 43 cétacés, dont deux balénoptères de Sibbald et 38 mégaptères. CHARLES RABOT.

# MOUVEMENT ÉCONOMIQUE

## LE COMMERCE ACTUEL DE L'ITALIE

Le document le plus récent sur le mouvement commercial de l'Italie (*Statistica del commercio speciale di importazione et di esportazione dal 1° gennaio al 31 dicembre 1893*) ne donne que le commerce spécial du royaume, à l'exclusion du commerce de transit. En outre, tout en offrant de très grands détails pour chaque espèce de marchandises, il ne donne pas les totaux généraux pour les pays avec lesquels l'Italie est en relations commerciales. Voici, sous ces réserves, les chiffres du commerce de 1893 et, à titre de comparaison, ceux de 1892, répartis entre quatre grandes classes de produits échangés (en milliers de francs).

| | IMPORTATIONS | | | EXPORTATIONS | | |
|---|---|---|---|---|---|---|
| | 1893 | 1892 | DIFFÉRENCE | 1893 | 1892 | DIFFÉRENCE |
| Matières premières brutes | 430.677 | 408.452 | + 22.225 | 196.471 | 181.073 | + 15.398 |
| Matières premières ouvrées | 200.326 | 196.965 | + 3.361 | 322.328 | 361.437 | — 39.109 |
| Objets manufacturés | 267.625 | 270 313 | — 2.688 | 152.389 | 131.132 | + 21.257 |
| Produits alimentaires | 291.520 | 297.662 | — 6.142 | 292.936 | 284.545 | + 8.391 |
| Totaux | 1.190.148 | 1.173.392 | + 16.756 | 964.124 | 958.187 | + 5.937 |

En examinant de plus près les changements subis par le commerce des principales marchandises de 1892 à 1893, on remarque, à l'importation, un fort accroissement pour le coton (+ 14 136 000 fr.) et autres plantes textiles (+ 3 694 000), les laines, crins, etc. (+ 1 527 000), pour les vins et huiles (+ 3 068 000), et une très sensible diminution pour la soie (— 5 422 000), les céréales et farines (— 3 647 000), les animaux et leurs produits (— 2 597 000). A l'exportation un très grand progrès se manifeste pour les céréales et farines (+ 22 821 000), les animaux et leurs produits (+ 13 390 000), pour le coton (+ 6 161 000) et autres plantes textiles (+ 3 560 000), les matières colorantes (+ 3 794 000). etc., tandis qu'on trouve un recul des plus considérables pour la soie (— 35 703 000), les vins et huiles ( — 12 306 000), et aussi les métaux (— 5 181 000). Si on voulait résumer brièvement ces changements, quelquefois contradictoires, dans le mouvement des échanges, on pourrait peut-être dire : 1° que l'Italie subit manifestement une crise dans la production des soies, tandis que les industries alimentées par le coton et autres produits analogues prennent de l'essor; 2° que la métallurgie, jouant un rôle secondaire, a de la peine à se dégager de la concurrence de l'étranger; 3° que la production des céréales et l'élève des bestiaux se développent en travaillant pour l'exportation, tandis que l'industrie vinicole traverse des temps assez difficiles.

Sous ce dernier rapport, la guerre de tarifs que l'Italie et la France se font depuis 1887 doit exercer une influence très sensible : pour ne parler que des deux dernières années, l'exportation des vins italiens en France est tombée de 281 674 hectolitres en 1892 à seulement 90 655 en 1893; l'Italie, obligée de chercher ailleurs des débouchés pour ses produits, a réussi par contre à élever son exportation en Austro-Hongrie de 629 673 à 969 444 hectolitres. Rappelons encore qu'en 1889 l'Italie avait expédié en Austro-Hongrie seulement 33 141 hectolitres, contre 172 253 envoyés la même année en France.

Ce n'est pas tout malheureusement : la politique à courte vue des protectionnistes modernes a le don de rétrécir les échanges des deux côtés, et la France n'a pu importer en Italie que 40 428 quintaux de métaux en 1893 contre 92 204 en 1892 (et même 317 883 en 1890), tandis que l'Angleterre a su élargir son importation dans ce pays de 476 112 quintaux en 1892 à 723 158 en 1893.

Quant à la répartition des échanges entre divers pays, le document le plus récent qui donne ces chiffres date de 1892 (*Commercio coll'Estero. Estratto dall'Anuario statistico Italiano*, 1892). Nous y empruntons le tableau suivant montrant la part respective des principaux pays dans le commerce italien (en milliers de francs et y compris les métaux précieux).

| | IMPORTATIONS | EXPORTATIONS |
|---|---|---|
| Angleterre | 244.759 | 114.428 |
| France | 204.486 | 187.390 |
| Allemagne | 144 077 | 147.848 |
| Austro-Hongrie | 127.311 | 109.411 |
| Russie | 124.271 | » |
| États-Unis et Canada | 78.791 | 100.147 |
| Indes britanniques | 66.299 | » |
| Suisse | 51.955 | 178.365 |

Les 8 principaux pays importateurs font à eux seuls 86 pour 100 de toutes les importations en Italie (1 042 millions sur 1217), et les 6 principaux pays exportateurs font 83 pour 100 de toutes les exportations du royaume (838 millions sur 1 082).

Le lecteur s'attend peut-être à trouver ici quelques considérations sur le mauvais état des finances d'Italie. Mais la presse politique en a assez parlé. Nous préférons donner ci-dessous quelques chiffres d'une portée beaucoup plus générale. Ce sont, en regard les uns des autres, les chiffres (en millions de francs) de l'accroissement annuel de la richesse nationale et des budgets (chapitre des recettes) des quatre pays suivants : l'Angleterre (d'après Giffen), la France (d'après Foville), la Prusse (d'après Soetbeer) et l'Italie (d'après Pantaleoni).

| | ACCROISSEMENT de la RICHESSE | BUDGET |
|---|---|---|
| Angleterre | 3.750 | 2.275 |
| France | 3.000 | 3.400 |
| Prusse | 2 070 | 2.365 |
| Italie | 500 | 1.755 |

On voit que tandis qu'en Angleterre le capital du pays s'augmente chaque année d'une somme une fois et demie plus grande que le budget de l'État et qu'en France et en Prusse, malgré les formidables dépenses pour l'armée (et le service de la dette pour le premier des deux pays), cet accroissement n'est que légèrement inférieur à la part que prend l'État, l'Italie a un budget trois fois et demi plus élevé que l'accroissement annuel de sa richesse nationale. Cette simple proportion est plus éloquente qu'une page de déclamations.

Nicolas Roussanof.

# BIBLIOGRAPHIE

### REVUE DES PÉRIODIQUES

#### *Articles signalés*

**Geographical Journal**, septembre 1894. — *Kafiristan*, par G. S. Robertson, avec carte. (Étude sur un pays encore très peu connu, qui s'étend au nord-ouest de l'Inde, borné à l'est par la vallée de Tchitral et du Kounar, au sud-est par cette dernière vallée, à l'ouest par l'Afghanistan, au nord par le massif de l'Hindou-Kouch et le Badakchan. Les tribus qui l'habitent ne sont pas musulmanes; d'où le nom de *Kafiristan*, qui signifie « pays des infidèles ». En dehors de l'expédition Lockhart, qui visita en 1881 la haute vallée du Bachgoul, M. Robertson est le premier Européen qui ait véritablement pénétré dans cette région, et qui ait pu y séjourner, non sans péril. Sa description du pays et des habitants a donc une valeur considérable, et mérite que nous y revenions plus tard.) — *On the river Telubin*, par Henry Louis. (Le Telubin est un fleuve côtier de la partie siamoise de la péninsule de Malakka. Il se jette dans le golfe de Siam, non loin de la petite ville de Selindong Bayou, résidence du rajah d'un petit État, tributaire du Siam, également appelé Telubin ou Saï. Le fleuve Telubin, dont le bassin renferme quelques gisements métalliques et des alluvions aurifères exploitées par les Chinois, n'avait pas encore été exploré jusqu'ici. Une carte au 316 000$^e$ des vallées du Telubin et du Patani accompagne l'article.) — *A Survey of the English Lakes*, par Hugh Robert Mill. (Sommaire d'un rapport, qui doit être prochainement publié avec cartes, sur l'étude des lacs anglais entreprise par M. Mill aux frais de la Société de géographie. Les lacs étudiés sont tous situés dans le nord-ouest de l'Angleterre, le fameux *Lake District*. Ils sont au nombre de 10, couvrant une superficie d'environ 32 kilomètres carrés. Un tableau donne la longueur, la largeur, l'altitude, la superficie, la profondeur, et le volume en pieds cubes de ces différents bassins, dont le plus grand est le Windermere, et le plus profond le Wastwater.) — *D$^r$ Baumann's Journey to East-Africa*, par E. Heawood. — *D. G. M. Dawson's Observations on the Bering Sea.* — *The physical condition of the Ocean*, par W. J. L. Wharton.

**Mitteilungen de Petermann**. Août 1894. — *Der Rio Napo*, par Richard Payer à Iquitos (Pérou), accompagné d'une carte au 800.000$^e$ de cet affluent du Marañon. — *Beiträge zur Geographie von Süd-west-Afrika.* (Le D$^r$ K. Dove parle dans ce nouvel article de l'état sanitaire de la colonie allemande du Sud Ouest africain. Ce n'est pas encourageant pour la colonisation : dans l'Oloukonda aucun blanc n'échappe à la malaria, et dans l'Ovambo le rhumatisme atteint pendant des mois tous les colons; mais le pays est encore beaucoup plus funeste au bétail.) — *Die Vegetationsregionen der nördlichen Zentralkarpaten*, par le professeur O. Drude. (Étude sur les zones de végétation dans les Karpates centrales septentrionales. Les pentes abruptes des monts Tatra se prêtent admirablement à cette étude de géographie botanique, car elles possèdent les essences les plus répandues de l'Europe centrale). — *Kleinere Mitteilungen. Der Periplus Hannos.* (Le D$^r$ Ruge nous signale deux nouveaux travaux sur ce voyage légendaire. C. T. Fischer, *De Hannonis Carthageniensis Periplo* et C. M. Kan, *De Periplous van Hanno*). — *Die Mandschurische Eisenbahn* par le général Krahmer (Notice sur un chemin de fer en construction de Tien-tsin à Kirin, partiellement exploité depuis 1892). — *Ueber die deutsche Kolonie in Pozuzo in Peru.*

**Ergänzungsheft** (Supplément). N° 112. *Das Ostufer des Pontus und seine kulturelle Entwicklung im Verlaufe der letzten dreissig Jahre.* (La rive orientale de la mer Noire et le développement de sa civilisation pendant les derniers trente ans, par Radde et König. Relation (provisoire) des voyages dans le Caucase occidental, accompagnée d'une carte au 2 000 000$^e$ montrant l'itinéraire des voyageurs et d'une carte de la faune (aurochs et bouquetin) au 600.000$^e$.

**Mitteilungen de Petermann**, septembre 1894. — *Zur Karte des nordöstlichen Kenia-Gebiets*, par Ludwig, chevalier de Höhnel. (Texte explicatif d'une carte au 750 000$^e$, où sont réunis les principaux éléments de construction d'une carte future de la partie nord-occidentale du massif du Kénia, d'après les travaux de l'expédition de Höhnel et Astor Chanler en 1892 et 1893. Cette carte est accompagnée de 12 profils des principaux sommets du massif du Kénia. Le texte de M. de Höhnel est suivi d'une dissertation du D$^r$ J. Palisa sur la longitude de Borati.) — *Die Expedition der Kaiserlichen Russischen Geographischen Gesellschaft nach Mittelasien*, par le major général Krahmer. (Résumé d'une lettre de l'explorateur Roborovsky, racontant son voyage de Liouktchoun, près de Tourfan, à l'oasis de Sa-tchou. Cette nouvelle partie de son itinéraire mesure 2 700 kilomètres; il a pris 5 positions astronomiques, et déterminé définitivement la latitude de Sa-Tchou. En quittant cette oasis, M. Roborovsky avait l'intention de franchir le Kouen-Loun, entre le Lob-Nor et Sa-Tchou, et d'explorer la région nord du Tsaïdam.) — *Ueber die wichtigere Ergebnisse der neueren botanischen Forschungen im tropischen Afrika, insbesondere in Ostafrika.* (Première partie d'un intéressant travail sur la géographie botanique de l'Afrique tropicale, d'après les travaux des plus récents explorateurs.) — *Kleinere Mitteilungen : Ueber die Tiefe des grossen Kara-Kul*, par le D$^r$ Sven Hedin. (Étude sur la profondeur du Kara-Koul, lac du Pamir. Il se divise en deux bassins, celui de l'est, très peu profond, avec un maximum de 19 mètres, et celui de l'ouest, très profond à son centre, où la sonde ne s'est arrêtée qu'à 230 mètres.) — *Beitrag zur Instrumenkunde auf dem Gebiete der Seenforschung*, par le D$^r$ Willi Ule. — *Einige Bemerkungen über die Abhandlung von D$^r$ Hugo Zapalowicz : Das Rio Negro-Gebiet in Patagonien*, par le professeur D$^r$ Josef von Siemiradzki.

**Compte rendu annuel pour 1893**, *publié par la Société impériale russe de géographie.* — Saint-Pétersbourg, 1894.

Ce volume contient entre autres le bilan des explorations géographiques entreprises aux frais de la Société de géographie de Saint-Pétersbourg. La première place, par l'importance du but et les difficultés de l'exploration, appartient aux expéditions de MM. Roborovsky et Kozloff dans le Tian-Chan et de M. Obroutcheff dans le Nan-Chan. D'autres membres de la Société, MM. Berezovsky dans la partie nord-ouest du Se-Tchouen et Potanine, avec sa femme, dans l'ouest de la même province, ont exploré le rebord oriental du Tibet. Nous rendrons compte de ces importants voyages dans notre prochain article sur les dernières explorations géographiques du continent asiatique en général. M. Pozdnéïeff a étudié les mœurs et la vie économique chez les Mongols.

MM. Istomine et Liapounoff ont été chargé par la Société de recueillir les chansons populaires russes dans les différents districts des gouvernements de Vologda, de Viatka et de Kostroma.

M. Rybakoff a été envoyé dans les gouvernements d'Orenbourg et d'Oufa pour étudier la poésie et la musique populaires chez les Tartares, les Bachkirs, les Nogaïs, les Tchérémisses et les Mordves.

M. Iveroff a déterminé la longueur du pendule de secondes aux environs de Moscou.

M. Fritrsche a étudié les anomalies magnétiques également aux environs de Moscou.

M. Krotoff a fait des levés dans le gouvernement de Perm.

M. Glazounoff a voyagé dans la région transcaspienne et au Khorassan et a fait des études zoologiques. Il a fait en outre des observations sur l'hypsométrie de la région parcourue.

M. Komaroff a découvert deux nouveaux glaciers au Zarafchan (Turkestan russe).

M. Rossikoff a étudié les glaciers du Teboulez-Mta dans le Caucase septentrional.

On a déjà eu l'occasion de parler dans les *Nouvelles géographiques* de l'expédition du baron de Toll aux îles de la Nouvelle-Sibérie.

D. A.

### COMPTES RENDUS

**Lyon et la région lyonnaise.** *Études et documents publiés à l'occasion du XVe Congrès des Sociétés françaises de géographie en* 1894, par la Société de géographie de Lyon. Lyon, imprimerie Emmanuel Vitte, 1894.

Nous signalons avec grand plaisir ce volume, destiné à faire mieux connaître une des régions les plus riches, les plus actives de la France. Ce qu'on entend ici par « région lyonnaise », ce n'est ni le département du Rhône actuel, ni l'ancienne province du Lyonnais; c'est, nous dit la préface, « le pays de plaines et de plateaux qui s'étend du plateau Central au Jura et aux Alpes, et qui atteint en face de Lyon sa plus grande largeur ».

Le volume se compose d'un certain nombre de monographies, sur l'histoire, le climat, l'industrie de Lyon, sur l'agriculture et les industries de la région, les transports par eau, les voies ferrées, la statistique de la population et les « maladies et la médecine lyonnaise ». Ces divers chapitres sont précédés d'une étude générale sur la géographie de la région lyonnaise, écrite avec beaucoup de clarté et d'élégance par M. L. Gallois.

La Société de géographie de Lyon a eu vraiment une heureuse idée en publiant, à l'occasion du Congrès et de l'Exposition, cet intéressant volume, que nous recommandons à tous ceux qui s'intéressent aux monographies régionales.

**Britannic Confederation.** Londres, Philip, in-8°.

Dans ce petit volume de 180 pages on a réuni un certain nombre d'articles, publiés en premier lieu par le *Scottish Geographical Magazine*, et dus à diverses personnalités britanniques, parmi lesquelles nous citerons Sir John Colomb, M. Edw. A. Freeman, Lord Thring, etc. Ces articles traitent du projet grandiose, discuté depuis quelques années, et d'après lequel la Grande-Bretagne et ses colonies devaient former une immense Confédération, avec un parlement central siégeant à Londres, où l'Australasie, le Cap, le Canada enverraient leurs représentants, et un ministère, également central. Les divers auteurs du volume ont traité ce sujet à toutes sortes de points de vue, politique, historique, économique, commercial. Leurs conclusions sont hostiles à ce projet. Le volume mérite d'être lu par tous ceux qu'intéressent les problèmes actuels de la politique du monde et les destinées du colossal empire britannique.

**Rapport de la Commission nommée pour examiner la question du dessèchement du Zuiderzée en Hollande.** La Haye. Belinfante frères, 1894.

La publication de ce rapport est un événement dans l'histoire de la Hollande, le dessèchement du Zuiderzee rendra à ce pays une nouvelle province, qui lui a été autrefois arrachée par la mer.

**M. Fiorini** : *Le sfere cosmografiche e specialimente le sfere terrestri.* Rome, imprimerie de la Société de Géographie, 1894, in-8°.

Brochure, tirée du Bulletin de la Société italienne de Géographie, et résumant en 90 pages l'histoire des différentes méthodes de construction des sphères cosmographiques et géographiques. L'auteur parle brièvement de l'antiquité, puis s'étend sur les sphères du moyen âge et sur celles qui ont été faites entre le XVIe et le XVIIIe siècles. La dernière partie est consacrée à la discussion savante et approfondie de quelques méthodes de représentation inventées au siècle dernier et dans le nôtre, telles que celles d'Abraham Kaestner, de Maurice Lowiz, de Gamaches, de Perrot, d'Oscar Möllinger.

En publiant ce travail, fruit d'études longues et consciencieuses, M. Fiorini a certainement fait œuvre utile pour tous ceux qui s'intéressent à la géographie mathématique.

**M. P. Brunache.** *Le centre de l'Afrique. Autour du lac Tchad.* Paris, Félix Alcan, 1 vol. in-8

L'auteur, qui a été le second de MM. Dybowski et Maistre en 1892 et 1894 et un de leurs collaborateurs les plus actifs, raconte dans ce volume ses impressions de voyage et constate les résultats acquis dans les explorations auxquelles il a pris part; il expose en même temps ses idées sur l'influence que la France peut et doit exercer dans les régions si disputées de l'Afrique centrale. Des dessins pris sur place donnent à son travail un cachet particulier et constituent des documents authentiques qui intéresseront tous ceux qui suivent avec ardeur le progrès de notre développement en Afrique.

**Lucien Henry** : *Promenade au Cambodge et au Laos, suivi d'une excursion à Bienhoa.* Paris, Ollendorff, 1894, in-12.

Cette petite plaquette n'apprendra rien de très nouveau aux lecteurs curieux. L'auteur, parti de Saïgon, remonte le Mékong, s'arrête à Pnom-Penh, ne manque pas de nous décrire Norodom et sa cour, ainsi que le jeu des 36 bêtes, puis remonte sur l'*Argus* jusqu'à Stung-Treng, en franchissant les rapides de Préapatang.

Ce voyage, auquel fait suite une petite excursion à Bienhoa, est raconté avec vivacité et non sans agrément, quand bien même la familiarité voulue du style n'est pas toujours d'un goût parfait. Si l'on ne peut dire que l'auteur ait notablement enrichi la géographie, il a du moins ajouté un petit livre assez amusant à la littérature des voyages.

**G. Verschuur** : *Voyage aux Trois Guyanes et aux Antilles.* Paris, Hachette et Cie, 1894, in-12, illustré.

Les lecteurs du *Tour du Monde* n'ont certainement point oublié ce récit de voyage aux Trois Guyanes, dans lequel M. Verschuur a comparé, d'une façon si ingénieuse et si clairvoyante, les procédés de colonisation et d'administration des trois puissances qui se sont partagé cette vaste région de l'Amérique du Sud. La comparaison n'est pas, malheureusement, à l'avantage de la France; mais convenons qu'il serait souverainement injuste de ne juger de nos aptitudes coloniales que par la Guyane, la plus négligée jusqu'ici de nos possessions d'outre-mer.

M. Verschuur a réuni en volume la description des Trois Guyanes et de Curaçao. Il y a ajouté d'autres épisodes de son voyage de 1892 aux Antilles et dans l'Amérique du Sud. C'est ainsi qu'il nous décrit Caracas pendant la dernière révolution du Venezuela, Haïti et la Trinidad. Le tableau qu'il trace, après tant d'autres, de la république noire et de son étrange état social n'a rien de séduisant.

M. Verschuur est un voyageur qu'on peut à beaucoup d'égards citer comme un modèle. Il voit bien, observe, réfléchit, compare; il est toujours de bonne humeur, et de sens rassis et l'on trouve dans ce livre, comme dans celui qu'il a publié il y a quelques années sur les *Antipodes*, non seulement beaucoup de descriptions, d'anecdotes amusantes, de traits de mœurs, mais encore beaucoup de faits précis et de jugements impartiaux sur les hommes et les choses. Il y a donc à la fois amusement et profit à voyager avec un pareil guide.

### CARTOGRAPHIE

*Karte der Nyassa-Expedition des Gouverneurs Freiherrn* von Scheele. *Nach den Aufnahmen von* H. Ramsay *während der Expedition* 1893-94, feuilles 1 et 2. Mitteilungen von Dr Danckelmann, 1894, n° 3.

Cette carte, dont les deux premières feuilles seules ont été publiées jusqu'à présent, contient tous les renseignements recueillis au cours de l'expédition entreprise, du mois de novembre 1893 au mois de mars 1894, par le gouverneur de l'Afrique orientale allemande, le baron von Scheele, entre la côte et la partie septentrionale du lac Nyassa.

La partie géographique de l'expédition avait été confiée à M. H. Ramsay, déjà connu par ses explorations au Cameroun.

Cette carte, qui contient, outre l'itinéraire de l'expédition, plusieurs autres routes jusqu'alors inédites, est construite à une échelle très considérable, 1/500 000e, et embrassera une des régions les moins connues de la colonie allemande. Nous en reparlerons lorsqu'elle sera complète.

**H. Ph. Th. Witkamp.** *Carte des entreprises agricoles de la partie orientale de Java*, 1872. Amsterdam, J. H. de Bussy.

Cette carte comprend les résidences de Sourbaya, Kediri, Passourouan, Probolingo, Besenki et est accompagnée d'une liste de ces entreprises avec indication des endroits où elles se trouvent et des noms de personnes ou des compagnies qui les exploitent.

Le nom de l'auteur est une garantie de son exactitude.

# NOUVELLES GÉOGRAPHIQUES

## LE CANAL DES DEUX MERS

Il est des morts qu'il faut qu'on tue. Ce proverbe nous revenait à la mémoire devant la dernière résurrection de cette entreprise mal conçue, mal calculée, grosse de désastres financiers et de désillusions patriotiques, qu'on appelle le Canal des Deux-Mers. Chaque fois que ce projet grandiose et vide a été soumis à une discussion précise, il a été réduit à néant d'une façon en apparence définitive : par exemple à Toulouse, au Congrès de l'Association française, en 1887; à Bordeaux, au Congrès géographique suivant. Puis, après une période de silence, on a chaque fois vu surgir des tentatives nouvelles, appuyées sur des raisonnements déjà réduits à leur juste valeur, c'est-à-dire à zéro. Chaque fois a réapparu l'argument de la facile alimentation du canal; argument triomphant en effet, puisque la possibilité de cette alimentation est évidente pour qui connaît l'abondance des eaux pyrénéennes. Mais on a continué à affirmer l'importance de cette « souricière » (le mot est d'un marin) pour la défense du pays; la nécessité de cette entreprise mort-née pour l'accroissement du commerce national. Et tandis qu'une question plus modeste, mais bien autrement importante — le rachat, l'approfondissement et la mise en véritable activité du canal du Midi — demeurait reléguée au second plan, nous avons vu Paris, puis Toulouse, appelés à examiner des projets exposés avec une brillante mise en scène. Loin de nous le soupçon d'une arrière-pensée égoïste chez les promoteurs de cette nouvelle agitation. Nous ne doutons pas qu'ils ne soient absolument désintéressés dans la question et mus par le seul sentiment de l'intérêt du pays. Mais comme ils ignorent certainement les discussions qui ont prouvé jusqu'au delà de l'évidence l'inutilité commerciale du canal maritime des Deux-Mers; comme ils ont paru surpris qu'un ministre bien informé ait demandé une nouvelle enquête, et que le décret de nomination de la commission ait été précédé d'un rapport très étudié et très modéré, ils ne nous en voudront pas si nous revenons en quelques mots sur les arguments qui, à Toulouse et à Bordeaux, ont définitivement élucidé la question.

Nous nous contenterons de rappeler auparavant, avec le *Journal des Débats*, que depuis 1880 la création du canal des Deux-Mers a été maintes fois étudiée; que le conseil d'amirauté a déclaré le projet très contestable au point de vue de la défense nationale; que la grande commission de 1882, le conseil général des Ponts et Chaussées, deux autres commissions instituées en 1886, ont abouti à des conclusions identiques aux points de vue technique, commercial, hydrologique.

A cela on pourra répondre que les corps officiels sont plutôt portés à la critique des nouveautés et qu'un patriotisme aussi éclairé, mais plus hardi que le leur, peut faire appel de leurs décisions. Nous n'en disconviendrons pas; et comme devant les hésitations ou les résistances officielles on paraît avoir abandonné le projet d'un canal national, creusé aux frais de l'État, pour se rattacher au projet d'un grand canal maritime exécuté par l'initiative privée et les capitaux français, c'est sur ce terrain que nous allons nous cantonner, en nous efforçant d'être clair et bref.

Pour cela, nous ne discuterons ni les prévisions de dépenses ni les prévisions de recettes présentées par les promoteurs du ou des projets nouveaux. Nous les tiendrons pour bonnes et exactes jusqu'au moment où le contraire nous sera démontré, et pour cet examen, nous aurons recours, non à des hypothèses, mais à la comparaison avec un fait accompli.

S'il est un canal maritime qui ait répondu aux promesses de ceux qui l'ont entrepris, c'est bien celui de Suez. Nous n'examinerons pas si le bénéfice final a été pour la France; là n'est pas la question pour l'instant, puisque nous voulons parler affaires et rien qu'affaires. Il s'agit de savoir dans quelles conditions se trouve un navire qui préfère le canal de Suez au cap de Bonne-Espérance, pour quelles raisons et devant quel bénéfice approximatif se produit ce choix; il sera aisé ensuite de calculer, sans remuer ni millions ni milliards, ce que ferait ce même navire s'il avait à choisir entre le canal des Deux-Mers et le détroit de Gibraltar. Du moment que la question devient purement commerciale, c'est ainsi qu'elle se pose.

Le premier élément du problème ainsi compris, c'est le rapport entre la longueur parcourue et la longueur qu'on aurait dû parcourir si le canal n'avait pas existé.

Dans le cas du canal de Suez, la longueur parcourue, c'est celle de l'Isthme, un peu moins de 140 kilomètres; la longueur qu'on ne parcourt plus, c'est le tour plus ou moins complet de l'Afrique. Dans le cas du canal projeté, la longueur à parcourir, c'est la largeur de l'isthme pyrénéen, environ 450 kilomètres; disons 400, pour conserver le rapport du simple au triple et faire la part belle au projet. La longueur à ne plus parcourir, c'est une partie plus ou moins considérable du tour de l'Espagne. Il faut remarquer en effet qu'un vapeur allant d'Angleterre dans l'Inde ne se détourne que de la moitié de ce contour pour passer par Gibraltar, de même qu'un steamer se rendant de l'Atlantique en Australie ne contourne pas l'Afrique tout entière. D'une manière générale, on peut admettre que, le diamètre moyen de l'Espagne et celui de l'Afrique étant dans le rapport d'environ 1 à 8, la longueur de côtes à contourner pour doubler les deux caps méridionaux est à peu près dans le même rapport : soit 2000 kil. pour l'Espagne, contre 16 000 pour l'Afrique.

Voici donc d'une part un canal de 140 kilomètres qui économise un trajet de 16 000 kilomètres; d'autre part un canal de 400 kilomètres qui économise en moyenne un détour de 2000 kilomètres seulement. Dans le premier cas, le rapport des deux longueurs est de 1 à 115, dans l'autre, de 1 à 5. Un navire préférant le canal de Suez au cap de Bonne-Espérance, donnant le pas à la voie payante sur la voie de libre accès, à la voie en marche réduite sur la voie en pleine marche, opère de ce chef un bénéfice 23 fois plus considérable que celui qui irait de Bordeaux à Cette en passant par Toulouse au lieu de doubler Gibraltar.

Nous tenons à bien préciser, et nous prions notre lecteur de nous suivre avec attention et sans parti pris, dans cette matière peu familière à la plupart de ceux qui vivent loin des choses de la mer. L'existence et la mise en valeur d'un navire à vapeur (car la marine à voiles ne passera jamais dans un canal onéreux) se chiffrent par un ensemble d'éléments très simples. La construction, l'entretien, l'équipage, le charbon, l'amortissement du capital dont chaque jour diminue la durée, constituent un ensemble de charges dont le total pour un laps de temps donné doit être compensé par le fret, la différence en plus ou moins constituant le bénéfice ou la perte. Il est donc évident que toute abréviation de voyage doit théoriquement accroître le bénéfice; c'est ce qui se produit par l'ouverture d'un canal maritime. D'autre part, ce canal lui-même est l'objet d'une opération similaire; il doit donc établir sur le transit une taxe représentant ses frais d'établissement, d'entretien, etc., et cette taxe vient en déduction du bénéfice réalisé par le navire.

On voit ainsi qu'il ne suffit pas, pour démontrer l'utilité d'un canal maritime, de chiffrer l'abréviation de route, puisque cette abréviation de route est partiellement annulée par le péage et le ralentissement de la marche. Or, et c'est là que nous voulons en venir, si l'on recherche l'économie finale qui résulte du passage dans le canal de Suez pour un vapeur de marche moyenne, on voit (et les circonstances nous ont amené à dresser de nos propres mains des « comptes d'armements » fort instructifs à ce point de vue) que le navire a dépensé, entre Port-Saïd et Suez, la moitié à peu près de ce qu'il eût dépensé pour contourner le Cap. Il a donc bénéficié de la moitié environ du tour de l'Afrique : l'opération est bonne; le canal est utile. N'oublions pas que tout accroissement de vitesse, tout perfectionnement de machine, de construction ou de manœuvre tendra à diminuer l'avantage du canal, puisque la traversée en pleine mer en serait abrégée, tandis que les limites de vitesse dans le canal resteront obligatoirement les mêmes. Or nous savons que ces perfectionnements sont de chaque jour. Pour l'opération par Suez, la marge restera longtemps encore suffisante; en serait-il de même pour le canal des Deux-Mers?

La réponse est aisée : si les 140 kilomètres du canal de Suez équivalent à la moitié du tour de l'Afrique, à combien équivaudront, toutes circonstances égales d'ailleurs, les 400 kilomètres du canal des Deux-Mers? *A plus qu'à la circumnavigation de l'Afrique entière!* Et cela pour économiser la circumnavigation de l'Espagne! Le résultat n'est pas douteux : pas un navire ne passera par le canal projeté.

On le voit, nous nous abstenons soigneusement de discuter les chiffres présentés par les promoteurs de canaux des deux mers.

D'après leurs calculs, établis certainement avec tout le soin possible, le péage du nouveau canal serait moindre que celui de Suez, le temps de traversée serait plus court, le bénéfice considérable. Tout cela se peut, nous n'y contredisons pas; nous demandons simplement comment un canal traversant les riches plaines de la Garonne ou de l'Aude obtiendra les terrains au même prix que ceux du lac Menzaleh ou des sables de Suez; comment les ouvriers d'Europe travailleront à un prix moins élevé que les corvéables d'Égypte; comment un canal à écluses fonctionnera avec moins de frais qu'un canal sans écluses; comment l'approvisionnement des eaux pyrénéennes sera moins onéreux que le remplissage gratuit d'un canal à niveau par la mer; comment le trajet sera plus rapide dans ce canal éclusé que dans un canal ouvert?

A quoi bon prolonger cette comparaison? Nous disions tout à l'heure que, *toutes circonstances égales d'ailleurs*, le passage par le canal des Deux-Mers grèverait le navire d'une somme égale à bien des fois le tour de l'Espagne. Nous demandons maintenant si les circonstances sont égales, et si par la force des choses la navigation de l'isthme français ne serait pas infiniment plus onéreuse, par kilomètre parcouru, que celle de l'isthme africain.

Qu'on ne s'y trompe pas : si nous avons banni tout chiffre de cette brève étude, c'est parce que nous ne voulons pas commencer une discussion parfaitement oiseuse. L'homme de La Fontaine non plus ne se donnait pas le ridicule de calculer combien il faudrait de rats pour dévorer un quintal de fer.

L'évidence s'expose, et si elle est vraiment l'évidence, elle s'impose; inutile de la discuter.

Encore un mot : de la maison paternelle où nous écrivons ces lignes, nous voyons la Garonne couler sous nos fenêtres. Plus loin, au pied de la colline, s'étend la plaine que traverserait le canal des Deux-Mers. Qu'il nous soit prouvé que nous avons tort, avec quel enthousiasme nous saluerons de loin la création de cette large voie sillonnée de navires! Mais, hélas, l'effort même qu'il nous a fallu faire pour résister à la folle du logis nous confirme dans notre certitude. C'est assez de l'oïdium et du phylloxera, n'y ajoutons pas le canal maritime des Deux-Mers!

Est-ce à dire qu'il n'y ait rien à faire, et que le désir d'une voie intermaritime ne soit pas justifié? Loin de là! Le canal de Riquet, trop faible de section, rendu inutile par des conventions malheureuses, devrait être racheté, approfondi, formant entre l'Océan et la Méditerranée une voie de navigation libre. Qu'on y réfléchisse, en effet : l'ambitieux canal des Deux-Mers, avec son péage — quel que soit ce péage, — ne présenterait aucun avantage pour les transports à bon marché! Il étonnerait le monde, c'est indubitable, il l'étonnerait même de plusieurs façons; mais quant à rendre moins coûteux le passage d'une mer à l'autre, il n'en serait pas question. Tout au contraire, un canal de navigation intérieure, le canal du Midi simplement libéré et recreusé, mis dans les conditions d'exploitation des autres canaux du réseau français, ouvrirait à la navigation intérieure une voie économique, où passeraient les bateaux d'eau douce, véhicules également peu onéreux, construits en matériaux légers pour flotter sur l'eau calme, manœuvrés par des navigateurs à bas prix et peu nombreux. Ainsi, à la place de l'énorme immobilisation de capitaux d'un canal maritime, destiné à des navires de mer, la navigation intérieure du sud-ouest s'établirait dans les mêmes conditions que celle du nord ou du centre.

A côté de cette œuvre, on peut en rêver une autre plus grandiose et non moins pratique. Toute la masse d'eau rendue libre par la moindre consommation du canal ne pourrait-elle pas être aménagée pour irriguer la plaine et les coteaux de la Garonne? De cette source de prospérité nous ne disons rien de plus aujourd'hui; le jour viendra d'en reparler. Exprimons seulement le désir que les pouvoirs publics et le conseil d'administration des chemins de fer du Midi comprennent que le rachat du canal du Midi, condition du relèvement commercial de l'isthme méditerranéen, ne saurait être une cause d'appauvrissement pour la voie ferrée qui traverse la région. Peut-être, si l'opinion publique s'attachait à cette solution, moins brillante mais plus pratique que celle du canal maritime, verrions-nous dans quelques années une nombreuse flotte de bateaux plats circuler à côté du chemin de fer entre l'Océan et la Méditerranée. Si, au contraire, la solution du canal maritime prévalait, il ne faudrait pas longtemps pour voir le sud-ouest de la France, ruiné par cette entreprise néfaste, maudire ceux qui l'auraient entraîné dans un nouveau Panama.

F. Schrader.

# MOUVEMENT GÉOGRAPHIQUE EN FINLANDE[1]

## ÉTUDES GÉOLOGIQUES — LES GELÉES BLANCHES PENDANT L'ÉTÉ 1892 — MOYEN D'EN ATTÉNUER LES EFFETS — VARIATIONS CLIMATÉRIQUES — ÉTUDES LIMNOLOGIQUES

Le mouvement géographique est toujours très actif en Finlande. Depuis notre dernier article consacré à ce pays (voir le numéro de décembre 1893) il s'est traduit par la publication de plusieurs numéros du *Fennia* et d'un volume de mémoires scientifiques, *Vetenskapliga Meddelanden af Geografiska Föreningen i Finland*, publié, comme l'indique le titre, par la Société finlandaise de géographie. Il existe, à Helsingfors, deux Sociétés de géographie : l'une, la *Sällskap för Finlands geografi*, éminemment scientifique, spécialement vouée à l'étude de la Finlande, publie un bulletin, le *Fennia*, dont on ne saurait trop faire l'éloge. La seconde Société, la *Geografiska Förening*, faisait jusqu'ici de la vulgarisation; le succès de sa rivale l'a décidée à suivre son exemple, et, outre son bulletin, elle vient d'éditer un recueil de travaux scientifiques.

Le n° 8 du *Fennia* contient un mémoire absolument remarquable de M. Sederholm sur les roches primitives de la Finlande méridionale. M. Lucas ayant publié dans le *Geological Magazine* (1890 et 1891) deux articles remplis d'erreurs sur la géologie de la Finlande, M. Sederholm a tenu à rétablir la vérité. Dans un travail magistral il passe en revue les diverses roches constituant le terrain primitif dans la Finlande méridionale et en établit la classification. Afin de mettre ce mémoire à la portée de tous les géologues, l'auteur l'a fait suivre d'un résumé en langue allemande.

Les études sur la grande moraine frontale de la Finlande méridionale (*Salpausselkä*), poursuivies par les naturalistes scandinaves, sont complétées par une note très intéressante de M. Berghell. Près de Willmanstrand (Finlande orientale), ce géologue a découvert inclus dans les couches superficielles de la Salpausselkä des lambeaux très caractéristiques de moraine de fond. Dans ce dépôt M. Berghell voit la preuve de l'extension du glacier après le dépôt de la moraine frontale. D'après nos observations sur les glaciers de la Laponie, de pareils matériaux datent, au contraire, d'un état stationnaire du glacier pendant lequel la langue de glace terminale appuyée contre la moraine frontale modifie le facies des éléments primitivement déposés. Aux environs de Willmanstrand, la Salpausselkä présente trois étages de terrasses distinctes sur une longueur de 10 kilomètres; enfin, sur plusieurs points, au sommet, apparaissent des couches d'argile : autant de preuves de l'ancienne extension de la mer. Ces argiles se trouvent situées à une altitude de 128 mètres. Dans cette dernière région le niveau des formations marines dépasse donc celui indiqué par le baron de Geer.

Non moins que la morphologie du sol, la climatologie occupe les géographes finlandais. Ces deux sciences ne sont-elles pas dans une étroite dépendance? Notre précédente revue du *Fennia* signalait l'intérêt d'observations faites sur l'épaisseur de la couche de neige hivernale; aujourd'hui nous devons signaler une enquête sur les gelées blanches pendant l'été 1892, conduite par M. Kihlman avec le soin qu'il apporte à tous ses travaux. Dans ces dernières années, les gelées blanches se sont produites en Finlande avec une fréquence jusque-là inconnue et ont ruiné de vastes territoires. L'étude scientifique de ce phénomène est, par suite, d'actualité. Pour répondre au sentiment public, un physicien de l'Université d'Helsingfors, M. Homen, a entrepris de très minutieuses études sur ces gelées. D'après ses recherches, leur intensité peut être diminuée en recouvrant le sol d'une légère couche d'argile ou de sable, observation que nous signalons à l'attention de nos viticulteurs, particulièrement intéres-

1. Voy. *Nouvelles géographiques*, 1893, p. 177.

sés, eux aussi, dans cette question. Pendant l'été 1892, 295 communes ont constaté un total de onze cents cas de gelées blanches, ainsi réparties : juin 310, juillet 56, août 529, septembre 380. Les plus importantes se sont produites du 12 au 14 juin, du 1er au 5 août, le 14 août, les 1er, 10 et 24 septembre. Celle du 1er septembre s'est fait sentir sur la plus grande partie de la Finlande, de sa frontière septentrionale jusqu'au S. du 62° de latitude N., et terribles ont été ses ravages. En plusieurs localités le thermomètre s'est abaissé à — 4°.

Les observations exécutées en 1892, comme les recherches antérieures, prouvent que le phénomène est particulièrement étendu et intense dans les régions situées derrière un cyclone en marche et pendant une période de haute pression. Il ne se produit pas, au contraire, à l'approche d'un minimum ou près d'un centre de dépression.

Des séries de cartes jointes au mémoire de M. Kihlman montrent très nettement la distribution et la marche du phénomène.

On ne saurait du reste trop louer la rédaction du *Fennia*, comme celle des mémoires scientifiques de la *Geografiska Förening*, du luxe judicieux qu'elle déploie en cartes, diagrammes et phototypies. Grâce à ces graphiques, les observations des naturalistes deviennent en quelque sorte lisibles et constituent des documents de premier ordre. Nos sociétés de géographie feraient bien de suivre cet exemple et pourraient, sans préjudice pour la science, réduire le texte de leurs publications pour augmenter le nombre et surtout la valeur des cartes qui les accompagnent.

La plupart des travaux contenus dans le volume de mémoires scientifiques publiés par la *Geografiska Förening* sont d'intérêt local. Dans le nombre, deux articles apportent de très précieux documents à des questions qui préoccupent actuellement les savants. C'est d'abord une étude de M. Levänen, très importante pour la connaissance des variations climatériques. D'après les récentes découvertes du professeur Brückner, les variations des climats se reproduiraient périodiquement dans un cycle de trente-cinq ans. Cette curieuse découverte est confirmée en Finlande par les résultats d'une enquête de M. Levänen sur les dates du gel et de la débâcle du lac Kallavesi devant Kuopio. D'après une série d'observations s'étendant de 1825 à 1892, le lac est libre en moyenne annuellement pendant 189,4 jours. L'époque moyenne de la débâcle est le 22 mai et celle du gel le 26 novembre pour la période comprise entre 1832 et 1892. Avec M. Levänen, nous désignons sous le nom d'été la saison pendant laquelle le lac est débarrassé des glaces. De 1836 à 1844, les étés accusent en moyenne une diminution de 3,4 jours, de 1845 à 1853 une augmentation de 1,9 jours, puis, de 1854 à 1883, une diminution de 4,1 jours, suivie jusqu'en 1892 d'une augmentation de 4,7 jours. Pendant une période embrassant 29 ans, de 1840 à 1869, les étés décroissent, puis s'allongent pour décroître ensuite. Une oscillation en longueur se produit de 1849 à 1888. Dans cette période de trente-neuf ans les étés sont d'abord longs, décroissent ensuite pour s'allonger plus tard. La moyenne arithmétique de 29 et de 39, durées de ces deux oscillations, est 34, soit à peu près le chiffre obtenu par Brückner. Dans ce cycle moyen de trente-quatre ans, la durée des étés diminue, puis augmente, pour diminuer ensuite, ou inversement. La discussion des observations faites à Kuopio à laquelle s'est livré M. Levänen confirme pour la Finlande la loi des variations climatériques découverte par Brückner.

Les *Vetenskapliga Meddelanden af Geografiska Föreningen* contiennent en outre un intéressant document limnologique, dû à M. Rossberg. Ce savant publie les cartes bathymétriques de deux petits lacs de la Laponie finlandaise, le Luirojärvi et le Kopsusjärvi. Ces deux nappes, situées à l'altitude de 285 mètres, se trouvent dans le bassin supérieur de l'Ivalajokki, tributaire du lac Enara. La plus grande profondeur du Luirojärvi est 13 m. 6 ; celle du Kopsusjärvi, 21 m. 9. Le fond très plat du premier s'abaisse presque insensiblement vers une fosse située dans une partie excentrique du bassin ; dans le second, au contraire, partout sauf au sud, les rives sont accores et les fonds, qui atteignent une dizaine de mètres, s'abaissent ensuite régulièrement vers une cavité située au milieu du lac. Ces différences topographiques sont une conséquence du travail de sédimentation. Le Luirojärvi, recevant un grand nombre d'affluents, est comblé peu à peu par leurs alluvions, tandis que l'unique tributaire du Kopsusjärvi n'a pas d'apports suffisants pour modifier la dépression lacustre dans laquelle il débouche. L'eau de ces deux nappes est très transparente : dans le Kopsusjärvi, une assiette blanche reste visible à la profondeur de 8 m. 1, et dans le Luirojärvi à celle de 9 m. 7.

Précédemment nous avons signalé l'importance de l'œuvre scientifique entreprise par les Finlandais dans la partie orientale de la presqu'île de Kola. Avec la plus louable persévérance, nos amis d'Helsingfors poursuivent l'exploration de cette région très intéressante dans ses moindres détails. En 1892, M. Ramsay a achevé l'étude des massifs de syénite néphélinique de l'Umbdek et du Lujawr-Urt et, dans un mémoire magistral rédigé en collaboration avec M. Hackman, il en expose les résultats (*Das Nephelinsyenit gebiet auf der Halbinsel Kola.* Fennia 11).

Ce travail débute par une description géographique des deux massifs montagneux, accompagnée d'une carte très précise au $\frac{1}{200000}$ et de photographies très intéressantes montrant les divers aspects du terrain. Ayant déjà résumé les observations topographiques de M. Ramsay sur l'Umbdek, nous nous bornerons à faire connaître celles relatives au Lujawr-Urt. Ce massif, situé entre le Lujawr et l'Umpjawr, présente sur son versant occidental des altitudes variant de 800 à 1 000 mètres et s'abaisse à l'est par des plateaux de 600 à 400 mètres. Les deux reliefs de l'Umbdek et du Lujawr-Urt s'élèvent à la limite de deux formations d'âges différents. A l'ouest-sud-ouest et au sud-ouest s'étend une zone de schistes chloritiques et amphiboliques, tandis qu'au nord et au nord-est dominent les gneiss et les granits. La syénite néphélinique repose sur un substratum de roches cristallines, d'âge antérieur, visible seulement sur quelques points à la base des montagnes. M. Ramsay y a découvert, sur la rive est de l'Imandra, une roche nouvelle à moitié clastique, l'*Imandrite*, dans laquelle le quartz et le feldspath se présentent en fragments isométriques, arrondis, séparés par des lits de chlorite et de biotite. Sur le versant est de l'Umbdek apparaissent des gneiss francs, des gneiss granitoïdes et des gneiss à sillimanite.

L'Umbdek et le Lujawr-Urt constituent les plus vastes massifs connus de syénite néphélinique ; leur surface est de 1 600 kilomètres carrés. La très complète description minéralogique de cette roche et de son substratum, publiée par

MM. Ramsay et Hackman, est trop technique pour être analysée ici; mais nous devons la signaler à l'attention de tous les géologues comme une œuvre capitale.

Autour des deux massifs, les formations quaternaires atteignent un puissant développement. Lors de la grande extension des glaciers scandinaves, la presqu'île de Kola fut recouverte par un *inlandsis* dont un versant s'écoulait vers l'océan Glacial et un autre vers la mer Blanche, qui était remplie également par un glacier venant de l'ouest. Sur les pentes occidentales de l'Umbdek, tous les blocs erratiques appartiennent aux roches primitives, nulle part on ne trouve un fragment de syénite. Les matériaux morainiques constitués par cette dernière roche se rencontrent tous à l'est des deux massifs; c'est la preuve la plus certaine que l'*inlandsis* s'écoulait vers l'est. Dans les vallées de l'Umbdek, M. Ramsay a observé des terrasses de débris glaciaires analogues aux *Sæter* norvégiens. Elles ont été vraisemblablement formées par des lacs temporaires, produits par un barrage de glace semblable à ceux existant actuellement au Grönland

M. Ramsay divise en quatre phases la période glaciaire dans cette région :

1° Avant la grande extension des glaciers scandinaves s'est probablement produite une première phase de glaciation pendant laquelle ont été façonnées les vallées préexistantes;

2° Maximum de glaciation. Le massif, avec toute la presqu'île, disparaît sous un *inlandsis* originaire de la Finlande septentrionale. Cette nappe élargit les vallées et dépose des moraines contenant des éléments étrangers à l'Umbdek et au Lujawr-Urt;

3° Période de décroissance. Les sommets des massifs émergent de l'*inlandsis*. La nappe de glace atteint une épaisseur de 550 mètres et s'écoule vers le sud-est. De cette époque datent les *Sæter* et les moraines latérales situées à la lisière actuelle des deux reliefs montagneux;

4° La glaciation est réduite à l'état de phénomène local. Les courants de glace nettoient les vallées des matériaux morainiques qui les encombrent, leur donnent le profil d'un U et déposent les moraines de fond et frontales visibles actuellement.

Cette période correspondrait à la deuxième extension des glaciers scandinaves, dont la Salpausselkä serait la moraine frontale.

Après ces diverses phases de glaciation commence la période actuelle. Les torrents reprennent leur travail d'érosion, creusent les vallées en V, débarrassent de moraines les vallons, et déposent tous les matériaux détritiques sous forme de deltas dans les lacs voisins.

CHARLES RABOT.

# LE CHEMIN DE FER TRANSANDIN

## ENTRE BUENOS-AYRES ET VALPARAISO

Nous recevons d'un correspondant du Chili les détails suivants sur le chemin de fer transandin :

La traversée de l'Europe au Chili exige aujourd'hui environ 40 jours. Le voyage jusqu'à Montevideo s'effectue en vingt-cinq jours sur une mer généralement calme; de là, au contraire, pour arriver à Valparaiso, le temps est le plus souvent mauvais, le froid vif et l'humidité insupportable.

Le Chili est séparé de la république Argentine par le puissant massif des Andes, dont les cols (*pasos*) n'étaient guère, jusqu'à ces dernières années, traversés que par les marchands de bestiaux qui poussent leurs convois des pampas de l'Argentine vers le Chili. De rares voyageurs mettaient cinq jours, à dos de mule, pour franchir la Cordillère.

En 1886, d'habiles entrepreneurs chiliens, MM. Juan et Mateo Clark, obtinrent des deux gouvernements la concession d'un chemin de fer transandin. Ils choisirent, pour franchir le massif, le col le plus fréquenté, qui a l'avantage de réunir Santiago et Valparaiso, les deux plus importantes cités chiliennes, avec la florissante ville argentine de Mendoza. C'est le paso d'Uspallata, situé à 3 920 mètres au-dessus du niveau de la mer, mais que le chemin de fer doit traverser, en un tunnel de 2500 mètres de longueur, à l'altitude de 3 300 mètres.

S'étant entendus avec un syndicat pour garantir la souscription du capital nécessaire à la construction de la section argentine, MM. Clark formèrent en 1886, à Londres, une compagnie de construction et d'exploitation de la ligne. Les travaux commencèrent dès cette époque.

Le chemin de fer transandin comprend 175 kilomètres sur territoire argentin et 65 kilomètres sur celui du Chili. C'est à la frontière, représentée par la cime (*Cumbre*) des Andes, que sera percé le grand tunnel.

Les deux points terminus sont : à l'ouest Santa Rosa, à 130 kilomètres de Valparaiso, et à l'est Mendoza, à 1 046 kilomètres de Buenos-Ayres. Ces deux villes sont à 725 mètres environ au-dessus de la mer.

Du côté argentin, on a déjà livré au public 142 kilomètres de la ligne; les voyageurs arrivent donc en wagon à *Punta de las Vacas*. Il ne reste, pour atteindre la *Cumbre*, que 33 kilomètres.

De la portion chilienne, avant même de s'adresser au public pour obtenir les fonds nécessaires, MM. Clark ont construit et livré à l'exploitation 30 kilomètres de la ligne, jusqu'au *Salto del Soldado* (Saut du Soldat).

Il y a donc en exploitation, à l'heure actuelle, 172 kilomètres. La voie est de 1 mètre; elle est parfaitement établie, avec des ponts remarquables. Il ne reste plus que 68 kilomètres à construire. Pour les exécuter, on a, en vue du forage du tunnel principal et de quelques autres de moindre importance, accumulé à las Cuevas et à Juncal un matériel immense, très perfectionné, de perforatrices mues à l'air comprimé, de turbines, etc.

D'ailleurs, sauf les tunnels et quelques portions où, à cause des pentes qui s'élèvent à 8 pour 100, on emploiera la crémaillère Abt, le tronçon qui reste à construire est l'un des plus faciles de toute l'entreprise; il pourrait être terminé en quatre années.

Les sommes déjà dépensées s'élèvent à 20 millions.

Les choses en étaient là, en 1893, quand MM. Clark s'aperçurent de la difficulté qu'ils éprouveraient à trouver les fonds nécessaires à l'achèvement du chemin de fer, dans les conditions où leur avait été concédée la garantie du Chili (4 pour 100 sur le capital de 30 millions, payables de la façon suivante : verser à la compagnie la différence entre le montant de l'intérêt garanti et le chiffre des recettes après prélèvement de 55 pour 100 pour frais d'exploitation).

En conséquence, ils se sont adressés au gouvernement chilien pour obtenir une garantie *effective* de 5 pour 100 sur les 30 millions. En attendant le vote de cette nouvelle garantie, les travaux ont été suspendus. A l'heure actuelle (juin 1894) les Chambres chiliennes n'ont pas encore statué; mais on a lieu d'espérer qu'elles donneront une solution favorable à cette grande entreprise, d'une utilité si vitale pour le pays.

Depuis 1892, et surtout pendant la campagne 1893-94, qui s'étend d'octobre à avril, car pendant l'hiver le chemin pour mules est intercepté par les neiges, les voyageurs ont été très nombreux. On parcourt en voiture la distance entre le Salta del Soldado et la Cumbre sur une route carrossable construite par le gouvernement chilien dans les premiers mois de 1894. Le trajet se fait de la même façon de l'autre côté entre las Cuevas et Punta de las Vacas. De la Cumbre à las Cuevas on effectue à dos de mule les quelques kilomètres où n'existe encore qu'un sentier, mais où le gouvernement argentin est, dit-on, disposé à établir une route.

Nulle part il n'existe de danger. La dépense entre Buenos-Ayres et Valparaiso ou Santiago n'est que de 300 francs, au lieu de 1 000 francs par la voie de mer.

On part de Buenos-Ayres le soir à 9 heures, et l'on arrive à Mendoza le surlendemain, à 9 heures 10 du matin, en trente-quatre heures 10 minutes (30 kilomètres à l'heure), en *sleeping-car*, si l'on veut. Le train des Andes part de Mendoza à 9 heures, arrive vers 5 heures à las Vacas, d'où l'on peut atteindre las Cuevas le même soir. Le lendemain dans la nuit (11 heures), on peut être à Santiago ou Valparaiso. Quatre jours au lieu d'une douzaine par la voie maritime.

Le chemin de fer Clark n'est pas la seule tentative faite pour traverser les Andes. Une compagnie française avait voulu, en 1889, ouvrir une route plus facile au sud, par le col d'Antuco (37°). Après avoir établi 20 kilomètres sur le territoire chilien, elle a dû suspendre ses travaux, à cause des révolutions survenues dans les deux républiques. Le délai de concession expirant bientôt, il y a peu d'espoir de voir se rouvrir les chantiers.

On parle encore d'une voie par Tinguiririca (34°), et dernièrement on en a concédé une qui partirait de Copiapo (27°) et traverserait la Bolivie. Mais aucune de ces lignes n'empêchera le succès commercial de celle d'Uspallata, qui dessert la région la plus habitée de l'Argentine et réunit à Santiago cette province de Mendoza, si voisine du Chili qu'elle en faisait partie sous la domination espagnole.

# NOUVELLES DU CANADA

Il n'y avait jamais eu de journal français dans l'île du Prince-Edouard, mais voici que paraît l'*Impartial*, publié à Tignish, dans le comté de Prince, non loin de la corne nord-ouest de l'« Émeraude du golfe », ainsi que les insulaires nomment complaisamment leur île verdoyante. Tignish est l'un des principaux centres acadiens de la terre du Prince-Édouard.

L'intérieur du Labrador vaut mieux que sa réputation ; tout au moins celui du Labrador français, au nord et en arrière de la province de Québec. M. Lowe, du Service géologique, qui l'a parcouru l'été dernier, puis qui a hiverné dans la baie de Rigolet, sur la mer d'Hudson, nous apprend que le pays est couvert de peupliers et d'épinettes en tirant sur la baie d'Oungava : il y a là des milliers et des milliers de kilomètres carrés couverts d'épinettes, dont la majeure partie susceptibles de fournir de belles poutres. M. Lowe a aussi reconnu de vastes gîtes de fer d'une grande richesse.

Plus de 250 colons, dont beaucoup originaires de la Baie Saint-Paul (comté de Charlevoix), ont pris des lots de terre autour du vaste domaine concédé par le gouvernement de Québec à des trappistes français dans la région du lac Saint-Jean, au bord de la rivière Mistassini qui est l'un des trois grands tributaires dudit lac (les deux autres sont la Chamouchouan et la Péribonka). L'établissement de ces trappistes a pris le nom d'*Oka*. On y voit déjà culture, jardin, pépinière, moulins et scieries.

Les Italiens ont tellement augmenté en nombre à Montréal, qu'ils ont reconnu la nécessité d'y fonder un journal de la langue de *si*, et la possibilité de l'entretenir; les premiers numéros ont paru.

Il y a toujours des Iroquois au sault Saint-Louis, *alias* Caughnawaga, sur la rive droite du Saint-Laurent, en amont de Montréal, là où le beau fleuve s'irrite soudain en un grand et terrible rapide, qui est justement ledit Sault Saint-Louis, dont ces Indiens bravent habilement, courageusement les dangers.

Mais ces quinze cents Iroquois du comté de Laprairie,

1. *Suite.* — Voy. p. 152.

catholiques et à peu près francisés, ne sont plus Iroquois qu'à demi; le dernier d'entre eux qui fût un Indien pur sang, Couteau-Brisé, autrement Michel Tiouatasariaki, est mort en avril 1894. Tous les autres sont mêlés de sang français, ou, à un bien moindre degré, de sang écossais.

A la fin de 1892, il y avait 36 962 électeurs inscrits sur les listes de Montréal. A la fin de 1893 il y en avait 39 825, soit une augmentation de près de 3 000: exactement 2 863 en une seule année. Ce seul chiffre en dit long sur le développement rapide, trop rapide même de la « métropole commerciale » du Canada.

275 000 enfants fréquentent les écoles et les collèges du Bas-Canada, dont 140 000 garçons et 135 000 filles.

Là-dessus il y a 241 000 Français, dont 122 000 garçons et 119 000 filles, et 34 000 Anglais, Écossais, Irlandais, Allemands, Yankees, etc.; bref, 34 000 non-Français.

Des 241 000 Français, 39 000 apprennent plus ou moins bien et surtout plus ou moins mal la langue anglaise : soit un peu plus de 16 pour 100.

Des 34 000 non-Français, 10 000 apprennent plus ou moins sommairement la langue française : soit environ 30 pour 100.

S'il faut en croire le révérend Gots, de l'ordre des Rédemptoristes, la dessiccation fait des progrès croissants dans le Manitoba et le Nord-Ouest; il s'en est convaincu au Lac des Chênes (Manitoba) où les colons se plaignent des hivers plus précoces, plus rigoureux qu'autrefois, et du recul constant de leur lac : « Là où l'on s'embarquait il y a trois ans sur ses eaux il n'y a plus aujourd'hui d'onde, et le niveau ayant partout baissé, il y a peu d'endroits de la rive dont une barque puisse approcher ». Tels sont les faits, mais il se peut que ce dessèchement ne soit qu'un phénomène passager, un résultat naturel d'années sèches que suivront des années humides.

O. Reclus.

# CHRONIQUE GÉOGRAPHIQUE

## AFRIQUE

**La question des Maures Trarzas.** — Cette question, source de perpétuels conflits, vient, nous écrit-on, de faire un grand pas vers une solution définitive. Les dernières nouvelles du Sénégal nous avaient, d'ailleurs, laissé entendre qu'un accord était intervenu, ne devant plus laisser place à aucune équivoque. Pour l'intelligence du lecteur, nous allons entrer dans quelques détails.

Depuis la mort d'El-Ould-Mohamed-El-Abib, émir des Trarzas, en 1886, Yamar M'Bodj, chef du Oualo, nommé par le gouverneur du Sénégal, a tenté à maintes reprises de faire intervenir le gouvernement de Saint-Louis dans les affaires des Trarzas, pour occuper le Chammama, c'est-à-dire la partie de la rive maure inondée dans la saison des pluies, et, par cela même, très fertile et supérieure en rendement aux territoires du Oualo.

Les indigènes de cette dernière région ont d'ailleurs, de tout temps, préféré venir sur la rive maure pour la culture du mil, du riz, produits que le Oualo ne peut leur fournir en quantité suffisante pour leurs besoins. D'autre part, les rois maures leur ont toujours laissé la faculté de venir, pendant la saison des pluies, faire leurs semences, sous la condition, au moment de la récolte, de payer le dixième des produits aux propriétaires du sol, c'est-à-dire aux chefs maures et aux différentes tribus Trarzas qui habitent le long de la rive.

Or, au moment de la lutte entre Amar Saloum et Hamet Saloum, son neveu, celui-ci, âgé de dix-sept ans, soutenu par le gouvernement du Sénégal, avait accordé à Yamar M'Bodj le Chammama sans consulter les propriétaires du sol et sans réfléchir aux conséquences qui résulteraient de cet acte de cession.

La guerre finie avec Amar Saloum, le jeune Hamet Saloum comprit le danger qu'il y avait à vivre côte à côte avec les noirs du Oualo et demanda au gouvernement de Saint-Louis de ne point tenir compte de cette cession, conclue en pleine période de lutte, et dont les résultats pouvaient être fort graves.

Il fit observer que les princes du sang, les nobles du pays, appelés *Yaram*, ne cultivent pas le sol, mais vivent de la rente de leurs terres et de leurs troupeaux. Or, le Maure ne cultivant pas, et se nourrissant de mil, si on lui enlève la rente de sa terre en mil, ce sont des difficultés entre le roi et ses sujets, des entraves au commerce et des perturbations politiques dont il est difficile de voir la fin avec des populations non civilisées.

Les entraves au commerce résulteraient de l'interdiction faite de nous vendre de la gomme et autres produits, principalement des bestiaux. Malheureusement les noirs de la rive gauche, par suite de l'épizootie de ces dernières années, manquent déjà de lait, pendant que les populations de nos villes et nos corps de troupes sont exposés à manquer de viande. Enfin, si les caravanes maures n'arrivaient plus à nos escales de traite, ce serait la ruine des traitants noirs, intermédiaires de notre commerce, et une accentuation de la crise commerciale que le Sénégal subit déjà depuis plusieurs années, par suite de la baisse de la gomme et de l'arachide.

Il était donc nécessaire qu'une transaction intervînt. Celle-ci a pour base une indemnité financière donnée par Hamet Saloum à Yamar M'Bodj. Il faut souhaiter qu'elle suffise à mettre fin à un état de choses dont notre colonie du bas Sénégal aurait trop à souffrir. L. S.-D.

**Région de Tombouctou.** — M. P. Vuillot a présenté récemment à la Société de Géographie une carte au 200 000e, dressée d'après les levés des officiers de la colonne Joffre en février-mars 1894.

Les données nouvelles de cette carte rectifient celles du capitaine Fortin en un grand nombre de points. Ainsi l'aspect du terrain de Tombouctou au Niger est entièrement modifié. Tombouctou ne se trouve plus situé sur le bord d'un plateau, mais bien dans la plaine, à quelques centaines de mètres d'un marigot relié, à la saison des pluies, aux inondations qui s'étendent sur la rive septentrionale du Niger. La position de Kabara est reportée plus à l'ouest, à 10 kilomètres du Niger; ce n'est point Kabara qui est le port de Tombouctou, mais bien Korioumé, immédiatement au sud de la ville.

Le marigot de Goundam n'est un affluent du Niger que pendant une partie de l'année; son courant va de l'est à l'ouest, et c'est par son intermédiaire qu'au moment des crues les eaux du fleuve vont se déverser dans les lacs de Télé et de Faguibine, au nord-ouest. Après les hautes eaux, le courant se renverse, et le marigot redevient un affluent jusqu'à la saison suivante.

Tout le cours de ce marigot est d'ailleurs nouveau pour la géographie. Quittant le Niger à environ 2 kilomètres au sud-ouest de Toïa, il passe successivement à Tassakant, Douékiré, Dongoï et Galaga, en décrivant de nombreuses sinuosités. Arrivé à Goundam, il s'infléchit brusquement vers le nord, et s'étale en une vaste nappe d'eau, qui, prenant successivement les noms de lac Télé et de Faguibine, va se perdre ensuite vers Ras el-Mâ à l'ouest, et vers Oum el-Djirane au nord.

Le mont Miziran des cartes disparaît et se transforme en un vaste plateau montagneux, en forme de triangle allongé, qui, commençant à 2 kilomètres au nord du Goundam, s'étend vers le nord jusqu'à la hauteur du Karao-Kamba. Ce plateau, aux bords abrupts, porte le nom de « montagne de Goundam », et se continue vers le nord par un second plateau de même nature, la montagne de Farach, dont il est séparé par un ravin escarpé, formant un col d'un passage difficile.

(*Compte Rendu de la Société de Géographie.*)

**Guinée.** — La question du Hinterland des trois colonies de Lagos, Cameroun et Congo français vient à peine de recevoir la solution qui attribue à chacune d'elles sa part du Tchad, que déjà les trois puissances signataires, France, Allemagne et Angleterre, se retrouvent en rivalité dans le Hinterland de leurs possessions respectives de la côte de Guinée.

Nos lecteurs sont au courant des efforts tentés depuis quelque temps par la France pour étendre son influence dans le nord du Dahomey et relier cette colonie à nos possessions de l'intérieur de la boucle du Niger.

Ils pourront se convaincre que, de leur côté, nos voisins ne demeurent pas inactifs.

En effet, l'Allemagne qui, petit à petit, a étendu son influence dans le nord du Togoland, atteint déjà Kratji-Kété sur la Volta. Pour continuer l'œuvre des explorateurs Wolf et Kling, elle vient d'organiser une importante expédition qu'elle a placée sous les ordres de M. le Dr Grimer, directeur de la station de Misahöhe, qui a comme lieutenants MM. de Pawlikowski et de Carnap-Quernheim. Cette expédition, qui devait se mettre en marche le 15 octobre, est chargée d'occuper définitivement le Tchandjo, pays situé à peu près vers le 9° de latitude, et d'étendre aussi près du Niger que possible le Hinterland de la colonie allemande.

Pendant ce temps l'Angleterre a organisé deux expéditions : l'une, partie de la Côte de l'Or, est uniquement composée de gens de sang mêlé, sous les ordres d'un mulâtre nommé Fergusson; elle a pour mission de remonter vers le nord et d'assurer la domination anglaise sur les principales tribus indigènes. Le bruit court qu'elle a déjà atteint Bondoukou. L'autre expédition, plus sérieuse, se propose de devancer la France dans la boucle du Niger en partant de l'est. Elle est organisée par la Compagnie Royale du Niger, et placée sous le commandement du trop fameux capitaine Lugard et dispose de forces considérables. Les trois expéditions du capitaine Lugard, de M. le Dr Grimer et du commandant Decœur ont donc le même objectif : le Borgou. Espérons que notre compatriote, qui a dû pénétrer bien au delà du dernier poste fondé, Carnotville, aura devancé son rival anglais dans ces régions et préparé l'expansion légitime de notre colonie jusqu'aux rives du Niger.

**Afrique Occidentale Anglaise.** — Depuis longtemps l'opinion publique réclame le règlement définitif de la question des limites entre les possessions françaises et anglaises dans l'Afrique occidentale. On sait que l'indécision qui règne à ce sujet dans les régions où nos possessions du Soudan et de Sierra-Leone sont limitrophes, a été plusieurs fois la cause de graves incidents. Aussi les Anglais viennent-ils d'envoyer dans le pays de *Samou*, où a eu lieu la seconde collision franco-anglaise, une petite expédition placée sous le commandement du lieutenant Leach, qui a pour mission de délimiter, d'accord avec un officier français délégué à cet effet, la frontière entre les possessions des deux nations.

Cette mission n'a malheureusement pas un caractère officiel et définitif; d'après les journaux anglais, il ne s'agirait en effet que d'une simple reconnaissance préparatoire.

Dans la région du Protectorat des côtes du Niger, l'expédition dirigée contre le chef Nana est terminée ou à peu près. Nana est en fuite, sa capitale prise et son pouvoir anéanti. Le commerce, qui depuis si longtemps était paralysé dans ces contrées, va reprendre un nouvel essor. Néanmoins sir Claude Macdonald, commissaire royal du protectorat britannique des côtes du Niger, qui vient de quitter tout récemment l'Angleterre, où il était en congé, pour prendre son poste, ne semble pas croire que la pacification de ces régions soit définitive.

**Afrique Australe.** — On sait qu'à la suite de longues négociations, le gouvernement anglais avait autorisé la République Sud-Africaine à établir sur le Souaziland une sorte de protectorat qui devait rapprocher les Boers de la mer; mais cette concession ne devait être valable que si les Boers faisaient accepter ce nouvel état de choses au Souaziland. Or la majorité des habitants de ce petit pays non seulement refuse le protectorat des Boers, mais réclame à grands cris le protectorat britannique, et la reine du Souaziland a même envoyé une mission à Londres pour protester contre le régime transvaalien. Il ne serait pas impossible que l'influence anglaise fût pour quelque chose dans cette résistance du Souaziland; toujours est-il que la tension des rapports entre la République du Transvaal et les communautés britanniques de l'Afrique Australe semble augmenter de jour en jour. Une convention qui vient d'être conclue entre le Portugal et l'administration des chemins de fer boers, convention qui ferait bénéficier les marchandises débarquées directement à la baie Delagoa d'une réduction de 15 francs par tonne et qui aurait pour résultat probable de détourner une partie du commerce de la voie du Cap, a vivement excité l'opinion publique dans la colonie britannique.

La crainte qu'inspire l'intervention des Anglais dans toutes les questions coloniales de cette région de l'Afrique avait même fait refuser par le Portugal le concours qu'ils offraient à la colonie de Mozambique pour réprimer l'insurrection cafre.

On sait en effet que depuis quelque temps les Cafres, sous les ordres du chef Mahazoula, se sont insurgés contre les autorités portugaises et qu'ils ont marché en forces sur la ville de Lourenço-Marquez, dont la situation est des plus précaires, car elle ne compte en fait de troupes régulières que 170 soldats d'infanterie de marine portugaise, les 400 autres hommes de sa garnison gardant la ligne du chemin de fer de Komati. Six mille indigènes de la tribu Mapouta, qui avaient fait mine de se joindre aux Portugais pour combattre la rébellion, se sont retirés après avoir obtenu des armes et menaceraient même de se joindre à l'insurrection. Une première attaque de la ville a eu lieu vers le 15 octobre, mais, après une résistance héroïque, la garnison portugaise a réussi à repousser les Cafres : elle a eu quatorze soldats tués. Le gouverneur de Lourenço-Marquez, qui avait refusé l'aide des Anglais, a accepté, dit-on, celle du gouvernement transvaalien, qui a eu lui-même, dernièrement, à réprimer une insurrection de la même nature. Il a fait demander en outre des renforts à la métropole.

Dans la colonie portugaise on attribue généralement le soulèvement des Cafres aux intrigues britanniques, la compagnie anglaise de l'Afrique du Sud exerçant une grande influence sur le chef Goungounhana dont dépend Mahazoula, le chef des indigènes insurgés. Le croiseur allemand *Condor* va partir pour Delagoa afin de protéger les sujets germaniques. La presse allemande a averti l'Angleterre qu'elle protesterait contre tout empiètement de sa part dans l'Afrique australe.

**Sud-Ouest Africain.**— L'insaisissable Hendrik Witbooï, qui depuis si longtemps troublait et saccageait tout le Sud-Ouest Africain Allemand, après avoir subi une sérieuse défaite à Nankloof, au mois d'août dernier, vient d'être de nouveau battu par le commandant Leutwein; il s'est soumis sans conditions aux autorités du protectorat allemand.

**Afrique Orientale.** — La nouvelle du rappel de M. de Scheele, qui avait été annoncée par les journaux, rappel que l'on disait être motivé par la mauvaise administration du gouverneur de l'Afrique Orientale Allemande, a été démentie par M. de Kayser, directeur de la section coloniale à l'office des affaires étrangères.

La Compagnie de Navigation allemande de l'Afrique Orientale étudie en ce moment l'établissement d'une ligne de circumnavigation, embrassant tout le continent et reliant entre elles, par un service régulier, les deux portions de l'empire colonial allemand en Afrique. Les paquebots feraient d'abord les escales de l'ouest et rentreraient en Europe par Suez.

Dans l'Afrique Orientale Anglaise, le pays de Vitou menace de nouveau d'être attaqué par de nombreuses bandes de Somalis dont on signale l'approche. Cinq des principaux personnages qui avaient précédemment fomenté les troubles dans ce pays, ont été exécutés en vertu de l'article 122 du Code pénal hindou; deux d'entre eux, le Somali Mahatti ben Taos et l'Arabe Suliman ben Abdullah, avaient joué un rôle prédominant dans les tragiques événements du Vitouland.

**État du Congo.** — M. Dorsey Mohun, consul des États-Unis d'Amérique, qui était parti pour le Congo au mois d'avril 1892, vient de rentrer en Europe après avoir visité le cours du grand fleuve, le Lomami, le Kassaï, le Sankourou, la Loukényé et le lac Léopold II. Il a pris part aux opérations militaires contre les Arabes avec MM. Chaltin et Dhanis et, après la prise du boma de Roumalitza par les troupes de l'État, il a quitté Kassongo afin de rentrer en Europe par le Tanganyika. Il s'est embarqué en pirogue avec le docteur Hinde et a remonté le Congo jusqu'au delà de la Loukouga. Là, M. D. Mohun dut rebrousser chemin à cause de l'état de santé de son compagnon de voyage; mais il avait relevé, pour la première fois, la section du fleuve qui s'étend entre le point vu, en aval, par Livingstone en 1871 et celui, en amont, où A. Delcommune avait dû abandonner son exploration du fleuve en 1892. C'est une longueur de 135 kilomètres qui vient s'ajouter à notre connaissance du cours du Congo. Il ne reste plus aujourd'hui à reconnaître, pour que le fleuve soit complètement relevé, que la section qui s'étend depuis Ankoro (confluent du Louapoula) et le lac Kassali et celle qui est immédiatement en aval des sources.

Il résulte des renseignements fournis par le voyageur que la partie du Congo qu'il vient d'explorer est presque complètement barrée par des rapides. La largeur du fleuve varie de 90 mètres à 2 500 mètres; à partir du village de Kongola, par 5° 12′ latitude, le fleuve s'élargit et achève de former ce chapelet de lagunes dont les lacs Oupemba et Kassali sont les principales reconnues en amont. M. Mohun dit n'avoir jamais entendu prononcer le nom du lac Landji.

Le *Mouvement Géographique*, à qui nous empruntons la plupart de ces derniers renseignements, vient de publier une courte étude des plus intéressantes sur les rapides de l'Oubanghi-Ouellé et leur navigation par les vapeurs. Nous la résumons ici très brièvement.

Le premier obstacle qu'on rencontre en remontant l'Oubanghi est constitué par les rapides de Zongo (ou de Banghi). En toute saison il y a assez d'eau pour les vapeurs, mais les rapides augmentent de violence avec la crue, et, quoique l'*Alima* ait réussi à vaincre le courant à l'époque des plus fortes eaux (septembre-octobre), ce n'est pas le cas général. Trente kilomètres plus haut, se présente le rapide de Bonga, qui n'est franchissable au contraire que lorsque les eaux recouvrent suffisamment le haut-fond rocheux qui barre la rivière. Immédiatement en amont se rencontre le rapide de Belly, qui peut être franchi à toutes les époques, mais difficilement. La descente en est dangereuse aux eaux basses moyennes (fin décembre mi-juin). Mais le rapide de l'Éléphant, situé en amont, est le plus important obstacle du groupe, il est difficile et dangereux à toute époque; l'*Alima* néanmoins l'a franchi à la vapeur dans les deux sens. Mais on fait généralement passer les steamers à la corde. Le rapide de Banzyville, situé à une trentaine de kilomètres en amont, est absolument infranchissable pour les vapeurs aux hautes eaux, même à la corde. Les rapides de Cetema ne sont praticables qu'aux basses eaux ou à la corde aux eaux moyennes. A 150 kilomètres de Cetema se présentent les rapides de Banafia et de Bagozo, qui sont franchis assez facilement, et enfin la chute de Mokouangou, qui arrête définitivement toute marche en amont.

Au-dessus, jusque près de Djabbir, se succèdent des rapides qui sont déclarés par Roget et Van Gèle impraticables même à la navigation des pirogues. Plus haut encore et jusqu'au Bomokandi, l'Ouellé est coupé par de nombreux rapides presque infranchissables.

Nous apprenons, de Bruxelles, la mort du lieutenant E. Baert, inspecteur d'État, qui avait remplacé le défunt commandant van Kerckhove à la tête de l'expédition de l'Oubanghi-Ouellé.

Signalons, aussi, le retour en Belgique du baron Dhanis, célèbre par son heureuse expédition contre des Arabes. Une réception enthousiaste a été faite au vaillant chef des troupes congolaises.

**Choa.** — Une expédition d'Abyssins vient de parcourir la région des lacs Zouaï, Hogga et Orroretcha, au sud du massif Ethiopien. Elle a constaté, dans la plus grande île du Zouaï, la présence d'habitants, descendants de tribus du Gouraghé réfugiées là à l'époque de Mahomet. Ces habitants, au nombre d'un millier environ, se disent chrétiens et possèdent des églises; mais, ne sachant ni lire, ni écrire, ils n'ont conservé qu'une religion de traditions erronées. Ils ont un chef suprême, savent filer et tisser le coton, qu'ils cultivent, et vivent surtout des poissons dont le lac abonde. Il faut définitivement renoncer à croire aux grands trésors que la légende cachait dans cette île.

Le lac Zouaï se trouve dans une région essentiellement volcanique. Deux fleuves y versent leurs eaux : le Maki, venant du Gouraghé, et le Catara, venant du plateau d'Albasso. Un affluent important sort bien réellement du Zouaï pour rejoindre ensuite la grande masse d'eau de l'Hogga. Le troisième lac serait salé et ne communiquerait pas avec les deux premiers.

Le docteur Traversi, directeur de la station de Let-Marefia, est convaincu que l'émissaire du Zouaï et de l'Hogga se jette dans le fleuve Ouera (Ouebi-Sidama) et avec lui dans l'océan Indien. Il est inadmissible, dit-il, que toute cette masse liquide n'ait pas d'issue et il n'y a pas d'autre issue possible que l'Ouera.

Quant au fleuve Omo, on se rappelle que l'explorateur Bottego a démontré qu'il ne pouvait déboucher dans l'océan Indien. L'empereur Ménélik, qui s'intéresse beaucoup aux questions géographiques de l'Afrique orientale, a fait exécuter des perquisitions par ses officiers. Il croit avoir acquis la certitude que l'Omo ne se jette nullement dans le lac Rodolphe, mais dans le Nil et qu'il n'est autre que le cours supérieur du Sobat. Une troupe revenant du sud-ouest du Kaffa rapporte que l'Omo prend de grandes proportions au delà de Ghimira et qu'il devient très navigable longtemps avant de se perdre dans le Nil.

**Érythrée.** — Le capitaine du génie Fornaca a étudié en détail le versant oriental des montagnes à l'ouest de Massaouah. Cette région, longue de 60 kilomètres, entre les sources de la Lebka et celles de la Baresa, s'étend sur une largeur de 20 à 30 kilomètres, dans le sens du nord-nord-ouest au sud-sud-est. L'explorateur la désigne sous le nom de *Méhétri*. En la gravissant à partir de la mer, on rencontre l'échelonnement de tous les terrains, la gradation de tous les climats, de toutes les végétations de l'Afrique orientale.

D'abord, sur les premiers gradins, apparaissent les plantes naines, jusqu'à 700 ou 800 mètres. Là, l'eau circule dans des torrents profondément érodés. A partir de 1 000 m. d'altitude, le climat devient tempéré et uniforme; on ressent déjà l'effet bienfaisant des pluies alternant entre la côte et les hauts plateaux. Les nuages et les ondées suffisent à approvisionner d'humidité le sous-sol pour l'époque de la sécheresse, ce qui explique l'exubérance de la végétation, même dans les endroits non cultivés. La zone supérieure de la crête devient brusquement raide et se dentelle pittoresquement sous l'action mécanique des pluies. A mi-côte, les torrents se concentrent et forment des fleuves dont le cours, à peine entré en plaine, prend la direction du nord-est La hauteur moyenne de la ligne de partage des eaux entre le versant maritime et celui de l'Anséba atteint 2 500 mètres. La chaîne du Méhétri, taillée en lame de couteau, ne peut offrir un massif assez étendu pour une colonisation en grand, mais elle présente, pour de nombreux petits centres, une avantageuse variété de cultures, depuis le millet jusqu'à l'orge. Pour le moment, le labour se développe entre les mains des tribus Samar, Carnechim, Dembesan, Oculé-Cusai, Meusa et Anséba, qui, partagées en trois districts, sont administrées chacune par un officier chargé des concessions de terrain, des litiges entre indigènes et de l'impôt.

## ASIE

**De Téhéran à Meched.** — M. F. M. Knobel, consul général des Pays-Bas à Téhéran, a fait récemment un voyage de cette ville à Meched, dans l'Asie centrale russe, en longeant l'Elbourz. On ne rencontre sur cette route absolument que des pèlerins qui se rendent à la Mecque. Les stations de poste où l'on est obligé de passer la nuit sont de misérables maisonnettes, sales, sans air ni jour et sans meubles, mais remplies de vermine. L'eau est à peine buvable et on ne trouve que des œufs pour se nourrir. Par contre, les habitants sont très aimables et serviables.

A Semnon, Damyan, Sebzevar et Nichapour il y a de grands bazars où l'on trouverait un débouché pour nos articles à bon marché. On s'y approvisionne en Russie et l'on y vend principalement des étoffes de soie commune, de coton et de laine, du thé, des cigarettes, etc.

La province de Khorassan, où se trouve la ville de Meched, est traversée par le chemin de fer transcaspien. Meched a une population de 50 à 60 000 âmes, mais elle est visitée tous les ans par une centaine de mille pèlerins. Elle n'a qu'une seule rue d'une certaine largeur; les autres sont de simples ruelles, formant entre elles un véritable labyrinthe.

Il est fâcheux que l'Europe ne cherche pas à faire du commerce à Meched. La concurrence russe n'est pas à craindre, et il y a de bonnes affaires à traiter, pour une maison entreprenante.

Dans la plaine de Koutchan où périrent l'année dernière 10 000 habitants par suite d'un tremblement de terre, l'atmosphère est encore empestée, parce que l'on n'a pas eu soin d'enterrer les cadavres. De la ville il ne reste que des ruines.

La domination russe a produit de très bons effets dans la région limitrophe de la Perse, qui autrefois n'était habitée que par des hordes nomades. Il y règne aujourd'hui une prospérité naissante et il y a place pour bien des industries.

**Chemins de fer en Chine.** — La Chine est la plus arriérée des grandes nations au point de vue des voies ferrées. Elle n'en possède en circulation actuellement qu'un seul tronçon, et celui-ci n'a qu'une longueur insignfiante en proportion de l'étendue des 18 provinces. Cependant la cour de Pékin, si longtemps réfractaire à la civilisation européenne, s'est mise tout à coup à lui réserver un meilleur accueil et sanctionne des projets de lignes qui parcourront tout le territoire de l'empire.

Au moment où une vogue nouvelle s'ouvre pour la grande industrie des chemins de fer dans le plus vaste des États du monde, au moment où cet État attire l'attention sur lui par une guerre avec le mieux organisé des peuples asiatiques, il est intéressant de connaître la situation actuelle des voies en exploitation, en construction et en projet en Chine.

Avant 1874 il n'avait jamais été question de chemins de fer dans l'Empire du Milieu. A cette époque, une compagnie anglaise construisit un tronçon de 15 kilomètres, reliant Changhaï à son avant-port de Wousoung; et, tout d'abord, cette entreprise amusa fort les Chinois, qui s'entassaient dans les wagons pour le plaisir de se faire traîner; mais le service de cette ligne n'eut qu'une durée éphémère.

Il fallut attendre dix ans pour une nouvelle tentative. En 1884, les mines de Kaïp'ing (116° long. E., 41° lat. N.) furent reliées au port de Lou-Taï, situé sur le San-Ho, à la tête de la navigation de marée.

Le succès de cette ligne amena bientôt la construction de celle qui unit Tien-tsin aux forts de Takou, à l'entrée du Peï-ho. Ces deux tronçons ont été soudés l'un à l'autre entre Takou et Lou-taï, de sorte qu'aujourd'hui on peut rouler en wagon vers l'est depuis Tien-tsin, sur un parcours de 215 kilomètres. Satisfait des résultats de cette récente entreprise, l'empereur la fait continuer vers la Mandchourie; elle traversera la grande muraille à Chan-Haï-Kouan et atteindra Moukden, en passant par le port de Niou-Tchouang, ouvert aux Européens.

La première section, c'est-à-dire celle qui conduit à la Grande-Muraille, est entamée depuis 1893; elle traverse le fleuve Lan sur un pont d'un mille de long qui sera terminé cette année. Les rails s'éloignent de la mer afin de ne pas exposer les trains aux feux d'une flotte ennemie;

ils s'abritent derrière des collines parallèles aux rivages.

La deuxième section, celle qui aboutit à Moukden, sera achevée l'année prochaine; on parle déjà de la prolonger jusqu'à Girin, sur le haut Soungari. Elle vient d'être commencée entre Moukden et Niou-Tchouang, et un embranchement conduira de ce dernier port à Port-Arthur, place maritime construite par un syndicat français.

Les chemins de fer de la vice-royauté de Pé-tchi-li sont partagés entre deux administrations : la *China Railway Company* et l'*Imperial Railway of North China*. La première s'étend de Tien-Tsin à Kou-Yé et appartient aux mandarins qui ont fourni les capitaux; la seconde, de Kou-Yé à la Grande Muraille, appartient à l'État, lequel dépense 11 millions par an pour la construction. L'administration générale de ces deux compagnies de la vice-royauté siège à Tien-Tsin, sous la haute direction du vice-roi. Le personnel, grand et petit, de la traction se compose d'Européens, principalement d'Anglais.

Les voies de la Mandchourie relèveront évidemment du gouverneur de cette province.

Ainsi le chemin de fer du Pe-tchi-li, avec une petite ligne d'intérêt local à Formose, compose tout le réseau actuel de la Chine. Mais d'autres voies ne vont pas tarder à s'ouvrir. L'empereur vient d'autoriser le tracé d'une grande artère qui traversera du nord au sud toute la Chine centrale depuis Pékin jusqu'à Canton, par Han-Kéou, le grand port du Yang-Tsé-Kiang, ce canton sera relié à la côte, près d'Hong-Kong, par un tronçon autorisé depuis 1890 et confié à une compagnie chinoise.

Depuis que notre voie ferrée tonkinoise s'avance de Phu-Lang-Thuong vers la frontière du Kouang-Toung, les Chinois parlent de créer aussi une ligne dans la vallée du Si-kiang et de l'amorcer à la nôtre. Mais ce projet, très sensé et facile à exécuter, n'a encore aucun caractère officiel.

Comme on peut en juger, les chemins de fer sont encore extrêmement rares dans l'Empire du Milieu, mais nous sommes à la veille d'en voir se créer bien vite. La guerre actuelle avec les Japonais montrera une fois de plus aux Chinois combien il est urgent de ne plus mépriser les progrès des *barbares*, et leur civilisation en profitera.

**Convention anglo-chinoise relative à la frontière de la haute Birmanie.** — De même qu'en Afrique, les Anglais cherchent en Asie à régler les questions de frontières sans tenir compte des revendications légitimes des autres nations, et notamment de la France. On se souvient que l'établissement d'un « État-tampon » entre les possessions anglaises et françaises d'Indo-Chine a été proposé l'an dernier par le gouvernement britannique et très froidement accueilli par nos diplomates. La solution de la question a été ajournée jusqu'à l'étude plus détaillée, à faire sur place, de la région si peu connue du haut Mékong. Mais, tandis que chez nous on s'occupait à élaborer le programme pour une commission d'étude anglo-française, lord Rosebery et l'envoyé chinois Sieh-Ta-Jen signaient à Londres, le 1er mars de cette année, une convention dont certaines clauses paraissent être la négation formelle des droits de la France sur la rive gauche du Mékong et portent directement atteinte à nos intérêts commerciaux du côté du Yun-Nan. Cette convention, conclue en application de l'article 3 de la convention du 24 juillet 1886 relative à la Birmanie et aux frontières du Tibet, a été ratifiée le 23 août; mais le texte n'en a paru que tout récemment (fin septembre) dans le n° 16 des *Treaty series*. Elle n'a pas, croyons-nous, attiré suffisamment l'attention en France. Les journaux se sont contentés de signaler la nouvelle par dépêche et sans commentaires. Aussi donnons-nous ici un résumé de la convention. Les trois premiers articles indiquent la frontière accordée par les parties intéressées entre la haute Birmanie et la Chine. La ligne déjà tracée sur la plupart des cartes reste valable dans la direction nord, sauf certaines concessions faites à la Chine dans la région septentrionale du pays de *Theimni* ou *Theinni*, dont le chef-lieu est situé dans la vallée du Nam-Tou (plus bas *Myit-Ngé*), affluent de gauche de l'Iravadi. A partir du 24e degré de latitude nord, la ligne frontière suit le cours du Salouen jusqu'à la ville de Koun-Long, située sur la rive droite du fleuve, en face de l'embouchure du Nam-Ting-Ho (23° 25′ lat. N.). Cette ville revient à l'empire Indo-Britannique, ainsi que le bac qui se trouve en face. Par contre, l'État chan appelé *Ko-Kan* dans l'instrument diplomatique, et dont nous ne trouvons pas l'emplacement exact sur la carte, ferait partie de la Chine. A partir de Koun-Long, la frontière est tracée en descendant *(in downward direction)* vers le Mékong sans plus de précision. Enfin une clause *attribue à la Chine les principautés chan ou laotiennes de Meoung-Lem* et *de Kyeng-Houng ou Xieng-Hong*, avec l'obligation de ne les céder à aucune autre puissance sans le consentement de l'Angleterre. Si nous n'avons rien à dire à propos de la principauté de Meoung-Lem, située à une centaine de kilomètres au sud-est de Bamo, en pleine Birmanie, il n'en est pas de même pour la principauté de Xieng-Hong. D'abord cette principauté, qui s'étendait jadis des deux côtés du Mékong, n'existe plus aujourd'hui ; elle est remplacée par une sorte de fédération de chefs locaux connue sous le nom de *Sip-Song-Pan-Na*. S'il est donc question dans la convention du Xieng-Hong, il ne doit s'agir, même en interprétant la clause de la façon la plus favorable à l'Angleterre, que de la portion de cet ancien Etat située à l'ouest du Mékong, car la France maintient ses revendications sur la rive gauche de ce fleuve et occupe effectivement une partie du pays de Sip-Song-Pan-Na. Aucune parcelle du territoire chan ou laotien se trouvant à l'est du Mékong ne devrait donc être cédée par l'Angleterre à la Chine sans le consentement préalable de la France. D'ailleurs la commission d'étude anglo-française vient d'être nommée et elle est déjà en route pour la région si peu connue de Sip-Song-Pan-Na. L'un des délégués français, M. Bouïnais, s'est embarqué à Marseille au commencement d'octobre et le délégué britannique, Sir J. Scott, est parti le 23 octobre de Bangkok. Espérons que cette commission fournira une base géographique à un tracé sérieux de la frontière entre la haute Birmanie et l'Indo-Chine française.

J. D.

**Tonkin.** — La ligne ferrée en construction entre Phu-lang-Thuong et la frontière chinoise du Kouang-Toung atteint Than-Moï, depuis le commencement du mois d'août.

Cette voie, qui n'avait été décrétée d'abord que dans une préoccupation d'ordre stratégique, aura une bien plus grande importance encore au point de vue agricole et commercial. Nous n'avons pas à revenir sur les résultats futurs de ces convois rapides qui apporteront chez nous les produits de la Chine méridionale; nous les avons expliqués ici, dans nos articles et dans nos chroniques. Mais les dernières nouvelles nous permettent de constater, d'une manière irrécusable, deux succès plus immédiats, remportés déjà par cette ligne inachevée : d'abord les recettes obtenues en trois ans, recettes croissant suivant une progression qui les double presque chaque année; ensuite la mise en valeur, tout le long de la nouvelle voie, de terrains jusqu'ici incultes et à peine connus avant la pose des rails.

Le sol, à droite et à gauche du tracé en exploitation, se peuple de Thos, de Métis et d'Annamites qui, sous la protection des blockhaus de la ligne et avec l'aide des transports rapides, mettent avec empressement en valeur une bande de terrains, hier encore couverte de brousse, destinée à s'élargir à vue d'œil. Quinze jours après l'arrivée de la première locomotive à Than-Moï (point terminus actuel), cette ville est devenue, comme par enchantement, un des centres les plus commerçants de la province de Lang-Son; les villages Thos viennent s'installer autour de ce marché ressuscité qui gagne chaque jour en importance.

Voici maintenant les résultats pécuniaires obtenus par les tronçons successivement agrandis depuis 1891 :

| | | |
|---|---|---|
| 1891 . . . . . . . . . | 22 176 | voyageurs |
| 1892 . . . . . . . . . | 95 380 | — |
| 1893 . . . . . . . . . | 233 586 | — |

Les chiffres des recettes par kilomètre ne sont pas moins éloquents :

| | | |
|---|---|---|
| 1891 . . . . . . . . . . . . . . . | 432 | piastres |
| 1892 . . . . . . . . . . . . . . . | 863 | — |
| 1893 . . . . . . . . . . . . . . . | 1 397 | — |
| 1894 (les 5 premiers mois seulement). | 2 128 | — |

En admettant que le succès cesse de croître — ce qui est difficile à concevoir —, l'année 1894 rapportera donc 5 112 piastres par kilomètre. Cela donne, pour la totalité du tronçon mis en exploitation jusqu'à ce jour, la somme annuelle de *deux millions quarante-quatre mille huit cents francs.* Il y a plus d'une ligne en France qui aura grand'peine à justifier pareil rendement.

**Les Hollandais à Lombok.** — On est très préoccupé en Hollande des événements de Lombok. Cette île, située dans l'archipel de la Sonde à l'est de l'île de Bali, qui la sépare de l'extrémité orientale de Java, est devenue, en ces derniers temps, tristement célèbre par le désastre des troupes hollandaises.

Elle a une superficie de 6 200 kilomètres carrés et est entourée de rochers abrupts et d'un accès difficile.

Elle est habitée par 600 000 Sassaks, indigènes vivant sous la domination de 50 000 Balinais. Elle est gouvernée par un radjah, le même qui a trahi les Hollandais et qui se trouvait sous la dépendance immédiate de Goesti-Djilantik, prince balinais.

La trop grande confiance des chefs de l'armée hollandaise a été la cause du désastre. Quand les troupes hollandaises arrivèrent à Lombok, les Balinais, qui y sont les maîtres, feignirent de se soumettre, et, sur la foi de cette soumission, le général hollandais fut assez simple pour camper à bivouac ouvert, en face d'indigènes armés et retranchés dans de fortes positions. Aussi, dans la nuit, les Hollandais furent-ils attaqués et impitoyablement massacrés.

Ce massacre a été vengé depuis par la défaite des troupes du radjah et la prise de Mataram, capitale de l'île. Mais, à l'heure qu'il est, le gouvernement hollandais est fort perplexe quant aux mesures ultérieures à prendre. Continuera-t-il simplement à exercer son protectorat comme auparavant? Ou bien y aurait-il avantage à annexer Lombok?

Au moment où nous écrivons ces lignes, la question reste encore ouverte, et les esprits se passionnent; il y a évidemment un courant en faveur de l'annexion pure et simple, d'autant plus fort que jusqu'ici les pays annexés de l'archipel malais sont plus prospères politiquement que les pays simplement protégés. Le gouvernement paraît disposé à entrer dans cette voie.

**Principaux résultats scientifiques du voyage du docteur H. ten Kate en Malaisie.** — Le docteur H. ten Kate, chargé d'une mission en Malaisie, a enrichi le Musée national d'ethnographie de Leyde d'une collection d'objets complètement nouveaux pour la science, et d'un grand nombre d'autres dont le musée ne possédait jusqu'ici aucun spécimen. Cette collection montre à la fois les analogies et les différences qui existent surtout entre les divers peuples de l'archipel timorien. Elle jette en particulier une lumière nouvelle sur la distribution géographique de certains objets tels que l'oreiller en bois, l'escabeau, le masque, la sarbacane, l'arc, le javelot, la lance, les ornements en coquille de *tridacna*, etc.

Mais en dehors de la collection, de nouvelles observations ont été faites relativement à la sociologie, aux croyances religieuses, aux modes funéraires, aux habitations, aux jouets d'enfants, au maniement de l'arc et des flèches, au caractère psychologique.

La première description précise et la distribution des grands monuments funéraires mégalithiques dans l'île de Soumba, et les poteries chinoises trouvées dans ces tombeaux méritent d'être mentionnées plus particulièrement.

La connaissance de la faune des îles de Flores, d'Adounara, de Salor, de Timor et de Roti a été enrichie soit par un certain nombre d'espèces nouvelles, soit par une indication plus exacte des limites géographiques, de l'habitat de certaines espèces. Sous ce rapport, le fait que le *Felis megalotis* a été retrouvé dans l'île de Timor et la découverte de ce carnassier dans l'île de Roti méritent une mention spéciale.

La faune de l'île de Soumba était, sauf celle des oiseaux et des lépidoptères, entièrement inconnue. Les collections et les observations du docteur ten Kate ont considérablement comblé cette lacune sous presque tous les rapports, tandis que de nouveaux matériaux pour servir à l'ornithologie de cette île sont venus se joindre à ceux que l'on possédait déjà.

Grâce aux échantillons géologiques rapportés, la connaissance du sol de l'ouest de Timor et du Timor central et de l'île de Samao a augmenté. La preuve de l'existence de la formation triasique à Timor est un fait assez important pour être plus spécialement relevée.

La géologie de l'île de Soumba était absolument inconnue. Le docteur H. ten Kate a fourni les premiers matériaux pour cette étude et a démontré, par les échantillons rapportés, que l'île entière se compose de calcaires coralliens et de marnes blanches. Cette dernière formation a fourni les premiers éléments à l'étude des foraminifères sous-fossiles qu'elle renferme en si grande quantité et dont la connaissance, pour l'archipel Indien, était jusqu'ici un desideratum absolu.

Le docteur H. ten Kate a enfin fait la première ascension scientifique du Lakôr, la plus haute montagne de Timor. Cette ascension nous a fait connaître plus exactement les régions voisines, dont la non-existence du mont Atlas ou plutôt son identification avec le mont Kabalaki est le fait le plus important.

Il nous a donné ensuite les premières informations précises sur des régions jusqu'ici inconnues dans le sud-est et le centre de l'île de Soumba, ainsi que des renseignements plus certains sur les régions déjà connues de cette île.

Enfin nous lui devons de nouveaux renseignements sur la presqu'île de Landou (Roti), plus particulièrement sur le lac dit Tasi Poko.

Ses investigations anthropologiques et ses observations anthropométriques ont porté sur 1 318 individus, dont 999 en Malaisie, 314 en Polynésie et 5 en Mélanésie.

**Célèbes.** — Le baron van Hoevell a visité dernièrement le pays de Mooeton, dans l'île de Célèbes. C'est, d'après lui, le plus grand des États indigènes qui entourent la baie de Tomini. Il comprend toute la partie nord de cette baie et s'appuie au nord contre les montagnes centrales de Célèbes, qui ont une hauteur de plus de 2 000 mètres et le séparent des districts de Bwool Toli-Toli et des pays au sud du golfe de Dondo.

Sur la plage on aperçoit la demeure très primitive du radjah, entourée de quelques misérables huttes.

Les villages de l'intérieur ont un aspect plus prospère, à en juger des plantations qui les entourent.

Mooeton souffre surtout de l'anarchie qui y règne. Le dernier radjah mourut en 1881, après avoir été malade pendant des années; depuis, la population indigène émigre constamment vers le district de Pagouai, où elle trouve une existence plus heureuse. Aujourd'hui on ne compte plus qu'une douzaine de maisons à Mooeton, habitées par 300 habitants. Et cependant le sol est très fertile et les rivières charrient de l'or.

Le même explorateur a visité l'île de Babar, dans l'archipel de la Sonde. Les habitants ressemblent beaucoup à ceux de Timorlaut, surtout sous le rapport des mœurs et des coutumes. Ils sont païens, adorateurs du soleil (*Oupou Lora*). Quelques-uns ont été jadis convertis au christianisme, mais toute trace de cette religion a disparu aujourd'hui. Leur vêtement est le même que celui des habitants de Tenimber.

D'après des renseignements récents, on ne rencontre dans l'île de Timorlaut aucun type papou. Tous les habitants ont des cheveux plats et leur donnent une nuance blonde quasi rouge, en les lavant au moyen d'une eau détersive faite avec des cendres de l'écorce de jeunes cocotiers et non avec de l'eau de chaux, ainsi que prétendent certains auteurs. Les cheveux sont ensuite relevés sur la tête au moyen d'une bande de coton rouge, blanche ou noire. On y place un peigne de bambou (*omral perana*), que l'on orne pendant les fêtes avec des plumes de poule. Les cheveux des femmes ne sont pas teints.

Le vêtement des hommes se borne à une étroite ceinture (*eman*). Quelques chefs mettent un pantalon, lorsqu'ils ont à faire une visite chez des Européens; mais ils se croient obligés de l'ôter en rentrant chez eux. Ils se couvrent d'ornements aux oreilles, aux bras, aux jambes. Il y a des femmes qui en portent ainsi quelques kilogrammes sur elles.

Après le mariage, les femmes se liment et se noircissent les dents. Elles sont très gaies de caractère, quoique de mœurs passablement légères. Les hommes sont honnêtes, mais cruels. Ils ont entre eux des duels qui se terminent fréquemment par la mort d'un des combattants.

## AUSTRALIE ET OCÉANIE

**Le chameau en Australie.** — Depuis un certain nombre d'années, on a pratiqué en Australie l'élève des chameaux. Ces animaux rendent de grands services dans les déserts de l'intérieur. On les importe de l'Inde, et on les débarque à la station de Port Augusta, à 280 kilomètres nord-ouest d'Adelaïde. Ils y sont retenus en quarantaine pendant trois mois, pour éviter une maladie qui, il y a quelques années, a fait beaucoup de victimes parmi leurs congénères. Une fois acclimatés, ils demeurent réfractaires à cette affection, et les plantes de la flore australienne conviennent à merveille à leur alimentation, acacia, mulga, etc. Néanmoins les animaux importés n'ont pas le même prix que les chameaux élevés en Australie, depuis vingt-cinq ans, d'une manière toute scientifique. La race des chameaux australiens est plus grande, plus forte de souffle et de membres, et capable de supporter de plus grands poids que les animaux importés de l'Inde.

Il n'y a pas aujourd'hui moins de 10 000 chameaux employés en Australie. On leur doit la colonisation de territoires jadis inutilisables, à cause des contrées sans eau qui les séparaient des pays habités. Ils rendent aussi depuis quelques années de précieux services à l'industrie minière. On les importe en grand nombre dans la colonie de l'Australie Occidentale, où ils transportent des machines démontées, pour l'exploitation des mines ou le forage des puits artésiens, jusqu'à des centres miniers situés très loin dans le désert. Les Australiens ont même imaginé, pratique inconnue à l'Afrique comme à l'Asie, d'atteler des chameaux; ils ont des wagons spéciaux, que traînent huit de ces animaux.

## RÉGIONS POLAIRES

**Explorations en Islande.** — M. Thoroddsen, dont nos lecteurs ont pu apprécier l'œuvre géographique en Islande, a poursuivi l'été dernier ses intéressantes explorations dans cette île. Dans son nouveau voyage il a parcouru les régions est et sud-esd de l'Islande restées jusqu'ici inconnues. Partant du Seydisfjord, M. Thoroddsen a d'abord gagné le Berufjord en passant le Skriddal, puis, poursuivant sa route le long de la côte à travers l'Austur Skaptafellssysla, il a atteint Oræfia. Cette excursion lui a permis de relever la carte géologique de toute cette région et de reconnaître le versant méridional du Vatnajökull. Dans ces parages notre voyageur a découvert de nombreux gisements de liparite et un de gabbro dont la situation par rapport aux autres formations présente le plus grand intérêt.

De Lón, M. Thoroddsen a gagné le *Hochland* à travers une région très difficile pour explorer le versant est du Vatnajökull, jusqu'ici complètement inconnu. Dans le cours de cette expédition il a découvert les sources du Jokulsá i Loni et plusieurs lacs. Les levés topographiques exécutés dans ces régions par le voyageur apportent des modifications importantes aux cartes actuelles. Continuant à suivre la lisière du Vatnajökull vers le nord, M. Thoroddsen a réussi à souder ses relèvements topographiques et géographiques à ses itinéraires antérieurs. Grâce à ces travaux se trouve achevée la reconnaissance du Vatnajökull, le plus vaste glacier de l'Europe. C'est une œuvre de premier ordre, qui restera un des événements de l'année géographique.

Après cette excursion, M. Thoroddsen descendit à Hérad et consacra le mois de septembre à l'exploration des fjords compris entre le Seydisfjord et l'Héradsflói.

Cette fructueuse expédition a été favorisée par un temps magnifique. Dans le nord et l'est de l'Islande, l'été s'est rarement montré si chaud et si sec, nous écrit M. Thoroddsen : en revanche les pluies ont été très abondantes dans le sud-ouest de l'île.

## *NOUVELLES DIVERSES*

— *Le dernier* Bulletin de la Société de Géographie de Marseille *nous arrive encadré de noir. Il contient une notice avec portrait sur le secrétaire général de la Société, M. Paul Armand, ancien professeur, décédé le 26 juillet, à l'âge de 56 ans.*

*M. Paul Armand était l'un des membres les plus dévoués de la Société. Il lui consacrait une bonne partie de son activité, et rédigeait pour le* Bulletin *des chroniques géographiques excellentes. La maladie même ne l'avait pas arrêté dans son travail, et le 16 juillet, dix jours avant sa mort, il adressait encore une lettre à la Société de Géographie de Paris. Sa mort a causé d'unanimes regrets à Marseille. C'est une perte sensible pour la science géographique française.*

— *Nous apprenons avec peine que* l'Afrique explorée et civilisée, *qui paraissait depuis quinze ans à Genève, cesse sa publication. M. Charles Faure se voit contraint, par son état de santé, d'en abandonner la direction, et personne ne peut le remplacer dans l'entreprise difficile qu'il a poursuivie presque seul depuis le commencement. Son journal, qui donnait mois par mois des nouvelles d'Afrique, répondait à un besoin qui se fera de plus en plus sentir. Aussi espérons-nous que sous une forme ou sous une autre il ne tardera pas à reparaître. Nous envoyons en attendant à M. Faure, qui a été aussi notre collaborateur, l'expression de notre sympathie et nos souhaits de rétablissement.*

# MOUVEMENT ÉCONOMIQUE

## LE TRAITÉ DE COMMERCE RUSSO-ALLEMAND

Le traité de commerce russo-allemand, signé le 30 mars de cette année, a provoqué beaucoup de commentaires en France, commentaires inspirés plutôt par la bienveillance envers la Russie que par la connaissance du sujet. On a pu lire, entre autres, l'opinion d'un ancien diplomate qui voulait prouver que, dans ce traité, la Russie était « roulée » par l'Allemagne et, comme argument, attribuait le prix très bas des céréales russes au machiavélisme des agrariens allemands, qui exportaient des céréales de la Russie pour les y réimporter à des prix inférieurs (?!) et ruiner de cette façon leurs voisins. Ainsi un fait aussi formidable que la baisse des prix sur le marché du monde — car il ne s'agit pas seulement du blé russe et même pas du blé seul — se trouvait expliqué par l'extrême perfidie des Allemands qui ruinaient les Russes... en se ruinant eux-mêmes!

Nous pensons qu'il ne sera pas inutile de préciser pour nos lecteurs la portée du traité russo-allemand. On sait qu'en Russie le gouvernement concentre toute son attention sur le développement des industries indigènes, non sans sacrifier les intérêts des consommateurs des manufactures étrangères, les intérêts de l'agriculture en premier lieu qui a besoin de machines venant d'au delà de la frontière. D'où la hausse continuelle et rapide des droits de douane sur les importations, qui s'activa depuis 1880 et trouva son couronnement dans le tarif excessivement protecteur de 1891. Aussi de 178 millions de francs dans cette dernière année, les seules importations de l'Allemagne en Russie tombèrent à 150 millions en 1892. Non contente de cela, la Russie appliqua même à ce pays, à partir du 1er août 1893, son tarif maximum; à quoi l'Allemagne répondit en majorant de 50 pour 100 les droits sur les produits (agricoles) venant de la Russie, et celle-ci à son tour suréleva dans la même proportion son tarif maximum pour les importations allemandes. Une guerre commerciale des plus acharnées éclata entre ces deux voisins, qui jusque-là offraient toujours l'un pour l'autre un débouché de premier ordre. Cette guerre avait duré huit mois. En voici quelques résultats. Côté de l'Allemagne : les exportations du fer (en barres) en Russie se sont chiffrées par 10 777 tonnes en 1892, par 12 737 tonnes durant les sept premiers mois de 1893 (jusqu'au 1er août, où commença la vraie guerre) et seulement par 2 180 tonnes pendant les cinq derniers mois; pour le ciment, les trois chiffres ont été respectivement 12 391, 8 383 et seulement 1 765 tonnes; pour les machines, 5 540, 4 092 et 1 962; pour le cuivre 882, 1 522 et 96 (sic!) tonnes, etc. Côté de la Russie : l'exportation des céréales russes en Allemagne, qui de 815 000 tonnes en 1891 (sur les 1 500 850 tonnes du total des céréales importées en Allemagne) était tombée déjà en 1892, par suite de la famine, à 296 250 tonnes, se réduisit en 1893 à 93 900. Et pendant que les hostilités commerciales tenaient le marché allemand fermé aux céréales de Russie, les « nations les plus favorisées » par l'Allemagne réussissaient à accroître d'une manière extraordinaire leur importation de produits agricoles dans ce pays. Les États-Unis, qui en 1890 ne figuraient qu'avec 7 pour 100 dans l'importation totale du blé en Allemagne, en importèrent, en 1893, 45 pour 100; la Roumanie élargit son importation du seigle de 1 pour 100 en 1888 à 23 pour 100 en 1893, et la Turquie de 4 pour 100 en 1891 à 17 pour 100 en 1893; enfin la part de la Roumanie dans l'importation des avoines augmenta de 0,02 pour 100 en 1891 à 36 pour 100 en 1893. La Russie était presque complètement évincée du marché allemand : en 1891, ses céréales formaient 53 pour 100 de toutes les céréales importées en Allemagne; en 1893, elles étaient tombées à moins de 14 pour 100 (193 900 sur 1 393 400 tonnes)!

Bref, les deux pays ont bientôt vu quel préjudice portait à l'un comme à l'autre la guerre des tarifs, et un traité de commerce a été conclu en conséquence pour une durée de 10 ans, malgré la résistance des agrariens en Allemagne et des gros industriels en Russie. Par ce traité, la Russie rentre dans le rang des « pays les plus favorisés » par l'Allemagne; quant à celle-ci, elle a obtenu de la Russie non seulement le traitement « au mieux », mais la réduction des droits même sur les articles pour lesquels le tarif russe était déjà abaissé en vertu du seul traité que la Russie eût conclu précédemment : nous parlons du traité franco-russe du 17 juin 1893.

Voici les principales réductions et, puisqu'on parle de la Russie comme « roulée », leur signification au point de vue russe. Les droits sur le houblon sont réduits de 65 pour 100. Or, malgré une protection des plus fortes, la production annuelle du houblon russe ne dépasse pas 1 000 à 1 500 tonnes, quantité très inférieure aux besoins du pays. Cette réduction ne sera donc pas moins favorable à la Russie qu'à l'Allemagne. Une réduction de 20 pour 100 est accordée au ciment allemand (contre une réduction de 12 pour 100 seulement pour le ciment français : c'est un des articles pour lesquels l'Allemagne a obtenu des concessions plus grandes que la France). La consommation du ciment augmente toujours en Russie, et la production est de plus en plus impuissante à satisfaire la demande; nouveau profit pour la Russie aussi bien que pour l'Allemagne. Les droits sur le charbon de terre et le coke sont réduits de moitié : malgré les cris et les dénégations intéressées des propriétaires des mines, la crise de la houille dont souffrait tout le sud de la Russie en hiver 1893 a prouvé jusqu'à l'évidence que la production des houillères indigènes reste fort en arrière des besoins du pays.

La production du fer brut est non moins faible relativement : malgré les tarifs très élevés, ses progrès ont été très restreints, car de 535 000 tonnes en 1875 elle ne s'est élevée qu'à 984 000 tonnes en 1892. En outre, les prix en sont tellement hauts que jusqu'à présent un Russe ne consomme que 8 kilogrammes de fer par an, tandis que la consommation d'un Allemand est égale à 75 kilogrammes. Or, pays essentiellement agricole, la Russie a grandement besoin des machines et divers objets en fer pour les progrès de sa culture, et la réduction de 28 pour 100 des droits sur les machines agricoles aura certainement une influence des plus favorables sur la production des céréales, qui parfois forment la moitié des valeurs exportées de la Russie.

Si nous voulions faire une critique du nouveau traité au point de vue russe, nous ferions observer plutôt une trop faible réduction pour les produits des industries textiles (cotonnades, toiles, soieries), circonstance qui prouve que, même dans le nouveau traité, les intérêts de gros industriels de la Russie passent avant les intérêts des consommateurs, c'est-à-dire de tout le pays. Tel qu'il est, ce nouveau traité forme cependant une tentative louable des deux pays de donner une base plus large aux échanges de leurs produits : l'Allemagne renonce au protectionnisme agricole à outrance inauguré par Bismarck en 1879; la Russie mitige l'ardeur de son protectionnisme industriel.

Nicolas Roussanof.

# BIBLIOGRAPHIE

## REVUE DES PÉRIODIQUES

### Articles signalés

**Annales de Géographie**, 15 octobre 1894. *Relations entre la géographie et la météorologie*, par M. Duclaux. (Dissertation intéressante, avec quelques vues originales, sur les effets divers des conditions climatiques; l'auteur établit que les conditions météorologiques ont sur la vie des hommes une influence beaucoup plus grande que celles du terrain et de l'altitude. « Les modifications qu'ont subies la configuration et le relief de notre globe depuis les temps historiques et géographiques sont à peine appréciables, tandis que la géographie change presque de siècle en siècle sous l'influence de causes purement météorologiques. » — *Les irrigations dans la « région aride » des États-Unis*, par Jean Brunhes, avec carte. (Article fait en partie d'après des rapports de l'*U. S. Geol. Survey*. Notre collaborateur M. Daniel Bellet a traité le même sujet dans un de nos derniers numéros). — *Les futures voies ferrées des Pyrénées centrales*, par A. Paringaux. (Étude sur les divers projets de percement de la chaine des Pyrénées par une nouvelle ligne de chemin de fer. L'auteur se prononce en premier lieu pour une voie qui ferait communiquer, par le col de Salau la vallée du Salat avec celle de la Noguera-Pallaresa; cette voie est déjà adoptée en principe par les deux gouvernements. La ligne de Saint-Girons à Seix est en construction. De Seix à la frontière espagnole, il resterait à assurer la construction de 23 kil. 324, dont 4 kil. 250 en souterrain.) — *Institutions et sociétés s'occupant de l'étude du sol du Portugal et des colonies*, par Paul Choffat. (L'auteur est lui-même attaché à la section des travaux géologiques du Portugal.) — *Les phénomènes du Karst dans la Serbie orientale*, par le docteur S. Radovanovic. (Résumé d'un travail de M. Cvijic, dans les *Annales géologiques de la péninsule des Balkans*.) — *Coup d'œil sur le Sahara français*, par F. Foureau. (Esquisse sommaire, mais claire et complète, de la géographie du Sahara français, due à la plume d'un de nos meilleurs explorateurs.) — *Résultats de la dernière exploration d'Emin-Pacha*, par B. Auerbach. — *Les mines du Transvaal*, par le baron de Morpurgo. — *L'extension ancienne des terres australes et l'hypothèse de l'Antarctica*, par F. Priem. — *Les nouvelles cartes agronomiques*, par H. Hitier. — *Le Congrès de géographie de Lyon*. — *Dutreuil de Rhins*, par H. Froidevaux. A ce numéro est jointe une belle carte d'Indo-Chine au 2 000 000<sup>e</sup>, réduction de la carte en 4 feuilles exécutée par MM. Cupet, de Malglaive et Friquegnon. — Un numéro supplémentaire des *Annales de géographie* a paru en septembre. Il contient une *Bibliographie* fort bien faite de l'année 1893.

**Geographical Journal**, octobre 1894. — *Contributions to the physical Geography of British East Africa*, par J. W. Gregory, avec carte de la région du Kénia et du lac Baringo. (M. Gregory, comme nous l'avons raconté dans une de nos chroniques, devait faire partie, en qualité de géologue, d'une expédition ayant pour but le lac Rodolphe; cette expédition ayant échoué, il en organisa une autre, à ses propres frais, vers le lac Baringo, avec retour par le massif du Kénia. Cette expédition a duré du 23 mars au 19 août 1893. L'auteur, après avoir brièvement retracé son itinéraire, esquisse d'une façon fort intéressante les grands traits de la géographie physique du pays qu'il a visité. Cette étude est accompagnée d'une carte et de divers profils de montagnes.) — *Expedition to the Hadramaut*, par J. Théodore Bent avec carte. (Nous parlerons de cet important voyage dans notre prochaine chronique.) — *The voyage of the* Jason *to the Antarctic Regions*. (Le *Jason*, bâtiment norvégien, a navigué l'hiver dernier dans les mers antarctiques, au sud des Orcades et des Shetland du sud, à l'est de la Terre de Graham et de la Terre Louis-Philippe, et y a fait d'intéressantes découvertes. L'article consiste en un extrait du journal du capitaine Larsen.) — *M. Scott Elliot's Expedition to Mount Ruwenzori*. (Lettre datée de Duwona, Torou, 15 avril 1894. Le voyageur est arrivé au pied du Rouvenzori le 1<sup>er</sup> avril, ayant quitté Kampala le 20 février, et traversé le Boudda, le Karagoué et l'Ankole; sa route a quelques sections inconnues avant lui, sur le cours du Kaghera et dans l'Ankole. Il espère pouvoir bientôt commencer l'exploration du massif et établir un camp à une hauteur sérieuse.) — *The Sugar-Loaf Mountain, Mozambique* par William A. Churchill. (Lettre de M. Churchill, consul anglais à Mozambique, sur une montagne assez curieuse, le « Pain de Sucre », en portugais *Monte Pâo*, qui a 320 mètres d'altitude, et qui s'élève à 40 kilomètres de Mozambique.)

**Mitteilungen de Petermann**, octobre, 1894. — *Die Erdbeben von Theben und Lokris in den Yahren 1893 und 1894*, par le professeur Constantin Mitzopulos, à Athènes. (Article très détaillé sur les circonstances et les effets des tremblements de terre qui se sont produits, cette année et l'année dernière, à Thèbes et en Locride. Il est accompagné d'une carte intéressante, indiquant la composition géologique du sol, les territoires ravagés et l'aire d'expansion des secousses. Le contre-coup du tremblement de terre de Locride du 27 avril a été ressenti à Potsdam, Wilhelmshaven, Birmingham. La vague sismique a franchi en 11 minutes 36 secondes les 1 200 kilomètres qui séparent Athènes de Rome). — *Streifzüge in dem Küstenlande der Habr-Auel*, par J. Menges, avec carte. (Les Habr-Auel habitent le littoral nord du pays des Somalis. L'auteur a parcouru le pays en partant de Berbera, de 1891 à 1892. Son récit de voyage est accompagné d'une notice sur ses observations météorologiques, rédigée par le D<sup>r</sup> Ad. Schmidt, de Gotha.) — *Ueber die wichtigeren Ergebnisse der neueren botanischen Forschungen im tropischen Afrika, insbesondere in Ostafrika*, par le professeur A. Engler. (Fin d'un travail intéressant sur la géographie botanique de l'Afrique tropicale, qui a été commencé dans le dernier numéro.) — *Kleinere Mitteilungen : W. M. Conways Expedition in die Mustagh Range*. — *Klima von Maschonaland*.

## COMPTES RENDUS

**Jules Girard** : *La géographie littorale*. Paris, Société d'éducations scientifiques, 1895, in-8°.

M. Girard, le savant secrétaire adjoint de la Société de Géographie de Paris, s'est longtemps occupé avec prédilection d'un chapitre fort intéressant de la physique du globe : les influences exercées par la mer sur la formation des rivages et, par là, sur la physionomie même des continents. Nous nous souvenons d'avoir vu de lui, dans la *Revue de Géographie*, de remarquables articles sur le littoral de la France. Aujourd'hui il réunit en un beau volume, orné de figures et de cartes, les résultats de ses études et de ses observations.

Ce livre traite successivement des mouvements de la mer, de l'érosion littorale, des mouvements des sables (cordons littoraux, flèches, dunes), de la genèse des plages, des deltas, des estuaires, enfin des vestiges littoraux (traces laissées par la mer sur d'anciens rivages) et des mouvements du sol, mouvements qui ont été, on le sait, constatés pour la première fois en Scandinavie.

M. Girard, sans se perdre dans les détails, n'a rien omis d'essentiel, et il a pu condenser tous ses matériaux en 228 pages, d'une langue claire, d'une lecture facile et agréable. C'est une excellente contribution à l'étude de la géographie physique. Les gens du monde pourront s'y instruire sur beaucoup de phénomènes qu'ils ignorent, et les professeurs de géographie y trouveront de quoi vivifier leur enseignement.

**Élie Reclus** : *Le Primitif d'Australie, ou les Non-Non et les Oui-Oui. Étude d'ethnologie comparée*. Paris, E. Dentu, 1894.

Déjà, dans son précédent volume, *les Primitifs*, Élie Reclus nous avait donné une œuvre de haute portée. Le nouveau volume, où il s'attaque à la psychologie du Primitif d'Australie et où il cherche à extraire de ce rejeté de l'humanité tout ce qu'il contenait de profondément humain, nous paraît dépasser de bien haut la première étude, plus générale.

C'est de la science doublée de prescience. Science fortement documentée, appuyée d'une érudition très riche; prescience puisée à la source des hautes inspirations, à la sympathie pour tout ce qui est humain et vrai. L'anthropologie ainsi comprise dépasse singulièrement le cadre qui lui est généralement assigné. « Il n'est science que d'âme humaine », dit l'épigraphe choisie par Élie Reclus; et il le prouve

Non seulement il pénètre dans l'âme confuse de ses pauvres héros, mais il y fait pénétrer son lecteur, lentement, patiemment, de petite découverte en petite découverte, jusqu'à ce qu'apparaissent, lumineux, les signes de similitude entre cette race arriérée et la nôtre, si fière et si dure. La géographie, la linguistique, les coutumes, le vêtement, la religion, tout intervient dans ce voyage d'investigation à la recherche de l'âme australienne. Tout au plus peut-on regretter, chemin faisant, que cette recherche soit faite dans une langue hérissée d'argot parisien, de raffinements ultra-modernes qui l'interdisent au plus grand nombre de ceux pour qui l'auteur voudrait penser et écrire. « Qui me donnera le langage du peuple », disait Michelet. Cette parole mélancolique nous revenait à la mémoire en lisant l'œuvre d'Élie Reclus, que nous résumerons d'un seul mot en la qualifiant d'admirable. F. S.

**Max O'Rell** : *La maison John Bull et Cie, les grandes succursales : Le Canada, l'Australie, la Nouvelle-Zélande, l'Afrique du Sud.* Paris, Calmann Lévy, 1892, in-12.

Ce livre est le récit rapide d'un voyage fait par l'auteur dans les grandes colonies anglaises. Max O'Rell, qui est connu déjà par de jolis ouvrages sur l'Angleterre et les États-Unis, compare l'empire britannique à une grande maison de commerce, dont la maison mère serait à Londres, et dont les succursales seraient éparpillées aux quatre coins du monde. C'est là un point de vue original sans doute, mais peut-être un peu restreint, du grand mouvement d'expansion qui entraîne la race anglo-saxonne à se déverser sur le monde. Il ne faut pas oublier d'ailleurs que l'auteur a eu pour but de nous raconter des choses vues, plutôt que de nous donner un aperçu d'ensemble sur les colonies anglaises. Mais, dans ce cadre restreint, son livre est instructif et nous donne, sous une forme souvent humoristique, des renseignements utiles sur le genre de vie et les aspirations des colonies qui se peuplent d'Anglo-Saxons. L'auteur ne croit pas à la possibilité d'une fédération britannique. Faisant ressortir l'esprit de nationalité et le patriotisme local des colonies, il incline à penser qu'un jour viendra où leur amour de la liberté les entraînera à revendiquer leur indépendance. Ce sentiment est surtout prononcé dans les colonies de l'Afrique méridionale. L'*Afrikander Bond* est le vrai pouvoir souverain de cette vaste contrée et M. Cecil Rhodes sait parler quelquefois en maître, à l'Angleterre. Traitant des progrès que font les Anglais dans le peuplement du Transvaal et de l'État d'Orange, Max O'Rell est d'avis que les Boers auront « à se dégourdir ou à déguerpir », c'est-à-dire qu'ils auront à changer leur mode d'existence ou à disparaître. Nous relevons en particulier cette opinion, car elle concorde avec celle qu'ont exprimée les auteurs des livres les plus récents sur l'Afrique Australe, entre autres M. Préville et le colonel Baille.

**Capitaine Garnot** : *L'expédition française de Formose*, 1884-1885, avec 30 gravures hors texte et un atlas en couleur. Paris, Ch. Delagrave, 1894, in-8°.

L'expédition de Formose est un épisode un peu oublié aujourd'hui de la longue campagne qui a abouti à la conquête du Tonkin. Cet oubli est singulièrement injuste. L'occupation de Keloung fut sans doute une erreur ; elle se fit contre l'opinion de l'amiral Courbet et sur l'ordre du gouvernement, qui ne reconnut s'être trompé que le jour où il était impossible de reculer. La faute initiale commise est-elle une raison pour oublier les prodiges d'héroïsme que nos troupes accomplirent dans cette campagne ingrate, l'abnégation, la discipline dont elles donnèrent l'exemple ? Tout s'acharna, dit l'auteur, contre les soldats du vaillant petit corps expéditionnaire : « écrasante supériorité numérique de l'ennemi, fatigues surhumaines et climat meurtrier. Leurs succès, bien chèrement achetés, n'eurent pas le retentissement des victoires du Tonkin. »

M. le capitaine Garnot, du 31e d'infanterie, a voulu réparer cette injustice, en racontant cette campagne, à laquelle il a pris part, et en dédiant son livre à son chef, le général de division Duchesne.

Ce livre, récit exact, complet, très bien documenté, de la campagne, est écrit avec beaucoup de soin, et l'auteur y fait preuve d'un véritable talent littéraire. Il aura peut-être l'honneur d'avoir écrit le livre « classique » sur cet épisode oublié de l'histoire coloniale, et il devra être consulté par tous les historiens de l'avenir. C'est là une bonne fortune qui n'arrive pas à chacun. Dans le cas de M. Garnot, elle nous paraît amplement méritée par la conscience et l'application avec lesquelles il a écrit son livre.

Quelques-unes des gravures laissent à désirer. En revanche les 10 cartes de l'atlas sont fort intéressantes et permettent de suivre minutieusement le récit de la campagne.

**G. Nordenskiöld** : *The Cliff Dwellers of the Mesa Verde, South-Western Colorado, their Pottery and Inplements*; Stockholm et Chicago (traduit en anglais par D. Lloyd Morgan).

L'ouvrage de M. G. Nordenskiöld, fils du célèbre voyageur, est une monographie très complète et très consciencieuse des anciennes habitations sur rochers (*cliff-dwellings*) des Indiens sédentaires dits Indiens des pueblos. Toutes ces demeures, explorées par l'auteur en automne 1891, se trouvent dans les cañons du plateau de Mesa Verde, au sud-ouest de l'État nord-américain de Colorado. Elles forment plusieurs rangées ou étages de chambres, celles-ci juxtaposées, mais complètement séparées l'une de l'autre par des murailles, à l'instar des cellules d'une ruche. Construites sur des rochers inabordables, percées de petites ouvertures, qui servaient de portes en même temps que de fenêtres et dans lesquelles on pénétrait à l'aide d'échelles qu'on retirait, aussitôt entré, ces habitations formaient dans leur ensemble des villages fortifiés, d'un accès très difficile. Des chambres circulaires, plus grandes que les autres, avec un foyer formaient ce que les Espagnols appelèrent une *estufa* ou « étuve », sorte de salle de bain à air chaud, où les habitants se rassemblaient... pour transpirer et parler des affaires publiques. On ensevelissait les morts dans des chambres spéciales à proximité des villages ou dans les murs mêmes des demeures (chapitres I-IX). Des restes de plantes, poteries, instruments, tissus, trouvés dans ces ruines, démontrent que les *cliff-dwellers* étaient une race sédentaire, cultivant le maïs, arrivée à un haut degré d'habileté dans la fabrication et la peinture des poteries, mais ne connaissant pas l'usage des métaux (chapitres X-XI). Dans le chapitre XII l'auteur passe en revue toutes les demeures analogues du sud-ouest des États-Unis (y compris les *Casas grandes*, « grandes maisons » de la plaine, espèce de phalanstères primitifs d'Indiens), en mettant à contribution le peu de travaux qui ont été écrits sur cette question. Ensuite, pour reconstituer l'histoire des progrès techniques et sociaux de ces peuplades, l'auteur étudie d'un côté les Indiens Moquis de nos jours, qu'on suppose être les descendants des anciens *cliff-dwellers* (chap. XIII), et décrit d'autre part l'état des Indiens sédentaires, d'après les auteurs espagnols du XVIe siècle (chap. XV). En résumant ses recherches dans le chapitre XV, l'auteur voit dans les tribus des pueblos des Indiens nomades dont la civilisation a été modifiée par le changement de milieu, mais dont l'évolution a été indépendante de celle des Mexicains. L'ouvrage, un superbe in-4°, édité avec un luxe véritable, comprend de belles photographies et gravures des vues de *cliff-dwellings* visités par l'auteur, ainsi que des reproductions de crânes, instruments, ustensiles, trouvés dans ces demeures. Dans l'Appendice, le professeur C. Retzius donne une description des « restes humains » du Mesa Verde (momies, squelettes, etc.), apportés par G. M. Nordenskiöld à Stockholm. La race, comme les Indiens de nos jours, paraît avoir été très brachycéphale (indice céphalique variant entre 85,7 et 87,3).

N. R.

## CARTOGRAPHIE

**Atlas de géographie historique**, Paris, Hachette et Cie, 1894, neuvième livraison.

M. Longnon était tout désigné par sa compétence spéciale pour retracer l'histoire de la *Gaule*. Quatre cartes d'égales dimensions, dressées sous sa direction, représentent la Gaule préhistorique, l'expansion des Celtes au IIIe s. av. J.-C., la Gaule à l'arrivée de César et la Gaule à la mort d'Auguste.

L'*Italie impériale* est représentée avec la division en onze régions qui persista pendant les trois premiers siècles de l'Empire. A signaler, encadrés dans la notice, un plan comparé de la Rome impériale et de la Rome contemporaine et un plan des ports d'Ostie.

Ce n'est pas seulement du *Drang nach Osten* qu'il est question dans l'*Expansion de l'Allemagne* de M. Blondel. Il consacre d'abord la moitié de la feuille à l'Allemagne et à l'Italie pendant l'interrègne. Comme il a déjà été question des Marches dans la feuille 23, il n'est accordé ici qu'un modeste carton, inclus dans la notice, au développement de celle de Brandebourg. Mais une grande carte, complète sans être trop chargée, est consacrée à l'expansion vers l'est. Une carte de moindres dimensions, très nette, comprenant les bassins de la Baltique et de la mer du Nord, représente le théâtre de l'activité de la Hanse au XIVe siècle.

# NOUVELLES GÉOGRAPHIQUES

## LE GRAND TRANSSIBÉRIEN

Une année s'est écoulée à peine depuis l'achèvement du premier tronçon du « Grand Transsibérien », et déjà on commence à escompter, en Russie et ailleurs, l'influence que va exercer le futur chemin de fer sur la vie économique du grand empire slave et des pays limitrophes. Il est incontestable que les vastes possessions russes en Asie ne donneront tout ce qu'on attend d'elles, au point de vue économique et politique, que le jour où elles seront dotées de voies de communication rapides avec la Russie d'Europe. La mise en valeur des richesses naturelles immenses que recèlent ces pays, encore si peu connus, est à ce prix. Mais l'influence du nouveau mode de trafic se fera aussi sentir au delà des frontières de l'Empire Russe. La portée de cette entreprise colossale a été dûment appréciée par tous ceux qui suivent attentivement le cours des événements dans l'Extrême-Orient, et dès maintenant on peut indiquer certaines modifications que le « Transsibérien » apportera dans le commerce international.

Nous allons donner une courte esquisse historique du développement de cette entreprise, exposer le projet adopté et présenter le tableau de l'état actuel des travaux, ainsi que quelques aperçus sur l'avenir de cette nouvelle et immense voie de communication, presque deux fois plus longue que celles qui traversent l'Amérique du Nord[1].

### HISTORIQUE

Dès l'occupation par les Russes du pays Amourien, au milieu de ce siècle, et dès l'origine de leur établissement sur la côte du Pacifique, on songea dans les sphères gouvernementales à relier par une voie ferrée à la Russie d'Europe les ports les plus importants du littoral nouvellement conquis. Le comte Mouravief élabora, en 1850, le projet d'une route carrossable, qu'on devait convertir plus tard en un chemin de fer, entre Sofiisk sur l'Amour et la baie de Castries. Depuis cette époque et jusqu'à ces derniers temps, les projets de « Transsibérien », plus ou moins pratiques, plus ou moins hardis, parfois fantaisistes, n'ont pas manqué. La direction primitive de la nouvelle voie ferrée préconisée dans les projets les plus sérieux, comme ceux de l'ingénieur des mines Rachette (1862), ou le projet du colonel (depuis général) Bogdanovitch (1868), ou encore celui du négociant Lioubimof (1869), était la direction dite « du nord ». Ayant pour point de départ la ville de Perm, accessible par la Kama, la ligne devait traverser la chaîne de l'Oural, passer soit par Iekaterinbourg, soit par Nijné-Taghilsk, pour aboutir à Tioumen ou un peu plus loin à Bielozersk, tête de navigation sur le Tobol. De cette façon, les voies navigables du bassin de la Volga allaient être réunies à celles de l'Obi. Quant au prolongement de la voie plus à l'est, on ne l'indiquait que d'une façon tout à fait vague en lui faisant suivre une ligne parallèle à la grande route carrossable ou *trakt* de la Sibérie (Ichim-Omsk-Tomsk-Krasnoïarsk-Irkoutsk-Tchita et le pays Amourien). Pendant que les commissions compétentes examinaient les différents projets, les Russes donnaient une allure plus rapide à leur marche vers l'Asie centrale. La prise de Tachkent en 1864, puis l'occupation de tout le Turkestan produisirent par contre-coup une modification dans les projets du « Transsibérien ». L'attention se porta sur la ville d'Orenbourg : située à égale distance de la Sibérie et de l'Asie centrale, elle était tout désignée comme tête des routes vers ces deux pays. Cette façon d'envisager la question a eu pour résultat une nouvelle éclosion de nombreux projets de Transsibérien dits de la « direction du sud ». Partant d'Orenbourg, la voie ferrée devait traverser les steppes kirghizes par Akmolinsk et Pavlodar, arriver dans les districts miniers d'Altaï à Biisk ou à Minoussinsk, pour être prolongée éventuellement par Nijné-Oudinsk jusqu'à Irkoutsk. Le gouvernement prit vivement son parti : il fit prolonger les lignes existantes de la Russie d'Europe jusqu'à Orenbourg. La ligne Riazan-Riajsk-Morchansk fut continuée jusqu'à Syzran sur la rive gauche du Volga, puis de l'autre rive du fleuve jusqu'à Samara. En 1877, le sifflet de la locomotive reten-

1. Notre exposé est fait, à part quelques renseignements tout à fait récents, d'après l'excellent ouvrage publié en russe et en anglais par le département du commerce et des manufactures du Ministère des finances de l'Empire Russe, à l'occasion de l'Exposition de Chicago. Voici le titre anglais de cet ouvrage : *The Industries of Russia;* vol. V, *Siberia and the great Siberian Railway*, Saint-Pétersbourg, 1893, in-8°, avec une carte.

tit à Orenbourg. En 1880, un magnifique pont jeté sur le Volga, un peu en amont de Syzran, reliait les deux tronçons de la nouvelle ligne. Pendant ce temps (en 1878-79) un chemin de fer d'intérêt local fut construit entre Perm et Iékatérinbourg; il avait surtout pour but de desservir les riches districts miniers de l'Oural. Quand les deux points extrêmes de la frontière de Russie du côté de la Sibérie et de l'Asie centrale furent ainsi atteints presque simultanément, de nouveaux projets surgirent, qui empruntaient pour le Transsibérien une direction dite « moyenne », intermédiaire entre celles du nord et du sud. L'ancienne direction sud a été presque complètement abandonnée, et celle du nord ne comptait que peu de partisans, demandant le prolongement de la ligne Perm-Iékatérinbourg jusqu'à Tioumen. Les défenseurs du projet du juste milieu proposaient surtout la création d'une ligne de Samara à Oufa avec un prolongement soit vers Tioumen par Krasnooufimsk et Iékatérinbourg, soit vers Tcheliabinsk par Zlatooust, à travers les districts miniers, pour rejoindre de là, par Kourgan et Petropavlovsk, la ville d'Omsk sur la grande route ou *trakt* sibérien.

Le prolongement de la voie ferrée ouralienne jusqu'à Tioumen fut bientôt un fait acompli; en même temps un canal creusé entre l'Obi et le Iénisséi mettait en communication, du moins pendant l'été, la Russie et la Sibérie occidentale; mais ces deux entreprises partielles eurent pour effet de retarder plutôt la solution du problème général d'un voie transcontinentale. D'ailleurs toutes les forces vives se dirigeaient en ce moment du côté du pays Transcaspien, tombé entre les mains des Russes en 1884 à la suite de la soumission de Merv. Le projet de chemin de fer transcaspien, si brillamment conçu et si rapidement exécuté par le général Annenkof, attira toutes les sympathies, et ce n'est qu'après le prolongement de cette ligne jusqu'à Samarkand que les regards se tournèrent de nouveau vers la Sibérie. Des études préliminaires furent exécutées par les ingénieurs dans la Sibérie occidentale en 1887-80, et, après plusieurs retouches et remaniements, le projet définitif du chemin de fer transsibérien, empruntant la direction « moyenne », fut adopté, le 21 février 1891, par le Conseil d'État de l'Empire et ratifié par Alexandre III. Le rescrit impérial ordonnant de commencer les travaux est daté du 17 mars 1891, c'est-à-dire du jour même où le tsar actuel, Nicolas II, alors grand-duc héritier, touchait le sol russe à Vladivostok, après son voyage dans l'Extrême-Orient. La première pierre de la gare de Vladivostok fut posée par le tsarévitch le 12 mai 1891, mais les travaux de construction de la voie ne commencèrent réellement que le 30 décembre 1892.

### Projet définitif. — Détails topographiques et techniques.

Le chemin de fer de Moscou à Tcheliabinsk, par Riazan, Riajsk, Samara et Oufa, fonctionnant déjà depuis longtemps, nous n'allons considérer comme Transsibérien que la ligne actuellement en construction entre Tcheliabinsk (sur le Mias, sous-affluent du Tobol par l'Isset, 55° 10′ lat. N., 59° 3′ longit. E. de Paris) et Vladivostok.

D'après la nature des terrains que traverse cette ligne et la nature des travaux qu'elle nécessite, on peut la diviser en 7 sections, comprises entre les points suivants : Tcheliabinsk, Obi, Irkoutsk, Mysovaïa, Strietensk, Khabarovka, Grafskaïa, Vladivostok.

1. *Section occidentale Tcheliabinsk-Obi*; 1 325 verstes (1 417 kilomètres). Partant de Tcheliabinsk, les rails vont presque en ligne droite à l'est vers la ville de Kourgan, et se dirigent de là un peu au sud-est par Petropavlovsk vers Omsk. A 5 kilomètres au nord de cette dernière ville, le chemin de fer traverse un pont de 3 600 mètres jeté sur l'Irtych, plus loin il s'engage dans la steppe de Baraba, passant par Kaïnsk, pour arriver sur la rive gauche de l'Obi au village de Krivochtchekovo à une trentaine de kilomètres en amont de Kolyvan; ici, un pont de 800 mètres de longueur sera jeté sur l'Obi. Dans tout ce trajet, la ligne traverse un pays riche, fertile et remarquablement plat. Sauf les ponts pour le passage des fleuves et des rivières Tobol, Irtych, Ichim et Obi, il n'y a pas de travaux d'art à exécuter. Les pentes n'excèdent nulle part 7 mètres par kilomètre et les rayons des courbes dépassent partout 500 mètres.

2. *Section centrale Obi-Irkoutsk*; 1742 verstes (1864 kilomètres). Après avoir traversé l'Obi, la ligne ferrée suivra pendant 570 kilomètres la direction nord-est jusqu'à Mariinsk, puis celle de l'est jusqu'à Atchinsk, dans un pays de collines où elle aura encore à traverser quelques cours d'eau, Tom, Yaya, Kiya, mais où l'on ne prévoit presque pas de travaux d'art à exécuter. Au delà d'Atchinsk et jusqu'à Irkoutsk (1274 kil.), le caractère du pays change complètement; les contreforts des monts Sayanes se dressent ici au travers de la route, et les nombreuses vallées creusées par les rivières du bassin du Iénisséi, toutes orientées du nord au sud, perpendiculairement à la ligne projetée, offrent des obstacles assez sérieux. Le niveau du chemin de fer s'élèverait ici par places jusqu'à 500 et 600 mètres d'altitude absolue. Le passage du Iénisséi lui-même présentera aussi quelques difficultés : on prévoit un pont de près d'un kilomètre de longueur au voisinage de Krasnoïarsk. De cette dernière ville, la ligne suivra les vallées de Berezovka et du Sitik, passera par Kansk (verste 2266), Nijné-Oudinsk et Ouktouïsk, après avoir traversé les rivières Ouda, Ia et Oka. Du village d'Ouktouïsk à la station de Polovina (ce qui veut dire « moitié » en russe), au kilomètre 3175, les conditions de la construction sont celles des pays montagneux, mais plus loin, jusqu'à Irkoutsk, la contrée offre une plaine à pente régulière. Dans la région montagneuse il y aura de nombreux travaux de terrassement à exécuter; la protection de la voie contre les eaux courantes sera aussi une tâche assez délicate; les pentes atteindront 15 mètres par kilomètre, et les rayons des courbes seront réduits à 300, et même, dans certains endroits, à 240 mètres. Dans le reste du parcours on ne prévoit guère de montées supérieures à 9 mètres par kilomètre. En somme, la ligne suivra, depuis Mariinsk jusqu'à Irkoutsk, la direction de la grande route carrossable ou *trakt* de la Sibérie, qu'elle croisera fréquemment et dont elle ne s'écartera nulle part de plus de 30 kilomètres. La station d'Irkoutsk sera placée au kilomètre 3280, à 4 kilomètres de l'endroit où actuellement la route postale aboutit au bac de l'Angara, en face de la ville d'Irkoutsk.

3. *Section baïkalienne Irkoutsk-Mysovaïa*; 292 verstes (312 kil.). C'est la partie de la ligne qui contourne le lac Baïkal au sud. Malgré sa faible étendue, cette section présente le plus de difficultés techniques. Elle suit la vallée de l'Irkout, sujette à de fréquentes inondations, et se rétrécissant par places en véritables défilés, dans lesquels

il faudra faire des travaux de maçonnerie considérables pour protéger la voie contre l'impétuosité du courant. Plus loin, dans la traversée de la chaîne de Zyrkyzoun, le percement d'un tunnel de 3 kilomètres et demi s'impose pour abréger la distance. Ce percement sera nécessairement très long : le tunnel n'ayant qu'une seule inclinaison, on ne pourra pas mener les travaux par les deux bouts à la fois. Plus loin encore, dans la gorge sauvage où l'Iltcha précipite ses eaux dans la Koultouchnaïa (tributaire du Baïkal), au pied de rochers à pic qui se dressent à 100 mètres au-dessus des flots écumants, on sera obligé de réduire les rayons des courbes jusqu'à 240 mètres et d'édifier des talus en ciment ayant jusqu'à 35 mètres de hauteur. Il en sera de même aux environs des cascades de l'Iltcha. Sur d'autres points il faudra creuser des tranchées de 25 mètres de profondeur dans les roches granitiques, ou dans les terrains formés de gneiss et de grès. Le pays conserve le même caractère montagneux jusqu'à la station Bystraïa, située à 3 212 verstes (3 437 kil.) de Tcheliabinsk. Plus loin, la route devra longer le lac, au pied des montagnes, ou bien sur un terrain marécageux. De nombreux ruisseaux et torrents qui descendent des montagnes et se jettent dans le lac, intercepteront certainement plusieurs fois la voie avant d'être définitivement endigués. Les ingénieurs estiment que les travaux de terrassement coûteront à eux seuls près de 5 millions de roubles, sans compter les creusements de tranchées dans la roche vive et les travaux de maçonnerie.

4. *Section transbaïkalienne Mysovaïa–Strietensk*; 1 009 verstes (1 079 kil.). Le village de Mysovaïa se trouve sur la rive méridionale du lac Baïkal, à l'endroit où cette rive se recourbe vers l'est (à 130 kil. environ à l'est-sud-est d'Irkoutsk à vol d'oiseau). Quittant ce village, le chemin de fer longera encore sur un court espace la rive orientale du lac, puis s'engagera dans la vallée du Selenga, traversera le fleuve sur un pont long d'un kilomètre environ, et suivra sa rive droite jusqu'au confluent de l'Ouda, en face de la ville de Verkhné-Oudinsk. La direction ultérieure de la ligne dépend du choix du meilleur passage à travers la chaîne de Yablonovyi ; d'après les reconnaissances préliminaires, on a choisi provisoirement la vallée de l'Ouda, et celle de son affluent de droite, la Pogromnaya, pour arriver au plateau de Vitimsk, semé de lacs, qui forme le faîte de partage des eaux et donne accès dans la vallée du Domna, affluent de la Léna. Le point le plus élevé de ce faîte se trouve au kilomètre 4 106 (verste 3 836) et atteint 1 118 mètres de hauteur; c'est le point culminant de toute la ligne. Le partage entre le bassin de la Léna et celui de l'Amour, qui se trouve un peu plus loin (verste 3 943), est plus bas de 80 mètres environ. De ces hauteurs, la ligne descendra en pente rapide pour atteindre à Tchita la rive gauche de l'Ingoda, qu'elle suivra jusqu'à l'endroit où cette rivière va rejoindre l'Onon pour former la Chilka. La vallée de la Chilka conduira la ligne jusqu'au village de Matakan, en face de la ville de Strietensk. C'est la partie la plus difficile de la section : les vallées de l'Ingoda et de la Chilka sont très étroites, sinueuses et souvent encaissées entre les rochers à pic, qui laissent à peine une berge suffisante pour le passage des voitures ; en outre, la voie sera menacée par les inondations, très fréquentes dans ces parages. Aussi les travaux de terrassement seront-ils considérables : on les estime à 20 millions de mètres cubes environ, soit 20 000 mètres cubes par kilomètre, ce qui occasionnera une dépense de 8 860 000 roubles, chiffre qui est plutôt au-dessous de la vérité, car la plupart des travaux devront être exécutés dans des roches très dures et souvent sur un sol qui ne dégèle point durant toute l'année. A ces difficultés d'ordre technique, il faut ajouter l'extrême rigueur du climat dans cette région de la Sibérie. L'air y est très sec et les écarts de température sont très considérables dans l'espace de 24 heures : ainsi, sur les pentes de la chaîne de Yablonovyi, en juin et en juillet, il n'est pas rare de voir le thermomètre tomber à — 5° dans la nuit, après une journée de 25° de chaleur. La température moyenne des mois varie à Verkhné-Oudinsk de + 37° (juillet) à — 47° (janvier). Dans la vallée de la Chilka, à 200 mètres d'altitude, le sol est gelé en hiver jusqu'à une profondeur de 7 mètres et le soleil ardent du mois de juillet ne parvient à fondre la glace qu'à la profondeur de 3 ou 4 mètres seulement. Sur le plateau de Vitim, le sol ne dégèle que sur une profondeur de 60 centimètres au cœur de l'été.

5. *Section amourienne Strietensk-Khabarovka.* Cette section, longue d'environ 2 000 verstes (2 140 kil.), n'a pas été reconnue d'une façon sérieuse; aussi le tracé de la voie ferrée n'y est-il point encore arrêté. Tout ce que l'on peut dire actuellement, c'est que les rails suivront d'abord les vallées de la Chilka et de l'Amour; puis (à peu près vers la verste 4 900), pour abréger la distance, on les posera en ligne droite jusqu'à Khabarovka, à travers une région montagneuse qui présentera à peu près les mêmes difficultés que sur la section précédente, mais augmentées par la rareté d'habitants et la nature complètement sauvage de la contrée; il faudra traverser d'immenses forêts vierges, canaliser les torrents, amener des ouvriers du dehors, etc.

6. *Section nord-oussourienne Khabarovka-Grafskaïa;* 347 verstes (370 kil.). C'est en face de Khabarovka (verste 6 350), chef-lieu du gouvernement général de l'Amour, que le chemin de fer traversera le grand fleuve sur un pont large de 2 kilomètres et demi. En quittant cette ville, il suivra la rive droite de l'Oussouri, affluent de l'Amour et aura à traverser de nombreux cours d'eau torrentiels qui s'y jettent : Khor, Bikin, Iman.

7. *Section sud-oussourienne Grafskaïa-Vladivostok*; 328 verstes (405 kil.). Ici la ligne suit d'abord la rive gauche de l'Oussouri, traverse cette rivière (verste 6755) sur un pont large de 250 mètres, longe la rive orientale du lac Khanka et aboutit à la station de Nikolskoïé (verste 6982), dans la vallée de la rivière Lefou, tributaire du lac. Ensuite elle emprunte la vallée du Souïfoun et débouche vers les baies d'Ouglof et d'Amour, qu'elle contourne pour arriver à Vladivostok, où la gare terminus (verste 7 112) s'élève au fond de la baie de la Corne-d'Or.

### VUE D'ENSEMBLE. — MODE D'EXÉCUTION DES TRAVAUX.

La longueur totale du Transsibérien est de 7 083 verstes (7 575 kilomètres), ou de 7 112 verstes (7 605 kilomètres) en comptant les embranchements vers les principales rivières que traverse la voie ferrée.

Cette immense étendue ayant été divisée, pour la commodité et la rapidité de la construction, en sept sections, comme nous l'avons exposé plus haut, on a commencé les travaux par les deux bouts de la ligne à la fois.

La première section est aujourd'hui presque complètement terminée (Voy. plus bas), et les travaux ont commencé sur la partie de la section centrale entre l'Obi et

Krasnoïarsk, ainsi que sur la dernière section, où ils vont être terminés dans le courant de cette année. En 1895 on va commencer la construction de la section nord-oussourienne, et en 1896 la deuxième portion de la section centrale (Krasnoïarsk-Irkoutsk); ces travaux seront terminés en 1898 et en 1900. Les sections transbaïkalienne et amourienne ne seront attaquées que vers 1899 ou 1900 et pourront probablement être achevées en 1904 ou 1906, de sorte que la ligne entière sera prête d'ici une dizaine ou une douzaine d'années.

En somme, le travail se fera en trois temps, si l'on peut s'exprimer ainsi. Premier temps : sections extrêmes, jusqu'à Irkoutsk d'une part et jusqu'à Grafskaïa d'autre part; elles mettront en communication la vallée de l'Amour avec Vladivostok, et la Transbaïkalie avec la Russie d'Europe; deuxième temps : tronçons qui relient les différents points navigables des fleuves situés entre les points terminus de ces lignes; enfin, troisième temps : tronçons intermédiaires le long des cours d'eau. Il est plus que probable que le tracé de la section transbaïkalienne et celui de la section amourienne seront modifiés après des travaux de reconnaissance plus approfondis.

Il est évident qu'en raison de sa longueur, le chemin de fer sibérien ne gardera pas partout le même type de construction; les sections situées dans les régions montagneuses ne ressembleront point à celles des plaines. Les limites des déclivités adoptées dans les premières sont de 15 à 17 mètres par kilomètre, tandis que dans la plaine elles ne dépassent guère 6 mètres par kilomètre. La largeur de la voie (unique pour commencer) sera de 5 mètres. La plus grande distance entre les stations sera de 50 verstes (53 kilom.), ce qui permettra de faire circuler trois trains en 24 heures (deux trains de marchandises et un train mixte de marchandises et de voyageurs). Des dispositions seront prises afin que ce nombre de trains puisse être porté à sept quelque temps après l'ouverture de la ligne. Un fonds spécial de 14 millions de roubles sera employé à l'amélioration des voies d'accès (surtout par les fleuves) vers la nouvelle ligne, à la construction de l'embranchement qui ira rejoindre les chemins de fer ouraliens, etc. On puisera également dans ce fonds pour favoriser le développement des usines métallurgiques le long de la ligne, pour faire des recherches géologiques, etc.

### ÉTAT ACTUEL DES TRAVAUX.

Après avoir exposé le projet du Transsibérien, voyons où en est l'exécution à l'heure actuelle, c'est-à-dire presque deux ans après le commencement des travaux.

1. En ce qui concerne la *première section* (Tcheliabinsk-Obi), les trains marchent déjà depuis plusieurs mois entre Tcheliabinsk et Petropavlovsk. Tout récemment (2 septembre) le premier train est arrivé à Omsk, où le ministre des voies de communication s'était rendu à cette occasion. Le service des voyageurs et celui des marchandises commencèrent le 27 octobre.

2. Les travaux sont en pleine activité le long de la *seconde section* (Obi-Irkoutsk); la voie est terminée sur plusieurs centaines de kilomètres. Afin d'accélérer encore ces travaux, on a décidé, vers la fin de 1893, que la plupart des matériaux de construction venant de l'Europe seraient transportés par bateaux, soit par l'Obi, soit par le Iénisséi; c'est pour cela qu'on a commencé avant tout le tronçon de la ligne situé entre Atchinsk et Krasnoïarsk (180 kil.), qui va relier le Iénisséi au Tchoulym, affluent de l'Obi. Les rails y sont posés, et une partie du matériel roulant pour toute la section est déjà sur place.

3. Pour la *section baïkalienne*, le comité directeur du Transsibérien a pris, en décembre 1893, une importante décision. On se contentera pour le moment de conduire le chemin de fer jusqu'au port de Listvenitchnaya, situé à 85 kilomètres au sud-est d'Irkoutsk, à l'embouchure de l'Angara dans le lac. On établira ensuite un service régulier de bateaux à vapeur entre ce port et la rive opposée du lac pour joindre ainsi le chemin de fer de la Sibérie occidentale à la ligne de Transbaïkalie. Pendant les quatre mois de l'hiver, quand le lac est gelé, le service des bateaux sera remplacé par un petit chemin de fer provisoire posé sur la glace. De cette façon on aura tout le loisir d'exécuter les travaux de cette section, qui présentent des difficultés sérieuses, comme nous l'avons déjà dit plus haut.

4 et 5. Quant aux *sections transbaïkalienne* et *amourienne*, on en est encore aux travaux préliminaires de reconnaissances et de nivellements.

6 et 7. Les travaux sur les *deux dernières sections* sont beaucoup plus avancés; la locomotive transporte depuis le 14 novembre 1893 marchandises et voyageurs entre Vladivostok et la station de Nikolskoïé (130 kil.), et les trois quarts des travaux sur le reste de la ligne, jusqu'à Grafskaïa, sont exécutés; la plupart des ponts sont achevés. Dans toute l'étendue de la section Grafskaïa-Khabarovka, les travaux de terrassement touchent à leur fin.

### FRAIS DE L'ENTREPRISE. — SON AVENIR.

La dépense qu'exigera l'exécution totale du projet gigantesque dont nous venons d'esquisser les traits principaux, est évaluée à 350 210 500 roubles en chiffres ronds, ce qui fait, au cours de 2 fr. 50 le rouble-papier, 825 526 250 francs, soit, avec l'imprévu, près d'un milliard de francs.

Le tableau ci-joint résume la répartition des frais, en roubles, pour chacune des sections de la ligne.

| SECTIONS | DISTANCES en verstes. | DÉPENSE EN ROUBLES | |
|---|---|---|---|
| | | TOTALE. | PAR kilomètre. |
| 1. Tcheliabinsk-Obi . . . . | 1328 | 47.361.479 | 35.663 |
| 2. Obi-Irkoutsk . . . . . . | 1754 | 73.272.898 | 41.775 |
| 3. Irkoutsk-Mysovaïa. . . . | 292 | 22.310.820 | 76.407 |
| 4. Mysovaïa-Strietensk . . . | 1009 | 53.309.817 | 52.834 |
| 5. Strietensk-Khabarovka. . | 2000 | 117.555.835 | 58.778 |
| 6. Khabarovka-Grafskaïa. . | 347 | 18.738.682 | 54.002 |
| 7. Grafskaïa-Vladivostok . . | 382 | 17.661.051 | 46.257 |
| Total. . . . . | 7112 | 350.210.482 | 49.242 |

En comparant ce tableau à l'état actuel des travaux, on s'aperçoit que ce sont les sections les moins coûteuses (1, 2 6 et 7) qui sont achevées ou en construction; tandis que les sections 3, 4, et 5, qui donneront le plus d'ennuis aux constructeurs, ne sont pas encore commencées.

La somme colossale d'un milliard qu'exigeront les travaux est évidemment un placement à longue échéance, et il ne faut pas croire que, dès le début, le chemin de fer Transsibérien puisse non pas même donner de gros dividendes, mais simplement couvrir les frais d'exploitation. Le gouvernement russe a si bien compris la situation, qu'il a entièrement assumé la lourde charge de la construction totale de la ligne. Il vise plutôt l'avenir que les revenus immédiats. En effet, c'est le développement commercial et industriel de la Sibérie, la mise en valeur de cette contrée aujourd'hui presque improductive qui seront les premières conséquences du nouveau mode de trafic.

En évaluant la largeur de la zone dans laquelle se fera sentir l'influence du nouveau chemin de fer à 100 kilomètres seulement de chaque côté de la voie ferrée, on voit tout de suite qu'il s'agit de doter d'un moyen rapide de transport un pays presque aussi grand que l'Allemagne, l'Autriche-Hongrie et les petits États de l'Europe centrale réunis. Cette région, qui va ainsi être appelée à une nouvelle vie, est une des plus fertiles et des plus riches de l'Empire Russe. Même aujourd'hui, malgré les moyens de communication les plus primitifs, on exporte de la Sibérie occidentale en Russie de 160 000 à 200 000 tonnes de céréales, et cela presque exclusivement de la région que traversera le futur Transsibérien. C'est aussi à cette région qu'aboutissent les grands systèmes de fleuves navigables, par lesquels on pourra expédier le bois des immenses forêts qui couvrent une grande partie de la Sibérie. Pour se faire une idée des richesses forestières de cette contrée il suffira de citer quelques chiffres : dans la Sibérie occidentale seulement (déjà un peu déboisée), les forêts appartenant au domaine couvrent une superficie de 121 millions d'hectares environ (soit le double de la superficie de la France). Actuellement ces forêts ne rapportent au trésor que 500 milles roubles à peu près, soit 1 franc par 100 hectares; autant vaut dire qu'elles ne sont presque pas exploitées.

Quant aux richesses minérales, un simple coup d'œil jeté sur une carte suffit pour prouver que le futur chemin de fer passera dans le voisinage des principaux et des plus riches gisements de métaux précieux de la Sibérie. A l'heure qu'il est, on extrait environ 45 200 kilogrammes d'or par an dans toute la Sibérie, ce qui représente une valeur de 100 millions de francs; mais beaucoup de mines ne sont guère exploitées, à cause de la difficulté de transport et du manque de bras. Les gisements de fer et de houille se rencontrent en quantité le long de tout le futur passage du chemin de fer. Rien que dans le district de Kouznetsk, le bassin houiller couvre une surface immense de 44 000 kilomètres carrés, sur laquelle on n'exploite aujourd'hui que deux petites mines. Nous ne parlons que pour mémoire des gisements d'argent, de plomb, d'étain, de cuivre, de mercure, de graphite, de soufre, etc.

Mais à côté du développement économique de la Sibérie il faut considérer aussi le commerce international. Les conséquences du rapprochement de la Chine et de l'Europe par le nouveau chemin de fer sont d'une importance capitale. On sait que plus les marchandises ont de valeur sous un moindre volume, plus on a profit à les expédier par terre au lieu de la voie maritime, où aucun perfectionnement de transport ne peut diminuer notablement les risques des accidents et les frais d'assurance. Or plus de la moitié (58 pour 100) du commerce d'exportation de la Chine consiste précisément en marchandises très chères et peu encombrantes : le thé et la soie. Nul doute que ces marchandises ne prennent la route du Transsibérien, l'ancienne route des caravanes; elles pourront ainsi atteindre en 18 ou 20 jours la frontière occidentale de la Russie, tandis qu'il leur faut aujourd'hui 45 jours pour y arriver par le canal de Suez; les mêmes marchandises mettent 35 jours pour venir à Londres en utilisant le chemin de fer canadien. Les exportateurs du thé chinois ne seront pas fâchés de déjouer ainsi la concurrence de jour en jour plus menaçante que leur font sur les marchés européens les producteurs du thé de l'Inde et de Ceylan. D'autre part les cotonnades russes et les objets en métal de la Sibérie trouveront, grâce au chemin de fer, un marché nouveau tout près, dans le nord de la Chine.

Mais ce n'est pas tout : de nouvelles relations commerciales entre l'Europe, l'Asie, l'Amérique, et surtout le Canada, ne tarderont pas à s'établir après la terminaison du Transsibérien. Une ligne de bateaux entre Vancouver et Vladivostok (ou un autre port qui ne serait pas emprisonné pendant trois mois par les glaces) paraît être le complément nécessaire de cette œuvre gigantesque. Il faut espérer qu'à cette époque la ligne des vapeurs de Saint-Nazaire à Québec (ou Halifax) sera un fait accompli, et nous verrons ainsi, à l'aube du xx^e^ siècle, notre planète ceinte, entre le 45^e^ et le 55^e^ degré de latitude, d'un cercle ininterrompu de rails et de sillages de steamers. Ce sera une immense voie circulaire passant par Saint-Nazaire, Québec, Vancouver, Vladivostok, Irkoutsk, Moscou, Paris, le long de laquelle les parieurs auront beau jeu à s'engager à faire le tour du monde en 40 jours, deux fois plus vite que la légendaire tournée inventée par Jules Verne. Espérons qu'en rapprochant ainsi les distances et les peuples, le chemin de fer Transsibérien aura servi la cause du progrès général de l'humanité.

J. Deniker.

# LE RÉGIME DES COURANTS ET DES GLACES

## DANS LE DÉTROIT DE DAVIS, D'APRÈS LES EXPLORATIONS DE LA « FYLLA »

Le climat de nos régions est singulièrement influencé par le mouvement des glaces dans l'océan Arctique. D'après mon expérience personnelle, si les banquises restent agglomérées autour du Spitzberg, l'été est froid et pluvieux en France, chaud et sec en Scandinavie, comme c'est le cas cette année par exemple. Les glaces qui arrivent du détroit de Davis dans les parages de Terre-Neuve doivent également modifier la température de nos régions. Les banquises se mouvant dans le sens des courants marins, l'étude océanographique des mers polaires est par suite de la plus grande importance pour la connaissance de la météorologie de l'Europe occidentale. Ainsi donc les recherches hydrographiques dans la zone arctique, qui paraissent au premier abord n'intéresser que les géographes, présentent, au contraire, une utilité pratique de premier ordre. Cette pensée nous a conduit à exposer le régime des courants et des glaces dans le détroit de Davis, d'après deux importants documents récemment parus à Copenhague.

C'est d'abord l'*Annuaire météorologique pour l'année 1892 publié par l'Institut météorologique de Danemark*. Ce volume contient les cartes des températures de la mer à la surface pour les mois d'avril à septembre sur les routes de la côte nord d'Écosse à l'Islande et au Grönland. Les isothermes ont été tracés d'après les observations faites dans ces mers par les capitaines danois de 1876 à 1890. Ces observations sont au nombre de 94 377. Pareil chiffre permet de juger tout à la fois l'importance et l'exactitude du travail. Le même annuaire renferme, en outre, des cartes montrant l'étendue de la banquise dans le détroit de Davis pendant les mois d'avril à septembre 1890 et 1892, et les limites des glaces en 1890 et 1891 sur la côte orientale du Grönland. Ces renseignements graphiques sont complétés par un travail très intéressant du commandant Wandel sur l'hydrographie du détroit de Davis, publié dans les *Meddelelser om Grönland*.

Actuellement, grâce au zèle scientifique des officiers de marine et des naturalistes danois, la reconnaissance du Grönland occidental jusqu'au delà d'Upernivik est achevée; d'autre part, la côte orientale a été levée par le commandant Holm et le capitaine Th. V. Garde jusqu'au 66° de latitude, et autour de la Terre de Jameson par le capitaine Ryder. Pour compléter ces travaux, les Danois ont étendu leurs recherches aux mers environnant le Grönland. C'est ainsi qu'en 1884, 1886 et 1889, le croiseur *Fylla* a exécuté dans le détroit de Davis des campagnes hydrographiques dont le commandant Wandel a résumé les résultats avec son talent habituel.

Dans le détroit de Davis, les eaux se meuvent suivant trois directions générales. Le long de la côte américaine descend vers le sud le courant froid du Labrador, qui entraîne une banquise, la *Vest-Is* (la glace de l'ouest, dans le vocabulaire arctique danois). De l'autre côté, sur la rive grönlandaise, se fait sentir un second courant polaire, mais celui-là portant vers le nord, entraînant, lui aussi, une masse épaisse de glace, la *Stor-Is*. Dans l'intervalle entre ces deux nappes froides pénètrent les eaux chaudes de l'Atlantique.

Le courant grönlandais est la continuation du grand courant froid qui borde la côte orientale et qui provient du bassin polaire. Ses eaux doublent le cap Farvel et remontent vers le nord dans le détroit de Davis le long de terre. Par suite, l'importance de la *Stor-Is* sur la côte ouest du Grönland dépend de la position et de l'étendue de la banquise sur la côte est. Les glaces, sous l'impulsion du courant, s'écoulant lentement, les variations de régime se produisent dans le détroit de Davis un an plus tard que dans le détroit de Danemark. Les cartes dressées par le capitaine Ryder et publiées dans l'*Annuaire météorologique* sont à cet égard très instructives. En 1890, sur la côte orientale, la glace est peu étendue; par suite, en 1891, elle est très morcelée au sud-ouest et à l'ouest du cap Farvel. Cette même année 1891, la banquise est très compacte et très large devant la côte est. En juin et juillet, elle s'étend dans l'est jusqu'aux environs du Langaness en Islande, enveloppe complètement Jan Mayen, et monte au nord, en débordant à l'est du 0° de Gr. En août elle est encore voisine de la côte ouest de Jan Mayen. Durant l'hiver cette masse de glace descendit vers le sud et, comme conséquence, la *Stor-Is* fut extraordinairement abondante en 1892 dans le détroit de Davis.

Une première loi se dégage de ces observations. Si donc les glaces ont été abondantes dans le Grönland oriental, l'été suivant le détroit de Davis sera encombré par la *Stor-Is*. Le mouvement de la banquise le long de la côte est peut se comparer à celui d'un train de bois. Cette masse de glace est produite par des débâcles survenues dans l'extrême nord ; lorsque la dislocation a pris fin, les glaces mises en liberté s'écoulent alors lentement vers le sud, bloquant successivement les diverses parties du littoral et laissant derrière elles des eaux libres. C'est ainsi que dans l'arrière-saison la côte orientale se trouve plus ou moins libre et que le nord est plus tôt dégagée que le sud. Avant la fin de l'hiver, la *Stor-Is* n'a généralement pas doublé le cap Farvel et en janvier des navires ont pu atteindre Julianehaab sans rencontrer de glaces. Dans ces parages, les premiers *driv-is* apparaissent au printemps. Sur la côte sud-ouest, c'est généralement en mai et juin que la banquise est le plus étendue.

La *Stor-Is* a des dimensions variables d'une année à l'autre, même d'une saison à l'autre. Devant le cap Farvel elle peut s'étendre à plus de cent milles dans le sud, et au large de Julianehaab elle atteint parfois les mêmes dimensions, au plus cent vingt milles, mais jamais elle ne rejoint la *Vest-Is*. Lorsque exceptionnellement au printemps le détroit de Davis se trouve complètement obstrué, ce barrage est formé par la *Vest-Is* qui a été chassée vers l'est. A l'ouest du cap Farvel dominent en été les brises du nord-ouest au nord-est en passant par le nord. Poussée vers le nord par le courant et contrariée dans ce mouvement par les vents, la *Stor-Is* a par suite une tendance à s'étendre dans l'ouest.

La banquise ne dépasse pas en général le 63° de latitude nord, et très rarement le 65°. Dans ces parages elle fond au contact des eaux chaudes de l'Atlantique qui pénètrent dans le détroit de Davis entre les deux courants polaires. En juin, dans la partie orientale du détroit de Davis, du 60° au 63° de latitude nord, la température superficielle des eaux varie de + 4° à + 3°, en juillet de + 5° à + 3°, en août de + 7° à + 3°. D'autre part, à cette même époque, la température de l'air peut s'élever à + 12°. Dans un pareil milieu la fusion de la glace devient très rapide, comme l'ont mis en évidence des expériences faites par M. Hammer[1]. Cet officier de marine a constaté qu'un bloc de glace du poids de 8 kilogrammes, plongé dans l'eau à + 4°,6, est complètement fondu en une heure. Un morceau de 15 kilogrammes, dans de l'eau dont la température varie de — 1° à — 2° et dont la salure est de 3,40 pour 100, se liquéfie en 48 heures. La fusion de la *Stor-Is* est du reste singulièrement facilitée par le morcellement des

1. *Om de hydrographiske Forhold i Davis-Strœdet* in *Meddelelser om Grönland*, vol. VII.

1. *Meddelelser om Grönland*, vol. IV.

glaçons, résultat d'actions mécaniques dont le commandant Wandel a fort justement mis en évidence l'importance.

La banquise se compose d'*isbergs* et de glaçons (*driv-is*), ces derniers épais de 4 à 7 mètres. Dans leur long voyage, les *driv-is*, subissent à chaque instant des chocs et s'émiettent sous ces assauts répétés. Durant les tempêtes, très fréquentes autour du cap Farvel, les collisions des glaçons entre eux sont terribles; d'autre part, en tous temps la mer brise sur ces blocs et les désagrège. A la suite d'un gros temps, qui n'avait pas duré moins de six jours, je vis, en 1888, la lisière nord de la *Stor-Is* complètement disloquée. Une bouillie glaciaire, pareille à celle qui remplit les eaux d'un glacier, provenant du broyage des glaçons, couvrait la surface de la mer. Enfin, lorsque les *isbergs* chavirent, ils pulvérisent dans leur chute tous les blocs voisins, et par les gros temps les *driv-is* se brisent contre leurs murailles. D'après le commandant Wandel, la destruction des *isbergs* de glace est également très rapide. L'élévation de la température produit dans ces blocs gigantesques une dilatation qui entraine la formation de fissures. Pendant le jour, explique M. Wandel, ces fissures se remplissent d'eau, qui gèle la nuit suivante. Cette congélation amène une nouvelle dilatation, qui détermine la rupture de gros fragments. Sans les effets de ces gels et dégels successifs, la fusion des gros *isbergs* durerait plusieurs années.

Le courant polaire est loin d'occuper la surface recouverte par la *Stor-Is*. Lorsque les glaces arrivent de la côte orientale en quantité considérable et que des tempêtes retardent leur écoulement vers le nord, la banquise s'épanche en largeur et s'étend vers l'ouest sur la zone des eaux atlantiques. A l'ouest du cap Farvel et de Julianehaab, la largeur du courant froid ne dépasse guère vingt à trente milles. Les cartes publiées par l'Institut météorologique de Danemark sont sur ce point probantes. Les isothermes mensuels de la température superficielle de la mer, d'avril à septembre, montent tous en pointe vers le nord du détroit de Davis, pour s'abaisser vers le sud dans le voisinage immédiat de la côte grönlandaise. La vitesse du courant devant Julianehaab est d'un mille à l'heure et peut atteindre trois à quatre milles par les tempêtes du sud. Les vents du nord, même très frais, n'arrêtent pas ce mouvement des eaux, tout au moins dans les couches profondes, comme l'indique la marche des *isbergs*. Ayant un fort tirant d'eau, ces montagnes de glace flottantes avancent contre le vent sous l'impulsion du courant, tandis que les *driv-is* marchent en sens contraire suivant la direction de la brise. Au delà de Godthaab, le courant polaire s'infléchit vers le nord-ouest et l'ouest. D'après le commandant Wandel, les eaux polaires et atlantiques riveraines du Grönland sont déviées, à cette latitude, vers l'ouest pour aller remplacer les eaux entraînées au sud par le courant du Labrador. Par 66° 49′ de lat. N. et 56° 28′ de long. O. de Gr., la vitesse des eaux vers l'ouest est de 0,3 mille par heure, d'après les observations de cet officier.

Le régime du courant polaire grönlandais présente de grandes variations; M. Wandel ne paraît pas éloigné de croire qu'en hiver l'apport des eaux froides cesse complètement ou tout au moins diminue considérablement, et qu'à cette époque de l'année il est remplacé par des eaux chaudes venant de l'Atlantique, comme semble l'indiquer la rareté, en cette saison, de la glace entre le cap Farvel et Godthaab. D'autre part, l'eau des fiords de cette région atteint une salinité et une température beaucoup plus grandes que celles relevées en été dans le courant

| POSITIONS. | PROFONDEURS en mètres. | TEMPÉRATURE. | DENSITÉ. |
|---|---|---|---|
| 65° 36′ lat. N. 56° 24′ long. O. | 0 | + 0,5 | 1,02566 |
| | 19 | + 1,8 | 1,02651 |
| | 57 | — 0,2 | 1,02703 |
| | 95 | — 0,8 | 1,02717 |
| | 190 | + 2,8 | 1,02742 |
| | 380 | + 4.2 | 1,02766 |
| | 570 | + 3.9 | 1,02773 |
| | 663 (Fond) | + 3,8 | |
| 66° 49′ lat. N. 56° 28′. | 0 | 0 | 1,02542 |
| | 19 | + 1,8 | 1,02668 |
| | 38 | + 1 | |
| | 57 | + 0,7 | |
| | 95 | — 1,1 | 1,02719 |
| | 190 | — 0.9 | |
| | 285 | + 3,8 | 1,02756 |
| | 380 | + 4 | 1,02773 |
| | 445 (Fond) | + 4,4 | |
| 67° 34′ lat. N. 56° 11′ long. O. | 0 | + 2 4 | 1,02608 |
| | 19 | + 2,2 | 1,02641 |
| | 57 | + 1 | 1,02714 |
| | 95 | + 1.9 | 1,02711 |
| | 123 | + 1 | |
| 68° 20′ lat. N. 56° 10′ long. O. | 0 | + 2,2 | 1,02438 |
| | 3,80 | + 2,6 | |
| | 9,50 | + 1,6 | |
| | 19 | + 0,6 | |
| | 28 | — 0,9 | |
| | 57 | — 1,7 | |
| | 95 | — 1,6 | 1,02726 |
| | 142 | + 0,1 | 1,02733 |
| | 190 | + 0,5 | |
| | 269 | + 0,6 | |

polaire. Pendant l'été 1890, le lieutenant Bloch a observé dans le Sermitsialikfjord, à la profondeur de 133 mètres, la température de + 5°,2. Évidemment, à une époque, les eaux chaudes et salées de l'Atlantique doivent pénétrer dans ces baies.

Des séries d'expériences, soigneusement exécutées pendant les trois campagnes de la *Fylla*, ont démontré la présence jusqu'à la latitude du cap Walsingham d'une large zone d'origine atlantique à l'ouest du courant polaire grönlandais. En effet, partout, à partir de la profondeur de 38 à 57 mètres, on observe une salinité égale à celle de l'Atlantique. Ces eaux entrent dans le détroit de Davis pour remplacer celles entraînées vers le sud par le courant du Labrador. A la latitude de Godthaab, une partie se dirige avec le courant polaire vers l'ouest, tandis que la masse la plus importante file au nord. Vers le 65° de lat. N et par le 56° de long. O. de Gr., la température de l'eau, à partir de la profondeur de 40 mètres, baisse brusquement comme l'avait déjà signalé l'expédition de Nares. Le tableau précédent, emprunté au travail du commandant Wandel, montre dans ces parages l'existence d'eaux froides entre des eaux relativement chaudes.

Il existe donc de part et d'autre du 67° et le long du 56° de long. O. deux zones d'eaux froides incluses dans des lits d'eaux chaudes, la première peu importante, la seconde s'étendant jusqu'au 70°. D'après le commandant Wandel, cette dernière zone serait due à l'existence par 67° 34' et 56° 11' d'un seuil qui arrête les eaux atlantiques dans leur mouvement vers le nord. Au delà de cette crête sous-marine, les eaux ne sont plus réchauffées dans les profondeurs par les apports atlantiques et se trouvent en outre refroidies à la surface par le produit de la fusion des glaces flottantes.

La zone froide, située au sud du 66° de lat., serait formée par des eaux dont la basse température proviendrait du refroidissement hivernal et à la fusion des glaces que le courant atlantique a refoulées devant lui.

Comme tous les bons explorateurs, M. Wandel se défend de toute généralisation imprudente. Les observations qu'il fait connaître ne sont, comme il le dit modestement, qu'une contribution à l'hydrographie du détroit de Davis. Elles ne sont vraies que pour l'époque où elles ont été faites; d'une année à l'autre, d'un jour à l'autre même, le régime des courants et des glaces varie, et dans l'état actuel de nos connaissances des conclusions générales seraient prématurées.

CHARLES RABOT.

# EXPLORATION DANS LE COSTA RICA

## I

DURANT les mois de février et mars derniers, l'auteur de cet article a étendu au versant atlantique de la région méridionale du Costa Rica les explorations commencées en 1891 sur le côté du Pacifique, et dont les *Nouvelles géographiques* ont déjà fait mention[1]. Il a été aidé dans ses recherches par un assistant dessinateur et par le botaniste de l'Institut physique et géographique, M. Adolphe Tonduz. L'objet spécial de l'expédition était le lever des rivières Tarire (Telire) et Zhorquin, qui forment la limite provisoire avec la Colombie; mais, comme dans les précédents voyages, les investigations ont aussi porté sur la géographie générale de la contrée, sur la langue et les mœurs de la tribu des Indiens Bribri, sur la flore et la faune, et diverses autres questions d'intérêt scientifique.

Malheureusement la nature de la tâche principale, obligeant les explorateurs à travailler presque sans interruption dans l'eau, sous un soleil de feu, et à séjourner dans des localités où pullulent les miasmes paludéens, a fini par avoir raison de la santé du personnel de la mission, qui a dû rentrer à San José sans avoir pu lever les 20 à 25 kilomètres du cours inférieur du Tarire, à travers les plaines et marécages littoraux de la mer Caribe.

Il a fallu quelques mois d'un régime strict, agrémenté quotidiennement de fortes doses de quinine, pour rétablir nos santés délabrées. Mais, si celles-ci ont souffert, il y a compensation, car outre les données recueillies avec un soin rigoureux, nécessaires à l'établissement d'une carte topographique des vallées du Zhorquin, de l'Urén et du bassin moyen du Tarire, nous avons rapporté une superbe collection de plantes et des matériaux très importants concernant d'autres chapitres de l'histoire naturelle.

## II

En ce qui concerne la carte, notre base est liée directement à la Punta Cahuita, promontoire de la mer des Antilles, dont la longitude, selon les cartes marines anglaises, est de 82° 51′ 10″ Ouest de Greenwich (85° 11′ 25″ Ouest de Paris). En admettant l'exactitude de cette donnée, nous trouvons pour Sipurio, siège des autorités et unique village de la région, une longitude de 82° 50′ 11″ Ouest de Greenwich (85° 18′ 26″), qui diffère de quelques secondes seulement de celle obtenue au moyen d'une triangulation embrassant le sommet du Kamuk ou Pico Blanco, dont les coordonnées sont également connues. La latitude de Sipurio et celle de plusieurs autres points a été déterminée directement soit par la méthode des hauteurs circumméridiennes, soit par des observations de la Polaire. Elle est égale pour le premier endroit à 9° 31′ 31″ Nord.

Ces résultats diffèrent sensiblement de ceux consignés dans les cartes antérieures, ce qui n'a rien qui doive étonner, si l'on songe que celles-ci se basent entièrement sur des estimations arbitraires, souvent fantaisistes au possible.

La nomenclature doit également être révisée et, autant que faire se pourra, fixée d'une manière définitive. Les cartes modernes ont dénaturé ou changé les anciens noms au détriment des recherches historiques et géographiques, et alors même que les naturels conservent encore les dénominations consignées dans les documents relatifs à la conquête espagnole.

Relativement au Tarire, je ne fais que mentionner le terme de *Rio Dorados* ou *Culebras* de la carte colombienne de Ponce de Léon, puisqu'il est absolument inconnu aux riverains du fleuve. *Tarire* est le nom indien, et, dans mon opinion, le seul légitime. Il est consigné sous cette forme dans divers actes du siècle passé et il n'y a aucune raison pour l'altérer, puisque l'usage n'a encore consacré l'emploi d'aucun des dérivés modernes. *Tarire* a été changé souvent en *Telire*, ceci par analogie avec *Tiliri* et *Tiribi*, noms d'une autre rivière de l'intérieur du Costa Rica, et aussi par suite de la circonstance que les Indiens de ce pays n'ont dans leur alphabet ni le *r*, ni le *l*, mais une articulation intermédiaire difficile à définir. Le *Tiliri* de Gabb est une évolution tout à fait audacieuse infligée au nom primitif, et grâce à laquelle cet auteur a complètement erré en ce qui concerne l'étymologie. Il est bien probable, comme il l'assure, que ce dernier terme signifie « l'eau, la rivière par excellence »

1. Année 1892, p. 44 et 159.

dans la langue des anciens habitants du versant *occidental* du pays, mais *Tarire*, dans celle des Bribris qui sont depuis des temps immémoriaux établis dans le bassin de ce dernier fleuve, veut dire « Rivière des Requins » (de *tari* = requin et *re*, *ri* ou *di* = eau, rivière). Une altération identique a eu lieu pour le *Tararia*, rivière considérable qui coule plus à l'est dans le Contesté colombino-costaricien, et qu'on écrit communément *Tilorio*.

Les Mosquitos, qui ont fréquenté le littoral du Costa Rica jusque vers le milieu du présent siècle et qui y avaient peut-être des établissements permanents, appelaient le Tarire *Sicsaola* ou « Rivière des Bananes ». Ce nom de Sicsaola semble en faveur dans les régions administratives, bien qu'il n'ait d'intérêt que comme curiosité historique.

Un autre cours d'eau qui se déverse dans le précédent et qui dérive toute son importance du rôle qu'il joue comme frontière du *statu quo* entre Costa Rica et la Colombie, est le *Zhorquin* ou *Itchurli*. Zhorquin, forme orthographique adoptée par Gabb, correspondrait au français *Jorquine* et rend bien la prononciation des naturels. Les Costariciens prononcent et écrivent *Yurquin* (Yourquine). Ce nom est tiré de la langue des Terribes, aujourd'hui confinés dans le bassin supérieur du Tararia (Tilorio), mais qui occupaient jadis toute la vallée de la rivière en question. *Itchurli* est le nom bribri et veut dire *Rivière du Vomissement*; Gabb écrit *Choli*.

L'une des trois grandes branches dont la réunion forme le Tarire est l'*Arari*, communément appelé *Lari* par les Espagnols. D'anciens documents mentionnent une colonie d'Ararita, située au cœur de la Talamanca. Arariba est évidemment *Arariouak*, le peuple ou village d'Arari, ou situé sur les bords de la rivière de ce nom. On songerait à peine à faire un rapprochement entre *Lari* et *Arariba*.

Les noms secondaires de ruisseaux, de collines et d'autres lieux sont donnés soit d'après quelque particularité, souvent très insignifiante, d'un arbre, d'une pierre, d'après quelque souvenir de chasse, ou encore par un mot rappelant quelque antique légende. Il est généralement facile de résoudre leur étymologie. Un grand nombre d'entre eux, par exemple, se font remarquer par la terminaison *Kitcha*, qui signifie racine; ainsi *Mékitcha* (*me* = calebassier), *Udjirkitcha* (*Udjir*, nom d'un arbre du genre *Guazuma*), *Urukitcha* (*urú* = cèdre-acajou), etc. Généralement, on montre encore l'arbre qui a motivé le nom, mais quelquefois le nom seul est resté. Une autre désinence commune est *beta*, équivalant à « pointe, fin, colline, pic »; elle se retrouve dans *Tibeta*, la pointe ou « fin des broussailles », dans *Archbeta*, la « colline de l'amandier », *Kaputchkabeta*, la « montagne des fougères arborescentes », et dans beaucoup d'autres. *I*, *di*, *ri*, *rio*, *bri*, *bli*, *djubi*, désignent des cours d'eau, comme *Skoi*, *Sanuri*, *Tsipurio*, *Agbri Buridjubi*, etc. Souvent, enfin, la terminaison n'a pas de signification spéciale, et le nom est une phrase entière, comme *Nemuánehkt*, qui signifie « le jaguar a grondé », *Skarubkurki* « sous la ramée du cacaoyer sauvage », et beaucoup d'autres.

## III

Les tribus qui habitent actuellement la Talamanca sont au nombre de deux : *Bribri* et *Cabecar*. Nos explorations nous ont mis en contact avec la première seulement. Elle habite les vallées et les montagnes d'Uren et Arari, et le cours inférieur du fleuve Coen. Les Cabecar vivent vers les sources de ce dernier, et d'autres Indiens, inconnus des blancs, occuperaient, à en croire les *huleros* (chasseurs de caoutchouc), le haut de la vallée du Tarire, encore inexploré. Ces détails sur la dispersion des diverses tribus indigènes de la Talamanca sont si mal connus des mêmes Costariciens, qu'on a pu voir figurer aux expositions du Centenaire à la Rabida et à Chicago un tableau représentant la « maison d'un Indien de la tribu de Cabécar, dans le Haut-Uren ». Comme qui dirait « maison d'un Auvergnat de Bretagne! ».

Au contraire de ce qui se passe pour les Indiens Brunka et Terraba, qui habitent du côté du Pacifique et qui sont relativement dans un état de civilisation avancée, les Bribri possèdent sur le passé de leur race des traditions assez claires, et de nombreuses légendes, intéressantes à recueillir, se transmettent de père en fils. Faisant abstraction peut-être de l'ordre chronologique, on peut reconstituer dans ses traits généraux l'histoire de leurs luttes pour la possession de la vallée du Tarire. Selon ces traditions, les Bribri habitaient primitivement les hautes montagnes d'Uren et d'Arari, et la grande plaine intérieure de la Talamanca était occupée par une tribu ennemie qu'ils finirent par subjuguer. Or, actuellement encore, les Indiens du Bas-Coen vivent en mauvaise intelligence avec les Bribri. Ils s'appellent eux-mêmes *Horrhué* et se considèrent comme d'une race différente de celle des habitants d'Uren. Une particularité remarquable consiste en ce qu'eux seuls ont le droit d'être *tsugur* ou chanteurs, privilège envié qui rappelle la sacerdoce lévitique. Ils partagent aussi avec les Cabecar, considérés comme de condition inférieure par les Bribri, l'obligation de servir le roi. Selon toutes probabilités, les Cabecar, les Korrhué et les Bribri sont cependant un seul et même tronc, les *Viceitas* ou *Biceitas* des Espagnols; la langue des premiers s'écarte le plus de celle des Bribri, grâce sans doute à un plus long isolement, et le Korrhué ne diffère du dernier que par de légères variantes.

D'après les mêmes traditions, une autre tribu, celle des *Cicuas* ou Étrangers, que le docteur Thiel, évêque de Costa Rica, assimile aux Ramas de Nicaragua, habitait plus près de la côte, dans l'étroite langue de terre comprise entre le Tarire et la mer. De longues guerres eurent lieu entre elle et les tribus des montagnes, et finirent à l'avantage de ces dernières. Juan Vasquez de Coronado rapporte qu'ayant débarqué en 1564 sur un point qu'on croit voisin de la bouche du Tarire, il trouva la côte habitée par des gens, les mêmes peut-être dont il est ici question, qui pouvaient s'entendre avec son interprète mexicain. D'où l'on a conclu, sans plus de preuves, je crois, qu'une colonie de Nahuas s'était fixée dans cette région, et on a voulu faire dériver de la langue de ces derniers le nom de Talamanca qui lui fut donné plus tard. En réalité, Talamanca, tout comme *Cartago*, *Atenas*, *Esparta*, et un nombre considérable de noms locaux du Costa Rica, doit être d'origine purement espagnole, et il est presque certain que, alors même que leur influence et leurs industries se seraient étendues jusque vers les vallées de l'intérieur de la république, les nations du nord n'ont passé la ligne du fleuve San Juan que du côté de Guanacaste.

Les Bribri ont conservé des souvenirs plus précis de leurs guerres avec les Tiribi ou Terribes, dont on peut faire remonter la date à un peu plus d'un siècle. Cette dernière tribu, qui parle une langue très semblable à celle des Terraba du versant du Pacifique, occupait alors toute la vallée du Zhorquin et probablement une partie de celle du Tarire. Des escarmouches incessantes entre chasseurs, des invasions à main armée accompagnées de rapts et de brigandages, des batailles où l'acharnement réciproque des adversaires donnait lieu à des boucheries qui ont laissé de telles traces dans les souvenirs des Bribri qu'ils n'en parlent encore qu'avec une horreur instinctive malgré trois générations passées; enfin, l'expulsion définitive des Terribes, tels paraissent avoir été les traits saillants de cette dernière lutte, après laquelle les Bribri, ayant éloigné d'eux ceux qui pouvaient porter ombrage à leur jalouse indépendance, n'eurent plus que des dissensions intestines dont l'histoire a été reconstituée par Gabb.

Les Terribes avaient leurs principaux *palenques* dans le haut de la vallée du Zhorquin et leur roi vivait dans le voisinage du point appelé aujourd'hui Kapekìtcha. Il fut sans doute l'une des victimes de la guerre, car les Bribri, qui ont leurs champs de maïs et récoltent le cacao sur les anciennes plantations de leurs ennemis, prétendent que l'esprit du défunt chef habite les eaux du Zhorquin. Ils évitent de s'y baigner et ne parlent jamais du passé tant qu'ils séjournent dans les lieux où errent les âmes des occis.

Comme mon but est de faire simplement une espèce de synthèse des résultats d'une première exploration, je n'entrerai pas dans de longs détails sur les mœurs et coutumes des Bribri, qui ont du reste été étudiées jadis d'une manière assez complète par William M. Gabb. A ce sujet, je dirai cependant que, contrairement à l'opinion de cet auteur, la famille ou clan des enfants est celle de la mère et non du père. Ce fait est important en ce sens qu'il constitue un excellent argument en faveur de l'affinité ethnique des Indiens du Costa-Rica avec la grande famille caribe. Parmi les autres faits qui confirment cette affinité, je n'oublierai pas de citer ici la coutume de la *couvade*, dont nous avons constaté la pratique à une époque récente chez les Indiens Brunka, déjà en 1891. Il est indubitable qu'une comparaison attentive des coutumes des Indiens de Costa Rica et de Chiriqui avec celles des habitants primitifs de la partie nord-est de l'Amérique du Sud ferait découvrir un grand nombre d'autres points de contact, ceci pour la satisfaction des américanistes qui ne voient pas dans les données linguistiques des arguments suffisamment solides. Pour cette raison on doit considérer comme très importante la publication de monographies aussi détaillées que possible des tribus vivant encore à l'état sauvage ou de demi-civilisation.

L'organisation familiale des Bribri est assez intéressante et a également échappé aux investigations de Gabb. Toute la tribu se divise en deux groupes, dont chacun appelle l'autre son contraire, *sa dauópa*, tandis qu'il est lui-même *sa klapa*, c'est-à-dire « notre famille ». Chacun de ces groupes correspond à l'un des deux clans primitifs de la tribu, les *Tuboruak* et les *Kolkuak*, desquels dérivent toutes les familles aujourd'hui existantes. Celles-ci se distinguent généralement entre elles par des noms de lieux ou de rivières, comme *Arauuak* = *ara* + *u* + *uak*, « les gens, le peuple de la maison du tonnerre », *Duriuak* = *du* + *ri* + *uak*, les « gens du ruisseau de l'oiseau »; elles portent parfois des noms d'arbres, comme *Tsiruruuak* = *tsiru* + *ru* (ëri) + *uak*, « les gens du cacaoyer mûr », ou aussi des noms d'animaux, comme *Sarkuak* = *sar* + *k* + *uak*, « les gens du singe » : cette dernière est la famille du roi. La division en *sa dauópa* et *sa klapa* est rigoureusement respectée; Gabb, qui, comme je l'ai dit plus haut, n'avait fait qu'entrevoir ces relations de parenté, assure que ceux qui la violent et se marient dans leur propre clan sont impitoyablement enterrés vifs.

## IV

Comme c'est presque toujours le cas dans la zone tropicale, les paysages de la Talamanca ont un caractère de sublime, quoique monotone beauté. Le bassin collecteur du Tarire se présente comme un immense amphithéâtre, vers le centre duquel convergent les majestueux cours d'eau, fleuves par leur masse, torrents par leur turbulence, d'Uren, d'Arari, de Coen et du Tarire proprement dit. De leur point de réunion à Tsuritkub, le voyageur que le sort favorise peut jouir à l'aube d'un spectacle unique. En face de lui, vers l'ouest, les masses noires de la grande cordillère s'élèvent, d'abord si sombres et si confuses que les traits les plus grossiers de leur relief sont effacés. Puis, soudain, on voit surgir au-dessus d'elles des cimes plus lointaines, que le premier rayon du soleil fait apparaître, délicieusement teintées d'une pâle couleur d'or. Ce sont les sommets les plus hauts des montagnes du Costa Rica, sommets vierges encore qui attirent l'explorateur, mais que protège un fouillis de mystérieuses vallées. On voit paraître celles-ci une à une, à mesure que du côté opposé monte le soleil : les arêtes dont le détail se perdait dans la nuit se profilent peu à peu, et leur couleur noire se change en un bleu vaporeux, qui fait place au vert, uniforme et lassant, sur les flancs de Nemosul et Nemoiébeta, fières pyramides dressées à l'entrée des hautes vallées du Tarire et du Coen. Ce spectacle est une fête pour les yeux, et l'on oublie volontiers, en le savourant, le milieu immédiat, cette grande plaine intérieure de la Talamanca, et surtout Tsuritkub et son air empesté.

Le fond de cet amphithéâtre, qui peut avoir quinze kilomètres dans le sens de son plus long diamètre et environ huit dans celui du plus court, est un vaste plan incliné du sud-ouest au nord-est, et d'une manière si uniforme que le cours des eaux dans le sens de la pente y est presque indifférent. Cela donne lieu à de fréquents changements du lit des rivières, changements qu'occasionnent parfois de légers obstacles naturels, mais qui sont aussi causés par les Indiens. Comme exemple du premier cas, on peut citer la dérivation du Tarire, à dix kilomètres environ en amont de Tsuritkub. Ses eaux se sont d'abord jetées vers l'est et se sont réunies à celles d'un affluent, le Çhkibri, avec lesquelles elles sont allées encore plus loin, grossir l'un des tributaires du Coén. Dès lors, le Tarire a, sur la longueur indiquée, deux canaux; l'ancien court au pied des cordillères qui séparent la vallée de la côte et charrie si peu d'eau qu'il est à peine navigable; le nouveau, malgré son volume, est turbulent et rapide au point qu'aucun Indien ne l'affronte en canot. Entre les deux courent de nombreuses anastomoses, coulant toutes du nouveau cours à l'ancien.

Une telle altération est un accident naturel et même, sans sortir des limites du Costa Rica, on peut en citer des exemples encore plus frappants. C'est ainsi que le fleuve San Juan, dont la bouche principale était jadis à Greytown, a élargi peu à peu la bouche la plus orientale de son delta, le Colorado, par lequel s'écoule actuellement la grande masse des eaux. Mais il est peut-être plus rare de constater des déviations importantes causées par la main des sauvages. Ceux-ci ont en effet la coutume de détourner les rivières pour pêcher avec plus de facilité, et, dans la Talamanca, ils l'ont fait avec un succès tel que l'hydrographie du pays s'en trouve modifiée d'une façon permanente. Il y a quelques années, les Bribri construisirent avec des branchages et des pierres un barrage au travers de l'Arari, au-dessus de Tunsula; les eaux, au lieu de rentrer dans leur lit à quelque distance en aval, coulèrent vers le Tsuidi, affluent insignifiant de l'Uren, qu'elles ont depuis lors façonné et élargi et dans lequel elles coulent aujourd'hui à l'aise, se déversant dans la dernière rivière mentionnée à cinq kilomètres de la bouche de l'Arari au confluent de Tsuritkub.

La vallée du Zhorquin, avec ses cluses et ses cuvettes, et malgré son altitude peu considérable, a un caractère franchement montagneux. La rivière est navigable pour les petites pirogues sur une longueur d'environ quinze kilomètres, mais on n'y pénètre guère par cette voie, les Indiens préférant leurs sentiers à travers les collines. Sur la rive droite du principal affluent, le Tskui, à cinq kilomètres environ en amont du confluent, se trouve une source thermale sulfureuse très fréquentée par les tribus du voisinage. Les bulles d'hydrogène sulfuré qui s'échappent constamment du fond de la vasque d'où sourd l'eau sont, au dire des Bribri, des paroles du diable (*bi*), que seuls les *auas* ou médecins des Terribes peuvent comprendre. Aussi, avant de commencer une cure, s'en va-t-on bien loin dans la vallée du Tararia, visiter l'un de ces grands personnages, que l'on comble de présents jusqu'à ce qu'il consente à venir à *Djiriba* (eau chaude) pour conférencier avec maître Satan et assurer la guérison du patient. Celle-ci s'obtient sans faute moyennant payement, c'est-à-dire si, la cure achevée, on a soin de jeter dans la source quelques pièces de menue monnaie.

## V

Inutile de dire que la flore de la Talamanca est aussi belle que riche. La collection qu'a rapportée M. le professeur Tonduz est d'autant plus précieuse qu'elle permettra d'en commencer l'étude scientifique. Entreprendre ici l'énumération des espèces, même des plus fréquentes, serait tenter une œuvre à la fois prolixe et compliquée, puisque la plupart des arbres, et autres plantes remarquables (et elles sont nombreuses), sont ou bien inédits ou connus seulement par leurs noms latins. Je voudrais pourtant mentionner un fait que je crois à sa place ici. On peut lire dans divers ouvrages que le cocotier ne prospère et ne mûrit ses fruits que lorsque ses racines s'enfoncent dans les sables du littoral. Cependant, dans la vallée du Tarire, ce palmier est cultivé et son fruit se récolte jusqu'à Sipurio, à 30 kilomètres de la mer et 100 mètres d'altitude. Je l'ai déjà observé en pieds florissants en janvier 1893 sur les hautes collines de Tolé, aux confins des provinces colombiennes de Chiriqui et Veraguas.

Les forêts de toute la région explorée abritent aussi des orchidées, dont quelques-unes feraient la gloire des serres européennes. On m'a raconté que le jardinier hongrois Hübsch, chasseur de plantes qui visita il y a quelques années le bassin du Tarire, se vantait d'avoir retiré d'un seul arbre pour près de 2 500 livres sterling de ces merveilleuses plantes!

La faune, qui a fait l'objet d'études spéciales de la part de quelques naturalistes américains, est d'une variété qui ne le cède en rien à celle du reste du pays. Il est cependant à noter que dans toute la zone fréquentée par les Indiens, le gibier est rarissime. Dans le Zhorquin, nous avons remarqué plusieurs espèces de poissons que nous croyons inconnues. En ce qui concerne les reptiles, nous conservons un vif souvenir d'un trigonocéphale de 1 m. 40 de longueur, dont les crochets à venin atteignaient presque deux centimètres! C'est le plus grand spécimen que j'aie rencontré jusqu'ici de ce hideux serpent.

Touchant sa constitution géologique, toute la région explorée par nous est occupée par des formations tertiaires, représentées par des conglomérats, des grès et des schistes, et par des calcaires encore plus récents. Dans la zone occupée par les premières nous n'avons trouvé nulle part de gisements fossilifères, et pas vu non plus en place les roches cristallines qui forment le noyau de la grande cordillère. L'ensemble des caractères pétrographiques observés ne permettrait aucune conclusion au sujet de l'âge qu'il faut attribuer aux sédiments reconnus dans les vallées du Zhorquin et du Tarire, mais ne s'oppose pas non plus à l'idée émise par Gabb, qui, se fondant sur une collection de fossiles recueillis plus au nord dans la vallée du Reventazon, considère ces formations comme miocéniques. Sur le littoral, on rencontre des dépôts plus récents, purement calcaires, et contenant à l'état de pétrification des mollusques très voisins d'espèces actuelles, sinon identiques. Le géologue que je viens de citer les a classés dans le Post-Pliocène, et a désigné sous le nom d'*Antillite* la roche qui les forme. Pour autant que j'ai pu m'en assurer, les divers dépôts cités sont nettement stratifiés et forment le long de la cordillère principale une série de plissements parallèles, dont les axes se dirigent de l'ouest-nord-ouest vers l'est-sud-est.

Le fond des vallées est formé par un sol alluvial recouvert d'humus, le plus souvent très perméable et d'une extrême fertilité. On peut augurer que le jour où la Talamanca sera réunie à Limon par une bonne route ou par un chemin de fer, elle deviendra l'un des centres de production les plus importants du Costa Rica. Le cacao s'y développe admirablement dans la grande plaine et dans les forêts de la vallée du Zhorquin; les montagnes d'Uren, de Lari et de Coen se présentent dans des conditions excessivement favorables pour la plantation du café; les essais de tabac faits jusqu'ici promettent une feuille de bonne qualité, et, comme la variété d'expositions entraîne celle du climat, il n'est aucune plante tropicale qui ne puisse s'introduire avec quelque chance de succès.

## VI

J'arrête ici cette sommaire analyse de notre première campagne d'exploration dans la Talamanca. Il serait superflu d'entrer dans plus de détails, premièrement parce que nous espérons poursuivre dans quelques mois les études commencées, et ensuite parce que nous craindrions de donner comme originaux des faits qui ont peut-être été signalés par Gabb et Bovallius, en résumant nos notes d'une manière plus complète sans les avoir premièrement comparées avec les écrits de ces auteurs.

Pittier de Fábrega.

San José, 3 septembre 1894.

# L'OCÉANOGRAPHIE DE LA MER BALTIQUE

Tandis que la Méditerranée centrale et orientale était étudiée systématiquement par les Autrichiens pendant les quatre campagnes successives de la *Pola*, les mers du nord de l'Europe n'étaient pas négligées par l'océanographie, science née d'hier et dont cependant l'utilité a été si promptement reconnue que ses progrès se font aujourd'hui avec une étonnante rapidité. La mer du Nord, les détroits danois, norvégiens, suédois et la mer Baltique ont été depuis vingt ans l'objet d'explorations sur lesquelles M. O. Pettersson appelle en ce moment l'attention. Personne n'est mieux en mesure que l'éminent chimiste de Stockholm de décrire des travaux auxquels il a depuis longtemps consacré ses talents et son zèle. Déjà à la suite de l'expédition de la *Véga* autour du continent asiatique, il avait analysé les échantillons d'eau rapportés par M. Nordenskiöld, et d'ingénieuses expériences l'avaient amené à formuler de fort importantes conclusions relatives à la séparation des saumures de composition chimique différente qui s'isolent comme par des sortes de liquations à mesure que l'eau de mer se congèle. M. Pettersson vient d'avoir l'heureuse idée de donner, dans un article en langue anglaise[1] publié dans le *Scottish Geographical Magazine*, un aperçu de l'océanographie de la Baltique. Les diverses questions étudiées ont été, il est vrai, traitées en détail dans plusieurs mémoires originaux qui se sont succédé depuis quelques années; malheureusement ceux-ci sont écrits en suédois, langue peu connue du public scientifique. C'est donc une véritable bonne fortune que d'en posséder, dans un idiome plus familier, un aperçu digne de toute confiance.

En Allemagne, le Dr O. Krümmel, professeur à l'Académie de marine de Kiel et membre de la Commission ministérielle d'étude des mers allemandes, s'est aussi occupé de la mer Baltique et il a, tout récemment, publié sous une forme condensée[2] les principaux résultats de ses recherches. Les deux mémoires de M. Pettersson et de M. Krümmel vont nous permettre de nous rendre compte de l'ensemble des travaux océanographiques accomplis dans ces régions.

La première exploration scientifique de la mer Baltique est celle du navire allemand *Pommerania* pendant l'été de 1871. Dès 1874 on s'occupait, à Kiel, d'observer régulièrement les variations de température et de salinité de la mer. Depuis cette époque, la *Ministerial Commission zur Erforschung der deutschen Meere* a installé le long des côtes douze stations fixes chargées de recueillir chaque jour ces observations. En juillet 1877, le professeur Ekman dirigea la première expédition suédoise en haute mer et exécuta environ 1800 mesures de températures superficielles et profondes et autant de dosages de salinité. Une seconde expédition suédoise eut lieu pendant l'hiver de 1878-1879, sous la direction du professeur G. Ekman, qui fut chargé d'aller relever sur les fonds de pêche de la côte ouest de Suède les conditions physiques coïncidant avec la réapparition du hareng après sa période habituelle d'absence pendant 70 ans.

La même année, le transport à vapeur allemand *Rhein* exécutait une nouvelle exploration scientifique dans la Baltique. De son côté, le gouvernement danois, désireux d'étudier des questions d'une importance aussi considérable pour la nombreuse population de ses pêcheurs, installait des stations permanentes le long du Grand Belt et du Petit Belt, du Sund, à Christiansö, au nord-est de l'île de Bornholm, et sur tous les bateaux-feux mouillés dans le Kattegat jusqu'au cap Skagen. En outre, la canonnière de l'État *Hauch* allait chaque été, de 1883 à 1886, étudier divers points du Kattegat.

Les Russes avaient recueilli plusieurs séries d'observations : celles du professeur Braun dans le golfe de Finlande et du Dr Nordqvist dans le golfe de Bothnie. En septembre 1886, l'amiral Makaroff, qui s'était déjà occupé d'océanographie dans le Bosphore, reçut la mission, pendant un voyage de Cronstadt à Kiel, à bord de la corvette *Wiljäs*, de prendre des séries de températures et de densités en vingt stations différentes, et le même travail fut renouvelé, en mai 1889, entre le Sund et Cronstadt.

En 1887 eurent lieu les campagnes du vaisseau-école allemand *Niobe* et de l'*Holsatia*.

Malgré l'intérêt des résultats acquis pendant cet intervalle de près de vingt années, on finit par reconnaître la nécessité de coordonner d'une façon systématique des observations faites indépendamment les unes des autres. D'autre part, il devenait évident que des observations fixes, telles que celles des diverses stations et bateaux-feux installés d'une manière permanente sur la côte ou dans son voisinage immédiat, étaient insuffisantes pour conduire à la découverte des lois si compliquées des phénomènes océaniques dans ces parages. Une entente se fit entre les divers gouvernements intéressés et, en 1890, commença l'investigation systématique internationale, dans des observatoires fixes et à bord de navires de l'État, de la mer du Nord, des détroits et de la Baltique, par les soins des gouvernements suédois, norvégien, danois et allemand auxquels s'est joint le *Fishery Board for Scotland*. Quatre fois par an, à partir du 1er février, du 1er mai, du 1er août et du 1er novembre, les mesures et expériences sont faites simultanément en des localités déterminées. Les canonnières danoises s'occupent du Kattegat et du Sund, à travers lesquels on a établi, toujours aux mêmes places, treize sections transversales; les Anglais, avec le vapeur de l'État *Jackal*, spécialement affecté à ce service, sont chargés, sous la direction scientifique de M. H. N. Dickson, de la mer du Nord jusqu'aux Shetland et aux Féroé; les Suédois et les Norvégiens, sous la direction des professeurs Ekman, A. Wijkander et O. Pettersson, nommés par l'Académie Royale des sciences de Stockholm, ont la Baltique, le Skagerrak et la côte orientale de la mer du Nord. Ces savants sont aidés par douze assistants, physiciens et chimistes, embarqués sur cinq bâtiments à vapeur, et les échantillons rapportés sont analysés par quatre chimistes dans les laboratoires de l'École supérieure de Stockholm (*Stockholm's Högskola*).

1. Otto Petterson : *A review of Swedish hydrographic research in the Baltic and the north seas.* Scottish Geographical Magazine, vol. X, p. 281, juin 1894.

2. Otto Krümmel : *Neue physikalische Untersuchungen aus der Ostsee.* Mitteilungen der Sektion für Küsten und Hochsee-Fischerei, n° 6, juin 1894.

Le Dr Krümmel, profitant des occasions qui lui sont offertes par l'État, exécute chaque année plusieurs voyages d'étude, soit à bord du *Nautilus*, comme en août et septembre 1893, soit à bord du transport *Pelikan*, école des mécaniciens et des chauffeurs de la Marine. Il s'occupe particulièrement de la Baltique occidentale et se raccorde ainsi aux observations anglaises, danoises, suédoises et norvégiennes.

Les déterminations se rapportent à peu près exclusivement à la température des diverses couches superposées, à leur densité et à l'analyse très précise des gaz contenus dans les échantillons d'eau. A chaque station, la température est mesurée et un échantillon pris à des profondeurs de 0, 5, 10, 20, 30, 40, 60, 80, 100, 150, 200, 300, 400, 500, 600 mètres; si même on constate des changements brusques, ces échantillons sont récoltés chaque 10 mètres, ou chaque 5 mètres, et parfois de mètre en mètre.

On emploie, dans ce but, des bouteilles de deux types différents, l'une inventée par Ekman et l'autre par M. Pettersson. Cette dernière, manœuvrée avec un câble en fils de bronze phosphoreux, après avoir été remontée à la surface, permet, affirme l'auteur, de lire la température avec une approximation de 0,01 degré centigrade, alors même que l'eau arrive d'une profondeur de 600 mètres et dans les circonstances les plus défavorables, c'est-à-dire quand il existe de notables différences de température entre l'eau et l'air. Le thermomètre, malgré son extrême sensibilité, reste immobile pendant une minute et demie ou deux minutes. La bouteille de Pettersson est probablement l'instrument le plus léger et le plus petit qui ait été fabriqué pour recueillir de l'eau à de grandes profondeurs. Nansen, qui en ce moment tente d'atteindre le pôle Nord, en a emporté une à bord de son navire *Fram*. L'appareil entier, comprenant le compteur, 300 mètres d'un câble composé de sept torons très fins de bronze phosphoreux, est manufacturé par M. Lyth, *Instrumentmaker to the Pilot Office*, à Stockholm, au prix de 22 livres sterling environ. Il ramène à peu près 600 centimètres cubes d'eau, dont on prend la température et sur lesquels on prélève, dans des tubes jaugeant 150 centimètres cubes, des échantillons destinés à être analysés au point de vue des gaz contenus.

Le mémoire donne des détails sur le mode d'analyse adopté. On dose l'oxygène, l'azote et l'acide carbonique, on titre le chlore, on détermine le poids spécifique $S^{15,5}_{15,5}$ et $S^{15}_{4}$ au pycnomètre et enfin la salinité[1]. Dans chaque station on procède à un dosage du plankton à l'aide d'un appareil spécial de l'invention de M. Pettersson et dont le fonctionnement est parfait.

M. Pettersson attache une importance particulière au dosage des gaz contenus dans l'eau parce que cette donnée, selon lui, fournit les notions les plus précises sur la circulation marine. Déjà le Dr O. Jacobsen, chimiste à bord de la *Pommerania* en 1871, avait constaté par de nombreuses analyses que les quantités de gaz atmosphériques, azote et oxygène, absorbés par l'eau de mer, ne dépendent en rien de la pression à laquelle l'eau est soumise *in situ*, mais uniquement des circonstances, c'est-à-dire de la température et de la pression barométrique sous l'influence desquelles l'eau a été saturée d'air la dernière fois qu'elle s'est trouvée à la surface en contact avec l'atmosphère. La quantité d'azote ainsi absorbée ne subit aucune variation, mais l'oxygène est susceptible de diminuer après un certain temps par suite de l'action chimique exercée par la matière organique et par la vie animale au sein de la mer.

En conséquence de cette loi, ainsi que l'a montré M. H. Tornoë, de l'expédition norvégienne du *Vöringen*, la connaissance fournie par l'analyse du nombre de centimètres cubes d'azote contenu dans un litre d'eau puisée à une certaine profondeur, permet de calculer la température d'absorption de l'eau lorsqu'elle a quitté la surface pour la dernière fois, tandis que la quantité d'oxygène qui manque à la proportion normale, mesure l'action réductrice à laquelle l'eau a été soumise depuis cette époque. C'est d'après ce principe qu'a été élucidée la circulation de l'Atlantique Nord et qu'on a affirmé, par exemple, que la couche profonde froide du bassin méridional de la mer de Norvège provenait de l'Atlantique, à cause de sa teneur relativement faible en azote. L'absorption de l'azote serait, d'après M. Tornoë, une fonction linéaire de la température.

La loi est soutenue par M. Pettersson, quelque étrange qu'elle paraisse au premier abord, puisqu'elle suppose qu'un courant superficiel quitte brusquement la surface avec sa provision d'air et s'enfonce d'une seule masse dans les profondeurs de l'Océan de sorte que désormais ses eaux, soustraites à toute diffusion, mécanique ou gazeuse, avec les eaux environnantes, demeurent indéfiniment les mêmes, sauf au point de vue de l'oxygène plus ou moins consommé par la vie animale. Le procédé est éminemment commode pour suivre un courant marin profond. Cependant le savant océanographe suédois reconnaît que le calcul n'est pas sans admettre quelque incertitude, due à ce que l'on ignore la pression barométrique que subissait la surface de l'eau au moment où le courant se décidait à plonger et à devenir sous-marin. Il y a encore lieu de mentionner à ce propos que, dans ces analyses si délicates, les différents chimistes qui se sont occupés de doser la quantité normale d'azote dissoute dans l'eau de mer à diverses températures — donnée d'importance capitale dans la question, — M. Tornoë, de Christiania, M. Dittmar, d'Édimbourg, et M. A. Hamberg, de Stockholm, arrivent à des résultats différant entre eux, pour une même température, de 6,6 et même de 10 pour 100, l'un d'eux indiquant, par exemple, 14,40 centimètres cubes d'azote et l'autre 15,60 centimètres cubes contenus dans un litre d'eau à zéro.

La proportion d'oxygène dissous dans l'eau de mer saturée d'air atmosphérique est variable; l'eau est même susceptible de se sursaturer d'oxygène, surtout aux basses températures. M. Tornoë a trouvé que l'oxygène diminuait avec la profondeur dans la mer du Nord, dans l'Atlantique et au Grönland, phénomène confirmé par l'expédition allemande du *Drache* et par les chimistes suédois, qui ont reconnu que cette proportion dans les eaux profondes du Skagerrak et de la Baltique s'abaissait jusqu'à 11 pour 100 et même 6 ou 7 pour 100, alors que la proportion normale est de 33 à 34 pour 100 pour des eaux comprises entre 5 et

1. $S^{15,5}_{15,5}$ signifie le poids spécifique ou poids de l'eau ramenée par le calcul de la température qu'elle possédait *in situ* à la température normale de 15,5 degrés centigrades pris par rapport au poids du même volume d'eau à la température normale de 15,5 degrés. Le symbole $S^{15}_{4}$ est la *densité* ou poids de l'eau ramenée par le calcul à la température normale de 15 degrés, divisé par le poids de l'unité de volume de l'eau douce à la température + 4 degrés de son maximum de densité.

10 mètres dans la mer du Nord et de 35,31 dans l'Atlantique. Dans le cas des eaux baltiques profondes, exceptionnellement pauvres en oxygène, il est à remarquer que cet appauvrissement coïncide avec une proportion anormalement élevée d'acide carbonique.

On se rappelle que M. Buchanan a trouvé que la proportion d'oxygène contenue dans l'eau salée, dans les mers tropicales, arrive à un minimum par 730 mètres environ et que M. Natterer, de la *Pola*, a constaté le même appauvrissement en oxygène avec la profondeur, dans le bassin oriental de la Méditerranée.

Les dosages d'acide carbonique ont montré que l'eau de mer est relativement plus saturée de ce gaz que l'eau douce. On sait, d'après M. Tornoë, que dans l'eau salée une partie de l'acide carbonique est combinée à l'état de monocarbonate et une autre à l'état de bicarbonate avec le surplus des éléments basiques dissous. M. Schlœsing a montré que la quantité d'acide carbonique entrant dans l'eau de mer comme bicarbonate dépend de circonstances extérieures, telles que la pression et la température, et M. Pettersson a reconnu qu'une autre cause encore, l'influence de la vie organique, plankton et poissons, affecte la formation du bicarbonate; il explique ainsi comment le rapport entre l'oxygène et l'acide carbonique dissous est variable dans les échantillons recueillis au même endroit, mais à des époques différentes.

La Commission suédoise calcule la salinité d'un échantillon avec une approximation de 0,02 pour mille, c'est-à-dire le nombre de grammes de sel marin contenu dans un kilogramme d'eau en déterminant le chlore par un titrage et le poids spécifique au pycnomètre. Un désaccord semble exister sur ce point avec M. Murray, qui nie l'exactitude du procédé[1].

Quand on cherche à récapituler et à résumer les données recueillies sur la mer Baltique, on est frappé de la ressemblance de ses phénomènes avec ceux qui s'accomplissent dans un lac. Leur complication y est malheureusement encore plus grande. La mer Baltique, peu profonde, communique par de nombreux détroits avec une autre mer, elle aussi peu profonde, la mer du Nord où, par suite de la libre communication avec l'Atlantique, les marées se font sentir avec énergie. Le fond des détroits, sauf le Skagerrak pour lequel, sur une étroite bande, près de la côte norvégienne, la profondeur atteint 808 mètres, ne dépasse guère 40 mètres. Cette sorte de plateau se continuant tout le long des rivages de l'Allemagne, de la Russie et de la Suède, sur une largeur en général assez petite, entoure un vaste espace de profondeur comprise entre 100 et 200 mètres. En deux points seulement, la sonde descend plus bas et ces localités constituent deux creux isolés, l'un avec 249 mètres d'épaisseur d'eau, à l'est de Gothland, le second avec 427 mètres au N.-N.-O. de cette île, près de la côte suédoise. Les golfes de Bothnie et de Finlande dépassent à peine 100 mètres. Outre ces faibles profondeurs, le sol sous-marin est irrégulier, semé d'élévations et de dépressions qui sont une des causes de la complication des phénomènes océanographiques. Les courants de marée pénètrent à travers les détroits, et la différence de salure des eaux accentue leur action. La salure elle-même n'est point uniforme; elle varie avec la localité, diminuant de plus en plus à mesure qu'on s'avance vers l'extrémité du golfe de Bothnie, et est variable selon les diverses saisons de l'année. Pendant l'hiver, la Baltique est congelée sur une partie considérable de sa surface, la salure augmente sous la croûte solide et, pendant le printemps et l'été, la fusion de la glace y verse des torrents d'eau douce, sans compter celle qui provient des terres marécageuses de la Finlande, de la Laponie et de la Suède septentrionale. Sur une mer aussi basse, les vents et les vagues ont une influence considérable pour mélanger les diverses couches et provoquer de grandes variations de la salinité, les unes périodiques, les autres irrégulières Le vent d'ouest étale à la surface les eaux salées de la mer du Nord, et inversement les vents d'est chassent les eaux douces de la Baltique vers les d'-troits. Ces variations se font particulièrement sentir au large, tandis que, près des côtes, l'eau mieux protégée, éprouve des changements moindres, qui ne sont point cependant à négliger à cause de leur effet immédiat sur la distribution du plankton et par suite sur l'industrie de la pêche. Lorsqu'on dose le plankton, quel que soit le degré d'exactitude que l'on attribue à ce dosage, mais ce qui, l'opération étant faite toujours dans les mêmes conditions, fournit au moins des données relatives comparables entre elles, on reconnaît l'extrême irrégularité de sa distribution, en nature, en profondeur, en localité et en temps. Tout au plus a-t-on constaté que le plankton est beaucoup plus abondant en hiver qu'en été et que les matières végétales paraissent y prédominer pendant la saison froide.

La température présente ce caractère éminemment lacustre de diminuer rapidement depuis la surface (15° environ en juillet), jusqu'à un minimum de 1°,6 à 2° environ sur une nappe à peu près horizontale, par une cinquantaine de mètres de profondeur. Là se trouve la *sprungschichte*, la couche à variation brusque des limnographes autrichiens qui l'ont étudiée dans chacun de leurs lacs. Au-dessous de cette profondeur, la température augmente lentement jusqu'au fond, où elle est de 4°,2 vers 170 mètres. Pour toute cette zone à température généralement croissante de haut en bas, le relief du fond joue un rôle considérable, car dans certains trous, comme celui à l'est du Gothland, la température, subissant une nouvelle inversion, redevient plus froide à mesure qu'on descend.

Tout s'allie donc pour compliquer l'océanographie du lac Baltique: irrégularité du fond, faible profondeur, disposition géographique, marées, différence de salure, vents, congélation, variations du climat tout à la fois et à de courts intervalles très froid, très pluvieux et très chaud. Les problèmes difficiles sont précisément ceux qu'il importe davantage de résoudre. Ce motif n'est pas le seul à guider le zèle des savants qui s'occupent de ces travaux; il faut y joindre l'intérêt pratique immédiat que présentent ces études pour la population laborieuse et pauvre de pêcheurs qui habite ces rivages et qui, là plus encore qu'ailleurs, attend des investigations persévérantes de la science les moyens de gagner un peu moins péniblement sa vie.

J. Thoulet,
Professeur à la Faculté des sciences de Nancy.

1. John Murray and Robert Irvine : *On the chemical changes which take place in the composition of the sea water associated with blue muds on the floor of the ocean.* Trans. of the Roy. Soc. of Edinburgh, vol. XXXVII, part. II, p. 481, 1893.

# CHRONIQUE GÉOGRAPHIQUE

## AMÉRIQUE

**Nouvelles du Canada.** — De documents officiels et officieux récemment publiés il résulte que la poussée des Canadiens-Français dans la province d'Ontario, le long du chemin de fer du Pacifique, est beaucoup plus forte qu'on le croyait : c'est une véritable invasion.

Si, dit un correspondant de l'*Empire*, grand journal anglais de Toronto, si quelqu'un déclarait en pleine rue, dans notre bonne ville de Toronto, que près de 40 000 Canadiens-Français se sont établis dans l'Ontario durant les sept ou huit dernières années, et que si sir Oliver Mowat ou son successeur ne trouve pas le moyen de stimuler chez nous la colonisation des hommes de langue anglaise, le nord de la province, d'ici à dix ans, sera dans les mains de la race française, si, dis-je, un quidam osait parler ainsi, qui le croirait? Personne. Or le rapport que vient de publier le bureau de colonisation du chemin de fer du Pacifique, rapport dû à MM. Armstrong et Carufel, nous apprend, officiellement, que 36 000 Franco-Canadiens ont planté leur tente dans les forêts septentrionales de l'Ontario, de Mattawa sur Ottawa au Sault-Sainte-Marie, et de Sudbury à Missanabie, et du lac Nipissingue au lac Témiscamingue. On aura une idée de l'étendue de cette colonisation en se rappelant qu'il y a, le long de la ligne du Pacifique, 357 milles, autrement dit 575 kilomètres, la distance de Paris à Bordeaux, entre la gare de Mattawa, que la seule rivière Ottawa sépare du Canada Français, et la station de Missanabie, voisine des lacs dont le Michipicoten apporte le tribut au lac Supérieur.

Voilà ce qui se passe dans une province où le recensement de 1891 signale un recul de l'élément français!

Le *Witness*, c'est-à-dire le *Témoin*, journal très anglais et très protestant de Montréal, commente comme suit ce grand mouvement de peuple : « Telle est l'occupation de ces vallées du Nord par de hardis fils du sol canadien-français, semblables à ceux qui ont envahi les comtés de Prescot et de Russell et en en ont fait des comtés virtuellement français. Il est désirable, pour l'avenir même du Canada, que chaque province y soit en face du même problème de races; il est bon que les deux peuples mis vis-à-vis l'un de l'autre au Canada par la Providence se mêlent autant que possible et grandissent en sympathie réciproque, de manière à devenir graduellement une seule et même nation. Il est également souhaitable qu'aucune partie de l'Ontario ne devienne exclusivement française. Mais comment arriver ici à la consolidation de l'élément anglais? C'est la difficulté du problème. La population française peut très bien vivre parmi les Anglais, mais la population anglaise ne peut pas très bien vivre parmi les Français. Le fait que le Français a des besoins moindres que l'Anglais, contribue à remplacer partout celui-ci par celui-là. On peut espérer que les richesses minières des terrains laurentiens et huroniens, la grande valeur de ces magnifiques et pittoresques hautes terres comme lieux de chasse, de pêche, de plaisir, et les chutes d'eau et les forêts à débiter par la scie attireront des capitalistes et des aventuriers de langue anglaise. » On voit assez combien le *Witness* craint la francisation de l'Ontario septentrional.

« Nos gens » commencent à avoir conscience de leur force; ils viennent de fonder un journal français, la *Colonisation*, à Sturgeon Falls, et ils ont présenté l'un des leurs à la députation pour le comté de Nipissingue, d'ailleurs sans succès, malgré la très grande supériorité numérique des francophones sur les anglophones.

Durant l'année fiscale finissant le 13 juin 1893, il n'est arrivé au Canada que 2 258 Chinois, contre 3282 pendant l'année fiscale précédente : cela fait 1 024 de moins. La taxe imposée à chaque immigrant « jaune » a produit 113 491 dollars, soit environ 595 000 francs.

Les immigrants français et belges de 1893 se sont presque tous fixés en quatre endroits du Canada : à Montréal, d'une part, et d'autre part en deux régions manitobaines et dans un canton de la Saskatchewan. Les deux contrées du Manitoba qui les ont attirés, sont d'abord le pays de prairie au sud de la rivière Assiniboine, là où croissent les jeunes colonies de Bruxelles, Saint-Claude, Saint-Alphonse, Mariapolis, Saint-Léon, Notre-Dame-de-Lourdes ; ensuite la plaine et les coteaux au voisinage méridional du lac. Dauphin. Dans le territoire de la Saskatchewan, ils ont presque tous planté leur tente autour du lac Canard, ou lac aux Canards, dans la presqu'île allongée qui sépare pendant 200 kilomètres la Saskatchewan du Nord de la Saskatchewan du Sud, trois fois plus près de celle-ci que celle-là.

Quant aux Canadiens-Français du Canada ou des Etats-Unis, ils sont allés un peu partout, mais surtout dans l'Alberta, aux environs d'Edmonton ; et ce mouvement a continué au printemps de 1894.

« L'origine de Grande-Clairière remonte à quatre ans seulement, 1888, et dès maintenant elle ne compte pas moins de 450 âmes. Son bilan, dans l'année qui vient de finir, montre une vitalité étonnante. Pas moins de 24 baptêmes ont été enregistrés; par contre, la mortalité a été très petite : nous comptons 6 décès seulement, dont 5 d'enfants en bas âge. Décidément on tient énergiquement à la vie par ici.

« Vous parlerai-je de nos conquêtes, de ces quatre ou cinq nouvelles colonies que nous avons fondées au sud et à l'ouest, où nous déversons déjà notre trop-plein et où nous dirigeons le flot toujours grandissant de l'immigration franco-belge? Ce grand mouvement ne paraît être qu'à ses débuts. Chaque année voit une accélération plus grande, et d'après des renseignements tirés de bonne source les immigrants de 1893 ont été plus nombreux encore que ceux de l'année dernière. » (*Colonisateur Canadien.*)

Genezzano vient d'être fondée en Manitoba, tout à fait à côté du 49e degré de latitude qui détermine ici la limite entre le Canada au nord et les États-Unis au sud. Donc, très voisine de la frontière des Yankees, qui ont ici leur Dakota Septentrional, la nouvelle paroisse a été ainsi nommée « en l'honneur de Notre-Dame-du-Bon-Conseil »(?). Elle dispose de deux cantons encore inoccupés, soit de 18 000 à 19 000 hectares d'un sol varié, voire accidenté : car on est ici dans la Montagne Tortue, sorte de plateau raviné qui atteint 750 à 800 mètres (non pas au Canada, mais dans les États-Unis). Ce sol paraît devoir être excellent; un peu léger, mélange d'argile et de sable, il semble n'avoir à craindre ni l'excès de sécheresse, ni l'excès d'humidité. Les fondateurs de Genezzano sont des Manitobains français des anciennes paroisses, des Canadiens revenus des États, des Belges wallons, des Belges flamands d'Overboulaere (Flandre-Orientale). Il n'y a que 10 kilomètres, du sud au nord, entre Genezzano et la jeune et déjà florissante ville de Deloraine.

La Tremblaye, colonie toute nouvelle, datant du printemps de 1893, a été fondée dans la province d'Assiniboïa, au sud-ouest de Regina, près des premiers relèvements septentrionaux de la Montagne-de-Bois, massif en forme de plateau qui s'étend à la fois sur le Canada et les États-Unis. C'est là un établissement bien en l'air, fort éloigné des autres centres canadiens-français; il est malheureux que les « patriotes » franco-canadiens aient la manie de se disperser quand la concentration seule peut les sauver : le Manitoba, la vallée de la Saskatchewan au pays de Prince-Albert, lieu d'évêché, et dans les alentours de Saint-Albert, autre siège épiscopal, voilà où ils devraient se masser. Le fondateur de la Tremblaye, M. Tremblay, notaire, vient des Éboulements, bourg du comté de Charlevoix, où il a été notaire et maire.

M. Pierre Foursin-Escande, aidé de quelques amis et de capitalistes huppés, a fondé en 1893 une importante colonie, dans l'Assiniboïa, un peu en l'air aussi, nous semble-t-il, et trop loin de l'un quelconque des trois centres français du Nord-Ouest : Saint-Boniface en Manitoba, Saint-Albert en Alberta, Saint-Laurent en Saskatchewan.

Cette colonie se trouve à quelque distance au sud de Wolseley, qui est une station de la grande ligne du Pacifique canadien, près du petit massif de Tête d'Indien, et non loin d'une réserve d'Indiens. Il y a déjà là (fin de 1893) environ 150 Français de France, en 30 familles, à chacune desquelles la société fondatrice a fait une avance de 3000 francs remboursable en cinq années.

Elle a pris le nom très français, très parisien, de MONTMARTRE.

Peu à peu s'est fondée, durant ces dernières années, une colonie de métis français dans les environs du lac Dauphin, nappe d'eau du Manitoba longue d'environ 32 kilomètres, sur 20 de longueur, à 220 mètres à peu près au-dessus des mers. Ces métis sont venus de diverses paroisses de la Rivière Rouge, notamment de Saint-Vital et de Saint-Pierre-Jolys. Au commencement de 1891 il y avait déjà 30 à 40 familles, à petite distance de ce lac découvert en 1650 par Gauthier de Varennes de la Vérendye.

A ce noyau primitif se sont ajoutés des Canadiens du Lac des Chênes et d'ailleurs, puis quelques aventureux Français de France; ensuite la colonie, devenue plus grande, a pris rang de paroisse, sous le nom canonique de Sainte-Rose de Lima ou SAINTE-ROSE DU LAC DAUPHIN.

Cette année-ci (1893), des délégués de Canadiens-Français des États-Unis, envoyés par des camarades de la Nouvelle-Angleterre pour faire choix d'un bel emplacement de colonie dans le Nord-Ouest, se sont décidés pour la région où grandissait lentement Sainte-Rose; ils ont fixé leurs vues sur les townships ou cantons 16 et 17 du rang 23, traversés par deux tributaires méridionaux du lac, l'Ocr et la Tortue. Il est entendu que 78 familles les suivront dans le courant de l'année 1894.

MORINVILLE en Alberta a probablement cessé d'être la paroisse canadienne française la plus septentrionale. L'évêque Grandin, qui a sa résidence à Saint-Albert, nous apprend que six paroisses canadiennes sont en train de se fonder, ce printemps-ci, dans la province d'Alberta : paroisses formées de Québecquois, de Français, de Belges et, pour une très grande part, de Canadiens revenus des États-Unis, notamment du Kansas, qui a envoyé 189 colons d'un coup, presque tous anciens paysans ayant quitté la province de Québec pour l'Union, il y a dix, douze, seize ans. Ces hommes du Kansas veulent s'établir ensemble, à peu près à moitié chemin entre Victoria, bourg riverain de la Saskatchewan du Nord, et le lac Castor, d'où sort un affluent de droite de la grande rivière de l'Alberta : là ils attendront l'arrivée d'une cinquantaine d'autres familles françaises du Kansas, dans un pays riche en terres de première qualité, en pierre, en bois, en houille, en foin; bref, une excellente région. A ces familles du Kansas se joindrait un groupe de familles du Minnesota.

L'auteur du Dictionnaire et de la grammaire des Cris, le célèbre Père Lacombe, l'un des plus vieux et célèbres missionnaires du Nord-Ouest, s'occupe avec la plus grande sollicitude des intérêts des métis français, des Bois-Brûlés, maintenant fort menacés dans leur existence.

Presque tous sont en proie à la misère la plus profonde; or presque tous aussi sont chefs de familles nombreuses. Nomades jadis, chassant le bison, seuls ou en compagnie de leurs demi-frères les Indiens, ou pêchant dans les lacs du Nord-Ouest, voici que le bison manque, et que les colons s'emparent de la terre, et qu'il faut être sédentaires, tout comme les Indiens, plus nomades encore, ont été forcés de le devenir.

On a parqué les Indiens dans des « réserves », où ils s'accoutument peu à peu à la vie assise, tellement différente de celle d'autrefois, et où ils se transforment lentement en agriculteurs; en même temps on a donné de vastes terrains aux Bois-Brûlés; mais les Bois-Brûlés, grands enfants, et d'ailleurs non maintenus de force dans leur domaine, comme les Indiens dans leurs réserves, ont vendu leurs terres à de vils spéculateurs pour à peine un morceau de pain. Et ils errent, par bandes ou par familles, dans l'immensité du Nord-Ouest, s'enfonçant de plus en plus dans le Nord, loin de leurs alliés et compagnons canadiens-français. D'année en année, ils ont quitté ou quittent le Manitoba pour les territoires du Nord-Ouest, et beaucoup d'entre eux, ayant dépassé l'Alberta, rôdent déjà dans les solitudes de l'Athabaska, sur la rivière de la Paix.

Le Père Lacombe veut réunir, rajuster, concentrer ces restes dispersés d'un peuple énergique; il demande qu'on leur aménage une vaste réserve, dans des conditions de réussite et de durée : autrement dit, sous une autorité bienveillante, prévoyante, qui les assure contre l'instabilité de leur humeur imprudente et nomade. Ils seront en tutelle et dans l'impossibilité de vendre leurs fermes pour un oui, pour un non. Le vieux missionnaire espère incliner à son projet les gouvernants et dirigeants du Canada.

*Par suite des modifications apportées à la publication du* « Tour du Monde » *et de la fusion de la partie purement géographique avec le corps même du journal, notre publication cesse à partir de ce numéro de paraître sous sa forme actuelle, et sera désormais remplacée par un supplément hebdomadaire de huit pages, joint au* « Tour du Monde » *et portant le titre de* « ***A travers le Monde*** ».

*La rédaction des* « Nouvelles géographiques » *tient à remercier ses collaborateurs, ses lecteurs et le public en général des précieuses sympathies qu'ils n'ont cessé de lui témoigner.*

*La Rédaction.*

❧❧❧

# TABLE DES MATIÈRES

## EUROPE



## AFRIQUE



## ASIE



## AUSTRALIE ET OCÉANIE



## AMÉRIQUE



## RÉGIONS POLAIRES



## GÉOGRAPHIE GÉNÉRALE, PHYSIQUE, MATHÉMATIQUE, ÉCONOMIQUE, ETC.

13

# INDEX ALPHABÉTIQUE

## DES NOMS DE VOYAGEURS ET D'AUTEURS

---

# INDEX ALPHABÉTIQUE

## DES NOMS DE PAYS ET DE LOCALITÉS

30 170. — PARIS, IMPRIMERIE LAHURE
Rue de Fleurus, 9.

www.ingramcontent.com/pod-product-compliance
Lightning Source LLC
LaVergne TN
LVHW080957230826
846092LV00006B/1057

* 9 7 8 2 3 2 9 7 8 0 0 0 9 *